KB198336

EHS란 Environment, health and safety로 환경보건안전 직무입니다.

로고의 그림은 출판업을 의미함과 동시에 책을 통해 저자의 획기적인 공부법을 구매자와 공유하고자 하는 의미입니다.

CONTENTS

목차

00. (필독!) 작가 자기소개 및 8일 공부법 및 이 책의 특징
및 산업안전산업기사 기본정보 ·· 5p

01. 2010~2020년 1과목(산업재해 예방 및 안전보건교육)
기출 중복문제 소거 정리 ·· 13p

02. 2010~2020년 2과목(인간공학 및 위험성평가관리)
기출 중복문제 소거 정리 ·· 109p

03. 2010~2020년 3과목(기계기구 및 설비안전관리)
기출 중복문제 소거 정리 ·· 209p

04. 2010~2020년 4과목(전기 및 화학설비 안전관리)
기출 중복문제 소거 정리 ·· 285p

05. 2010~2020년 5과목(건설공사 안전관리)
기출 중복문제 소거 정리 ·· 385p

06. 2021년부터
새로 나온 기출문제 ·· 465p

07. 실제 시험처럼 풀어보기
- 1회차(2020년) ·· 516p
- 2회차(2019년) ·· 532p
- 3회차(2018년) ·· 550p
- 4회차(빈출문제) ·· 568p

※ 2021년 1회차부터는 CBT로 변경되어 완벽한 복원이 절대 불가합니다.

INFORMATION

정보

(필독!) 작가 자기소개 및 8일 공부법 및 이 책의 특징 및 산업안전산업기사 기본정보

잠깐! 더 효율적인 공부를 위한 링크들을 적극 이용하세요~!

직8딴 홈페이지

- 출시한 책 확인 및 구매

직8딴 카카오오픈톡방

- 실시간 저자의 질문 답변
(주7일 아침 11시~새벽 2시까지, 전화로도 함)
- 직8딴 구매자전용 복지와 혜택 획득
(최소 달에 40만원씩 기프티콘 지급)
- 구매자들과의 소통 및 EHS 관련 정보 습득

직8딴 네이버카페

- 실시간으로 최신화되는 정오표 확인
(정오표: 책 출시 이후 발견된 오타/오류를 모아놓은 표, 매우 중요)
- 공부에 도움되는 컬러버전 그림 및 사진 습득
- 직8딴 구매자전용 복지와 혜택 획득

직8딴 유튜브

- 저자 직접 강의 시청 가능
- 공부 팁 및 암기법 획득
- 국가기술자격증 관련 정보 획득

1 작가 자기소개

대기업에서 EHS(Environment, health and safety, 환경보건안전)관리를 해 오신 아버지 밑에 자라 자연스레 EHS에 대해 관심을 가지게 되었습니다.
그로 인해 수도권 4년제 환경에너지공학과를 나왔고, 최근 대기업에서 EHS관리를 직무로 근무했습니다.
저에겐 버킷리스트가 있습니다.
바로 EHS 관련 자격증을 전부 취득하는 것입니다.
2025년 1월 기준 29살에 12개의 EHS 자격증이 있으며 앞으로도 계속 취득할 것입니다.
여담으로 군대에서 기사 4개를 획득해 신문에도 나왔습니다.
기사 공부를 하다 문득 이런 생각이 들었습니다.
'내가 자격증을 적은 공부 시간으로 획득하는데 미래 EHS 관리인들에게 도움을 주는 방법이 있을까?'라는 생각이죠.
그로 인해 이렇게 저의 공부법과 요약법이 담긴 책을 만들기로 하였습니다.
보통 기사 하나를 취득하기 위해선 1~3달 걸린다고 하지만, 저는 필기 7일/실기 8일이면 충분합니다.
허나, 사람들에게 기사 공부하는데 8일 정도밖에 안 걸린다하니 아무도 믿지를 않습니다.
미래 EHS 관리인분들이 제 책으로 8일 만에 취득할 수 있다는 것을 보여주세요.

작가 SPEC

수도권 4년제 환경에너지공학과 졸업 (2014-2020)
군 복무 (2016~2018)
수질환경기사 취득 (2017.08)
산업안전기사 취득 (2017.11)
대기환경기사 취득 (2018.05)
신재생에너지발전설비기사(태양광) 취득 (2018.08)
소방설비기사(기계분야) 취득 (2021.08)
산업위생관리기사 취득 (2021.11)
폐기물처리기사 취득 (2021.12)
위험물산업기사 취득 (2021.12)
건설안전기사 취득 (2022.06)
대기업 근무(EHS 직무) (2021-2022)
환경보건안전 자격증 서적 전문 출판사(EHS MASTER) 창립 (2022.09)
환경기능사 취득 (2022.09)
소방안전관리사 1급 취득 (2023.03)
인간공학기사 취득 (2023.06)
토양환경기사 취득 (2023.09)
기사 취득 현재 진행 중 (2023.09~)

2 8일(실공부 60시간) 공부법

필기

1. 직8딴 필기 책을 산다.
2. 목차 7번의 3회차를 풀어본다. (약 1시간)
3. 자신의 밑바닥 점수를 알았으니 기출 중복문제 소거 정리 파트를 2회 푼다.
   오픈 카카오톡을 적극 활용하여 저자에게 질문을 많이 한다. 저자를 괴롭히자!
   취약한 문제나 계산 공식은 따로 적어서 암기한다. (약 57시간)
4. 시험 당일 일찍 기상하여 예상점수 파악 목적으로 목차 7번의 1회차를 풀어본다.
   불합격 점수가 나와도 좌절하지 않는다. (약 1시간)
5. 자신감 상승 목적으로 가장 점수가 잘 나온 회차를 푼다.
   시험은 자신감이 중요하다. (약 1시간)
6. 시험 현장에서는 자신이 따로 적은 취약한 문제나 계산공식을 훑어본다.

실기

1. 직8딴 실기 책을 산다.
2. 2024 실기 기출문제를 풀어본다.(단, 2024년 3회차는 풀지 않는다.) (약 2시간)
3. 자신의 밑바닥 점수를 알았으니 기출 중복문제 소거 정리 파트를 2회 푼다.
   오픈 카카오톡을 적극 활용하여 저자에게 질문을 많이 한다. 저자를 괴롭히자!
   모든 문제와 계산공식은 암기한다. (약 57시간)
4. 시험 당일 일찍 기상하여 예상점수 파악 목적으로 2024년 3회차를 풀어본다.
   불합격 점수가 나와도 좌절하지 않는다. (약 0.5시간)
5. 자신감 상승 목적으로 가장 점수가 잘 나온 회차를 푼다.
   시험은 자신감이 중요하다. (약 0.5시간)
6. 시험 현장에서는 자신이 따로 적은 취약한 문제나 계산공식을 훑어본다.

※ 시험장 관련 팁!

1. 09시 입실이라면 20분 정도 신원확인 및 주의사항 전파를 한다.
   즉, 진짜 시험 시작시간은 09시 20분이다. 그 사이 화장실 다녀오라고 한다.
2. 차를 타고 오는 응시자라면 최소 70분 일찍 도착한다.
   응시 경험상 60분 전부터 차들이 우루루 오거나 꽉 찬다.
3. 시험장 건물 오픈은 보통 1시간 전부터이며 PBT 경우는 바로 시험교실로 간다.
   CBT 경우는 대기실로 안내를 하고, 추후 시험교실로 안내를 한다.

※ 시험 응시 때 관련 팁!

0. 신분증/샤프/지우개/검은 펜/수험표(들고가는게 편함)을 준비하고 시험장으로 간다.
1. 일단 암기한 것들이 사라지면 안되니까 샤프로 휘갈기며 최대한 빨리 푼다.
2. 답을 못 적는 문제는 넘어간다.
3. 시험 문제를 다 풀었으면 다시 처음부터 재검토해본다. 계산이 맞는지, 답이 맞는지…
4. 이때 다 풀었다는 안도감에 못 적은 답들이 생각이 날 것이다.
5. 편안한 마음으로 샤프 자국을 매우 깨끗이 지우고 그 위에 검은 펜을 이용하여 정답을 작성한다.
6. 지워지는 펜, 기화펜 절대 금지하며 오타작성시 단순하게 두 줄 그으면 된다.

3 이 책의 특징

1. 기출문제 중복문제 소거

기출문제는 이미 다른 자격증 책에서도 볼 수 있습니다.
하지만 기출 중복문제를 소거해 요약한 책은 정말 없습니다.
국가기술자격증은 문제은행 방식이라 80%가 이미 나왔던 문제로 구성되어 있습니다.
산업안전산업기사 필기 경우 약 3,300문제를 약 1,750문제로 정리했습니다.
제 책은 그런 기출 중복문제들을 소거하여 괜한 시간 낭비를 하지 않게 만들었습니다.

2. 관련 키워드 문제들끼리 정리

예를 들면 1번 문제가 A의 장점이면 2번 문제도 B의 장점에 관한 것으로 만들었습니다.
그렇기에 실제 암기하실 때 혼동이 안 올 것입니다.
보통 다른 책들은 설비별로 또는 공법별로 정리하는데 외울 때 혼동만 오게 됩니다.
다른 책 풀어보시면 알 것입니다.

ex)

1. A 장점	2. A 주의사항	3. B 장점	4. B 주의사항 (X)
1. A 장점	2. B 장점	3. A 주의사항	4. B 주의사항 (O)

또한, 답변이 비슷한 것도 순서에 맞게 정리하였습니다.

3. 출제 빈도수 기재

문제 초반에 몇 번 출제되었는지 기재했습니다.
☆이 1개면 1번 출제이며 ★이 1개면 10번 출제되었다는 뜻입니다.
이를 통해서 암기 우선순위를 알 수 있게 하여 효과적으로 암기할 수 있게 했습니다.

4. 얇고 가벼운 책

이 책은 다른 출판사 책들처럼 두껍지도, 무겁지도 않습니다. 정말 좋죠.
하지만, 무시하면 큰 코 다칩니다. 이 책은 아주 밀도가 큰 알찬 책입니다.
실제 작년 구매자분들도 가볍게 생각하다 큰 코 다쳤습니다.

5. 저자의 실시간 질문 답변

저자는 현재 오픈 카카오톡을 통해 새벽 2시까지 질문에 대한 답변을 하고 있습니다.
이는 어떤 책 저자도 하지 않고 못하는 행동입니다. 많은 구매자들이 좋아합니다.
여담으로 저자분이 자기 옆자리에 있는 것 같다고 말하네요…
책 구매자분들은 책에 QR코드가 있으니 꼭 입장 부탁드립니다.

6. 이론이 없고 오로지 기출문제만 있다.

이론을 안 보고 필기를 합격할 수 있을지 의문이신가요?
전 실제로 필기든 실기든 이론은 보지 않고 기출문제부터 풉니다.
그 이유는 바로 시간 낭비이기 때문이죠. 알 사람은 압니다.
어차피 문제은행식이라 기출문제들만 풀고 외우면 그만입니다.
만약 그래도 이론 한 번은 봐야겠다 싶고, 시험목적이 아닌 직무에 초전문적인 지식을 습득하고 싶으시다면 다른 출판사 책을 사십시오. 부탁입니다.
하지만 문제 밑에 있는 해설만 보아도 충분할 겁니다.
즉, 기출문제만 봐도 합격하실 수 있습니다. 저를 믿고 따라오십시오.
어차피 제가 오픈카카오톡방에서 상세히 설명해드립니다.

7. 온라인으로 문제풀기 (feat. 모두CBT/유튜브 안전모/유튜브 도비전문가)

직장이나 학교, 버스나 지하철 또는 화장실에서 직8딴 문제를 풀어보고 싶나요?
모두CBT/유튜브 안전모, 도비전문가를 통해 온라인으로도 문제를 풀어볼 수가 있습니다!
모두CBT: 시간/장소 구애받지 않고 직8딴 문제를 직접 풀기 가능
유튜브 안전모: 시간/장소 구애받지 않고 직8딴 문제들을 암기법을 통해 재밌게 보기 가능
유튜브 도비전문가: 시간/장소 구애받지 않고 저자의 직8딴 강의 보기 가능

8. 실제 합격자의 책

이 책은 제가 직접 취득하여 낸 책으로 누구보다 응시자들의 맘을 잘 알고 있습니다.
어느 점이 공부할 때 어려운지, 어떻게 외워야 쉽게 외울 수 있는지 잘 알고 있지요.
그렇기에 믿고 보는 책이라 장담할 수 있습니다.
기사 자격증이 많은 만큼 세세한 것들도 잘 알죠…
저의 공부법과 요약방법들이 담긴 책으로 적은 시간을 소비하고 합격하시길 바랍니다.

4 산업안전산업기사 기본정보

1. 시행처

한국산업인력공단

2. 개요

생산관리에서 안전을 제외하고는 생산성 향상이 불가능하다는 인식속에서 산업현장의 근로자를 보호하고 근로자들이 안심하고 생산성 향상에 주력할 수 있는 작업환경을 만들 기위하여 전문적인 지식을 가진 기술인력을 양성하고자 자격제도 제정

3. 수행직무

제조 및 서비스업 등 각 산업현장에 배속되어 산업재해 예방계획의 수립에 관한 사항을 수행 하며, 작업환경의 점검 및 개선에 관한 사항, 유해 및 위험방지에 관한 사항, 사고사례 분석 및 개선에 관한 사항, 근로자의 안전교육 및 훈련에 관한 업무 수행

4. 관련학과

대학 및 전문대학의 안전공학, 산업안전공학, 보건안전학 관련학과

5. 시험과목

-필기: 1. 산업재해 예방 및 안전보건교육　　2. 인간공학 및 위험성 평가·관리
3. 기계·기구 및 설비 안전 관리　　4. 전기 및 화학설비 안전 관리
5. 건설공사 안전 관리
-실기: 산업안전관리 실무

6. 검정방법

-필기: 객관식 4지 택일형 과목당 20문항(과목당 20분)
-실기: 복합형[필답형(1시간, 55점) + 작업형(1시간 정도, 45점)]

7. 합격기준

-필기: 100점을 만점으로 하여 과목당 40점 이상, 전과목 평균 60점 이상
-실기: 100점을 만점으로 하여 60점 이상

8. 연도별 합격률

연도	필기			실기		
	응시	합격	합격률(%)	응시	합격	합격률(%)
2023	38,901	17,308	44.50%	22,925	10,746	46.90%
2022	29,934	13,490	45.10%	17,989	7,886	43.80%
2021	25,952	12,497	48.20%	17,961	7,728	43%
2020	22,849	11,731	51.30%	15,996	5,473	34.20%
2019	24,237	11,470	47.30%	13,559	6,485	47.80%
2018	19,298	8,596	44.50%	9,305	4,547	48.90%
2017	17,042	5,932	34.80%	7,567	3,620	47.80%
2016	15,575	4,688	30.10%	6,061	2,675	44.10%
2015	14,102	4,238	30.10%	5,435	2,811	51.70%
2014	10,596	3,208	30.30%	4,239	1,371	32.30%
2013	8,714	2,184	25.10%	3,705	960	25.90%
2012	8,866	2,384	26.90%	3,451	644	18.70%
2011	7,943	2,249	28.30%	3,409	719	21.10%
2010	9,252	2,422	26.20%	3,939	852	21.60%
2009	9,192	2,777	30.20%	3,842	1,344	35%
2008	6,984	2,213	31.70%	3,416	756	22.10%
2007	7,278	2,220	30.50%	3,108	595	19.10%
2006	6,697	2,074	31%	2,805	1,534	54.70%
2005	5,012	1,693	33.80%	2,441	621	25.40%
2004	4,165	1,144	27.50%	1,626	575	35.40%
2003	4,130	828	20%	1,319	252	19.10%
2002	3,638	590	16.20%	1,180	481	40.80%
2001	4,398	719	16.30%	1,541	126	8.20%
1977 ~2000	268,581	74,763	27.80%	86,858	23,188	26.70%
소계	573,336	191,418	33.40%	243,677	85,989	35.30%

출처: 한국산업인력공단

산업안전산업기사 2010~20년

1과목

산업재해 예방 및 안전보건교육
(기출중복문제 소거 정리)

잠깐! 더 효율적인 공부를 위한 링크들을 적극 이용하세요~!

직8딴 홈페이지

- 출시한 책 확인 및 구매

직8딴 카카오오픈톡방

- 실시간 저자의 질문 답변
(주7일 아침 11시~새벽 2시까지, 전화로도 함)
- 직8딴 구매자전용 복지와 혜택 획득
(최소 달에 40만원씩 기프티콘 지급)
- 구매자들과의 소통 및 EHS 관련 정보 습득

직8딴 네이버카페

- 실시간으로 최신화되는 정오표 확인
(정오표: 책 출시 이후 발견된 오타/오류를 모아놓은 표, 매우 중요)
- 공부에 도움되는 컬러버전 그림 및 사진 습득
- 직8딴 구매자전용 복지와 혜택 획득

직8딴 유튜브

- 저자 직접 강의 시청 가능
- 공부 팁 및 암기법 획득
- 국가기술자격증 관련 정보 획득

산업재해 예방 및 안전보건교육

기출 중복문제 소거 정리

001 ☆

다음 중 산업안전보건법상 용어의 정의가 잘못 설명된 것은?

① "사업주"란 근로자를 사용하여 사업을 하는 자를 말한다.

② "근로자대표"란 근로자의 과반수로 조직된 노동조합이 없는 경우에는 사업주가 지정하는 자를 말한다.

③ "산업재해"란 근로자가 업무에 관계되는 건설물·설비·원재료·가스·증기 등에 의하거나 작업 또는 그 밖의 업무로 인하여 사망 또는 부상 하거나 질병에 걸리는 것을 말한다.

④ "안전·보건진단"이란 산업재해를 예방하기 위하여 잠재적 위험성을 발견하고 그 개선대책을 수립할 목적으로 고용노동부 장관이 지정하는 자가 하는 조사·평가를 말한다.

해 "근로자대표"란 근로자의 과반수로 조직된 노동조합이 있는 경우에는 그 노동조합을, 근로자의 과반수로 조직된 노동조합이 없는 경우에는 근로자의 과반수를 대표하는 자를 말한다.

답 ②

002 ☆

다음 중 잠재적인 손실이나 손상을 가져올 수 있는 상태나 조건을 무엇이라 하는가?

① 위험 ② 사고 ③ 상해 ④ 재해

해 "위험(Danger)"이라 함은 잠재적 손실이나 손상을 가져올 수 있는 상태나 조건을 말한다.

답 ①

003 ☆

안전관리의 중요성과 가장 거리가 먼 것은?

① 인간 존중이라는 인도적인 신념의 실현

② 경영 경제상의 제품의 품질 향상과 생산 성향상

③ 재해로부터 인적·물적 손실 예방

④ 작업환경 개선을 통한 투자 비용 증대

해 작업환경 개선을 통한 투자 비용 절감

답 ④

004 ☆

다음 중 안전보건관리책임자에 대한 설명과 거리가 먼 것은?

① 해당 사업장에서 사업을 실질적으로 총괄 관리하는 자이다.
② 해당 사업장에서 안전교육 계획을 수립 및 실시한다.
③ 선임사유가 발생한 때에는 지체없이 선임하고 지정하여야 한다.
④ 안전관리자와 보건관리자를 지휘, 감독하는 책임을 가진다.

해 ②: 안전관리자 직무

답 ②

005 ☆

다음 중 산업안전보건법령상 안전보건개선계획서에 반드시 포함되어야 할 사항과 가장 거리가 먼 것은?

① 안전보건교육
② 안전보건관리체제
③ 근로자 채용 및 배치에 관한 사항
④ 산업재해예방 및 작업환경의 개선을 위하여 필요한 사항

해 안전보건개선계획서에는 시설, 안전보건관리체제, 안전보건교육, 산업재해 예방 및 작업환경의 개선을 위하여 필요한 사항이 포함되어야 한다.

답 ③

006 ☆

다음 중 안전보건교육 계획수립에 반드시 포함하여야 할 사항이 아닌 것은?

① 교육 지도안 ② 교육의 기간
③ 교육장소 및 방법 ④ 교육의 종류 및 대상

해 안전보건교육 계획 시 포함사항
대상/종류/과목/내용/기간/장소/방법/강사

답 ①

007 ☆

산업안전보건법상 고용노동부장관이 산업재해 예방을 위하여 종합적인 개선조치를 할 필요가 있다고 인정할 때에 안전보건개선계획의 수립·시행을 명할 수 있는 대상 사업장이 아닌 것은?

① 산업재해율이 같은 업종의 규모별 평균 산업재해율보다 높은 사업장
② 사업주가 필요한 안전조치 또는 보건조치를 이행하지 아니하여 중대재해가 발생한 사업장
③ 유해인자의 노출기준을 초과한 사업장
④ 경미한 재해가 다발로 발생한 사업장

해 1. 산업재해율이 같은 업종의 규모별 평균 산업재해율보다 높은 사업장
2. 사업주가 필요한 안전조치 또는 보건조치를 이행하지 아니하여 중대재해가 발생한 사업장
3. 직업성 질병자가 연간 2명 이상 발생한 사업장
4. 유해인자의 노출기준을 초과한 사입장

답 ④

008 ☆

산업안전보건법상 중대재해에 해당하지 않는 것은?

① 추락으로 인하여 1명이 사망한 재해
② 건물의 붕괴로 인하여 15명의 부상자가 동시에 발생한 재해
③ 화재로 인하여 4개월의 요양이 필요한 부상자가 동시에 3명 발생한 재해
④ 근로환경으로 인하여 직업성 질병자가 동시에 5명 발생한 재해

해 중대재해

1. 사망자가 1명 이상 발생한 재해
2. 3개월 이상의 요양이 필요한 부상자가 동시에 2명 이상 발생한 재해
3. 부상자 또는 직업성 질병자가 동시에 10명 이상 발생한 재해

답 ④

009 ☆

다음 중 산업안전보건법에 따라 안전·보건진단을 받아 안전보건개선계획을 수립·제출하도록 명할 수 있는 사업장에 해당하지 않는 것은?

① 직업병에 걸린 사람이 연간 1명 발생한 사업장
② 산업재해발생률이 같은 업종 평균 산업재해발생률의 3배인 사업장
③ 작업환경 불량, 화재·폭발 또는 누출사고 등으로 사회적 물의를 일으킨 사업장
④ 산업재해율이 같은 업종의 규모별 평균 산업재해율보다 높은 사업장 중 사업주가 안전·보건조치의무를 이행하지 아니하여 발생한 중대재해 발생 사업장

해

안전보건진단을 받아 안전보건개선계획의 수립 및 명령을 할 수 있는 대상
• 산업재해율이 같은 업종 평균 산업재해율의 2배 이상인 사업장 • 사업주가 필요한 안전조치 또는 보건조치를 이행하지 아니하여 중대재해가 발생한 사업장 • 직업성 질병자가 연간 2명 이상(상시근로자 1천명 이상 사업장의 경우 3명 이상) 발생한 사업장 • 그 밖에 작업환경 불량, 화재·폭발 또는 누출 사고 등으로 사업장 주변까지 피해가 확산된 사업장으로서 고용노동부령으로 정하는 사업장

답 ①

010 ☆

산업안전보건법령상 관리감독자의 업무의 내용이 아닌 것은?

① 해당 작업에서 발생한 산업재해에 관한 보고 및 이에 대한 응급조치

② 해당 작업의 작업장 정리·정돈 및 통로 확보에 대한 확인·감독

③ 위험성 평가를 위한 업무에 기인하는 유해위험요인의 파악 및 그 결과에 따라 개선조치의 시행

④ 작성된 물질안전보건자료의 게시 또는 비치에 관한 보좌 및 조언·지도

해 ④: 보건관리자 업무

관리감독자 직무

• 사업장 내 관리감독자가 지휘·감독하는 작업과 관련된 기계·기구 또는 설비의 안전보건 점검 및 이상 유무의 확인
• 관리감독자에게 소속된 근로자의 작업복·보호구 및 방호장치의 점검과 그 착용·사용에 관한 교육·지도
• 해당 작업에서 발생한 산업재해에 관한 보고 및 이에 대한 응급조치
• 해당 작업의 작업장 정리·정돈 및 통로 확보에 대한 확인·감독
• 산업보건의/안전관리자/보건관리자/안전 보건관리담당자의 지도조언에 대한 협조
• 위험성평가에 관한 다음 각 목의 업무
  – 유해·위험요인의 파악에 대한 참여
  – 개선조치의 시행에 대한 참여
• 그 밖에 해당작업의 안전 및 보건에 관한 사항으로 고용노동부령으로 정하는 사항

답 ④

011 ☆☆☆

산업안전보건법령상 안전관리자가 수행하여야 할 업무가 아닌 것은? (단, 그밖에 안전에 관한 사항으로서 고용노동부 장관이 정하는 사항은 제외한다.)

① 위험성평가에 관한 보좌 및 조언·지도

② 물질안전보건자료의 게시 또는 비치에 관한 보좌 및 조언·지도

③ 사업장 순회점검·지도 및 조치의 건의

④ 산업재해에 관한 통계의 유지·관리·분석을 위한 보좌 및 조언·지도

해 ②: 보건관리자 업무

안전관리자 직무
• 업무 수행 내용의 기록·유지 • 사업장 순회점검, 지도 및 조치 건의 • 위험성평가에 관한 보좌 및 지도·조언 • 산업재해에 관한 통계의 유지·관리·분석을 위한 보좌 및 지도·조언 • 해당 사업장 안전교육 계획의 수립 및 안전교육 실시에 관한 보좌 및 지도·조언 • 산업재해 발생의 원인 조사·분석 및 재발 방지를 위한 기술적 보좌 및 지도·조언 • 법 또는 법에 따른 명령으로 정한 안전에 관한 사항 이행에 관한 보좌 및 지도·조언 • 안전인증대상기계등과 자율안전확인대상 기계등 구입 시 적격품의 선정에 관한 보좌 및 지도·조언 • 산업안전보건위원회 또는 안전 및 보건에 관한 노사협의체에서 심의·의결한 업무와 안전보건관리규정 및 취업규칙에서 정한 업무 • 그 밖에 안전에 관한 사항으로서 고용노동부장관이 정하는 사항

답 ②

012 ☆

다음 중 일반적인 안전관리 조직의 기본 유형으로 볼 수 없는 것은?

① line system ② staff system
③ safety system ④ line–staff system

해 안전관리 조직 종류
라인형(직계형), 스태프형(참모형), 라인–스태프형(직계–참모형)

답 ③

013 ☆

안전관리에 관한 계획에서 실시에 이르기까지 모든 권한이 포괄적이며 하향적으로 행사되며, 전문 안전담당 부서가 없는 안전관리조직은?

① 직계식 조직 ② 참모식 조직
③ 직계–참모식 조직 ④ 안전보건 조직

해 직계식(라인형) 조직에 대한 설명이다.

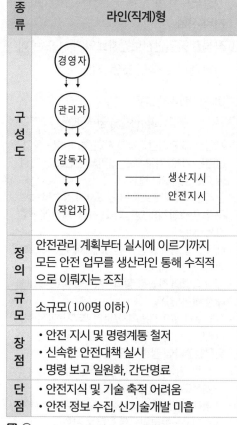

종류	라인(직계)형
구성도	경영자 → 관리자 → 감독자 → 작업자 (—— 생산지시, ------ 안전지시)
정의	안전관리 계획부터 실시에 이르기까지 모든 안전 업무를 생산라인 통해 수직적으로 이뤄지는 조직
규모	소규모(100명 이하)
장점	• 안전 지시 및 명령계통 철저 • 신속한 안전대책 실시 • 명령 보고 일원화, 간단명료
단점	• 안전지식 및 기술 축적 어려움 • 안전 정보 수집, 신기술개발 미흡

답 ①

014 ☆

안전보건관리조직의 형태 중 라인형 조직의 특성이 아닌 것은?

① 소규모 사업장(100명 이하)에 적합하다.
② 라인에 과중한 책임을 지우기 쉽다.
③ 안전관리 전담요원을 별도로 지정한다.
④ 모든 명령은 생산계통을 따라 이루어진다.

해 ③: 라인-스태프형 조직
윗 해설 참조

답 ③

015 ☆

안전관리 조직의 형태 중 참모식(Staff) 조직에 대한 설명으로 틀린 것은?

① 이 조직은 분업의 원칙을 고도로 이용한 것이며, 책임 및 권한이 직능적으로 분담 되어 있다.
② 생산 및 안전에 관한 명령이 각각 별개의 계통에서 나오는 결함이 있어, 응급처치 및 통제수속이 복잡하다.
③ 참모(Staff)의 특성상 업무관장은 계획안의 작성, 조사, 점검결과에 따른 조언, 보고에 머무는 것이다.
④ 참모(Staff)는 각 생산라인의 안전 업무를 직접 관장하고 통제한다.

해

종류	스태프(참모)형
구성도	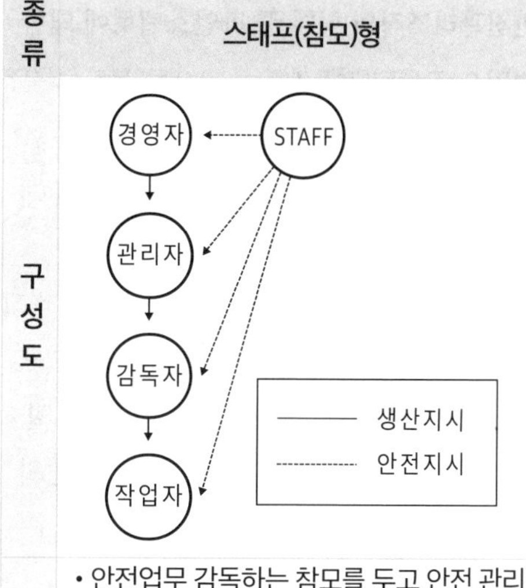
정의	• 안전업무 감독하는 참모를 두고 안전 관리 계획조정/조사/검토 등 업무와 현장 기술 지원을 담당하도록 편성된 조직 • 분업의 원칙을 고도로 이용한 것이며, 책임 및 권한이 직능적으로 분담되어 있다. • 스태프 주역할 (1) 실시계획의 추진 (2) 안전관리 계획안의 작성 (3) 정보수집과 주지, 활용
규모	중규모(100~1,000명)
장점	• 사업장의 특수성에 적합한 기술 연구를 전문적으로 할 수 있다. • 경영자의 자문/조언 역할 • 빠른 안전정보 수집 • 안전전문가가 안전계획을 세워 문제해결 방안을 모색하고 조치한다. • 안전업무가 표준화되어 직장에 정착하기 쉽다.
단점	• 신속, 정확하지 않은 작업자에게까지의 안전 지시 • 생산부분에는 안전에 대한 책임과 권한이 없다. • 권한다툼으로 인한 시간 소비 • 생산 및 안전에 관한 명령이 각각 별 개의 계통에서 나오는 결함이 있어, 응급처치 및 통제수속이 복잡하다.

답 ④

016 ☆☆

안전관리조직의 형태 중 라인스탭형에 대한 설명으로 틀린 것은?

① 대규모 사업장에 효율적이다.
② 안전과 생산업무가 분리될 우려가 없기 때문에 균형을 유지할 수 있다.
③ 모든 안전관리 업무를 생산라인을 통하여 직선적으로 이루어지도록 편성된 조직이다.
④ 안전업무를 전문적으로 담당하는 스탭 및 생산라인의 각 계층에도 겸임 또는 전임의 안전담당자를 둔다.

해 ③: 라인형 조직

구분	내용
종류	라인스태프형(직계참모형)
구성도	경영자 → 관리자 → 감독자 → 작업자 (생산지시 / 안전지시), STAFF → 경영자, 관리자 (안전지시)
정의	라인형과 스태프형 장점을 취한 절충식 조직 형태이며 이상적인 조직
규모	대규모(1,000명 이상)
장점	• 안전지식 및 기술 축적 쉬움 • 독자적 안전개선책 강구 가능 • 신속정확한 작업자에게까지의 안전지시 • 안전 활동과 생산업무가 분리 가능성이 낮기 때문에 균형을 유지할 수 있다. • 라인의 관리감독자에게도 안전에 관한 책임과 권한이 부여된다. • 조직원 전원을 자율적으로 안전 활동에 참여시킬 수 있다.
단점	• 명령계통과 조언의 권고적 참여 혼동 • 스탭의 월권행위의 경우가 있으며 라인 스탭에 의존 또는 활용치 않는 경우가 있다.

답 ③

017 ☆☆

안전관리 조직 중 대규모 사업장에서 가장 이상적인 조직 형태는?

① 직계형 조직
② 직능전문화 조직
③ 라인스태프(line−staff)형 조직
④ 테스크포스(task−force)조직

해 윗 해설 참조

답 ③

018 ☆

다음 중 1,000명 이상의 대형사업장에 적합하며, 라인의 관리감독자에게도 안전에 관한 책임과 권한이 부여되는 안전관리의 조직은?

① 라인식 조직 ② 참모식 조직
③ 병렬식 조직 ④ 직계 참모식 조직

해 윗 해설 참조

답 ④

019 ☆☆☆

다음 중 산업안전보건법상 사업 내 안전보건교육의 교육과정에 해당하지 않는 것은?

① 특별안전·보건교육
② 근로자 정기안전·보건교육
③ 관리감독자 정기안전·보건교육
④ 안전관리자 신규 및 보수교육

해 안전보건교육 종류

1. 근로자 안전보건교육
   − 정기교육
   − 채용 시 교육 및 작업내용 변경 시 교육
   − 특별교육
   − 건설업 기초 안전보건교육
2. 관리감독자 안전보건교육
   − 정기교육
   − 채용 시 교육 및 작업내용 변경 시 교육
   − 특별교육
3. 안전보건관리책임자 등에 대한 교육
4. 특수형태근로종사자에 대한 안전보건교육
   − 최초 노무제공 시 교육
   − 특별교육
5. 검사원 성능검사 교육

답 ④

020 ☆☆☆☆

산업안전보건법상 사업 내 근로자 안전보건교육의 교육과정에 해당하지 않는 것은?

① 검사원 정기점검교육
② 특별교육
③ 근로자 정기안전보건교육
④ 작업내용 변경 시의 교육

해 윗 해설 참조

답 ①

021 ☆☆

산업안전보건법령상 근로자 안전보건교육 대상과 교육시간으로 옳은 것은?

① 정기교육인 경우: 사무직 종사근로자-매 반기 6시간 이상

② 정기교육인 경우: 관리감독자 지위에 있는 사람-연간 10시간 이상

③ 채용 시 교육인 경우: 일용근로자-4시간 이상

④ 작업내용 변경 시 교육인 경우: 일용근로자 및 근로계약기간이 1주일 이하인 기간제근로자-2시간 이상

해 ②: 연간 16시간 이상

교육 과정	교육 대상		교육 시간
정기교육	사무직 종사 근로자		매반기 6시간 이상
	그 밖의 근로자	판매업무에 직접 종사하는 근로자	매반기 6시간 이상
		판매업무에 직접 종사하는 근로자 외의 근로자	매반기 12시간 이상
채용시 교육	일용근로자 및 근로계약기간이 1주일 이하인 기간제근로자		1시간 이상
	근로계약기간이 1주일 초과 1개월 이하인 기간제근로자		4시간 이상
	그 밖의 근로자		8시간 이상
작업 내용 변경 시 교육	일용근로자 및 근로계약기간이 1주일 이하인 기간제근로자		1시간 이상
	그 밖의 근로자		2시간 이상
특별교육	일용근로자 및 근로계약기간이 1주일 이하인 기간제근로자: 별표 5 제1호라목(타워크레인을 사용하는 작업시 신호업무를 하는 작업 제외)에 해당하는 작업에 종사하는 근로자에 한정한다.		2시간 이상
	일용근로자 및 근로계약기간이 1주일 이하인 기간제근로자: 타워크레인을 사용하는 작업시 신호업무를 하는 작업에 종사하는 근로자에 한정한다.		8시간 이상
	일용근로자 및 근로계약기간이 1주일 이하인 기간제근로자를 제외한 근로자: 별표 5 제1호라목에 해당하는 작업에 종사하는 근로자에 한정한다.		가) 16시간 이상(최초 작업에 종사하기 전 4시간 이상 실시하고 12시간은 3개월 이내에서 분할하여 실시 가능) 나) 단기간 작업 또는 간헐적 작업인 경우에는 2시간 이상
건설업 기초안전·보건교육	건설 일용근로자		4시간 이상

답 ①

022

☆☆☆

산업안전보건법령상 일용근로자의 안전·보건교육 과정별 교육시간 기준으로 틀린 것은?

① 채용 시의 교육: 1시간 이상
② 작업내용 변경 시의 교육: 2시간 이상
③ 건설업 기초안전·보건교육(건설 일용근로자): 4시간
④ 특별교육: 2시간 이상(흙막이 지보공의 보강 또는 동바리를 설치하거나 해체하는 작업에 종사하는 일용근로자)

해 작업내용 변경 시의 교육: 1시간 이상

답 ②

023

☆☆

산업안전보건법령상 근로자 안전·보건교육 기준 중 다음 (   ) 안에 알맞은 것은?

채용 시 교육	일용근로자 및 근로계약기간이 1주일 이하인 기간제근로자	(㉠) 시간 이상
	근로계약기간이 1주일 초과 1개월 이하인 기간제근로자	4시간 이상
	그 밖의 근로자	(㉡) 시간 이상

① ㉠ 1, ㉡ 8　　② ㉠ 2, ㉡ 8
③ ㉠ 1, ㉡ 2　　④ ㉠ 3, ㉡ 6

해 윗 해설 참조

답 ①

024

☆☆☆

산업안전보건법상 사업내 안전보건교육에 있어 관리감독자 정기안전보건교육에 해당하는 것은? (단, 산업안전보건법 및 일반관리에 관한 사항은 제외한다.)

① 정리정돈 및 청소에 관한 사항
② 작업 개시 전 점검에 관한 사항
③ 작업공정의 유해·위험과 재해 예방대책에 관한 사항
④ 기계·기구의 위험성과 작업의 순서 및 동선에 관한 사항

해 ①: 근로자 채용 시 교육 및 작업내용 변경 시 교육내용
②: 근로자, 관리감독자 채용 시 교육 및 작업내용 변경 시 교육내용
④: 근로자, 관리감독자 채용 시 교육 및 작업내용 변경 시 교육내용

관리감독자 정기교육 내용
• 산업안전 및 사고 예방에 관한 사항 • 산업보건 및 직업병 예방에 관한 사항 • 위험성평가에 관한 사항 • 유해·위험 작업환경 관리에 관한 사항 • 산업안전보건법령 및 산업재해보상보험 제도에 관한 사항 • 직무스트레스 예방 및 관리에 관한 사항 • 직장 내 괴롭힘, 고객의 폭언 등으로 인한 건강장해 예방 및 관리에 관한 사항 • 작업공정의 유해·위험과 재해 예방대책에 관한 사항 • 사업장 내 안전보건관리체제 및 안전·보건조치 현황에 관한 사항 • 표준안전 작업방법 결정 및 지도·감독 요령에 관한 사항 • 현장근로자와의 의사소통능력 및 강의능력 등 안전보건교육 능력 배양에 관한 사항 • 비상시 또는 재해 발생 시 긴급조치에 관한 사항 • 그 밖의 관리감독자의 직무에 관한 사항

답 ③

025 ☆

다음 중 산업안전보건법령상 관리감독자 정기안전·보건교육의 내용에 포함되지 않는 것은? (단, 기타 산업안전보건법 및 일반관리에 관한 사항은 제외한다.)

① 인원활용 및 생산성 향상에 관한 사항
② 작업공정의 유해·위험과 재해 예방대책에 관한 사항
③ 표준안전작업방법 및 지도 요령에 관한 사항
④ 유해·위험 작업환경 관리에 관한 사항

해 윗 해설 참조

답 ①

026 ☆

벨트식, 안전그네식 안전대의 사용 구분에 **따른 분류에 해당되지 않는 것은?**

① U자 걸이용　② D링 걸이용
③ 안전블록　④ 추락방지대

해 안전대 종류

종류	사용구분
벨트식	1개 걸이용
	U자 걸이용
안전그네식	추락방지대
	안전블록

답 ②

027 ☆

다음 중 안전대의 각 부품(용어)에 관한 설명으로 틀린 것은?

① "안전그네"란 신체지지의 목적으로 전신에 착용하는 띠 모양의 것으로서 상체 등 신체 일부분만 지지하는 것은 제외한다.
② "버클"이란 벨트 또는 안전그네와 신축조절기를 연결하기 위한 사각형의 금속 고리를 말한다.
③ "U자걸이"란 안전대의 죔줄을 구조물 등에 U자 모양으로 돌린 뒤 훅 또는 카라비너를 D링에, 신축조절기를 각링 등에 연결하는 걸이 방법을 말한다.
④ "1개걸이"란 죔줄의 한쪽 끝을 D링에 고정시키고 훅 또는 카라비너를 구조물 또는 구명줄에 고정시키는 걸이 방법을 말 한다.

해 버클: 벨트 또는 안전그네를 신체에 착용하기 위해 그 끝에 부착한 금속장치

답 ②

028 ☆

안전대에 관한 용어 중 다음 설명에 해당되는 것은?

> 안전그네와 연결하여 추락발생시 추락을 억제할 수 있는 자동잠김장치가 갖추어져 있고 죔줄이 자동적으로 수축되는 장치

① 안전블록　② 죔줄
③ 신축조절기　④ 충격흡수장치

해 "안전블록"이란 안전그네와 연결하여 추락발생 시 추락을 억제할 수 있는 자동잠김장치가 갖추어져 있고 죔줄이 자동적으로 수축되는 장치를 말한다.

답 ①

029 ☆

다음 중 안전대의 죔줄(로프)의 구비조건이 아닌 것은?

① 내마모성이 낮을 때
② 내열성이 높을 것
③ 완충성이 높을 것
④ 습기나 약품류에 잘 손상되지 않을 것

해 ①: 내마모성이 클 때

답 ①

030 ☆

다음 중 재해조사에 있어 재해의 발생 형태에 해당하지 않는 것은?

① 중독·질식　② 맞음
③ 넘어짐　④ 이상온도 노출접촉

해

구분	내용
상해	• 골절 • 절단 • 화상 • 감전 • 진폐 • 타박상 • 찰과상 • 뇌진탕 • 고혈압 • 뇌졸중 • 피부염 • 중독, 질식 • 수근관증후군
재해	• 떨어짐 • 넘어짐 • 깔림, 뒤집힘 • 부딪힘 • 맞음 • 끼임 • 무너짐 • 압박, 진동 • 신체반작용 • 부자연스런 자세 • 과도한 힘, 동작 • 반복적 동작 • 이상온도 노출접촉 • 이상기압 노출 • 유해위험물질 노출접촉 • 소음 노출 • 유해광선 노출 • 산소결핍, 질식 • 화재 • 폭발 • 감전 • 폭력행위

답 ①

031 ☆

재해발생 형태별 분류 중 물건이 주체가 되어 사람이 상해를 입는 경우에 해당되는 것은?

① 떨어짐　② 넘어짐　③ 무너짐　④ 맞음

해

구분	내용
낙하비래(맞음)	설비 등으로부터 물질이 분출되어 사람을 가해하는 경우
전도(넘어짐)	사람이 거의 평면 또는 경사면, 층계 등에서 구르거나 넘어짐 또는 미끄러진 경우
도괴(무너짐)	토사, 건축물 주요 부분이 꺾어져 무너지는 경우
추락(떨어짐)	사람이 인력(중력)에 의하여 건축물, 수목, 사다리 등의 높은 장소에서 떨어지는 것
끼임	두 물체 사이의 움직임에 의하여 일어난 것으로 직선 운동하는 물체 사이의 끼임, 회전부와 고정체 사이의 끼임, 로울러 등 회전체 사이에 물리거나 또는 회전체·돌기부 등에 감긴 경우
깔림 뒤집힘	기대어져 있거나 세워져있는 물체 등이 쓰러져 깔린 경우 및 지게차 등의 건설기계 등이 운행 또는 작업 중 뒤집어진 경우
부딪힘 접촉	재해자 자신의 움직임·동작으로 인하여 기인물에 접촉 또는 부딪히거나, 물체가 고정부에서 이탈하지 않은 상태로 움직임(규칙, 불규칙)등에 의하여 부딪히거나, 접촉한 경우

답 ④

032 ☆

다음 중 사람이 인력(중력)에 의하여 건축물, 구조물, 가설물, 수목, 사다리 등의 높은 장소에서 떨어지는 재해의 발생 형태를 무엇이라 하는가?

① 떨어짐　② 맞음　③ 끼임　④ 넘어짐

해 윗 해설 참조

답 ①

033 ☆

다음 중 기계적 위험에서 위험의 종류와 사고의 형태를 올바르게 연결한 것은?

① 접촉점 위험－파괴
② 물리적 위험－협착
③ 작업 방법적 위험－전도
④ 구조적 위험－이상온도 노출

해

위험 종류	사고 형태
접촉적 위험	협착/끼임/감김/마찰/충돌
물리적 위험	낙하/비래/추락
구조적 위험	파열/파괴/절단
작업방법적 위험	전도/충돌/감김/협착

답 ③

034 ☆☆

산업안전보건법령상 안전모의 종류(기호) 중 사용 구분에서 "물체의 낙하 또는 비래 및 추락에 의한 위험을 방지 또는 경감하고, 머리부위 감전에 의한 위험을 방지하기 위한 것"으로 옳은 것은?

① A ② AB ③ AE ④ ABE

해

종류(기호)	사용 구분	비고
AB	물체의 낙하 또는 비래 및 추락에 의한 위험을 방지 또는 경감 시키기 위한 것	－
AE	물체의 낙하 또는 비래에 의한 위험을 방지 또는 경감하고, 머리부위 감전에 의한 위험을 방지하기 위한 것	내전압성(주1)
ABE	물체의 낙하 또는 비래 및 추락에 의한 위험을 방지 또는 경감하고, 머리부위 감전에 의한 위험을 방지하기 위한 것	내전압성
(주1) 내전압성이란 7,000V 이하의 전압에 견디는 것을 말한다.		

답 ④

035 ☆

안전모에 관한 내용으로 옳은 것은?

① 안전모 종류는 안전모 형태로 구분한다.
② 안전모의 종류는 안전모의 색상으로 구분한다.
③ A형 안전모: 물체의 낙하, 비래에 의한 위험을 방지, 경감시키는 것으로 내전압성이다.
④ AE형 안전모: 물체의 낙하, 비래에 의한 위험을 방지 또는 경감하고 머리 부위의 감전에 의한 위험을 방지하기 위한 것으로 내전압성이다.

해 ①: 안전모 종류는 안전모 기호로 구분한다.
②: 안전모 종류는 안전모 성능으로 구분한다.
③: A형은 법령상에 없다.
윗 해설 참조

답 ④

036 ☆

추락 및 감전 위험방지용 안전모의 일반구조가 아닌 것은?

① 착장체 ② 충격흡수재
③ 선심 ④ 모체

해 안전모의 일반구조
모체/착장체(머리받침끈/머리고정대/머리받침고리)/충격흡수재/턱끈/챙

답 ③

037 ☆

보호구 관련 규정에 따른 안전모의 착장체 구성요소에 해당되지 않는 것은?

① 머리턱끈 ② 머리받침끈
③ 머리고정대 ④ 머리받침고리

해 착장체: 머리받침끈/머리고정대/머리받침고리

답 ①

038 ☆

보호구의 안전인증기준에 있어 다음 설명에 해당하는 부품의 명칭으로 옳은 것은?

> 머리받침끈, 머리고정대 및 머리받침고리로 구성되어 추락 및 감전 위험방지용 안전모(이하 "안전모"라 한다) 머리부위에 고정시켜주며, 안전모에 충격이 가해졌을 때 착용자의 머리부위에 전해지는 충격을 완화시켜주는 기능을 갖는 부품

① 챙 ② 착장체
③ 모체 ④ 충격흡수재

해

챙	햇빛 등을 가리기 위한 목적으로 착용자의 이마 앞으로 돌출된 모체의 일부
<u>착장체</u>	머리받침끈, 머리고정대 및 머리받침고리로 구성되어 추락 및 감전 위험방지용 안전모(이하 "안전모"라 한다) 머리부위에 고정시켜주며, 안전모에 충격이 가해졌을 때 착용자의 머리부위에 전해지는 충격을 완화시켜주는 기능을 갖는 부품
모체	착용자의 머리부위를 덮는 주된 물체로서 단단하고 매끄럽게 마감된 재료
충격흡수재	안전모에 충격이 가해졌을 때, 착용자의 머리부위에 전해지는 충격을 완화하기 위하여 모체의 내면에 붙이는 부품

답 ②

039 ☆☆☆

산업안전보건법령상 안전모의 시험성능기준 항목이 아닌 것은?

① 난연성 ② 인장성
③ 내관통성 ④ 충격흡수성

해 안전모 시험 항목
턱끈풀림/내관통성/충격흡수성/내전압성/내수성/난연성

답 ②

040 ☆

추락 및 감전 위험방지용 안전모의 난연성 시험 성능기준 중 모체가 불꽃을 내며 최소 몇 초 이상 연소되지 않아야 하는가?

① 3 ② 5 ③ 7 ④ 10

해 난연성시험
모체가 불꽃을 내며 5초 이상 연소되지 않아야 한다.

답 ②

041 ☆

안전모의 일반구조에 있어 안전모를 머리모형에 장착하였을 때 모체내면의 최고점과 머리모형 최고점과의 수직거리의 기준으로 옳은 것은?

① 20mm 이상 40mm 이하
② 20mm 이상 50mm 미만
③ 25mm 이상 40mm 이하
④ 25mm 이상 50mm 미만

해 안전모의 내부수직거리는 25mm 이상 50mm 미만일 것

답 ④

042 ☆

보호구 안전인증 고시에 따른 안전모의 일반구조 중 턱끈의 최소 폭 기준은?

① 5mm 이상 ② 7mm 이상
③ 10mm 이상 ④ 12mm 이상

해 턱끈의 폭은 10mm 이상일 것

답 ③

043 ☆☆

보호구 안전인증 고시에 따른 안전화의 정의 중 알맞은 것은?

> 경작업용 안전화란 (㉠)mm의 낙하높이에서 시험했을 때 충격과 (㉡)± 0.1kN의 압축하중에서 시험했을 때 압박에 대해 보호해 줄 수 있는 선심을 부착해 착용자를 보호하기 위한 안전화를 말한다.

① ㉠ 500, ㉡ 10 ② ㉠ 250, ㉡ 10
③ ㉠ 500, ㉡ 4.4 ④ ㉠ 250, ㉡ 4.4

해 "경작업용 안전화"란 250밀리미터의 낙하높이에서 시험했을 때 충격과 (4.4±0.1)킬로뉴턴(kN)의 압축하중에서 시험했을 때 압박에 대하여 보호해 줄 수 있는 선심을 부착하여, 착용자를 보호하기 위한 안전화를 말한다.

답 ④

044 ☆

다음은 안전화의 정의에 관한 설명이다. A와 B에 해당하는 값으로 옳은 것은?

> "중작업용 안전화"란 (A)mm의 낙하높이에서 시험했을 때 충격과 ((B)± 0.1)킬로뉴턴(KN)의 압축하중에서 시험했을 때 압박에 대하여 보호해 줄 수 있는 선심을 부착하여, 착용자를 보호하기 위한 안전화를 말한다.

① A: 250mm, B: 4.5kN
② A: 500mm, B: 5.0kN
③ A: 750mm, B: 7.5kN
④ A: 1,000mm, B: 15.0kN

해 "중작업용 안전화"란 1,000밀리미터의 낙하높이에서 시험했을 때 충격과 (15.0±0.1)킬로뉴턴(kN)의 압축하중에서 시험했을 때 압박에 대하여 보호해 줄 수 있는 선심을 부착하여, 착용자를 보호하기 위한 안전화를 말한다.

답 ④

045 ☆☆☆

보호구자율안전확인고시상 사용구분에 따른 보안경의 종류가 아닌 것은?

① 차광보안경 ② 유리보안경
③ 플라스틱보안경 ④ 도수렌즈보안경

해 보안경의 종류
유리보안경/플라스틱보안경/도수렌즈보안경

답 ①

046 ☆

내전압용절연장갑의 성능기준상 최대사용전압에 따른 절연장갑의 구분 중 00등급의 색상으로 옳은 것은?

① 노란색 ② 흰색 ③ 녹색 ④ 갈색

해 절연장갑 등급 및 색상

등급	최대 사용전압(V)		색상
	교류(실횻값)	직류	
00	500	750	갈색
0	1,000	1,500	빨간색
1	7,500	11,250	흰색
2	17,000	25,500	노란색
3	26,500	39,750	녹색
4	36,000	54,000	등색

답 ④

047 ☆

다음 중 탱크 내부에서의 세정업무 및 도장업무와 같이 산소결핍이 우려되는 장소에서 반드시 사용하여야 하는 보호구로 옳은 것은?

① 위생마스크 ② 송기마스크
③ 방진마스크 ④ 방독마스크

해 산소결핍이 우려되는 장소에는 송기마스크를 착용해야 한다.

답 ②

048 ☆

다음 중 방진마스크 선택시 주의사항으로 틀린 것은?

① 포집율이 좋아야 한다.
② 흡기저항 상승률이 높아야 한다.
③ 시야가 넓을수록 좋다.
④ 안면부에 밀착성이 좋아야 한다.

해 흡기저항 상승률이 낮아야 한다.

답 ②

049 ☆

다음 중 그림에 나타난 보호구의 명칭으로 옳은 것은?

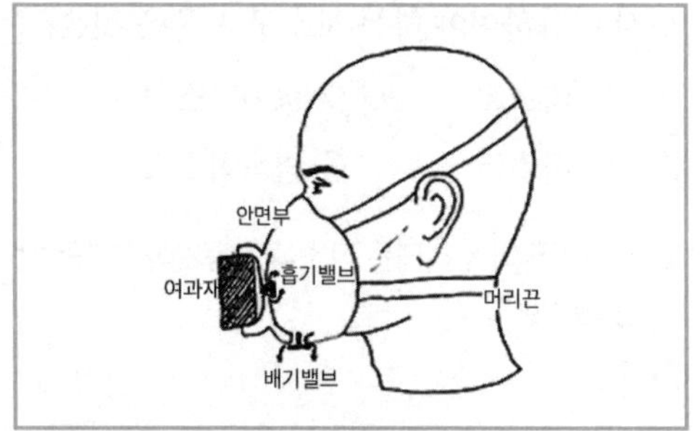

① 격리식 반면형 방독마스크
② 직결식 반면형 방진마스크
③ 격리식 전면형 방독마스크
④ 안면부여과식 방진마스크

解 방진마스크 형태

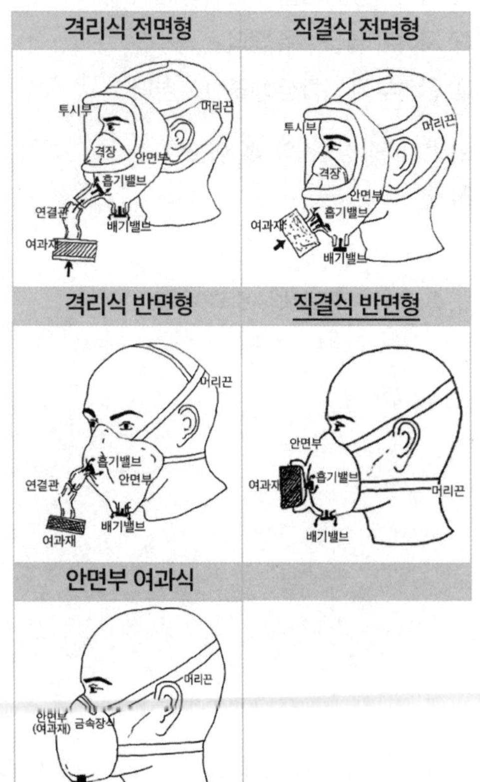

답 ②

050 ☆

다음 중 보호구 안전인증기준에 있어 방독마스크에 관한 용어의 설명으로 틀린 것은?

① "파과"란 대응하는 가스에 대하여 정화통 내부의 흡착제가 포화상태가 되어 흡착능력을 상실한 상태를 말한다.
② "파과곡선"이란 파과시간과 유해물질의 종류에 대한 관계를 나타낸 곡선을 말한다.
③ "겸용 방독마스크"란 방독마스크(복합용 포함)의 성능에 방진마스크의 성능이 포함된 방독마스크를 말한다.
④ "전면형 방독마스크"란 유해물질 등으로 부터 안면부 전체(입, 코, 눈)를 덮을 수 있는 구조의 방독마스크를 말한다.

解 "파과곡선"이란 파과시간과 유해물질 등에 대한 농도와의 관계를 나타낸 곡선을 말한다.

답 ②

051 ☆

방독마스크의 흡수관의 종류와 사용조건이 옳게 연결된 것은?

① 보통가스용 – 산화금속
② 유기가스용 – 활성탄
③ 일산화탄소용 – 알칼리제제
④ 암모니아용 – 산화금속

解 유기가스용, 보통가스용 – 활성탄
일산화탄소용 – 호프카라이프
암모니아용 – 큐프라마이트

답 ②

052 ☆☆

방독마스크의 정화통 색상으로 틀린 것은?

① 유기화합물용－갈색
② 할로겐용－회색
③ 황화수소용－회색
④ 암모니아용－노란색

해 정화통 외부 측면 표시 색

종류	표시 색
유기화합물용	갈색
할로겐용	회색
황화수소용	
시안화수소용	
아황산용	노란색
암모니아용	녹색
복합용 및 겸용	복합용: 해당가스 모두 표시(2층 분리) 겸용: 백색과 해당가스 모두 표시(2층 분리)

답 ④

053 ☆

산업안전보건법상 안전보건표지의 종류 중 "방독마스크 착용"은 무슨 표지에 해당하는가?

① 경고표지 ② 지시표지
③ 금지표지 ④ 안내표지

해 방독마스크 착용은 지시표지이다.

답 ②

054 ☆

공장 내에 안전보건표지를 부착하는 주된 이유는?

① 안전의식 고취
② 인간 행동의 변화 통제
③ 공장 내의 환경 정비 목적
④ 능률적인 작업을 유도

해 안전이 제일 중요하다.

답 ①

055 ☆

산업안전보건법령상 안전보건표지에 관한 설명으로 틀린 것은?

① 안전보건표지 속의 그림 또는 부호의 크기는 안전보건표지의 크기와 비례하여야 하며, 안전보건표지 전체 규격의 30% 이상이 되어야 한다.
② 안전보건표지 색채의 물감은 변질되지 아니하는 것에 색채 고정원료를 배합하여 사용하여야 한다.
③ 안전보건표지는 그 표시내용을 근로자가 빠르고 쉽게 알아볼 수 있는 크기로 제작 하여야 한다.
④ 안전보건표지에는 야광물질을 사용하여서는 아니 된다.

해 야간에 필요한 안전보건표지는 야광물질을 사용하는 등 쉽게 알아볼 수 있도록 제작해야 한다.

답 ④

056 ☆☆

산업안전보건법령에 따른 안전 보건 표지에 사용하는 색채기준 중 비상구 및 피난소, 사람 또는 차량의 통행표지의 안내 용도로 사용하는 색채는?

① 빨간색 ② 녹색 ③ 노란색 ④ 파란색

해 안내표지는 바탕은 흰색, 기본모형 및 관련 부호는 녹색이거나 바탕은 녹색, 관련 부호 및 그림은 흰색이다.

답 ②

057 ☆

안전보건표지의 색채 및 색도 기준 중 다음 ( )안에 알맞은 것은?

	색도기준	용도
( )	5Y 8.5/12	경고
( )	2.5PB 4/10	지시

① 빨간색, 흰색 ② 검은색, 노란색
③ 흰색, 녹색 ④ 노란색, 파란색

해

색채	색도기준	용도
빨간색	7.5R 4/14	금지
		경고
노란색	5Y 8.5/12	경고
파란색	2.5PB 4/10	지시
녹색	2.5G 4/10	안내
흰색	N9.5	—
검은색	N0.5	—

답 ④

058 ☆☆☆

산업안전보건법령상 안전보건표지의 색채, 색도기준 및 용도 중 다음 ( ) 안에 알맞은 것은?

색채	색도기준	용도	사용 예
( )	5Y 8.5/12	경고	화학물질 취급장소에서의 유해·위험 경고 이외의 위험 경고, 주의표지 또는 기계방호물

① 파란색 ② 노란색
③ 빨간색 ④ 검은색

해 안전보건표지 색도기준 및 용도

색채	색도 기준	용도	사용 예
노란색	5Y 8.5/12	경고	화학물질 취급장소에서의 유해·위험경고 이외의 위험경고, 주의표지 또는 기계방호물

답 ②

059 ☆

산업안전보건법에 따라 안전·보건표지에 사용된 색채의 색도기준이 "7.5R 4/14"일 때 이 색채의 명도 값으로 옳은 것은?

① 7.5 ② 4 ③ 14 ④ 4/14

해 7.5R: 색상, 4: 명도, 14: 채도

답 ②

060 ☆

다음 중 산업안전보건법령상 안전보건표지의 용도 및 사용 장소에 대한 표지의 분류가 가장 올바른 것은?

① 폭발성 물질이 있는 장소: 안내표지

② 비상구가 좌측에 있음을 알려야 하는 장소: 지시표지

③ 보안경을 착용해야만 작업 또는 출입을 할 수 있는 장소: 안내표지

④ 정리정돈 상태의 물체나 움직여서는 안될 물체를 보존하기 위하여 필요한 장소: 금지표지

해 ①: 경고표지(폭발성물질 경고)
②: 안내표지(좌측비상구)
③: 지시표지(보안경착용)
④: 금지표지(물체이동금지)

답 ④

061 ☆

산업안전보건법령상 안전·보건표지 중 안내표지사항의 기본모형은?

① 사각형 ② 원형

③ 삼각형 ④ 마름모형

해 안전보건표지 기본모형

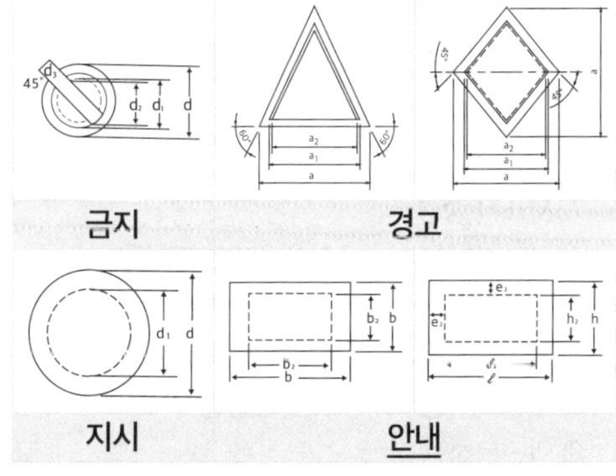

답 ①

062 ☆

안전·보건표지의 기본모형 중 다음 그림의 기본모형의 표시사항으로 옳은 것은?

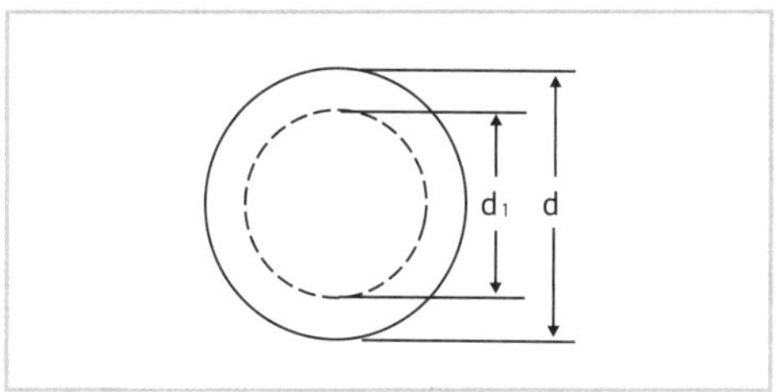

① 지시 ② 안내 ③ 경고 ④ 금지

해 윗 해설 참조

답 ①

063 ☆☆

산업안전보건법령상 안전보건표지의 종류와 형태 중 그림과 같은 경고 표지는? (단, 바탕은 무색, 기본모형은 빨간색, 그림은 검은색이다.)

① 부식성물질 경고 ② 폭발성물질 경고

③ 산화성물질 경고 ④ 인화성물질 경고

해

답 ④

064 ☆

산업안전보건법령상 안전보건표시의 종류 중 인화성물질에 관한 표지에 해당하는 것은?

① 금지표시 ② 경고표시
③ 지시표시 ④ 안내표시

해 인화성물질 경고는 경고표지이다.

답 ②

065 ☆☆

산업안전보건법령상 안전보건표지의 종류에 있어 "안전모 착용"은 어떤 표지에 해당하는가?

① 경고표지 ② 지시표지
③ 안내표지 ④ 관계자 외 출입 금지

해 안전모 착용은 지시표지이다.

답 ②

066 ☆☆

다음 중 산업안전보건법령상 안전보건표지에 있어 경고 표지의 종류에 해당하지 않는 것은?

① 방사성물질 경고 ② 급성독성물질 경고
③ 차량통행 경고 ④ 레이저광선 경고

해 경고표지 종류
1. 인화성물질 경고 2. 산화성물질 경고
3. 폭발성물질 경고 4. 급성독성물질 경고
5. 부식성물질 경고 6. 방사성물질 경고
7. 고압전기 경고 8. 매달린 물체 경고
9. 낙하물 경고 10. 고온 경고
11. 저온 경고 12. 몸균형 상실 경고
13. 레이저광선 경고 14. 위험장소 경고
15. 발암성·변이원성·생식독성·전신독성·호흡기과민성물질 경고

답 ③

067 ☆

산업안전보건법상 안전보건표지의 종류 중 안내표지에 해당하는 것은?

① 금연 ② 몸균형상실 경고
③ 안전모 착용 ④ 녹십자표지

해 안내표지 종류
1. 녹십자표지 2. 응급구호표지
3. 들것 4. 세안장치
5. 비상용기구 6. 비상구
7. 좌측비상구 8. 우측비상구

답 ④

068 ☆

산업안전보건법령상 안전보건표지 중 안내표지의 종류에 해당하지 않는 것은?

① 들것
② 세안장치
③ 비상용기구
④ 허가대상물질 작업장

해 윗 해설 참조

답 ④

069 ☆

산업안전보건법상 안전보건표지의 종류 중 지시표지에 해당되지 않는 것은?

① 안전모 착용 ② 안전화 착용
③ 방호복 착용 ④ 방독마스크 착용

해 지시표지 종류
1. 보안경착용 2. 방독마스크착용
3. 방진마스크착용 4. 보안면착용
5. 안전모착용 6. 귀마개착용
7. 안전화착용 8. 안전장갑착용
9. 안전복착용

답 ③

070 ☆

산업안전보건법령에 따라 작업장 내에 사용하는 안전보건표지의 종류에 관한 설명으로 옳은 것은?

① "위험장소"는 경고표지로서 바탕은 노란색, 기본모형은 검은색, 그림은 흰색으로 한다.
② "출입금지"는 금지표지로서 바탕은 흰색, 기본모형은 빨간색, 그림은 검은색으로 한다.
③ "녹십자표지"는 안내표지로서 바탕은 흰색, 기본모형과 관련 부호는 녹색, 그림은 검은색으로 한다.
④ "안전모착용"은 경고표지로서 바탕은 파란색, 관련 그림은 검은색으로 한다.

해 ①: 위험장소(경고) – 바탕은 노란색, 기본모형, 관련 부호 및 그림은 검은색
③: 녹십자(안내) – 바탕은 흰색, 기본모형 및 관련 부호는 녹색, 바탕은 녹색, 관련 부호 및 그림은 흰색
④: 안전모 착용(지시) – 바탕은 파란색, 관련 그림은 흰색

답 ②

071 ☆

산업안전보건법령상 안전보건표지 중 '산화성물질 경고'의 색채에 관한 설명으로 옳은 것은?

① 바탕은 파란색, 관련 그림은 흰색
② 바탕은 무색, 기본모형은 빨간색
③ 바탕은 흰색, 기본모형 및 관련 부호는 녹색
④ 바탕은 노란색, 기본모형, 관련 부호 및 그림은 검은색

해 산화성물질경고: 바탕은 무색, 기본모형은 빨간색

답 ②

072 ☆

산업안전보건법령상 안전보건표지의 색채 중 문자 및 빨간색 또는 노란색에 대한 보조색의 용도로 사용되는 색채는?

① 검은색 ② 흰색 ③ 녹색 ④ 파란색

해 문자 및 빨간색 또는 노란색에 대한 보조색의 용도로 검은색이 사용된다.

답 ①

073 ☆

산업안전보건법상 바탕은 흰색, 기본모형은 빨간색, 관련 부호 및 그림은 검은색을 사용하는 안전보건표지는?

① 안전복착용 ② 출입금지
③ 고온경고 ④ 비상구

해 금지표지에 대한 설명이다.

답 ②

074 ☆☆

산업안전보건법상 안전보건 표지에서 기본모형의 색상이 빨강이 아닌 것은?

① 산화성물질 경고 ② 화기금지
③ 탑승금지 ④ 고온 경고

해 고온 경고는 기본모형이 검은색이다.

답 ④

075 ☆☆☆☆☆☆

레빈(Lewin)은 인간행동과 인간의 조건 및 환경조건의 관계를 다음과 같이 표시하였다. 이 때 'f'의 의미는?

B=f(P • E)

① 행동 ② 조명 ③ 지능 ④ 함수

해 B=f(P • E)
B: Behavior(행동)
f: Function(함수)
P: Person(개체:연령/경험/성격/소질/지능/심적상태)
E: Environment(환경:감독/직무안정/작업조건/인간관계)

답 ④

076 ☆

레빈(Lewin)의 법칙 B=f(P • E)에서 인간 행동(B)은 개체(P)와 환경조건(E)과의 상호 함수관계를 갖는다. 다음 중 환경조건(E)이 나타내는 것은?

① 지능 ② 소질 ③ 적성 ④ 인간관계

해 윗 해설 참조

답 ④

077 ☆

인간의 행동은 사람의 개성과 환경에 영향을 받는데 다음 중 환경적 요인이 아닌 것은?

① 책임 ② 작업조건 ③ 감독 ④ 직무의 안정

해 윗 해설 참조

답 ①

078 ☆☆

일반적으로 사업장에서 안전관리조직을 구성할 때 고려할 사항과 가장 거리가 먼 것은?

① 조직 구성원의 책임과 권한을 명확하게 한다.
② 회사의 특성과 규모에 부합되게 조직되어야 한다.
③ 생산조직과는 동떨어진 독특한 조직이 되도록 하여 효율성을 높인다.
④ 조직의 기능이 충분히 발휘될 수 있는 제도적 체계가 갖추어져야 한다.

해 독특한 조직을 만들 필요는 없다.

답 ③

079 ☆

개인 카운슬링(Counseling)방법으로 가장 거리가 먼 것은?

① 직접적 충고 ② 설득적 방법
③ 설명적 방법 ④ 반복적 충고

해 개인 카운슬링(Counseling)방법
직접적 충고/설득적 방법/설명적 방법

답 ④

080 ☆

인간의 행동특성 중 주의(attention)의 일점집중현상에 대한 대책으로 가장 적절한 것은?

① 적성배치 ② 카운슬링
③ 위험예지훈련 ④ 작업환경 개선

해 일점집중현상 대책으로 위험예지훈련이 있다
일점집중현상: 돌발상황 발생 시 주의가 일점에 집중되어 판단이 흐려지는 현상

답 ③

081 ☆

억측판단의 배경이 아닌 것은?

① 생략행위 ② 초조한 심정
③ 희망적 관측 ④ 과거의 성공한 경험

해 억측판단 발생 배경
1. 정보가 불확실할 때
2. 희망적인 관측이 있을 때(경보기가 울려도 기차가 오기까지 아직 시간이 있다고 판단하여 건널목을 건너다가 사고를 당했다.)
3. 과거에 성공한 경험이 있을 때
4. 초조할 때

답 ①

082 ☆☆☆☆☆☆

인지과정 착오의 요인이 아닌 것은?

① 생리·심리적 능력 한계
② 감각차단 현상
③ 작업자의 기능 미숙
④ 정서 불안정

해 인지과정 착오 요인
1. 정서 불안정
2. 정보량 한계
3. 감각차단현상
4. 생리·심리적 능력 한계

답 ③

083 ☆

다음 중 생체리듬(Biorhythm)의 종류에 속하지 않는 것은?

① 육체적 리듬 ② 지성적 리듬
③ 감성적 리듬 ④ 정서적 리듬

해 바이오리듬 종류

육체적 리듬 (P, Physical)	23일을 주기로 반복되며, 신체적 컨디션의 율동적 발현, 즉 식욕·활동력 등과 밀접한 관계를 갖는 리듬
감성적 리듬 (S, Sensitivity)	28일을 주기로 반복되며, 주의력·창조력·예감·통찰력 등을 좌우하는 리듬
지성적 리듬 (I, Intellectual)	33일을 주기로 반복되며, 상상력, 사고력, 기억력 또는 의지, 판단 및 비판력 등과 깊은 관련성을 갖는 리듬

답 ④

084 ☆

다음 중 인간의식의 레벨(level)에 관한 설명으로 틀린 것은?

① 24시간의 생리적 리듬의 계곡에서 tensi on level은 낮에는 높고 밤에는 낮다.
② 24시간의 생리적 리듬의 계곡에서 tensi on level은 낮에는 낮고 밤에는 높다.
③ 피로 시의 tension level은 저하정도가 크지 않다.
④ 졸았을 때는 의식상실의 시기로 tension level은 0이다.

해 24시간의 생리적 리듬의 계곡에서 tension level은 낮에는 높고 밤에는 낮다.

답 ②

085 ☆☆

주의의 특성으로 볼 수 없는 것은?

① 변동성 ② 선택성 ③ 방향성 ④ 통합성

해 주의 특성

선택성	• 한 지점에 주의를 집중하면 다른 곳에의 주의는 약해진다. • 여러 자극을 지각할 때 소수의 현란한 자극에 선택적 주의를 기울이는 경향 있다.
방향성	주의의 초점에 합치된 것은 쉽게 인식되지만 초점에서 벗어난 부분은 무시된다.
변동성	• 고도의 주의는 장시간 지속하기 어렵다. • 장시간 주의를 집중하려 해도 주기적으로 부주의의 리듬이 존재한다.

답 ④

086 ☆☆☆

주의(Attention)의 특징 중 여러 종류의 자극을 자각할 때, 소수의 특정한 것에 한하여 주의가 집중되는 것은?

① 선택성 ② 방향성 ③ 변동성 ④ 검출성

해 윗 해설 참조

답 ①

087 ☆

다음 중 주의(attention)에 관한 설명으로 옳은 것은?

① 주의는 장시간에 걸쳐 집중이 가능하다.

② 주의가 집중이 되면 주의의 영역은 넓어진다.

③ 주의는 동시에 2개 이상의 방향에 집중이 가능하다.

④ 주의의 방향과 시선의 방향이 일치할수록 주의의 정도가 높다.

해 ①: 고도의 주의는 장시간 지속하기 어렵다.
②: 주의가 집중이 되면 주의의 영역은 좁아진다.
③: 한 지점에 주의를 집중하면 다른 곳에의 주의는 약해진다.

답 ④

088 ☆

군화의 법칙을 그림으로 나타낸 것으로 다음 중 폐합의 요인에 해당하는 것은?

① ● ○ ● ○ ● ○ ② ○○ ○○ ○○

③  ④  

해 군화의 법칙(게슈탈트 원칙)

근접의 원리	가까이 있는 것들은 한 패턴으로 보이는 원리=②
동류의 원리	비슷한 성질의 요소들이 떨어져 있어도 동일 집단으로 느껴지는 원리=①
연속의 원리	배열과 진행방향이 비슷한 것끼리 연속되어 져 있을 경우 하나로 보이게 된다는 원리=③
폐합의 원리	닫혀 있지 않은 도형이 닫혀 보이거나 집단으로 보이는 원리=④
대칭의 원리	대칭적인 것은 균형과 안정감을 주며 좋은 모양으로 보이는 원리

답 ④

089 ☆

주의의 수준에서 중간 수준에 포함되지 않는 것은?

① 다른 곳에 주의를 기울이고 있을 때
② 가시시야 내 부분
③ 수면 중
④ 일상과 같은 조건일 경우

해

단계	의식 상태
Phase 0	무의식/실신/수면상태
Phase Ⅰ	의식 몽롱/둔화/피로/단조로움
Phase Ⅱ	의식 이완 상태
Phase Ⅲ	명료한 상태(신뢰성 최고)
Phase Ⅳ	과긴장 상태

답 ③

090 ☆

의식수준 5단계 중 의식수준의 저하로 인한 피로와 단조로움의 생리적 상태가 일어나는 단계는?

① Phase Ⅰ ② Phase Ⅱ
③ Phase Ⅲ ④ Phase Ⅳ

해 윗 해설 참조

답 ①

091 ☆

의식수준 5단계 중 의식수준이 가장 적극적인 상태이며 신뢰성이 가장 높은 상태로 주의집중이 가장 활성화되는 단계는?

① Phase 0 ② Phase Ⅰ
③ Phase Ⅱ ④ Phase Ⅲ

해 윗 해설 참조

답 ④

092 ☆

다음의 사고발생 기초원인 중 심리적 요인에 해당하는 것은?

① 작업 중 졸려서 주의력이 떨어졌다.
② 조명이 어두워 정신 집중이 안 되었다.
③ 작업 공간이 협소하여 압박감을 느꼈다.
④ 적성에 안 맞는 작업이어서 재미가 없다.

해 ①/②/③: 생리적

답 ④

093 ☆☆☆☆

상황성 누발자의 재해유발원인과 거리가 먼 것은?

① 작업의 어려움 ② 기계설비의 결함
③ 심신의 근심 ④ 주의력의 산만

해 상황성 누발자
1. 작업에 어려움이 많은 자
2. 기계 설비의 결함이 있을 때
3. 심신에 근심이 있는 자
4. 환경상 주의력 집중이 혼란되기 쉬울 때

답 ④

094 ☆

부주의에 대한 설명 중 틀린 것은?

① 부주의는 거의 모든 사고의 직접 원인이 된다.
② 부주의라는 말은 불안전한 행위뿐만 아니라 불안전한 상태에도 통용된다.
③ 부주의라는 말은 결과를 표현한다.
④ 부주의는 무의식적 행위나 의식의 주변에서 행해지는 행위에 나타난다.

해 부주의는 간접원인이다.

답 ①

095 ☆☆

다음 중 사고의 위험이 불안전한 행위 외에 불안전한 상태에서도 적용된다는 것과 가장 관계가 있는 것은?

① 이념성 ② 개인차 ③ 부주의 ④ 지능성

해 부주의에 대한 설명이다.

답 ③

096 ☆

의식의 상태에서 작업 중 걱정, 고민, 욕구불만 등에 의하여 정신을 빼앗기는 것을 무엇이라 하는가?

① 의식의 과잉 ② 의식의 파동
③ 의식의 우회 ④ 의식수준의 저하

해 부주의 현상

구분	내용
의식 우회	• 의식의 흐름이 옆으로 빗나가 발생하는 경우 • 작업 중 걱정, 고민, 욕구불만 등에 의하여 정신을 빼앗기는 것
의식 단절	지속적인 흐름에 공백이 발생하며 질병이 있는 경우에만 발생
의식 과잉	작업을 하고 있을 때 긴급 이상상태 또는 돌발 사태가 되면 순간적으로 긴장하게 되어 판단능력의 둔화 또는 정지상태가 되는 것
의식 혼란	외부 자극이 애매하거나 자극이 강하거나 약할 때 같이 외적 조건에 의해 의식이 혼란하거나 분산돼 위험요인 대응 할 수 없을 때 발생
의식 수준 저하	혼미한 정신상태에서 심신의 피로나 단조로운 반복작업 시 일어나는 현상

답 ③

097 ☆

다음 중 부주의 현상을 그림으로 표시한 것으로 의식의 우회를 나타낸 것은?

① 의식의 흐름

② 의식의 흐름

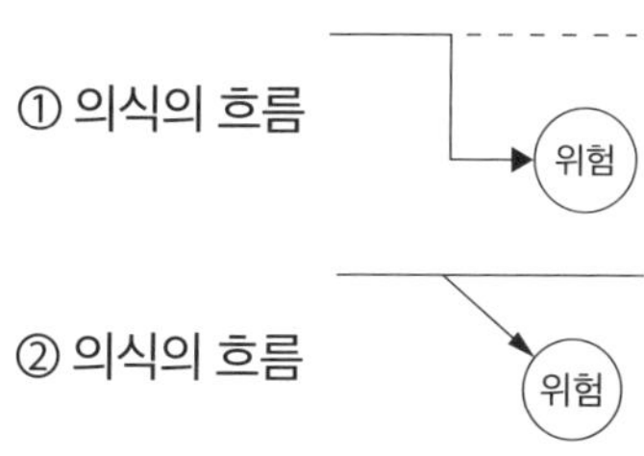

③ 의식의 흐름

④ 의식의 흐름

해 ①: 의식의 저하
②: 의식의 혼란
③: 의식의 중단

답 ④

098 ☆

다음 중 부주의의 발생원인과 그 대책이 올바르게 연결된 것은?

① 의식의 우회–상담

② 소질적 조건–교육

③ 작업환경조건 불량–작업순서 정비

④ 작업순서의 부적당–작업자 재배치

해 부주의 원인과 대책

내적 원인 및 대책	• 소질적 조건(적성에 따른 배치) • 경험 및 미경험(교육) • 의식 우회(상담, 카운슬링)
외적 원인 및 대책	• 작업환경조건 불량(환경정비) • 작업순서 부적절(인간공학적 접근)
정신적 측면 대책	• 안전의식의 제고 • 스트레스 해소
기능 및 작업적 측면 대책	• 작업표준의 습관화 • 적성배치 • 작업조건의 개선
설비 및 환경적 측면 대책	• 설비 및 작업환경 안전화 • 긴급 시 안전대책 • 표준작업제도 도입

답 ①

099 ☆☆

부주의 현상 중 의식의 우회에 대한 예방대책으로 옳은 것은?

① 안전교육 ② 표준작업제도 도입

③ 상담 ④ 적성배치

해 윗 해설 참조

답 ③

100 ☆

인간의 실수 및 과오요인과 직접적인 관계가 가장 먼 것은?

① 관리의 부적당 ② 능력의 부족
③ 주의의 부족 ④ 환경조건의 부적당

해 ①: 간접 요인

답 ①

101 ☆

다음 중 인간의 실수(Human Errors)를 감소시킬 수 있는 방법으로 가장 적절하지 않은 것은?

① 직무수행에 필요한 능력과 기량을 가진 사람을 선정함으로써 인간의 실수를 감소 시킨다.
② 적절한 교육과 훈련을 통하여 인간의 실수를 감소시킨다.
③ 인간의 과오를 감소시킬 수 있도록 제품이나 시스템을 설계한다.
④ 실수를 발생한 사람에게 주의나 경고를 주어 재발생하지 않도록 한다.

해 실수를 발생한 사람에게 주의나 경고를 주면 긴장하여 옳지 않다.

답 ④

102 ☆

안전한 방법에 대한 지식을 가지고 있으며 또 그것을 해낼 수 있는 능력을 가지고 있는 사람이 불안전 행위를 범해서 재해를 일으키는 경우가 있는데 다음 중 이에 해당되지 않는 경우는?

① 무의식으로 하는 경우
② 사태의 파악에 잘못이 있을 때
③ 좋지 않다는 것을 의식하면서 행위를 할 경우
④ 작업량이 능력에 비하여 과다한 경우

해 작업에 대해 잘 아는 사람이 의식에 문제가 생길 경우 재해를 발생하기 쉽다.

답 ④

103 ☆

다음 중 피로(fatigue)에 관한 설명으로 가장 적절하지 않은 것은?

① 피로는 신체의 변화, 스스로 느끼는 권태 감 및 작업 능률의 저하 등을 총칭하는 말이다.
② 급성 피로란 보통의 휴식으로는 회복이 불가능한 피로를 말한다.
③ 정신 피로는 정신적 긴장에 의해 일어나는 중추신경계의 피로로 사고활동, 정서 등의 변화가 나타난다.
④ 만성 피로란 오랜 기간에 걸쳐 축적되면 일어나는 피로를 말한다.

해 급성 피로는 일시적인 피로로서 충분한 휴식과 수면으로 회복이 가능하다.

답 ②

104 ☆

다음 중 피로의 직접적인 원인과 가장 거리가 먼 것은?

① 작업 환경 ② 작업 속도
③ 작업 태도 ④ 작업 적성

해 피로의 직접적인 원인: 작업 환경/작업 속도/작업 태도

답 ④

105 ☆

피로의 예방과 회복대책에 대한 설명이 아닌 것은?

① 작업부하를 크게 할 것
② 정적 동작을 피할 것
③ 작업속도를 적절하게 할 것
④ 근로시간과 휴식을 적정하게 할 것

해 작업부하를 작게 할 것

답 ①

106 ☆

질병에 의한 피로의 방지대책으로 가장 적합한 것은?

① 기계의 사용을 배제한다.
② 작업의 가치를 부여한다.
③ 보건상 유해한 작업환경을 개선한다.
④ 작업장에서의 부적절한 관계를 배제한다.

해 ①/②/④는 피로 방지책과 관련이 없다.

답 ③

107 ☆

피로에 의한 정신적 증상과 가장 관련이 깊은 것은?

① 주의력이 감소 또는 경감된다.
② 작업 효과나 작업량이 감퇴 및 저하된다.
③ 작업에 대한 몸의 자세가 흐트러지고 지치게 된다.
④ 작업에 대하여 무감각 무표정 경련 등이 일어난다.

해 ②: 육체적 증상
③: 생리적 증상
④: 생리적 증상

답 ①

108 ☆

피로 측정 방법 중 동작 분석, 연속 반응시간 등을 통하여 피로를 측정하는 방법은?

① 생리학적 측정 ② 생화학적 측정
③ 심리학적 측정 ④ 생역학적 측정

해 심리학적 측정
집중력/동작 분석/연속반응시간

답 ③

109 ☆

다음 중 스트레스(Stress)에 관한 설명으로 가장 적절한 것은?

① 스트레스는 나쁜 일에서만 발생한다.
② 스트레스는 부정적인 측면만 있다.
③ 스트레스는 직무몰입과 생산성 감소의 직접적인 원인이 된다.
④ 스트레스 상황에 직면하는 기회가 많을수록 스트레스 발생 가능성은 낮아진다.

해 ①: 스트레스는 좋은 일에서도 발생한다.
②: 스트레스는 긍정적인 측면도 있다.
④: 스트레스 상황에 직면하는 기회가 많을수록 스트레스 발생 가능성은 높아진다.

답 ③

110 ☆

스트레스의 요인 중 직무특성에 대한 설명으로 가장 옳은 것은?

① 과업의 과소는 스트레스를 경감시킨다.
② 과업의 과중은 스트레스를 경감시킨다.
③ 시간의 압박은 스트레스와 관계없다.
④ 직무로 인한 스트레스는 동기부여의 저하, 정신적 긴장 그리고 자신감 상실과 같은 부정적 반응을 초래한다.

해 ①: 과업의 과소는 스트레스를 경감시키거나 증가시킬 수 있다.
②: 과업의 과중는 스트레스를 경감시키거나 증가시킬 수 있다.
③: 시간의 압박은 스트레스와 관계있다.

답 ④

111 ☆

스트레스 주요 원인 중 마음속에서 일어나는 내적 자극요인으로 볼 수 없는 것은?

① 자존심의 손상 ② 업무상 죄책감
③ 현실에서의 부적응 ④ 대인 관계상의 갈등

해 스트레스

내적 요인	자존심 손상/업무상 죄책감/현실 부적응 등
외적 요인	경제적 어려움/대인관계 갈등/가족의 죽음, 질병

답 ④

112 ☆

직장에서의 부적응 유형 중 자기 주장이 강하고 빈약한 대인관계를 가지고 있는 성격의 소유자로 사소한 일에 있어서도 타인이 자신을 제외했다고 여겨 악의를 나타내는 인격을 무엇이라 하는가?

① 망상인격 ② 분열인격
③ 무력인격 ④ 강박인격

해 부적응 종류

망상인격	자기주장이 강하고 빈약한 대인관계
분열인격	자폐적, 수줍음, 사교를 싫어하는 형태, 친밀한 인간관계 회피
폭발인격	갑자기 예고 없이 노여움 폭발, 흥분 잘하고 과민성, 자기행동의 합리화
순환인격	울적한 상태에서 명량한 상태로 상당히 장기간에 걸쳐 기분변동
강박인격	양심적, 우유부단, 욕망제지, 타인으로부터 인정받기를 지나치게 원함(완전주의)

답 ①

113 ☆

산업스트레스의 요인 중 직무특성과 관련된 요인으로 볼 수 없는 것은?

① 조직구조 ② 작업속도
③ 근무시간 ④ 업무의 반복성

해 산업스트레스 종류
작업속도/근무시간/업무 반복성/시간적 압박

답 ①

114 ☆☆☆

기업 내 정형교육 중 TWI의 훈련내용이 아닌 것은?

① 작업방법훈련 ② 작업지도훈련
③ 사례연구훈련 ④ 인간관계훈련

해 TWI 교육내용

JIT(Job Instruction Training)	• 작업지도훈련 • 부하 직원 가르침
JMT(Job Method Training)	• 작업방법훈련 • 작업개선방법
JRT(Job Relation Training)	• 인간관계훈련 • 부하통솔기법
JST(Job Safety Training)	• 안전작업방법 • 안전작업위한훈련

답 ③

115 ☆

다음 중 TWI(Training Within Industry)의 교육내용이 아닌 것은?

① Job Support ② Job Method
③ Job Relation ④ Job Instruction

해 윗 해설 참조

답 ①

116 ☆☆☆☆

기업 내 교육 방법 중 작업의 개선 방법 및 사람을 다루는 방법, 작업을 가르치는 방법 등을 주된 교육 내용으로 하는 것은?

① CCS(Civil Communication Section)
② MTP(Management Training Program)
③ TWI(Training Within Industry)
④ ATT(American Telephone&Telegram Co)

해

CCS	강의식＋토의식 형태이며 매주 4일 4시간씩 8주로 총 128시간 교육한다.
MTP	12~15명 단위로 편성하여 구체적인 문제를 토론방식으로 검토하는 방법인데, 보통 1회 평균 2시간, 합계 20회의 강습을 계통적으로 행한다.
ATP	경영자를 대상으로 하는 교육이다.
TWI	제일선의 감독자를 교육대상으로 하고, 작업을 지도하는 방법, 작업개선방법 등의 주요 내용을 다루는 기업내 교육방법

답 ③

117 ☆☆

교육훈련 평가의 4단계를 올바르게 나열한 것은?

① 학습 → 반응 → 행동 → 결과
② 학습 → 행동 → 반응 → 결과
③ 행동 → 반응 → 학습 → 결과
④ 반응 → 학습 → 행동 → 결과

해 교육훈련 평가의 4단계
반응 → 학습 → 행동 → 결과

답 ④

118 ☆

강의계획에서 주제를 학습시킬 범위와 내용의 정도를 무엇이라 하는가?

① 학습목적 ② 학습목표
③ 학습정도 ④ 학습성과

해 학습성과: 학습목적을 세분해 구체적으로 결정한 것
학습정도: 주제를 학습시킬 범위와 내용의 정도

답 ③

119 ☆☆

학습정도(level of learning)의 4단계 요소가 아닌 것은?

① 지각 ② 적용 ③ 인지 ④ 정리

해 학습정도 4단계: 인지→지각→이해→적용

답 ④

120 ☆☆

안전지식교육 실시 4단계에서 지식을 실제의 상황에 맞추어 문제를 해결해 보고 그 수법을 이해시키는 단계로 옳은 것은?

① 도입 ② 제시 ③ 적용 ④ 확인

해 교육훈련의 4단계

1단계(도입)	학습할 준비를 시킨다.
2단계(제시)	작업을 설명한다. (이해시키고, 납득시킴)
3단계(적용)	작업을 지휘한다.(작업습관 확립과 토론을 통한 공감 생성)
4단계(확인)	가르친 뒤 살펴본다.

이해시킨 내용을 직접 응용시키는 것이니 적용 단계이다.

답 ③

121 ☆

토의식 교육지도에 있어서 가장 시간이 많이 소요되는 단계는?

① 도입 ② 제시 ③ 적용 ④ 확인

해

교육훈련	강의식	토의식
도입	5분	5분
제시	40분	10분
적용	10분	40분
확인	5분	5분

답 ③

122 ☆☆

강의식 교육지도에서 가장 많은 시간이 할당되는 단계는?

① 도입 ② 제시 ③ 적용 ④ 확인

해

교육훈련	강의식	토의식
도입	5분	5분
제시	40분	10분
적용	10분	40분
확인	5분	5분

답 ②

123 ☆

다음 중 안전교육방법에 있어 강의법에 관한 설명으로 틀린 것은?

① 시간에 대한 조정이 용이하다.
② 전체적인 교육내용을 제시하는데 유리하다.
③ 종류에는 포럼, 심포지엄, 버즈세션 등이 있다.
④ 다수의 인원에게 동시에 많은 지식과 정보의 전달이 가능하다.

해 ③: 포럼, 심포지엄, 버즈세션은 토의법이다.

답 ③

124 ☆

학습 성취에 직접적인 영향을 미치는 요인과 가장 거리가 먼 것은?

① 적성 ② 준비도
③ 개인차 ④ 동기유발

해 학습 성취의 직접요인
준비도/개인차/동기유발

답 ①

125 ☆

안전·보건교육 및 훈련은 인간행동 변화를 안전하게 유지하는 것이 목적이다. 이러한 행동 변화의 전개과정 순서가 알맞은 것은?

① 자극 – 욕구 – 판단 – 행동
② 욕구 – 자극 – 판단 – 행동
③ 판단 – 자극 – 욕구 – 행동
④ 행동 – 욕구 – 자극-판단

해 행동변화의 전개순서
자극 – 욕구 – 판단 – 행동

답 ①

126 ☆☆☆☆☆

다음 중 산업심리의 5대 요소에 해당하지 않는 것은?

① 적성 ② 감정 ③ 기질 ④ 동기

해 산업안전심리의 5대 요소

요소	내용
동기	능동력은 감각에 의한 자극에서 일어나는 사고 결과로 사람 마음 움직이는 원동력
감정	희로애락(기쁨/노여움/슬픔/즐거움)의 의식
기질	성격/능력 등 개인적 특성 말하는 것
습성	동기/기질/감정 등이 밀접한 관계를 형성해 인간 행동에 영향을 미칠 수 있도록 하는 것
습관	습관의 영향인자는 동기/기질/감정/습성이다.

답 ①

127 ☆

안전 심리의 5대 요소 중 능동적인 감각에 의한 자극에서 일어난 사고의 결과로서, 사람의 마음을 움직이는 원동력이 되는 것은?

① 기질 ② 동기 ③ 감정 ④ 습관

해 윗 해설 참조

답 ②

128 ☆☆

재해의 기본원인 4M에 해당하지 않는 것은?

① Man ② Machine

③ Media ④ Measurement

해 4M 분석법

Man	동료나 상사, 본인 이외의 사람
Machine	설계, 제작 착오/고장
Media	작업정보, 작업방법 및 작업환경 부적절
Management	안전조직미비/안전교육부족

답 ④

129 ☆

다음 중 재해의 기본원인을 4M으로 분류할 때 작업의 정보, 작업방법, 환경 등의 요인이 속하는 것은?

① Man ② Machine

③ Media ④ Method

해 윗 해설 참조

답 ③

130 ☆

안전관리의 4M 가운데 Media에 관한 내용으로 가장 올바른 것은?

① 인간과 기계를 연결하는 매개체

② 인간과 관리를 연결하는 매개체

③ 기계와 관리를 연결하는 매개체

④ 인간과 작업환경을 연결하는 매개체

해 Media: 인간과 기계를 연결하는 매개체

답 ①

131 ☆

작업지시 기법에 있어 작업 포인트에 대한 지시 및 확인 사항이 아닌 것은?

① weather ② when

③ where ④ what

해 when: 작업 시작 시간
where: 작업 장소
what: 작업 내용

답 ①

132 ☆

TBM(Tool Box Meeting)의 의미를 가장 잘 설명한 것은?

① 지시나 명령의 전달회의

② 공구함을 준비한 후 작업하라는 뜻

③ 작업원 전원의 상호대화로 스스로 생각하고 납득하는 작업장 안전회의

④ 상사의 지시된 작업내용에 따른 공구를 하나하나 준비해야 한다는 뜻

해

TBM 위험예지 훈련	• 현장에서 그때 그 장소의 상황에서 즉응하여 실시하는 위험예지 활동 • 작업원 전원의 상호대화로 스스로 생각하고 납득하는 작업장 안전회의 • 10인 이하의 소규모가 모여서하는 즉시즉응법 • 단시간 통상 작업시간 전, 후 10분 정도 시간으로 미팅한다. • 근로자 모두가 말하고 스스로 생각하고 "이렇게 하자"라고 합의한 내용이 되어야 한다.

답 ③

133 ☆☆☆

위험예지훈련 중 TBM(Tool Box Meeting)에 관한 설명으로 틀린 것은?

① 작업 장소에서 원형의 형태를 만들어 실시한다.
② 통상 작업시작 전·후 10분 정도 시간으로 미팅한다.
③ 토의는 다수인(30인)이 함께 수행한다.
④ 근로자 모두가 말하고 스스로 생각하고 "이렇게 하자"라고 합의한 내용이 되어야 한다.

해 윗 해설 참조

답 ③

134 ☆

다음 중 무재해운동에서 실시하는 위험예지훈련에 관한 설명으로 틀린 것은?

① 근로자 자신이 모르는 작업에 대한 것도 파악하기 위하여 참가집단의 대상범위를 가능한 넓혀 많은 인원이 참가토록 한다.
② 직장의 팀워크로 안전을 전원이 빨리 올바르게 선취하는 훈련이다.
③ 아무리 좋은 기법이라도 시간이 많이 소요되는 것은 현장에서 큰 효과가 없다.
④ 정해진 내용의 교육보다는 전원의 대화방식으로 진행 한다.

해 참가집단의 대상범위를 적당한 인원이 참가토록 한다.

답 ①

135 ☆☆

테크니컬 스킬즈(technical skills)에 관한 설명으로 옳은 것은?

① 모럴(morale)을 앙양시키는 능력
② 인간을 사물에게 적응시키는 능력
③ 사물을 인간에게 유리하게 처리하는 능력
④ 인간과 인간의 의사소통을 원활히 처리하는 능력

해 테크니컬 스킬즈: 사물을 인간에게 유리하게 처리하는 능력

답 ③

136 ☆

다음 중 STOP 기법의 설명으로 옳은 것은?

① 교육훈련의 평가방법으로 활용된다.
② 일용직 근로자의 안전교육 추진방법이다.
③ 경영층의 대표적인 위험예지 훈련방법이다.
④ 관리감독자의 안전관찰 훈련으로 현장에서 주로 실시 한다.

해 STOP(Safety Training Observation Program) 기법
미국 듀퐁회사에서 개발한 것으로 결심(decide)/정지(stop)/관찰(observe)/조치(act)/보고(report)의 사이클을 이용하고, 관리감독자의 안전관찰 훈련으로 현장에서 주로 실시 한다.

답 ④

137 ☆☆

모랄 서베이(Morale Survey)의 효용이 아닌 것은?

① 조직과 구성원 성과를 비교·분석한다.
② 종업원의 정화(Catharsis)작용을 촉진시킨다.
③ 경영관리를 개선하는 데에 대한 자료를 얻는다.
④ 근로자의 심리 또는 욕구를 파악하여 불만을 해소하고, 노동 의욕을 높인다.

해 조직과 구성원 성과를 비교·분석하지 않는다.

답 ①

138 ☆☆

모랄 서베이(Morale Survey)의 주요 방법 중 태도조사법에 해당하는 것은?

① 사례연구법 ② 관찰법
③ 실험연구법 ④ 문답법

해 모랄서베이 실시방법
1. 통계법
2. 사례연구법
3. 관찰법
4. 실험법
5. 태도조사법: 문답법/면접법/집단토의법/투사법

답 ④

139 ☆

다음 중 교육훈련의 학습을 극대화시키고, 개인의 능력 개발을 극대화시켜 주는 평가방법이 아닌 것은?

① 관찰법 ② 배제법
③ 자료분석법 ④ 상호평가법

해 학습 극대화 평가방법
관찰법/자료분석법/상호평가법

답 ②

140 ☆

다음 중 아담스(Edward Adams)의 관리구조 이론에 대한 사고발생 메커니즘(mechanism)을 가장 올바르게 설명한 것은?

① 사람의 불안전한 행동에서만 발생한다.
② 불안전한 상태에 의해서만 발생한다.
③ 불안전한 행동과 불안전한 상태가 복합되어 발생한다.
④ 불안전한 상태와 불안전한 행동은 상호 독립적으로 작용한다.

해 아담스의 사고연쇄 반응이론
1. 관리구조
2. 작전적 에러(관리자에 의해 생성된 에러)
3. 전술적 에러(불안전한 행동, 불안전한 상태)
4. 사고(앗차사고, 상해 발생)
5. 상해 또는 손해(대인, 대물)

답 ③

141 ☆☆

허츠버그(Herzberg)의 동기위생 이론에 대한 설명으로 옳은 것은?

① 위생요인은 직무내용에 관련된 요인이다.
② 동기요인은 직무에 만족을 느끼는 주요인이다.
③ 위생요인은 매슬로우 욕구단계 중 존경, 자아실현의 욕구와 유사하다.
④ 동기요인은 매슬로우 욕구단계 중 생리적 욕구와 유사하다.

해 허즈버그의 위생-동기 이론

위생 요인	• 임금/지위/작업조건/대인관계/안정 된 직업/회사 정책/감독 • 상황요인/주변요인/일과 관련없는 주변적 요인
동기 요인	• 발전/도전/성취감/안정감/책임감/성장감/자아실현 기회 • 일 자체와 직결된 요인

답 ②

142 ☆☆

다음 중 허즈버그의 2요인 이론에 있어 직무만족에 의한 생산능력의 증대를 가져올 수 있는 동기부여 요인은?

① 작업조건 ② 정책 및 관리
③ 대인관계 ④ 성취에 대한 인정

해 윗 해설 참조

답 ④

143 ☆

허츠버그(Herzberg)의 2요인 이론에 있어서 다음 중 동기요인에 해당하는 것은?

① 임금 ② 지위
③ 도전 ④ 작업조건

해 윗 해설 참조

답 ③

144 ☆☆

허즈버그의 동기위생이론 중 위생요인에 해당하지 않는 것은?

① 보수 ② 책임감
③ 작업조건 ④ 감독

해 윗 해설 참조

답 ②

145 ☆

다음 중 데이비스(K. Davis)의 동기부여이론에서 관련 등식으로 옳은 것은?

① 상황×태도＝동기유발
② 지식×기능＝인간의 성과
③ 능력×동기유발＝물질적 성과
④ 지식×동기유발＝경영의 성과

해 지식×기능＝능력
상황×태도＝동기유발
능력×동기유발＝인간 성과
인간성과×물질 성과＝경영성과

답 ①

146 ☆☆

무재해운동 추진기법 중 다음에서 설명하는 것은?

> 작업을 오조작없이 안전하게 하기 위해 작업 공정의 요소에서 자신의 행동을 하고 대상을 가리킨 후 큰 소리로 확인하는 것

① 지적 확인 ② T.B.M
③ 터치 앤드 콜 ④ 삼각 위험 예지훈련

해 지적 확인에 대한 설명이다.

답 ①

147 ☆

무재해운동 추진기법 중 지적확인에 대한 설명으로 옳은 것은?

① 비평을 금지하고, 자유로운 토론을 통하여 독창적인 아이디어를 끌어낼 수 있다.
② 참여자 전원의 스킨십을 통하여 연대감·일체감을 조성할 수 있고 느낌을 교류한다.
③ 작업 전 5분간의 미팅을 통하여 시나리오상의 역할을 연기하여 체험하는 것을 목적으로 한다.
④ 오관의 감각기관을 총동원하여 작업의 정확성과 안전을 확인한다.

해 ①: 브레인스토밍
②: 터치 앤 콜
③: 롤 플레잉

답 ④

148 ☆

다음 중 무재해운동 추진기법에 있어 지적확인의 특성을 가장 적절하게 설명한 것은?

① 오관의 감각기관을 총동원하여 작업의 정확성과 안전을 확인한다.
② 참여자 전원의 스킨십을 통하여 연대감, 일체감을 조성할 수 있고 느낌을 교류한다.
③ 비평을 금지하고, 자유로운 토론을 통하여 독창적인 아이디어를 끌어낼 수 있다.
④ 작업 전 5분간의 미팅을 통하여 시나리오상의 역할을 연기하여 체험하는 것을 목적으로 한다.

해 지적 확인: 작업자가 위험작업에 임하여 무재해를 지향하겠다는 뜻을 큰소리로 호칭하면서 안전의식수준을 제고하는 5관을 이용한 기법

답 ①

149 ☆

무재해운동의 추진기법 중 "지적·확인"이 불안전 행동 방지에 효과가 있는 이유와 가장 거리가 먼 것은?

① 긴장된 의식의 이완
② 대상에 대한 집중력의 향상
③ 자신과 대상의 결합도 증대
④ 인지(cognition) 확률의 향상

해 지적확인의 효과
－대상에 대한 집중력의 향상
－자신과 대상의 결합도 증대
－인지(cognition) 확률의 향상

답 ①

150 ☆

브레인스토밍의 4원칙이 아닌 것은?

① 자유로운 비평 ② 타인 의견 수정발언
③ 자유분방한 발언 ④ 대량발언

해 브레인스토밍(Brain storming)

정의		타인의 비판 없이 자유로운 토론을 통하여 다량의 독창적인 아이디어를 이끌어내고, 대안적 해결안을 찾기 위한 집단적 사고기법
4원칙	수정발언	• 타인의 아이디어를 활용하여 변형한 의견은 제시해도 상관없다. • 타인 의견에 대하여는 수정하여 발표할 수 있다.
	자유분방	• 자유로운 분위기에서 발표한다. • 지정된 표현방식에서 벗어나 자유롭게 의견을 제시한다.
	대량발언	무엇이든지 좋으니 많이 발언한다.
	비판금지	• 타인의 아이디어에 대하여 평가하지 않는다. • 타인의 의견에 대하여 비판, 비평하지 않는다.

답 ①

151 ☆

다음 상황에서 브레인스토밍에 어긋난 것은?

> 작업자들이 현장사고예방에 대해 의견을 말하는 시간을 가졌다. 각각 의견표출 기회는 무제한이다. A가 의견을 말했고, B는 그 의견을 수정하여 더 좋은 방안을 말하였다. C는 A, B의 의견이 안 좋다며 비판하였고, 다른 의견을 제시했다. 회의 분위기는 자유로웠다.

① 수정발언 ② 자유분방
③ 대량발언 ④ 비판금지

해 윗 해설 참조

답 ④

152 ☆

다음 중 창조성·문제해결능력의 개발을 위한 교육기법으로 가장 적절하지 않은 것은?

① 역할연기법 ② In－Basket법
③ 사례연구법 ④ 브레인스토밍법

해 롤 플레잉: 참가자에게 일정한 역할을 주어 실제적으로 연기를 시켜봄으로서 자기의 역할을 보다 확실히 인식 시키는 방법

답 ①

153 ☆

다음 중 Super D.E의 역할이론에 포함되지 않는 것은?

① 역할 갈등 ② 역할 기대
③ 역할 조성 ④ 역할 유지

해 Super D.E의 역할이론

1. **역할 연기**: 자아 탐색인 동시에 자아실현 수단
2. **역할 기대**: 자기 자신의 역할을 기대
3. **역할 조성**: 역할에 적응하여 실현키 위해 일을 구할 때 발생
4. **역할 갈등**: 상반된 역할이 기대될 경우 갈등 발생

답 ④

154 ☆☆☆☆☆☆☆

다음 중 무재해운동의 기본이념 3원칙에 포함되지 않는 것은?

① 무의 원칙 ② 선취의 원칙
③ 참가의 원칙 ④ 라인화의 원칙

해 무재해운동 3원칙

무재해운동 3원칙	무의 원칙	직장 내의 모든 잠재위험요인을 적극적으로 사전에 발견, 파악, 해결함으로써 뿌리에서부터 산업재해를 제거하는 것을 말한다.
	참여(참가)의 원칙	위험을 발견, 제거하기 위하여 전원이 참가, 협력하여 각자의 위치에서 의욕적으로 문제해결을 실천하는 것을 뜻한다.
	선취(안전제일)의 원칙	무재해, 무질병의 직장을 실현하기 위하여 직장의 위험요인을 행동하기 전에 예지하여 발견, 파악, 해결함으로써 재해발생을 예방하거나 방지하는 것을 말한다.

답 ④

155 ☆

무재해 운동의 이념 가운데 직장의 위험 요인을 행동하기 전에 예지하여 발견, 파악, 해결하는 것을 의미하는 것은?

① 무의 원칙 ② 선취의 원칙
③ 참가의 원칙 ④ 인간 존중의 원칙

해 윗 해설 참조

답 ②

156 ☆

무재해 운동의 3대 원칙에 대한 설명이 아닌 것은?

① 사람이 죽거나 다쳐서 일을 못하게 되는 일 및 모든 잠재요소를 제거한다.
② 잠재위험요인을 발굴·제거로 안전 확보 및 사고를 예방한다.
③ 작업환경을 개선하고 이상을 발견하면 정비 및 수리를 통해 사고를 예방한다.
④ 무재해를 지향하고 안전과 건강을 선취하기 위해 전원 참가한다.

해 ①: 무의 원칙
②: 선취의 원칙
④: 참가의 원칙

답 ③

157 ☆☆

무재해운동의 추진을 위한 3요소에 해당하지 않는 것은?

① 모든 위험잠재요인의 해결
② 최고경영자의 경영자세
③ 관리감독자(Line)의 적극적 추진
④ 직장 소집단의 자주활동 활성화

해

무재해운동 3기둥(3요소)	소집단 자주활동 활성화	일하는 작업자가 안전보건을 자신의 문제이며 동시에 같은 동료 문제로 진지하게 받아들여 직장 동료와의 협동노력으로 자주적으로 추진해 가는 것이 필요하다.
	최고경영자 경영자세	• 안전보건은 최고경영자의 무재해/무질병에 대한 확고한 경영자세로부터 시작된다. • "일하는 모두가 중요하다"라는 최고경영자의 인간존중의 결의로 무재해운동이 시작된다.
	라인관리자에 의한 안전보건 추진	안전보건 추진하는 데는 라인관리자들의 생산활동 속에 안전보건을 접목시켜 실천하는 것이 꼭 필요하다.

답 ①

158 ☆

다음 중 무재해 운동의 3요소에 해당되지 않는 것은?

① 이념 ② 기법 ③ 실천 ④ 경쟁

해 무재해란 근로자가 작업으로부터 피해를 입어서는 안되며, 본래의 건강이 보장되어야 하는 것으로 이를 위해서는 무재해 운동의 이념, 기법, 실천이 삼위일체가 되어야 한다.

답 ④

159 ☆

사업장 무재해 운동 추진 및 운영에 있어 무재해 목표설정의 기준이 되는 무재해 시간은 무재해 운동을 개시하거나 재개시한 날부터 실근무자수와 실근로시간을 곱하여 산정하는데 다음 중 실근로시간의 산정이 곤란한 사무직 근로자 등의 경우에는 1일 몇 시간 근무한 것으로 보는가?

① 6시간 ② 8시간 ③ 9시간 ④ 10시간

해 무재해 목표 설정의 기준이 되는 무재해 시간과 무재해 일수는 다음과 같이 산정한다.

1. 무재해 시간은 실근무자와 실근로시간을 곱하여 산정(다만, 실근로시간의 관리가 어려운 경우에 건설업 이외 업종은 1일 8시간, 건설업은 1일 10시간을 근로한 것으로 본다)
2. 제1호에도 불구하고, 건설업 이외의 300 명 미만 사업장은 무재해 일수를 목표로 사용
3. 공휴일 등에 그 사업장 소속 근로자가 1명이라도 근로한 사실이 있는 경우에는 무재해 시간 또는 일수에 산입

답 ②

160 ★☆

재해예방의 4원칙에 해당하지 않는 것은?

① 예방가능의 원칙 ② 손실우연의 원칙
③ 원인계기의 원칙 ④ 선취해결의 원칙

해 재해예방 4원칙

손실우연 원칙	한 사고 결과로 생긴 재해손실은 우연성에 의해 결정된다.
원인연계(계기) 원칙	재해 발생에는 무조건 원인이 있다.
대책선정 원칙	재해예방을 위한 안전대책은 무조건 있다.
예방가능 원칙	재해는 원칙적으로 원인만 제거하면 예방가능하다.

답 ④

161 ☆☆☆

산업재해 예방의 4원칙 중 "재해발생에는 반드시 원인이 있다."라는 원칙은?

① 대책 선정의 원칙 ② 원인 계기의 원칙
③ 손실 우연의 원칙 ④ 예방 가능의 원칙

해 윗 해설 참조

답 ②

162 ☆

재해예방 4원칙 중 대책선정 원칙의 충족 조건이 아닌 것은?

① 문제해결 능력 고취
② 적합한 기준 설정
③ 경영자 및 관리자의 솔선수범
④ 부단한 동기부여와 사기 향상

해 대책선정 원칙은 사전 대책이라 문제해결 능력 고취는 사후 대책이다.

답 ①

163 ☆☆

재해예방의 4원칙 중 대책선정의 원칙에서 관리적 대책에 해당되지 않는 것은?

① 안전교육 및 훈련
② 동기부여와 사기 향상
③ 각종 규정 및 수칙의 준수
④ 경영자 및 관리자의 솔선수범

해 ①: 교육적 대책

답 ①

164 ☆☆

인간의 특성에 관한 측정검사에 대한 과학적 타당성을 갖기 위하여 반드시 구비해야 할 조건에 해당되지 않는 것은?

① 주관성 ② 신뢰도 ③ 타당도 ④ 표준화

해 직무적성검사 특징

표준화	검사의 관리를 위한 조건과 절차의 일관성과 통일성
신뢰성	검사결과의 일관성을 의미하는 것으로 동일한 문항을 재측정 할 경우 오차 값이 적어야 한다.
객관성	검사결과의 채점에 있어 공정한 평가가 이루어져야 한다.
타당성	검사에 있어 가장 중요한 요소로 측정하고자 하는 것을 실제로 측정하고 있는가를 나타내는 것.
규준	검사결과의 해석에 있어 상대적 위치를 결정하기 위한 척도

답 ①

165 ☆

심리검사의 특징 중 "검사의 관리를 위한 조건과 절차의 일관성과 통일성"을 의미하는 것은?

① 규준 ② 표준화 ③ 객관성 ④ 신뢰성

해 윗 해설 참조

답 ②

166

성공적인 리더가 갖추어야 할 특성으로 가장 거리가 먼 것은?

① 강한 출세 욕구
② 강력한 조직 능력
③ 미래지향적 사고 능력
④ 상사에 대한 부정적인 태도

해 상사에 대한 긍정적인 태도

답 ④

167 ☆☆☆

조직이 리더에게 부여하는 권한으로 볼 수 없는 것은?

① 보상적 권한 ② 강압적 권한
③ 합법적 권한 ④ 위임된 권한

해 조직이 리더에게 부여하는 권한
보상적/강압적/합법적 권한

답 ④

168 ☆☆☆

리더십에 있어서 권한의 역할 중 조직이 지도자에게 부여한 권한이 아닌 것은?

① 보상적 권한 ② 강압적 권한
③ 합법적 권한 ④ 전문성의 권한

해 전문성의 권한은 부하가 부여하는 리더의 권한이다.

답 ④

169 ☆

지도자가 추구하는 계획과 목표를 부하직원이 자신의 것으로 받아들여 자발적으로 참여하게 하는 리더십의 권한은?

① 보상적 권한 ② 강압적 권한
③ 위임된 권한 ④ 합법적 권한

해 위임된 권한에 대한 설명이다.

답 ③

170 ☆☆☆

French와 Raven이 제시한, 리더가 가지고 있는 세력의 유형이 아닌 것은?

① 전문세력(expert power)
② 보상세력(reward power)
③ 위임세력(entrust power)
④ 합법세력(legitimate power)

해 French와 Raven의 리더 세력 유형
전문세력/보상세력/합법세력/강제세력/참조세력

답 ③

171 ☆

다음 중 리더십 유형과 의사결정의 관계를 올바르게 연결한 것은?

① 개방적 리더－리더 중심
② 개성적 리더－종업원 중심
③ 민주적 리더－전체집단 중심
④ 독재적 리더－전체집단 중심

해 의사결정에 따른 리더십 종류

유형	특징
권위형 (독재형) (전제형)	• 직무 중심적 리더십 • 치밀한 감독 • 생산과업 중시 • 공식권한과 권력 의존 • 지도자가 모든 정책 결정
민주형	• 부하 중심적 리더십 • 부하와의 관계 중시 • 전체집단 중심
위임형	• 부하직원에게 권한 부여 • 의사결정 시 개인 통찰력보다 조직 통찰력 존중
개방형 (자유방임형)	• 리더십 의미 찾기 힘듦 • 방치/무질서 • 업무회피현상 발생

답 ③

172 ☆

리더십의 3가지 유형 중 지도자가 모든 정책을 단독으로 결정하기 때문에 부하 직원들은 오로지 따르기만 하면 된다는 유형을 무엇이라 하는가?

① 민주형 ② 자유방임형
③ 권위형 ④ 강제형

해 윗 해설 참조

답 ③

173 ☆

의사결정 과정에 따른 리더십의 행동 유형 중 전제형에 속하는 것은?

① 집단 구성원에게 자유를 준다.
② 지도자가 모든 정책을 결정한다.
③ 집단토론이나 집단결정을 통해서 정책을 결정한다.
④ 명목적인 리더의 자리를 지키고 부하 직원들의 의견에 따른다.

해 윗 해설 참조

답 ②

174 ☆

다음 [그림]에 나타낸 리더와 부하와의 관계에서 이에 해당되는 리더의 유형은?

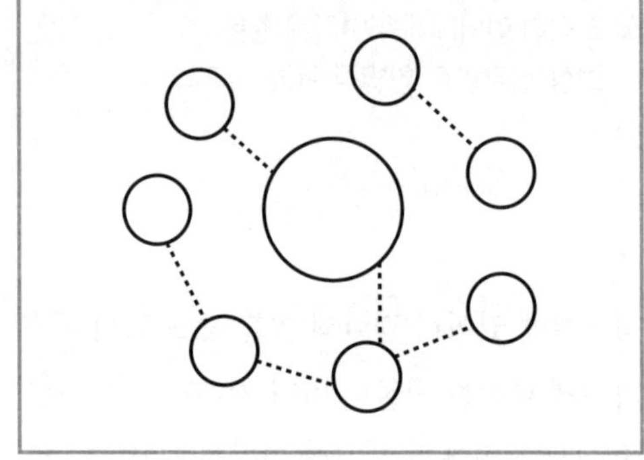

① 민주형 ② 자유방임형
③ 권위형 ④ 권력형

해 리더의 유형

민주형	권위형	자유방임형

답 ②

175 ☆

의사결정에 있어 결정자가 각 대안에 대해 어떤 결과가 발생할 것인가를 알고 있으나, 주어진 상태에 대한 확률을 모를 경우에 행하는 의사결정을 무엇이라 하는가?

① 대립상태 하에서 의사결정
② 위험함 상황 하에서 의사결정
③ 확실한 상황 하에서 의사결정
④ 불확실 상황 하에서 의사결정

해 문제에 나왔듯이 확률을 모르니 불확실한 상황이다.

답 ④

176 ☆

다음 중 리더십의 유효성(有效性)을 증대시키는 1차적 요소와 관계가 가장 먼 것은?

① 리더 자신 ② 조직의 규모
③ 상황적 변수 ④ 추종자 집단

해 리더십 유효성을 증대시키는 1차 요소
리더 본인/추종자 집단/상황적 변수

답 ②

177 ☆

다음 중 리더십(Leadership) 과정에 있어 구성요소와의 함수관계를 의미하는"L=f(l, f_1, s)"의 용어를 잘못 나타낸 것은?

① f: 함수(function)
② l: 청취(listening)
③ f_1: 멤버(follower)
④ s: 상황요인(situational variables)

해 $L=f(l, f_1, s)$
L: 리더십(Leadership)
f: 함수(function)
l: 리더(leader)
f_1: 멤버(follower)
s: 상황요인(situational variables)

답 ②

178 ☆☆

부하의 행동에 영향을 주는 리더십 중 조언, 설명, 보상조건 등의 제시를 통한 적극적인 방법은?

① 강요 ② 모범 ③ 제언 ④ 설득

해 설득에 대한 설명이다.

답 ④

179 ☆

헤드십(Headship)에 관한 설명으로 틀린 것은?

① 구성원과 사회적 간격이 좁다.
② 지휘의 형태는 권위주의적이다.
③ 권한 부여는 조직으로부터 위임받는다.
④ 권한귀속은 공식화된 규정에 의한다.

해

헤드십
• 집단 구성원이 아닌 외부에 의해 선출된 지도자로 권한을 행사
• 지휘형태 권위적 • 부하와 사회적 간격 넓음 • 상사와 부하 관계가 종속적(지배적) • 법에 의한 권한 가지며 조직으로부터 위임받음 • 부하직원 활동 감독 • 상사의 권한 증거는 공식적

답 ①

180 ☆☆☆

리더십(leadership)의 특성에 대한 설명으로 옳은 것은?

① 지휘형태는 민주적이다.
② 권한부여는 위에서 위임된다.
③ 구성원과의 관계는 지배적 구조이다.
④ 권한 근거는 법적 또는 공식적으로 부여 된다.

해 ②/③/④: 헤드십 특성

답 ①

181 ☆☆

맥그리거(McGregor)의 X이론에 따른 관리 처방이 아닌 것은?

① 목표에 의한 관리
② 권위주의적 리더십 확립
③ 경제적 보상체제의 강화
④ 면밀한 감독과 엄격한 통제

해 맥그리거 X이론과 Y이론에 관한 관리 처방

X이론(후진국/성악설)	Y이론(선진국/성선설)
• 엄격한 감독과 통제 • 권위주의적 리더십 확립 • 통제에 의한 관리 • 경제적 보상체제 강화 • 상부책임제도 강화	• 자율적 통제 • 민주적 리더십 확립 • 목표에 의한 관리 • 직무 확장 • 분권화 및 권한 위임 • 책임과 창조력 • 인간관계 관리방식 • 인간은 정신적 욕구를 우선시

답 ①

182 ☆

맥그리거(Mcgregor)의 X이론과 Y이론 중 Y이론에 해당되는 것은?

① 인간은 서로 믿을 수 없다.
② 인간은 태어나서부터 약하다.
③ 인간은 정신적 욕구를 우선시한다.
④ 인간은 통제에 의한 관리를 받고자 한다.

해 윗 해설 참조

답 ③

183 ☆

다음 중 기억과 망각에 관한 내용으로 틀린 것은?

① 학습된 내용은 학습 직후의 망각률이 가장 낮다.
② 의미없는 내용은 의미있는 내용보다 빨리 망각한다.
③ 사고력을 요하는 내용이 단순한 지식보다 기억, 파지의 효과가 높다.
④ 연습은 학습한 직후에 시키는 것이 효과가 있다.

해 에빙하우스의 망각 곡선
망각의 양은 10분이 지나면서부터 발생하기 시작해서, 20분 내에 가장 급격히 발생하여 42%가 망각되며, 1시간이 지나면 56%, 하루가 지나면 67%, 한 달이 지나면 초기 학습 내용의 79%에 대해 망각현상이 발생한다고 주장하는 곡선

답 ①

184 ☆☆

기억의 과정 중 과거의 학습경험을 통해서 학습된 행동이 현재와 미래에 지속되는 것을 무엇이라 하는가?

① 기명 ② 파지 ③ 재생 ④ 재인

해 기억의 4단계

기명	사물의 인상을 마음속에 간직하는 것
파지	과거의 학습경험을 통하여 학습된 행동이나 지속되는 것
재생	보존된 인상이 다시 의식으로 떠오르는 것
재인	과거에 경험했던 것과 비슷한 상태에 부딪혔을 때 떠오르는 것

답 ②

185 ☆

기억과정에 있어 "파지(retention)"에 대한 설명으로 가장 적절한 것은?

① 사물의 인상을 마음속에 간직하는 것
② 사물의 보존된 인상을 다시 의식으로 떠오르는 것
③ 과거의 경험이 어떤 형태로 미래의 행동에 영향을 주는 작용
④ 과거의 학습경험을 통하여 학습된 행동이나 지속되는 것

해 ①: 기명
②: 재생
③: 재인
윗 해설 참조

답 ④

186 ☆

과거에 경험하였던 것과 비슷한 상태에 부딪쳤을 때 떠오르는 것을 무엇이라 하는가?

① 재생 ② 기명 ③ 파지 ④ 재인

해 윗 해설 참조

답 ④

187 ☆

다음 중 적성검사할 때 포함되어야 할 주요 요소로 적절하지 않은 것은?

① IQ 검사
② 형태식별 능력
③ 운동속도 및 손작업 능력
④ 플리커(flicker) 검사

해 플리커 검사: 피로 측정법

답 ④

188 ☆

적성검사의 유형 중 체력검사에 포함되지 않는 것은?

① 감각기능검사
② 근력검사
③ 신경기능검사
④ 크루즈 지수(Kruse's Index)

해 크루즈 지수
체격 판정 지수로서 가슴둘레의 제곱과 신장의 비로 나타낸다.

답 ④

189 ☆

다음 중 적성배치 시 작업자의 특성과 가장 관계가 적은 것은?

① 연령 ② 작업조건
③ 태도 ④ 업무경력

해 적성배치 시 작업자의 특성
성격/기능/태도/경력/연령/지적 능력/업무수행력

답 ②

190 ☆

하인리히(Heinrich)가 제시한 사고연쇄반응 이론의 각 단계가 다음과 같을 때 올바른 순서대로 나열한 것은?

> ① 사고
> ② 사회적 환경 및 유전적 요소
> ③ 재해
> ④ 개인적 결함
> ⑤ 불안전한 행동 및 상태

① ② → ④ → ⑤ → ① → ③
② ④ → ② → ⑤ → ① → ③
③ ④ → ② → ⑤ → ③ → ①
④ ② → ⑤ → ④ → ③ → ①

해 하인리히의 도미노 이론
1. 사회적 환경 및 유전적 요소(기초 원인)
2. 개인적 결함(간접 원인)
3. 불안전한 행동 및 불안전한 상태
(직접 원인/중요한 요인)
4. 사고
5. 재해

답 ①

191 ☆

하인리히의 "재해발생의 연쇄성 이론"과 관련하여 부적절한 조명, 부적당한 환기 등으로 인한 재해 발생은 다음 중 어느 단계에 해당되는가?

① 사고
② 개인적 결함
③ 사회적 환경 및 유전적 요소
④ 불안전한 행동 및 불안전한 상태

해 윗 해설 참조

답 ④

192 ☆☆

하인리히의 재해발생 원인 도미노이론에서 사고의 직접 원인으로 옳은 것은?

① 통제의 부족
② 관리 구조의 부적절
③ 불안전한 행동과 상태
④ 유전과 환경적 영향

해 윗 해설 참조

답 ③

193 ☆☆☆

하인리히 재해 발생 5단계 중 3단계에 해당하는 것은?

① 불안전한 행동 또는 불안전한 상태
② 사회적 환경 및 유전적 요소
③ 관리의 부재
④ 사고

해 윗 해설 참조

답 ①

194 ☆

하인리히(Heinrich)의 이론에 의한 재해 발생의 주요 원인에 있어 다음 중 불안전한 행동에 의한 요인이 아닌 것은?

① 권한 없이 행한 조작
② 전문지식의 결여 및 기술, 숙련도 부족
③ 보호구 미착용 및 위험한 장비에서 작업
④ 결함있는 장비 및 공구의 사용

해 ②: 불안전한 상태

답 ②

195 ☆

하인리히의 재해발생 5단계 이론 중 재해 국소화 대책은 어느 단계에 대비한 대책인가?

① 제1단계 → 제2단계
② 제2단계 → 제3단계
③ 제3단계 → 제4단계
④ 제4단계 → 제5단계

해 사고가 발생 안하면 재해가 발생 안한다.

답 ④

196 ☆☆

다음 중 사고예방 대책의 기본원리를 단계적으로 나열한 것은?

① 조직 → 사실의 발견 → 평가분석 → 시정책의 적용 → 시정책의 선정
② 조직 → 사실의 발견 → 평가분석 → 시정책의 선정 → 시정책의 적용
③ 사실의 발견 → 조직 → 평가분석 → 시정책의 적용 → 시정책의 선정
④ 사실의 발견 → 조직 → 평가분석 → 시정책의 선정 → 시정책의 적용

해 하인리히 사고예방대책의 기본원리

단계	항목	내용
1단계	조직(안전관리 조직)	지도경영층 안전목표 설정/안전관리조직 구성/안전활동 및 계획 수립/안전관리자 선임
2단계	사실발견(현상파악)	작업분석/사고조사/안전점검/안전회의/사고 및 안전활동 기록/자료수집/위험확인
3단계	분석평가(원인규명)	사고조사 결과 분석/불안전 행동 및 상태 분석/작업공정 분석/교육분석
4단계	시정책 선정	기술 개선/교육 및 훈련 개선/안전수칙 개선/인사조정/이행 감독과 제재 강화
5단계	시정책 적용	목표설정/3E(기술/교육/관리) 적용

답 ②

197 ☆

사고예방대책의 기본원리 5단계 중 제4단계의 내용으로 틀린 것은?

① 인사조정 ② 작업분석
③ 기술의 개선 ④ 교육 및 훈련의 개선

해 ②: 2단계(사실발견)
윗 해설 참조

답 ②

198 ☆☆

사고예방대책 기본원칙 5단계 중 2단계인 "사실의 발견"과 관계가 가장 먼 것은?

① 자료수집
② 위험확인
③ 점검·검사 및 조사 실시
④ 안전관리규정 제정

해 윗 해설 참조

답 ④

199 ☆

하인리히의 사고방지 5단계 중 제1단계 안전조직의 내용이 아닌 것은?

① 경영자의 안전목표 설정
② 안전관리자의 선임
③ 안전활동의 방침 및 계획수립
④ 안전회의 및 토의

해 ④: 2단계(사실 발견)

답 ④

200 ☆

다음 중 사고예방대책 제5단계의 "시정책의 적용"에서 3E와 관계가 없는 것은?

① 교육(Education) ② 재정(Economics)
③ 기술(Engineering) ④ 관리(Enforcement)

해 윗 해설 참조

답 ②

201 ☆

산업안전보건법상 프레스 작업 시 작업시작 전 점검사항에 해당하지 않는 것은?

① 클러치 및 브레이크의 기능
② 매니퓰레이터(manipulator) 작동의 이상 유무
③ 프레스의 금형 및 고정볼트 상태
④ 1행정 1정지기구·급정지장치 및 비상정지장치의 기능

해 ②: 산업용 로봇 이용 작업시작 전 점검사항

작업의 종류	점검내용
프레스 등을 사용해 작업을 할 때	• 클러치 및 브레이크의 기능 • 크랭크축·플라이휠·슬라이드·연결봉 및 연결 나사 풀림 여부 • 1행정 1정지기구·급정지장치 및 비상정지장치의 기능 • 슬라이드 또는 칼날에 의한 위험 방지 기구의 기능 • 프레스의 금형 및 고정볼트 상태 • 방호장치의 기능 • 전단기(剪斷機)의 칼날 및 테이블의 상태

답 ②

202 ☆

산업안전보건법령상 특별교육 대상 작업별 교육 작업기준으로 틀린 것은?

① 전압이 75V 이상인 정전 및 활선작업
② 굴착면의 높이가 2m 이상의 되는 암석의 굴착작업
③ 동력에 의하여 작동되는 프레스 기계를 3대 이상 보유한 사업장에서 해당 기계로 하는 작업
④ 1톤 미만의 크레인 또는 호이스트를 5대 이상 보유한 사업장에서 해당 기계로 하는 작업

해 동력에 의하여 작동되는 프레스 기계를 5대 이상 보유한 사업장에서 해당 기계로 하는 작업

답 ③

203 ☆☆☆

산업안전보건법상 특별 안전보건교육 대상 작업이 아닌 것은?

① 건설용 리프트·곤돌라를 이용한 작업
② 전압이 50볼트(V)인 정전 및 활선작업
③ 화학설비 중 반응기, 교반기·추출기의 사용 및 세척작업
④ 액화석유가스·수소가스 등 인화성 가스 또는 폭발성 물질 중 가스의 발생장치 취급 작업

해 ②: 전압이 75볼트(V)인 정전 및 활선작업

답 ②

204 ☆☆☆

산업안전보건법령상 특별안전보건교육 대상 작업별 교육내용 중 밀폐공간에서의 작업 시 교육내용에 포함되지 않는 것은? (단, 그 밖에 안전보건관리에 필요한 사항은 제외한다.)

① 산소농도측정 및 작업환경에 관한 사항
② 유해물질이 인체에 미치는 영향
③ 보호구 착용 및 사용방법에 관한 사항
④ 사고 시의 응급 처치 및 비상시 구출에 관한 사항

해 ②: 허가 및 관리 대상 유해물질의 제조 또는 취급작업

답 ②

205 ☆☆

산업안전보건법령상 특별안전보건 교육의 대상 작업에 해당하지 않는 것은?

① 석면 해체·제거작업
② 밀폐된 장소에서 하는 용접작업
③ 화학설비 취급품의 검수·확인 작업
④ 2m 이상의 콘크리트 인공구조물의 해체 작업

해 이 밖에도 가연물이 있는 장소에서 하는 화재위험작업, 화학설비탱크 내 작업, 건설용 리프트, 곤돌라 이용한 작업 등이 있다.

답 ③

206 ☆☆

산업안전보건법상 아세틸렌 용접장치 또는 가스집합 용접장치를 사용하여 행하는 금속의 용접·용단 또는 가열작업자에게 특별안전·보건교육을 시키고자 할 때의 교육 내용이 아닌 것은?

① 용접 흄·분진 및 유해광선 등의 유해성에 관한 사항
② 작업방법·작업순서 및 응급처치에 관한 사항
③ 안전밸브의 취급 및 주의에 관한 사항
④ 안전기 및 보호구 취급에 관한 사항

해 아세틸렌 용접장치 또는 가스집합 용접장치를 사용하는 금속의 용접·용단 또는 가열작업(발생기·도관 등에 의하여 구성되는 용접장치만 해당한다)

1. 용접 흄, 분진 및 유해광선 등의 유해성에 관한 사항
2. 가스용접기, 압력조정기, 호스 및 취관두(불꽃이 나오는 용접기의 앞부분) 등의 기기점검에 관한 사항
3. 작업방법·순서 및 응급처치에 관한 사항
4. 안전기 및 보호구 취급에 관한 사항
5. 화재예방 및 초기대응에 관한 사항
6. 그 밖에 안전·보건관리에 필요한 사항

답 ③

207 ☆

산업안전보건법상 직업병 유소견자가 발생하거나 다수 발생할 우려가 있는 경우에 실시하는 건강진단은?

① 특별 건강진단 ② 일반 건강진단
③ 임시 건강진단 ④ 채용시 건강진단

해 임시건강진단 명령
1. 같은 부서에 근무하는 근로자 또는 같은 유해인자에 노출되는 근로자에게 유사한 질병의 자각·타각 증상이 발생한 경우
2. 직업병 유소견자가 발생하거나 여러 명이 발생할 우려가 있는 경우
3. 그 밖에 지방고용노동관서의 장이 필요하다고 판단하는 경우

답 ③

208 ☆

다음 중 안전점검의 목적과 가장 거리가 먼 것은?

① 기기 및 설비의 결함제거로 사전 안전성 확보
② 인적측면에서의 안전한 행동 유지
③ 기기 및 설비의 본래성능 유지
④ 생산제품의 품질관리

해 품질관리 목적으로 안전점검을 하는 것은 아니다.

답 ④

209 ☆

다음 중 안전점검의 직접적 목적과 관계가 먼 것은?

① 결함이나 불안전 조건의 제거
② 합리적인 생산관리
③ 기계설비의 본래 성능 유지
④ 인간 생활의 복지 향상

해 안전점검의 목적
- 불안전 조건 제거
- 합리적인 생산관리
- 기계설비의 성능 유지

답 ④

210 ☆

다음 중 안전점검 대상과 가장 거리가 먼 것은?

① 인원 배치 ② 방호 장치
③ 작업 환경 ④ 작업 방법

해 안전점검 대상: 방호장치/작업환경/작업방법

답 ①

211 

누전차단장치 등과 같은 안전장치를 정해진 순서에 따라 작동시키고 동작상황의 양부를 확인하는 점검은?

① 외관점검 ② 작동점검
③ 기술점검 ④ 종합점검

해 작동점검: 안전장치를 정해진 순서에 따라 작동시키고 동작상황의 양부를 확인하는 점검

답 ②

212 ☆

기기의 적정한 배치, 변형, 균열, 손상, 부식 등의 유무를 육안, 촉수 등으로 조사 후 그 설비별로 정해진 점검기준에 따라 양부를 확인하는 점검은?

① 외관점검　② 작동점검
③ 기능점검　④ 종합점검

해 외관점검: 외관을 육안으로 관찰하는 검사

답 ①

213 ☆

점검시기에 의한 안전점검의 분류에 해당하지 않는 것은?

① 성능점검　② 정기점검
③ 임시점검　④ 특별점검

해 안전점검 종류

종류	내용
일상(수시) 점검	작업 전·중·후에 수시로 실시하는 점검
정기 점검	정해진 기간에 정기적으로 실시하는 점검
특별 점검	– 기계기구 신설 및 변경 또는 고장 등에 의해 부정기적으로 실시하는 점검 – 안전강조기간에 실시하는 점검 – 태풍, 지진 등의 천재지변이 발생한 경우나 이상상태 발생 시 기능상 이 상 유무에 대한 안전 점검
임시 점검	재해발생 시 임시로 실시하는 점검

답 ①

214 ☆☆

기계·기구 또는 설비의 신설, 변경 또는 고장 수리 등 부정기적인 점검을 말하며, 기술적 책임자가 시행하는 점검은?

① 정기점검　② 수시점검
③ 특별점검　④ 임시점검

해 윗 해설 참조

답 ③

215 ☆

태풍, 지진 등의 천재지변이 발생한 경우나 이상상태 발생 시 기능상 이상 유·무에 대한 안전점검의 종류는?

① 일상점검　② 정기점검
③ 수시점검　④ 특별점검

해 윗 해설 참조

답 ④

216 ☆

안전점검 방법에서 일상점검의 시기로 적당하지 않은 것은?

① 작업 전　② 작업 후
③ 사고발생 직후　④ 작업 중

해 윗 해설 참조

답 ③

217 ☆

작업장에서 매일 작업자가 작업 전, 중, 후에 시설과 작업동작 등에 대하여 실시하는 안전점검의 종류를 무엇이라 하는가?

① 정기점검　　② 일상점검
③ 임시점검　　④ 특별점검

해 윗 해설 참조

답 ②

218 ☆☆☆

재해의 원인 분석법 중 사고의 유형, 기인물 등 분류 항목을 큰 순서대로 도표화하여 문제나 목표의 이해가 편리한 것은?

① 관리도(control chart)
② 파렛토도(pareto diagram)
③ 클로즈분석(close analysis)
④ 특성요인도(cause－reason diagram)

해 재해 통계적 원인분석법 종류

파레토도	분류항목 큰 순서대로 도표화한 분석법
클로즈 분석도	데이터를 집계하고 표로 표시해 요인별 결과 내역을 교차한 클로즈 그림을 작성하는 분석법
특성 요인도	특성과 요인관계를 도표로 하여 어골상으로 세분화한 분석법
관리도	산업재해의 분석 및 평가를 위하여 재해 발생건수 등의 추이에 대해 한계선을 설정하여 목표관리를 수행하는 재해통계 분석기법

답 ②

219 ☆☆

재해의 원인과 결과를 연계하여 상호 관계를 파악하기 위해 도표화하는 분석방법은?

① 관리도　　② 파레토도
③ 특성요인도　　④ 크로스분석도

해 윗 해설 참조

답 ③

220 ☆

다음 중 재해 통계적 원인 분석시 특성과 요인관계를 도표로 하여 어골상(魚骨象)으로 세분화한 것은?

① 파레토도　　② 특성요인도
③ 크로스도　　④ 관리도

해 윗 해설 참조

답 ②

221 ☆

재해는 크게 4가지 방법으로 분류하고 있는데 다음 중 분류방법에 해당되지 않는 것은?

① 통계적 분류
② 상해 종류에 의한 분류
③ 관리적 분류
④ 재해 형태별 분류

해 재해 분류 방법

1. 통계적 분류
2. 상해 종류에 의한 분류
3. 재해 형태별 분류
4. 상해 정도에 의한 분류

답 ③

222 ☆

다음 중 재해를 분석하는 방법에 있어 재해건수가 비교적 적은 사업장의 적용에 적합하고, 특수재해나 중대재해의 분석에 사용하는 방법은?

① 개별분석 ② 통계분석
③ 사전분석 ④ 크로스(Cross)분석

해 개별분석
1. 각 재해를 하나 하나 분석하는 것으로 상세하게 그 원인을 규명하는 것
2. 특수재해나 중대재해 및 건수가 적은 사업장 또는 개별 재해 특유의 조사 항목을 사용할 필요성이 있을 때 사용

답 ①

223 ☆

어떤 상황의 판단 능력과 사실의 분석 및 문제의 해결 능력을 키우기 위하여 먼저 사례를 조사하고, 문제적 사실들과 그의 상호관계에 대하여 검토하고, 대책을 토의하도록 하는 교육기법은 무엇인가?

① 심포지엄(symposium)
② 롤 플레잉(role playing)
③ 케이스 메소드(case method)
④ 패널 디스커션(panel discussion)

해

대집단 토의법 종류
• 포럼: 새로운 자료나 교재를 제시하고, 문제점을 피교육자로 하여금 제기하도록 하거나 피교육자 의견을 여러 가지 방법으로 발표하게 하고 청중과 토론자간 활발한 의견 개진과정을 통해 합의를 도출하는 방법
• 심포지엄: 몇 사람의 전문가가 주제에 대한 견해를 발표하고 참가자 하여금 의견을 내거나 질문을 하게 하는 토의방식
• 사례연구법(케이스 메소드): 어떤 상황의 판단 능력과 사실의 분석 및 문제의 해결 능력을 키우기 위하여 먼저 사례를 조사하고, 문제적 사실들과 그의 상호 관계에 대하여 검토하고, 대책을 토의하도록 하는 교육기법
• 버즈세션: 6－6 회의라고도 하며 6명씩 소집단으로 구분하고, 집단별로 각각의 사회자를 선발해 6분간씩 자유토의를 행해 의견을 종합하는 방법
• 패널디스커션: 특정 주제에 대해 의견을 달리하는 4~5인의 참가자들이 사회자의 진행에 따라 청중 앞에서 토의
• 자유토의법: 공동학습의 한 형태로 학습 조직을 비형식적인 토의 집단으로 구성해서 자유로운 토론을 통하여 문제 해결에 협력하여 집단사고를 통한 결단적 결론으로 이끌어가는 학습 방법

답 ③

224 ☆

안전교육방법 중 사례연구법의 장점이 아닌 것은?

① 흥미가 있고, 학습동기를 유발할 수 있다.
② 현실적인 문제의 학습이 가능하다.
③ 관찰력과 분석력을 높일 수 있다.
④ 원칙과 규정의 체계적 습득이 용이하다.

해 원칙, 규정의 체계적 습득이 용이하지 않다.

답 ④

225 ☆

토의(회의)방식 중 참가자가 다수인 경우에 전원을 토의에 참가시키기 위하여 소집단으로 구분하고, 각각 자유토의를 행하여 의견을 종합하는 방식은?

① 포럼(forum)
② 심포지엄(symposium)
③ 버즈 세션(buzz session)
④ 패널 디스커션(panel discussion)

해 윗 해설 참조

답 ③

226 ☆

토의식 교육방법 중 몇 사람의 전문가에 의하여 과제에 관한 견해가 발표된 뒤 참가자로 하여금 의견이나 질문을 하게 하여 토의하는 방식은 다음 중 어느 것인가?

① 패널 디스커션(pane discussion)
② 심포지엄(symposium)
③ 포럼(forum)
④ 버즈 세션(buzz session)

해 윗 해설 참조

답 ②

227 ☆☆

토의법의 유형 중 다음에서 설명하는 것은?

> 교육과제에 정통한 전문가 4~5명이 피교육자 앞에서 자유로이 토의를 실시한 다음에 피교육자 전원이 참가하여 사회자의 사회에 따라 토의하는 방법

① 포럼(forum)
② 패널 디스커션(panel discussion)
③ 심포지엄(symposium)
④ 버즈 세션(buzz session)

해 윗 해설 참조

답 ②

228 ☆☆

학습을 자극에 의한 반응으로 보는 이론(S-R 이론, stimulus-response theory)에 해당하는 것은?

① 손다이크(Thorndike)의 시행착오설
② 퀠러(Kohler)의 통찰설
③ 톨만(Tolman)의 기호형태설
④ 레빈(Lewin)의 장이론

해

구분	내용
자극과 반응 이론	• 손다이크 시행착오설 • 파블로프 조건반사설 • 스키너 조작적 조건형성 이론
인지이론	• 톨만의 기호형태설 • 퀠러의 통찰설 • 레빈의 장설(이론)

답 ①

229 ☆☆

시행착오설에 의한 학습 법칙이 아닌 것은?

① 효과의 법칙 ② 준비성의 법칙
③ 연습의 법칙 ④ 일관성의 법칙

해 손다이크(Thorndike)의 시행착오설
1. 연습의 원칙
2. 효과의 원칙
3. 준비성의 원칙

답 ④

230 ☆☆☆

파블로프(Pavlov)의 조건반사설에 의한 학습 이론의 원리에 해당되지 않는 것은?

① 일관성의 원리 ② 시간의 원리
③ 강도의 원리 ④ 준비성의 원리

해

파블로프(Pavlov)의 조건반사설
• 종소리를 통해 개의 소화작용에 대한 실험을 실시해 훈련을 통해 반응에 적응한다. • 시간 원리: 조건자극을 무조건자극보다 조금 앞서거나 동시에 줘야 강화가 잘 된다 • 계속성 원리: 자극과 반응의 관계는 횟수가 거듭될수록 강화가 잘된다. • 일관성 원리: 일관된 자극 사용해야 한다. • 강도 원리: 자극 강도는 점점 강해져야 강화가 잘된다.

답 ④

231 ☆

학생이 마음속에 생각하고 있는 것을 외부에 구체적으로 실현하고 형상화하기 위하여 자기 스스로가 계획을 세워 수행하는 학습활동으로 이루어지는 학습지도의 형태는?

① 케이스 메소드(Case method)
② 패널 디스커션(Panel discussion)
③ 구안법(Project method)
④ 문제법(Problem method)

해 구안법: 학생이 마음속에 생각하고 있는 것을 외부에 구체적으로 실현하고 형상화하기 위하여 자기 스스로가 계획 세워 수행하는 학습활동으로 이루어지는 학습지도의 형태

답 ③

232 ☆

다음 중 "학습지도의 원리"에서 학습자가 지니고 있는 각자의 요구와 능력 등에 알맞은 학습활동의 기회를 마련해 주어야 한다는 원리는?

① 자기활동의 원리 ② 개별화의 원리
③ 사회화의 원리 ④ 통합의 원리

해 학습지도의 원리

구분	내용
직관 원리	구체적인 사물 제시나 경험을 통해 학습 효과를 거둘 수 있다는 원리
개별화 원리	학습자가 지니고 있는 각자의 요구와 능력 등에 알맞은 학습활동의 기회를 마련해줘야 한다는 원리
사회화 원리	공동학습을 통해 협력과 사회화를 도와준다는 원리
통합 원리	학습을 종합적으로 지도하는 것으로 학습자 능력을 균형있게 발달시키는 원리
자발성 원리	학습자 스스로 학습에 참여한다는 원리

답 ②

233 ☆

다음 중 학습지도의 원리에 해당하지 않는 것은?

① 자기활동의 원리 ② 사회화의 원리
③ 직관의 원리 ④ 분리의 원리

해 윗 해설 참조

답 ④

234 ☆

안전을 위한 동기부여로 틀린 것은?

① 기능을 숙달시킨다.
② 경쟁과 협동을 유도한다.
③ 상벌제도를 합리적으로 시행한다.
④ 안전목표를 명확히 설정하여 주지시킨다.

해 동기부여 방법
1. 경쟁과 협동을 유도한다.
2. 상벌제도를 합리적으로 시행한다.
3. 동기유발의 최적수준 유지할 것
4. 안전목표를 명확히 설정하여 주지시킨다.

답 ①

235 ☆☆☆

인간의 사회적 행동의 기본 형태가 아닌 것은?

① 대립 ② 도피 ③ 모방 ④ 협력

해 사회행동 기본형태: 대립/도피/협력/융합

답 ③

236 ☆☆

인간관계의 메커니즘 중 다른 사람의 행동 양식이나 태도를 투입시키거나, 다른 사람 가운데서 자기와 비슷한 것을 발견하는 것을 무엇이라고 하는가?

① 투사 ② 모방 ③ 암시 ④ 동일화

해 인관관계 메커니즘

동일화	다른 사람 행동양식이나 태도를 투입시키거나 다른 사람 가운데서 자기와 비슷한 점을 발견하는 것
투사	자기 속의 억압된 것을 다른 사람의 것으로 생각하는 것
모방	남의 행동이나 판단을 표본으로 해 그것과 같거나 그것에 가까운 행동 또는 판단을 하는 것
암시	다른 사람으로부터의 판단이나 행동을 무비판적으로 논리적, 사실적 근거 없이 받아들이는 것
커뮤니케이션	갖가지 행동양식이나 기호를 매개로 해 어떤 사람으로부터 다른 사람에게 전달하는 과정

답 ④

237 ☆☆☆

인간관계의 매커니즘 중 다른 사람으로부터의 판단이나 행동을 무비판적으로 논리적, 사실적 근거 없이 받아들이는 것은?

① 모방 ② 투사 ③ 동일화 ④ 암시

해 윗 해설 참조

답 ④

238 ☆☆☆☆

적응기제(Adjustment Mechanism) 중 방어적 기제(Defence Mechanism)에 해당하는 것은?

① 고립(Isolation)
② 퇴행(Regression)
③ 억압(Suppression)
④ 합리화(Rationalization)

해

구분	내용
방어적 기제	• 정의: 자신의 약점을 위장하여 유리하게 보임으로써 자기를 보호하려는 것 • 보상: 자신의 약점이나 무능력, 열등감을 위장하여 유리하게 보호함으로써 안정감을 찾으려는 것 • 승화: 억압당한 욕구가 사회적·문화적으로 가치 있는 목적으로 향하여 노력함으로써 욕구 충족하는 것 • 투사: 자기 속의 억압된 것을 다른 사람의 것으로 생각하는 것 • 동일시: 자기가 되고자 하는 대상을 찾아내 동일시해 만족을 얻는 행동 • 합리화: 자기 약점을 그럴듯한 이유로 남에게 비난받지 않도록 하는 것
도피적 기제	• 정의: 욕구불만이나 압박으로부터 벗어 나기 위해 현실을 벗어나 안정을 되찾으려는 것 • 고립: 열등감을 의식해 다른 사람과 접촉을 피해 자기 내적 세계로 들어가 현실 억압에서 피하려는 것 • 퇴행: 위험이나 불안을 일으키는 상황에 만족했던 시기를 생각하는 것 • 억압: 나쁜 것을 잊고 더 이상 행하지 않겠다는 것 • 백일몽: 현실에서 만족할 수 없는 것을 상상 속에서 얻으려는 것
공격적 기제	• 정의: 욕구불만이나 압박에 대해 반항해 적대시하는 감정이나 태도를 취하는 것 • 직접적 공격기제(폭행/기물파손) • 간접적 공격기제(욕설/비난)

답 ④

239 ☆

다음 중 인간이 자기의 실패나 약점을 그럴듯한 이유를 들어 남의 비난을 받지 않도록 하며 또한 자위도 하는 방어기제를 무엇이라 하는가?

① 보상 ② 투사 ③ 합리화 ④ 전이

해 윗 해설 참조

답 ③

240 ☆

자신의 약점이나 무능력, 열등감을 위장하여 유리하게 보호함으로써 안정감을 찾으려는 방어적 적응기제에 해당하는 것은?

① 보상 ② 고립 ③ 퇴행 ④ 억압

해 고립/퇴행/억압: 도피적응기제
윗 해설 참조

답 ①

241 ☆

적응기제(adjustment mechanism) 중 다음 설명에 해당하는 것은?

> 자기의 행동이 정당하며 실제 행위나 상태보다도 훌륭하게 평가되기 위해 사회적으로 인정되는 구실을 적용하여 증명하려는 행위

① 보상 ② 합리화 ③ 동일시 ④ 승화

해 합리화에 대한 설명이다.

답 ②

242 ☆☆☆

인간의 적응기제(適機應制)에 포함되지 않는 것은?

① 갈등(conflict)
② 억압(repression)
③ 공격(aggression)
④ 합리화(rationalization)

해 윗 해설 참조

답 ①

243 ☆

적응기제(Adjustment Mechanism)의 도피적 행동인 고립에 해당하는 것은?

① 운동시합에서 진 선수가 컨디션이 좋지 않았다고 말한다.
② 키가 작은 사람이 키 큰 친구들과 같이 사진을 찍으려 하지 않는다.
③ 자녀가 없는 여교사가 아동교육에 전념하게 되었다.
④ 동생이 태어나자 형이 된 아이가 말을 더듬는다.

해 적응기제와 그 예

구분	예
합리화	운동시합에서 진 선수가 컨디션이 좋지 않았다고 말한다.
고립	키가 작은 사람이 키 큰 친구들과 같이 사진을 찍으려 하지 않는다.
보상	– 자녀가 없는 여교사가 아동교육에 전념하게 되었다. – 결혼에 실패한 사람이 고아들에게 정열을 쏟고 있다.
퇴행	– 동생이 태어나자 형이 된 아이가 말을 더듬는다. – 동생이 태어난 후 초등학교에 입학한 큰 아이가 손가락을 빨기 시작했다.
동일화	아버지의 성공을 자기 성공인 것처럼 자랑하며 거만한 태도를 보인다.

고립: 열등감을 의식해 다른 사람과 접촉을 피해 자기 내적 세계로 들어가 현실 억압에서 피하려는 것

답 ②

244 ☆

적응기제(Adjustment Mechanism)의 유형에서 "동일화(identification)"의 사례에 해당하는 것은?

① 운동시합에 진 선수가 컨디션이 좋지 않았다고 한다.
② 결혼에 실패한 사람이 고아들에게 정열을 쏟고 있다.
③ 아버지의 성공을 자신의 성공인 것처럼 자랑하며 거만한 태도를 보인다.
④ 동생이 태어난 후 초등학교에 입학한 큰 아이가 손가락을 빨기 시작했다.

해 윗 해설 참조
동일화: 다른 사람 행동양식이나 태도를 투입시키거나 다른 사람 가운데서 자와 비슷한 점을 발견하는 것

답 ③

245 ☆

다음과 같은 스트레스에 대한 반응은 무엇에 해당하는가?

여동생을 얻게 되면서 손가락을 빠는 것과 같이 어린 시절의 버릇을 나타낸다.

① 투사 ② 억압 ③ 승화 ④ 퇴행

해 윗 해설 참조
퇴행: 위험이나 불안을 일으키는 상황에 만족했던 시기를 생각하는 것

답 ④

246 ☆☆☆☆☆☆

기능(기술)교육의 진행방법 중 하버드 학파의 5단계 교수법의 순서로 옳은 것은?

① 준비 → 연합 → 교시 → 응용 → 총괄
② 준비 → 교시 → 연합 → 총괄 → 응용
③ 준비 → 총괄 → 연합 → 응용 → 교시
④ 준비 → 응용 → 총괄 → 교시 → 연합

해 하버드 학파의 5단계 교수법
준비 → 교시 → 연합 → 총괄 → 응용

답 ②

247 ☆

버드(Bird)의 신 도미노이론 5단계에 해당하지 않는 것은?

① 제어부족(관리) ② 직접원인(징후)
③ 간접원인(평가) ④ 기본원인(기원)

해 버드의 신 도미노이론 5단계
관리/제어 부족(근원요인/관리) → 기본원인(기원) → 직접원인(징후) → 사고(접촉) → 상해(손해)

답 ③

248 ☆

다음 중 인간의 욕구를 5단계로 구분한 이론을 발표한 사람은?

① 허츠버그(Herzberg)
② 하인리히(Heinrich)
③ 매슬로우(Maslow)
④ 맥그리거(McGregor)

해 매슬로우의 욕구 5단계 이론

1단계	생리적 욕구	기아/갈증/호흡/배설/성욕
2단계	안전 욕구	안전을 확보하려는 욕구
3단계	사회적 욕구	친화 욕구, 소속 및 애정에 대한 욕구
4단계	존경 욕구	• 안정/자기존중 욕구 • 명예/성취/자존심에 대한 욕구
5단계	자아 실현 욕구	• 타인과의 거리를 유지하며 사생활을 즐기거나 창의적 성격으로 봉사, 특별히 좋아하는 사람과 긴밀한 관계를 유지하려는 인간의 욕구 • 성취 욕구, 잠재적 능력 실현시키려는 욕구

답 ③

249 ☆☆☆☆☆☆☆☆☆

다음 중 매슬로우가 제창한 인간의 욕구 5단계 이론을 단계별로 옳게 나열한 것은?

① 생리적 욕구 → 안전 욕구 → 사회적 욕구 → 존경의 욕구 → 자아실현의 욕구
② 안전 욕구 → 생리적 욕구 → 사회적 욕구 → 존경의 욕구 → 자아실현의 욕구
③ 사회적 욕구 → 생리적 욕구 → 안전 욕구 → 존경의 욕구 → 자아실현의 욕구
④ 사회적 욕구 → 안전 욕구 → 생리적 욕구 → 존경의 욕구 → 자아실현의 욕구

해 윗 해설 참조

답 ①

250 ☆☆

매슬로우(Maslow)의 욕구단계 이론 중 제2단계의 욕구에 해당하는 것은?

① 존경에 대한 욕구　② 안전에 대한 욕구
③ 자아실현의 욕구　④ 사회적 욕구

해 윗 해설 참조

답 ②

251 ☆

매슬로우(Maslow)의 욕구 단계 이론 중 인간에게 영향을 줄 수 있는 불안, 공포, 재해 등 각종 위험으로부터 해방되고자 하는 욕구에 해당되는 것은?

① 사회적 욕구　② 존경의 욕구
③ 안전의 욕구　④ 자아실현의 욕구

해 윗 해설 참조

답 ③

252 ☆

매슬로우(Maslow. A.H)의 욕구 5단계 중 자신의 잠재력을 발휘하여 자기가 하고 싶은 일을 실현하는 욕구는 어느 단계인가?

① 생리적 욕구　② 안전의 욕구
③ 존경의 욕구　④ 자아실현의 욕구

해 윗 해설 참조

답 ④

253 ☆

다음 중 알더퍼(Alderfer)의 ERG이론에 해당하지 않는 것은?

① 생존 욕구　② 관계 욕구
③ 안전 욕구　④ 성장 욕구

해

구분	욕구위계이론	ERG이론
제 1단계	생리적 욕구	존재의 욕구
제 2단계	안전 욕구	
제 3단계	사회적 욕구	관계 욕구
제 4단계	존경의 욕구	성장 욕구
제 5단계	자아실현의 욕구	

답 ③

254 ☆☆

알더퍼의 ERG(Existence Relation Growth) 이론에서 생리적 욕구, 물리적 측면의 안전욕구 등 저차원적 욕구에 해당하는 것은?

① 관계욕구　② 성장욕구
③ 존재욕구　④ 사회적 욕구

해 윗 해설 참조

답 ③

255 ☆☆☆☆

재해 원인을 통상적으로 직접원인과 간접원인으로 나눌 때 직접 원인에 해당되는 것은?

① 기술적 원인　② 물적 원인
③ 교육적 원인　④ 관리적 원인

해 직접 원인

구분	내용
불안전한 행동 (인적 원인, 전체 재해원인 88% 차지)	• 위험장소 접근 • 안전장치 기능 제거 • 기계 및 보호구 오사용 • 불안전한 속도조작/자세/인양 • 운전 중에 기계 점검 • 감독 및 연락 미흡 • 보호구 미착용
불안전한 상태 (물적 원인)	• 물건 자체 결함 • 안전방호장치/보호구 결함 • 기계배치/작업장소 결함 • 생산 공정 결함 • 경계 표시 결함 • 보호구 부적절
불안전한 행동 일으키는 내적요인 /외적요인 발생형태 및 대책	– 내적요인 • 소질적 조건: 적성배치 • 의식 우회: 상담 • 경험 및 미경험: 교육 – 외적요인 • 작업 및 환경조건 불량: 환경 개선 • 작업순서 부적당: 작업 순서 개선

간접 원인

구분	내용
기술적 원인	• 기계기구 등 방호설비 • 경계설비 • 보호구 정비 • 구조재료 부적당
교육적 원인	무지/경시/불이해/훈련미숙/나쁜 습관
신체적 원인	질병/피로/수면부족/스트레스
원인	태만/반항/불만/초조/긴장/공포
관리적 원인	• 책임감 부족(작업준비 불충분) • 점검 결함 • 작업기준/작업지시 불명확 • 부적절 인사 배치 • 안전장치 기능 제거

답 ②

256 ☆☆☆

재해발생의 주요원인 중 불안전한 상태에 해당하지 않는 것은?

① 기계 설비 및 장비의 결함
② 부적절한 조명 및 환기
③ 작업 장소의 정리정돈 불량
④ 보호구 미착용

해 윗 해설 참조

답 ④

257 ☆

산업재해 발생의 직접원인에 해당하지 않는 것은?

① 안전수칙의 오해 ② 물(物)자체의 결함
③ 위험 장소의 접근 ④ 불안전한 속도 조작

해 윗 해설 참조

답 ①

258 ☆

근로자의 작업 수행 중 나타나는 불안전한 행동의 종류로 볼 수 없는 것은?

① 인간 과오로 인한 불안전한 행동
② 태도 불량으로 인한 불안전한 행동
③ 시스템 과오로 인한 불안전한 행동
④ 지식 부족으로 인한 불안전한 행동

해 ③: 시스템 기반이니 행동은 아니다.

답 ③

259 ☆☆☆

강의계획에 있어 학습목적의 3요소가 아닌 것은?

① 목표 ② 주제
③ 학습 내용 ④ 학습 정도

해 학습목적의 3요소
주제/학습정도/목표

답 ③

260 ☆

강의의 성과는 강의계획의 준비정도에 따라 일반적으로 결정되는데 다음 중 강의계획의 4단계를 올바르게 나열한 것은?

① 교수방법 선정
② 학습자료 수집 및 체계화
③ 학습목적과 학습성과 선정
④ 강의안 작성

① ③ → ② → ① → ④ ② ② → ③ → ① → ④
③ ② → ① → ③ → ④ ④ ② → ③ → ④ → ①

해 강의계획의 4단계
학습목적과 학습성과 선정 → 학습자료 수집 및 체계화 → 교수방법 선정 → 강의안 작성

답 ①

261 ☆☆☆☆☆

교육의 기본 3요소에 해당하지 않는 것은?

① 교육의 형태 ② 교육의 주체
③ 교육의 객체 ④ 교육의 매개체

해 교육의 3요소
주체: 강사
객체: 수강자(대상)
매개체: 교재(내용)

답 ①

262 ☆

다음 중 일반적인 교육의 3요소에 포함되지 않는 것은?

① 강사 ② 내용 ③ 대상 ④ 평가

해 윗 해설 참조

답 ④

263 ☆☆☆☆☆

O.J.T(On the Job Training) 교육의 장점과 가장 거리가 먼 것은?

① 훈련에만 전념할 수 있다.

② 직장의 실정에 맞게 실제적 훈련이 가능하다.

③ 개개인의 업무능력에 적합하고 자세한 교육이 가능하다.

④ 교육을 통하여 상사와 부하간의 의사소통과 신뢰감이 깊게 된다.

해

구분	내용
O.J.T (On the Job Training)	• 직장 내 교육훈련 • 직장 실정에 맞게 실제적 훈련 가능 • 개개인에게 적절한 훈련 가능 • 효과가 바로 업무에 나타남 • 직속상사에 의한 교육가능 • 훈련에 필요한 업무의 계속성이 끊어지지 않는다. • 현장의 관리감독자가 강사가 되어 교육을 한다.
OFF.J.T (Off the Job Training)	• 직장 외 교육훈련 • 훈련에만 전념 가능 • 다수 근로자에게 조직적 훈련 가능 • 외부 강사 초청 가능 • 특별 교재 사용 가능 • 많은 지식, 경험을 교류할 수 있다.

답 ①

264 ☆

OFF J.T의 설명으로 틀린 것은?

① 다수 근로자에게 조직적 훈련이 가능하다.

② 훈련에만 전념하게 된다.

③ 효과가 곧 업무에 나타나며 훈련의 좋고 나쁨에 따라 개선이 쉽다.

④ 교육훈련목표에 대해 집단적 노력이 흐트러 질 수 있다.

해 ③: OJT의 특성이다.

답 ③

265 ☆

다음 중 일반적인 근로자의 안전교육 기본방향과 가장 거리가 먼 것은?

① 안전의식 향상을 위한 교육

② 사고사례 중심의 안전 교육

③ 재해조사 중심의 교육

④ 표준안전 작업을 위한 교육

해 근로자의 안전교육 기본 방향

1. 안전의식 향상을 위한 교육
2. 표준안전 작업을 위한 교육
3. 사고사례 중심의 안전 교육

답 ③

266 ☆

다음 중 안전교육의 목적과 가장 거리가 먼것은?

① 설비의 안전화 ② 제도의 정착화

③ 환경의 안전화 ④ 행동의 안전화

해 안전교육 목적

설비 안전화/환경 안전화/행동 안전화/근로자 정신 안전화

답 ②

267 ☆☆

인간의 안전교육 형태에서 행위의 난이도가 점차적으로 높아지는 순서를 올바르게 표현한 것은?

① 지식 → 태도변형 → 개인행위 → 집단행위
② 태도변형 → 지식 → 집단행위 → 개인행위
③ 개인행위 → 태도변형 → 집단행위 → 지식
④ 개인행위 → 집단행위 → 지식 → 태도변형

해 행위의 난이도가 점차적으로 높아지는 순서
지식 → 태도변형 → 개인행위 → 집단행위

답 ①

268 ☆

다음 중 인간의 행동 변화에 있어 가장 변화시키기 어려운 것은?

① 지식의 변화 ② 집단의 행동 변화
③ 개인의 태도 변화 ④ 개인의 행동 변화

해 윗 해설 참조

답 ②

269 ☆☆☆☆

안전교육의 3단계에서 안전수칙 준수, 생활지도, 작업동작지도 등을 통한 안전의 습관화를 위한 교육은?

① 지식교육 ② 기능교육
③ 태도교육 ④ 인성교육

해 안전보건교육의 3단계

단계	내용
1단계 (지식 교육)	• 근로자가 지켜야 할 규정의 숙지를 위한 교육 • 강의/시청각 교육을 통한 지식을 전달하고 이해시킴 • 작업 종류나 내용에 따라 교육범위가 다름
2단계 (기능 교육)	• 교육대상자가 스스로 행해서 얻음 • 반복적 시행착오로 얻음 • 실습을 통한 경험 체득과 이해를 함
3단계 (태도 교육)	• 생활지도, 작업동작지도, 적성배치 등을 통한 안전의 습관화 • 안전한 마음가짐을 몸에 익히는 심리적인 교육방법 • 공구, 보호구 등의 관리 및 취급태도 확립 • 들어본다 → 이해한다. → 모범을 보인다. → 평가한다. → 칭찬 또는 벌을 준다.

답 ③

270 ☆☆

안전태도교육의 기본과정을 가장 올바르게 나열한 것은?

① 청취한다 → 이해하고 납득한다 → 시범을 보인다 → 평가한다
② 이해하고 납득한다 → 들어본다 → 시범을 보인다 → 평가한다
③ 청취한다 → 시범을 보인다 → 이해하고 납득한다 → 평가한다
④ 대량발언 → 이해하고 납득한다 → 들어본다 → 평가한다

해 윗 해설 참조

답 ①

271 ☆☆

다음 중 안전 태도 교육의 원칙으로 적절하지 않은 것은?

① 청취 위주의 대화를 한다.
② 이해하고 납득한다.
③ 항상 모범을 보인다.
④ 지적과 처벌 위주로 한다.

해 윗 해설 참조

답 ④

272 ☆

다음 중 안전태도 교육의 기본과정에 있어 마지막 단계로 가장 적절한 것은?

① 평가한다. ② 모범을 보인다.
③ 이해시킨다. ④ 청취한다.

해 윗 해설 참조

답 ①

273 ☆

다음 중 안전교육의 단계에 있어 안전한 마음가짐을 몸에 익히는 심리적인 교육방법을 무엇이라 하는가?

① 지식교육 ② 실습교육
③ 태도교육 ④ 기능교육

해 윗 해설 참조

답 ③

274 ☆☆☆

특성에 따른 안전교육의 3단계에 포함되지 않는 것은?

① 태도교육 ② 지식교육
③ 직무교육 ④ 기능교육

해 윗 해설 참조

답 ③

275 ☆

다음 중 기능교육의 3원칙에 해당하지 않는 것은?

① 준비 ② 안전의식 고취
③ 위험작업의 규제 ④ 안전작업 표준화

해 기능교육 3원칙
준비/위험작업의 규제/안전작업 표준화

답 ②

276 ☆

안전교육 훈련기법에 있어 태도 개발 측면에서 가장 적합한 기본교육 훈련방식은?

① 실습방식 ② 제시방식
③ 참가방식 ④ 시뮬레이션방식

해 참가방식에 대한 설명이다.

답 ③

277 ☆

다음 중 사업장 내 안전보건교육을 통하여 근로자가 함양 및 체득될 수 있는 사항과 가장 거리가 먼 것은?

① 잠재위험 발견 능력

② 비상사태 대응 능력

③ 재해손실비용분석 능력

④ 직면한 문제의 사고 발생가능성 예지능력

해 안전보건교육으로 근로자가 체득될 수 있는 사항
1. 잠재위험 발견 능력
2. 비상사태 대응 능력
3. 직면한 문제의 사고 발생가능성 예지능력

답 ③

278 ☆☆☆☆☆

다음 재해손실 비용 중 직접손실비에 해당하는 것은?

① 진료비

② 입원 중의 잡비

③ 당일 손실 시간손비

④ 구원, 연락으로 인한 부동 임금

해 직접비: 법에 따른 산재보상비 요양/휴업/장해/간병/유족/직업재활 급여, 상병보상연금, 장례비, 진료비
간접비: 생산손실비/인적손실비/시간손실비

답 ①

279 ☆

산업재해보상보험법에 따른 산업재해로 인한 보상비가 아닌 것은?

① 교통비 ② 장의비 ③ 휴입급여 ④ 유족급여

해 윗 해설 참조

답 ①

280 ☆☆

안전교육 계획수립 시 고려하여야 할 사항과 관계가 가장 먼 것은?

① 필요한 정보를 수집한다.

② 현장의 의견을 충분히 반영한다.

③ 법 규정에 의한 교육에 한정한다.

④ 안전교육시행 체계와의 관련을 고려한다.

해

안전·보건 교육계획 수립 시 고려사항
• 현장의 의견을 충분히 반영한다. • 대상자의 필요한 정보를 수집한다. • 안전교육 시행체계와 연관성을 고려한다. • 지도안은 교육대상을 고려하여 작성한다. • 법령에 의한 교육에만 그치지 않아야한다.

답 ③

281 ☆☆

다음 중 재해조사 시의 유의사항으로 가장 적절하지 않은 것은?

① 사실을 수집한다.

② 사람, 기계설비, 양면의 재해요인을 모두 도출한다.

③ 객관적인 입장에서 공정하게 조사하며, 조사는 2인 이상이 한다.

④ 목격자의 증언과 추측의 말을 모두 반영 하여 분석하고, 결과를 도출한다.

해 목격자의 증언과 추측은 참고로만 활용한다.

답 ④

282 ☆☆

다음 중 안전점검 체크리스트 작성시 유의해야 할 사항과 관계가 가장 적은 것은?

① 사업장에 적합한 독자적인 내용으로 작성한다.
② 점검 항목은 전문적이면서 간략하게 작성한다.
③ 관계의 의견을 통하여 정기적으로 검토· 보안 작성한다.
④ 위험성이 높고, 긴급을 요하는 순으로 작성한다.

해

안전점검표(체크리스트) 작성 시 유의사항
• 위험성 높은 순으로 작성 • 점검항목 이해하기 쉽게 구체적으로 표현 • 사업장에 적합한 독자적 내용 가지고 작성 • 정기적으로 검토하여 설비나 작업방법이 타당성 있게 개조된 내용일 것

답 ②

283 ☆

학습의 전개 단계에서 주제를 논리적으로 체계화하는 방법이 아닌 것은?

① 간단한 것에서 복잡한 것으로
② 부분적인 것에서 전체적인 것으로
③ 미리 알려져 있는 것에서 미지의 것으로
④ 많이 사용하는 것에서 적게 사용하는 것으로

해 전체적인 것에서 부분적인 것으로

답 ②

284 ☆

안전보건교육 강사로서 교육진행의 자세로 가장 적절하지 않은 것은?

① 중요한 것은 반복해서 교육할 것
② 상대방의 입장이 되어서 교육할 것
③ 쉬운 것에서 어려운 것으로 교육할 것
④ 가능한 한 전문용어를 사용해 교육할 것

해 여러사람들이 이해하도록 비교적 쉬운 단어를 사용할 것

답 ④

285 ☆

앞에 실시한 학습의 효과는 뒤에 실시하는 새로운 학습에 직접 또는 간접적으로 영향을 주는데, 이러한 현상을 무엇이라 하는가?

① 통찰(Insight) ② 전이(Transfer)
③ 반사(Reflex) ④ 반응(Reaction)

해

학습 전이
• 한번 학습한 결과가 다른 학습이나 반응에 영향을 주는 것 • 조건 학습자 태도/학습자 지능/학습자료 유사성/선행학습 정도/시간적 간격

답 ②

286 ☆

다음 중 학습의 연속에 있어 앞(前)의 학습이 뒤(後)의 학습을 방해하는 조건과 가장 관계가 적은 경우는?

① 앞의 학습이 불완전한 경우
② 앞과 뒤의 학습 내용이 다른 경우
③ 앞과 뒤의 학습 내용이 서로 반대인 경우
④ 앞의 학습 내용을 재생하기 직전에 실시하는 경우

해 앞의 학습이 뒤의 학습을 방해하는 조건
- 앞의 학습이 불완전한 경우
- 앞과 뒤의 학습 내용이 서로 반대인 경우
- 앞의 학습 내용을 재생하기 직전에 실시하는 경우
- 앞과 뒤의 학습 내용이 같은 경우

답 ②

287 ☆

앞에 실시한 학습의 효과는 뒤에 실시하는 새로운 학습에 직접 또는 간접으로 영향을 주는데 이러한 현상을 전이(轉移, transfer)라 한다. 다음 중 전이의 조건이 아닌 것은?

① 학습자료의 유사성 요인
② 학습 평가자의 지식 요인
③ 선행학습 정도의 요인
④ 학습자의 태도 요인

해 윗 해설 참조

답 ②

288 ☆☆

재해사례연구에 관한 설명으로 틀린 것은?

① 재해사례연구는 주관적이며 정확성이 있어야 한다.
② 문제점과 재해요인의 분석은 과학적이고, 신뢰성이 있어야 한다.
③ 재해사례를 과제로 하여 그 사고와 배경을 체계적으로 파악한다.
④ 재해요인을 규명하여 분석하고 그에 대한 대책을 세운다.

해 재해사례연구는 객관적이며 정확성이 있어야 한다.

답 ①

289 ☆

재해 발생 시 조치사항 중 대책수립 목적은?

① 재해발생 관련자 문책 및 처벌
② 재해 손실비 산정
③ 재해발생 원인 분석
④ 동종 및 유사재해 방지

해 다음에 이런 재해가 발생하지 않도록 대책수립을 시행한다.

답 ④

290 ☆

교육 대상자 수가 많고, 교육 대상자의 학습능력의 차이가 큰 경우 집단안전 교육방법으로서 가장 효과적인 방법은?

① 문답식 교육 ② 토의식 교육
③ 시청각 교육 ④ 상담식 교육

해 시청각 교육의 장점이다.

답 ③

291 ☆

다음 중 어떤 기능이나 작업과정을 학습시키기 위해 필요로 하는 분명한 동작을 제시하는 교육방법은?

① 시범식 교육　② 토의식 교육
③ 강의식 교육　④ 반복식 교육

해 시범식 교육
- 어떤 기능이나 작업과정을 학습시키기 위해 필요로 하는 분명한 동작을 제시하는 교육 방법
- 기능교육의 효과를 높이기 위해 가장 바람직한 교육방법

답 ①

292 ☆

안전교육 3단계 중 2단계인 기능교육의 효과를 높이기 위해 가장 바람직한 교육방법은?

① 토의식　② 강의식　③ 문답식　④ 시범식

해 윗 해설 참조

답 ④

293 ☆

교육의 효과를 높이기 위하여 시청각 교재를 최대한으로 활용하는 시청각적 방법의 필요성이 아닌 것은?

① 교재의 구조화를 기할 수 있다.
② 대량 수업체제가 확립될 수 있다.
③ 교수의 평준화를 기할 수 있다.
④ 개인차를 최대한으로 고려할 수 있다.

해 개인차를 최대한으로 고려하기 힘들다.

답 ④

294 ★

다음 중 위험예지훈련 4라운드의 순서가 올바르게 나열된 것은?

① 현상파악 → 본질추구 → 대책수립 → 목표설정
② 현상파악 → 대책수립 → 본질추구 → 목표설정
③ 현상파악 → 본질추구 → 목표설정 → 대책수립
④ 현상파악 → 목표설정 → 본질추구 → 대책수립

해 위험예지훈련 4라운드
현상파악 → 본질추구 → 대책수립 → 목표설정

답 ①

295 ☆☆

위험예지훈련 4R(라운드)의 진행방법에서 3R(라운드)에 해당하는 것은?

① 목표설정　② 본질추구
③ 현상파악　④ 대책수립

해 윗 해설 참조

답 ④

296 ☆☆

위험예지훈련 4라운드 기법의 진행방법에 있어 문제점 발견 및 중요 문제를 결정하는 단계는?

① 대책수립 단계　② 현상파악 단계
③ 본질추구 단계　④ 행동목표설정 단계

해 본질추구에 대한 설명이다.

답 ③

297 ☆☆

위험예지훈련 기초 4라운드법의 진행에서 전원이 토의를 통하여 위험요인을 발견하는 단계로 가장 적절한 것은?

① 제1라운드: 현상파악

② 제2라운드: 본질추구

③ 제3라운드: 대책수립

④ 제4라운드: 목표설정

해 현상파악에 대한 설명이다.

답 ①

298 ☆

위험예지훈련 방법으로 적절하지 않은 것은?

① 반복 훈련한다.

② 사전에 준비한다.

③ 자신의 작업으로 실시한다.

④ 단위 인원수를 많게 한다.

해 단위 인원수를 적게 한다.

답 ④

299 ☆

다음 중 산업안전보건법령상 안전보건 총괄책임자 지정 대상사업으로 상시근로자 50명 이상 사업의 종류에 해당하는 것은?

① 서적, 잡지 및 기타 인쇄물 출판업

② 음악 및 기타 오디오물 출판업

③ 금속 및 비금속 원료 재생업

④ 선박 및 보트 건조업

해 안전보건총괄책임자를 지정해야 하는 사업의류 및 사업장의 상시근로자 수는 관계수급인에게 고용된 근로자를 포함한 상시근로자가 100명(선박 및 보트 건조업, 1차 금속 제조업 및 토사석 광업의 경우에는 50명) 이상인 사업이나 관계수급인의 공사금액을 포함한 해당 공사의 총공사금액이 20억원 이상인 건설업으로 한다.

답 ④

300 ☆☆

산업안전보건법령에 따른 최소 상시근로자 50명 이상 규모에 산업안전보건위원회를 설치 운영하여야 할 사업의 종류가 아닌 것은?

① 토사석 광업
② 1차 금속 제조업
③ 자동차 및 트레일러 제조업
④ 정보서비스업

해

사업의 종류	사업장 상시 근로자 수
1. 토사석 광업 2. 목재 및 나무제품 제조업: 가구제외 3. 화학물질 및 화학제품 제조업: 의약품 제외(세제, 화장품 및 광택제 제조업과 화학섬유 제조업은 제외) 4. 비금속 광물제품 제조업 5. 1차 금속 제조업 6. 금속가공제품 제조업: 기계 및 가구 제외 7. 자동차 및 트레일러제조업 8. 기타 기계 및 장비 제조업(사무용 기계 및 장비 제조업은 제외) 9. 기타 운송장비 제조업(전투용 차량 제조업은 제외)	상시근로자 50명 이상
10. 농업 11. 어업 12. 소프트웨어 개발, 공급업 13. 컴퓨터 프로그래밍, 시스템 통합 및 관리업 13의2. 영상 · 오디오물 제공 서비스업 14. 정보서비스업 15. 금융 및 보험업 16. 임대업: 부동산 제외 17. 전문, 과학 및 기술 서비스업(연구개발업은 제외) 18. 사업지원 서비스업 19. 사회복지 서비스업	상시근로자 300명 이상
20. 건설업	공사금액 120억원 이상
21. 제1호부터 제13호까지, 제13호의2 및 제14호부터 제20호까지의 사업을 제외한 사업	상시근로자 100명 이상

답 ④

301 ☆☆☆☆☆☆

산업안전보건법령상 근로자 안전보건교육 중 채용 시의 교육 및 작업내용 변경 시의 교육 사항으로 옳은 것은?

① 물질안전보건자료에 관한 사항
② 건강증진 및 질병 예방에 관한 사항
③ 유해위험 작업환경 관리에 관한 사항
④ 표준안전작업방법 및 지도 요령에 관한 사항

해 ②/③: 근로자 정기교육 내용
④: 관리감독자 정기교육 내용

근로자 채용 시 교육 및 작업내용 변경 시 교육내용
• 산업안전 및 사고 예방에 관한 사항 • 산업보건 및 직업병 예방에 관한 사항 • 위험성 평가에 관한 사항 • 산업안전보건법령 및 산업재해보상보험 제도에 관한 사항 • 직무스트레스 예방 및 관리에 관한 사항 • 직장 내 괴롭힘, 고객의 폭언 등으로 인한 건강장해 예방 및 관리에 관한 사항 • 기계·기구의 위험성과 작업의 순서 및 동선에 관한 사항 • 작업 개시 전 점검에 관한 사항 • 정리정돈 및 청소에 관한 사항 • 사고 발생 시 긴급조치에 관한 사항 • 물질안전보건자료에 관한 사항

답 ①

302 ☆

산업안전보건법령상 사업장 내 안전보건교육 중 근로자의 정기안전보건교육내용에 해당하지 않는 것은?

① 산업재해보상보험 제도에 관한 사항
② 산업안전 및 사고예방에 관한 사항
③ 산업보건 및 직업병 예방에 관한 사항
④ 기계/기구의 위험성과 작업의 순서 및 동선에 관한 사항

해 ④: 채용 시 교육 및 작업내용 변경 시 교육 내용

근로자 정기교육 내용
• 산업안전 및 사고 예방에 관한 사항 • 산업보건 및 직업병 예방에 관한 사항 • 위험성 평가에 관한 사항 • 건강증진 및 질병 예방에 관한 사항 • 유해·위험 작업환경 관리에 관한 사항 • 산업안전보건법령 및 산업재해보상보험 제도에 관한 사항 • 직무스트레스 예방 및 관리에 관한 사항 • 직장 내 괴롭힘, 고객의 폭언 등으로 인한 건강장해 예방 및 관리에 관한 사항

답 ④

303 ☆☆

다음 중 산업재해 통계에 관한 설명으로 적절하지 않은 것은?

① 산업재해 통계는 구체적으로 표시되어야 한다.

② 산업재해 통계는 안전 활동을 추진하기 위한 기초자료이다.

③ 산업재해 통계만을 기반으로 해당 사업장의 안전수준을 추측한다.

④ 산업재해 통계의 목적은 기업에서 발생한 산업재해에 대하여 효과적인 대책을 강구하기 위함이다.

해 산업재해 통계만을 기반으로 해당 사업장의 안전수준을 추측하면 안된다.

답 ③

304 ☆☆☆☆☆☆☆

산업안전보건법령상 안전검사 대상 유해위험기계의 종류에 포함되지 않는 것은?

① 전단기 ② 리프트

③ 곤돌라 ④ 교류아크용접기

해 안전검사대상기계

1. 프레스
2. 전단기
3. 크레인(정격하중이 2톤 미만인 것은 제외)
4. 리프트
5. 압력용기
6. 곤돌라
7. 국소 배기장치(이동식은 제외한다)
8. 원심기(산업용만 해당한다)
9. 롤러기(밀폐형 구조는 제외한다)
10. 사출성형기[형체결력 294kN 미만 제외]
11. 고소작업대(「자동차관리법」 제3조제3호 또는 제4호에 따른 화물자동차 또는 특수자동차에 탑재한 고소작업대로 한정)
12. 컨베이어
13. 산업용 로봇
14. 혼합기
15. 파쇄기 또는 분쇄기

답 ④

305 ☆☆

산업안전보건법령상 안전인증대상 기계기구 등이 아닌 것은?

① 프레스 ② 전단기

③ 롤러기 ④ 산업용 원심기

해 산업용 원심기: 안전검사대상 기계기구

답 ④

306 ☆

주요 구조 부분을 변경하는 경우 안전인증을 받아야 하는 기계·기구가 아닌 것은?

① 원심기 ② 사출성형기
③ 압력용기 ④ 고소작업대

해 주요 구조 부분을 변경하는 경우 안전인증을 받아야 하는 기계 및 설비
가. 프레스
나. 전단기 및 절곡기(折曲機)
다. 크레인
라. 리프트
마. 압력용기
바. 롤러기
사. 사출성형기(射出成形機)
아. 고소(高所)작업대
자. 곤돌라

답 ①

307 ☆☆

다음 중 산업안전보건법령상 자율안전확인 대상에 해당하는 방호장치는?

① 압력용기 압력방출용 파열판
② 보일러 압력방출용 안전밸브
③ 교류 아크용접기용 자동전격방지기
④ 방폭구조(防)爆構造) 전기기계·기구 및 부품

해 ①/②/④: 안전인증대상
자율안전확인 대상 방호장치
가. 아세틸렌 용접장치용 또는 가스집합 용접장치용 안전기
나. 교류 아크용접기용 자동전격방지기
다. 롤러기 급정지장치
라. 연삭기 덮개
마. 목재 가공용 둥근톱 반발 예방장치와 날 접촉 예방장치
바. 동력식 수동대패용 칼날 접촉 방지장치
사. 추락·낙하 및 붕괴 등의 위험 방지 및 보호에 필요한 가설기자재(제74조제1항 제2호아목의 가설기자재는 제외한다)로서 고용노동부장관이 정하여 고시하는 것

답 ③

308 ☆

다음 중 산업안전보건법령상 안전인증대상 보호구의 안전인증제품에 안전인증 표시 외에 표시하여야 할 사항과 가장 거리가 먼 것은?

① 안전인증 번호
② 형식 또는 모델명
③ 제조번호 및 제조연월
④ 물리적, 화학적 성능기준

해 안전인증제품에는 규칙에 따른 표시 외에 다음 각 호의 사항을 표시한다.
1. 형식 또는 모델명
2. 규격 또는 등급 등
3. 제조자명
4. 제조번호 및 제조연월
5. 안전인증 번호

답 ④

309 ☆

산업안전보건법령상 안전인증대상 보호구에 해당하지 않는 것은?

① 보호복　② 안전장갑
③ 방독마스크　④ 보안면

해 안전인증대상 보호구
가. 추락 및 감전 위험방지용 안전모
나. 안전화
다. 안전장갑
라. 방진마스크
마. 방독마스크
바. 송기(送氣)마스크
사. 전동식 호흡보호구
아. 보호복
자. 안전대
차. 차광(遮光) 및 비산물(飛散物) 위험방지용 보안경
카. 용접용 보안면
타. 방음용 귀마개 또는 귀덮개

답 ④

310 ☆☆☆☆

산업 안전 보건법령에 따른 안전검사대상 유해 위험 기계 등의 검사 주기 기준 중 다음 (㉠), (㉡) 안에 알맞은 것은?

> 크레인(이동식 크레인은 제외한다), 리프트(이삿짐운반용 리프트는 제외한다) 및 곤돌라: 사업장에 설치가 끝난 날부터 3년 이내에 최초 안전검사를 실시하되, 그 이후부터 (㉠)년마다(건설현장에서 사용하는 것은 최초로 설치한 날부터 (㉡)개월마다)

① ㉠ 1, ㉡ 4　② ㉠ 1, ㉡ 6
③ ㉠ 2, ㉡ 4　④ ㉠ 2, ㉡ 6

해 크레인(이동식 크레인은 제외한다), 리프트(이삿짐운반용 리프트는 제외한다) 및 곤돌라: 사업장에 설치가 끝난 날부터 3년 이내에 최초 안전검사를 실시하되, 그 이후부터 2년마다(건설현장에서 사용하는 것은 최초로 설치한 날부터 6개월마다)

답 ④

311 ☆

다음 ( )안에 알맞은 것은?

> 사업주는 산업재해로 사망자가 발생하거나 ( ) 이상의 휴업이 필요한 부상을 입거나 질병에 걸린 사람이 발생한 경우에는 법에 따라 해당 산업재해가 발생한 날부터 1개월 이내에 산업재해조사표를 작성하여 관할 지방고용노동관서의 장에게 제출(전자문서로 제출하는 것을 포함한다)해야 한다.

① 3일　② 4일　③ 5일　④ 7일

해 사업주는 산업재해로 사망자가 발생하거나 3일 이상의 휴업이 필요한 부상을 입거나 질병에 걸린 사람이 발생한 경우에는 법에 따라 해당 산업재해가 발생한 날부터 1개월 이내에 산업재해조사표를 작성하여 관할 지방고용노동관서의 장에게 제출(전자문서로 제출하는 것을 포함한다)해야 한다.

답 ①

312 ☆

산업안전보건법상 사업주는 산업재해로 사망자가 발생한 경우 산업재해가 발생한 날부터 얼마 이내에 산업재해조사표를 작성하여 관할 지방고용노동청장에게 제출하여야 하는가?

① 1일　② 7일　③ 15일　④ 1개월

해 윗 해설 참조

답 ④

313 ☆

국제노동기구(ILO)에서 구분한 "일시 전노동 불능"에 관한 설명으로 옳은 것은?

① 부상의 결과로 근로기능을 완전히 잃은 부상
② 부상의 결과로 신체의 일부가 근로기능을 완전히 상실한 부상
③ 의사의 소견에 따라 일정기간동안 노동에 종사할 수 없는 상해
④ 의사의 소견에 따라 일시적으로 근로시간 중 치료를 받는 정도의 상해

해 상해 정도별 분류

사망	안전 사고로 죽거나 사고 시 입은 부상 결과로 일정 기간 이내에 생명을 잃는 것
영구 전노동 불능상해	부상 결과로 근로기능을 완전히 잃는 상해 정도 (신체장해등급 1~3급)
영구 일부노동 불능상해	부상 결과로 신체 일부가 영구적으로 노동 기능을 상실한 상해 정도(신체장해등급 4~14급)
일시 전노동 불능상해	의사 진단으로 일정 기간 정규노동에 종사할 수 없는 상해 정도
일시 일부노동 불능상해	의사 진단으로 일정 기간 정규노동에 종사할 수 없으나 휴무 상해가 아닌 상해 정도
응급조치 상해	응급 처치 또는 자가 치료(1일 미만)를 받고 정상작업에 임할 수 있는 상해 정도

답 ③

314 ☆☆

산업재해 발생 유형으로 볼 수 없는 것은?

① 지그재그형 ② 집중형
③ 연쇄형 ④ 복합형

해 재해발생 형태

단순자극형 (집중형)	연쇄형 (사슬형)	복합형
상호자극에 의해 순간적으로 재해가 발생하는 유형으로 재해발생 장소에 일시적으로 요인 집중한다.	한 사고요인이 또다른 사고요인 발생시켜 재해 발생하는 유형으로 단순연쇄형과 복합연쇄형이 있다.	단순자극형+연쇄형 유형으로 일반적인 산업재해의 유형이다.

답 ①

315 ☆☆

기업조직의 원리 중 지시 일원화의 원리에 대한 설명으로 가장 적절한 것은?

① 지시에 따라 최선을 다해서 주어진 임무나 기능을 수행하는 것
② 책임을 완수하는 데 필요한 수단을 상사로부터 위임받은 것
③ 언제나 직속 상사에게서만 지시를 받고 특정 부하 직원들에게만 지시하는 것
④ 가능한 조직의 각 구성원이 한 가지 특수 직무만을 담당하도록 하는 것

해 지시 일원화의 원리
직속 상사에게서만 지시를 받고 특정 부하 직원들에게만 지시하는 것

답 ③

316 ☆

자율검사프로그램을 인정받으려는 자가 한국 산업안전보건공단에 제출해야 하는 서류가 아닌 것은?

① 안전검사대상기계 등 보유 현황
② 안전검사대상기계등의 검사 주기 및 검사 기준
③ 안전검사대상 유해위험기계의 사용 실적
④ 향후 2년간 안전검사대상기계등의 검사수행계획

해 자율검사프로그램에는 다음 각 호의 내용이 포함되어야 한다.
1. 안전검사대상기계등의 보유 현황
2. 검사원 보유 현황과 검사를 할 수 있는 장비 및 장비 관리방법(자율안전검사기관에 위탁한 경우에는 위탁을 증명할 수 있는 서류를 제출한다)
3. 안전검사대상기계등의 검사 주기 및 검사 기준
4. 향후 2년간 안전검사대상기계등의 검사수행계획
5. 과거 2년간 자율검사프로그램 수행 실적(재신청의 경우만 해당한다)

답 ③

317 ☆

산업안전보건법령상 산업재해 조사표에 기록되어야 할 내용으로 옳지 않은 것은?

① 사업장 정보
② 재해정보
③ 재해발생개요 및 원인
④ 안전교육 계획

해 보기시항 외에도 재해자 국적, 휴업예상일수, 재발방지계획, 재해자 직업 등이 있다.

답 ④

318 ☆☆

객관적인 위험을 자기 나름대로 판정해서 의지결정을 하고 행동에 옮기는 인간의 심리특성은?

① 세이프 테이킹(safe taking)
② 액션 테이킹(action taking)
③ 리스크 테이킹(risk taking)
④ 휴먼 테이킹(human taking)

해 리스크란 위험이다. 자기 스스로 판단하니 위험이 따르는 법이라 리스크 테이킹이다.

답 ③

319 ☆

다음 중 리스크 테이킹(risk taking)의 빈도가 가장 높은 사람은?

① 안전지식이 부족한 사람
② 안전기능이 미숙한 사람
③ 안전태도가 불량한 사람
④ 신체적 결함이 있는 사람

해 자가판단으로 행동을 하는 사람이 제일 위험한다.

답 ③

320 ☆

제조업자는 제조물의 결함으로 인하여 생명·신체 또는 재산에 손해를 입은 자에게 그 손해를 배상하여야 하는데 이를 무엇이라 하는가? (단, 당해 제조물에 대해서만 발생한 손해는 제외한다.)

① 입증 책임 ② 담보 책임
③ 연대 책임 ④ 제조물 책임

해 제조물 책임(Product Liability Act)에 대한 설명이다.

답 ④

321 ☆

Fail-safe의 정의를 가장 올바르게 나타낸 것은?

① 인적 불안전 행위의 통제방법을 말한다.
② 인력으로 예방할 수 없는 불가항력의 사고이다.
③ 인간－기계 시스템의 최적정 설계방안이다.
④ 인간의 실수 또는 기계·설비의 결함으로 인하여 사고가 발생치 않도록 설계시부터 안전하게 하는 것이다.

해 fail safe 구분

구분	내용	
정의	기계 파손, 기능 불량이 발생해도 항상 안전하게 작동되는 방식	
종류	fail active	부품 고장 시 경보 울리며 잠시동안 가동됨
	fail passive	부품 고장 시 기기 정지
	fail operational	부품 고장나도 기기를 안전하게 가동시킴
예시	• 승강기 정전 시 마그네틱 브레이크 작동해 운전 정지시킴 • 난로가 일정각도 이상 기울어지면 자동으로 불이 꺼짐	

답 ④

322 ☆

지적확인이란 사람의 눈이나 귀 등 오감의 감각기관을 총동원해서 작업의 정확성과 안전을 확인하는 것이다. 지적확인과 정확도가 올바르게 짝지어진 것은?

① 지적 확인한 경우－0.3%
② 확인만 하는 경우－1.25%
③ 지적만 하는 경우－1.0%
④ 아무것도 하지 않은 경우－1.8%

해 지적확인한 경우: 0.8%
지적만 하는 경우: 1.5%
확인만 하는 경우: 1.25%
아무것도 하지 않은 경우: 2.85%

답 ②

323 ☆

교육훈련의 효과는 5관을 최대한 활용하여야 하는데 다음 중 효과가 가장 큰 것은?

① 청각 ② 시각 ③ 촉각 ④ 후각

해 5관의 효과치
시각(60%) → 청각(20%) → 촉각(15%) → 미각(3%) → 후각(2%)

답 ②

324 ☆

일반적으로 교육이란 "인간행동의 계획적 변화"로 정의할 수 있다. 여기서 인간의 행동이 의미하는 것은?

① 신념과 태도
② 외현적 행동만 포함
③ 내현적 행동만 포함
④ 내현적, 외현적 행동 모두 포함

해 인간은 내현적, 외현적 행동 모두 변화시키기 가능하다.

답 ④

325 ☆

다음 중 작업표준의 구비조건으로 옳지 않은 것은?

① 작업의 실정에 적합할 것
② 생산성과 품질의 특성에 적합할 것
③ 표현은 추상적으로 나타낼 것
④ 다른 규정 등에 위배되지 않을 것

해 표현은 실제적으로 나타낼 것

답 ③

326 ☆☆

인간의 착각현상 중 버스나 전동차의 움직임으로 인하여 자신이 승차하고 있는 정지된 차량이 움직이는 것 같은 느낌을 받는 현상은?

① 자동운동 ② 유도운동
③ 가현운동 ④ 플리커현상

해

유도운동	움직이지 않는 것이 움직이는 것처럼 느껴지는 현상
잔상운동	어떤 방향의 운동을 계속 관찰하고나서 정지한 것을 보면 그때까지와 역방향의 운동을 느끼게 되는 현상
자동운동	암실 내 정지된 소광점 응시하면 광점이 움직이는 것처럼 보이는 현상

답 ②

327 ☆

착시현상 중 그림과 같이 우선평행의 호를 보고 이어 직선을 본 경우에 직선은 호와의 반대방향에 보이는 현상은?

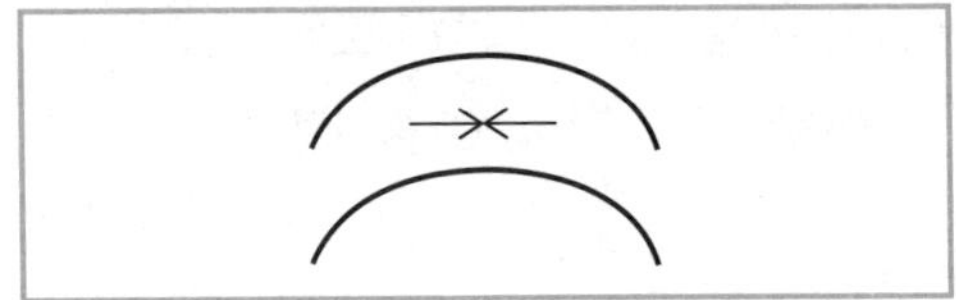

① 동화착오　　② 분할착오
③ 윤곽착오　　④ 방향착오

해

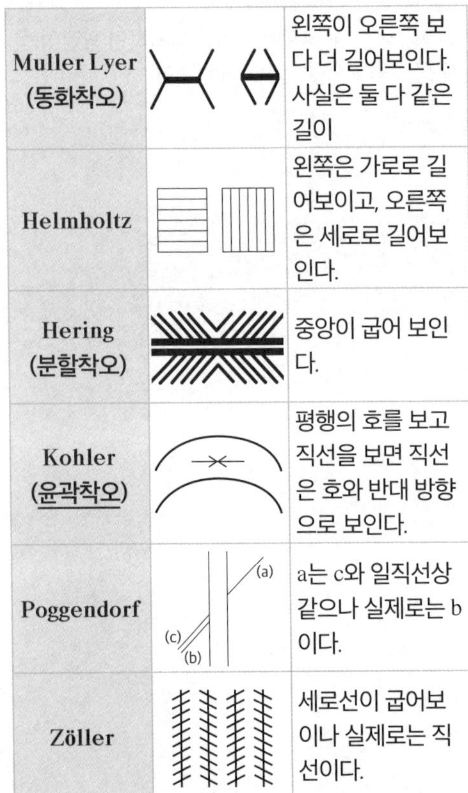

Muller Lyer (동화착오)		왼쪽이 오른쪽 보다 더 길어보인다. 사실은 둘 다 같은 길이
Helmholtz		왼쪽은 가로로 길어보이고, 오른쪽은 세로로 길어보인다.
Hering (분할착오)		중앙이 굽어 보인다.
Kohler (윤곽착오)		평행의 호를 보고 직선을 보면 직선은 호와 반대 방향으로 보인다.
Poggendorf	(a) (c) (b)	a는 c와 일직선상 같으나 실제로는 b이다.
Zöller		세로선이 굽어보이나 실제로는 직선이다.

답 ③

328 ☆

헤링(Hering)의 착시현상에 해당하는 것은?

①

② 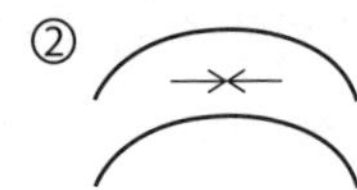

③

④ 

해 윗 해설 참조

답 ④

329 ☆

다음 [그림]의 착시 현상을 무엇이라 하는가?

수직선인 세로의 선이 굽어보인다.

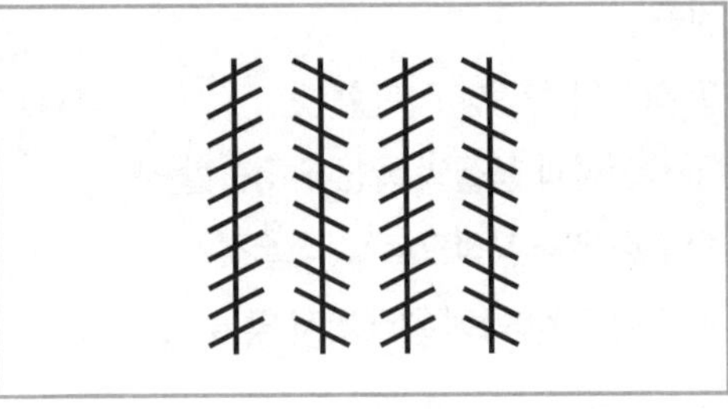

① Herling의 착시　　② Köhler의 착시
③ Poggendorf의 착시　④ Zöller의 착시

해 윗 해설 참조

답 ④

330 ☆

"그림에서 선 ab와 선 cd는 그 길이가 동일한 것이지만, 시각적으로는 선 ab가 선 cd보다 길어 보인다."에서 설명하는 착시 현상과 관계가 깊은 것은?

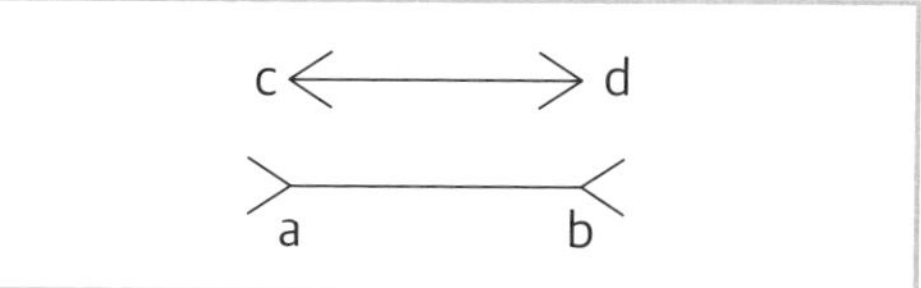

① 헬몰쯔의 착시
② 쾰러의 착시
③ 뮬러－라이어의 착시
④ 포겐 도르프의 착시

해 윗 해설 참조

답 ③

331 ☆

직접 사람에게 접촉되어 위해를 가한 물체를 무엇이라고 하는가?

① 낙하물 ② 비래물 ③ 기인물 ④ 가해물

해 기인물: 직접적으로 재해를 유발하거나 영향을 끼친 에너지원(운동, 위치, 열, 전기 등)을 지닌 기계·장치, 구조물, 물체·물질, 사람 또는 환경
가해물: 근로자(사람)에게 직접적으로 상해를 입힌 기계, 장치, 구조물, 물체·물질, 사람 또는 환경

답 ④

332 ☆

재해의 근원이 되는 기계장치나 기타의 물(物) 또는 환경을 뜻하는 것은?

① 상해 ② 가해물 ③ 기인물 ④ 사고 형태

해 기인물에 대한 설명이다.

답 ③

333 ☆

근로자가 작업대 위에서 전기공사 작업 중 감전에 의하여 지면으로 떨어져 다리에 골절상해를 입은 경우의 기인물과 가해물로 옳은 것은?

① 기인물－작업대, 가해물－지면
② 기인물－전기, 가해물－지면
③ 기인물－지면, 가해물－전기
④ 기인물－작업대, 가해물－전기

해 전기로 인해 넘어진 것이며 지면에 의해 다리가 골절되었다.

답 ②

334 ☆

다음 중 타박, 충돌, 추락 등으로 피부 표면보다는 피하조직 등 근육부를 다친 상해를 무엇이라 하는가?

① 골절 ② 자상 ③ 부종 ④ 좌상

해 상해 종류

골절	외부의 힘에 의해 뼈의 연속성이 완전 혹은 불완전하게 소실된 상태
자상	칼날 등 날카로운 물건에 찔린 상해
부종	국부 혈액순환 이상으로 몸이 퉁퉁 부어 오르는 상해
좌상	타박/충돌/추락 등으로 피부 표면보단 피하조직, 근육부를 다친 상해
창상	창/칼 등에 베인 상처
절상	뼈가 부러지거나 뼈마디가 어긋나 다침 또는 그런 부상
찰과상	거칠거나 딱딱한 면에 피부가 문질러지거나 긁혀서 표피와 진피가 일부 떨어져 나간 것.

답 ④

335

☆

다음 중 칼날이나 뾰족한 물체 등 날카로운 물건에 찔린 상해를 무엇이라 하는가?

① 자상 ② 창상 ③ 절상 ④ 찰과상

해 윗 해설 참조

답 ①

336

☆

다음 중 상해 종류에 대한 설명으로 옳은 것은?

① 찰과상: 창, 칼 등에 베인 상해
② 창상: 스치거나 문질러서 피부가 벗겨진 상해
③ 자상: 날카로운 물건에 찔린 상해
④ 좌상: 국부의 혈액순환의 이상으로 몸이 퉁퉁 부어오르는 상해

해 윗 해설 참조

답 ③

337

☆

다음과 같은 재해의 분석으로 옳은 것은?

> 어느 작업장에서 메인스위치를 끄지 않고 퓨즈를 교체하는 작업 중 단락사고로 인하여 스파크가 발생해 작업자가 화상을 입었다.

① 화상: 상해의 형태
② 스파크의 발생: 재해
③ 메인 스위치를 끄지 않음: 간접원인
④ 스위치를 끄지 않고 퓨즈 교체: 불안전한 상태

해 화상: 상해
감전: 재해
메인 스위치를 끄지 않음: 직접원인
스위치 끄지 않고 퓨즈 교체: 불안전한 행동

답 ①

338

☆☆

산업재해에 있어 인명이나 물적 등 일체의 피해가 없는 사고를 무엇이라고 하는가?

① Near Accident ② Good Accident
③ True Accident ④ Original Accident

해 앗차사고(Near Accident)에 대한 정의이다.

답 ①

339

다음 중 산업안전보건법령에서 정한 안전보건관리규정의 세부내용으로 가장 적절하지 않은 것은?

① 산업안전보건위원회의 설치·운영에 관한 사항
② 사업주 및 근로자의 재해 예방 책임 및 의무 등에 관한 사항
③ 근로자 건강진단, 작업환경측정의 실시 및 조치절차 등에 관한 사항
④ 산업재해 및 중대산업사고의 발생시 손실비용 산정 및 보상에 관한 사항

해 안전보건관리규정 세부내용
1. 총칙(② 포함)
2. 안전·보건 관리조직과 그 직무(① 포함)
3. 안전·보건교육
4. 작업장 안전관리
5. 작업장 보건관리(③ 포함)
6. 사고 조사 및 대책 수립
7. 위험성평가에 관한 사항
8. 보칙

답 ④

340 ☆☆

다음 중 산업안전보건법령상 안전보건관리규정에 포함되어 있지 않는 내용은? (단, 기타 안전보건관리에 관한 사항은 제외한다.)

① 작업자 선발에 관한 사항

② 안전보건교육에 관한 사항

③ 사고 조사 및 대책 수립에 관한 사항

④ 작업장 보건관리에 관한 사항

해 사업주는 사업장의 안전 및 보건을 유지하기 위하여 다음 각 호의 사항이 포함된 안전보건관리규정을 작성하여야 한다.

1. 안전 및 보건에 관한 관리조직과 그 직무에 관한 사항
2. 안전보건교육에 관한 사항
3. 작업장의 안전 및 보건관리에 관한 사항
4. 사고 조사 및 대책 수립에 관한 사항
5. 그 밖에 안전 및 보건에 관한 사항

답 ①

341 ☆

다음 ( )안에 들어갈 내용으로 알맞은 것은?

> 사업주는 안전보건관리규정을 작성하거나 변경할 때에는 (㉠)의 심의·의결을 거쳐야 한다. 다만, (㉠)가 설치되어 있지 아니한 사업장의 경우에는 (㉡)의 동의를 받아야 한다.

① ㉠ 안전보건관리규정위원회 ㉡ 노사대표

② ㉠ 안전보건관리규정위원회 ㉡ 근로자대표

③ ㉠ 산업안전보건위원회 ㉡ 노사대표

④ ㉠ 산업안전보건위원회 ㉡ 근로자대표

해 사업주는 안전보건관리규정을 작성하거나 변경할 때에는 산업안전보건위원회의 심의·의결을 거쳐야 한다. 다만, 산업안전보건위원회가 설치되어 있지 아니한 사업장의 경우에는 근로자대표의 동의를 받아야 한다.

답 ④

342 ☆

산업안전보건법령에 따른 산업안전보건위원회의 회의결과를 주지시키는 방법으로 가장 적절하지 않은 것은?

① 사보에 게재한다.

② 회의에 참석하여 파악토록 한다.

③ 사업장 내의 게시판에 부착한다.

④ 정례 조회시 집합교육을 통해 전달한다.

해 회의에 참석한다고 나 파악하는 것은 아니다.

답 ②

343 ☆

비통제의 집단행동 중 폭동과 같은 것을 말하며, 군중보다 합의성이 없고, 감정에 의해서만 행동하는 특성은?

① 패닉(Panic)

② 모브(Mob)

③ 모방(Imitation)

④ 심리적 전염(Mental Epidemic)

해

군중	성원 사이에 지위나 역할 분화가 없고 성원 각자는 책임감을 가지지 않으며 비판력도 가지지 않는다.
모브	폭동으로 군중보다 합의성 없고 감정에 의해 행동하는 것
패닉	모브가 공격적이라면 패닉은 방어적이다.
심리적 전염	어떤 사상이 상당 기간에 걸쳐 광범위하게 논리적 근거 없이 무비판적으로 받아들여지는 것

답 ②

344 ☆☆

관료주의에 대한 설명으로 틀린 것은?

① 의사결정에는 작업자 참여가 필수적이다.

② 인간을 조직 내의 한 구성원으로만 취급한다.

③ 개인의 성장이나 자아실현의 기회가 주어지기 어렵다.

④ 사회적 여건이나 기술의 변화에 신속하게 대응하기 어렵다.

해 의사결정에는 작업자의 참여가 불가능하다.
관료주의: 상급자에게는 약하고 하급자에게는 힘을 내세우려 하며, 자기 업무와 직접 관련이 없는 일에는 신경을 쓰지 않고, 자기 책임은 지지 않으려 하면서도 독선적인 행동이나 의식을 보이는 것

답 ①

345 ☆

재해손실비의 평가방식 중 시몬즈 방식에 의한 계산방법으로 옳은 것은?

① 직접비＋간접비

② 공동비용＋개별비용

③ 보험코스트＋비보험코스트

④ (휴업상해건수 관련비용 평균치)＋(통원상해건수×관련비용 평균치)

해 시몬즈방식에 의한 재해코스트 산정법
총 재해비용＝보험비용＋비보험비용
비보험비용
＝휴업상해건수 • A＋통원상해건수 • B
＋응급조치건수 • C＋무상해사고건수 • D
(A/B/C/D는 장해정도별에 의한 비보험비용의 평균치)

답 ③

346 ☆

재해손실비의 평가방식 중 하인리히 계산방식으로 옳은 것은?

① 총재해비용＝보험비용＋비보험비용

② 총재해비용＝직접손실비용＋간접손실비용

③ 총재해비용＝공동비용＋개별비용

④ 총재해비용＝노동손실비용＋설비손실비용

해 하인리히 방식
총 재해비용＝ 직접비＋간접비(＝4 • 직접비)
직접비: 법에 따른 산재보상비 요양/휴업/장해/간병/유족/직업재활 급여, 상병보상연금, 장례비
간접비: 생산손실비/인적손실비/시간손실비

답 ②

347 ☆

하인리히의 재해손실비용 평가방식에서 총 재해손실비용을 직접비와 간접비로 구분하였을 때 그 비율로 옳은 것은? (단, 순서는 직접비 : 간접비이다.)

① 1 : 4 ② 4 : 1 ③ 3 : 2 ④ 2 : 3

해 윗 해설 참조

답 ①

348 ☆

재해손실 코스트 방식 중 하인리히의 방식에 있어 1:4의 원칙 중 1에 해당하지 않는 것은?

① 재해예방을 위한 교육비
② 치료비
③ 재해자에게 지급된 급료
④ 재해보상 보험금

해 윗 해설 참조

답 ①

349 ☆

국제노동통계회의에서 결의된 재해통계의 국제적 통일안을 설명한 것으로 틀린 것은?

① 국제적 통일안의 결의로서 모든 국가가 이 방법을 적용하고 있다.
② 강도율은 근로손실일수(1,000배)를 총인원의 연근로시간수로 나누어 산정한다.
③ 도수율은 재해의 발생건수(100만 배)를 총인원의 연근로시간수로 나누어 산징한다.
④ 국가별, 시기별, 산업별 비교를 위해 산업재해통계를 도수율이나 강도율의 비율로 나타낸다.

해 국제노동기구(ILO)에 속한 국가만 적용 중이다.

답 ①

350 ☆

재해율 중 재직 근로자 1,000명당 1년간 발생하는 재해자 수를 나타내는 것은?

① 연천인율 ② 도수율
③ 강도율 ④ 종합재해지수

해 연천인율에 대한 설명이다.

답 ①

351 ☆

다음 중 연간 총근로시간 합계 100만 시간당 재해발생 건수를 나타내는 재해율은?

① 연천인율 ② 도수율
③ 강도율 ④ 종합재해지수

해 $도수율 = \frac{재해건수}{연근로시간\ 수} \cdot 10^6$

답 ②

352 ☆

연간 총 근로시간 중에 발생하는 근로손실일수를 1,000시간당 발생하는 근로손실일수로 나타내는 식은?

① 강도율 ② 도수율
③ 연천인율 ④ 종합재해지수

해 $강도율 = \frac{총요양근로손실일수}{연근로시간} \cdot 10^3$

답 ①

353 ☆

사업장의 안전준수 정도를 알아보기 위한 안전평가는 사전평가와 사후평가로 구분되어지는데 다음 중 사전평가에 해당하는 것은?

① 재해율 ② 안전샘플링
③ 연천인율 ④ safe－T－score

해 안전샘플링은 사전에 사업장의 안전 정도를 측정하는 방법이다.

답 ②

354 ☆

Safe-T-Score에 대한 설명으로 틀린 것은?

① 안전관리 수행도를 평가하는데 유용하다.
② 기업의 산업재해에 대한 과거와 현재의 안전성적을 비교 평가한 점수로 단위가 없다.
③ Safe-T-Score가 ＋2.0 이상인 경우는 안전관리가 과거보다 좋아졌음을 나타낸다.
④ Safe-T-Score가 ＋2.0~－2.0 사이인 경우는 안전관리가 과거에 비해 심각한 차이가 없음을 나타낸다.

해 판정기준
＋2 이상＝과거보다 심각하게 나쁨
－2와 ＋2사이＝과거에 비해 심각한 차이 없음
－2 이하＝과거보다 좋아짐

답 ③

355 ☆

다음 중 기업의 산업재해에 대한 과거와 현재의 안전성적을 비교, 평가한 점수로 안전관리의 수행도를 평가하는데 유용한 것은?

① safe－T－score ② 평균강도율
③ 종합재해지수 ④ 안전활동률

해 safe－T－score에 대한 설명이다.

답 ①

356 ☆☆☆☆☆

상시 근로자수가 75명인 사업장에서 1일 8시간씩 연간 320일을 작업하는 동안에 4건의 재해가 발생하였다면 이 사업장의 도수율은 약 얼마인가?

① 17.68 ② 19.67 ③ 20.83 ④ 22.83

해 $$도수율=\frac{재해건수}{연근로시간수}\cdot 10^6$$

$$=\frac{4}{75\cdot 8\cdot 320}\cdot 10^6 = 20.83$$

답 ③

357 ☆☆

1,000명의 근로자가 주당 45시간씩 연간 50주를 근무하는 A기업에서 질병 및 기타 사유로 인하여 5%의 결근율을 나타내고 있다. 이 기업에서 연간 60건의 재해가 발생하였다면 이 기업의 도수율은 약 얼마인가?

① 25.12 ② 26.67 ③ 28.07 ④ 51.64

해 $$도수율=\frac{재해건수}{연근로시간수}\cdot 10^6$$

$$=\frac{60}{1,000\cdot 45\cdot 50\cdot (1-0.05)}\cdot 10^6$$

$$=28.07$$

답 ③

358 ☆

400명의 근로자가 종사하는 공장에서 휴업일수 127일, 중대 재해 1건이 발생한 경우 강도율은? (단, 1일 8시간으로 연 300일 근무조건으로 한다.)

① 10 ② 0.1 ③ 1 ④ 0.01

해 $\text{강도율} = \dfrac{\text{총요양근로손실일수}}{\text{연근로시간}} \cdot 10^3$

$$= \dfrac{127 \cdot \dfrac{300}{365}}{400 \cdot 8 \cdot 300} \cdot 10^3 = 0.11$$

총요양근로손실일수

$= \text{장해등급에 따른 근로손실일수}$

$+ \text{휴업일수} \cdot \dfrac{\text{연근로일수}}{365}$

답 ②

359 ☆

연간 근로자수가 300명인 A 공장에서 지난 1년간 1명의 재해자(신체장해등급: 1급)가 발생하였다면 이 공장의 강도율은? (단, 근로자 1인당 1일 8시간씩 연간 300일을 근무하였다.)

① 4.27 ② 6.42 ③ 10.05 ④ 10.42

해

구분	사망	신체장해자등급										
	1~3	4	5	6	7	8	9	10	11	12	13	14
근로손실일수(일)	7,500	5,500	4,000	3,000	2,200	1,500	1,000	600	400	200	100	50

$\text{강도율} = \dfrac{\text{총요양근로손실일수}}{\text{연근로시간}} \cdot 10^3$

$$= \dfrac{7{,}500}{300 \cdot 8 \cdot 300} \cdot 10^3 = 10.42$$

총요양근로손실일수

$= \text{장해등급에 따른 근로손실일수}$

$+ \text{휴업일수} \cdot \dfrac{\text{연근로일수}}{365}$

답 ④

360 ☆

50인의 상시 근로자를 가지고 있는 어느 사업장에 1년간 3건의 부상자를 내고 그 휴업일수가 219일이라면 강도율은?

① 1.37 ② 1.5 ③ 1.86 ④ 2.21

해 근로 시간이 문제에 없으면 2,400시간이다.

$\text{강도율} = \dfrac{\text{총요양근로 손실일수}}{\text{연근로시간}} \cdot 10^3$

$$= \dfrac{219 \cdot \dfrac{300}{365}}{50 \cdot 2{,}400} \cdot 10^3 = 1.5$$

총요양근로손실일수

$= \text{장해등급에 따른 근로손실일수}$

$+ \text{휴업일수} \cdot \dfrac{\text{연근로일수}}{365}$

답 ②

361 ☆☆

A 사업장의 도수율이 10이고, 강도율이 1.7이라고 하면 이 사업장의 종합재해지수(FSI)는 약 얼마인가?

① 2.74 ② 3.74 ③ 3.87 ④ 4.12

해 $\text{종합재해지수} = \sqrt{\text{도수율} \cdot \text{강도율}}$

$= \sqrt{10 \cdot 1.7}$

$= 4.12$

답 ④

362 ☆☆

어떤 사업장의 종합재해지수가 16.95이고, 도수율이 20.83이라면 강도율은 약 얼마인가?

① 20.45 ② 15.92 ③ 13.79 ④ 10.54

해 $\text{종합재해지수} = \sqrt{\text{도수율} \cdot \text{강도율}}$

$\rightarrow 16.95 = \sqrt{20.83 \cdot \text{강도율}}$

$\rightarrow \text{강도율} = \dfrac{16.95^2}{20.83} = 13.79$

답 ③

363 ☆

산업안전보건법령상 상시 근로자수의 산출 내역에 따라, 연간 국내공사 실적액이 50억원이고 건설업평균임금이 250만원이며, 노무비율은 0.06인 사업장의 상시 근로자수는?

① 10인 ② 30인 ③ 33인 ④ 75인

해 $상시근로자수 = \frac{연간국내공사실적액 \cdot 노무비율}{건설업\ 월\ 평균임금 \cdot 12}$

$= \frac{50억 \cdot 0.06}{250만 \cdot 12} = 10$

답 ①

364 ☆☆☆☆

D공장의 연평균근로자가 180명이고, 1년간 사상자가 6명이 발생했다면, 연천인율은 약 얼마인가? (단, 근로자는 하루 8시간씩 연간 300일을 근무한다.)

① 12.79 ② 13.89 ③ 33.33 ④ 43.69

해 $연천인율 = \frac{연\ 재해자\ 수}{연\ 평균\ 근로자\ 수} \cdot 10^3$

$= \frac{6}{180} \cdot 10^3 = 33.33$

답 ③

365 ☆☆☆☆☆

어느 공장의 재해율을 조사한 결과 도수율이 20이고, 강도율이 1.2로 나타났다. 이 공장에서 근무하는 근로자가 입사부터 정년퇴직할 때까지 예상되는 재해건수(a)와 이로 인한 근로손실일수(b)는?

① a=20, b=1.2 ② a=2, b=120
③ a=20, b=20 ④ a=120, b=2

해 환산도수율: 평생 근로시 경험하는 재해건수
환산도수율=도수율/10=20/10=2
환산강도율: 평생 근로시 경험하는 손실일수
환산강도율=강도율・100=1.2・100=120

답 ②

366 ☆☆☆

지난 한 해 동안 산업재해로 인하여 직접손실비용이 3조 1,600억원이 발생한 경우의 총재해 코스트는? (단, 하인리히의 재해 손실비 평가방식을 적용한다.)

① 6조 3,200억원 ② 9조 4,800억원
③ 12조 6,400억원 ④ 15조 8,000억원

해 하인리히 방식 총 재해비용
=직접비+간접비(=4・직접비)
=3조 1,600억+4・3조 1,600억
=15조 8,000억원

답 ④

367 ☆☆

하인리히의 재해구성비율에 따라 경상사고가 87건 발생하였다면 무상해사고는 몇 건이 발생하였겠는가?

① 300건 ② 600건 ③ 900건 ④ 1,200건

해 1(사망/중상해) : 29(경상해) : 300(무상해)

87 : x

$\rightarrow x = 300 \cdot \frac{87}{29} = 900$

답 ③

368 ☆

버드(Bird)의 재해발생 비율에서 물적손해만의 사고가 120건 발생하면 상해도 손해도 없는 사고는 몇 건 정도 발생하겠는가?

① 600건 ② 1,200건 ③ 1,800건 ④ 2,400건

해 중상, 폐질 : 경상 : 무상해사고 : 무상해 무사고

1 : 10 : 30 : 600

120 : X

→ 무상해사고가 4배니 무상해, 무사고도 4배해서 2,400이다.

답 ④

MEMO

산업안전산업기사 2010~20년

2과목

인간공학 및 위험성평가관리
(기출중복문제 소거 정리)

잠깐! 더 효율적인 공부를 위한 링크들을 적극 이용하세요~!

2 인간공학 및 위험성평가관리

기출 중복문제 소거 정리

001 ☆

다음 중 인간공학(Ergonomics)의 기원에 대한 설명으로 가장 적합한 것은?

① 차패니스(Chapanis, A.)에 의해서 처음 사용되었다.
② 민간 기업에서 시작하여 군이나 군수회사로 전파되었다.
③ "ergon(작업)+nomos(법칙)+ics(학문)"의 조합된 단어이다.
④ 관련 학회는 미국에서 처음 설립되었다.

해 ergonomics(인간공학)
ergon(작업)+nomos(법칙)+ics(학문)
조합된 단어로 human factors, human engineering라고도 하며 자스트러제보스키가 처음 사용했다.

답 ③

002 ☆

현장에서 인간공학의 적용분야로 가장 거리가 먼 것은?

① 설비관리
② 제품설계
③ 재해/질병예방
④ 장비/공구/설비의 설계

해 인간공학 적용분야
제품설계/재해·질병 예방/장비·공구·설비의 배치/작업장 연구/작업환경 개선

답 ①

003 ☆

다음 중 사업장에서 인간공학 적용 분야와 가장 거리가 먼 것은?

① 작업환경 개선 ② 장비 및 공구 설계
③ 재해 및 질병 예방 ④ 신뢰성 설계

해 윗 해설 참조

답 ④

004 ☆

신호검출 이론의 응용분야가 아닌 것은?

① 품질검사 ② 의료진단
③ 교통통제 ④ 시뮬레이션

해 신호검출이론 응용분야
품질검사/의료진단/교통통제

답 ④

005 ☆☆

인간공학에 관련된 설명으로 틀린 것은?

① 편리성, 쾌적성, 효율성을 높일 수 있다.
② 사고를 방지하고 안전성과 능률성을 높일 수 있다.
③ 인간의 특성과 한계점을 고려하여 제품을 설계한다.
④ 생산성을 높이기 위해 인간을 작업 특성에 맞추는 것이다.

해 작업을 인간에 맞추는 것이다.

답 ④

006 ☆☆☆☆☆

체계분석 및 설계에 있어서 인간공학의 가치와 가장 거리가 먼 것은?

① 성능의 향상
② 인력 이용률의 감소
③ 사용장의 수용도 향상
④ 사고 및 오용으로부터의 손실 감소

해 인력 이용률의 향상

답 ②

007 ☆

다음 중 인간공학의 연구 목적과 가장 거리가 먼 것은?

① 일과 일상생활에서 사용하는 도구, 기구 등의 설계에 있어서 인간을 우선적으로 고려한다.
② 인간의 능력, 한계, 특성 등을 고려하면서 전체 인간−기계 시스템의 효율을 증가시킨다.
③ 시스템의 생산성 극대화를 위하여 인간의 특성을 연구하고, 이를 제한, 통제한다.
④ 시스템이나 절차를 설계할 때 인간의 특성에 관한 정보를 체계적으로 응용한다.

해 ③: 사고를 예방하기 위해 인간의 특성을 연구한다.

답 ③

008 ☆☆

인간공학의 주된 연구 목적과 가장 거리가 먼 것은?

① 제품 품질 향상
② 작업의 안정성 향상
③ 작업환경의 쾌적성 향상
④ 기계조작의 능률성 향상

해 제품 품질과는 관련이 없다.

답 ①

009 ☆

산업안전 분야에서의 인간공학을 위한 제반 언급사항으로 관계가 먼 것은?

① 안전관리자와의 의사소통 원활화
② 인간과오 방지를 위한 구체적 대책
③ 인간행동 특성자료의 정량화 및 축적
④ 인간−기계체계의 설계 개선을 위한 기금의 축적

해 인간공학을 위한 제반 언급사항
1. 안전관리자와의 의사소통 원활화
2. 인간행동 특성자료의 정량화 및 축적
3. 인간과오 방지를 위한 구체적 대책

답 ④

010 ☆

안전성의 관점에서 시스템을 분석 평가하는 접근방법과 거리가 먼 것은?

① "이런 일은 금지한다."의 개인 판단에 따른 주관적인 방법
② "어떻게 하면 무슨 일이 발생할 것인가?"의 연역적인 방법
③ "어떤 일은 하면 안 된다."라는 점검표를 사용하는 직관적인 방법
④ "어떤 일이 발생하였을 때 어떻게 처리하여야 안전한가?"의 귀납적인 방법

해 주관적인 판단이 아닌 객관적 판단을 해야 한다.

답 ①

011 ☆

다음 중 시스템 안전성 평가 기법에 관한 설명으로 틀린 것은?

① 가능성을 정량적으로 다룰 수 있다.
② 시각적 표현에 의해 정보전달이 용이하다.
③ 원인, 결과 및 모든 사상들의 관계가 명확해진다.
④ 연역적 추리를 통해 결함사상을 빠짐없이 도출하나, 귀납적 추리로는 불가능하다.

해 귀납적 추리로도 가능하다.

답 ④

012 ☆☆☆☆

다음 중 안전성 평가에서 위험관리의 사명으로 가장 적절한 것은?

① 잠재위험 인식
② 손해에 대한 자금 융통
③ 안전과 건강관리
④ 안전공학

해 매년 논란되던 문제!
허나, 정답은 2번이라 함.

답 ②

013 ☆☆

설비에 부착된 안전장치를 제거하면 설비가 작동되지 않도록 하는 안전설계는?

① Fail safe ② Fool proof
③ Lock out ④ Tamper proof

해 fail safe: 기계 파손, 기능 불량이 발생해도 항상 안전하게 작동되는 방식
fool proof: 인간이 실수해도 기계 측에서 정상적으로 사고를 방지해주는 방식
lock out: 어떤 장치가 동작 시 다른 장치의 동작을 억제하는 방식
tamper proof: 안전장치 제거 시 기계 작동 안되는 방식

답 ④

014 ☆

사용자의 잘못된 조작 또는 실수로 인해 기계의 고장이 발생하지 않도록 설계하는 방법은?

① EMEA ② HAZOP
③ fail safe ④ fool proof

해 fool proof에 대한 설명이다.

답 ④

015 ☆

과전압이 걸리면 전기를 차단하는 차단기, 퓨즈 등을 설치하여 오류가 재해로 이어지지 않도록 사고를 예방하는 설계 원칙은?

① 에러복구 설계
② 풀프루프(fool－proof) 설계
③ 페일세이프(fail－safe) 설계
④ 템퍼프루프(tamper proof) 설계

해 페일세이프에 대한 설명이다.

답 ③

016 ☆

안전 설계방법 중 페일세이프 설계(fail-safe design)에 대한 설명으로 가장 적절한 것은?

① 오류가 전혀 발생하지 않도록 설계
② 오류가 발생하기 어렵게 설계
③ 오류의 위험을 표시하는 설계
④ 오류가 발생하였더라도 피해를 최소화하는 설계

해 ④: 페일세이프 정의

답 ④

017 ☆

페일세이프(fail-safe)의 원리에 해당되지 않는 것은?

① 교대 구조 ② 다경로하중 구조
③ 배타설계 구조 ④ 하중경감 구조

해 fail safe 구조 종류

교대(대치) 구조	한 부재의 파괴를 대비해 예비 부재를 가진 구조
중복(이중) 구조	2개의 작은 부재를 결합시켜 한 큰 부재와 같은 강도 가지게 하는 구조
다경로하중 구조	한 부재 파괴돼도 같은 역할하는 부재가 있어 치명적 결과가 없는 구조
하중경감 구조	강성 큰 부재는 강성 작은 부재보다 더 많은 하중 받는 원리 이용한 구조

답 ③

018 ☆

인간-기계 시스템에서의 신뢰도 유지 방안으로 가장 거리가 먼 것은?

① fail－safe ② lock system
③ fool－proof ④ risk assessment

해 위험성 평가(risk assessment)는 신뢰도 유지와는 거리가 멀다.

답 ④

019 ☆

고장형태 및 영향분석(FMEA: Failure Mode and Effect Analyis)에서 치명도 해석을 포함시킨 분석 방법으로 옳은 것은?

① CA ② ETA
③ FMETA ④ FMECA

해 FMECA의 C가 Criticality(치명도)이다.

답 ④

020 ☆☆☆☆

시스템에 영향을 미치는 모든 요소의 고장을 형태별로 분석하여 그 영향을 검토하는 분석 기법은?

① FTA ② CHECK LIST
③ FMEA ④ DECISION TREE

해

DT (Decision tree)	요소 신뢰도 이용해 시스템 신뢰도 나타내는 것
결함수분석법 (FTA, Fault Tree Analysis)	연역적/정성적/정량적이며 재해원인을 규명하며 재해 정량적 예측이 가능한 탑다운(하향식) 분석방법
고장형태와 영향분석 (FMEA, Failure Modes Effect Analysis)	제품 설계와 개발단계에서 고장 발생을 최소로 할 때 유효한 분석방법

답 ③

021 ☆

다음 중 고장형태 및 영향분석의 표준적인 실시 절차에 해당되지 않는 것은?

① 대상시스템의 분석
② 고장형태와 영향의 해석
③ 톱사상과 기본사상의 결정
④ 치명도 분석과 개선책 검토

해 FMEA 적용 절차
1단계: FMEA 분석 대상 선정
2단계: FMEA팀 조직
3단계: FMEA팀 구성원들의 분석 대상 검토
4단계: 장애 모드와 그 원인 및 영향 식별
5단계: 각 장애 모드에 대해 발생빈도, 심각도, 발견가능성 수치화
6단계: RPN(Risk Priority Number) 계산
7단계: RPN을 이용한 개선 노력 계획
8단계: 예방 행동을 취하고 재평가

답 ③

022 ☆

FMEA의 위험성 분류 중 "카테고리 2"에 해당되는 것은?

① 영향 없음
② 활동의 지연
③ 사명 수행의 실패
④ 생명 또는 가옥의 상실

해 FMEA 위험성 분류
1. 생명 또는 가옥 상실
2. 사명 수행의 실패
3. 활동 지연
4. 영향없음

답 ③

023 ☆☆

FMEA 기법의 장점에 해당하는 것은?

① 서식이 간단하다.
② 논리적으로 완벽하다.
③ 해석의 초점이 인간에 맞추어져 있다.
④ 동시에 복수의 요소가 고장나는 경우의 해석이 용이하다.

해 FMEA(고장형태와 영향분석)
1. 서식 간단
2. 논리성 부족
3. 해석 초점이 물체에 맞춰져있음.
4. 동시에 복수의 요소가 고장나는 경우의 해석이 어렵다.

답 ①

024 ☆

시스템안전의 수명주기에서 생산물의 적합성을 검토하는 단계는?

① 구성단계　② 정의단계
③ 생산단계　④ 개발단계

해 시스템 수명주기

단계	내용
구상	PHA 적용
정의	• SSHA 적용 • 예비설계와 생산기술 검토 • 생산물 적합성 검토
개발	• 위험분석으로 주로 FMEA 적용 • 설계 수용가능성을 위해 보다 완벽한 검토 시행 • 모형분석과 검사결과가 OHA 입력자료로 사용
생산	• 교육훈련 시작
운용(운전)	• 사고 또는 사건으로부터 축적된 자료에 대해 실증을 통한 문제를 규명하고 이를 최소화하기 위한 조치를 마련하는 단계 • 안전점검 기준에 따른 평가를 내림

답 ②

025 ☆

시스템 수명주기에서 예비위험분석을 적용하는 단계는?

① 구상단계　② 개발단계
③ 생산단계　④ 운전단계

해 예비위험분석(PHA)
모든 시스템 안전프로그램에서의 최초(구상)단계 해석으로 시스템의 위험요소가 어떤 위험상태에 있는가를 정성적으로 평가하는 분석방법
윗 해설 참조

답 ①

026 ☆

시스템의 수명주기를 구상, 정의, 개발, 생산, 운전의 5단계로 구분할 때 다음 중 시스템 안전성 위험분석(SSHA)은 어느 단계에서 수행되는 것이 가장 적합한가?

① 구상(concept) 단계
② 운전(deployment) 단계
③ 생산(production) 단계
④ 정의(definition) 단계

해 윗 해설 참조

답 ④

027 ☆

시스템 수명주기 단계 중 이전 단계들에서 발생되었던 사고 또는 사건으로부터 축적된 자료에 대해 실증을 통한 문제를 규명하고 이를 최소화하기 위한 조치를 마련하는 단계는?

① 구상단계　② 정의단계
③ 생산단계　④ 운전단계

해 윗 해설 참조

답 ④

028 ☆☆☆☆

모든 시스템 안전 프로그램 중 최초 단계의 분석으로 시스템 내의 위험요소가 어떤 상태에 있는지를 정성적으로 평가하는 방법은?

① CA ② FHA
③ PHA ④ FMEA

해

예비위험분석 (PHA, Preliminary Hazard Analysis)	모든 시스템 안전프로그램에서의 최초(구상)단계 해석으로 시스템의 위험요소가 어떤 위험상태에 있는가를 정성적으로 평가하는 분석방법
치명도 분석법 (CA, Criticality Analysis)	• 고장 유형 및 영향 분석에서 식별된 고장 유형 및 원인에 대하여 상대적인 치명도 값을 산출하여 분석하는 정량적 분석방법 • 고장이 시스템의 손실과 인명의 사상에 연결되는 높은 위험도를 가진 요소나 고장의 형태에 따른 분석법
FMECA(Failure Modes Effects and Criticality Analysis)	고장영향분석인 FMEA와 치명도분석인 CA가 결합된 형태
결함위험분석 (FHA, Fault Hazards Analysis)	시스템 정의에서부터 시스템 개발 단계를 지나 시스템 생산 단계 진입 전까지 적용되는 것

답 ③

029 ☆☆

다음 중 시스템을 설계함에 있어 개념형성 단계에서 최초로 시도하는 위험도 분석은?

① PHA ② FHA
③ SHA ④ OHA

해 윗 해설 참조

답 ①

030 ☆☆☆

예비위험분석(PHA)에 대한 설명으로 옳은 것은?

① 관련된 과거 안전점검 결과의 조사에 적절하다.
② 안전관련 법규 조항의 준수를 위한 조사방법이다.
③ 시스템 고유의 위험성을 파악하고 예상되는 재해의 위험 수준을 결정한다.
④ 초기 단계에서 시스템 내의 위험요소가 어떠한 위험상태에 있는가를 정성적으로 평가하는 것이다.

해 윗 해설 참조

답 ④

031 ☆

다음 중 시스템 안전분석방법에 대한 설명으로 틀린 것은?

① 해석의 수리적 방법에 따라 정성적, 정량적 방법이 있다.
② 해석의 논리적 방법에 따라 귀납적, 연역적 방법이 있다.
③ FTA는 연역적, 정량적 분석이 가능한 방법이다.
④ PHA는 운용사고 해석이라고 말할 수 있다.

해 윗 해설 참조

답 ④

032 ☆

시스템이 저장되고 이동되고, 실행됨에 따라 발생하는 작동시스템의 기능이나 과업, 활동으로부터 발생되는 위험에 초점을 맞추어 진행하는 위험분석방법은?

① FHA ② OHA

③ PHA ④ OSA

해

예비위험분석 (PHA, Preliminary Hazard Analysis)	모든 시스템 안전프로그램에서의 최초(구상)단계 해석으로 시스템의 위험요소가 어떤 위험상태에 있는가를 정성적으로 평가하는 분석방법
운용 위험성 분석 (OHA, Operating Hazard Analysis)	시스템이 저장되어 이동되고 실행됨에 따라 발생하는 작동시스템의 기능이나 과업, 활동으로부터 발생되는 위험에 초점을 맞춘 위험분석 차트
운용 안정성 분석 (OSA, Operation Safety Analysis)	안전 요건을 결정하기 위해 실시하는 분석법
결함위험분석 (FHA, Fault Hazards Analysis)	시스템 정의에서부터 시스템 개발 단계를 지나 시스템 생산단계 진입 전까지 적용되는 것

답 ②

033 ☆

다음 설명에 해당하는 시스템 위험분석방법은?

> – 시스템 정의 및 개발 단계에서 실행
> – 시스템 기능, 과업, 활동으로부터 발생되는 위험에 초점을 둔다.

① 모트(MORT)

② 결함수분석(FTA)

③ 예비위험분석(PHA)

④ 운용위험분석(OHA)

해 윗 해설 참조

답 ④

034 ☆

다음 중 운용상의 시스템안전에서 검토 및 분석해야 할 사항으로 틀린 것은?

① 훈련

② 사고조사에의 참여

③ ECR(Error Cause Removal) 제안 제도

④ 고객에 의한 최종 성능검사

해 ECR(Error Cause Removal) 제안 제도
작업자 스스로가 본인의 부주의한 원인을 생각함으로써 작업 개선을 하는 제도

답 ③

035 ☆

사고의 발단이 되는 초기 사상이 발생할 경우 그 영향이 시스템에서 어떤 결과(정상 또는 고장)로 진전해 가는지를 나뭇가지가 갈라지는 형태로 분석하는 방법은?

① FTA　　② PHA
③ FHA　　④ ETA

해

결함위험분석 (FHA, Fault Hazards Analysis)	시스템 정의에서부터 시스템 개발 단계를 지나 시스템 생산단계 진입 전까지 적용되는 것
결함수분석법 (FTA, Fault Tree Analysis)	연역적/정성적/정량적이며 재해원인을 규명하며 재해 정량적 예측이 가능한 탑다운(하향식) 분석방법
사건수 분석(ETA, Event Tree Analysis)	– 사고 시나리오에서 연속된 사건들의 발생경로를 파악하 고 평가하기 위한 귀납적이고 정량적인 시스템 안전 프로그램 – 사고의 발단이 되는 초기 사상이 발생할 경우 그 영향이 시스템에서 어떤 결과(정상 또는 고장)로 진전해 가는지를 나뭇가지가 갈라지는 형태로 분석하는 방법
예비위험분석 (PHA, Preliminary Hazard Analysis)	모든 시스템 안전프로그램에서의 최초(구상)단계 해석으로 시스템의 위험요소가 어떤 위험상태에 있는가를 정성적으로 평가하는 분석방법

답 ④

036 ☆

표와 관련된 시스템위험분석 기법으로 가장 적합한 것은?

프로그램:	시스템:
#1 구성요소 명칭	
#2 구성요소 위험방식	
#3 시스템 작동방식	
#4 서브시스템에서 위험영향	
#5 서브시스템, 대표적 시스템 위험영향	
#6 환경적 요인	
#7 위험영향을 받을 수 있는 2차 요인	
#8 위험수준	
#9 위험관리	

① 예비위험분석(PHA)
② 결함위험분석(FHA)
③ 운용위험분석(OHA)
④ 사상수분석(ETA)

해 결함위험분석(FHA)
시스템 정의에서부터 시스템 개발 단계를 지나 시스템 생산단계 진입 전까지 적용되는 것

답 ②

037 ☆

[보기]와 같은 위험관리의 단계를 순서대로 올바르게 나열한 것은?

① 위험 분석	② 위험 파악
③ 위험 처리	④ 위험 평가

① ① → ② → ④ → ③

② ② → ③ → ① → ④

③ ① → ③ → ② → ④

④ ② → ① → ④ → ③

해 위험관리 순서
위험 파악 → 위험 분석 → 위험 평가 → 위험 처리

답 ④

038 ☆☆☆☆☆☆

반복되는 사건이 많이 있는 경우, FTA의 최소 컷셋과 관련이 없는 것은?

① Fussel Algorithm

② Booolean Algorithm

③ Monte Carlo Algorithm

④ Limnios Ziani Algorithm

해 몬테카를로 방법(Monte Carlo Algorithm)
반복된 무작위 추출을 이용해 함수값을 수리적으로 근사하는 알고리즘으로 FTA와 관련없다.

답 ③

039 ☆☆

Fussell의 알고리즘으로 최소 컷셋을 구하는 방법에 대한 설명으로 틀린 것은?

① OR게이트는 항상 컷셋 수를 증가시킨다.

② AND게이트는 항상 컷셋 크기를 증가시킨다.

③ 중복 및 반복되는 사건이 많은 경우에 적용하기 적합하고 매우 간편하다.

④ 톱(top)사상을 일으키기 위해 필요한 최소한의 컷셋이 최소 컷셋이다.

해 중복 및 반복되는 사건이 많은 경우에는 LimniosZiani Algorithm가 더 유리하다.

답 ③

040 ☆

화학공장(석유화학사업장 등)에서 가동문제를 파악하는 데 널리 사용되며, 위험요소를 예측하고, 새로운 공정에 대한 가동문제를 예측하는 데 사용되는 위험성평가방법은?

① SHA ② EVP ③ CCFA ④ HAZOP

해 위험성 및 운전성 검토(HAZOP)
장비의 잠재된 위험이나 기능 저하 등의 영향을 평가하기 위해 공정이나 설계도 등에 체계적으로 검토하는 것

답 ④

041 ☆

다음은 위험분석기법 중 어떠한 기법에 사용되는 양식인가?

작업표 양식					
가이드 단어	편차	원인	결과	조치 사항	흐름도에서 추가시험과 변경

① ETA ② THERP

③ FMEA ④ HAZOP

해 윗 해설 참조

답 ④

042 ☆

다음 중 위험과 운전성연구(HAZOP)에 대한 설명으로 틀린 것은?

① 전기설비의 위험성을 주로 평가하는 방법이다.

② 처음에는 과거의 경험이 부족한 새로운 기술을 적용한 공정설비에 대하여 실시할 목적으로 개발되었다.

③ 설비전체보다 단위별 또는 부분별로 나누어 검토하고 위험요소가 예상되는 부문에 상세하게 실시한다.

④ 장치 자체는 설계 및 제작사양에 맞게 제작된 것으로 간주하는 것이 전제 조건이다.

해 화학설비 위험성을 주로 평가하는 방법이다.

답 ①

043 ☆

다음 중 위험 및 운전성 분석(HAZOP) 수행에 가장 좋은 시점은 어느 단계인가?

① 구상단계 ② 생산단계

③ 설치단계 ④ 개발단계

해 HAZOP는 개발단계에서 실시한다.

답 ④

044 ☆☆☆☆

인간의 과오를 정량적으로 평가하기 위한 기법으로, 인간과오의 분류시스템과 확률을 계산하는 안전성 평가기법은?

① THERP ② FTA
③ ETA ④ HAZOP

해

위험성 및 운전성 검토(HAZOP, Hazard Operability Analysis)	장비의 잠재된 위험이나 기능 저하 등의 영향을 평가하기 위해 공정이나 설계도 등에 체계적으로 검토하는 것
인간과오율 예측기법 (THERP, Technique for Human Error Rate Prediction)	인간 과오를 정량적으로 평가하기 위해 개발된 기법
사건수 분석 (ETA, Event Tree Analysis)	– 사고 시나리오에서 연속된 사건들의 발생경로를 파악하고 평가하기 위한 귀납적이 고 정량적인 시스템 안전 프 로그램 – 사고의 발단이 되는 초기 사상이 발생할 경우 그 영향이 시스템에서 어떤 결과(정상 또는 고장)로 진전해 가는지를 나뭇가지가 갈라지는 형 태로 분석하는 방법
결함수분석법 (FTA, Fault Tree Analysis)	연역적/정성적/정량적이며 재해원인을 규명하며 재해 정량적 예측이 가능한 탑다운(하향식) 분석방법

답 ①

045 ☆

다음 중 사고나 위험, 오류 등의 정보를 근로자의 직접 면접, 조사 등을 사용하여 수집하고, 인간-기계 시스템 요소들의 관계 규명 및 중대 작업 필요조건 확인을 통한 시스템 개선을 수행하는 기법은?

① 직무 위급도 분석
② 인간 실수율 예측기법
③ 위급사건기법
④ 인간 실수 자료 은행

해 위급사건기법(CTT)
사고나 위험, 오류 등의 정보를 근로자의 직접 면접, 조사 등을 사용하여 수집하고, 인간–기계 시스템 요소들의 관계 규명 및 중대 작업 필요조건 확인을 통한 시스템 개선을 수행하는 기법

답 ③

046 ☆

다음 중 인간 에러(human error)를 예방하기 위한 기법과 가장 거리가 먼 것은?

① 직업상황의 개선 ② 위급사건기법 적용
③ 작업자의 변경 ④ 시스템의 영향 감소

해 윗 해설 참조

답 ②

047 ☆

일반적인 FTA 기법의 순서로 맞는 것은?

㉠ FT 작성	㉡ 시스템 정의
㉢ 정량적 평가	㉣ 정성적 평가

① ㉠→㉡→㉢→㉣ ② ㉠→㉡→㉣→㉢
③ ㉡→㉠→㉢→㉣ ④ ㉡→㉠→㉣→㉢

해 FTA 기법의 순서
시스템 정의 → FT 작성 → 정성적 평가 → 정량적 평가

답 ④

048 ☆

FTA의 용도와 거리가 먼 것은?

① 고장의 원인을 연역적으로 찾을 수 있다.
② 시스템의 전체적인 구조를 그림으로 나타낼 수 있다.
③ 시스템에서 고장이 발생할 수 있는 부분을 쉽게 찾을 수 있다.
④ 구체적인 초기사건에 대하여 상향식(bottom−up) 접근방식으로 재해경로를 분석하는 정량적 기법이다

해 FTA는 하향식 방식이다.

답 ④

049 ☆☆

다음 중 결함수분석법(FTA)에 관한 설명으로 틀린 것은?

① 최초 Watson이 군용으로 고안하였다.
② 미니멀 패스(Minimal path sets)를 구하기 위해서는 미니멀 컷(Minimal Cut sets)의 상대성을 이용한다.
③ 정상사상의 발생확률을 구한 다음 FT를 작성한다.
④ AND 게이트의 확률 계산은 각 입력사상의 곱으로 한다.

해 FT도를 작성한 후 정상사상 발생확률을 구한다.

답 ③

050 ☆

다음 중 FTA 분석을 위한 기본적인 가정에 해당하지 않는 것은?

① 중복사상은 없어야 한다.
② 기본사상들의 발생은 독립적이다.
③ 모든 기존사상은 정상사상과 관련되어 있다.
④ 기본사상의 조건부 발생확률은 이미 알고 있다.

해 FTA 기본적 가정
− 기본사상들의 발생은 독립적이다.
− 모든 기본사상은 정상사상과 관련돼 있다.
− 기본사상의 조건부 발생확률은 이미 알고 있다.

답 ①

051 ☆☆

FTA의 활용 및 기대효과가 아닌 것은?

① 시스템의 결함 진단
② 사고원인 규명화의 간편화
③ 사고원인 분석의 정량화
④ 시스템의 결함 비용 분석

해 기대효과
1. 사고원인 규명 간편화
2. 사고원인 분석 일반화
3. 사고원인 분석 정량화
4. 시스템 결함 진단
5. 노력과 시간 절약
6. 안전점검 체크리스트 작성

답 ④

052 ☆

다음 중 FTA를 이용하여 사고원인의 분석등 시스템의 위험을 분석할 경우 기대효과와 관계없는 것은?

① 사고원인 분석의 정량화 가능
② 사고원인 규명의 귀납적 해석가능
③ 안전점검을 위한 체크리스트 작성 가능
④ 복잡하고 대형화된 시스템의 신뢰성분석 및 안전성 분석가능

해 윗 해설 참조

답 ②

053 ☆☆☆

FTA에 의한 재해사례 연구의 순서를 올바르게 나열한 것은?

A. 목표사상 선정	B. FT도 작성
C. 재해원인 규명	D. 개선계획 작성

① A→B→C→D ② A→C→B→D
③ B→C→A→D ④ B→A→C→D

해 재해사례 연구 순서
톱(TOP)사상의 선정 → 재해 원인 규명 → FT도의 작성 → 개선계획의 작성 → 개선안 실시계획

답 ②

054 ☆☆

시스템의 성능 저하가 인원의 부상이나 시스템 전체에 중대한 손해를 입히지 않고 제어가 가능한 상태의 위험 강도는?

① 범주 Ⅰ: 파국적 ② 범주 Ⅱ: 위기적
③ 범주 Ⅲ: 한계적 ④ 범주 Ⅳ: 무시

해 4가지 범주

구분	내용
파국적 (catastrophic)	시스템 성능 저하되어 심각한 손실 초래한 상태
중대적 (위기)(critical)	작업자 부상 및 시스템의 중대한 손해를 초래하거나 작업자 생존 및 시스템 유지를 위해 즉시 수정 조치를 필요로 하는 상태
한계적 (marginal)	작업자 부상 및 시스템의 중대한 손해를 초래하지 않고 대처 또는 제어할 수 있는 상태
무시 가능 (negligible)	시스템 성능이나 인원 손실이 전혀 없는 상태

답 ③

055 ☆

MIL-STD-882E에서 분류한 심각도(severity) 카테고리 범주에 해당하지 않는 것은?

① 재앙수준(catastrophic)
② 임계수준(critical)
③ 경계수준(precautionary)
④ 무시가능수준(negligible)

해 파국적(재앙)/중대적(위기/임계)/한계적/무시가능

답 ③

056 ☆

다음 중 예비위험분석(PHA)에서 위험의 정도를 분류하는 4가지 범주에 속하지 않는 것은?

① catastrophic ② critical
③ control ④ marginal

해 윗 해설 참조

답 ③

057 ☆

MIL-STD-882B에서 시스템 안전 필요사항을 충족시키고 확인된 위험을 해결하기 위한 우선권을 정하는 순서로 맞는 것은?

> 1. 경보장치 설치
> 2. 안전장치 설치
> 3. 절차 및 교육훈련 개발
> 4. 최소 리스크를 위한 설계

① 4 → 2 → 1 → 3 ② 4 → 1 → 2 → 3
③ 3 → 4 → 1 → 2 ④ 3 → 4 → 2 → 1

해 시스템 안전 우선권
1. 최소 리스크를 위한 설계
2. 안전장치 설치
3. 경보장치 설치
4. 절차 및 교육훈련 개발

답 ①

058 ☆

Chapanis의 위험수준에 의한 위험발생률 분석에 대한 설명으로 맞는 것은?

① 자주 발생하는(frequent) > 10^{-3}/day
② 가끔 발생하는(occasional) > 10^{-5}/day
③ 거의 발생하지 않는(remote) > 10^{-6}/day
④ 극히 발생하지 않는(impossible) > 10^{-8}/day

해 Chapanis의 위험수준에 의한 위험발생률
자주 발생하는(frequent) > 10^{-2}/day
가끔 발생하는(occasional) > 10^{-4}/day
거의 발생하지 않는(remote) > 10^{-5}/day
극히 발생하지 않는(impossible) > 10^{-8}/day

답 ④

059 ☆

Chapanis의 위험분석에서 발생이 불가능한(Impossible) 경우의 위험발생률은?

① 10^{-2}/day ② 10^{-4}/day
③ 10^{-6}/day ④ 10^{-8}/day

해 윗 해설 참조

답 ④

060 ☆

다음 중 시스템 안전의 최종분석 단계에서 위험을 고려하는 결정인자가 아닌 것은?

① 효율성 ② 피해가능성
③ 비용산정 ④ 시스템의 고장모드

해 시스템 안전의 최종분석 단계 위험결정인자
효율성/피해가능성/비용산정

답 ④

061 ☆

시스템의 정의에 포함되는 조건 중 틀린 것은?

① 제약된 조건 없이 수행
② 요소의 집합에 의해 구성
③ 시스템 상호간에 관계를 유지
④ 어떤 목적을 위하여 작용하는 집합체

해 시스템: 특정 목적을 위해 여러 구성 요소들이 상호작용하는 유기적 집합체

답 ①

062 ☆

다음 중 시스템의 정의와 관련한 설명으로 틀린 것은?

① 구성요소들이 모인 집합체다.
② 구성요소들이 정보를 주고받는다.
③ 구성요소들은 공통의 목적을 갖고 있다.
④ 개회로(open loop)시스템은 피드백(feed back) 정보를 필요로 한다.

해 윗 해설 참조

답 ④

063 ☆

시스템안전프로그램계획(SSPP)에서 "완성해야 할 시스템안전업무"에 속하지 않는 것은?

① 정성적 해석 ② 운용 위험요인 해석
③ 경제성 분석 ④ 프로그램 심사의 참가

해 수행해야 하는 시스템 안전 업무 활동
1. 정성적 분석
2. 정량적 분석
3. 운용 위험요인 분석(OHA)
4. 업무활동 심사의 참가
5. 설계 심사에의 참가

답 ③

064 ☆

시스템 안전을 위한 업무 수행 요건이 아닌 것은?

① 안전활동의 계획 및 관리
② 다른 시스템 프로그램과 분리 및 배제
③ 시스템 안전에 필요한 사람의 동일성 식별
④ 시스템 안전에 대한 프로그램 해석 및 평가

해 시스템 안전을 위한 업무 수행 요건
1. 안전활동의 계획 및 관리
2. 시스템 안전에 필요한 사람의 동일성 식별
3. 시스템 안전에 대한 프로그램 해석 및 평가
4. 시스템 안전에 필요한 사항 식별

답 ②

065 ☆☆☆

컷셋과 최소 패스셋을 정의한 것으로 맞는 것은?

① 컷셋은 시스템 고장을 유발시키는 필요 최소한의 고장들의 집합이며, 최소 패스 셋은 시스템의 신뢰성을 표시한다.
② 컷셋은 시스템 고장을 유발시키는 필요 최소한의 고장들의 집합이며, 최소 패스 셋은 시스템의 불신뢰도를 표시한다.
③ 컷셋은 그 속에 포함되어 있는 모든 기본 사상이 일어났을 때 톱 사상을 일으키는 기본사상의 집합이며, 최소 패스셋은 시스템의 신뢰성을 표시한다.
④ 컷셋은 그 속에 포함되어 있는 모든 기본 사상이 일어났을 때 톱 사상을 일으키는 기본사상의 집합이며, 최소 패스셋은 시스템의 성공을 유발하는 기본사상의 집합이다.

해

구분	내용
컷셋	• FTA에서 특정 조합의 기본사상들이 동시에 결함을 발생하였을 때 정상사상(Top사상)을 일으키는 기본사상의 집합 • 시스템 고장을 유발시키는 필요불가결한 기본사상들의 집합이다. • 시스템 약점(위험성)을 표현한 것이다.
미니멀 컷셋	• 정상사상(Top event)을 일으키는 최소한의 집합 • 컷셋 중에 타 컷셋을 포함하고 있는 것을 배제하고 남은 컷셋들을 의미 • 일반적으로 시스템에서 최소 컷셋 개수가 늘어나면 위험 수준이 높아진다. • 일반적으로 Fussell Algorithm을 이용한다. • 반복되는 사건이 많은 경우 Limnios와 Ziani Algorithm을 이용 하는 것이 유리하다. • 시스템 약점(위험성)을 표현한다.
패스셋	• 기본사상이 일어나지 않을 때 정상 사상(Top event)이 일어나지 않는 기본사상의 집합 • 시스템이 고장 나지 않도록 하는 사상 조합이다. • 어느 고장이나 에러를 일으키지 않으면 재해가 일어나지 않는 시스템의 신뢰성이다.
미니멀 패스셋	• 시스템에 고장이 발생하지 않도록 하는 최소한의 셋 • 시스템 신뢰성을 표시하는 것이다.

답 ③

066 ☆☆

결함수 분석법에서 일정 조합 안에 포함되는 기본사상들이 동시에 발생할 때 반드시 목표사상을 발생시키는 조합을 무엇이라 하는가?

① Cut set　　② Decision tree
③ Path set　　④ 불대수

해 윗 해설 참조

답 ①

067 ☆

다음 <보기>의 (ㄱ)과 (ㄴ)에 해당하는 내용은?

> (ㄱ): 그 속에 포함되어 있는 모든 기본사상이 일어났을 때에 정상사상을 일으키는 기본사상의 집합
> (ㄴ): 그 속에 포함되는 기본사상이 일어나지 않았을 때에 처음으로 정상사상이 일어나지 않는 기본사상의 집합

① (ㄱ) Path set, (ㄴ) Cut set
② (ㄱ) Cut set, (ㄴ) Path set
③ (ㄱ) AND, (ㄴ) OR
④ (ㄱ) OR, (ㄴ) AND

해 윗 해설 참조

답 ②

068 ☆

결함수 분석의 컷셋(cut set)과 패스셋(path set)에 관한 설명으로 틀린 것은?

① 최소 컷셋은 시스템 위험성을 나타낸다.
② 최소 패스셋은 시스템 신뢰도를 나타낸다.
③ 최소 패스셋은 정상사상을 일으키는 최소한의 사상 집합을 의미한다.
④ 최소 컷셋은 반복사상이 없는 경우 일반적으로 퍼셀(Fussell) 알고리즘을 이용하여 구한다.

해 윗 해설 참조

답 ③

069 ☆☆☆

결함수분석법에서 일정 조합 안에 포함되어 있는 기본사상들이 모두 발생하지 않으면 틀림없이 정상사상(top event)이 발생되지 않는 조합을 무엇이라고 하는가?

① 컷셋(cut set)
② 패스셋(path set)
③ 결함수셋(fault tree set)
④ 불대수(boolean algebra)

해 윗 해설 참조

답 ②

070 ☆

FTA에서 어떤 고장이나 실수를 일으키지 않으면 정상사상(top event)은 일어나지 않는다고 하는 것으로 시스템의 신뢰성을 표시하는 것은?

① cut set
② minimal cut set
③ free event
④ minimal path set

해 윗 해설 참조

답 ④

071 ☆

어떤 결함수의 쌍대결함수를 구하고, 컷셋을 찾아내어 결함(사고)을 예방할 수 있는 최소의 조합을 의미하는 것은?

① 최대 컷셋
② 최소 컷셋
③ 최대 패스셋
④ 최소 패스셋

해 윗 해설 참조

답 ④

072 ☆☆☆

통제표시비(C/D비)를 설계할 때의 고려할 사항으로 가장 거리가 먼 것은?

① 공차　　② 운동성
③ 조작시간　　④ 계기의 크기

해 통제표시비 설계인자
공차/조작시간/계기 크기/방향성/목측거리

답 ②

073 ☆☆

다음 그림은 C/R비와 시간과의 관계를 나타낸 그림이다. ㉠~㉣에 들어갈 내용이 맞는 것은?

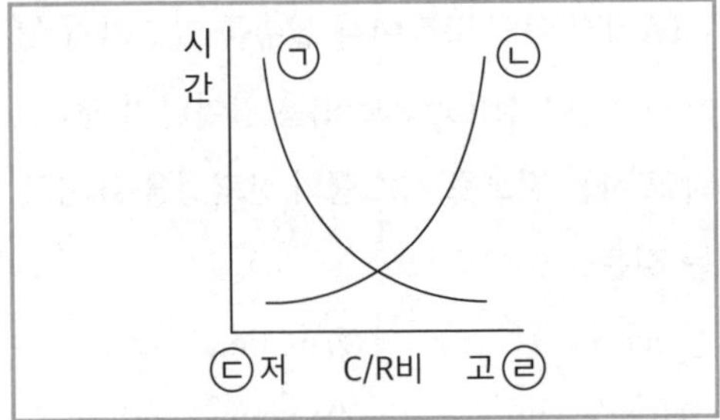

① ㉠ 이동시간 ㉡ 조정시간 ㉢ 민감 ㉣ 둔감
② ㉠ 이동시간 ㉡ 조정시간 ㉢ 둔감 ㉣ 민감
③ ㉠ 조정시간 ㉡ 이동시간 ㉢ 민감 ㉣ 둔감
④ ㉠ 조정시간 ㉡ 이동시간 ㉢ 둔감 ㉣ 민감

해

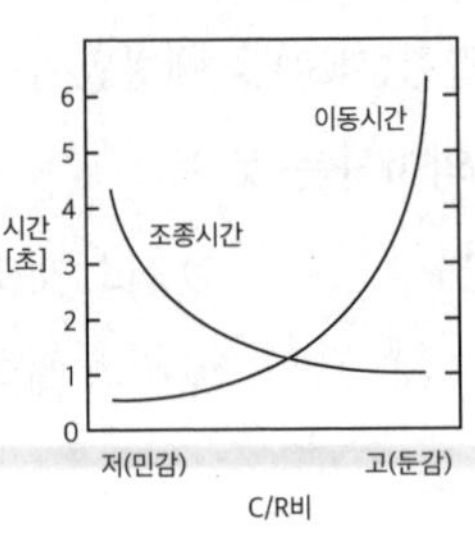

답 ③

074 ☆☆

통제표시비(control/display ratio)를 설계할 때 고려하는 요소에 관한 설명으로 틀린 것은?

① 통제표시비가 낮다는 것은 민감한 장치하는 것을 의미한다.
② 목시거리(目示距離)가 길면 길수록 조절의 정확도는 떨어진다.
③ 짧은 주행 시간 내에 공차의 인정범위를 초과하지 않는 계기를 마련한다.
④ 계기의 조절시간이 짧게 소요되도록 계기의 크기(size)는 항상 작게 설계한다.

해 계기 크기는 적당히 작게 설계한다.

답 ④

075 ☆

연속제어 조종장치에서 정확도보다 속도가 중요하다면 조종반응(C/R)의 비율은 어떻게 하여야 하는가?

① C/R, 비율을 1로 조절하여야 한다.
② C/R, 비율을 1보다 낮게 조절해야 한다.
③ C/R, 비율을 1보다 높게 조절해야 한다.
④ C/R, 비율을 조절할 필요가 없다.

해 속도가 중요하단 것은 C/R비가 작아야 된다는 뜻이다.

답 ②

076 ☆

조정반응 비율(C/R비)에 관한 설명으로 틀린 것은?

① 조종장치와 표시장치의 물리적 크기와 성질에 따라 달라진다.

② 표시장치의 이동거리를 조종장치의 이동거리로 나눈 값이다.

③ 조종반응 비율이 낮다는 것은 민감도가 높다는 의미이다.

④ 최적의 조종반응 비율은 조종장치의 조종시간과 표시장치의 이동시간이 교차하는 값이다.

해 조종장치의 이동거리를 표시장치의 이동거리로 나눈 값이다.

답 ②

077 ☆

다음 중 통제비에 관한 설명으로 틀린 것은?

① C/D비 라고도 한다.

② 최적통제비는 이동시간과 조정시간의 교차점이다.

③ 매슬로우(Maslow)가 정의하였다.

④ 통제기기와 시각표시 관계를 나타내는 비율이다.

해 매슬로우는 욕구 5단계 이론를 정의했다.

답 ③

078 ☆

다음 통제용 조종장치의 형태 중 그 성격이 다른 것은?

① 노브(knob)

② 푸시 버튼(push button)

③ 토글 스위치(toggle switch)

④ 로터리선택스위치(rotary select switch)

해 조종장치 형태

개폐에 의한 (불연속)	푸시버튼 토글 스위치 로터리 스위치
양 조절에 의한 (연속)	노브/핸들/페달/크랭크/레버
반응에 의한	계기신호

답 ①

079 ☆

다음 중 불연속 통제장치에 해당되는 것은?

① 핸들 ② 크랭크

③ 페달 ④ 로터리 스위치

해 윗 해설 참조

답 ④

080 ☆☆

다음 중 조종장치의 종류에 있어 연속적인 조절에 가장 적합한 형태는?

① 토글 스위치(Toggle switch)

② 푸시 버튼(Push button)

③ 로터리 스위치(Rotary switch)

④ 레버(Lever)

해 윗 해설 참조

답 ④

081 ☆

작업장 내의 색채조절이 적합하지 못한 경우에 나타나는 상황이 아닌 것은?

① 안전표지가 너무 많아 눈에 거슬린다.
② 현란한 색 배합으로 물체 식별이 어렵다.
③ 무채색으로만 구성되어 중압감을 느낀다.
④ 다양한 색채를 사용하면 작업의 집중도가 높아진다.

해 다양한 색채를 사용하면 작업의 집중도가 떨어진다.

답 ④

082 ☆

조종장치의 촉각적 암호화를 위하여 고려하는 특성으로 볼 수 없는 것은?

① 형상 ② 무게 ③ 크기 ④ 표면 촉감

해 암호화 방법: 형상/크기/휘도/색채/촉감

답 ②

083 ☆

단일 차원의 시각적 암호 중 구성암호, 영문자 암호, 숫자암호에 대하여 암호로서의 성능이 가장 좋은 것부터 배열한 것은?

① 숫자암호 – 영문자암호 – 구성암호
② 구성암호 – 숫자암호-영문자암호
③ 영문자암호 – 숫자암호 – 구성암호
④ 영문자암호 – 구성암호 – 숫자암호

해 시각적 암호 성능 크기 순서
숫자암호 > 색암호 > 영문자암호 > 기하학적 형상암호 > 구성암호

답 ①

084 ☆

암호체계 사용상의 일반적인 지침에 해당하지 않는 것은?

① 암호의 검출성 ② 부호의 양립성
③ 암호의 표준화 ④ 암호의 단일 차원화

해 암호화 지침

양립성	인간 기대와 모순되지 않아야 한다.
다차원화	두 가지 이상 암호를 조합해 사용하면 정보전달 촉진된다.
표준화	표준화되어야 한다.
부호의 의미	사용자가 뜻을 정확히 알 수 있어야 한다.
판별성	다른 암호와 구별되어야 한다.
검출성	감지가 쉬워야 한다.

답 ④

085 ☆☆

통신에서 잡음 중의 일부를 제거하기 위해 필터(filter)를 사용하였다면, 어느 것의 성능을 향상시키는 것인가?

① 신호의 양립성 ② 신호의 산란성
③ 신호의 표준성 ④ 신호의 검출성

해 잡음을 제거한다는 것은 감지가 쉬워지게 하는 것이므로 검출성을 향상시키는 것이다.

답 ④

086 ☆☆

인간공학적 수공구의 설계에 관한 설명으로 옳은 것은?

① 수공구 사용 시 무게 균형이 유지되도록 설계한다.
② 손잡이 크기를 수공구 크기에 맞추어 설계한다.
③ 힘을 요하는 수공구의 손잡이는 직경을 60mm 이상으로 한다.
④ 정밀 작업용 수공구의 손잡이는 직경을 5mm 이하로 한다.

해 ②: 손잡이 크기를 해당 사람에 맞추어 설계한다.
③: 힘을 요하는 수공구의 손잡이는 직경을 50~60mm로 한다.
④: 정밀 작업용 수공구의 손잡이는 직경을 5~12mm로 한다.

답 ①

087 ☆☆

일반적인 수공구의 설계원칙으로 볼 수 없는 것은?

① 손목을 곧게 유지한다.
② 반복적인 손가락 동작을 피한다.
③ 사용이 용이한 검지만 주로 사용한다.
④ 손잡이는 접촉 면적을 가능하면 크게 한다.

해 모든 손가락 사용하게 한다.

답 ③

088 ☆

일반적인 안전수칙에 따른 수공구와 관련된 행동으로 옳지 않은 것은?

① 작업에 맞는 공구의 선택과 올바른 취급을 하여야 한다.
② 결함이 없는 완전한 공구를 사용하여야 한다.
③ 작업 중인 공구는 작업이 편리한 반경 내의 작업대나 기계 위에 올려놓고 사용하여야 한다.
④ 공구는 사용 후 안전한 장소에 보관하여야 한다.

해 작업대 위에 공구를 올려 두어선 안된다.

답 ③

089 ☆

크기가 다른 복수의 조종장치를 촉감으로 구별할 수 있도록 설계할 때 구별이 가능한 최소의 직경 차이와 최소의 두께 차이로 가장 적합한 것은?

① 직경 차이: 0.95cm, 두께 차이: 0.95cm
② 직경 차이: 1.3cm, 두께 차이: 0.95cm
③ 직경 차이: 0.95cm, 두께 차이: 1.3cm
④ 직경 차이: 1.3cm, 두께 차이: 1.3cm

해 크기가 다른 복수의 조종장치를 촉감으로 구별할 수 있도록 설계할 때 구별이 가능한 최소의 직경 차이와 최소의 두께 차이
→ 직경 차이: 1.3cm, 두께 차이: 0.95cm

답 ②

090 ☆☆

안전성 향상을 위한 시설배치의 예로 적절하지 않은 것은?

① 기계배치는 작업의 흐름을 따른다.
② 작업자가 통로 쪽으로 등을 향하여 일하도록 한다.
③ 기계설비 주위에 운전공간, 보수점검 공간을 확보한다.
④ 통로는 선을 그어 명확히 구별하도록 한다.

해 작업자가 통로 통행자를 볼 수 없어 위험하다.

답 ②

091 ☆☆☆☆

공간 배치의 원칙에 해당되지 않는 것은?

① 중요성의 원칙 ② 다양성의 원칙
③ 사용빈도의 원칙 ④ 기능별 배치의 원칙

해 부품 배치의 원칙(공간의 배치 원칙)

중요성의 원칙	부품을 작동하는 성능이 체계의 목표 달성에 중요한 정도에 따라 우선순위 결정
사용빈도의 원칙	부품을 사용하는 빈도에 따라 우선순위 결정
기능별 배치의 원칙	기능적으로 관련된 부품들을 모아서 배치
사용순서의 원칙	사용 순서에 따라 장치들을 가까이에 배치

답 ②

092 ☆☆☆☆☆

작업장에서 구성요소를 배치하는 인간공학적 원칙과 가장 거리가 먼 것은?

① 중요도의 원칙 ② 선입선출의 원칙
③ 기능성의 원칙 ④ 사용빈도의 원칙

해 윗 해설 참조

답 ②

093 ☆

부품 배치 원칙 중 부품의 일반적인 위치를 결정하기 위한 기준으로 가장 적합한 것은?

① 중요성의 원칙, 사용 빈도의 원칙
② 기능별 배치의 원칙, 사용 순서의 원칙
③ 중요성의 원칙, 사용 순서의 원칙
④ 사용 빈도의 원칙, 사용 순서의 원칙

해 중요도와 사용빈도에 따라 위치를 주로 결정한다.

답 ①

094 ☆

다음 중 인간-기계시스템의 설계원칙으로 틀린 것은?

① 양립성이 적으면 적을수록 정보처리에 재코드화 과정은 적어진다.
② 사용빈도, 사용순서, 기능에 따라 배치가 이루어져야 한다.
③ 인간의 기계적 성능에 부합되도록 설계해야 한다.
④ 인체특성에 적합해야 한다.

해 양립성이 적으면 적을수록 정보처리에 재코드화 과정은 많아진다.

답 ①

095 ☆

다음 중 작업방법의 개선원칙(ECRS)에 해당되지 않는 것은?

① 교육(Education) ② 결합(Combine)
③ 재배치(Rearrange) ④ 단순화(Simplify)

해 작업개선 ECRS원리
E: 제거(Eliminate) – 불필요한 작업요소 제거
C: 결합(Combine) – 작업요소의 결합
R: 재배치(Rearrange) – 작업순서의 재배치
S: 단순화(Simplify) – 작업요소의 단순화

답 ①

096 ☆☆

좌식 평면 작업대에서의 최대 작업영역에 관한 설명으로 맞는 것은?

① 각 손의 정상작업영역 경계선이 작업자의 정면에서 교차되는 공통영역
② 윗팔과 손목을 중립자세로 유지한 채 손으로 원을 그릴 때, 부채꼴 원호의 내부 영역
③ 어깨로부터 팔을 펴서 어깨를 축으로 하여 수평면상에 원을 그릴 때, 부채꼴 원호의 내부 지역
④ 자연스러운 자세로 위팔을 몸통에 붙인 채 손으로 수평면상에 원을 그릴 때, 부채꼴 원호의 내부지역

해 정상 작업영역: 윗팔을 자연스럽게 수직으로 늘어뜨린 채 아래팔만으로 편하게 뻗어 파악할 수 있는 구역
최대 작업영역: 아래팔과 윗팔을 곧게 펴서 파악할 수 있는 구역

답 ③

097 ☆

위팔은 자연스럽게 수직으로 늘어뜨린 채, 아래팔만을 편하게 뻗어 작업할 수 있는 범위는?

① 정상작업역 ② 최대작업역
③ 최소작업역 ④ 작업포락면

해 윗 해설 참조

답 ①

098 ☆

작업자의 작업공간과 관련된 내용으로 옳지 않은 것은?

① 서서 작업하는 작업공간에서 발바닥을 높이면 뻗침길이가 늘어난다.
② 서서 작업하는 작업공간에서 신체의 균형에 제한을 받으면 뻗침길이가 늘어난다.
③ 앉아서 작업하는 작업공간은 동적 팔뻗침에 의해 포락면(reach envelope)의 한계가 결정된다.
④ 앉아서 작업하는 작업공간에서 기능적 팔뻗침에 영향을 주는 제약이 적을수록 뻗침길이가 늘어난다.

해 서서 작업하는 작업공간에서 신체의 균형에 제한을 받으면 뻗침길이가 줄어든다.

답 ②

099 ☆☆

다음 중 한 장소에 앉아서 수행하는 작업활동에 있어서의 작업에 사용하는 공간을 무엇이라 하는가?

① 작업공간 포락면 ② 정상작업 포락면
③ 작업공간 파악한계 ④ 정상작업 파악한계

해 작업공간 포락면
1. 개인이 그 안에서 일하는 3차원 공간이다.
2. 작업의 성질에 따라 포락면의 경계가 달라진다.
3. 작업복 등은 포락면에 영향을 준다.
4. 가장 작은 포락면은 몸통을 움직이는 공 간이 아니다.
5. 한 장소에 앉아 수행하는 작업활동에서 사람이 작업하는 데 사용하는 공간

답 ①

100 ☆

앉은 작업자가 특정한 수작업 기능을 편안히 수행할 수 있는 공간의 외곽 한계를 무엇이라 하는가?

① 작업공간 포락면 ② 파악한계
③ 정상작업역 ④ 최대작업역

해 파악한계
앉은 작업자가 특정한 수작업 기능을 편안히 수행할 수 있는 공간의 외곽 한계

답 ②

101 ☆

서서 하는 작업의 작업대 높이에 대한 설명으로 옳지 않은 것은?

① 정밀작업의 경우 팔꿈치 높이보다 약간 높게 한다.
② 경작업의 경우 팔꿈치 높이보다 약간 낮게 한다.
③ 중작업의 경우 경작업의 작업대 높이보다 약간 낮게 한다.
④ 작업대의 높이는 기준을 지켜야 하므로 높낮이가 조절되어서는 안 된다.

해 작업대의 높이는 조절되면 좋다.

답 ④

102 ☆

서서하는 작업의 작업대 높이에 대한 설명으로 틀린 것은?

① 경작업의 경우 팔꿈치 높이보다 5~10cm 낮게 한다.
② 중작업의 경우 팔꿈치 높이보다 10~20cm 낮게 한다.
③ 정밀작업의 경우 팔꿈치 높이보다 약간 높게 한다.
④ 부피가 큰 작업물을 취급하는 경우 최대치 설계를 기본으로 한다.

해 부피가 큰 작업물을 취급하는 경우 최소치 설계를 기본으로 한다.

답 ④

103 ☆

다음 중 작업대에 관한 설명으로 틀린 것은?

① 경조립 작업은 팔꿈치 높이보다 0~10cm 정도 낮게 한다.

② 중조립 작업은 팔꿈치 높이보다 10~20cm 정도 낮게 한다.

③ 정밀 작업은 팔꿈치 높이보다 0~10cm 정도 높게 한다.

④ 정밀한 작업이나 장기간 수행하여야 하는 작업은 입식 작업대가 바람직하다.

해 정밀한 작업이나 장기간 수행하여야 하는 작업은 좌식 작업대가 바람직하다.

답 ④

104 ☆

인체 측정치 중 기능적 인체치수에 해당되는 것은?

① 표준자세

② 특정 작업에 국한

③ 움직이지 않는 피측정자

④ 각 지체는 독립적으로 움직임

해

구조적 인체 치수	• 고정상태에서 측정하는 측정으로 표준자세에서 정적 측정함 • 설계 표준이 되는 기초적인 치수를 결정 • 마틴측정기/실루엣 사진기
기능적 인체 치수	• 활동상태에서 측정하는 측정으로 움직임에 따른 동적 측정함 • 특정 작업에 국한하여 움직이는 몸의 자세로부터 측정한다. • 시네필름/사이클그래프

답 ②

105 ☆

다음 중 인체계측에 관한 설명으로 틀린 것은?

① 의자, 피복과 같이 신체모양과 치수와 관련성이 높은 설비의 설계에 중요하게 반영된다.

② 일반적으로 몸의 측정 치수는 구조적 치수(structural dimension)와 기능적 치수(functional dimension)로 나눌 수 있다.

③ 인체계측치의 활용시에는 문화적 차이를 고려하여야 한다.

④ 인체계측치를 활용한 설계는 인간의 안락에는 영향을 미치지만 성능수행과는 관련성이 없다.

해 인체계측치를 활용한 설계는 인간의 안락과 성능 수행에도 관련성이 있다.

답 ④

106 ☆

다음 중 인체계측에 있어 구조적 인체치수에 관한 설명으로 옳은 것은?

① 움직이는 신체의 자세로부터 측정한다.

② 실제의 작업 중 움직임을 계측, 자료를 취합하여 통계적으로 분석한다.

③ 정해진 동작에 있어 자세, 관절 등의 관계를 3차원 디지타이저(digitizer), 모아레(Moire)법 등의 복합적인 장비를 활용하여 측정한다.

④ 고정된 자세에서 마틴(Martin)식 인체측정기로 측정한다.

해 윗 해설 참조

답 ④

107 ☆

다음 중 완력검사에서 당기는 힘을 측정할 때 가장 큰 힘을 낼 수 있는 팔꿈치의 각도는?

① 90° ② 120° ③ 150° ④ 180°

해 완력검사에서 당기는 힘을 측정할 때 가장 큰 힘을 낼 수 있는 팔꿈치의 각도는 150° 이다.

답 ③

108 ☆

인체의 동작 유형 중 굽혔던 팔꿈치를 펴는 동작을 나타내는 용어는?

① 내전(adduction) ② 회내(pronation)
③ 굴곡(flexion) ④ 신전(extension)

해 인체 동작 유형

구분	내용
내전 (adduction)	신체의 밖에서 중심선으로 이동하는 신체의 움직임
외전 (abduction)	신체의 중심선에서 밖으로 이동하는 신체 부위의 동작
내선(내회전, medial rotation)	신체의 바깥쪽에서부터 회전하는 신체의 움직임
외선(외회전, lateral rotation)	신체의 중심선으로부터 회전하는 신체의 움직임
신전 (extension)	부위 간의 각도가 증가하는 신체 움직임
굴곡 (flexion)	부위 간의 각도가 감소하는 신체 움직임

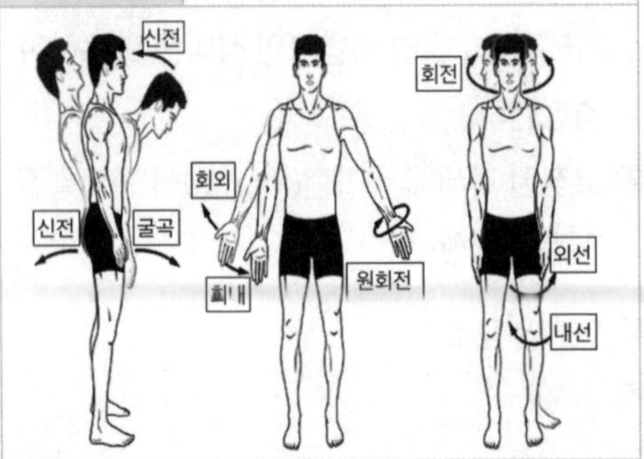

답 ④

109 ☆

신체 동작의 유형 중 팔을 수평으로 편 위치에서 수직으로 몸에 붙이는 동작과 같이 사지를 체간으로 가깝게 하는 동작을 무엇이라 하는가?

① 외전(abduction) ② 내전(adduction)
③ 신전(extension) ④ 회전(rotation)

해 윗 해설 참조

답 ②

110 ☆

다음 중 조작자와 제어버튼 사이의 거리, 조작에 필요한 힘 등을 정할 때 가장 일반적으로 적용되는 인체측정자료 응용원칙은?

① 평균치 설계원칙 ② 최대치 설계원칙
③ 최소치 설계원칙 ④ 조절식 설계원칙

해

구분	내용
조절식(가변적) 설계 (5~95tile)	• 어떤 조건의 인체든 그에 맞게 조절가능식으로 설계하는 것 예 사무실 의자 높이 조절
극단치 설계	• 모든 인체를 수용가능할 수 있도록 제일 작은 혹은 큰 사람을 기준으로 하는 원칙 • 최소치 설계: 하위 백분위수 기준 1/5/10%tile 예 선반 높이/의자 좌면높이 (5% 오금높이) • 최대치 설계: 상위 백분위수 기준 90/95/99%tile 예 출입문 크기/울타리 • 강의용 책걸상 의자 높이: 최소치 설계 의자 깊이: 최소치 설계 의자 너비: 최대치 설계 책상 높이: 최소치 설계
평균치 설계	• 다른 기준 적용 어려울 때 최종적으로 적용하는 기준으로 평균자료 활용하는 원칙 예 은행 창구 높이/마트 계산대/공원 벤치

답 ③

111 ☆☆☆

인체 측정치의 응용 원칙과 거리가 먼 것은?

① 극단치를 고려한 설계
② 조절 범위를 고려한 설계
③ 평균치를 기준으로 한 설계
④ 기능적 치수를 이용한 설계

해 윗 해설 참조

답 ④

112 ☆☆☆

인간계측자료를 응용하여 제품을 설계하고자 할 때 다음 중 제품과 적용기준으로 가장 적절하지 않은 것은?

① 출입문－최대 집단치 설계기준
② 안내 데스크－평균치 설계기준
③ 선반 높이－최대 집단치 설계기준
④ 공구－평균치 설계기준

해 ③: 최소치 설계기준

답 ③

113 ☆

일반적으로 의자설계의 원칙에서 고려해야 할 사항과 거리가 먼 것은?

① 체중분포에 관한 사항
② 상반신의 안정에 관한 사항
③ 개인차의 반영에 관한 사항
④ 의자 좌판의 높이에 관한 사항

해 개인차를 다 고려하면 사항들이 너무 많아서 부적절하다.

답 ③

114 ☆☆

인체측정치를 이용한 설계에 관한 설명으로 옳은 것은?

① 평균치를 기준으로 한 설계를 제일 먼저 고려한다.
② 의자의 깊이와 너비는 모두 작은 사람을 기준으로 설계한다.
③ 자세와 동작에 따라 고려해야 할 인체측정 치수가 달라진다.
④ 큰 사람을 기준으로 한 설계는 인체측정치의 5%tile을 사용한다.

해 ①: 조절식 설계를 먼저 고려한다.
②: 의자 깊이는 작은 사람, 의자 너비는 큰 사람을 기준으로 한다.
④: 최대치 설계는 기준이 90, 95, 99 %tile이다.

답 ③

115 ☆

다음 중 인체 측정자료의 응용원칙에서 자동차의 좌석이나 사무실 의자 등의 설계에 가장 적합한 원칙은?

① 조절식 설계원칙
② 평균값을 이용한 설계원칙
③ 최소 집단치를 이용한 설계원칙
④ 최대 집단치를 이용한 설계원칙

해 윗 해설 참조

답 ①

116 ☆☆

다음의 인체측정자료의 응용원리를 설계에 적용하는 순서로 가장 적절한 것은?

㉠ 극단치 설계 ㉡ 평균치 설계 ㉢ 조절식 설계

① ㉠ → ㉡ → ㉢　② ㉢ → ㉡ → ㉠
③ ㉡ → ㉠ → ㉢　④ ㉢ → ㉠ → ㉡

해 조절식 설계 → 극단치 설계 → 평균치 설계

답 ④

117 ☆

인간공학적인 의자설계를 위한 일반적 원칙으로 적절하지 않은 것은?

① 척추의 허리부분은 요부 전만을 유지한다.
② 허리 강화를 위하여 쿠션을 설치하지 않는다.
③ 좌판의 앞 모서리 부분은 5cm 정도 낮아야 한다.
④ 좌판과 등받이 사이의 각도는 95~105°를 유지하도록 한다.

해 허리 강화하고는 상관이 없다.

답 ②

118 ☆

다음 중 일반적인 의자의 설계 원칙에서 고려해야 할 사항과 가장 거리가 먼 것은?

① 체중 분포　② 좌판의 높이
③ 작업자의 복장　④ 좌판의 깊이와 폭

해 작업자의 복장과는 관련이 없다.

답 ③

119 ☆

의자의 등받이 설계에 관한 설명으로 가장 적절하지 않은 것은?

① 등받이 폭은 최소 30.5cm가 되게 한다.
② 등받이 높이는 최소 50cm가 되게 한다.
③ 의자의 좌판과 등받이 각도는 90~105°를 유지한다.
④ 요부받침의 높이는 25~35cm로 하고 폭은 30.5cm로 한다.

해 요부받침의 높이는 15.2~22.9cm로 하고 폭은 30.5cm로 한다.

답 ④

120 ☆

의자 좌판의 높이 결정 시 사용할 수 있는 인체측정치는?

① 앉은 키　② 앉은 무릎 높이
③ 앉은 팔꿈치 높이　④ 앉은 오금 높이

해 의자 좌판 높이는 앉은 오금 높이로 결정한다.

답 ④

121 ☆

다음 중 선 자세와 앉은 자세의 비교에서 틀린 것은?

① 서 있는 자세보다 앉은 자세에서 혈액순환이 향상된다.
② 서 있는 자세보다 앉은 자세에서 균형감이 높다.
③ 서 있는 자세보다 앉은 자세에서 정확한 팔 움직임이 가능하다.
④ 앉은 자세보다 서 있는 자세에서 척추에 더 많은 해를 줄 수 있다.

해 앉은 자세보다 선 자세에서 혈액순환이 향상된다.

답 ①

122 ☆

정적자세 유지 시, 진전(tremor)을 감소시킬 수 있는 방법으로 틀린 것은?

① 시각적인 참조가 있도록 한다.
② 손이 심장 높이에 있도록 유지한다.
③ 작업대상물에 기계적 마찰이 있도록 한다.
④ 손을 떨지 않으려고 힘을 주어 노력한다.

해 진전이란 진동이다. 손을 떨지 않으려고 힘을 주면 더 진동이 심해진다.

답 ④

123 

다음 중 정적인 자세를 유지할 때 손의 진전(tremor)이 가장 적게 일어나는 위치는?

① 머리 위　② 어깨 높이
③ 심장 높이　④ 배꼽 높이

해 진전이란 진동이다. 심장부위에서 진동이 가장 적다.

답 ③

124 ☆☆

누적손상장애(CTDs)의 원인이 아닌 것은?

① 과도한 힘의 사용

② 높은 장소에서의 작업

③ 장시간 진동공구의 사용

④ 부적절한 자세에서의 작업

해 누적손상장애(CTDs)의 발생인자

1. 무리한 힘
2. 부적절한 작업자세
3. 장시간 진동
4. 한랭환경
5. 날카로운 면 신체접촉
6. 반복적인 동작

답 ②

125 ☆

다음 중 근골격계질환의 인간공학적 주요 위험요인과 가장 거리가 먼 것은?

① 부적절한 자세

② 다습한 환경

③ 단시간 많은 횟수의 반복

④ 무리한 힘

해 근골격계질환의 발생인자

1. 무리한 힘
2. 부적절한 작업자세
3. 장시간 진동
4. 한랭환경
5. 날카로운 면 신체접촉
6. 반복적인 동작

답 ②

126 ☆

NIOSH의 연구에 기초하여, 목과 어깨 부위의 근골격계질환 발생과 인과관계가 가장 적은 위험요인은?

① 진동 ② 반복작업

③ 과도한 힘 ④ 작업자세

해 진동은 주로 손과 팔에 관련되어 있다.

답 ①

127 ☆

다음 중 진동이 인간성능에 끼치는 일반적인 영향이 아닌 것은?

① 진동은 진폭에 반비례하여 시력이 손상된다.

② 진동은 진폭에 비례하여 추적 능력이 손상된다.

③ 정확한 근육 조절을 요하는 작업은 진동에 의해 저하된다.

④ 주로 중앙 신경 처리에 관한 임무는 진동의 영향을 덜 받는다.

해 진동은 진폭에 비례해 시력이 손상된다.

답 ①

128 ☆

중량물을 반복적으로 드는 작업의 부하를 평가하기 위한 방법이 NIOSH 들기지수를 적용할 때 고려되지 않는 항목은?

① 들기빈도 ② 수평이동거리
③ 손잡이 조건 ④ 허리 비틀림

해 RWL＝중량상수(LC, 23kg) • 수평계수(HM) • 수직계수(VM) • 거리계수(DM) • 비대칭 계수(AM) • 빈도계수(FM) • 결합(커플링)계수(CM)

①: 빈도계수 ③: 커플링계수 ④: 비대칭계수

답 ②

129 ☆

근골격계 질환을 예방하기 위한 관리적 대책으로 옳은 것은?

① 작업공간 배치 ② 작업재료 변경
③ 작업순환 배치 ④ 작업공구 설계

해 근골격계 질환을 예방하기 위한 관리적 대책
－작업순환 배치
－작업속도 조절
－작업공구 유지보수
－작업자 교대
－휴식시간 제공

답 ③

130 ☆

근골격계 질환의 인간공학적 주요 위험요인과 가장 거리가 먼 것은?

① 과도한 힘 ② 부적절한 자세
③ 고온의 환경 ④ 단순 반복 작업

해 고온환경은 온열질환(열사병 등)과 관련있다.

답 ③

131 ☆

고열환경에서 심한 육체노동 후에 탈수와 체내 염분농도 부족으로 근육의 수축이 격렬하게 일어나는 장해는?

① 열경련(heat cramp)
② 열사병(heat stroke)
③ 열쇠약(heat prostration)
④ 열피로(heat exhaustion)

해 온열질환 종류

구분	내용
열발진	작업환경에서 가장 흔히 발생하는 피부장해로서 땀띠(prickly heat)라고도 말한다. 땀에 젖은 피부 각질층이 떨어져 땀구멍을 막아 한선내에 땀의 압력으로 염증성 반응을 일으켜 붉은 구진(papules)형태로 나타난다. 응급조치로 는 대부분 차갑게 하면 소실되지만 깨끗이 하고 건조시키는 것이 좋다.
열피로	고열에 순화되지 않은 작업자가 장시간 고열환경에서 정적인 작업을 할 경우 발생하며 대량의 발한으로 혈액이 농축되어 심장에 부담이증가하거나 혈류분포의 이상이 일어나기 때문에 발생한다. 초기에는 격렬한 구갈, 소변량 감소, 현기증, 사지의 감각이상, 보행곤란 등이 나타나 실신하기도 한다. 응급조치로는 서늘한 곳에서 안정시킨 후 물을 마시게 한다.
열허탈	고온 노출이 계속되어 심박수 증가가 일정 한도를 넘었을 때 일어나는 순환장해를 말한다. 전신권태, 탈진, 현기증으로 의식이 혼탁해 졸도하기도 한다. 심박은 빈맥으로 미약해지고 혈압은 저하된다. 체온의 상승은 거의 볼 수 없다. 응급조치로는 시원한 곳에서 안정시키고 물을 마시게 한다
열경련	고열환경에서 심한 육체노동 후에 탈수와 체내 염분농도 부족으로 근육의 수축이 격렬하게 일어나는 장해이다. 다량의 발한에 의해 염분이 상실되었음에도 이를 보충해 주지 못했을 때 일어난다. 작업에 자주 사용되는 사지나 복부의 근육이 동통을 수반해 발작적으로 경련을 일으킨다. 응급조치로는 0.1%의 식염수를 먹여 시원한 곳에서 휴식시킨다.
열탈진	땀을 많이 흘려 수분과 염분손실이 많을 때 발생하며 두통, 구역감, 현기증, 무기력증, 갈증 등의 증상이 나타난다. 심한 고열환경에서 중등도 이상의 작업으로 발한량이 증가할 때 주로 발생한다. 고온에 순화되지 않은 근로자가 고열환경에서 작업을 하면서 염분을 보충하지 않은 경우에도 발생한다. 응급조치로는 작업자를 열원으로부터 벗어난 장소에 옮겨 적절한 휴식과 함께 물과 염분을 보충해 준다.
열사병	땀을 많이 흘려 수분과 염분손실이 많을 때 발생한다. 갑자기 의식상실에 빠지는 경우가 많지만, 전구증상으로서 현기증, 악의, 두통, 경련 등을 일으키며 땀이 나지 않아 뜨거운 마른 피부가 되어 체온이 41℃ 이상 상승하기도 한다. 응급조치로는 옷을 벗어 나체에 가까운 상태로 하고, 냉수를 뿌리면서 선풍기의 바람을 쏘이거나 얼음 조각으로 맛사지를 실시한다.

답 ①

132 ☆

다음 중 단순반복 작업으로 인한 질환의 발생 부위가 다른 것은?

① 요부염좌 ② 수완진동증후군
③ 수근관증후군 ④ 결절종

해 요부는 허리이며 나머지는 손목이다.

답 ①

133 ☆

산업안전보건법에서 규정하는 근골격계 부담작업의 범위에 해당하지 않는 것은?

① 단기간 작업 또는 간헐적인 작업
② 하루에 10회 이상 25kg 이상의 물체를 드는 작업
③ 하루에 총 2시간 이상 쪼그리고 앉거나 무릎을 굽힌 자세에서 이루어지는 작업
④ 하루에 4시간 이상 집중적으로 자료입력 등을 위해 키보드 또는 마우스를 조작하는 작업

해 1. 하루에 4시간 이상 집중적으로 자료입력 등을 위해 키보드 또는 마우스를 조작하는 작업
2. 하루에 총 2시간 이상 목, 어깨, 팔꿈치, 손목 또는 손을 사용하여 같은 동작 반복하는 작업
3. 하루에 총 2시간 이상 머리 위에 손이 있거나, 팔꿈치가 어깨위에 있거나, 팔꿈치를 몸통으로부터 들거나, 팔꿈치를 몸통 뒤쪽에 위치하도록 하는 상태에서 이루어지는 작업
4. 지지되지 않은 상태이거나 임의로 자세를 바꿀 수 없는 조건에서, 하루에 총 2시간 이상 목이나 허리를 구부리거나 트는 상태에서 이루어지는 작업
5. 하루에 총 2시간 이상 쪼그리고 앉거나 무릎을 굽힌 자세에서 이루어지는 작업
6. 하루에 총 2시간 이상 지지되지 않은 상태에서 1kg 이상의 물건을 한손의 손가락으로 집어 옮기거나, 2kg 이상에 상응하는 힘을 가하여 한 손의 손가락으로 물건을 쥐는 작업
7. 하루에 총 2시간 이상 지지되지 않은 상태에서 4.5kg 이상의 물건을 한 손으로 들거나 동일한 힘으로 쥐는 작업
8. 하루에 10회 이상 25kg 이상의 물체를 드는 작업
9. 하루에 25회 이상 10kg 이상의 물체를 무릎 아래에서 들거나, 어깨 위에서 들거나, 팔을 뻗은 상태에서 드는 작업
10. 하루에 총 2시간 이상, 분당 2회 이상 4.5kg 이상의 물체를 드는 작업
11. 하루에 총 2시간 이상 시간당 10회 이상 손 또는 무릎을 사용하여 반복적으로 충격을 가하는 작업

답 ①

134 ☆

윤활관리시스템에서 준수해야 하는 4가지 원칙이 아닌 것은?

① 적정량 준수
② 다양한 윤활제의 혼합
③ 올바른 윤활법의 선택
④ 윤활기간의 올바른 준수

해 윤활의 4원칙
1. 기계에 알맞은 윤활유 선정
2. 적량의 규정
3. 윤활기간의 올바른 준수
4. 올바른 윤활법의 채용

답 ②

135 ☆☆☆

인간-기계 시스템에서 기계와 비교한 인간의 장점으로 볼 수 없는 것은? (단, 인공지능과 관련된 사항은 제외한다.)

① 완전히 새로운 해결책을 찾아낸다.
② 여러 개의 프로그램된 활동을 동시에 수행한다.
③ 다양한 경험을 토대로 하여 의사결정을 한다.
④ 상황에 따라 변화하는 복잡한 자극 형태를 식별한다.

해 인간과 기계의 비교

구분	내용
인간이 더 유리한 기능	• 미세 시각적/후각적/미각적 자극 등 감지 • 상황에 따라 변화하는 복잡한 자극 형태를 식별할 수 있다. • 배경 잡음이 심한 경우에도 신호를 인지할 수 있다. • 돌발 상황 및 사건 감지 • 다양한 경험을 토대로 의사결정 • 관찰을 통해 일반화하여 귀납적으로 추진 • 주관적으로 평가 • 참신한 해결책 도출 가능 • 원칙 적용해 다양한 문제 해결
기계가 더 유리한 기능	• 인간의 수용범위 밖 자극 감지 • 암호화된 정보를 신속 대량으로 보관 가능 • 명시된 절차에 따라 신속하고 정량적 정보처리 • 연역적으로 추리 • 과부하 시에도 효율적으로 작동 • 여러 개의 프로그램된 활동을 동시에 수행

답 ②

136 ☆

다음 중 인간이 기계를 능가하는 기능이라 할 수 있는 것은?

① 귀납적 추리
② 지속적인 단순 반복작업
③ 다양한 활동의 복합적 수행
④ 암호화(coded)된 정보의 신속한 보관

해 윗 해설 참조

답 ①

137 ☆

인간-기계 시스템에서 자동화 정도에 따라 분류할 때 감시제어(supervisory control) 시스템에서 인간의 주요 기능과 가장 거리가 먼 것은?

① 간섭(intervene) ② 계획(plan)
③ 교시(teach) ④ 추적(pursuit)

해 감시제어 시스템에서 인간의 주요 기능
간섭/계획/교시

답 ④

138 ☆☆☆

인간-기계 시스템을 설계하기 위해 고려해야 할 사항으로 틀린 것은?

① 시스템 설계 시 동작 경제의 원칙이 만족 되도록 고려하여야 한다.
② 인간과 기계가 모두 복수인 경우 종합적인 효과보다 기계를 우선적으로 고려한다.
③ 대상이 되는 시스템이 위치할 환경조건이 인간에 대한 한계치를 만족하는가의 여부를 조사한다.
④ 인간이 수행해야 할 조작이 연속적인가 불연속적인가를 알아보기 위해 특성조사를 실시한다.

해 인간과 기계가 모두 복수인 경우 종합적인 효과보다 인간을 우선적으로 고려한다.

답 ②

139 ☆

인간의 신뢰성 요인 중 경험연수, 지식수준, 기술수준에 의존하는 요인은?

① 주의력 ② 긴장수준
③ 의식수준 ④ 감각수준

해 인간 신뢰성 요인
–주의력
–긴장수준: RMR, 체내 수분 손실량
–의식수준: 경험연수, 지식수준, 기술수준

답 ③

140 ☆

인간실수의 주원인에 해당하는 것은?

① 기술수준 ② 경험수준
③ 훈련수준 ④ 인간 고유의 변화성

해 인간은 항상 변화하기에 실수가 생기는 것

답 ④

141 ☆☆☆

인터페이스 설계 시 고려해야 하는 인간과 기계와의 조화성에 해당되지 않는 것은?

① 지적 조화성 ② 신체적 조화성
③ 감성적 조화성 ④ 심미적 조화성

해 인간-기계 조화성
지적/신체적/감성적 조화성

답 ④

142 ☆

인간공학의 연구방법에서 인간-기계 시스템을 평가하는 척도로서 인간기준이 아닌 것은?

① 사고 빈도 ② 인간성능 척도
③ 객관적 반응 ④ 생리학적 지표

해 인간기준 유형
사고빈도/인간성능 척도/생리학적 지표/주관적 반응

답 ③

143 ☆

다음 중 기준의 유형 가운데 체계기준 (system criteria)에 해당되지 않는 것은?

① 운용비 ② 신뢰도
③ 사고빈도 ④ 사용상의 용이성

해 체계기준: 운용비/신뢰도/사용 용이성/정비도/가용도/소요인력

답 ③

144 ☆

인간-기계 시스템 평가에 사용되는 인간기준 척도 중에서 유형이 다른 것은?

① 심박수 ② 안락감
③ 산소소비량 ④ 뇌전위(EEG)

해 안락감은 주관적 반응이며 나머지는 생리학적이다.

답 ②

145 ☆

인간-기계 시스템의 구성요소에서 다음 중 일반적으로 신뢰도가 가장 낮은 요소는? (단, 관련 요건은 동일하다는 가정이다.)

① 수공구 ② 작업자
③ 조종장치 ④ 표시장치

해 인간이 많은 요인으로 인해 많은 실수를 범하게 된다.

답 ②

146 ☆

인간공학의 연구 방법에서 인간-기계 시스템을 평가하는 척도의 요건으로 적합하지 않은 것은?

① 타당성 ② 무오염성
③ 주관성 ④ 신뢰성

해 연구조사의 기준척도 종류

신뢰성 (반복성)	대표 표본 선정에 관계없이 변수측정의 일관성, 안정성이 있어야된다.
타당성 (적절성)	어느 것이나 공통적으로 변수가 실제로 의도하는 바를 어느 정도 측정하는 가를 결정해야된다.
순수성 (무오염성)	기준 척도는 측정하고자 하는 변수 외의 다른 변수들의 영향을 받아서는 안된다.
민감도	피실험자 사이에서 볼 수 있는 예상 차이점에 비례하는 단위로 측정해야 한다.

답 ③

147 ☆

다음 중 인간공학의 연구조사에 사용되는 기준척도의 일반적 요건으로 볼 수 없는 것은?

① 적절성 ② 무오염성
③ 민감도 ④ 사용성

해 윗 해설 참조

답 ④

148 ☆

일반적으로 연구조사에 사용되는 기준 중 기준척도의 신뢰성이 의미하는 것은?

① 보편성 ② 적절성
③ 반복성 ④ 객관성

해 윗 해설 참조

답 ③

149 ☆☆☆☆

인간-기계 시스템에서의 기본적인 기능에 해당하지 않는 것은?

① 행동 기능 ② 정보의 설계
③ 정보의 수용 ④ 정보의 저장

해 인간-기계 시스템 5대기능
감지(수용)/정보처리 및 의사결정/행동/정보보관(저장)/출력

답 ②

150 ☆

정보처리기능 중 정보보관과 가장 관계가 없은 것은?

① 감지 ② 정보처리
③ 출력 ④ 행동기능

해 출력은 정보보관과 가장 관련이 없다.

답 ③

151 ☆

인간-기계시스템에 관련된 정의로 틀린 것은?

① 시스템이란 전체목표를 달성하기 위한 유기적인 결합체이다.
② 인간-기계시스템이란 인간과 물리적 요소가 주어진 입력에 대해 원하는 출력을 내도록 결합되어 상호작용하는 집합체이다.
③ 수동시스템은 입력된 정보를 근거로 자신의 신체적 에너지를 사용하여 수공구나 보조기구에 힘을 가하여 작업을 제어하는 시스템이다.
④ 자동화 시스템은 기계에 의해 동력과 몇몇 다른 기능들이 제공되며, 인간이 원하는 반응을 얻기 위해 기계의 제어장치를 사용해 제어기능을 수행하는 시스템이다.

해

구분	내용
수동	• 자신의 신체적 힘을 동력원으로 사용해 작업 통제하는 인간과 결합(수공구)
반자동 (기계화)	• 운전자가 조종장치 사용해 통제하고, 동력은 기계가 제공 • 동력기계화 체계와 고도로 통합된 부품으로 구성하고, 일반적으로 변화가 거의 없는 기능들을 수행한다.
자동	• 기계가 감지, 정보처리, 의사결정 등 행동을 포함한 모든 임무를 수행하고 인간은 설비보전, 작업계획 수립, 작업 상황 감시 등을 하는 체계 • 인간요소를 고려해야 한다.

답 ④

152 ☆☆

조종장치를 통한 인간의 통제 아래 기계가 동력원을 제공하는 시스템의 형태로 옳은 것은?

① 기계화 시스템　② 수동 시스템
③ 자동화 시스템　④ 컴퓨터 시스템

해 윗 해설 참조

답 ①

153 ☆

전통적인 인간-기계(Man-Machine) 체계의 대표적 유형과 거리가 먼 것은?

① 수동체계　② 기계화체계
③ 자동체계　④ 인공지능체계

해 윗 해설 참조

답 ④

154 ☆

다음 중 인간-기계 체계에서 인간실수가 발생하는 원인으로 적절하지 않은 것은?

① 학습 착오　② 처리 착오
③ 출력 착오　④ 입력 착오

해 인간실수가 발생하는 원인
입력 착오: 감각입력의 착오
출력 착오: 신체적 반응의 착오
처리 착오: 정보처리의 착오

답 ①

155 ☆☆

설비의 이상상태 여부를 감시하여 열화의 정도가 사용한도에 이른 시점에서 부품교환 및 수리하는 설비보전 방법은?

① 예방보전　② 계량보전
③ 사후보전　④ 일상보전

해 보전방식 유형

구분	내용
개량보전	설비 신뢰성, 보전성, 경제성, 안전성을 목적으로 개량하는 보전 방법
보전예방	궁극적으로 설비 설계, 제작 단계에서 보전 활동이 불필요한 체제를 목표로 한 설비보전 방법
예방보전	설비의 이상상태 여부를 감시하여 열화의 정도가 사용한도에 이른 시점에서 부품교환 및 수리하는 설비보전 방법
사후보전	설비 고장이나 성능저하가 발생한 뒤 이를 수리하는 보전 방법
일상보전	설비 수명을 연장하기 위한 설비 점검, 청소, 주유, 교체 등을 하는 보전 방법
생산보전	설비의 일 생애를 대상으로 해서 생산성을 높이는 것이며, 가장 경제적으로 보전하는 것

답 ①

156 ☆

다음 중 교체 주기와 가장 밀접한 관련성이 있는 보전 방식은?

① 보전예방　② 생산보전
③ 품질보전　④ 예방보전

해 윗 해설 참조

답 ④

157 ☆

다음 <보기>가 설명하는 것은?

> 미국 GE사가 처음으로 사용한 보전으로 설계에서 폐기까지 기계설비의 전과정에서 소요되는 설비의 열화손실과 보전비용을 최소화하여 생산성을 향상시키는 보전방법

① 생산보전 ② 계량보전
③ 사후보전 ④ 예방보전

해 윗 해설 참조

답 ①

158 ☆

설비보전 방식의 유형 중 궁극적으로는 설비의 설계, 제작 단계에서 보전 활동이 불필요한 체계를 목표로 하는 것은?

① 개량보전(corrective maintenance)
② 예방보전(preventive maintenance)
③ 사후보전(break－down maintenance)
④ 보전예방(maintenance prevention)

해 윗 해설 참조

답 ④

159 ☆

다음 중 예방보전을 수행함으로써 기대되는 이점이 아닌 것은?

① 정지시간 감소로 유휴손실 감소
② 신뢰도 향상으로 인한 제조원가의 감소
③ 납기엄수에 따른 신용 및 판매기회 증대
④ 돌발고장 및 보전비의 감소

해 예방보전의 효과
1. 대수리의 감소
2. 설비의 정확한 상태파악
3. 긴급용 예비기기의 필요성 감소와 자본투자의 감소
4. 정지시간 감소로 유휴손실 감소
5. 신뢰도 향상으로 인한 제조원가의 감소
6. 납기엄수에 따른 신용 및 판매기회 증대

답 ④

160 ☆

다음 중 설비보전관리에서 설비이력카드, MTBF분석표, 고장원인대책표와 관련이 깊은 관리는?

① 보전기록관리 ② 보전자재관리
③ 보전작업관리 ④ 예방보전관리

해 보전기록자료로 활용되는 것
MTBF 분석표/설비이력카드/고장원인대책표

답 ①

161 ☆☆

신뢰성과 보전성을 효과적으로 개선하기 위해 작성하는 보전기록 자료로서 가장 거리가 먼 것은?

① 자재관리표 ② MTBF 분석표
③ 설비이력카드 ④ 고장원인대책표

해 윗 해설 참조

답 ①

162 ☆

다음 중 보전용 자재에 관한 설명으로 가장 적절하지 않은 것은?

① 소비속도가 느려 순환사용이 불가능하므로 폐기시켜야 한다.
② 휴지손실이 적은 자재는 원자재나 부품의 형태로 재고를 유지한다.
③ 열화상태를 경향검사로 예측이 가능한 품목은 적시 발주법을 적용한다.
④ 보전의 기술수준, 관리수준이 재고량을 좌우한다.

해 보전용 자재를 폐기시키지는 않는다.
보전용 자재
– 자재구입의 품목, 수량, 시기에 관한 계획을 수립하기 곤란하다.
– 연간 사용빈도가 낮으며 소비속도가 늦은 것이 많다.
– 보전의 기술수준 및 관리수준이 보전자재의 재고량을 좌우하게 된다.
– 불용자재의 발생 가능성이 크다.
– 소모열화되어 폐기하는 것과 재생순환되는 것이 있다.

답 ①

163 ☆☆

인간-기계시스템에 대한 평가에서 평가척도나 기준(criteria)으로서 관심의 대상이 되는 변수는?

① 독립변수 ② 종속변수
③ 확률변수 ④ 통제변수

해 변수 종류

독립변수	종속변수로 알려져있는 다양한 변수에 영향을 주거나 변화를 주는 변수
종속변수	평가척도나 기준(criteria)으로서 관심의 대상이 되는 변수
확률변수	표본공간서 정의된 실수 값의 함수
통제변수	독립변수에 의해 종속변수에 나타나는 변화 수준에 대해 정확한 분석을 위해 적용하는 변수
억압변수	다른 변수에 교란을 주며 효과를 통제하는 것에 영향을 주는 변수

답 ②

164 ☆

인체계측 자료에서 주로 사용하는 변수가 아닌 것은?

① 평균 ② 5백분위
③ 최빈값 ④ 95백분위수

해 최빈값: 가장 많은 개수를 나타내는 값

답 ③

165 ☆☆

활동이 내용마다 "우·양·가·불가"로 평가하고 이 평가내용을 합하여 다시 종합적으로 정규화하여 평가하는 안전성 평가기법은?

① 평점척도법 ② 쌍대비교법
③ 계층적 기법 ④ 일관성 검정법

해 평점척도법에 대한 설명이다.

답 ①

166 ☆

설비나 공법 등에서 나타날 위험에 대하여 정성적 또는 정량적인 평가를 행하고 그 평가에 따른 대책을 강구하는 것은?

① 설비보전 ② 동작분석
③ 안전계획 ④ 안전성 평가

해 안전성 평가에 대한 설명이다.

답 ④

167 ☆

신기술, 신공법을 도입함에 있어서 설계, 제조, 사용의 전 과정에 걸쳐서 위험성의 여부를 사전에 검토하는 관리기술은?

① 예비위험 분석 ② 위험성 평가
③ 안전분석 ④ 안전성 평가

해 안전성 평가에 대한 설명이다.

답 ④

168 ☆

다음 중 시스템 안전성 평가의 순서를 가장 올바르게 나열한 것은?

① 자료의 정리 → 정량적 평가 → 정성적 평가 → 대책 수립 → 재평가
② 자료의 정리 → 정성적 평가 → 정량적 평가 → 재평가 → 대책 수립
③ 자료의 정리 → 정량적 평가 → 정성적 평가 → 재평가 → 대책 수립
④ 자료의 정리 → 정성적 평가 → 정량적 평가 → 대책 수립 → 재평가

해 안전성 평가

1. 관계자료 정비검토 (자료정리)	입지에 대한 도표/화학설비 배치도/공정기기목록/공정계통도/운전요령/안전설비 종류
2. 정성적 평가	준비된 기초자료를 항목별로 구분하여 관계법규와 비교, 위반사항을 검토하고 세부적으로 여러 항목의 가부를 살피는 단계 • 설계관계: 건조물/입지조건/공장내 배치/소방설비/공정기기 • 운전관계: 원재료/운송/저장/공정/수송/중간제품
3. 정량적 평가	• 항목: 온도/용량/압력/조작/취급물질 • 화학설비 정량평가 등급 위험등급 Ⅰ: 16점 이상 위험등급 Ⅱ: 11~15점 위험등급 Ⅲ: 10점 이하
4. 안전대책 수립	설비 대책, 관리적 대책, 보전
5. 재해정보에 의한 재평가	–
6. FTA에 의한 재평가	위험등급 Ⅰ 해당 시 실시

답 ④

169 ☆

안전성 평가의 기본원칙을 6단계로 나누었을 때 다음 중 가장 먼저 수행해야 되는 것은?

① 정성적 평가 ② 작업조건 측정
③ 정량적 평가 ④ 관계자료의 정비검토

해 윗 해설 참조

답 ④

170 ☆☆

설비의 위험을 예방하기 위한 안정성 평가 단계 중 가장 마지막에 해당하는 것은?

① 재평가 ② 정성적 평가
③ 안전대책 ④ 정량적 평가

해 윗 해설 참조

답 ①

171 ☆

다음 중 안전성평가 5가지 단계 중 준비된 기초자료를 항목별로 구분하여 관계법규와 비교, 위반사항을 검토하고 세부적으로 여러 항목의 가부를 살피는 단계는?

① 정보의 확보 및 검토
② 재해자료를 통한 재평가
③ 정량적 평가
④ 정성적 평가

해 윗 해설 참조

답 ④

172 ☆☆

화학설비의 안전성 평가 과정에서 제3단계인 정량적 평가 항목에 해당되는 것은?

① 목록 ② 공정계통도
③ 화학설비용량 ④ 건조물의 도면

해 ①/②/④: 관계자료 정비검토

답 ③

173 ☆

인간공학에 있어 시스템 설계 과정의 주요단계를 다음과 같이 6단계로 구분하였을 때 다음 중 올바른 순서로 나열한 것은?

① 기본설계	② 계면 설계
③ 시험 및 평가	④ 목표 및 성능명세 결정
⑤ 촉진물 설계	⑥ 체계의 정의

① ①→②→⑥→④→⑤→③
② ②→①→⑥→④→⑤→③
③ ④→⑥→①→②→⑤→③
④ ⑥→①→②→④→⑤→③

해 인간-기계 시스템에서 시스템의 설계 과정

1단계	시스템 목표와 성능 명세 결정	목적, 존재 이유에 대한 표현
2단계	시스템 정의	목표 달성에 필요한 기능 결정
3단계	기본 설계	작업 설계/정확성/사용자 만족/직무 분석/기능 할당/속도
4단계	인터페이스(계면)설계	화면 설계/작업공간/조종장치/표시장치
5단계	보조물(촉진물) 설계	성능보조자료/보조물 설계
6단계	시험 및 평가	–

답 ③

174 ☆☆☆

체계 설계 과정의 주요 단계 중 가장 먼저 실시되어야 하는 것은?

① 기본설계
② 계면설계
③ 체계의 정의
④ 목표 및 성능 명세 결정

해 윗 해설 참조

답 ④

175 ☆

체계설계 과정 중 기본설계 단계의 주요활동으로 볼 수 없는 것은?

① 작업 설계 ② 체계의 정의
③ 기능의 할당 ④ 인간 성능 요건 명세

해 ②: 2단계 시스템 정의

답 ②

176 ☆

인간공학의 중요한 연구과제인 계면(interface)설계에 있어서 다음 중 계면에 해당되지 않는 것은?

① 작업공간 ② 표시장치
③ 조종장치 ④ 조명시설

해 윗 해설 참조

답 ④

177 ☆

시스템 설계 과정의 주요 단계 중 계면설계에 있어 계면설계를 위한 인간요소 자료로 볼 수 없는 것은?

① 상식과 경험 ② 전문가의 판단
③ 실험절차 ④ 정량적 자료집

해 계면설계를 위한 인간요소 자료
상식/경험/전문가 판단/정량적 자료집

답 ③

178 ☆

다음 중 인터페이스(계면)를 설계할 때 감성적인 부문을 고려하지 않으면 나타나는 결과는 무엇인가?

① 육체적 압박 ② 정신적 압박
③ 진부감(陳腐感) ④ 관리감

해 말그대로 감성적인 부분을 고려하지 않으면 사상, 표현, 행동 따위가 낡아서 새롭지 못한 느낌(진부감)이 든다.

답 ③

179 ☆

다음 중 이동전화의 설계에서 사용성 개선을 위해 사용자의 인지적 특성이 가장 많이 고려되어야 하는 사용자 인터페이스 요소는?

① 버튼의 크기 ② 전화기의 색깔
③ 버튼의 간격 ④ 한글 입력 방식

해 이동전화의 설계에서 사람들이 쉽게 인지를 해야 되는 부분은 한글 입력 방식이다.

답 ④

180 ☆

제품의 설계단계에서 고유 신뢰성을 증대시키기 위하여 일반적으로 많이 사용되는 방법이 아닌 것은?

① 병렬 및 대기 리던던시의 활용
② 부품과 조립품의 단순화 및 표준화
③ 제조부문과 납품업자에 대한 부품규격의 명세 제시
④ 부품의 전기적, 기계적, 열적 및 기타 작동 조건의 경감

해 고유 신뢰성 증대방법
1. 설계단계에서의 증대방법
 – 병렬 및 대기 리던던시의 활용
 – 부품과 조립품의 단순화 및 표준화
 – 부품의 전기적, 기계적, 열적 및 기타 작동 조건의 경감
2. 제조단계에서 증대방법
 – 제조기술 향상
 – 제조공정 자동화
 – 제조품질 통계적 관리

답 ③

181 ☆

다음 중 음성 인식에서 이해도가 가장 좋은 것은?

① 음소 ② 음절 ③ 단어 ④ 문장

해 음성 인식 이해도
음소 < 음절 < 단어 < 문장
우리가 친구한테 약속에 대한 정보를 자세히 문장식으로 말하면 친구가 그 정보를 더 잘 이해할 것이다.

답 ④

182 ☆

잡음 등이 개입되는 통신 악조건하에서 전달 확률이 높아지도록 전언을 구성할 때 다음 중 가장 적절하지 않은 것은?

① 표준 문장의 구조를 사용한다.
② 문장보다 독립적인 음절을 사용한다.
③ 사용하는 어휘수를 가능한 적게 한다.
④ 수신자가 사용하는 단어와 문장구조에 친숙해지도록 한다.

해 음절보다는 문장을 사용한다.

답 ②

183 ☆

다음 중 음성 통신 시스템의 구성요소가 아닌 것은?

① Noise ② Blackboard
③ Message ④ speaker

해 음성 통신 시스템의 구성요소
Noise(잡음)/Message(정보)/speaker

답 ②

184 ☆

다음 중 시각적 표시장치에 있어 성격이 다른 것은?

① 디지털 온도계
② 자동차 속도계기판
③ 교통신호등의 좌회전 신호
④ 은행의 대기인원 표시등

해 ①/②/④: 정량적 표시
③: 그림으로 표시

답 ③

185 ☆

다음 중 정량적 표시장치의 눈금 수열로 가장 인식하기 쉬운 것은?

① 1, 2, 3 … ② 2, 4, 5 …
③ 3, 6, 9 … ④ 4, 8, 12 …

해 가장 쉬운 패턴이 ①이다.

답 ①

186 ☆☆☆☆

정보를 전송하기 위해 청각적 표시장치를 이용하는 것이 바람직한 경우로 적합한 것은?

① 전언이 복잡한 경우
② 전언이 이후에 재참조되는 경우
③ 전언이 공간적인 사건을 다루는 경우
④ 전언이 즉각적인 행동을 요구하는 경우

해 청각적 및 시각적 표시장치 비교

청각적 표시장치 사용이 유리한 경우	시각적 표시장치 사용이 유리한 경우
• 메시지 간단한 경우 • 메시지 짧은 경우 • 메시지 나중에 재참조 되지 않는 경우 • 메시지 시간적 사건 다루는 경우 • 메시지 즉각적 행동 요구하는 경우 • 수신자 시각 계통 과부하 상태인 경우 • 수신장소 너무 밝거나 암순응 요구될 경우 • 작업자 이동 많을 경우	• 메시지 복잡한 경우 • 메시지 긴 경우 • 메시지 나중에 재참조 되는 경우 • 메시지 공간적 위치 다루는 경우 • 메시지 즉각적 행동 요구하지 않는 경우 • 수신자 청각 계통 과부하 상태인 경우 • 수신장소 너무 시끄러울 경우 • 작입자 이동 적을 경우

답 ④

187 ☆☆☆

시각적 표시장치를 사용하는 것이 청각적 표시장치를 사용하는 것보다 좋은 경우는?

① 메시지가 후에 참고되지 않을 때
② 메시지가 공간적인 위치를 다룰 때
③ 메시지가 시간적인 사건을 다룰 때
④ 사람 일이 연속적인 움직임을 요구할 때

해 ②: 시각적 표시장치 사용하는 것이 유리
윗 해설 참조

답 ②

188 ☆

정보 전달용 표시장치에서 청각적 표현이 좋은 경우가 아닌 것은?

① 메시지가 단순하다.
② 메시지가 복잡하다.
③ 메시지가 그 때의 사건을 다룬다.
④ 시각장치가 지나치게 많다.

해 ②: 시각적 표시장치가 유리하다.

답 ②

189 ☆

다음 중 귀의 구조에서 고막에 가해지는 미세한 압력의 변화를 증폭하는 곳은?

① 외이(Outer Ear) ② 중이(Middle Ear)
③ 내이(Inner Ear) ④ 달팽이관(Cochlea)

해 귀의 구조

구분
바깥귀(외이) • 소리를 모으는 역할 • 귓바퀴와 외이도로 구성
가운데귀(중이) • 고막의 진동을 내이로 전달 • 인두와 교통하여 고실 내압을 조절하는 유스타키오관이 존재
속귀(내이) • 달팽이관에 청세포가 분포되어 있어 소리 자극을 청신경으로 전달 • 평형감각 수용기인 반규관과 청각을 담당하는 전정기관, 와우로 구성
고막 중이와 외이의 경계부위에 위치해 있으며 음파를 진동으로 바꾼다.
달팽이관 소리를 구분하고 구별하는 역할
유스타키오관 • 고막의 안과 밖의 기압을 같게 유지해주고, 중이의 환기와 분비물 배출하는 역할

답 ②

190 ☆

인간의 시각 특성을 설명한 것으로 옳은 것은?

① 적응은 수정체의 두께가 얇아져 근거리의 물체를 볼 수 있게 되는 것이다.
② 시야는 수정체 두께 조절로 이루어진다.
③ 망막은 카메라의 렌즈에 해당된다.
④ 암조응에 걸리는 시간은 명조응보다 길다.

해 암조응에 걸리는 시간: 30－40분
명조응에 걸리는 시간: 1－3분
①: 수정체의 두께가 얇아지면 원거리의 물체를 볼 수 있게 되는 것이다.
②: 시야는 수정체 두께와 무관하다.
③: 망막은 카메라의 필름에 해당된다.

답 ④

191 ☆

다음 중 카메라의 필름에 해당하는 우리 눈의 부위는?

① 망막 ② 수정체 ③ 동공 ④ 각막

해 눈의 역할(카메라와 비교)

구분	역할
홍채	카메라 조리개
수정체	카메라 렌즈
망막	카메라 필름

답 ①

192 ☆

다음 중 눈의 구조 가운데 기능 결함이 발생할 경우 색맹 또는 색약이 되는 세포는?

① 간상세포 ② 원추세포

③ 수평세포 ④ 양극세포

해

간상세포	망막의 주변부에 분포하고 0.1Lx 이하의 약한 빛을 감지하여 명암이나 물체의 형태를 구별하는 세포
원추세포	기능 결함이 발생할 경우 색맹 또는 색약이 되는 세포
수평세포	망막을 가로질러 측면으로 신호를 전달하는 세포
양극세포	시세포와 신경절세포 사이를 연락하는 전형적 양극신경세포.

답 ②

193 ☆

다음 중 망막의 원추세포가 가장 낮은 민감성을 보이는 파장의 색은?

① 적색 ② 회색 ③ 청색 ④ 녹색

해 원추세포는 빨강, 초록, 파랑에 민감하다.
이 색을 RGB라고 한다.

답 ②

194 ☆

인간의 눈에서 빛이 가장 먼저 접촉하는 부분은?

① 각막 ② 망막 ③ 초자체 ④ 수정체

해 각막이 제일 먼저 빛과 접촉한다.

답 ①

195 ☆

40세 이후 노화에 의한 인체의 시지각 능력 변화로 틀린 것은?

① 근시력 저하

② 휘광에 대한 민감도 저하

③ 망막에 이르는 조명량 감소

④ 수정체 변색

해 휘광에 대한 민감도 상승

답 ②

196 ☆☆

산업안전보건법령상 정밀작업 시 갖추어져야할 작업면의 조도 기준은? (단, 갱내 작업장과 감광재료를 취급하는 작업장은 제외한다.)

① 75럭스 이상 ② 150럭스 이상

③ 300럭스 이상 ④ 750럭스 이상

해 1. 초정밀작업: 750럭스(lux) 이상
2. 정밀작업: 300럭스 이상
3. 보통작업: 150럭스 이상
4. 그 밖의 작업: 75럭스 이상

답 ③

197 ☆

빛이 물체에서 반사되어 나오는 양을 설명한 것으로 맞는 것은?

① 휘도 ② 조도 ③ 광도 ④ 반사율

해

구분	내용
조도	• 어떤 물체에 도달하는 빛의 양 • 광원의 밝기에 비례하고, 거리의 제곱에 반비례하며, 반사체의 반사율과는 상관없이 일정한 값을 갖는 것 • 단위 lux
휘도	• 빛이 물체에서 반사되어 나오는 양 • 단위 nit
광도	• 광원에서 어느 특정 방향으로 나오는 빛의 세기 • 단위 cd
광속	• 광원에서 방출되는 빛의 총량 • 단위 lm
대비	• 표적과 배경의 광속 발산도 차이
광속 발산도	• 단위면적당 표면에서 반사 또는 방출되는 빛의 양 • 관측자의 시야 내에 있는 주시영역과 그 주변 영역의 조도의 비 • 단위 lm/m^2

답 ①

198 ☆☆☆☆☆☆☆

광원으로부터의 직사휘광을 줄이기 위한 방법으로 적절하지 않은 것은?

① 휘광원 주위를 어둡게 한다.

② 가리개, 갓, 차양 등을 사용한다.

③ 광원을 시선에서 멀리 위치시킨다.

④ 광원의 수는 늘리고 휘도는 줄인다.

해 휘광원 주위를 밝게 한다.

답 ①

199 ☆

다음 중 시력 및 조명에 관한 설명으로 옳은 것은?

① 표적 물체가 움직이거나 관측자가 움직이면 시력의 역치는 증가한다.

② 필터를 부착한 VDT화면에 표시된 글자의 밝기는 줄어들지만 대비는 증가한다.

③ 대비는 표적 물체 표면에 도달하는 조도와 결과하는 광도와의 차이를 나타낸다.

④ 관측자의 시야 내에 있는 주시영역과 그 주변 영역의 조도의 비를 조도비라고 한다.

해 ①: 표적 물체가 움직이거나 관측자가 움직이면 시력의 역치는 감소한다.

③: 대비는 표적과 배경의 광속 발산도 차이

④: 관측자의 시야 내에 있는 주시영역과 그 주변 영역의 조도의 비를 광속 발산도라고 한다.

답 ②

200 ☆

VDT(visual display terminal) 작업을 위한 조명의 일반원칙으로 적절하지 않은 것은?

① 화면반사를 줄이기 위해 산란식 간접조명을 사용한다.
② 화면과 화면에서 먼 주위의 휘도비는 1:10으로 한다.
③ 작업영역을 조명기구들 사이보다는 조명기구 바로 아래에 둔다.
④ 조명의 수준이 높으면 자주 주위를 둘러 봄으로써 수정체의 근육을 이완시키는 것이 좋다.

해 사업주는 작업대 주변에 영상표시단말기작업 전용의 조명등을 설치할 경우에는 영상표시단말기 취급근로자의 한쪽 또는 양쪽 면에서 화면·서류면·키보드 등에 균등한 밝기가 되도록 설치하여야 한다.

답 ③

201 ☆

눈의 피로를 줄이기 위해 VDT 화면과 종이 문서 간의 밝기의 비는 최대 얼마를 넘지 않도록 하는가?

① 1 : 20 ② 1 : 50
③ 1 : 10 ④ 1 : 30

해 VDT 화면과 종이 문서 간의 밝기의 비는 최대 1:10을 넘지 않도록 한다.

답 ③

202 ☆

다음 중 영상표시단말기(VDT)를 취급하는 작업장에서 화면의 바탕 색상이 검정색 계통일 경우 추천되는 조명수준으로 가장 적절한 것은?

① 100~200럭스(Lux)
② 300~500럭스(Lux)
③ 750~800럭스(Lux)
④ 850~950럭스(Lux)

해 사업주는 영상표시단말기를 취급하는 작업장 주변환경의 조도를 화면의 바탕 색상이 검정색 계통일 때 300럭스(Lux) 이상 500럭스 이하, 화면의 바탕색상이 흰색 계통일 때 500럭스 이상 700럭스 이하를 유지하도록 하여야 한다.

답 ②

203 ☆

다음 중 실내면의 추천반사율이 높은 것에서부터 낮은 순으로 올바르게 배열된 것은?

① 바닥 > 가구 > 벽 > 천장
② 바닥 > 벽 > 가구 > 천장
③ 천장 > 가구 > 벽 > 바닥
④ 천장 > 벽 > 가구 > 바닥

해 반사율 크기
바닥(20~40%) < 가구(25~45%) < 벽(40~60%) < 천장(80~90%)

답 ④

204 ☆☆☆☆☆

작업장 내부의 추천반사율이 가장 낮아야 하는 곳은?

① 벽 ② 천장 ③ 바닥 ④ 가구

해 윗 해설 참조

답 ③

205 ☆

다음 중 작업장의 조명 수준에 대한 설명으로 가장 적절한 것은?

① 작업환경의 추천 광도비는 5:1 정도이다.
② 천장은 80~90% 정도의 반사율을 가지도록 한다.
③ 작업영역에 따라 휘도 차이를 크게 한다
④ 실내표면에 반사율은 천장에서 바닥의 순으로 증가시킨다.

해 ①: 작업환경의 추천 광도비는 3:1 정도이다.
③: 작업영역에 따라 휘도 차이를 작게 한다.
④: 실내표면에 반사율은 바닥에서 천장 순으로 증가시킨다.

답 ②

206 ☆☆

음의 강약을 나타내는 기본 단위는?

① dB ② pont ③ hertz ④ diopter

해

dB / **phon**	음의 강약 나타내는 단위
pont	글자수 크기 단위이며 포인트와 픽셀 등이 있다.
hertz	주파수 단위
diopter	눈의 굴절 이상 정도를 표시하는 표준 단위

답 ①

207 ☆

다음 중 음(音)의 크기를 나타내는 단위로만 나열된 것은?

① dB, nit ② phon, lb
③ dB, psi ④ phon, dB

해 nit: 휘도 단위(=cd/m^2)
lb: 무게 단위
psi: 압력 단위

답 ④

208 ☆

소음을 측정하는 단위는?

① 데시벨(dB) ② 지멘스(S)
③ 루멘(lumen) ④ 거스트(Gust)

해 지멘스: 전기전도율 단위
루멘: 광속 단위(=lm)
거스트: 돌풍이며 일정 시간 내(일반적으로 10분간)에 평균 풍속보다 10knot 이상의 차이가 있으며, 순간 최대 풍속이 17knot 이상의 강풍일 경우 지속시간이 초 단위일 때

답 ①

209 ☆

휘도(luminance)의 척도 단위(unit)가 아닌 것은?

① fc ② fL ③ mL ④ cd/m^2

해 fc: 조도의 단위

답 ①

210 ☆

다음 중 조도의 단위에 해당하는 것은?

① fL ② diopter
③ $lumen/m^2$ ④ lumen

해 fL: 휘도 단위
diopter: 눈의 굴절 이상 정도를 표시하는 표준 단위
lumen: 광속 단위(=lm)

답 ③

211 ☆

다음 중 광도(luminous intensity)의 단위에 해당하는 것은?

① cd ② fc ③ nit ④ lux

해 fc: 조도의 단위
nit: 휘도 단위($=cd/m^2$)
럭스: Lux, 조도 단위

답 ①

212 ☆

환경요소의 조합에 의해서 부과되는 스트레스나 노출로 인해서 개인에 유발되는 긴장(strain)을 나타내는 환경요소 복합지수가 아닌 것은?

① 카타온도(kata temperature)
② Oxford 지수(wet－dry index)
③ 실효온도(effective temperature)
④ 열 스트레스 지수(heat stress index)

해 **카타온도**: 체감온도의 분석을 목적으로 카타 온도계를 사용하여 측정한 온도로 복합지수가 아니다.

답 ①

213 ☆☆☆

작업장의 실효온도에 영향을 주는 인자 중 가장 관계가 먼 것은?

① 온도 ② 체온 ③ 습도 ④ 공기유동

해 실효온도 인자: 온도/습도/기류(공기유동)

답 ②

214 ☆☆

다음은 1/100초 동안 발생한 3개의 음파를 나타낸 것이다. 음의 세기가 가장 큰 것과 가장 높은 음은 무엇인가?

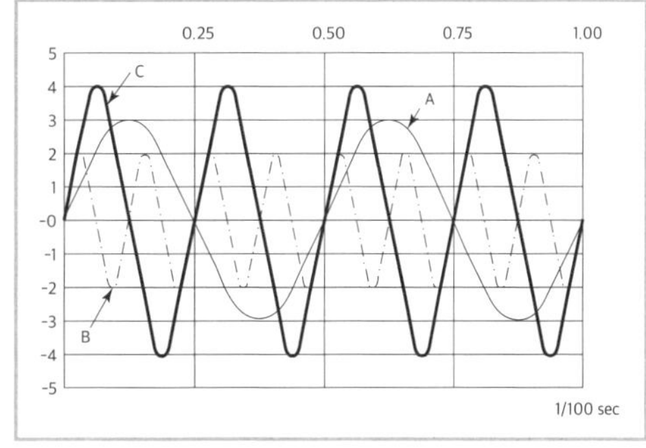

① 가장 큰 음의 세기: A, 가장 높은 음: B
② 가장 큰 음의 세기: C, 가장 높은 음: B
③ 가장 큰 음의 세기: C, 가장 높은 음: A
④ 가장 큰 음의 세기: B, 가장 높은 음: C

해

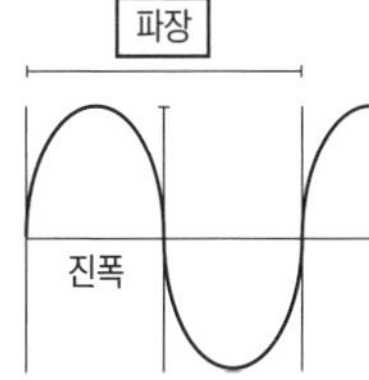

파장이 짧을수록 음높이가 높고, 길수록 음높이가 낮다.
진폭이 작을수록 음강도가 작고, 클수록 음강도가 크다.
※파장과 주파수는 반비례 관계

답 ②

215 ☆

다음 중 신호의 강도, 진동수에 의한 신호의 상대 식별 등 물리적 자극의 변화여부를 감지할 수 있는 최소의 자극 범위를 의미하는 것은?

① Chunking

② Stimulus Range

③ SDT(Signal Detection Theory)

④ JND(Just Noticeable Difference)

해 JND(변화감지역)
신호의 강도, 진동수에 의한 신호의 상대 식별 등 물리적 자극의 변화여부를 감지할 수 있는 최소의 자극 범위

답 ④

216 ☆

청각신호의 위치를 식별할 때 사용하는 척도는?

① AI(Articulation Index)

② JND(Just Noticeable Difference)

③ MAMA(Minimum Audible Movement Angle)

④ PNC(Preferred Noise Criteria)

해 MAMA
– 소리가 발생한 위치의 변경을 감지하기 위 한 임계값
– 1,500hz부근에서 가장 낮음.

답 ③

217 ☆

다음 중 절대적으로 식별 가능한 청각차원의 수준의 수가 가장 적은 것은?

① 강도 ② 진동수

③ 지속시간 ④ 음의 방향

해 절대적으로 식별 가능한 청각차원의 수준의 수는 음 방향이 제일 적다.

답 ④

218 ☆

다음 중 한 자극 차원에서의 절대 식별 수에 있어 순음의 경우 평균 식별 수는 어느 정도 되는가?

① 1 ② 5 ③ 9 ④ 13

해 한 자극 차원에서의 절대 식별 수에 있어 순음의 경우 평균 식별 수는 5개 정도이다.

답 ②

219 ☆☆

다음 중 청각적 표시장치에서 300m 이상의 장거리용 경보기에 사용하는 진동수로 가장 적절한 것은?

① 800Hz 전후 ② 2,200Hz 전후

③ 3,500Hz 전후 ④ 4,000Hz 전후

해 300m 이상의 장거리용으로는 1,000Hz 이하의 진동수를 사용한다.

답 ①

220 ☆

다음 중 청각적 표시에 대한 설명으로 틀린 것은?

① JND(Just Noticeable Difference)는 인간이 신호의 50%를 검출할 수 있는 자극 차원(강도 또는 진동수)의 최소 차이이다.

② 장애물이나 칸막이를 넘어가야 하는 신호는 1,000Hz 이상의 진동수를 갖는 신호를 사용한다.

③ 다차원 코드 시스템을 사용할 경우, 일반적으로 차원의 수가 많고 수준의 수가 적은 것이 차원의 수가 적고 수준의 수가 많은 것보다 좋다.

④ 배경 소음과 다른 진동수를 갖는 신호를 사용하는 것이 바람직하다.

해 윗 해설 참조

답 ②

221 ☆

청각신호의 수신과 관련된 인간의 기능으로 볼 수 없는 것은?

① 검출(detection)

② 순응(adaptation)

③ 위치 판별(directional judgement)

④ 절대적 식별(absolute judgement)

해 청각신호 기능: 검출/위치 판별/절대적 식별

답 ②

222 

다음 중 역치(threshold value)의 설명으로 가장 적절한 것은?

① 표시장치의 설계와 역치는 아무런 관계가 없다.

② 에너지의 양이 증가할수록 차이역치는 감소한다.

③ 역치는 감각에 필요한 최소량의 에너지를 말한다.

④ 표시장치를 설계할 때는 신호의 강도를 역치 이하로 설계하여야 한다.

해 ①: 표시장치의 설계와 역치는 관계가 있다.
②: 에너지의 양이 증가할수록 차이역치는 증가한다.
④: 표시장치를 설계할 때는 신호의 강도를 역치 이상로 설계하여야 한다.

답 ③

223 ☆

다음 중 눈이 식별할 수 있는 과녁(target)의 최소 특징이나 과녁 부분들 간의 최소공간을 의미하는 것은?

① 최소분간시력(minimum separable acuity)
② 최소지각시력(minimum perceptible acuity)
③ 입체시력(stereoscopic acuity)
④ 동시력(dynamic visual acuity)

해 시력 종류

구분	내용
배열 시력	• vernier acuity • 미세한 치우침 분간하는 능력
동적 시력	• dynamic visual acuity • 빠르게 움직이는 물체 추적하는 능력
입체 시력	• stereoscopic acuity • 거리가 있는 한 물체에 대한 약간 다른 상이 두 눈의 망막에 맺힐 때 이것을 구별하는 능력
최소 지각 시력	• minimum perceptible acuity • 배경으로부터 한 점을 분간하는 능력
최소 분간 시력	• minimum separable acuity • 보편적 시력 척도 • 눈이 식별할 수 있는 과녁(target)의 최소 특징이나 과녁 부분들 간의 최소 공간 • 란돌트(Landolt) 고리에 있어 1.5mm의 틈을 5m의 거리에서 겨우 구분할 수 있는 능력은 1.0이다.

답 ①

224 ☆

다음 중 시각에 관한 설명으로 옳은 것은?

① vernier acuity－눈이 식별할 수 있는 표적의 최소 모양
② minimum separable acuity-배경과 구별하여 탐지 할 수 있는 최소의 점
③ stereoscopic acuity－거리가 있는 한 물체의 상이 두눈의 망막에 맺힐 때 그 상의 차이를 구별하는 능력
④ minimum perceptible acuity-하나의 수직선이 중간에서 끊겨 아래 부분이 옆으로 옮겨진 경우에 미세한 치우침을 구별하는 능력

해 윗 해설 참조

답 ③

225 ☆

다음 중 초음파의 기준이 되는 주파수로 옳은 것은?

① 4,000Hz 이상 ② 6,000Hz 이상
③ 10,000Hz 이상 ④ 20,000Hz 이상

해 가청 주파수가 20~20,000Hz이니 그 이상을 초음파라 한다. 즉, 20,000Hz 이상이 초음파다.

답 ④

226 ☆☆

작업자가 소음 작업환경에 장기간 노출되어 소음성 난청이 발병하였다면 일반적으로 청력 손실이 가장 크게 나타나는 주파수는?

① 1,000Hz ② 2,000Hz
③ 4,000Hz ④ 6,000Hz

해 C5-dip 현상
소음성 난청 중 4,000Hz에서 청력이 감소되는 감각 신경성 난청 현상

답 ③

227 ☆

시력손상에 가장 크게 영향을 미치는 전신 진동의 주파수는?

① 5Hz 미만 ② 5~10Hz
③ 10~25Hz ④ 25Hz 초과

해 10~25Hz에서 시력손상에 가장 크게 영향을 미친다.

답 ③

228 ☆☆

반복적 노출에 따라 민감성이 가장 쉽게 떨어지는 표시장치는?

① 시각 표시장치 ② 청각 표시장치
③ 촉각 표시장치 ④ 후각 표시장치

해 후각이 가장 민감도 떨어지면 적응이 빠르다.

답 ④

229 ☆

후각적 표시장치에 대한 설명으로 틀린 것은?

① 냄새의 확산을 통제하기 힘들다.
② 코가 막히면 민감도가 떨어진다.
③ 복잡한 정보를 전달하는 데 유용하다.
④ 냄새에 대한 민감도의 개인차가 있다.

해 후각적 표시장치는 복잡한 정보를 전달하는 데 유용하지 않다.

답 ③

230 ☆☆

사람의 감각기관 중 반응속도가 가장 느린 것은?

① 청각 ② 시각 ③ 미각 ④ 촉각

해 반응속도
청각(0.17초) > 촉각(0.18초) > 시각(0.2초) > 미각(0.29초) > 통각(0.7초)

답 ③

231 ☆

인간의 반응체계에서 이미 시작된 반응을 수정하지 못하는 저항시간(refractory period)은?

① 0.1초 ② 0.5초 ③ 1초 ④ 2초

해 이미 시작된 반응을 수정하지 못하는 저항시간은 0.5초이다.

답 ②

232 ☆

다음 중 소음의 크기에 대한 설명으로 틀린 것은?

① 저주파 음은 고주파 음만큼 크게 들리지 않는다.
② 사람의 귀는 모든 주파수의 음에 동일하게 반응한다.
③ 크기가 같아지려면 저주파 음은 고주파음보다 강해야 한다.
④ 일반적으로 낮은 주파수(100Hz 이하)에 덜 민감하고, 높은 주파수에 더 민감하다

해 사람의 귀는 모든 주파수의 음에 다르게 반응한다.

답 ②

233 ☆

산업안전보건법령에서 정한 물리적 인자의 분류 기준에 있어서 소음은 소음성난청을 유발할 수 있는 몇 dB(A) 이상의 시끄러운 소리로 규정하고 있는가?

① 70 ② 85 ③ 100 ④ 115

해 "소음작업"이란 1일 8시간 작업을 기준으로 85 데시벨 이상의 소음이 발생하는 작업을 말한다.

답 ②

234 ☆

다음 중 소음(noise)에 대한 정의로 가장 적절한 것은?

① 큰 소리(loud sound)
② 원치 않은 소리(unwanted sound)
③ 정신이나 신경을 자극하는 소리(mental and nervous sound)
④ 청각을 자극하는 소리(auditory sense annoying sound)

해 소음이란 듣기 싫은 소리이다.

답 ②

235 ☆

다음 중 소음의 영향에 대한 일반적인 설명과 가장 거리가 먼 것은?

① 간단하고 정규적인 과업의 퍼포먼스는 소음의 영향이 없으며 오히려 개선되는 경우도 있다.
② 시력, 대비판별, 암시, 순응, 눈동작 속도 등 감각능은 모두 소음의 영향이 적다.
③ 운동 퍼포먼스는 균형과 관계되지 않는 한 소음에 의해 나빠지지 않는다.
④ 쉬지 않고 계속 실행하는 과업에 있어 소음은 긍정적인 영향을 미친다.

해 쉬지 않고 계속 실행하는 과업에 있어 소음은 부정적인 영향을 미친다.

답 ④

236 ☆

한 사무실에서 타자기의 소리 때문에 말소리가 묻히는 현상을 무엇이라 하는가?

① dBA　② CAS
③ phone　④ masking

해 은폐효과(차폐효과, 마스킹(masking)효과)
어느 한 음 때문에 다른 음에 대한 감도가 감소되는 현상

답 ④

237 ☆

작업장에서 발생하는 소음에 대한 대책으로 가장 먼저 고려하여야 할 적극적인 방법은?

① 소음원의 통제
② 소음원의 격리
③ 귀마개 등 보호구의 착용
④ 덮개 등 방호장치의 설치

해 소음 자체를 줄이는 것(통제)이 가장 적극적이다.

답 ①

238 ☆

다음 중 연마작업장의 가장 소극적인 소음대책은?

① 음향 처리제를 사용할 것
② 방음 보호용구를 착용할 것
③ 덮개를 씌우거나 창문을 닫을 것
④ 소음원으로부터 적절하게 배치할 것

해 보호구 착용은 가장 소극적 대책이다.

답 ②

239 ☆☆

소음을 방지하기 위한 대책으로 틀린 것은?

① 소음원 통제　② 차폐장치 사용
③ 소음원 격리　④ 연속 소음 노출

해 ④: 보기대로 노출되는 것이니 방지책이 아니다.

답 ④

240 ☆

소음성 난청 유소견자로 판정하는 구분을 나타내는 것은?

① A　② C　③ D_1　④ D_2

해 특수건강진단 판정 구분

구분	내용
A	건강한 근로자
C_1	직업병 요관찰자
C_2	일반질병 요관찰자
D_1	직업병 유소견자
D_2	일반질병 유소견자

소음성 난청은 직업병으로 D_1 에 해당

답 ③

241 ☆☆

위험조정을 위해 필요한 기술은 조직형태에 따라 다양하며, 4가지로 분류하였을 때 이에 속하지 않는 것은?

① 전가(transfer)　② 보류(retention)
③ 계속(continuation)　④ 감축(reduction)

해 위험조정 방법
위험전가/위험보류/위험감축/위험회피

답 ③

242 ☆☆☆

다음 중 보험으로 위험조정을 하는 방법을 무엇이라 하는가?

① 전가　② 보류
③ 위험감축　④ 위험회피

해 보험으로 위험조정을 하는 방법: 전가

답 ①

243 ☆

다음 중 위험을 통제하는데 있어 취해야 할 첫 단계 조사는?

① 작업원을 선발하여 훈련한다.
② 덮개나 격리 등으로 위험을 방호한다.
③ 설계 및 공정계획 시에 위험을 제거토록 한다.
④ 점검과 필요한 안전보호구를 사용하도록 한다.

해 위험을 우선적으로 제거하는 것이 가장 현명하다.

답 ③

244 ☆☆

위험처리 방법에 관한 설명으로 틀린 것은?

① 위험처리 대책 수립 시 비용 문제는 제외 된다.
② 재정적으로 처리하는 방법에는 보류와 전가방법이 있다.
③ 위험의 제어 방법에는 회피, 손실제어, 위험분리, 책임 전가 등이 있다.
④ 위험처리 방법에는 위험을 제어하는 방법과 재정적으로 처리하는 방법이 있다.

해 금전적 문제는 항상 고려해야 한다.

답 ①

245 ☆

체내에서 유기물을 합성하거나 분해하는 데는 반드시 에너지의 전환이 뒤따른다. 이것을 무엇이라 하는가?

① 에너지 변환　② 에너지 합성
③ 에너지 대사　④ 에너지 소비

해 에너지 대사: 생물체 내에서 일어나고 있는 에너지의 방출, 전환, 저장 및 이용의 모든 과정

답 ③

246 ☆

에너지대사율(Relative Metabolic Rate)에 관한 설명으로 틀린 것은?

① 작업대사량은 작업 시 소비에너지와 안정 시 소비에너지의 차로 나타낸다.
② RMR은 작업대사량을 기초대사량으로 나눈 값이다.
③ 산소소비량을 측정할 때 더글라스백(Douglas bag)을 이용한다.
④ 기초대사량은 의자에 앉아서 호흡하는 동안에 측정한 산소소비량으로 구한다.

해 기초대사량(BMR): 생명 유지에 필요한 단위 시간당 에너지량

답 ④

247 ☆

작업종료 후에도 체내에 쌓인 젖산을 제거하기 위하여 추가로 요구되는 산소량을 무엇이라 하는가?

① ATP ② 에너지대사율
③ 산소 빚 ④ 산소최대섭취능

해 산소 빚(산소 부채)
작업종료 후에도 체내에 쌓인 젖산을 제거하기 위하여 추가로 요구되는 산소량

답 ③

248 ☆

성인이 하루에 섭취하는 음식물의 열량 중 일부는 생명을 유지하기 위한 신체기능에 소비되고, 나머지는 일을 한다거나 여가를 즐기는데 사용될 수 있다. 이 중 생명을 유지하기 위한 최소한의 대사량을 무엇이라 하는가?

① BMR ② RMR
③ GSR ④ EMG

해 기초대사량(BMR): 생명 유지에 필요한 단위 시간당 에너지량
RMR: 에너지 대사율
GSR: 피부전기반사
EMG: 근전도

답 ①

249 ☆

한겨울에 햇볕을 쬐면 기온은 차지만 따스함을 느끼는 것은 다음 중 어떤 열교환 방법에 의한 것인가?

① 대류 ② 복사 ③ 전도 ④ 증발

해 대류: 유체 내 열전달
복사: 별도 매질없이 전파되는 현상
전도: 고체간 직접 접촉으로 열전달

답 ②

250 ☆

다음 중 신체와 환경간의 열교환 과정을 가장 올바르게 나타낸 식은?(단, W는 일, M은 대사, S는 열 축적, R은 복사, C는 대류, E는 증발, Clo는 의복의 단열률이다.)

① $W=(M+S)\pm R\pm C-E$
② $S=(M-W)\pm R\pm C-E$
③ $W=Clo\times(M-S)\pm R\pm C-E$
④ $S=Clo\times(M-W)\pm R\pm C-E$

해 신체와 환경간의 열교환식
$S=(M-W)\pm R\pm C-E$
열축적=대사−일±복사±대류−증발

답 ②

251 ☆

인간과 주위와의 열교환 과정을 나타낼 수 있는 열 균형 방정식으로 가장 적절한 것은?

① 열축적=대사+증발±복사±대류+일
② 열축적=대사−증발±복사±대류−일
③ 열축적=대사±증발−복사−대류±일
④ 열축적=대사−증발−복사+대류+일

해 윗 해설 참조

답 ②

252 ☆☆

인체에서 뼈의 주요 기능으로 볼 수 없는 것은?

① 대사작용 ② 신체의 지지
③ 조혈작용 ④ 장기의 보호

해 대사작용은 간에서 한다.

답 ①

253 ☆

시력과 대비감도에 영향을 미치는 인자에 해당하지 않는 것은?

① 노출시간 ② 연령
③ 주파수 ④ 휘도수준

해 주파수는 청력과 관련 있다.

답 ③

254 ☆☆

고온 작업자의 고온 스트레스로 인해 발생하는 생리적 영향이 아닌 것은?

① 피부와 직장온도의 상승
② 발한(sweating)의 증가
③ 심박출량(cardiac output)의 증가
④ 근육에서의 젖산 감소로 인한 근육통과 근육피로 증가

해 근육에서의 젖산 증가로 인한 근육통과 근육피로 증가

답 ④

255 ☆

온도가 적정 온도에서 낮은 온도로 내려갈 때의 인체 반응으로 옳지 않은 것은?

① 발한 시작
② 직장온도가 상승
③ 피부온도가 하강
④ 혈액은 많은 양이 몸의 중심부를 순환

해 추운 환경일 때 신체 조절작용
- 피부온도 저하
- 피부 경유하는 혈액순환량 감소
- 직장온도 상승
- 몸 중심으로 가는 혈액량 증가
- 오한(발한(=땀샘에서 땀이 분비되는 현상) 아님) 시작
- 소름 돋고, 온몸 떨림

답 ①

256 ☆

다음 중 얼음과 드라이아이스 등을 취급하는 작업에 대한 대책으로 적절하지 않은 것은?

① 더운 물과 더운 음식을 섭취한다.
② 가능한 한 식염을 많이 섭취한다.
③ 혈액순환을 위해 틈틈이 운동을 한다.
④ 오랫동안 한 장소에 고정하여 작업하지 않는다.

해 한랭작업 건강장해 예방대책
1. 혈액순환을 원활히 하기 위한 운동지도를 할 것
2. 적절한 지방과 비타민 섭취를 위한 영양 지도를 할 것
3. 체온 유지를 위하여 더운 물을 준비할 것
4. 젖은 작업복 등은 즉시 갈아입도록 할 것
5. 오랫동안 한 장소에 고정하여 작업하지 않는다.

답 ②

257 ☆☆

글자의 설계 요소 중 검은 바탕에 쓰여진 흰 글자가 번져 보이는 현상과 가장 관련 있는 것은?

① 획폭비 ② 글자체
③ 종이 크기 ④ 글자 두께

해 광삼현상과 관계되는 것은 획폭비이다.

답 ①

258 ☆

출력과 반대방향으로 그 속도에 비례해서 작용하는 힘 때문에 생기는 항력으로 원활한 제어를 도우며, 특히 규정된 변위 속도를 유지하는 효과를 가진 조종장치의 저항력은?

① 관성 ② 탄성저항
③ 점성저항 ④ 정지 및 미끄럼 마찰

해 점성저항에 대한 설명이다.

답 ③

259 ☆

조종장치의 저항 중 갑작스런 속도의 변화를 막고 부드러운 제어동작을 유지하게 해주는 저항을 무엇이라 하는가?

① 점성저항 ② 관성저항
③ 마찰저항 ④ 탄성저항

해 점성저항에 대한 설명이다.

답 ①

260 ☆☆

안전가치분석의 특징으로 틀린 것은?

① 기능 위주로 분석한다.
② 왜 비용이 드는가를 분석한다.
③ 특정 위험의 분석을 위주로 한다.
④ 그룹 활동은 전원의 중지를 모은다.

해 전체적인 분석을 위주로 한다.

답 ③

261 ☆

청각적 표시의 원리로 조작자에 대한 입력신호는 꼭 필요한 정보만을 제공한다는 원리는?

① 양립성 ② 분리성 ③ 근사성 ④ 검약성

해 양립성: 한 사용자가 알고 있는 자연스러운 신호를 선택하는 것
분리성: 청각신호는 기존 입력과 쉽게 식별 될 수 있을 것
근사성: 복잡한 정보를 나타낼 땐 2단계 신호를 고려할 것
검약성: 조작자에 대한 입력신호는 꼭 필요한 정보만을 제공한다는 원리

답 ④

262 ☆

다음 중 양립성(compatibility)의 종류가 아닌 것은?

① 개념양립성 ② 감성양립성
③ 운동양립성 ④ 공간양립성

해 양립성

정의	• 자극-반응 간 관계가 사용자 기대와 일치하는 것 • 양립성의 효과가 크면 클수록, 코딩의 시간이나 반응의 시간은 짧아진다.
공간적 양립성	물리적 형태나 공간 배치가 사용자 기대와 일치하는 것 예 오른쪽 스위치를 누르면 오른쪽 전등 점등
개념적 양립성	인간이 지닌 개념적 연상이 사용자 기대와 일치하는 것 예 위험신호는 빨간색, 주의신호는 노란색, 안전신호는 파란색으로 표시하는 것
운동적 양립성	조종장치 방향과 표시장치 방향이 일치하는 것 예 레버를 위로 올리면 압력 상승
양식 양립성	직무에 대하여 청각적 자극 제시에 대한 음성 응답을 하도록 할 때 가장 관련 있는 양립성 예 한국어로 질문하면 기계가 한국어로 답변하는 것

답 ②

263 ☆☆

인간의 기대하는 바와 자극 또는 반응들이 일치하는 관계를 무엇이라 하는가?

① 관련성 ② 반응성 ③ 양립성 ④ 자극성

해 위 해설 참조

답 ③

264 ☆☆☆

다수의 표시장치(디스플레이)를 수평으로 배열할 경우 해당 제어장치를 각각의 표시장치 아래에 배치하면 좋아지는 양립성의 종류는?

① 공간 양립성 ② 운동 양립성
③ 개념 양립성 ④ 양식 양립성

해 윗 해설 참조

답 ①

265 ☆

다음 내용에 해당하는 양립성의 종류는?

> 자동차를 운전하는 과정에서 우측으로 회전하기 위해 핸들을 우측으로 돌린다.

① 개념의 양립성 ② 운동의 양립성
③ 공간의 양립성 ④ 감성의 양립성

해 윗 해설 참조

답 ②

266 ☆

청각적 자극제시와 이에 대한 음성응답 과업에서 갖는 양립성에 해당하는 것은?

① 개념의 양립성 ② 운동 양립성
③ 공간적 양립성 ④ 양식 양립성

해 윗 해설 참조

답 ④

267 ☆

일반적인 조종장치의 경우, 어떤 것을 켤 때 기대되는 운동방향이 아닌 것은?

① 레버를 앞으로 민다.
② 버튼을 우측으로 민다.
③ 스위치를 위로 올린다.
④ 다이얼을 반시계 방향으로 돌린다.

해 다이얼을 시계방향으로 돌린다.

답 ④

268 ☆

항공기 위치 표시장치의 설계원칙에 있어, 다음 보기의 설명에 해당하는 것은?

항공기 경우 일반적으로 이동 부분의 영상은 고정된 눈금이나 좌표계에 나타내는 것이 바람직하다.

① 통합 ② 양립적 이동
③ 추종표시 ④ 표시의 현실성

해 양립적 이동에 대한 설명이다.

답 ②

269 ☆

다음 중 일반적인 지침의 설계 요령과 가장 거리가 먼 것은?

① 뾰족한 지침의 선각은 약 30° 정도를 사용한다.
② 지침의 끝은 눈금과 맞닿되 겹치지 않게 한다.
③ 원형눈금의 경우 지침의 색은 선단에서 눈의 중심까지 칠한다.
④ 시차를 없애기 위해 지침을 눈금 면에 밀착시킨다.

해 뾰족한 지침의 선각은 약 20° 정도를 사용한다.

답 ①

270 ☆☆

관측하고자 하는 측정값을 가장 정확하게 읽을 수 있는 표시장치는?

① 계수형 ② 동침형

③ 동목형 ④ 묘사형

해

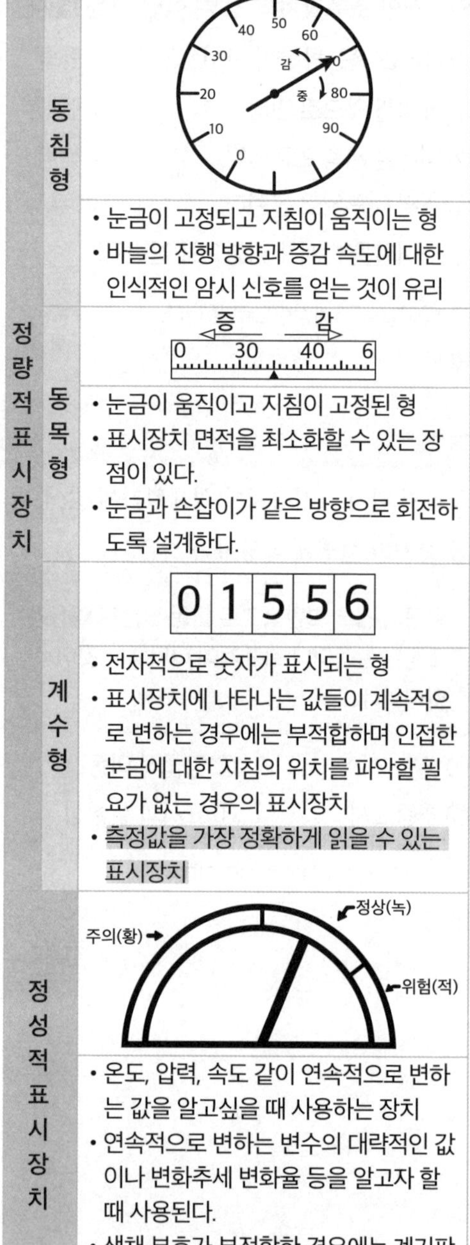

구분		내용
정량적 표시장치	동침형	• 눈금이 고정되고 지침이 움직이는 형 • 바늘의 진행 방향과 증감 속도에 대한 인식적인 암시 신호를 얻는 것이 유리
	동목형	• 눈금이 움직이고 지침이 고정된 형 • 표시장치 면적을 최소화할 수 있는 장점이 있다. • 눈금과 손잡이가 같은 방향으로 회전하도록 설계한다.
	계수형	• 전자적으로 숫자가 표시되는 형 • 표시장치에 나타나는 값들이 계속적으로 변하는 경우에는 부적합하며 인접한 눈금에 대한 지침의 위치를 파악할 필요가 없는 경우의 표시장치 • 측정값을 가장 정확하게 읽을 수 있는 표시장치
정성적 표시장치		• 온도, 압력, 속도 같이 연속적으로 변하는 값을 알고싶을 때 사용하는 장치 • 연속적으로 변하는 변수의 대략적인 값이나 변화추세 변화율 등을 알고자 할 때 사용된다. • 색채 부호가 부적합한 경우에는 계기판 표시구간을 형상 부호화해 나타냄

답 ①

271 ☆

계수형 표시장치를 사용하는 것이 부적합한 것은?

① 수치를 정확히 읽어야 하는 경우
② 짧은 판독 시간을 필요로 할 경우
③ 판독 오차가 적은 것을 필요로 할 경우
④ 표시장치에 나타나는 값들이 계속 변하는 경우

해 ④: 수치가 변하면 해석하기 어렵다.

답 ④

272 ☆

다음 중 지침이 고정되어 있고 눈금이 움직이는 형태의 정량적 표시장치는?

① 정목동침형 표시장치
② 정침동목형 표시장치
③ 계수형 표시장치
④ 정열형 표시장치

해 정침동목형: 정지된 지침과 움직이는 눈금

답 ②

273 

다음 중 정성적(아날로그)표시장치를 사용하기에 가장 적절하지 않은 것은?

① 전력계와 같이 신속 정확한 값을 알고자 할 때
② 비행기 고도의 변화율을 알고자 할 때
③ 자동차 시속을 일정한 수준으로 유지하고자 할 때
④ 색이나 형상을 암호화하여 설계할 때

해 ①: 계수형

답 ①

274 ☆

다음 중 아날로그(analog) 표시장치의 선택 시 고려해야 할 사항으로 가장 적절한 것은?

① 일반적으로 고정 눈금에서 지침이 움직이는 것이 좋다.
② 온도계나 고도계에 사용되는 눈금이나 지침은 수평표시가 바람직하다.
③ 눈금의 증가는 시계반대 방향이 적합하다.
④ 이동요소의 수동조절이 필요할 때에는 지침보다 눈금을 조절할 수 있어야 한다.

해 ②: 온도계나 고도계에 사용되는 눈금이나 지침은 수직표시가 바람직하다.
③: 눈금의 증가는 시계방향이 적합하다.
④: 이동요소의 수동조절이 필요할 때에는 눈금보다 지침을 조절할 수 있어야 한다.

답 ①

275 ☆☆☆

표시 값의 변화 방향이나 변화 속도를 나타내어 전반적인 추이의 변화를 관측할 필요가 있는 경우에 가장 적합한 표시장치 유형은?

① 계수형 ② 묘사형 ③ 동목형 ④ 동침형

해 동침형에 대한 설명이다.

답 ④

276 ☆☆

다음 형상 암호화 조종장치 중 이산 멈춤 위치용 조종장치는?

①
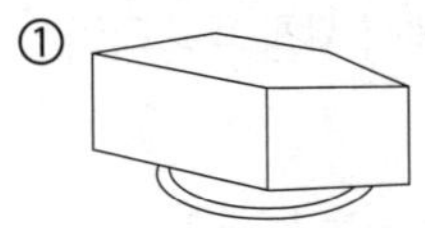
②
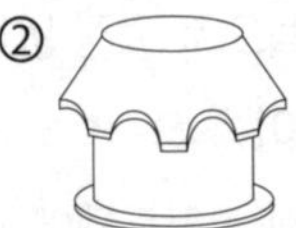
③
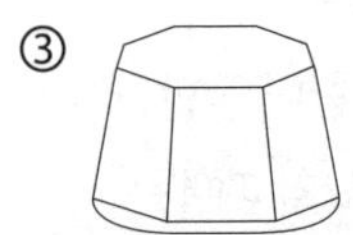
④
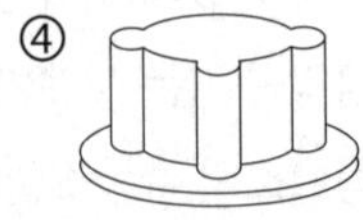

해 ①: 이산 멈춤 위치용
②/③: 다회전용
④: 단회전용

답 ①

277 ☆

다음 그림 중 형상 암호화된 조종장치에서 단회전용 조종장치로 가장 적절한 것은?

①
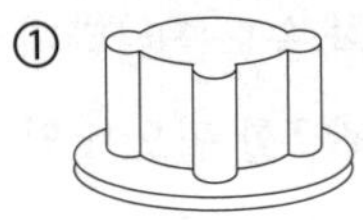
②
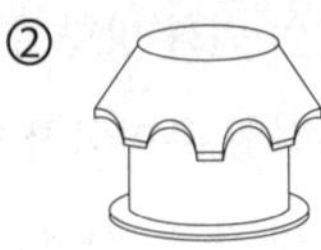
③
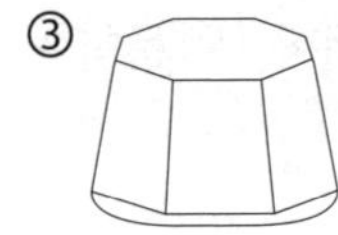
④
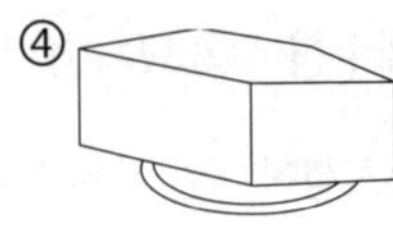

해 ①: 단회전용
②/③: 다회전용
④: 이산 멈춤 위치용

답 ①

278 ☆

공정분석에 있어 활용하는 공정도(process chart)의 도시기호 중 가공 또는 작업을 나타내는 기호는?

① ○ ② ⇨ ③ D ④ □

해 ASME 공정 기호

가공	가공	○	원료, 재료, 부품 형상 및 품질에 변화주는 과정
운반	운반	⇨	원료, 재료, 부품의 위치에 변화주는 과정
검사	수량 검사	□	원료, 재료, 부품의 양을 측정해 결과를 기준과 비교하는 과정
	품질 검사	◇	원료, 재료, 부품의 품질특성을 시험하고 결과를 기준과 비교하는 과정
정체	저장	▽	원료, 재료, 부품을 계획에 따라 저장하는 과정
	지체	D	원료, 재료, 부품이 계획과 달리 정체되어 있는 상태

답 ①

279 ☆☆

자동차나 항공기의 앞유리 혹인 차양판 등에 정보를 중첩 투사하는 표시장치는?

① CRT ② LCD ③ HUD ④ LED

해 HUD은 헤드업 디스플레이이다.

답 ③

280 ☆

FT에서 사용되는 사상기호에 대한 설명으로 맞는 것은?

① 위험지속기호: 정해진 횟수 이상 입력이 될 때 출력이 발생한다.
② 억제게이트: 조건부 사건이 일어나는 상황하에서 입력이 발생할 때 출력이 발생 한다.
③ 우선적 AND게이트: 사건이 발생할 때 정해진 순서대로 복수의 출력이 발생한다.
④ 배타적 OR게이트: 동시에 2개 이상의 입력이 존재하는 경우에 출력이 발생한다.

해

기본사상	더 이상 전개되지 않는 기본사상	
정상사상	재해 위험도를 고려해 결함수 분석을 하기로 결정한 사고나 결과	–
생략사상	불충분한 자료로 결론을 내릴 수 없어 더 이상 전개할 수 없는 사상	
통상사상	• 시스템의 정상적인 가동상태에서 일어날 것이 기대 되는 사상 • 통상의 작업이나 기계의 상태에서 재해의 발생 원인이 되는 사상	
결함사상	고장 또는 결함으로 나타나는 비정상적인 사건	
전이기호	다른 부분에 있는 게이트와의 연결관계를 나타내기 위한 기호	
위험지속기호	입력사상이 생겨 일정 시간 지속 시 출력사상 생기는 현상	
억제게이트	조건부 사건이 발생하는 상황 하에서 입력현상이 발생할 때의 출력현상	
부정(NOT)게이트	입력이 1이면 0을, 입력이 0이면 1을 출력하는 듯이 입력과 반대되는 현상으로 출력되는 게이트	
OR게이트(논리합)	입력사상이 어느 하나라도 발생할 경우 출력사상이 발생하는 게이트	
배타적 OR게이트	2개 또는 그 이상 입력이 동시 존재 시 출력 생기지 않는 현상	동시발생 안한다
AND게이트(논리곱)	두 개 입력 모두 발생 시 생기는 출력현상	
우선적 AND게이트	여러 개의 입력사상이 정해진 순서에 따라 순차적으로 발생해야만 결과가 출력	A,B,C 순으로
조합 AND게이트	3개의 입력현상 중 임의의 시간에 2개가 발생하면 출력이 생기는 출력현상	2개 출력

답 ②

281 ☆

FT 작성 시 논리게이트에 속하지 않는 것은 무엇인가?

① OR 게이트 ② 억제 게이트
③ AND 게이트 ④ 동등 게이트

해 동등 게이트라는 것은 없다.

답 ④

282 ☆

FT에 사용되는 기호 중 입력현상이 생긴 후 일정시간이 지속된 때에 출력이 생기는 것을 나타내는 것은?

① 위험지속기호 ② 억제 게이트
③ OR 게이트 ④ 배타적 OR 게이트

해 윗 해설 참조

답 ①

283 ☆

FT도에서 사용되는 기호 중 입력현상의 반대현상이 출력되는 게이트는?

① AND 게이트 ② 부정 게이트
③ OR 게이트 ④ 억제 게이트

해 윗 해설 참조

답 ②

284 ☆

FTA(Fault Tree Analysis)에 사용되는 논리 중에서 입력사상 중 어느 하나만이라도 발생하게 되면 출력사상이 발생하는 것은?

① AND GATE ② OR GATE
③ 기본사상 ④ 통상사상

해 윗 해설 참조

답 ②

285 ☆

FTA에서 사용되는 논리게이트 중 여러 개의 입력 사상이 정해진 순서에 따라 순차적으로 발생해야만 결과가 출력되는 것은?

① 억제 게이트
② 우선적 AND 게이트
③ 배타적 OR 게이트
④ 조합 AND 게이트

해 윗 해설 참조

답 ②

286 ☆

FTA의 논리게이트 중에서 3개 이상의 입력 사상 중 2개가 일어나면 출력이 나오는 것은?

① 억제 게이트
② 조합 AND 게이트
③ 배타적 OR 게이트
④ 우선적 AND 게이트

해 윗 해설 참조

답 ②

287 ☆

다음의 연산표에 해당하는 논리연산은?

입력		출력
X_1	X_2	—
0	0	0
0	1	1
1	0	1
1	1	0

① XOR ② AND ③ NOT ④ OR

해 XOR: 배타적 OR게이트이며 0이 거짓, 1이 참일 때 입력이 같으면 0, 다르면 1이 나온다.

답 ①

288 ☆

FT도에 사용되는 기호 중 입력신호가 생긴 후, 일정시간이 지속된 후에 출력이 생기는 것을 나타내는 것은?

① OR 게이트 ② 위험 지속 기호
③ 억제 게이트 ④ 배타적 OR 게이트

해 윗 해설 참조

답 ②

289 

FT도에 사용되는 기호 중 "시스템의 정상적인 가동상태에서 일어날 것이 기대되는 사상"을 나타내는 것은?

① 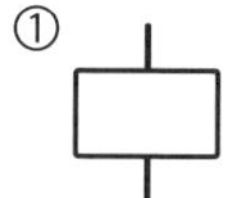
② 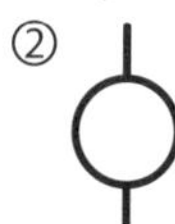
③ 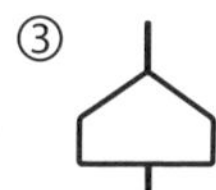
④ 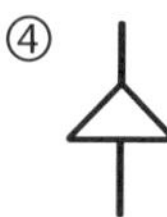

해 윗 해설 참조

답 ③

290 ☆

FT도에서 사용되는 기호 중 "전이기호"를 나타내는 기호는?

① 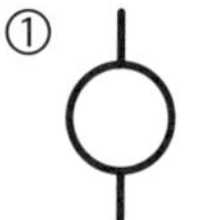
② 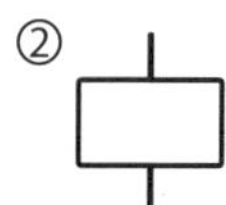
③ 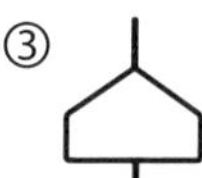
④ 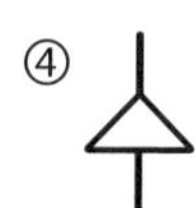

해 ①: 기본사상 ②: 결함사상 ③: 통상사상

답 ④

291 ☆

결함수분석(FTA)에서 지면부족 등으로 인하여 다른 페이지 또는 부분에 연결시키기 위해 사용되는 기호는?

① 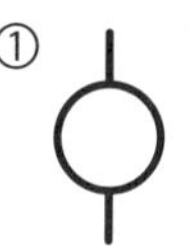
② 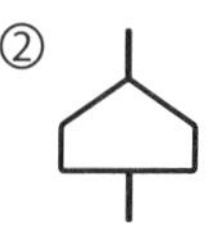
③ 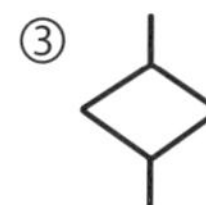
④ 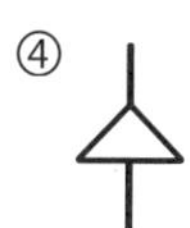

해

전이기호	다른 부분에 있는 게이트와의 연결관계를 나타내기 위한 기호	

답 ④

292 ☆☆☆☆☆

FTA에 사용되는 기호 중 다음 기호에 해당하는 것은?

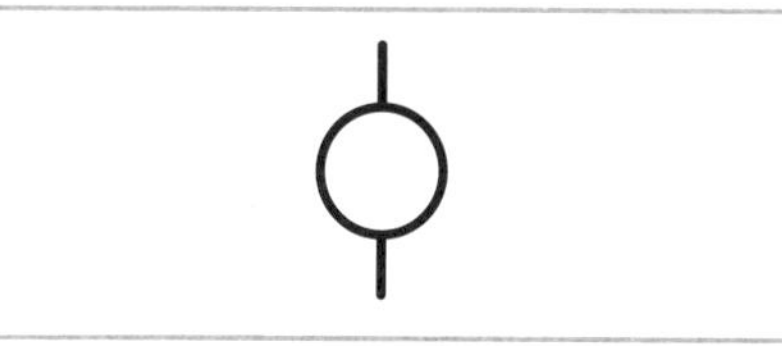

① 생략사상 ② 부정게이트
③ 결함사상 ④ 기본사상

해

생략사상	부정게이트	결함사상	기본사상

답 ④

293 ☆☆

FT도에 사용되는 논리기호 중 AND 게이트에 해당하는 것은?

① 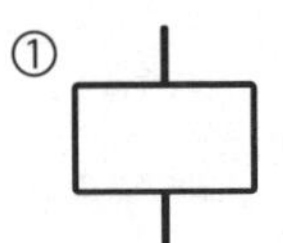
② 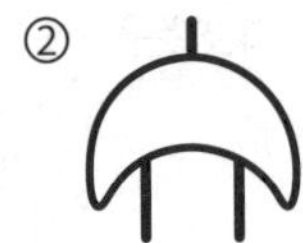
③ 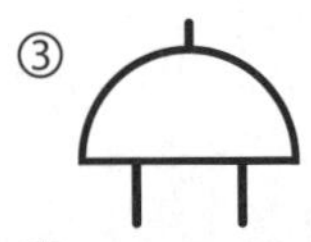
④ 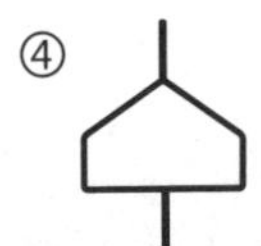

해

결함사상	OR 게이트	AND 게이트	통상사상

답 ③

294 ☆

FT의 기호 중 더 이상 분석할 수 없거나 또는 분석할 필요가 없는 생략사상을 나타내는 기호는?

① 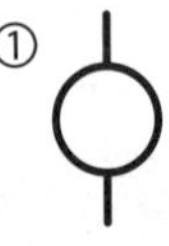
② 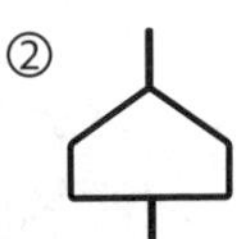
③ 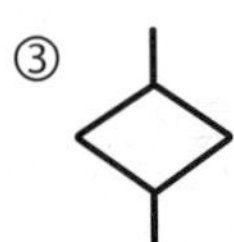
④ 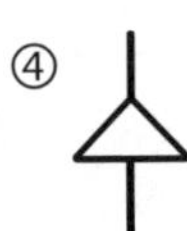

해

기본사상	통상사상	생략사상	전이기호

답 ③

295 ☆☆

FT도에 사용되는 다음의 기호가 의미하는 내용으로 옳은 것은?

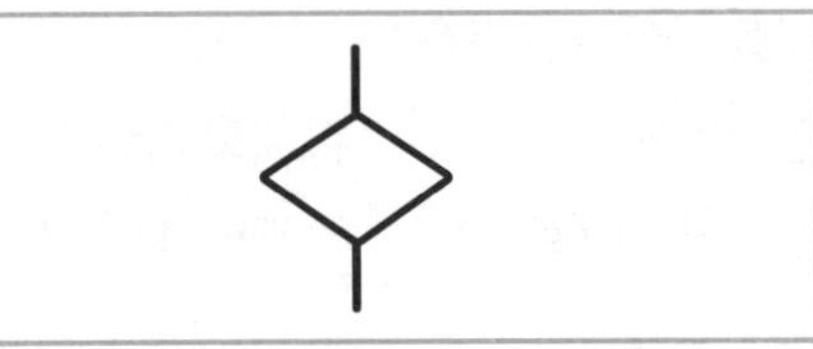

① 생략사상으로서 간소화
② 생략사상으로서 인간의 실수
③ 생략사상으로서 조작자의 간과
④ 생략사상으로서 시스템의 고장

해 생략사상으로서 인간의 실수를 뜻한다.

답 ②

296 ☆

다음은 FT도의 논리기호 중 어떤 기호인가?

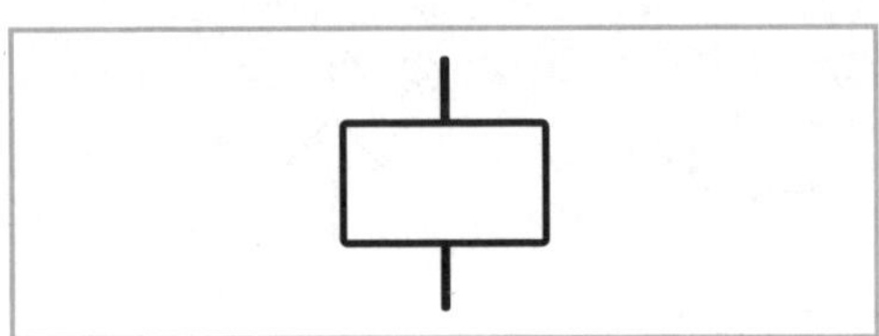

① 결함사상
② 최후사상
③ 기본사상
④ 통상사상

해

결함사상	최후사상	기본사상	통상사상
	없음		

답 ①

297 ☆

FT도에 사용되는 다음 기호의 명칭으로 맞는 것은?

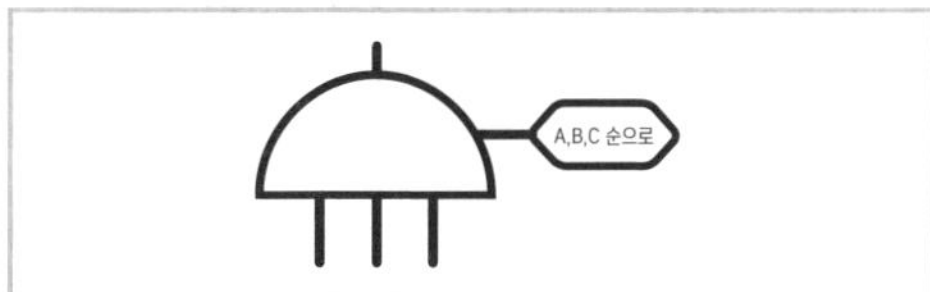

① 억제게이트　② 부정 게이트
③ 배타적 OR게이트　④ 우선적 AND게이트

해 윗 해설 참조

답 ④

298 ☆

다음 중 FT도에서 [그림]과 같은 기호의 명칭에 해당하는 것은?

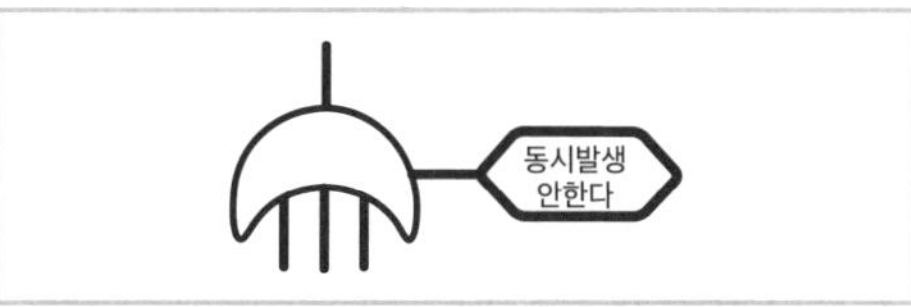

① OR게이트　② 배타적 OR게이트
③ 조합 OR게이트　④ 우선적 OR게이트

해 윗 해설 참조

답 ②

299 ☆

다음 설명하는 단어를 순서적으로 올바르게 나타낸 것은?

> ㄱ: 필요한 직무 또는 절차를 수행하지 않는데 기인한 과오
> ㄴ: 필요한 직무 또는 절차를 수행하였으나 잘못 수행한 과오

① (ㄱ) Sequential Error
(ㄴ) Extraneous Error

② (ㄱ) Extraneous Error
(ㄴ) Omission Error

③ (ㄱ) Omission Error
(ㄴ) Commission Error

④ (ㄱ) Commission Error
(ㄴ) Omission Error

해

분류	에러	설명
심리적(독립행위에 의한) 분류	생략(부작위적)에러 (omission error)	필요한 작업 또는 절차를 수행하지 않는데 기인한 에러
	실행(작위적)에러 (commissionerror)	작업을 정확히 수행하지 못해 발생한 에러
	과잉행동에러 (extraneous error)	불필요한 작업 내지 절차를 수행함으로써 기인한 에러
	순서에러 (sequence error)	필요한 작업 또는 절차의 순서 착오로 인한 에러
	시간(지연)에러 (timing error)	필요한 작업 또는 절차의 수행 지연으로 인한 에러
원인레벨적 분류	1차 에러 (Primary error)	작업자 자신으로부터 발생한 에러
	2차 에러 (Secondary error)	작업형태나 작업 조건 중에서 다른 문제가 생겨 그 때문에 필요한 사항을 실행할 수 없는 오류나 어떤 결함으로부터 파생하여 발생하는 에러
	지시과오 (Command error)	요구되는 것을 실행하고자 해도 정보 등이 공급되지 않아 작업자가 움직이지 않는 에러

답 ③

300 ☆

다음 상황은 인간실수 분류 중 어느 것에 해당하는가?

> 한 청년이 물건을 조립하고 있다. 조립 외의 불필요한 작업을 행하여 결국 완성품에 문제가 생겼다.

① time error ② omission error
③ command error ④ extraneous error

해 윗 해설 참조

답 ④

301 ☆

인간의 오류를 독립적 행동과 원인에 의한 오류로 분류할 때 다음 중 원인에 의한 분류에 속하지 않는 것은?

① Primary Error ② Command Error
③ Sequence Error ④ Secondary Error

해 윗 해설 참조

답 ③

302 ☆☆

인간 오류의 분류 중 원인에 의한 분류의 하나로, 작업자 자신으로부터 발생하는 에러로 옳은 것은?

① Command error ② Secondary error
③ Primary error ④ Third error

해 윗 해설 참조

답 ③

303 ☆☆

인간 오류의 분류에 있어 원인에 의한 분류 중 작업의 조건이나 작업의 형태 중에서 다른 문제가 생겨 그 때문에 필요한 사항을 실행할 수 없는 오류(error)를 무엇이라 하는가?

① secondary error ② primary error
③ command error ④ commission error

해 윗 해설 참조

답 ①

304 ☆

작업형태나 작업조건 중에서 다른 문제가 생겨 필요사항을 실행할 수 없는 경우나 어떤 결함으로부터 파생하여 발생하는 오류를 무엇이라 하는가?

① commission error ② command error
③ extraneous error ④ secondary error

해 윗 해설 참조

답 ④

305 ☆

필요한 작업 또는 절차의 잘못된 수행으로 발생하는 과오는?

① 시간적 과오(time error)
② 생략적 과오(omission error)
③ 순서적 과오(sequential error)
④ 수행적 과오(commision error)

해 윗 해설 참조

답 ④

306 ☆☆

인간 오류의 분류에 있어 원인에 의한 분류 중 작업자가 기능을 움직이려 해도 필요한 물건, 정보, 에너지 등의 공급이 없는 것처럼 작업자가 움직이려 해도 움직일 수 없어서 발생하는 오류는?

① primary error ② secondary crror
③ command error ④ omission error

해 윗 해설 참조

답 ③

307 ☆☆

스웨인(Swain)의 인적오류(혹은 휴먼에러) 분류 방법에 의할 때, 자동차 운전 중 습관적으로 손을 창문 밖으로 내어 놓았다가 다쳤다면 다음 중 이때 운전자가 행한 에러의 종류로 옳은 것은?

① 실수(slip)

② 작위 오류(sommission error)

③ 불필요한 수행 오류(extraneous error)

④ 누락 오류(omission error)

해 불필요한 손 내미는 동작을 해서 일어난 결과이다.

답 ③

308 ☆

휴먼에러(human error)의 분류 중 필요한 임무나 절차의 순서 착오로 인하여 발생하는 오류는?

① ommission error

② sequential error

③ commission error

④ extraneous error

해 윗 해설 참조

답 ②

309 ☆

인지 및 인식의 오류를 예방하기 위해 목표와 관련하여 작동을 계획해야 하는데 특수하고 친숙하지 않은 상황에서 발생하며, 부적절한 분석이나 의사결정을 잘못하여 발생하는 오류는?

① 기능에 기초한 행동(Skill－based Behavior)

② 규칙에 기초한 행동(Rule－based Behavior)

③ 지식에 기초한 행동(Knowledge－based Behavior)

④ 사고에 기초한 행동(Accident－based Behavior)

해 Rasmussen의 인간행동 분류

구분	내용
숙련(기능/기술) 기반 행동	실수, 망각으로 구분되는 오류
지식 기반 행동	부적절한 순서, 의사결정으로 발생하는 오류
규칙 기반 행동	잘못된 규칙을 기억하거나 정확한 규칙이어도 상황에 맞지않은 경우 발생하는 오류

답 ③

310 ☆

인적 오류로 인한 사고를 예방하기 위한 대책 중 성격이 다른 것은?

① 작업의 모의훈련

② 정보의 피드백 개선

③ 설비의 위험요인 개선

④ 적합한 인체측정치 적용

해 ①: 내적 원인
②/③/④: 환경적 요인

답 ①

311 ☆

휴먼 에러의 배후 요소 중 작업방법, 작업순서, 작업정보, 작업환경과 가장 관련이 깊은 것은?

① man ② machine

③ media ④ management

해 4M 분석법

Man	동료나 상사, 본인 이외의 사람
Machine	설계, 제작 착오/고장
Media	작업정보, 작업방법 및 작업환경 부적절
Management	안전조직미비/안전교육부족

답 ③

312 ☆

심장 근육의 활동정도를 측정하는 전기 생리 신호로 신체적 작업 부하 평가 등에 사용할 수 있는 것은?

① ECG ② EEG ③ EOG ④ EMG

해 피로 측정법

생리학적 측정	근전도(EMG) • 근육활동 전위차 기록해 측정 • 국소적 근육 활동의 척도로 가장 적합한 변수
	심전도(ECG) • 심장근육활동전위차 기록해 측정
	뇌파도(EEG) • 뇌 내 전위차 기록해 측정
	점멸융합주파수(Flicker) • 플리커 검사로 정신 피로할 경우 주파수 값이 내려간다. • 암조응 시에는 주파수 영향없다. • 휘도 동일한 색은 주파수 값에 영향주지 않는다. • 주파수는 조명강도 대수치에 선형비례한다. • 표적과 주변의 휘도가 같을 때 최대가 된다. • 사람들 간에는 큰 차이가 있으나 개인의 경우 일관성이 있다.
	산소소비량(호흡) • 전신의 육체적인 활동을 측정하는데 가장 적합한 방법
	피부전기반사(GSR) • 외적인 자극이나 감정적인 변화를 전기적 피부 저항값 이용해 측정하는 방법
생화학적 측정	• 혈액농도 측정
	• 혈액수분 측정
	• 요전해질 측정
	• 요단백질 측정
심리학적 측정	• 동작분석
	• 집중력
	• 연속반응시간

답 ①

313 ☆

신체 반응의 척도 중 생리적 스트레스의 척도로 신체적 변화의 측정 대상에 해당하지 않는 것은?

① 혈압 ② 부정맥 ③ 혈액성분 ④ 심박수

해 혈액성분은 생화학적 측정요소이다.

답 ③

314 ☆

다음 중 생리적 스트레스를 전기적으로 측정하는 방법으로 옳지 않은 것은?

① 뇌전도(EEG) ② 전기 피부 반응(GSR)
③ 근전도(EMG) ④ 안구 반응(EOG)

해 안구 반응(EOG): 망막질환 진단 수단

답 ④

315 ☆

심장 박동주기 동안 심근의 전기적 신호를 피부에 부착한 전극들로부터 측정하는 것으로 심장이 수축과 확장을 할 때 일어나는 전기적 변동을 기록한 것은?

① 뇌전도계 ② 심전도계
③ 근전도계 ④ 안전도계

해 심전도계에 대한 설명이다.

답 ②

316 ☆☆☆

다음 중 육체적 활동에 대한 생리학적 측정방법과 가장 거리가 먼 것은?

① EMG ② EEG
③ 심박수 ④ 에너지소비량

해

정신적 척도	뇌파도(EEG)/부정맥 지수/점멸융합주파수
육체적 척도	근전도(EMG)/심박수/에너지소비량/폐활량

답 ②

317 ☆

다음 중 정신적 작업 부하에 대한 생리적 측정치에 해당하는 것은?

① 에너지대사량 ② 최대산소소비능력
③ 근전도 ④ 부정맥 지수

해 윗 해설 참조

답 ④

318 ☆

인간의 정보처리 기능 중 그 용량이 7개 내외로 작아, 순간적 망각 등 인적오류의 원인이 되는 것은?

① 지각 ② 작업기억
③ 주의력 ④ 감각보관

해 작업기억은 단기기억이라고도 하며 순간적 망각 등 인적 오류의 원인이 된다.

답 ②

319 ☆☆

작업기억(working memory)과 관련된 설명으로 옳지 않은 것은?

① 오랜 기간 정보를 기억하는 것이다.
② 작업기억 내의 정보는 시간이 흐름에 따라 쇠퇴할 수 있다.
③ 작업기억의 정보는 일반적으로 시각, 음성, 의미 코드의 3가지로 코드화된다.
④ 리허설(rehearsal)은 정보를 작업기억 내에 유지하는 유일한 방법이다.

해 작업기억을 단기기억이라고도 하며 순간적 망각 등 인적오류의 원인이 된다.

답 ①

320 ☆

작업기억(working memory)에서 일어나는 정보코드화에 속하지 않는 것은?

① 의미 코드화 ② 음성 코드화
③ 시각 코드화 ④ 다차원 코드화

해 작업기억 정보코드화: 시각/음성/의미 코드화

답 ④

321 ☆

다음 중 코드의 설계시 정보량을 가장 많이 전달 할 수 있는 조합은?

① 다양한 색 사용
② 다양한 숫자 사용
③ 다양한 위치 사용
④ 다양한 크기와 밝기 동시 사용

해 다양한 크기와 밝기 동시 사용 시 정보량을 가장 많이 전달 할 수 있다.

답 ④

322 ☆

음의 세기인 데시벨[dB]을 측정할 때 기준 음압의 주파수는?

① 10Hz ② 100Hz
③ 1,000Hz ④ 10,000Hz

해 기준 음압의 주파수: 1,000Hz

답 ③

323 ☆

다음의 설명에서 (   )안의 내용을 맞게 나열한 것은?

> 40phon은 (㉠) sone을 나타내며 이는 (㉡)dB의 (㉢)Hz 순음의 크기를 나타낸다.

① ㉠ 1, ㉡ 40, ㉢ 1,000
② ㉠ 1, ㉡ 32, ㉢ 1,000
③ ㉠ 2, ㉡ 40, ㉢ 2,000
④ ㉠ 2, ㉡ 32, ㉢ 2,000

해 40phon은 1sone을 나타내며 이는 40dB의 1,000Hz 순음의 크기를 나타낸다.

답 ①

324 ☆

청각적 표시장치 지침에 관한 설명으로 틀린 것은?

① 신호는 최소한 0.5~1초 동안 지속한다.
② 신호는 배경소음과 다른 주파수를 이용한다.
③ 소음은 양쪽 귀에, 신호는 한쪽 귀에 들리게 한다.
④ 300m 이상 멀리 보내는 신호는 2,000Hz 이상의 주파수를 사용한다.

해 300m 이상의 장거리용 경보기에 사용하는 진동수 1,000Hz 이하가 적절하다.

답 ④

325 ☆

인간의 가청주파수 범위는?

① 2~10,000Hz ② 20~20,000Hz
③ 200~30,000Hz ④ 200~40,000Hz

해 인간의 가청주파수: 20~20,000Hz

답 ②

326 ☆

가청 주파수 내에서 사람의 귀가 가장 민감하게 반응하는 주파수 대역은?

① 20~20,000Hz ② 50~15,000Hz
③ 100~10,000Hz ④ 500~3,000Hz

해 가청 주파수: 20~20,000Hz
가장 민감 반응하는 주파수: 4,000Hz 내외

답 ④

327 ☆☆

기능식 생산에서 유연생산시스템 설비의 가장 적합한 배치는?

① 합류(Y)형 배치 ② 유자(U)형 배치
③ 일자(一)형 배치 ④ 복수라인(二)형 배치

해 U자형 배치 장점
1. 공간이 적게 소요된다.
2. 운반이 최소화된다.

답 ②

328 ☆

시스템의 수명곡선에 고장의 발생형태가 일정하게 나타나는 기간은?

① 초기고장기간 ② 우발고장기간
③ 마모고장기간 ④ 피로고장기간

해 욕조곡선

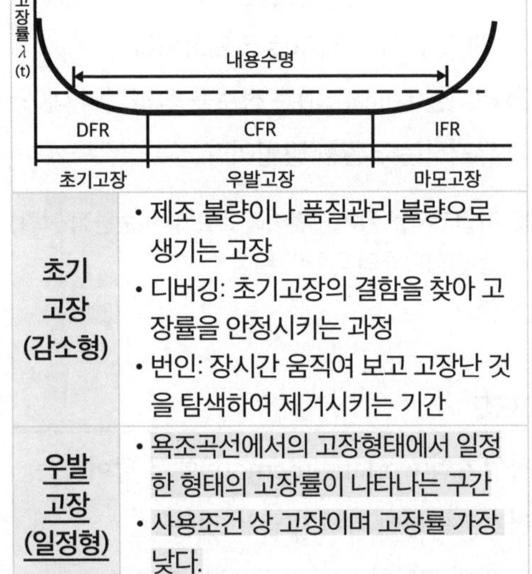

구분	내용
초기 고장 (감소형)	• 제조 불량이나 품질관리 불량으로 생기는 고장 • 디버깅: 초기고장의 결함을 찾아 고장률을 안정시키는 과정 • 번인: 장시간 움직여 보고 고장난 것을 탐색하여 제거시키는 기간
우발 고장 (일정형)	• 욕조곡선에서의 고장형태에서 일정한 형태의 고장률이 나타나는 구간 • 사용조건 상 고장이며 고장률 가장 낮다.
마모 고장 (증가형)	• 부품 마모/열화/부식/산화로 인한 고장 • 예방보전/수리보존

답 ②

329 ☆

다음 중 시스템의 수명곡선(욕조곡선)에서 우발고장 기간에 발생하는 고장의 원인으로 볼 수 없는 것은?

① 사용자의 과오때문에
② 안전계수가 낮기 때문에
③ 부적절한 설치나 시동 때문에
④ 최선의 검사방법으로도 탐지되지 않는 결함 때문에

해 ③: 초기고장의 원인

답 ③

330 ☆

다음 중 시스템의 수명곡선(욕조곡선)에서 안전진단 및 적당한 보수에 의해 방지할 수 있는 고장의 형태는?

① 초기고장 ② 우발고장
③ 마모고장 ④ 설계고장

해 윗 해설 참조

답 ③

331 ☆

다음 중 설계강도 이상의 급격한 스트레스가 축적됨으로써 발생하는 고장에 해당하는 것은?

① 우발고장 ② 초기고장
③ 마모고장 ④ 열화고장

해 윗 해설 참조

답 ①

332 ☆☆

고장의 발생상황 중 부적합품 제조, 생산과정에서의 품질관리 미비, 설계미숙 등으로 일어나는 고장은?

① 초기고장 ② 마모고장
③ 우발고장 ④ 품질관리고장

해 윗 해설 참조

답 ①

333 ☆☆

다음 중 일반적으로 가장 신뢰도가 높은 시스템의 구조는?

① 직렬연결구조 ② 병렬연결구조
③ 단일부품구조 ④ 직병렬 혼합구조

해 직렬과 달리 병렬구조는 한 곳이 고장나도 다른 한 곳이 있기에 신뢰도가 높다.

답 ②

334 ☆

인간-기계 시스템의 신뢰도를 향상시킬 수 있는 방법으로 가장 적절하지 않은 것은?

① 중복설계 ② 고가재료 사용
③ 부품개선 ④ 충분한 여유용량

해 비싼 재료와 신뢰도는 상관이 없다.

답 ②

335 ☆

점광원(point source)에서 표면에 비추는 조도(lux)의 크기를 나타내는 식으로 옳은 것은? (단, D는 광원으로부터의 거리를 말한다.)

① $\frac{광도(fc)}{D^2(m^2)}$ ② $\frac{광도(lm)}{D(m)}$
③ $\frac{광도(cd)}{D^2(m^2)}$ ④ $\frac{광도(fL)}{D(m)}$

해 조도$=\frac{광도(cd)}{D^2(m^2)}$

답 ③

336 ☆

다음 중 조도에 관한 설명으로 틀린 것은?

① 조도는 거리에 비례하고, 광도에 반비례 한다.

② 어떤 물체나 표면에 도달하는 광의 밀도 를 말한다.

③ 1lux란 1촉광의 점광원으로부터 1m 떨어진 곡면에 비추는 광의 밀도를 말한다.

④ 1fc란 1촉광의 점광원으로부터 1foot 떨어진 곡면에 비추는 광의 밀도를 말한다.

해 윗 해설 참조

답 ①

337 ☆

건습지수로서 습구온도와 건구온도의 가중 평균치를 나타내는 Oxford지수의 공식으로 맞는 것은?

① $W_D=0.65W+0.35D$

② $W_D=0.75W+0.25D$

③ $W_D=0.85W+0.15D$

④ $W_D=0.95W+0.05D$

해 옥스퍼드 지수
Oxford 지수=0.85 • 습구온도+0.15 • 건구온도

답 ③

338 ☆☆

일반적으로 인체에 가해지는 온·습도 및 기류 등의 외적 변수를 종합적으로 평가하는 데에는 "불쾌지수"라는 지표가 이용된다. 불쾌지수의 계산식이 다음과 같은 경우, 건구온도와 습구온도의 단위로 옳은 것은?

> 불쾌지수
> =0.72 • (건구온도+습구온도)+40.6

① 실효온도 ② 화씨온도

③ 절대온도 ④ 섭씨온도

해 불쾌지수
=0.72 • (건구온도+습구온도)+40.6(℃)
불쾌지수
=0.4 • (건구온도+습구온도)+15(℉)

답 ④

339 ☆

다음 중 건구온도가 30℃, 습구온도가 27℃일 때 사람들이 느끼는 불쾌감의 정도를 설명한 것으로 가장 적절한 것은?

① 대부분의 사람이 불쾌감을 느낀다.
② 거의 모든 사람이 불쾌감을 느끼지 못한다.
③ 일부분의 사람이 불쾌감을 느끼기 시작한다.
④ 일부분의 사람이 쾌적함을 느끼기 시작한다.

해

불쾌지수	영향
68 미만	거의 모든 사람이 불쾌감을 느끼지 못한다.
68 이상 75 미만	일부분의 사람이 쾌적함을 느끼기 시작한다.
75 이상 80 미만	일부분의 사람이 불쾌감을 느끼기 시작한다.
80 이상 83 미만	대부분의 사람이 불쾌감을 느낀다.
83 이상	모든 사람들이 참을 수 없을 정도의 불쾌감을 느낀다.

불쾌지수(℃)
$=0.72 \cdot (\text{건구온도}+\text{습구온도})+40.6$
$=0.72(30+27)+40.6$
$=81.64$

답 ①

340 ☆

설비의 보전과 가동에 있어 시스템의 고장과 고장 사이의 시간 간격을 의미하는 용어는?

① MTTR ② MDT
③ MTBF ④ MTBR

해

MTTR (Mean time to repair)	• 평균수리시간 • $MTTR=\dfrac{\text{총 수리시간}}{\text{고장 건수}}$
MTBF (Mean time between failure)	• 평균고장간격 • $MTTR=\dfrac{\text{가동시간}}{\text{고장 건수}}$ • $MTTR=\dfrac{1}{\text{평균고장률}(\lambda)}$
MTTF (Mean time to failure)	• 평균동작시간(평균수명) • $MTTF=\dfrac{\text{부품수} \cdot \text{가동시간}}{\text{불량품수}}$
MTBP (Mean time between preservation)	• 평균보전예방
가용도	• 일정 기간 시스템이 고장 없이 가동될 확률 • $\text{가용도}=\dfrac{MTBF}{MTBF+MTTR}$

답 ③

341 ☆☆

사후보전에 필요한 평균수리시간을 나타내는 것은?

① MDT ② MTTF
③ MTBF ④ MTTR

해 윗 해설 참조

답 ④

342 ☆☆

보전효과 측정을 위해 사용하는 설비고장 강도율의 식으로 맞는 것은?

① 부하시간 설비가동시간

② 총 수리시간÷설비가동시간

③ 설비고장건수÷설비가동시간

④ 설비고장 정지시간÷설비가동시간

해 설비 고장 강도율$=\frac{\text{정지시간}}{\text{가동시간}} \cdot 100$

답 ④

343 ☆

다음 중 열압박지수(HSI: Heat Stress Index)에서 고려하고 있지 않은 항목은?

① 공기 속도 ② 습도

③ 압력 ④ 온도

해 열압박지수 영향요인: 온도/습도/공기속도

답 ③

344 ☆☆

그림의 선형 표시장치를 움직이기 위해 길이가 L인 레버(lever)를 a도 움직일 때 조종반응(C/R) 비율을 계산하는 식은?

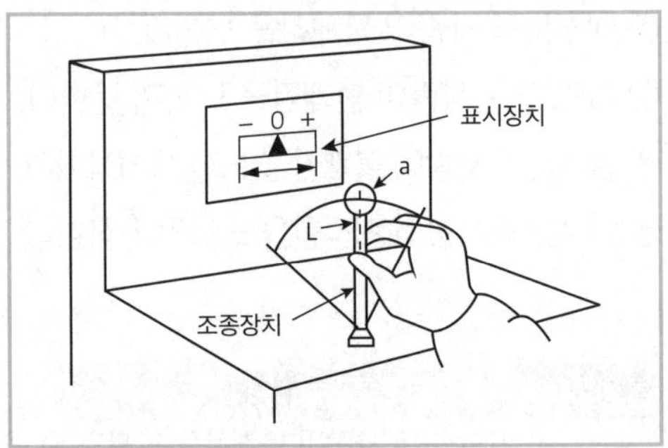

① $\frac{(\alpha/360) \cdot 2\pi L}{\text{표시 장치 이동거리}}$

② $\frac{\text{표시 장치 이동거리}}{(\alpha/360) \cdot 2\pi L}$

③ $\frac{(\alpha/360) \cdot 4\pi L}{\text{표시 장치 이동거리}}$

④ $\frac{\text{표시 장치 이동거리}}{(\alpha/360) \cdot 4\pi L}$

해 통제표시비$=\frac{\frac{\alpha}{360} \cdot 2\pi \cdot L}{\text{표시장치 이동거리(cm)}}$

α: 조종장치 이동각도 L: 레버길이(cm)

답 ①

345 ☆☆

"음의 높이, 무게 등 물리적 자극을 상대적으로 판단하는 데 있어 특정 감각기관의 변화감지역은 표준자극에 비례한다."라는 법칙을 발견한 사람은?

① 핏츠(Fitts) ② 드루리(Drury)
③ 웨버(Weber) ④ 호프만(Hofmann)

해 웨버의 법칙
인간이 감지할 수 있는 외부의 물리적 자극 변화의 최소범위는 기준이 되는 자극의 크기에 비례하는 현상을 설명한 이론

답 ③

346 ☆

다음 중 자동차 가속 페달과 브레이크 페달 간의 간격 브레이크 폭 등을 결정하는데 사용할 수 있는 가장 적합한 인간공학 이론은?

① Miller의 법칙 ② Fitts의 법칙
③ Weber의 법칙 ④ Wickens의 모델

해

Fitts (피츠)의 법칙	• 자동차 가속 페달과 브레이크 페달 간의 간격 브레이크 폭 등을 결정하는데 사용할 수 있는 가장 적합 • 표적이 작고 이동거리가 길수록 이동시간이 증가한다. • 변수: 표적 너비/시작점에서 표적까지의 거리/작업 난이도/운동시간
Lewin (레윈)의 법칙	인간의 행동이 개인과 환경의 상호 함수관계에 있다.
Hick－Hyman (힉－하이만)의 법칙	• 사람이 무언가를 선택하는 데 걸리는 시간은 선택하려는 가지수에 따라 결정된다는 법칙 • 자극을 예상하지 못할 경우 일반적으로 반응시간은 0.15초 증가된다.
Weber (웨버)의 법칙	• 인간이 감지할 수 있는 외부의 물리적 자극 변화의 최소범위는 기준이 되는 자극의 크기에 비례하는 현상을 설명한 이론 • Weber비는 분별의 질을 나타낸다. • Weber비가 작을수록 분별력은 높아진다. • 변화감지역(JND)이 작을수록 그 자극차원의 변화를 쉽게 검출할 수 있다. • 변화감지역(JND)은 사람이 50%를 검출할 수 있는 자극차원의 최소변화이다. • 웨버 비 $= \frac{\Delta I}{I}$ ΔI: 변화감지역 I:표준자극

답 ②

347 ☆

System 요소 간의 link 중 인간 커뮤니케이션 Link에 해당되지 않는 것은?

① 방향성 Link ② 통신계 Link
③ 시각 Link ④ 컨트롤 Link

해 인간 커뮤니케이션 링크 종류
방향성/통신계/시각/장치 링크

답 ④

348 ☆☆

불대수의 관계식으로 맞는 것은?

① A(A • B)=B

② A+B=A • B

③ A+A • B=A • B

④ A+B • C=(A+B)(A+C)

해 X+1=1, X • X=1
A(A • B)=A • A • B=AB
A+B=B+A
A+A • B=A(1+B)=A
(A+B)(A+C)=A • A+A • C+B • A+B • C
=A+A • C+A • B+B • C
=A(1+C)+A • B+B • C
=A+A • B+B • C
=A(1+B)+B • C
=A+B • C

답 ④

349 ☆

조도가 400럭스인 위치에 놓인 흰색 종이 위에 짙은 회색의 글자가 씌어져 있다. 종이의 반사율 80%이고, 글자의 반사율은 40%라 할 때 종이와 글자의 대비는 얼마인가?

① −100% ② −50%
③ 50% ④ 100%

해 대비$=\frac{L_b-L_t}{L_b}\cdot 100\%$

대비$=\frac{80-40}{80}\cdot 100\%=50\%$

L_b: 배경반사율 L_t: 표적반사율
즉 동일한 수준으로 보인다.

답 ③

350 ☆☆☆

조도가 250럭스인 책상 위에 짙은 색 종이 A와 B가 있다. 종이 A의 반사율은 20%이고, 종이 B의 반사율은 15%이다. 종이 A에는 반사율 80%의 색으로, 종이 B에는 반사율 60%의 색으로 같은 글자를 각각 썼을 때의 설명으로 맞는 것은? (단, 두글자의 크기, 색, 재질 등은 동일하다.)

① 두 종이에 쓴 글자는 동일한 수준으로 보인다.
② 어느 종이에 쓰인 글자가 더 잘 보이는지 알 수 없다.
③ A종이에 쓰인 글자가 B종이에 쓰인 글자보다 눈에 더 잘 보인다.
④ B종이에 쓰인 글자가 A종이에 쓰인 글자보다 눈에 더 잘 보인다.

해 대비$=\frac{L_b-L_t}{L_b}\cdot 100\%$

$A=\frac{20-80}{20}\cdot 100\%=-300\%$

$B=\frac{15-60}{15}\cdot 100\%=-300\%$

L_b: 배경반사율 L_t: 표적반사율
즉 동일한 수준으로 보인다.

답 ①

351 ☆

다음 중 주어진 작업에 대하여 필요한 소요조명(fc)을 구하는 식으로 옳은 것은?

① $\text{소요조명}(fc)=\frac{\text{소요휘도}(f_L)}{\text{반사율}(\%)}$

② $\text{소요조명}(fc)=\frac{\text{반사율}(\%)}{\text{소요휘도}(f_L)}$

③ $\text{소요조명}(fc)=\frac{\text{소요휘도}(f_L)}{(\text{거리})^2}$

④ $\text{소요조명}(fc)=\frac{(\text{거리})^2}{\text{소요휘도}(f_L)}$

해 $\text{소요조명}(fc)=\frac{\text{소요휘도}(f_L)}{\text{반사율}(\%)}$

답 ①

352 ☆

60fL의 광도를 요하는 시각 표시장치의 반사율이 75%일 때, 소요조명은 몇 fc인가?

① 75 ② 80 ③ 85 ④ 90

해 $\text{소요조명}(fc)=\frac{\text{소요 광속 발산도}(f_L)}{\text{반사율}}$

$=\frac{60}{0.75}=80$

답 ②

353 ☆☆☆☆

1cd의 점광원에서 1m 떨어진 곳에서의 조도가 3lux이었다. 동일한 조건에서 5m 떨어진 곳에서의 조도는 약 몇 lux인가?

① 0.12 ② 0.22 ③ 0.36 ④ 0.56

해 $\text{조도}=\frac{\text{광도}}{\text{거리}^2(m)}\rightarrow 3=\frac{\text{광도}}{1^2}\rightarrow 3cd$

$\rightarrow \text{조도}=\frac{2}{5^2}=0.12lux$

답 ①

354 ☆☆

광원으로부터 2m 떨어진 곳에서 측정한 조도가 400럭스이고, 다른 곳에서 동일한 광원에 의한 밝기를 측정하였더니 100럭스이었다면, 두 번째로 측정한 지점은 광원으로부터 몇m 떨어진 곳인가?

① 4　② 6　③ 8　④ 10

해 $조도 = \frac{광도}{거리^2(m)} \rightarrow 400 = \frac{광도}{2^2} \rightarrow 1,600cd$

$\rightarrow 100 = \frac{1,600}{거리^2} \rightarrow 거리 = \sqrt{\frac{1,600}{100}} = 4m$

답 ①

355 ☆☆

휘도(luminance)가 10cd/m²이고, 조도(illuminance)가 100lx일 때 반사율(reflectance)(%)는?

① 0.1π　② 10π　③ 100π　④ $1,000\pi$

해 $반사율 = \frac{휘도(cd/m^2) \cdot \pi}{조도(lux)} = \frac{10 \cdot \pi}{100} = 0.1\pi$

답 ①

356 ☆☆☆☆☆☆☆

조정장치를 3cm 움직였을 때 표시장치의 지침이 5cm 움직였다면, C/R비는 얼마인가?

① 0.25　② 0.6　③ 1.6　④ 1.7

해 $통제표시비 = \frac{조정\ 장치\ 이동거리(cm)}{표시\ 장치\ 이동거리(cm)}$

$= \frac{3}{5} = 0.6$

답 ②

357 ☆☆

레버를 10° 움직이면 표시장치는 1cm 이동하는 조종장치가 있다. 레버의 길이가 20cm라고 하면 이 조종 장치의 통제표시비(C/D비)는 약 얼마인가?

① 1.27　② 2.38　③ 3.49　④ 4.51

해 $통제표시비 = \frac{\frac{a}{360} \cdot 2\pi \cdot L}{표시장치이동거리(cm)}$

$= \frac{\frac{10}{360} \cdot 2\pi \cdot 20cm}{1cm} = 3.49$

a: 조종장치 이동각도　L: 레버길이(cm)

답 ③

358 ☆

반경 10cm의 조종구(ball control)를 30° 움직였을 때, 표시장치가 2cm 이동하였다면 통제표시비(C/R비)는 약 얼마인가?

① 1.3　② 2.6　③ 5.2　④ 7.8

해 $통제표시비 = \frac{\frac{a}{360} \cdot 2\pi \cdot L}{표시장치이동거리(cm)}$

$= \frac{\frac{30}{360} \cdot 2\pi \cdot 10cm}{2cm} = 2.62$

a: 조종장치 이동각도　L: 레버길이(cm)

답 ②

359 ☆

기본사상 A와 B가 OR gate로 연결되어 있는 FT도에서 정상사상(top event)의 발생확률은 얼마인가? (단, 기본사상 A와 B의 발생 확률은 각각 $1 \cdot 10^{-3}/h$, $1.5 \cdot 10^{-2}/h$이다.)

① 0.008 ② 0.016 ③ 0.07 ④ 0.15

해 $1-(1-1 \cdot 10^{-3})(1-1.5 \cdot 10^{-2})=0.016$

답 ②

360 ☆☆

신뢰도가 0.4인 부품 5개가 병렬 결합 모델로 구성된 제품이 있을 때 제품 신뢰도는?

① 0.9 ② 0.91 ③ 0.92 ④ 0.93

해 $1-(1-0.4)(1-0.4)(1-0.4)(1-0.4)(1-0.4)$
$=0.92$

답 ③

361 ☆☆

조작자 한 사람의 신뢰도가 0.9일 때 요원을 중복하여 2인 1조가 되어 작업을 진행하는 공정이 있다. 작업 기간 중 항상 요원 지원을 한다면 이 조의 인간 신뢰도는?

① 0.93 ② 0.94 ③ 0.96 ④ 0.99

해 병렬구조이다.
$1-(1-0.9)(1-0.9)=0.99$

답 ④

362 ☆

품질 검사 작업자가 한 로트에서 검사 오류를 범할 확률이 0.1이고, 이 작업자가 하루에 5개의 로트를 검사한다면, 5개 로트에서 에러를 범하지 않을 확률은?

① 90% ② 75% ③ 59% ④ 40%

해 병렬구조이다.
$(1-0.1)(1-0.1)(1-0.1)(1-0.1)(1-0.1)$
$=0.59$
$=59\%$

답 ③

363 ☆

세발자전거에서 각 바퀴의 신뢰도가 0.9일 때 이 자전거의 신뢰도는 얼마인가?

① 0.729 ② 0.81 ③ 0.891 ④ 0.999

해 세발자전거는 바퀴가 하나만 없어도 안되기에 AND로 취급한다.
$\rightarrow 0.9 \cdot 0.9 \cdot 0.9=0.729$

답 ①

364 ☆

[그림]과 같이 신뢰도 R인 n개의 요소가 병렬로 구성된 시스템의 전체 신뢰도로 옳은 것은?

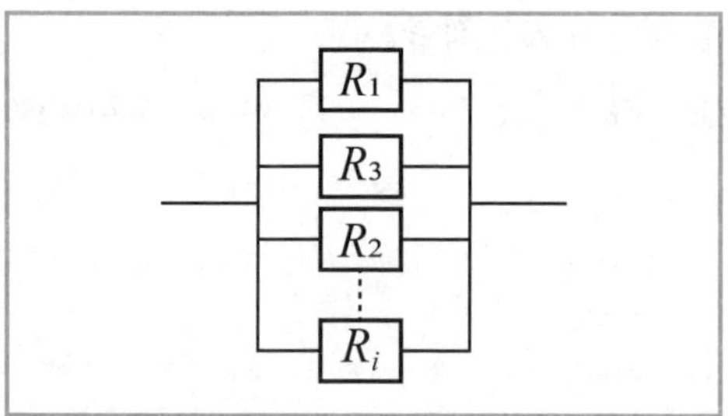

① $\prod_{i=1}^{n} R_i$ ② $1-\prod_{i=1}^{n} R_i$

③ $\prod_{i=1}^{n} (1-R_i)$ ④ $1-\prod_{i=1}^{n} (1-R_i)$

해 병렬 신뢰도: $1-\prod_{i=1}^{n} (1-R_i)$

직렬 신뢰도: $\prod_{i=1}^{n} R_i$

답 ④

365 ☆

다음 그림과 같은 시스템의 신뢰도는 약 얼마인가? (단, p는 부품 i의 신뢰도이다.)

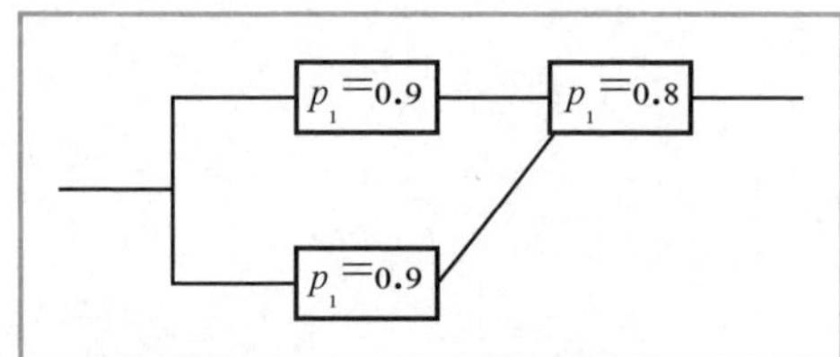

① 97.2% ② 94.4%

③ 86.4% ④ 79.2%

해 신뢰도$=(1-(1-0.9)(1-0.9))\cdot(0.8)$
$=0.792=$79.2%

답 ④

366 ☆☆☆☆

그림과 같은 시스템의 신뢰도로 옳은 것은? (단, 그림의 숫자는 각 부품의 신뢰도이다.)

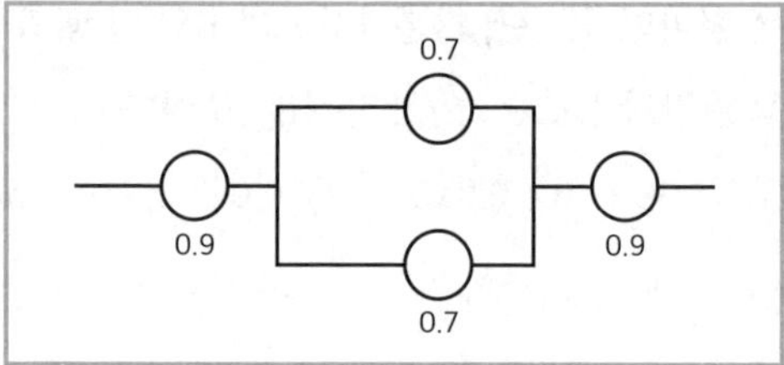

① 0.626 ② 0.7371

③ 0.8481 ④ 0.9591

해 신뢰도
$=0.9\cdot(1-(1-0.7)\cdot(1-0.7))\cdot0.9$
$=0.7371$

답 ②

367 ☆☆☆☆

톱사상 T를 일으키는 컷셋에 해당하는 것은?

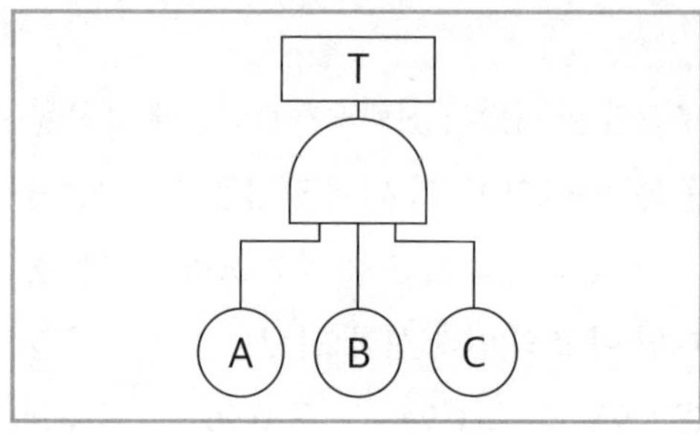

① {A} ② {A, B}

③ {A, B, C} ④ {B, C}

해 T=(A • B • C)={A, B, C}

답 ③

368 ☆☆

다음 FT도에서 각 사상이 발생할 확률이 B_1은 0.1, B_2는 0.2, B_3는 0.3일 때 사상 A가 발생할 확률은 약 얼마인가?

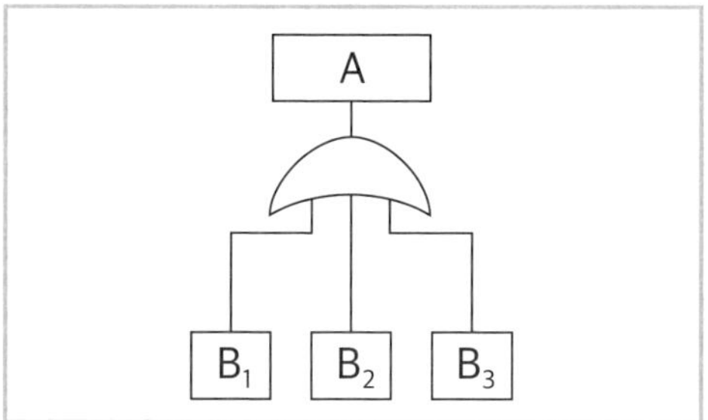

① 0.006 ② 0.496 ③ 0.604 ④ 0.804

해 $A=1-\{(1-B_1)(1-B_2)(1-B_3)\}$
$=1-\{(1-0.1)(1-0.2)(1-0.3)\}$
$=0.496$

답 ②

369 ☆☆

FT도에서 정상사상 A의 발생확률은? (단, 기본사상 ①과 ②의 발생확률은 각각 2×10^{-3}/h, 3×10^{-2}/h이다.)

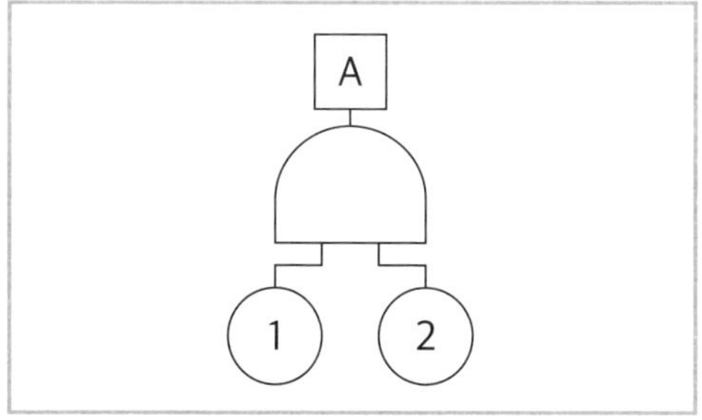

① 5×10^{-5}/h ② 6×10^{-5}/h
③ 5×10^{-6}/h ④ 6×10^{-6}/h

해 $A=① \cdot ② = 2\times10^{-3} \cdot 3\times10^{-2} = 6\times10^{-5}$

답 ②

370 ☆☆☆☆☆

다음 FTA 그림에서 a, b, c의 부품고장률이 각각 0.01일 때, 최소 컷셋(minimal cut sets)과 신뢰도로 옳은 것은?

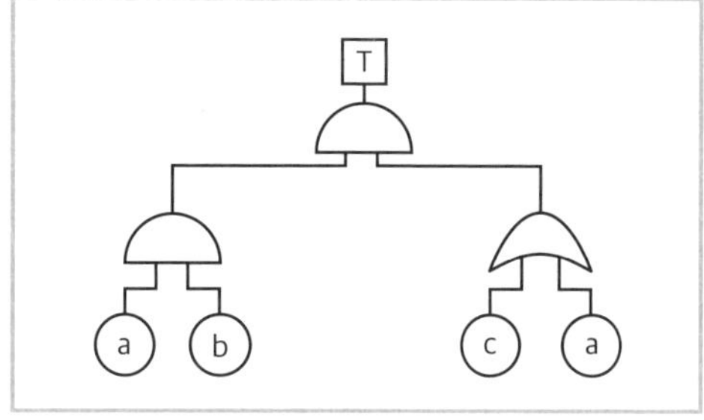

① {a, b}, R(t)=99.99%
② {a, b, c}, R(t)=98.99%
③ {a, b}, R(t)=96.99%
④ {a, b, c}, R(t)=95.99%

해 (a • b)(c+a)=(a, b, c), (a, b)
→ 최소컷셋은 (a, b) 이다.
신뢰도=1−0.01 • 0.01=0.9999=99.99%

답 ①

371 ☆

다음과 같은 FT도에서 minimal cut set으로 옳은 것은?

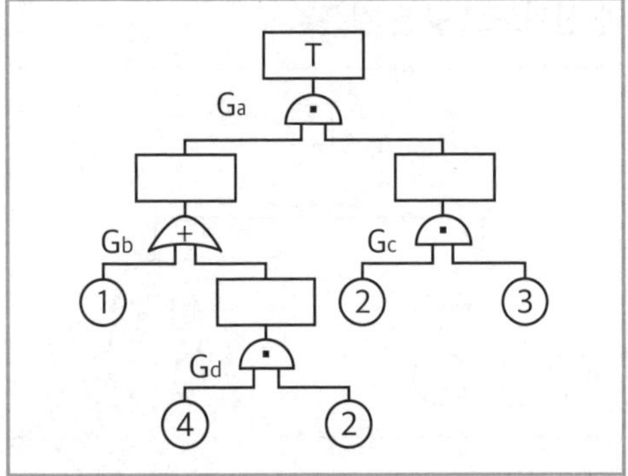

① (2, 3) ② (1, 2, 3)
③ (1, 2, 3)(2, 3, 4) ④ (1, 2, 3)(1, 3, 4)

해 $T = G_a = G_b \cdot G_c$
$= (1+24)(23)$
$= 123 + 2423 = 123 + 234$
$= (1, 2, 3), (2, 3, 4)$
$G_b = 1 + G_d = 1 + 24$
$G_c = 23$
$G_d = 42$

답 ③

372 ☆☆

FT도에 의한 컷셋(cut set)이 다음과 같이 구해졌을 때 최소 컷셋(minimal cut set)으로 맞는 것은?

- (X_1, X_3)
- (X_1, X_2, X_3)
- (X_1, X_3, X_4)

① (X_1, X_3) ② (X_1, X_2, X_3)
③ $(X_1, X_3, X4)$ ④ (X_1, X_2, X_3, X_4)

해 공통된 변수는 (X_1, X_3)이다.

답 ①

373 ☆

다음과 같이 ①~④의 기본사상을 가진 FT도에서 minimal cut set으로 옳은 것은?

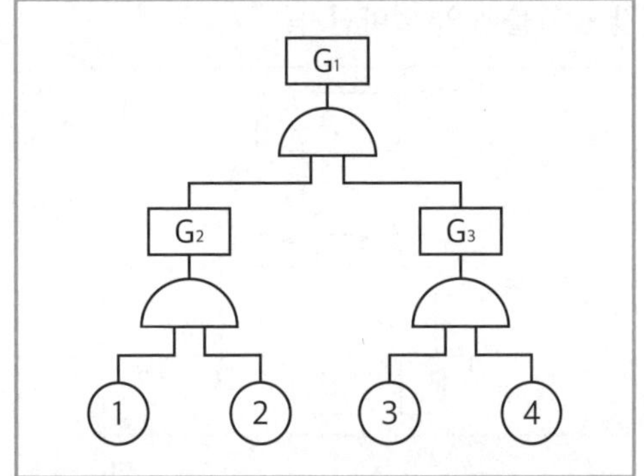

① {①, ②, ③, ④} ② {①, ③, ④}
③ {①, ②} ④ {③, ④}

해 $G_1 = G_2 \cdot G_3 = (1, 2) \cdot (3, 4) = (1, 2, 3, 4)$

답 ①

374 ☆

다음의 FT도에서 몇 개의 미니멀 패스셋(minimal path sets)이 존재하는가?

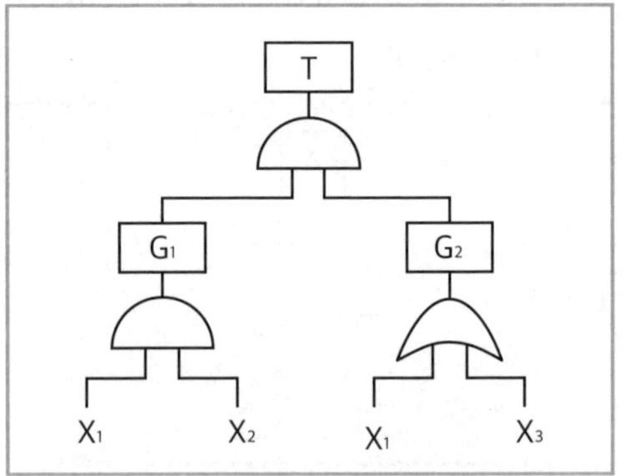

① 1개 ② 2개 ③ 3개 ④ 4개

해 패스셋은 컷셋과 반대이다.
$T = G_1 + G_2 = (X_1 + X_2) + (X_1 \cdot X_3)$
$= (X_1), (X_2), (X_1, X_3)$
→ 최소 패스셋 $= (X_1), (X_2)$

답 ②

375 ☆☆☆

그림의 FT도에서 최소 패스셋(minimal pathset)은?

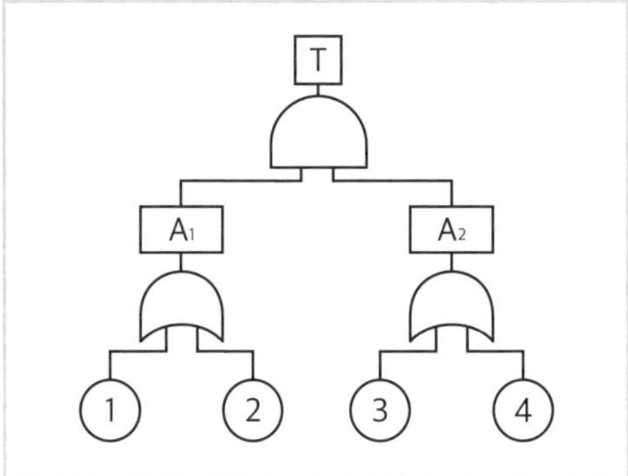

① {1, 3}, {1, 4}
② {1, 2} , {3, 4}
③ {1, 2, 3}, {1, 2, 4}
④ {1, 3, 4}, {2, 3, 4}

해 패스셋은 컷셋과 반대이다.
$Y = A_1 + A_2 = (1 \cdot 2) + (3 \cdot 4)$
$= \{1, 2\}, \{3, 4\}$

답 ②

376 ☆

결함수분석(FTA)결과 다음과 같은 패스셋을 구하였다. X_4가 중복사상인 경우, 최소 패스셋(minimal path sets)으로 맞는 것은?

$\{X_2, X_3, X_4\}$ $\{X_1, X_3, X_4\}$ $\{X_3, X_4\}$

① $\{X_3, X_4\}$
② $\{X_1, X_3, X_4\}$
③ $\{X_2, X_3, X_4\}$
④ $\{X_2, X_3, X_4\}$와 $\{X_3, X_4\}$

해 공통으로 있는 것은 $\{X_3, X_4\}$이다.

답 ①

377 ☆☆☆

작업자가 100개의 부품을 육안 검사하여 20개의 불량품을 발견하였다. 실제 불량품이 40개라면 인간에러(human error) 확률은 약 얼마인가?

① 0.2 ② 0.3 ③ 0.4 ④ 0.5

해 인간실수확률(HEP)

$$= \frac{\text{실수건수}}{\text{실수발생기회수}} = \frac{40-20}{100} = 0.2$$

답 ①

378 ☆

어뢰를 신속하게 탐지하는 경보시스템은 영구적이며, 경계나 부주의로 광점을 탐지하지 못하는 조작자 실수율은 0.001t/시간이고, 균질(homogeneous)하다. 또한, 조작자는 15분마다 스위치를 작동해야 하는데 인간실수확률(HEP)이 0.01인 경우에 2시간에서 3시간 사이에 인간-기계시스템의 신뢰도는 약 얼마인가?

① 94.96% ② 95.96%
③ 96.96% ④ 97.96%

해 조작자 신뢰율 $= 1 - 0.001 = 0.999$
스위치조작 신뢰율 $= 1 - 0.01 = 0.99$
2시간에서 3시간 간격 = 60분
$\rightarrow (0.999 \cdot 0.999 \cdot 0.999 \cdot 0.999)$
$\cdot (0.99 \cdot 0.99 \cdot 0.99 \cdot 0.99)$
$= 0.95676 = 95.676\%$

답 ②

379 ☆☆

건구온도 38℃, 습구온도 32℃일 때의 Oxford 지수는 몇℃인가?

① 30.2 ② 32.9 ③ 35.3 ④ 37.1

해 Oxford 지수=0.85 • 습구온도+0.15 • 건구온도
=0.85 • 32+0.15 • 38=32.9℃

답 ②

380 ☆

자연습구온도가 20℃이고, 흑구온도가 30℃일 때, 실내의 습구흑구온도지수(WBGT: wet-bulb globe temperature)는 얼마인가?

① 20℃ ② 23℃ ③ 25℃ ④ 30℃

해 옥내 또는 옥외(태양광선 없는 장소)
WBGT=0.7 • 자연습구온도+0.3 • 흑구온도
=0.7 • 20+0.3 • 30=23℃

답 ②

381 ☆

상대습도가 100%, 온도 21℃일 때 실효온도(effective temperature)는 얼마인가?

① 10.5℃ ② 19℃ ③ 21℃ ④ 31.5℃

해 실효온도란 습도 100%일 때 온도에서 느끼는 것과 동일한 온도, 즉 21℃다.

답 ③

382 ☆

어떤 작업의 평균에너지소비량이 5kcal/min일 때 1시간 작업 시 휴식시간은 약 몇 분이 필요한가? (단, 기초대사를 포함한 작업에 대한 평균에너지 소비량의 상한은 4kcal/min, 휴식시간에 대한 평균에너지소비량은 1.5kcal/min이다.)

① 15 ② 18 ③ 21 ④ 24

해 $\text{휴식시간(분)} = \dfrac{60(5-4)}{5-1.5} = 17.14\text{분}$

E: 작업 평균 에너지 소비량
→ 1시간 근무 당 17.14분 휴식한다.

답 ②

383 ☆☆

건강한 남성이 8시간 동안 특정 작업을 실시하고, 분당 산소소비량이 1.1L/분으로 나타났다면 8시간 총 작업시간에 포함될 휴식시간은 약 몇 분인가? (단, Murrell의 방법을 적용하며, 휴식 중 에너지 소비율은 1.5kcal/min이다.)

① 30분 ② 54분 ③ 60분 ④ 75분

해 $\text{휴식시간(분)} = \dfrac{60(5.5-5)}{5.5-1.5} = 7.5\text{분}$

E: 작업 평균 에너지 소비량
→ 1시간 근무 당 7.5분 휴식이니
8시간 근무 시엔 8 • 7.5=60분이다.

답 ③

384

☆☆☆

러닝벨트 위를 일정한 속도로 걷는 사람의 배기가스를 5분간 수집한 표본을 가스성분 분석기로 조사한 결과, 산소 16%, 이산화탄소 4%로 나타났다. 배기가스 전량을 가스미터에 통과시킨 결과, 배기량이 90리터였다면 분당 산소소비량과 에너지소비량는 약 얼마인가?

① 0.95리터/분, 4.75Kcal/분
② 0.96리터/분, 4.80Kcal/분
③ 0.97리터/분, 4.85Kcal/분
④ 0.98리터/분, 4.90Kcal/분

해 에너지소비량
$=$산소소비량$(L/\text{min}) \cdot 5\text{kcal}/L$
$=0.95 \cdot 5$
$=4.75\text{kcal}/min$

산소소비량
$=$흡기량 $\cdot$ 흡기 $O_2 -$ 배기량 $\cdot$ 배기 O_2
$=18.228 \cdot 0.21 - 18 \cdot 0.16$
$=0.95\ L/\text{min}$

흡기량
$$=\frac{\text{배기량} \cdot (100-\text{배기 } CO_2\% - \text{배기 } O_2\%)}{79}$$
$$=\frac{18(100-4-16)}{79}$$
$=18.228\ L/\text{min}$

배기량$=\dfrac{90L}{5min}=18\ L/\text{min}$

$5\text{kcal}/L$: 산소에너지당량

답 ①

385

☆☆

주물공장 A작업자의 작업지속시간과 휴식시간을 열압박지수(HSI)를 활용하여 계산하니 각각 45분, 15분이었다. A작업자의 1일 작업량은 얼마인가? (단, 휴식시간은 포함하지 않으며, 1일 근무시간은 8시간이다.)

① 4.5시간　　② 5시간
③ 5.5시간　　④ 6시간

해 작업량
$$=\frac{\text{1일근무시간(분)} \cdot \text{작업지속시간(분)}}{\text{작업지속시간(분)} + \text{휴식시간(분)}}$$
$$=\frac{8 \cdot 60 \cdot 45}{45+15}=360\text{분}=6\text{시간}$$

답 ④

386

☆☆☆

동전 던지기에서 앞면이 나올 확률 P(앞)=0.6이고, 뒷면이 나올 확률 P(뒤)=0.4일 때, 앞면과 뒷면이 나올 사건의 정보량을 각각 맞게 나타낸 것은?

① 앞면: 0.10bit, 뒷면: 1.00bit
② 앞면: 0.74bit, 뒷면: 1.32bit
③ 앞면: 1.32bit, 뒷면: 0.74bit
④ 앞면: 2.00bit, 뒷면: 1.00bit

해 정보량$(\text{bit})=\log_2 \dfrac{1}{\text{확률}}$

앞면$=\log_2 \dfrac{1}{0.6}=0.74\text{bit}$

뒷면$=\log_2 \dfrac{1}{0.4}=1.32\text{bit}$

답 ②

387 ☆

녹색과 적색의 두 신호가 있는 신호등에서 1시간동안 적색과 녹색이 각각 30분씩 켜진다면 이 신호등의 정보량은?

① 0.5bit ② 1bit ③ 2bit ④ 4bit

해 정보량

=녹색확률 • 녹색정보량+적색확률 • 적색정보량

$=0.5 \cdot \log_2 \frac{1}{0.5} + 0.5 \cdot \log_2 \frac{1}{0.5}$

=1bit

답 ②

388 ☆

빨강, 노랑, 파랑의 3가지 색으로 구성된 교통 신호등이 있다. 신호등은 항상 3가지 색으로 구성된 교통 신호등이 있다. 신호등은 항상 3가지 색 중 하나가 켜지도록 되어 있다. 1시간 동안 조사한 결과, 파란등은 총 30분 동안, 빨간등과 노란등은 각각 총 15분 동안 켜진 것으로 나타났다. 이 신호등의 총 정보량은 몇bit인가?

① 0.5 ② 0.75 ③ 1.0 ④ 1.5

해 파란등 확률$=\frac{30}{60}=0.5$

정보량$=\log_2 \frac{1}{확률} = \log_2 \frac{1}{0.5} = 1$

빨간등 확률$=\frac{15}{60}=0.25$

정보량$=\log_2 \frac{1}{확률} = \log_2 \frac{1}{0.25} = 2$

노란등 확률$=\frac{15}{60}=0.25$

정보량$=\log_2 \frac{1}{확률} = \log_2 \frac{1}{0.25} = 2$

→ 총정보량=확률 • 정보량−

$=0.5 \cdot 1 + 0.25 \cdot 2 + 0.25 \cdot 2$

$=1.5$

답 ④

389 ☆

1에서 15까지 수의 집합에서 무작위로 선택할 때, 어떤 숫자가 나올지 알려주는 경우의 정보량은 몇 bit인가?

① 2.9bit ② 3.91bit

③ 4.5bit ④ 4.9bit

해 정보량(bit)$=\log_2$ 대안 수$=\log_2 15=3.91$

답 ②

390

10시간 설비 가동 시 설비고장으로 1시간 정지하였다면 설비고장강도율은 얼마인가?

① 0.1% ② 9% ③ 10% ④ 11%

해 설비고장 강도율 $= \frac{\text{정지시간}}{\text{가동 시간}} \cdot 100$

$= \frac{1}{10} \cdot 100 = 10\%$

답 ③

391

어떤 공장에서 10,000시간 동안 15,000개의 부품을 생산하였을 때 설비고장으로 인하여 15개의 불량품이 발생하였다면 평균고장간격(MTBF)은 얼마인가?

① 1×10^6시간 ② 2×10^6시간
③ 1×10^7시간 ④ 2×10^7시간

해 $MTBF = \frac{\text{가동시간} \cdot \text{부품개수}}{\text{불량품개수}}$

$= \frac{10{,}000 \cdot 15{,}000}{15} = 10^7$시간

답 ③

392

어떤 전자기기의 수명은 지수분포를 따르며, 그 평균수명이 1,000시간이라고 할 때, 500시간 동안 고장 없이 작동할 확률은 약 얼마인가?

① 0.135 ② 0.3935
③ 0.6065 ④ 0.8647

해 신뢰도 $= e^{-\frac{\text{가동시간}}{\text{평균수명}}} = e^{-\frac{500}{1{,}000}} = 0.6065$

답 ③

393

어떤 기기의 고장률이 시간당 0.002로 일정하다고 한다. 이 기기를 100시간 사용했을 때 고장이 발생할 확률은?

① 0.181 ② 0.224
③ 0.6253 ④ 0.8187

해 고장률 $= 1 - $신뢰도

$= 1 - e^{-\text{사용시간} \cdot \text{고장률}}$

$= 1 - e^{-100 \cdot 0.002}$

$= 1 - 0.819 = 0.181$

답 ①

394

평균고장시간이 4×10^8시간인 요소 4개가 직렬체계를 이루었을 때 이 체계의 수명은 몇 시간인가?

① 1×10^8 ② 4×10^8
③ 8×10^8 ④ 16×10^8

해 수명 $=$ 평균고장시간 $\cdot \frac{1}{n} = 4 \cdot 10^8 \cdot \frac{1}{4}$

$= 10^8$시간

답 ①

395 ☆☆

지게차 인장벨트의 수명은 평균이 100,000시간, 표준편차가 500시간인 정규분포를 따른다. 이 인장벨트의 수명이 101,000시간 이상일 확률은 약 얼마인가?
(단, P(Z≤1)=0.8413, P(Z≤2)=0.9772, P(Z≤3)=0.9987이다.)

① 1.60% ② 2.28% ③ 3.28% ④ 4.28%

해 $P(Z \geq \frac{X-\mu}{\sigma})$

$= P(Z \geq \frac{101,000-100,000}{500})$

$= P(Z \geq 2) = 1 - P(Z \leq 2)$
$= 1 - 0.9772 = 0.0228 = 2.28\%$
X: 사용시간 μ : 평균수명 σ: 표준편차

답 ②

396 ☆

A공장 근로자가 다음과 같은 소음에 노출되었다. 총 소음 노출량(%)은 약 얼마인가?

80dB(A): 2시간 30분
90dB(A): 4시간 30분
100dB(A): 1시간

① 106.25 ② 124.1 ③ 134.1 ④ 144.1

해 소음허용기준

90dB	95dB	100dB	105dB	110dB
8시간	4시간	2시간	1시간	0.5시간

$총소음량 = \Sigma \frac{작업시간}{허용시간} = \frac{4.5}{8} + \frac{1}{2}$

$= 1.0625 = 106.25\%$, 부적합
총소음량≤1이면 적합

답 ①

397 ☆

2개 공정의 소음수준 측정 결과 1공정은 100dB에서 2시간, 2공정은 90dB에서 1시간 소요될 때 총 소음량(TND)과 소음설계의 적합성을 올바르게 나열한 것은? (단, 우리나라는 90dB에 8시간 노출될 때를 허용기준으로 하며, 5dB 증가할 때 허용시간은 1/2로 감소되는 법칙을 적용한다.)

① TND＝0.83, 적합 ② TND＝0.93, 적합
③ TND＝1.03, 적합 ④ TND＝1.13, 부적합

해 소음허용기준

90dB	95dB	100dB	105dB	110dB
8시간	4시간	2시간	1시간	0.5시간

$총소음량 = \Sigma \frac{작업시간}{허용시간} = \frac{1}{8} + \frac{2}{2}$

$= 1.125 = 112.5\%$, 부적합
총소음량≤1이면 적합

답 ④

398 ☆☆

음량 수준이 50phon일 때 sone 값은?

① 2 ② 5 ③ 10 ④ 100

해 $sone = 2^{\frac{phon-40}{10}} = 2^{\frac{50-40}{10}} = 2$

답 ①

399 ☆☆

40phon이 1sone일 때 60phon은 몇 sone인가?

① 2sone ② 4sone
③ 6sone ④ 100sone

해 $sone = 2^{\frac{phon-40}{10}} = 2^{\frac{60-40}{10}} = 4$

답 ②

400 ☆

음압수준이 120dB인 경우 100Hz에서의 phon값과 sone값으로 옳은 것은?

① 100phon, 64sone

② 100phon, 128sone

③ 120phon, 128sone

④ 120phon, 256sone

해 sone $= 2^{\frac{phon-40}{10}} = 2^{\frac{120-40}{10}} = 256$

답 ④

401 ☆

자동생산라인의 오류 경보음을 3단계로 설계하였다. 1단계 경보음이 1,000Hz, 60dB라할 때 3단계 오류 경보음이 1단계 경보음보다 4배 더 크게 들리도록 하려면, 다음 중 경보음의 주파수와 음압 수준으로 가장 적절한 것은?

① 1,000Hz, 80dB ② 1,000Hz, 120dB

③ 2,000Hz, 60dB ④ 2,000Hz, 80dB

해 동일한 주파수에서 음의 크기가 10dB이 증가하면 음압은 두 배 커진다. 음압이 4배 증가하려면 20dB이 증가하면 된다.

답 ①

402 ☆

인체의 피부와 허파로부터 하루에 600g의 수분이 증발될 때 열손실율은 약 얼마인가? (단, 37℃의 물 1g을 증발시키는데 필요한 에너지는 2,410J/g이다.)

① 약 15Watt ② 약 17Watt

③ 약 19Watt ④ 약 21Watt

해 $1W = 1j/s$

$$\text{열손실율} = \frac{600g \cdot 2{,}410J \cdot d}{d \cdot g \cdot 60 \cdot 60 \cdot 24s} = 16.74W$$

답 ②

MEMO

산업안전산업기사 2010~20년

3과목

기계기구 및 설비안전관리
(기출중복문제 소거 정리)

잠깐! 더 효율적인 공부를 위한 링크들을 적극 이용하세요~!

직8딴 홈페이지

- 출시한 책 확인 및 구매

직8딴 카카오오픈톡방

- 실시간 저자의 질문 답변
(주7일 아침 11시~새벽 2시까지, 전화로도 함)
- 직8딴 구매자전용 복지와 혜택 획득
(최소 달에 40만원씩 기프티콘 지급)
- 구매자들과의 소통 및 EHS 관련 정보 습득

직8딴 네이버카페

- 실시간으로 최신화되는 정오표 확인
(정오표: 책 출시 이후 발견된 오타/오류를 모아놓은 표, 매우 중요)
- 공부에 도움되는 컬러버전 그림 및 사진 습득
- 직8딴 구매자전용 복지와 혜택 획득

직8딴 유튜브

- 저자 직접 강의 시청 가능
- 공부 팁 및 암기법 획득
- 국가기술자격증 관련 정보 획득

2010~2020년 | 3과목

3 기계기구 및 설비안전관리

기출 중복문제 소거 정리

001 ☆☆

"가"와 "나"에 들어갈 내용으로 옳은 것은?

> 사업주는 순간풍속이 (가)를 초과하는 경우 타워크레인의 설치·수리·점검 또는 해체 작업을 중지하여야 하며, 순간풍속이 (나)를 초과하는 경우에는 타워크레인의 운전작업을 중지하여야 한다.

① 가: 10m/s, 나: 15m/s

② 가: 10m/s, 나: 25m/s

③ 가: 20m/s, 나: 35m/s

④ 가: 20m/s, 나: 45m/s

해 사업주는 순간풍속이 초당 10미터를 초과하는 경우 타워크레인의 설치·수리·점검 또는 해체 작업을 중지하여야 하며, 순간풍속이 초당 15미터를 초과하는 경우에는 타워크레인의 운전작업을 중지하여야 한다.

답 ①

002 ☆☆☆

산업용 로봇의 동작 형태별 분류에 해당하지 않는 것은?

① 관절 로봇 ② 극좌표 로봇

③ 수치제어 로봇 ④ 원통좌표 로봇

해 산업용 로봇 종류

입력정보교시에 의한 분류	시퀀스/플레이백/수치제어/매니퓰레이터 로봇
동작 형태에 의한 분류	관절/극좌표/원통좌표/데스크탑 로봇

답 ③

003 ☆☆

기계의 동작 상태가 설정한 순서 조건에 따라 진행되어 한 가지 상태의 종료가 끝난 다음 상태를 생성하는 제어시스템을 가진 로봇은?

① 플레이백 로봇 ② 학습 제어 로봇

③ 시퀀스 로봇 ④ 수치 제어 로봇

해 시퀀스 로봇에 대한 설명이다.

답 ③

004 ☆☆

다음 중 산업용 로봇의 재해 발생에 대한 주된 원인이며, 본체의 외부에 조립되어 인간의 팔에 해당되는 기능을 하는 것은?

① 배관 ② 외부전선

③ 제동장치 ④ 매니퓰레이터

해 매니퓰레이터에 대한 설명이다.

답 ④

005 ☆☆☆

산업안전보건법에서 규정하는 양중기에 속하지 않는 것은?

① 호이스트 ② 이동식 크레인

③ 곤돌라 ④ 체인블록

해 양중기란 다음 각 호의 기계를 말한다.

1. 크레인[호이스트(hoist)를 포함한다]
2. 이동식 크레인
3. 리프트(이삿짐운반용 리프트의 경우에는 적재하중이 0.1톤 이상인 것으로 한정)
4. 곤돌라
5. 승강기

답 ④

006 ☆

산업안전보건법령상 리프트의 종류로 틀린 것은?

① 건설용 리프트 ② 자동차정비용 리프트
③ 간이 리프트 ④ 이삿짐운반용 리프트

해 리프트 종류
1. 건설용 리프트
2. 산업용 리프트
3. 자동차정비용 리프트
4. 이삿짐운반용 리프트

답 ③

007 ☆

다음 설명 중 (　　)의 내용으로 옳은 것은?

> 간이리프트: 동력을 사용하여 가이드레일을 따라 움직이는 운반구를 매달아 소형화물 운반을 주목적으로 하며 승강기와 유사한 구조로서 운반구의 바닥면적이 (　①　) m^2 이하이거나 천장높이가 (　②　) m 이하인 것 또는 동력을 사용하여 가이드레일을 따라 움직이는 지지대로 자동차 등을 일정한 높이로 오리거나 내리는 구조의 자동차 정비에 사용할 것

① ① 0.5m^2, ② 1m ② ① 1m^2, ② 1.2m
③ ① 1.5m^2, ② 1.5m ④ ① 2m^2, ② 2.5m

해 간이리프트: 동력을 사용하여 가이드레일을 따라 움직이는 운반구를 매달아 소형화물 운반을 주목적으로 하며 승강기와 유사한 구조로서 운반구의 바닥면적이 1제곱미터 이하이거나 천장높이가 1.2미터 이하인 것 또는 동력을 사용하여 가이드레일을 따라 움직이는 지지대로 자동차 등을 일정한 높이로 오리거나 내리는 구조의 자동차 정비에 사용할 것

답 ②

008 ☆

다음 중 원통 보일러의 종류가 아닌 것은?

① 입형 보일러 ② 노통 보일러
③ 연관 보일러 ④ 관류 보일러

해 원통보일러 종류
수직/노통/입형/연관 보일러

답 ④

009 ☆

다음 중 승강기를 구성하고 있는 장치가 아닌 것은?

① 선회장치 ② 권상장치
③ 가이드레일 ④ 완충기

해 선회장치는 타워크레인 부속품이다.
선회장치: 마스트 상부에 있는 운전석 하부에 위치하며 회전 치차로 구성되어 지브를 선회시키는 장치

답 ①

010 ☆

다음 중 연삭기의 종류가 아닌 것은?

① 다두 연삭기 ② 원통 연삭기
③ 센터리스 연삭기 ④ 만능 연삭기

해 연삭기 종류
원통/만능/평면/나사/내면/기어/센터리스 연삭기

답 ①

011 ☆☆

컨베이어의 종류가 아닌 것은?

① 체인 컨베이어 ② 스크류 컨베이어
③ 슬라이딩 컨베이어 ④ 유체 컨베이어

해 컨베이어 종류
벨트/셔틀/포터블벨트/피킹테이블/에이프런/스크레이퍼/토/트롤리/롤러/휠/스크류/진동/수압/버킷/공압/유체/체인 컨베이어

답 ③

012 ☆

다음 중 컨베이어(conveyer)의 역전방지장치 형식이 아닌 것은?

① 라쳇식 ② 전기브레이크식
③ 램식 ④ 롤러식

해 컨베이어의 역전방지장치
기계적: 라쳇식, 롤러식, 밴드식, 웜기어
전기적: 전기브레이크, 스러스트브레이크

답 ③

013 ☆☆☆

컨베이어 역전방지장치의 형식 중 전기식 장치에 해당하는 것은?

① 라쳇 브레이크 ② 밴드 브레이크
③ 롤러 브레이크 ④ 스러스트 브레이크

해 윗 해설 참조

답 ④

014 ☆☆

가드(guard)의 종류가 아닌 것은?

① 고정식 ② 조정식
③ 자동식 ④ 반자동식

해 가드 종류
고정식/조정식/가동식/자동식/연동식

답 ④

015 ☆☆

기계설비 방호에서 가드의 설치조건으로 옳지 않은 것은?

① 충분한 강도를 유지할 것
② 구조 단순하고 위험점 방호가 확실할 것
③ 개구부(틈새)의 간격은 임의로 조정이 가능할 것
④ 작업, 점검, 주유 시 장애가 없을 것

해 개구부(틈새)의 간격은 임의로 조정이 불가능할 것

답 ③

016 ☆

작업점에 대한 가드의 기본방향이 아닌 것은?

① 조작할 때 위험점에 접근하지 않도록 한다.
② 작업자가 위험구역에서 벗어나 움직이게 한다.
③ 손을 작업점에 접근시킬 필요성을 배제한다.
④ 방음, 방진 등을 목적으로 설치하지 않는다.

해 작업점에 대한 가드의 기본방향
– 조작할 때 위험점에 접근하지 않도록 한다.
– 작업자가 위험구역에서 벗어나 움직이게 한다.
– 손을 작업점에 접근시킬 필요성을 배제한다.

답 ④

017 ☆☆

동력 프레스의 분류하는데 있어서 그 종류에 속하지 않는 것은?

① 크랭크 프레스　② 토글 프레스
③ 마찰 프레스　④ 터릿 프레스

해 프레스 종류

인력 프레스	풋 프레스
동력 프레스	크랭크/토글/액압/캠/마찰 프레스

답 ④

018 ☆

프레스의 분류 중 동력 프레스에 해당하지 않는 것은?

① 크랭크 프레스　② 토글 프레스
③ 마찰 프레스　④ 아버 프레스

해 윗 해설 참조

답 ④

019 ☆☆

크레인 작업 시 조치사항 중 틀린 것은?

① 인양할 하물은 바닥에서 끌어당기거나, 밀어내는 작업을 하지 아니할 것
② 유류드럼이나 가스통 등 위험물 용기는 보관함에 담아 안전하게 매달아 운반할 것
③ 고정된 물체는 직접 분리, 제거하는 작업을 할 것
④ 근로자의 출입을 통제하여 하물이 작업자의 머리 위로 통과하지 않게 할 것

해 고정된 물체를 직접 분리·제거하는 작업을 하지 아니할 것

답 ③

020 ☆☆

산업안전보건법령상 크레인의 직동식 권과방지장치는 훅·버킷 등 달기구의 윗면이 드럼, 상부 도르래 등 권상 장치의 아랫면과 접촉할 우려가 있을 때 그 간격이 얼마 이상이어야 하는가?

① 0.01m 이상　② 0.02m 이상
③ 0.03m 이상　④ 0.05m 이상

해 양중기에 대한 권과방지장치는 훅·버킷 등 달기구의 윗면(그 달기구에 권상용 도르래가 설치된 경우에는 권상용 도르래의 윗면)이 드럼, 상부 도르래, 트롤리프레임 등 권상장치의 아랫면과 접촉할 우려가 있는 경우에 그 간격이 0.25미터 이상[(직동식(直動式) 권과방지장치는 0.05미터 이상으로 한다)]이 되도록 조정하여야 한다.

답 ④

021 ☆☆

드럼의 직경이 D, 로프의 직경이 d인 윈치에서 D/d가 클수록 로프의 수명은 어떻게 되는가?

① 짧아진다.　② 길어진다.
③ 변화가 없다.　④ 사용할 수 없다.

해 D/d가 클수록 로프의 수명은 길어진다.

답 ②

022 ☆☆☆

작업장 내 운반을 주목적으로 하는 구내운반차가 준수해야 할 사항으로 옳지 않은 것은?

① 주행을 제동하거나 정지상태를 유지하기 위하여 유효한 제동장치를 갖출 것

② 경음기를 갖출 것

③ 핸들의 중심에서 자체 바깥 측까지의 거리가 65cm 이내일 것

④ 운전석이 차 실내에 있는 것은 좌우에 한개씩 방향지시기를 갖출 것

해 사업주는 구내운반차를 사용하는 경우에 다음 각 호의 사항을 준수해야 한다.

1. 주행을 제동하거나 정지상태를 유지하기 위하여 유효한 제동장치를 갖출 것
2. 경음기를 갖출 것
3. 운전석이 차 실내에 있는 것은 좌우에 한 개씩 방향지시기를 갖출 것
4. 전조등과 후미등을 갖출 것. 다만, 작업을 안전하게 하기 위하여 필요한 조명이 있 는 장소에서 사용하는 구내운반차에 대해 서는 그러하지 아니하다.

답 ③

023 ☆☆☆☆☆

근로자의 추락 등에 의한 위험을 방지하기 위하여 안전난간을 설치하는 경우, 이에 관한 구조 및 설치요건으로 틀린 것은?

① 상부난간대, 중간난간대, 발끝막이 및 난간기둥으로 구성할 것

② 발끝막이판은 바닥면 등으로부터 5cm 이상의 높이를 유지할 것

③ 난간대는 지름 2.7cm 이상의 금속제 파이프나 그 이상의 강도를 가진 재료일 것

④ 안전난간은 구조적으로 가장 취약한 지점에서 가장 취약한 방향으로 작용하는 100kg 이상의 하중에 견딜 수 있을 것

해 발끝막이판은 바닥면 등으로부터 10센티미터 이상의 높이를 유지할 것.

답 ②

024 ☆☆

산업안전보건기준에 관한 규칙상 안전난간의 구조 및 설치요건 중 상부난간대는 바닥면·발판 또는 경사로의 표면으로부터 몇cm 이상 지점에 설치해야 하는가?

① 30 ② 60 ③ 90 ④ 120

해 상부 난간대는 바닥면·발판 또는 경사로의 표면(이하 "바닥면등"이라 한다)으로부터 90센티미터 이상 지점에 설치한다.

답 ③

025 ☆☆

프레스의 제작 및 안전기준에 따라 프레스의 각 항목이 표시된 이름판을 부착해야 하는 데 이 이름판에 나타내어야 하는 항목이 아닌 것은?

① 압력능력 또는 전단능력
② 제조연월
③ 안전인증의 표시
④ 정격하중

해 다음 각 목의 내용이 표시된 이름판을 부착해야 한다.
가. 압력능력(전단기는 전단능력)
나. 사용전기설비의 정격
다. 제조자명
라. 제조연월
마. 안전인증의 표시
바. 형식 또는 모델번호
사. 제조번호

답 ④

026 ☆☆

산업용 로봇에 지워지지 않는 방법으로 반드시 표시해야 하는 항목이 있는데 다음 중 이에 속하지 않는 것은?

① 제조자의 이름과 주소, 모델 번호 및 제조일련번호, 제조연월
② 머니플레이터 회전 반경
③ 중량
④ 이동 및 설치를 위한 인양 지점

해 각 로봇에는 다음 각 목의 사항을 보기 쉬운 곳에 쉽게 지워지지 않는 방법으로 표시해야 한다.
1. 제조자의 이름과 주소, 모델 번호 및 제조일련번호, 제조연월
2. 중량
3. 전기 또는 유·공압시스템에 대한 공급사양
4. 이동 및 설치를 위한 인양 지점
5. 부하 능력

답 ②

027 ☆☆

산업용 로봇에 사용되는 안전매트에 요구되는 일반구조 및 표시에 관한 설명으로 옳지 않은 것은?

① 단선경보장치가 부착되어 있어야 한다.
② 감응시간을 조절하는 장치는 부착되어있지 않아야 한다.
③ 자율안전확인의 효시 외에 작동하중, 감응시간, 복귀신호의 자동 또는 수동여부, 대소인 공용 여부를 추가로 표시해야 한다.
④ 감응도 조절장치가 있는 경우 봉인되어 있지 않아야 한다.

해 감응도 조절장치가 있는 경우 봉인되어 있어야 된다.

답 ④

028 ☆

다음 중 산업용 로봇에 사용되는 안전매트에 관한 설명으로 틀린 것은?

① 일반적으로 단선경보장치가 부착되어 있어야 한다.
② 일반적으로 감응시간을 조절하는 장치는 부착되어 있지 않아야 한다.
③ 자율안전확인의 표시 외에 작동하중, 감응시간 등을 추가로 표시하여야 한다.
④ 안전매트의 종류는 연결사용 가능여부에 따라 1선 감지기와 복선감지기로 구분할 수 있다.

해 안전매트의 종류

종류	형태	용도
단일 감지기	A	감지기를 단독으로 사용
복합 감지기	B	여러 개의 감지기를 연결하여 사용

답 ④

029 ☆☆

산업용 로봇 작업 시 안전조치 방법으로 틀린 것은?

① 작업 중의 매니플레이터의 속도의 지침에 따라 작업한다.
② 로봇의 조작방법 및 순서의 지침에 따라 작업한다.
③ 작업을 하고있는 동안 해당 작업 근로자 이외에도 로봇의 기동스위치를 조작할 수 있도록 한다.
④ 2명 이상의 근로자에게 작업을 시킬 때는 신호 방법의 지침을 정하고 그 지침에 따라 작업한다.

해 작업을 하고있는 동안 로봇의 기동스위치 등에 작업 중이라는 표시를 하는 등 작업에 종사하고 있는 근로자가 아닌 사람이 그 스위치 등을 조작할 수 없도록 필요한 조치할 것

답 ③

030 ☆☆☆☆

산업용 로봇의 작동범위에서 그 로봇에 관하여 교시 등의 작업을 하는 경우 작업시간 전 점검사항에 해당하지 않는 것은? (단, 로봇의 동력원을 차단하고 행하는 것을 제외한다.)

① 회전부의 덮개 또는 울 부착 여부
② 제동장치 및 비상정지장치의 기능
③ 외부전선의 피복 또는 외장의 손상유무
④ 매니퓰레이터(manipulator) 작동의 이상 유무

해 ①: 공기압축기 가동 작업시작 전 점검사항

답 ①

031 ☆

산업안전보건법상 산업용로봇의 교시작업 시작 전 점검하여야 할 부위가 아닌 것은?

① 제동장치 ② 매니플레이터
③ 지그 ④ 전선의 피복상태

해 산업용 로봇의 작동범위에서 그 로봇에 관하여 교시 등의 작업을 할 때 작업 시작 전 점검사항
1. 외부 전선의 피복 또는 외장의 손상 유무
2. 매니퓰레이터(manipulator) 작동의 이상 유무
3. 제동장치 및 비상정지장치의 기능

답 ③

032 ☆

공기압축기의 작업시작 전 점검사항이 아닌 것은?

① 윤활유 상태 ② 언로드 밸브 기능
③ 비상정지장치 기능 ④ 압력방출장치 기능

해 ③: 컨베이어 작업시작 전 점검사항
공기압축기를 가동 시 작업시작 전 점검사항
1. 공기저장 압력용기의 외관 상태
2. 드레인밸브(drain valve)의 조작 및 배수
3. 압력방출장치의 기능
4. 언로드밸브(unloading valve)의 기능
5. 윤활유의 상태
6. 회전부의 덮개 또는 울
7. 그 밖의 연결 부위의 이상 유무

답 ③

033 ☆☆☆

컨베이어 작업시작 전 점검해야 할 사항으로 거리가 먼 것은?

① 원동기 및 풀리 기능의 이상 유무
② 이탈 등의 방지장치 기능의 이상 유무
③ 비상정지장치의 이상 유무
④ 자동전격방지장치의 이상 유무

해 컨베이어를 사용하여 작업을 할 때 작업시작 전 점검사항
1. 원동기 및 풀리(pulley) 기능의 이상 유무
2. 이탈 등의 방지장치 기능의 이상 유무
3. 비상정지장치 기능의 이상 유무
4. 원동기·회전축·기어 및 풀리 등의 덮개 또는 울 등의 이상 유무

답 ④

034 ☆

컨베이어 작업 시 준수해야 할 사항이 아닌 것은?

① 운전 중인 컨베이어 등의 위로 근로자를 넘어가도록 하는 경우에는 위험을 방지하기 위하여 건널다리를 설치하는 등 필요한 조치를 하여야 한다.
② 근로자를 운반할 수 있는 구조가 아닌 운전 중인 컨베이어에 근로자를 탑승시켜서는 안된다.
③ 작업 중 급정지를 방지하기 위하여 비상 정지장치는 해체해야 한다.
④ 트롤리 컨베이어에 트롤리와 체인·행거가 쉽게 벗겨지지 않도록 확실하게 연결시켜야 한다.

해 비상정지장치는 해체해서는 안 된다.

답 ③

035 ☆☆

다음 중 컨베이어에 대한 안전조치 사항으로 틀린 것은?

① 컨베이어에서 화물의 낙하로 인하여 근로자에게 위험을 미칠 우려가 있을 때에는 덮개 또는 울을 설치하여야 한다.

② 정전이나 전압강하 등에 의한 화물 또는 운반구의 이탈 및 역주행을 방지할 수 있어야 한다.

③ 컨베이어에는 벨트 부위에 근로자가 접근 할 때의 위험을 방지하기 위하여 권과방지장치 및 과부하방지 장치를 설치하여야 한다.

④ 컨베이어에 근로자의 신체 일부가 말려들 위험이 있을 때는 운전을 즉시 정지시킬 수 있어야 한다.

해 사업주는 운전 중인 컨베이어등의 위로 근로자를 넘어가도록 하는 경우에는 위험을 방지하기 위하여 건널다리를 설치하는 등 필요한 조치를 하여야 한다.

답 ③

036 ☆

다음 중 벨트 컨베이어의 특징에 해당되지 않는 것은?

① 무인화 작업이 가능하다.

② 연속적으로 물건을 운반할 수 있다.

③ 운반과 동시에 하역작업이 가능하다.

④ 경사각이 클수록 물건을 쉽게 운반할 수 있다.

해 경사각도는 운반물에 따라 다소 차이가 있으나 미세저재문 경우 18°정도에서부터 특수장치를 보완하면 40° 정도까지 운반할 수 있다.

답 ④

037 ☆

다음 중 산업안전보건법령상 이동식 크레인을 사용하여 작업할 때의 작업시작 전 점검사항으로 틀린 것은?

① 브레이크·클러치 및 조정장치의 기능

② 권과방지장치나 그 밖의 경보장치의 기능

③ 와이어로프가 통하고 있는 곳 및 작업장소의 지반상태

④ 원동기·회전축·기어 및 풀리 등의 덮개 또는 울 등의 이상 유무

해 이동식 크레인 사용작업 시 작업시작 전 점검사항
1. 권과방지장치나 그 밖의 경보장치의 기능
2. 브레이크·클러치 및 조정장치의 기능
3. 와이어로프가 통하고 있는 곳 및 작업장소의 지반상태

답 ④

038 ☆☆☆☆

산업안전보건법령상 프레스를 사용하여 작업을 할 때 작업시작 전 점검 항목에 해당하지 않는 것은?

① 전선 및 접속부 상태
② 클러치 및 브레이크의 기능
③ 프레스의 금형 및 고정볼트 상태
④ 1행정 1정지기구·급정지장치 및 비상정 지장치의 기능

해 ①: 이동식 방폭구조(防爆構造) 전기기계·기구를 사용할 때

프레스 작업시작 전 일반적인 점검사항
1. 클러치 및 브레이크의 기능
2. 크랭크축·플라이휠·슬라이드·연결봉 및 연결나사의 풀림 여부
3. 1행정 1정지기구·급정지장치 및 비상정 지장치의 기능
4. 슬라이드 또는 칼날에 의한 위험방지 기구 기능
5. 프레스의 금형 및 고정볼트 상태
6. 방호장치의 기능
7. 전단기(剪斷機)의 칼날 및 테이블의 상태

답 ①

039 ☆☆

산업안전보건법령상 회전중인 연삭숫돌지름이 최소 얼마 이상인 경우로서 근로자에게 위험을 미칠 우려가 있는 경우 해당 부위에 덮개를 설치하여야 하는가?

① 3cm 이상 ② 5cm 이상
③ 10cm 이상 ④ 20cm 이상

해 사업주는 회전 중인 연삭숫돌(지름이 5센티미터 이상인 것으로 한정한다)이 근로자에게 위험을 미칠 우려가 있는 경우에 그 부위에 덮개를 설치하여야 한다.

답 ②

040 ☆

위험기계기구 자율안전확인 고시에 의하면 탁상용 연삭기에서 연삭숫돌의 외주면과 가공물 받침대 사이 거리는 몇mm를 초과하지 않아야 하는가?

① 1 ② 2 ③ 4 ④ 8

해 연삭숫돌의 외주면과 받침대 사이의 거리는 2mm를 초과하지 않을 것

답 ②

041 ☆☆☆☆

다음 중 연삭기를 이용한 작업을 할 경우 연삭숫돌을 교체한 후에는 얼마동안 시험운전을 하여야 하는가?

① 1분 이상 ② 3분 이상
③ 10분 이상 ④ 15분 이상

해 작업을 시작하기 전에는 1분 이상, 연삭숫돌을 교체한 후에는 3분 이상 시험운전을 하고 해당 기계에 이상이 있는지를 확인하여야 한다.

답 ②

042 ☆☆☆

다음 중 연삭기를 이용한 작업의 안전대책으로 가장 옳은 것은?

① 연삭숫돌의 최고 원주 속도 이상으로 사용하여여 한다.
② 운전 중 연삭숫돌의 균열 확인을 위해 수시로 충격을 가해 본다.
③ 정밀한 작업을 위해서는 연삭기의 덮개를 벗기고 숫돌의 정면에 서서 작업한다.
④ 작업시작 전에는 1분 이상 시운전을 하고 숫돌의 교체 시에는 3분 이상 시운전을 한다.

해 ①: 연삭숫돌의 최고 사용회전속도를 초과하여 사용하도록 해서는 아니 된다.
②: 사용하는 연삭숫돌은 작업시작 전에 결함이 있는지를 확인한 후 사용해야 한다.
③: 숫돌 측면에 서서 숫돌원주면을 사용한다.

답 ④

043 ☆☆

연삭기 덮개에 관한 설명으로 틀린 것은?

① 탁상용 연삭기의 워크레스트는 연삭숫돌과의 간격을 3mm 이하로 조정할 수 있는 구조이어야 한다.
② 연삭숫돌의 상부를 사용하는 것을 목적으로 하는 탁상용 연삭기의 덮개의 노출 각도는 90° 이내로 제한하고 있다.
③ 덮개의 두께는 연삭숫돌의 최고사용속도, 연삭숫돌 두께 및 직경에 따라 달라진다.
④ 덮개 재료는 인장강도 274.5MPa 이상이고 신장도가 14% 이상이어야 한다.

해 연삭숫돌의 상부를 사용하는 것을 목적으로 하는 탁상용 연삭기의 덮개의 노출 각도는 60° 이내로 제한하고 있다.

답 ②

044

다음 중 연삭기 덮개에 관한 설명으로 틀린 것은?

① "탁상용 연삭기"란 일가공물을 손에 들고 연삭숫돌에 접촉시켜 가공하는 연삭기를 말한다.
② "워크레스트(workrest)"란 탁상용 연삭기에 사용하는 것으로서 공작물을 연삭할 때 가공물의 지지점이 되도록 받쳐주는 것을 말한다.
③ 워크레스트는 연삭숫돌과의 간격을 5mm 이상 조정할 수 있는 구조이어야 한다.
④ 자율안전확인 연삭기 덮개에는 자율안전확인의 표시외에 숫돌사용 주속도와 숫돌회전방향을 추가로 표시하여야 한다.

해 ③: 탁상용 연삭기의 워크레스트는 연삭숫돌 과의 간격을 3mm 이하로 조정할 수 있는 구조이어야 한다.

답 ③

045

다음 중 탁상용 연삭기에 사용하는 것으로서 공작물을 연삭할 때 가공물 지지점이 되도록 받쳐주는 것은 무엇이라 하는가?

① 주판 ② 측판
③ 삼압대 ④ 워크레스트

해 워크레스트(작업대)에 대한 설명이다.

답 ④

046

다음 중 연삭숫돌 구성의 3요소가 아닌 것은?

① 조직 ② 입자 ③ 기공 ④ 결합제

해 숫돌 3요소: 숫돌입자/기공/결합제

답 ①

047

일반적인 연삭기로 작업 중 발생할 수 있는 재해가 아닌 것은?

① 연삭 분진이 눈에 튀어 들어가는 것
② 숫돌 파괴로 인한 파편의 비래
③ 가공 중 공작물의 반발
④ 글레이징(glazing) 현상에 의한 입자의 탈락

해 글레이징: 입자가 탈락하지 않고, 마멸에 의해 납작해진 상태

답 ④

048

연삭기 숫돌의 파괴 원인으로 볼 수 없는 것은?

① 숫돌의 회전속도가 너무 빠를 때
② 숫돌 자체에 균열이 있을 때
③ 숫돌의 정면을 사용할 때
④ 숫돌에 과대한 충격을 주게 되는 때

해 ③: 숫돌의 측면을 사용할 때

답 ③

049 ☆

연삭숫돌의 파괴 원인이 아닌 것은?

① 숫돌 작업 시 측면 사용이 원인이 된다.

② 숫돌 작업 시 드레싱을 실시했을 때 원인이 된다.

③ 숫돌의 회전속도가 너무 빠를 때 원인이 된다.

④ 숫돌의 회전중심이 잡히지 않았거나 베어링의 마모에 의한 진동이 원인이 된다.

해 숫돌 작업 시 드레싱을 미실시했을 때 원인이 된다.

드레싱: 눈메움현상, 절삭성 회복시키는 작업

답 ②

050 ☆

탁상용 연삭기에서 숫돌을 안전하게 설치하기 위한 방법으로 옳지 않은 것은?

① 숫돌바퀴 구멍은 축 지름보다 0.1mm 정도 작은 것을 선정하여 설치한다.

② 설치 전에는 육안 및 목재 해머로 숫돌의 흠, 균열을 점검한 후 설치한다.

③ 축의 턱에 내측 플랜지, 압지 또는 고무판, 숫돌 순으로 끼운 후 외측에 압지 또는 고무판, 플랜지, 너트 순으로 조인다.

④ 가공물 받침대는 숫돌의 중심에 맞추어 연삭기에 견고히 고정한다.

해 숫돌바퀴 구멍은 축 지름보다 0.1mm 정도 큰 것을 선정하여 설치한다.

답 ①

051 ☆

연삭숫돌의 덮개 재료 선정 시 최고속도에 따라 허용되는 덮개 두께가 달라지는데 동일한 최고속도에서 가장 얇은 판을 쓸 수 있는 덮개의 재료로 다음 중 가장 적절한 것은?

① 회주철 ② 압연강판

③ 가단주철 ④ 탄소강주강품

해 연삭숫돌의 사용 주속도에 따라 덮개두께(압연강판인 경우)는 표 1의 값 이상이어야 한다. 다만, 회주철의 경우 압연강판 두께의 값에 4를 곱한 값 이상, 가단주철의 경우 압연강판 두께의 값에 2를 곱한 값 이상, 탄소강주강품은 압연강판 두께에 1.6을 곱한 값 이상이어야 한다. 즉, 압연강판이 제일 얇다.

답 ②

052 ☆☆

대패기계용 덮개의 시험 방법에서 날접촉 예방장치인 덮개와 송급 테이블 면과의 간격기준은 몇mm 이하여야 하는가?

① 3 ② 5 ③ 8 ④ 12

해 덮개 하단과 가공재 상면과의 간격은 8mm 이내로 조정

답 ③

053 ☆

다음 중 금형의 설계 및 제작 시 안전화 조치와 가장 거리가 먼 것은?

① 펀치와 세장비가 맞지 않으면 길이를 짧게 조정한다.

② 강도 부족으로 파손되는 경우 충분한 강도를 갖는 재료로 교체한다.

③ 열처리 불량으로 인한 파손을 막기 위해 담금질(Quenching)을 실시한다.

④ 캠 및 기타 충격이 반복해서 가해지는 부분에는 완충장치를 한다.

해 열처리 불량으로 인한 파손을 막기 위해 작은 균열이라도 지체없이 해체하여 수리한다.

답 ③

054 ☆

금형의 안전화에 대한 설명 중 틀린 것은?

① 금형의 틈새는 8mm 이상 충분하게 확보 한다.

② 금형 사이에 신체일부가 들어가지 않도록 한다.

③ 충격이 반복되어 부가되는 부분에는 완충장치를 설치한다.

④ 금형 설치용 홈은 설치된 프레스의 홈에 적합한 현상의 것으로 한다.

해 금형의 틈새는 8mm 이하가 되도록 한다.

답 ①

055 ☆☆

원심기의 안전대책에 관한 사항에 해당되지 않는 것은?

① 최고사용 회전수를 초과하여 사용해서는 아니된다.

② 내용물이 튀어나오는 것을 방지하도록 덮개를 설치하여야 한다.

③ 폭발을 방지하도록 압력방출장치를 2개 이상 설치하여야 한다.

④ 청소, 검사, 수리 등의 작업 시에는 기계의 운전을 정지하여야 한다.

해 압력방출장치는 원심기와 관련이 없다.

답 ③

056 ☆☆

금형 작업의 안전과 관련하여 금형 부품의 조립 시 주의 사항으로 틀린 것은?

① 맞춤 핀을 조립할 때에는 헐거운 끼워맞춤으로 한다.

② 파일럿 핀, 직경이 작은 펀치, 핀 게이지 등의 삽입부품은 빠질 위험이 있으므로 플랜지를 설치하는 등 이탈방지대책을 세워둔다.

③ 쿠션 핀을 사용할 경우에는 상승시 누름 판의 이탈방지를 위하여 단붙임한 나사로 견고히 조여야 한다.

④ 가이드 포스트, 샹크는 확실하게 고정한다.

해 맞춤 핀을 사용할 때에는 억지끼워맞춤으로 하고, 이를 상형에 사용할 때에는 사용할 때에는 낙하방지의 대책을 세워둔다.

답 ①

057 ☆

세이퍼 작업 시의 안전대책으로 틀린 것은?

① 바이트는 가급적 짧게 물리도록 한다.
② 가공 중 다듬질 면을 손으로 만지지 않는다.
③ 시동하기 전에 행정 조정용 핸들을 끼워둔다.
④ 가공 중에는 바이트의 운동방향에 서지 않도록 한다.

해 시동하기 전에 행정 조정용 핸들을 빼둔다.

답 ③

058 ☆

다음 중 일반적으로 기계절삭에 의하여 발생하는 칩이 가장 가늘고 예리한 것은?

① 밀링 ② 세이퍼 ③ 드릴 ④ 플레이너

해 밀링에 대한 설명이다.

답 ①

059 ☆☆☆☆☆☆☆

밀링 머신의 작업 시 안전수칙에 대한 설명으로 틀린 것은?

① 커터의 교환 시는 테이블 위에 목재를 받쳐 놓는다.
② 강력 절삭 시에는 일감을 바이스에 깊게 물린다.
③ 작업 중 면장갑은 착용하지 않는다.
④ 커터는 가능한 컬럼(column)으로부터 멀리 설치한다.

해 커터는 될 수 있는 한 컬럼에서 가깝게 설치한다.

답 ④

060 ☆☆☆☆

밀링작업 시 안전수칙에 해당되지 않는 것은?

① 칩이나 부스러기는 반드시 브러시를 사용하여 제거한다.
② 가공 중에는 가공면을 손으로 점검하지 않는다.
③ 기계를 가동 중에는 변속시키지 않는다.
④ 바이트는 가급적 길게 고정시킨다.

해 바이트는 가급적 짧게 고정시킨다.

답 ④

061 ☆☆

다음 중 밀링 작업 시 안전사항과 거리가 먼 것은?

① 커터를 끼울 때는 아버를 깨끗이 닦는다.
② 강력 절삭을 할 때는 일감을 바이스에 깊게 물린다.
③ 상하, 좌우 이동장치 핸들을 사용 후 풀어 놓는다.
④ 절삭 중 발생하는 칩의 제거는 칩브레이커를 사용한다.

해 칩이나 부스러기는 반드시 브러시를 사용하여 제거한다.
칩브레이커: 선반 방호장치

답 ④

062 ☆

밀링작업 시 절삭가공에 관한 설명으로 틀린 것은?

① 하향절삭은 커터의 절삭방향과 이송방향이 같으므로 백래시 제거장치가 없으면 곤란하다.
② 상향절삭은 밀링커터의 날이 가공재를 들어 올리는 방향으로 작용한다.
③ 하향절삭은 칩이 가공한 면 위에 쌓이므로 시야가 좋지 않다.
④ 상향절삭은 칩이 날을 방해하지 않고, 절삭열에 의한 치수정밀도의 변화가 적다.

해

절삭 구분	특징
하향 절삭	• 커터 회전방향과 같은 방향으로 가공재 이송(가공면 깨끗) • 칩이 날 방해해 치수정밀도에 영향 줌(그래서, 백래시 제거 장치 필요) • 일감 고정 간편 • 날 수명 길 • 칩이 가공한 면 위에 쌓이므로 시야가 좋음
상향 절삭	• 커터 회전방향과 다른 방향으로 가공재 이송 • 칩이 날 방해 안해 치수정밀도 영향 안줌 • 칩이 가공할 경로 위에 쌓이므로 시야가 안좋음

답 ③

063 ☆☆

공작기계 중 플레이너 작업 시 안전대책이 아닌 것은?

① 베드 위에는 다른 물건을 올려놓지 않는다.
② 절삭 행정 중 일감에 손을 대지 말아야 한다.
③ 프레임 내의 피트(Pit)에는 뚜껑을 설치하여야 한다.
④ 바이트는 되도록 길게 나오도록 설치한다.

해 바이트는 되도록 짧게 나오도록 설치한다.

답 ④

064 ☆

플레이너에 대한 설명으로 옳은 것은?

① 곡면을 절삭하는 기계이다.
② 가공재가 수평 왕복운동을 한다.
③ 이송운동은 절삭운동의 2왕복에 대하여 1회의 단속 운동으로 이루어진다.
④ 절삭운동 중 귀환행정은 저속으로 이루어져 "저속귀환 행정"이라 한다.

해 ①: 평면을 절삭하는 기계이다.
③: 공작물의 운동 방향과 직각 방향으로 간헐운동을 하는 바이트에 의해 절삭한다.
④: 절삭운동 중 귀환행정은 고속으로 이루어져 "급속귀환 행정"이라 한다.

답 ②

065 ☆

선반 작업의 안전사항으로 틀린 것은?

① 베드 위에 공구를 올려놓지 않아야 한다.
② 바이트를 교환할 때는 기계를 정지시키고 한다.
③ 바이트는 끝을 길게 장치한다.
④ 반드시 보안경을 착용한다.

해 ③: 바이트를 짧게 고정한다.

답 ③

066 ☆☆

선반 작업에 대한 안전수칙으로 틀린 것은?

① 척 핸들을 항상 척에 끼워 둔다.
② 배드 위에 공구를 올려놓지 않아야 한다.
③ 바이트를 교환할 때는 기계를 정지시키고 한다.
④ 일감의 길이가 외경과 비교하여 매우 길 때는 방진구를 사용한다.

해 작업 전에는 척 핸들 빼둔다.

답 ①

067 ☆

선반작업의 안전수칙으로 적합하지 않은 것은?

① 작업 중 장갑을 착용하여서는 안된다.
② 공작물의 측정은 기계를 정지시킨 후 실시한다.
③ 사용 중인 공구는 선반의 베드 위에 올려 놓는다.
④ 가공물의 길이가 지름의 12배 이상이면 방진구를 사용한다.

해 사용 중인 공구는 선반의 베드 위에 올려 놓지 않는다.

답 ③

068 ☆☆☆

선반의 안전작업 방법 중 틀린 것은?

① 절삭칩 제거는 반드시 브러시를 사용할 것
② 기계운전 중에는 백기어(back gear)의 사용을 금할 것
③ 공작물의 길이가 직경의 6배 이상일 때는 반드시 방진구를 사용할 것
④ 시동 전에 척 핸들을 빼둘 것

해 공작물의 길이가 직경의 12배 이상일 때는 반드시 방진구를 사용할 것

답 ③

069 ☆☆☆

선반 작업 시 주의사항으로 틀린 것은?

① 회전 중에 가공품을 직접 만지지 않는다.
② 공작물의 설치가 끝나면, 척에서 렌치류는 곧바로 제거한다.
③ 칩(chip)이 비산할 때는 보안경을 쓰고 방호판을 설치하여 사용한다.
④ 돌리개는 적정 크기의 것을 선택하고, 심압대 스핀들은 가능한 길게 나오도록 한다.

해 돌리개는 적정 크기의 것을 선택하고, 심압대 스핀들은 가능한 짧게 나오도록 한다.

답 ④

070 ☆☆

다음 중 선반 작업 시 준수하여야 하는 안전 사항으로 틀린 것은?

① 작업 중 면장갑 착용을 금한다.
② 작업 시 공구는 항상 정리해 둔다.
③ 운전 중에 백기어를 사용한다.
④ 주유 및 청소를 할 때에는 반드시 기계를 정지시키고 한다.

해 운전 중에 백기어를 사용금지한다.

답 ③

071 ☆

프레스 정지 시의 안전수칙이 아닌 것은?

① 정전되면 즉시 스위치를 끈다.
② 안전블럭을 바로 고여준다.
③ 클러치를 연결시킨 상태에서 기계를 정지시키지 않는다.
④ 플라이휠의 회전을 멈추기 위해 손으로 누르지 않는다.

해 프레스 정지 시의 안전수칙
- 정전되면 즉시 스위치를 끈다.
- 클러치를 연결시킨 상태에서 기계를 정지시키지 않는다.
- 플라이휠의 회전을 멈추기 위해 손으로 누르지 않는다.
- 정지 중인 기계 페달은 절대로 밟지 않는다.

답 ②

072 ☆☆☆

정(chisel) 작업의 일반적인 안전 수칙으로 틀린 것은?

① 따내기 및 칩이 튀는 가공에서는 보안경을 착용하여야 한다.
② 절단 작업 시 절단된 끝이 튀는 것을 조심하여야 한다.
③ 작업을 시작할 때는 가급적 정을 세게 타격하고 점차 힘을 줄여간다.
④ 담금질 된 철강 재료는 정 가공을 하지 않는 것이 좋다.

해 정 이용 작업 시 시작할 때나 끝날 때나 세게 때리면 안된다.

답 ③

073 ☆☆☆☆☆

드릴 작업의 안전조치 사항으로 틀린 것은?

① 칩은 와이어 브러시로 제거한다.
② 드릴 작업에서는 보안경을 쓰거나 안전덮개를 설치한다.
③ 칩에 의한 자상을 방지하기 위해 면장갑을 착용한다.
④ 바이스 등을 사용하여 작업 중 공작물의 유동을 방지한다.

해 드릴 작업 시에는 장갑 착용 금지한다.

답 ③

074 ☆

안전장갑을 사용해야 할 작업이 아닌 것은?

① 전기 용접을 하는 작업
② 드릴을 사용하는 작업
③ 굳지 않은 콘크리트에 접촉하는 작업
④ 감전 위험이 있는 작업

해 회전체 다루는 작업에서는 장갑을 끼지 않는다.

답 ②

075 ☆☆☆☆

다음 중 드릴 작업에 있어서 공작물을 고정하는 방법으로 가장 적절하지 않은 것은?

① 작은 공작물은 바이스로 고정한다.
② 작고 길쭉한 공작물은 플라이어로 고정한다.
③ 대량 생산과 정밀도를 요구할 때는 지그로 고정한다.
④ 공작물이 크고 복잡할 때는 볼트와 고정구로 고정한다.

해 작고 길쭉한 공작물은 플라이어로 고정하면 힘이 너무 소요된다.

답 ②

076 ☆

다음 중 드릴 작업시 안전수칙으로 적절하지 않은 것은?

① 장갑의 착용을 금한다.
② 드릴은 사용 전에 검사한다.
③ 작업자는 보안경을 착용한다.
④ 드릴의 이송은 최대한 신속하게 한다.

해 드릴의 이송은 적당한 속도로 한다.

답 ④

077 ☆☆☆☆

드릴 작업 시 올바른 작업안전수칙이 아닌 것은?

① 구멍을 뚫을 때 관통된 것을 확인하기 위해 손으로 만져서는 안 된다.
② 드릴을 끼운 후에 척 렌치(chuck wrench)를 부착한 상태에서 드릴 작업을 한다.
③ 작업모를 착용하고 옷소매가 긴 작업복은 입지 않는다.
④ 보안경을 쓰거나 안전 덮개를 설치한다.

해 작업시작 전 척 렌치(chuck wrench)를 반드시 제거하고 작업한다.

답 ②

078 ☆

다음 중 드릴작업 시 가장 안전한 행동에 해당하는 것은?

① 장갑을 끼고 작업한다.
② 작업 중 브러시로 칩을 털어 낸다.
③ 작은 구멍을 뚫고 큰 구멍을 뚫는다.
④ 드릴을 먼저 회전시키고 공작물을 고정한다.

해 ①: 장갑을 미착용한다.
②: 작업 후 브러시로 칩을 털어 낸다.
④: 드릴을 먼저 회전시키기 전에 공작물을 고정한다.

답 ③

079 ☆

드릴로 구멍을 뚫는 작업 중 공작물이 드릴과 함께 회전할 우려가 가장 큰 경우는?

① 처음 구멍을 뚫을 때
② 중간쯤 뚫렸을 때
③ 거의 구멍이 뚫렸을 때
④ 구멍이 완전히 뚫렸을 때

해 구멍이 거의 뚫릴 때 체중이 많이 실려서 공작물이 회전할 위험이 크다.

답 ③

080 ☆

다음 중 드릴링 머신(drilling machine)에서 구멍을 뚫는 작업 시 가장 위험한 시점은?

① 드릴작업의 끝
② 드릴 작업의 처음
③ 드릴이 공작물을 관통한 후
④ 드릴이 공작물을 관통하기 전

해 드릴이 공작물을 관통하기 전이 가장 위험하다.

답 ④

081 ☆

다음 중 기계설비 사용 시 일반적인 안전수칙으로 잘못된 것은?

① 기계·기구 또는 설비에 설치한 방호장치는 해체하거나 사용을 정지해서는 안된다.
② 절삭편이 날아오는 작업에서는 보호구 보다 덮개 설치가 우선적으로 이루어져야 한다.
③ 기계의 운전을 정지한 후 정비할 때에는 해당 기계의 기동장치에 잠금장치를 하고 그 열쇠는 공개된 장소에 보관하여야 한다.
④ 기계 또는 방호장치의 결함이 발견된 경우 반드시 정비한 후에 근로자가 사용하도록 하여야 한다.

해 기계의 운전을 정지한 경우에 다른 사람이 그 기계를 운전하는 것을 방지하기 위하여 기계의 기동장치에 잠금장치를 하고 그 열쇠를 별도 관리하거나 표지판을 설치하는 등 필요한 방호 조치를 하여야 한다.

답 ③

082 ☆☆☆☆☆

산업안전보건법령에 따라 달기 체인을 달비계에 사용해서는 안되는 경우가 아닌 것은?

① 균열이 있거나 심하게 변형된 것
② 달기 체인의 한 꼬임에서 끊어진 소선의 수가 10% 이상인 것
③ 달기 체인의 길이가 달기 체인이 제조된 때의 길이의 5%를 초과한 것
④ 링의 단면지름이 달기 체인이 제조된 때의 해당 링의 지름의 10% 초과하여 감소한 것

해 ②: 와이어로프 사용금지 기준

답 ②

083 ☆

산업안전보건법령상 양중기에 사용하지 않아야 하는 달기 체인의 기준으로 틀린 것은?

① 심하게 변형된 것
② 균열이 있는 것
③ 달기 체인의 길이가 달기 체인이 제조된 때의 길이 3%를 초과한 것
④ 링의 단면 지름이 달기 체인이 제조된 때의 해당 링의 지름의 10%를 초과하여 감소한 것

해 달기 체인의 길이가 달기 체인이 제조된 때의 길이의 5%를 초과한 것

답 ③

084 ☆☆☆

양중기에 사용 가능한 와이어로프에 해당하는 것은?

① 와이어로프의 한 꼬임에서 끊어진 소선의 수가 10% 초과한 것
② 심하게 변형 또는 부식된 것
③ 지름의 감소가 공칭지름의 7% 이내인 것
④ 이음매가 있는 것

해 다음 각 목의 어느 하나에 해당하는 와이어로프를 달비계에 사용해서는 아니 된다.

1. 이음매가 있는 것
2. 와이어로프의 한 꼬임에서 끊어진 소선의 수가 10% 이상인 것
3. 지름 감소가 공칭지름 7%를 초과하는 것
4. 꼬인 것
5. 심하게 변형되거나 부식된 것
6. 열과 전기 충격에 의해 손상된 것

답 ③

085 ☆☆☆☆☆

롤러기에 사용되는 급정지장치의 종류가 아닌 것은?

① 손 조작식 ② 발 조작식
③ 무릎 조작식 ④ 복부 조작식

해 급정지장치 종류

종류	설치위치
손조작식	밑면에서 1.8미터 이내
복부조작식	밑면에서 0.8미터 이상 1.1미터 이내
무릎조작식	밑면에서 0.6미터 이내

답 ②

086 ☆☆☆☆☆☆☆

산업안전보건법령상 롤러기의 무릎조작식 급정지장치의 설치 위치 기준은? (단, 위치는 급정지장치 조작부의 중심점을 기준)

① 밑면에서 0.7~0.8m 이내
② 밑면에서 0.6m 이내
③ 밑면에서 0.8~1.2m 이내
④ 밑면에서 1.5m 이내

해 윗 해설 참조

답 ②

087 ☆☆

롤러기의 급정지장치를 작동시켰을 경우에 무부하 운전 시 앞면 롤러의 표면속도가 30m/min 미만일 때의 급정지거리로 적합한 것은?

① 앞면 롤러 원주의 1/1.5 이내
② 앞면 롤러 원주의 1/2 이내
③ 앞면 롤러 원주의 1/2.5 이내
④ 앞면 롤러 원주의 1/3 이내

해

앞면 롤러의 표면속도(m/min)	급정지거리
30 미만	앞면 롤러 원주의 1/3 이내
30 이상	앞면 롤러 원주의 1/2.5 이내

답 ④

088 ☆

산업안전보건기준에 관한 규칙에 따라 회전축, 기어, 풀리, 플라이휠 등에 사용되는 기계요소인 키, 핀 등의 형태로 적합한 것은?

① 돌출형 ② 개방형 ③ 폐쇄형 ④ 묻힘형

해 사업주는 회전축·기어·풀리 및 플라이휠 등에 부속되는 키·핀 등의 기계요소는 묻힘형으로 하거나 해당 부위에 덮개를 설치하여야 한다.

답 ④

089 ☆☆

수공구 작업 시 재해방지를 위한 일반적인 유의사항이 아닌 것은?

① 사용 전 이상 유무를 점검한다.
② 작업자에게 필요한 보호구를 착용시킨다.
③ 적합한 수공구가 없을 경우 유사한 것을 선택하여 사용한다.
④ 사용 전 충분한 사용법을 숙지한다.

해 수공구는 반드시 적합한 것을 사용한다.

답 ③

090 ☆

다음 중 프레스의 안전작업을 위하여 활용하는 수공구로 가장 거리가 먼 것은?

① 브러시 ② 진공 컵
③ 마그넷 공구 ④ 플라이어(집게)

해 브러시: 선반 작업 도구

답 ①

091 ☆☆

다음 중 드릴링 작업에서 반복적 위치에서의 작업과 대량생산 및 정밀도를 요구할 때 사용하는 고정 장치로 가장 적합한 것은?

① 바이스(vise) ② 지그(jig)
③ 클램프(clamp) ④ 렌치(wrench)

해 지그에 대한 설명이다.

답 ②

092 ☆☆

선반작업에서 가공물의 길이가 외경에 비하여 과도하게 길 때, 절삭저항에 의한 떨림을 방지하기 위한 장치는?

① 센터 ② 심봉 ③ 방진구 ④ 돌리개

해 방진구: 선반작업에서 가늘고 긴 공작물의 처짐이나 휨을 방지하는 부속장치이며 일반적으로 공작물의 길이가 직경의 12배 이상일 때 사용

답 ③

093 ☆

다음 중 선반작업에서 가늘고 긴 공작물의 처짐이나 휨을 방지하는 부속장치는?

① 방진구 ② 심봉 ③ 돌리개 ④ 면판

해 윗 해설 참조

답 ①

094 ☆

보일러의 연도(굴뚝)에서 버려지는 여열을 이용하여 보일러에 공급되는 급수를 예열하는 부속장치는?

① 과열기 ② 절탄기
③ 공기예열기 ④ 연소장치

해 절탄기에 대한 설명이다.

답 ②

095 ☆

기계설비에 있어서 방호의 기본 원리가 아닌 것은?

① 위험 제거 ② 덮어씌움
③ 위험도 분석 ④ 위험에 적응

해 방호장치 기본원리
1. 위험 제거
2. 차단
3. 덮어씌움
4. 위험에 대한 적응

답 ③

096 ☆

범용 수동 선반의 방호조치에 대한 설명으로 틀린 것은?

① 대형 선반의 후면 칩 가드는 새들의 전체 길이를 방호할 수 있어야 한다.
② 척 가드의 폭은 공작물의 가공작업에 방해되지 않는 범위에서 척 전체 길이를 방호해야 한다.
③ 수동 조작을 위한 제어장치는 정확한 제어를 위해 조작 스위치를 돌출형으로 제작해야 한다.
④ 스핀들 부위를 통한 기어박스에 접촉될 위험이 있는 경우에는 해당부위에 잠금장치가 구비된 가드를 설치하고 스핀들 회전과 연동회로를 구성해야 한다.

해 수동조작을 위한 제어장치에는 매입형 스위치의 사용 등 불시접촉에 의한 기동을 방지하기 위한 조치를 해야 한다.

답 ③

097 ☆☆☆☆

산업안전보건법령에 따라 목재가공용 기계에설치하여야 하는 방호장치에 대한 내용으로 틀린 것은?

① 목재가공용 둥근톱기계에는 분할날 등반발예방장치를 설치하여야 한다.
② 목재가공용 둥근톱기계에는 톱날접촉예방장치를 설치하여야 한다.
③ 모떼기기계에는 가공 중 목재의 회전을 방지하는 회전방지장치를 설치해야 한다.
④ 작업대상물이 수동으로 공급되는 동력식 수동대패기계에 날접촉예방장치를 설치하여야 한다.

해 사업주는 모떼기기계(자동이송장치를 부착한 것은 제외한다)에 날접촉예방장치를 설치하여야 한다. 다만, 작업의 성질상 날접촉예방장치를 설치하는 것이 곤란하여 해당 근로자에게 적절한 작업공구 등을 사용하도록 한 경우에는 그러하지 아니하다.

답 ③

098 ☆

목재가공용 기계별 방호장치가 틀린 것은?

① 목재가공용 둥근톱기계-반발예방장치
② 동력시 수동대패기계-날접촉예방장치
③ 목재가공용 띠톱기계-날접촉예방장치
④ 모떼기 기계-반발예방장치

해 윗 해설 참조

답 ④

099 ☆

산업안전보건법령에 따라 다음 중 목재가공용으로 사용되는 모떼기기계의 방호장치는? (단, 자동이송장치를 부착한 것은 제외한다.)

① 분할날 ② 날접촉예방장치
③ 급정지장치 ④ 이탈방지장치

해 윗 해설 참조

답 ②

100 ☆

다음은 목재가공용 둥근톱에서 분할날에 관한 설명이다. (   )안의 내용을 올바르게 나타낸 것은?

> – 분할날과 톱날 원주면과의 간격은 최대 (A)mm 이내가 되도록 설치한다.
> – 분할날 두께는 둥근 톱 두께의 (B) 배 이상 이고, 치진폭보다는 작아야된다.

① A: 10mm, B: 1.5배
② A: 12mm, B: 1.1배
③ A: 15mm, B: 1.1배
④ A: 20mm, B: 2배

해 – 분할날과 톱날 원주면과의 간격은 최대 12 mm 이내가 되도록 설치한다.
– 분할날 두께는 둥근 톱 두께의 1.1배 이상이고, 치진폭보다는 작아야된다.

답 ②

101 ☆☆

다음 중 목재 가공용 둥근톱에 설치해야 하는 분할 날의 두께에 관한 설명으로 옳은 것은?

① 톱날 두께의 1.1배 이상이고, 톱날의 치진폭보다 커야 한다.

② 톱날 두께의 1.1배 이상이고, 톱날의 치진폭보다 작아야 한다.

③ 톱날 두께의 1.1배 이내이고, 톱날의 치진폭보다 커야 한다.

④ 톱날 두께의 1.1배 이내이고, 톱날의 치진폭보다 작아야 한다.

해 윗 해설 참조

답 ②

102 ☆

다음 중 톱의 후면날 가까이에 설치되어 목재의 켜진 틈 사이에 끼어서 쐐기작용을 하여 목재가 압박을 가하지 않도록 하는 장치를 무엇이라 하는가?

① 분할날 ② 반발방지장치

③ 날접촉예방장치 ④ 가동식 접촉예방장치

해 분할날에 대한 설명이다.

답 ①

103 ☆

산업안전보건법령상 기계 기구의 방호조치에 대한 사업주·근로자 준수사항으로 가장 적절하지 않은 것은?

① 방호 조치의 기능상실에 대한 신고가 있을 시 사업주는 수리, 보수 및 작업중지 등 적절한 조치를 할 것

② 방호조치 해체 사유가 소멸된 경우 근로자는 즉시 원상회복 시킬 것

③ 방호조치의 기능상실을 발견 시 사업주에게 신고할 것

④ 방호조치 해체 시 해당 근로자가 판단하여 해체할 것

해 안전조치 및 보건조치는 각 호에 따른다.

1. 방호조치를 해체하려는 경우: 사업주의 허가를 받아 해체할 것
2. 방호조치 해체 사유가 소멸된 경우: 방호 조치를 지체 없이 원상으로 회복시킬 것
3. 방호조치의 기능이 상실된 것을 발견한 경우: 지체없이 사업주에게 신고할 것

답 ④

104 ☆

제철공장에서는 주괴(ingot)를 운반하는데 주로 컨베이어를 사용하고 있다. 이 컨베이어에 대한 방호조치의 설명으로 옳지 않은 것은?

① 근로자의 신체의 일부가 말려드는 등 근로자에게 위험을 미칠 우려가 있을 때 및 비상시에는 즉시 컨베이어의 운전을 정지 시킬 수 있는 장치를 설치하여야 한다.
② 화물의 낙하로 인하여 근로자에게 위험을 미칠 우려가 있는 때에는 컨베이어에 덮개 또는 울을 설치하는 등 낙하방지를 위한 조치를 하여야 한다.
③ 수평상태로만 사용하는 컨베이어의 경우 정전, 전압 강하 등에 의한 화물 또는 운반구의 이탈 및 역주행을 방지하는 장치를 갖추어야 한다.
④ 운전 중인 컨베이어 위로 근로자를 넘어 가도록 하는 때에는 근로자의 위험을 방지하기 위하여 건널다리를 설치하는 등 필요한 조치를 하여야 한다.

해 경사 컨베이어, 수직 컨베이어는 정전, 전압강하 등에 의한 화물 또는 운반구의 이탈 및 역주행을 방지하기 위한 장치를 설치하여야 한다.

답 ③

105 ☆☆☆☆☆☆☆☆☆

프레스 등의 금형을 부착·해체 또는 조정 작업 중 슬라이드가 갑자기 작동하여 근로자에게 발생할 수 있는 위험을 방지하기 위하여 설치하는 것은?

① 방호 울 ② 안전블록
③ 시건장치 ④ 게이트 가드

해 사업주는 프레스 등의 금형을 부착·해체 또는 조정하는 작업을 할 때에 해당 작업에 종사하는 근로자의 신체가 위험한계 내에 있는 경우 슬라이드가 갑자기 작동함으로써 근로자에게 발생할 우려가 있는 위험을 방지하기 위하여 안전블록을 사용하는 등 필요한 조치를 하여야 한다.

답 ②

106 ☆

프레스의 위험방지조치로써 안전블록을 사용하는 경우가 아닌 것은?

① 금형 부착 시 ② 금형 파기 시
③ 금형 해체 시 ④ 금형 조정 시

해 사업주는 프레스 등의 금형을 부착·해체 또는 조정하는 작업을 할 때에 해당 작업에 종사하는 근로자의 신체가 위험한계 내에 있는 경우 슬라이드가 갑자기 작동함으로써 근로자에게 발생할 우려가 있는 위험을 방지하기 위하여 안전블록을 사용하는 등 필요한 조치를 하여야 한다.

답 ②

107 ☆☆

다음 중 원심기에 적용하는 방호장치는?

① 덮개 ② 권과방지장치
③ 리미트 스위치 ④ 과부하 방지장치

해 원심기의 방호장치 중 하나는 덮개이다.

답 ①

108 ☆

연삭기의 방호장치에 해당하는 것은?

① 주수 장치 ② 덮개 장치

③ 제동 장치 ④ 소화 장치

해 연삭기 방호장치: 덮개

답 ②

109 ☆

위험기계기구와 이에 해당하는 방호장치의 연결이 틀린 것은?

① 연삭기 – 급정지장치

② 프레스 – 광전자식 방호장치

③ 아세틸렌 용접장치 – 안전기

④ 압력용기 – 압력방출용 안전밸브

해 연삭기 방호장치는 덮개이다.

답 ①

110 ☆

다음 중 곤돌라의 방호장치에 관한 설명으로 틀린 것은?

① 비상정지장치 작동 시 동력은 차단되고, 누름버튼의 복귀를 통해 비상정지 조작 직전의 작동이 자동으로 복귀될 것

② 권과방지장치는 권과를 방지하기 위하여 자동적으로 동력을 차단하고 작동을 제동하는 기능을 가질 것

③ 기어·축·커플링 등의 회전부분에는 덮개나 울이 설치되어 있을 것

④ 과부하 방지장치는 적재하중을 초과하여 적재시 주 와이어로프에 걸리는 과부하를 감지하여 경보와 함께 승강되지 않는 구조일 것

해 비상정지장치 작동 시 동력은 차단되고, 누름버튼의 복귀를 통해 비상정지 조작 직전의 작동이 자동으로 복귀되지 말 것

답 ①

111 ☆☆☆

목재가공용 둥근톱의 목재 반발예방장치가 아닌 것은?

① 반발방지 발톱(finger)

② 분할날(spreader)

③ 덮개(cover)

④ 반발방지 롤(roll)

해 덮개: 날접촉예방장치

답 ③

112 ☆

산업안전보건법령상 지게차 방호장치에 해당하는 것은?

① 포크 ② 헤드가드
③ 호이스트 ④ 힌지드 버킷

해 헤드가드 외는 장치 혹은 부속품이다.

답 ②

113 ☆☆

지게차의 안전장치에 해당하지 않는 것은?

① 후사경 ② 헤드가드
③ 백 레스트 ④ 권과방지장치

해 권과방지장치는 크레인 방호장치이다.

답 ④

114 ☆

다음 중 컨베이어(conveyor)의 주요 구성품이 아닌 것은?

① 롤러(Roller) ② 벨트(Belt)
③ 지브(Jib) ④ 체인(Chain)

해 지브는 크레인에서 앞으로 내뻗친 팔뚝 모양의 긴 장치이다.

답 ③

115 ☆☆☆☆☆☆☆☆☆

다음 중 컨베이어의 안전장치가 아닌 것은?

① 이탈방지장치 ② 비상정지장치
③ 덮개 또는 울 ④ 비상난간

해 컨베이어 방호장치
비상정지장치/역회전(역주행)방지장치/이탈방지장치/덮개/건널다리

답 ④

116 ☆

같은 주행로에 병렬로 설치되어 있는 주행 크레인에서 크레인끼리 충돌이나, 근로자에 접촉하는 것을 방지하는 방호장치는?

① 안전 매트 ② 급정지장치
③ 방호 울 ④ 스토퍼

해 스토퍼에 대한 설명이다.

답 ④

117 ☆☆☆☆

크레인에 사용하는 방호장치가 아닌 것은?

① 과부하방지장치 ② 가스집합장치
③ 권과방지장치 ④ 제동장치

해 가스집합장치는 아세틸렌 용접장치에 설치한다.

답 ②

118 ☆

다음 중 천장크레인의 방호장치와 가장 거리가 먼 것은?

① 과부하방지장치 ② 낙하방지장치
③ 권과방지장치 ④ 비상정지장치

해 천장크레인 방호장치
과부하방지장치/권과방지장치/비상정지장치/제동장치/훅 해지장치

답 ②

119 ☆

크레인의 와이어로프가 일정 한계 이상 감기지 않도록 작동을 자동으로 정지시키는 장치는?

① 훅해지장치 ② 권과방지장치
③ 비상정지장치 ④ 과부하방지장치

해 권과방지장치에 대한 설명이다.

답 ②

120 ☆☆

크레인에서 훅걸이용 와이어로프 등이 훅으로부터 벗겨지는 것을 방지하기 위해 사용하는 방호장치는?

① 덮개 ② 권과방지장치
③ 비상정지장치 ④ 해지장치

해 해지장치에 대한 설명이다.

답 ④

121 ☆

건설장비 크레인의 헤지(Hedge)장치란?

① 중량초과시 부저(Buzzer)가 울리는 장치이다.
② 와이어로프의 후크이탈 방지장치이다.
③ 일정거리 이상을 권상하지 못하도록 제한시키는 장치이다.
④ 크레인 자체에 이상이 있을 때 운전자에게 알려주는 신호 장치이다.

해 훅해지장치란 훅에서 와이어로프가 이탈하는 것을 방지하는 장치

답 ②

122 ☆

안전한 상태를 확보할 수 있도록 기계의 작동 부분 상호간을 기계적, 전기적인 방법으로 연결하여 기계가 정상 작동을 하기 위한 모든 조건이 충족되어야지만 작동하며, 그중 하나라도 충족되지 않으면 자동적으로 정지시키는 방호장치 형식은?

① 자동식 방호장치 ② 가변식 방호장치
③ 고정식 방호장치 ④ 인터록식 방호장치

해 인터록식 방호장치에 대한 설명이다.

답 ④

123 ☆☆

다음 중 선반(lathe)의 방호장치에 해당하는 것은?

① 슬라이드(slide)
② 심압대(tail stock)
③ 주축대(head stock)
④ 척 가드(chuck guard)

해 선반의 방호장치
칩 브레이커/덮개/척 가드(커버)/쉴드

답 ④

124 ☆☆

선반작업 시 사용되는 방호장치는?

① 풀아웃(full out)
② 게이트 가드(gate guard)
③ 스위프 가드(sweep guard)
④ 쉴드(shield)

해 윗 해설 참조

답 ④

125 ☆

다음 중 선반의 안전장치로 볼 수 없는 것은?

① 울 ② 급정지브레이크
③ 안전블럭 ④ 칩비산방지 투명판

해 안전블럭은 프레스기의 방호장치이다.

답 ③

126 ☆

다음 중 셰이퍼의 방호장치와 가장 거리가 먼 것은?

① 울타리 ② 칸막이
③ 칩받이 ④ 시건장치

해 셰이퍼 방호장치: 울타리/칸막이/칩받이

답 ④

127 ☆

플레이너와 셰이퍼의 방호장치가 아닌 것은?

① 칩브레이커 ② 칩받이
③ 칸막이 ④ 방책

해 칩브레이커: 선반 방호장치

답 ①

128 ☆

다음 중 셰이퍼에 의한 연강 평면절삭 작업시 안전대책으로 적절하지 않은 것은?

① 공작물은 견고하게 고정하여야 한다.
② 바이트는 가급적 짧게 물리도록 한다.
③ 가공 중 가공면의 상태는 손으로 점검한다.
④ 작업 중에는 바이트의 운동방향에 서지 않도록 한다.

해 가공 중에 절대 손으로 점검하면 안된다.

답 ③

129 ☆

다음 중 세이퍼(shaper)에 관한 설명으로 틀린 것은?

① 바이트는 가능한 짧게 물린다.
② 세이퍼 크기는 램의 행정으로 표시한다.
③ 작업 중 바이트가 운동하는 방향에 서지 않는다.
④ 각도 가공을 위해 헤드를 회전시킬 때는 최대행정으로 가동시킨다.

해 각도 가공을 위해 헤드를 회전시킬 때는 알맞은 행정으로 가동시킨다.

답 ④

130 ☆☆

선반에서 절삭가공 중 발생하는 연속적인 칩을 자동적으로 끊어 주는 역할을 하는 것은?

① 칩브레이커 ② 방진구
③ 보안경 ④ 커버

해 칩브레이커에 대한 설명이다.

답 ①

131 ☆

다음 중 슬로터(slotter)의 방호장치로 적합하지 않은 것은?

① 칩받이 ② 방책
③ 칸막이 ④ 인발블록

해 슬로터: 절삭공구가 램에 의해 상하 운동을 하여 공작물의 수직면을 절삭하는 공작기계(수직셰이퍼)
방호장치: 울타리/칸막이/칩받이
인발블록: 신선기에 있어서 다이스를 통과한 선을 연속해서 끌어당기는데 따라 선에 변형을 주기 위한 것이며 감기 가마(kiln)라고 한다.

답 ④

132 ☆☆

근로자에게 위험을 미칠 우려가 있는 원동기, 축이음, 풀리 등에 설치하여야 하는 것은?

① 덮개 ② 압력계
③ 통풍장치 ④ 과압방지기

해 사업주는 회전축·기어·풀리 및 플라이휠 등에 부속되는 키·핀 등의 기계요소는 묻힘형으로 하거나 해당 부위에 덮개를 설치하여야 한다.

답 ①

133 ☆☆

보일러의 방호장치로 적절하지 않은 것은?

① 압력방출장치 ② 과부하방지장치
③ 압력제한 스위치 ④ 고저수위 조절장치

해 과부하방지장치는 크레인 방호장치이다.

답 ②

134 ☆☆

다음 중 보일러의 폭발 사고 예방을 위한 장치로 가장 거리가 먼 것은?

① 압력제한 스위치 ② 압력방출장치
③ 고저수위 고정장치 ④ 화염 검출기

해 사업주는 보일러의 폭발 사고를 예방하기 위하여 압력방출장치, 압력제한스위치, 고저수위 조절장치, 화염 검출기 등의 기능이 정상적으로 작동될 수 있도록 유지·관리하여야 한다.

답 ③

135 ☆☆

산업안전보건법령상 위험기계·기구별 방호조치로 가장 적절하지 않은 것은?

① 산업용 로봇 – 안전매트
② 보일러 – 급정지장치
③ 목재가공용 둥근톱기계 – 반발예방장치
④ 산업용 로봇-광전자식 방호장치

해 보일러 방호장치: 압력방출장치, 압력제한스위치, 고저수위 조절장치, 화염 검출기 등

답 ②

136 ☆☆

산업용 로봇의 방호장치로 옳은 것은?

① 압력방출장치 ② 안전매트
③ 과부하방지장치 ④ 자동전격방지장치

해 ①: 보일러 ③: 크레인 ④: 용접장치

답 ②

137 ☆☆

다음 중 근로자에게 위험을 미칠 우려가 있을 덮개 또는 울을 설치해야 하는 위치와가장 거리가 먼 것은?

① 연삭기 또는 평삭기의 테이블, 형삭기 램등의 행정 끝
② 선반으로부터 돌출하여 회전하고 있는 가공물 부금
③ 과열에 따른 과열이 예산되는 보일러의 버너 연소실
④ 띠톱기계의 위험한 톱날(절단부분 제외) 부위

해 사업주는 보일러의 과열을 방지하기 위하여 최고사용압력과 상용압력 사이에서 보일러의 버너 연소를 차단할 수 있도록 압력제한스위치를 부착하여 사용하여야 한다.

답 ③

138 ☆☆

산업안전보건법령에 따라 보일러의 과열을 방지하기 위하여 최고사용압력과 사용압력 사이에서 보일러의 버너 연소를 차단할 수있도록 부착하여 사용하여야 하는 장치는?

① 경보음장치　② 압력제한스위치
③ 압력방출장치　④ 고저수위 조절장치

해 사업주는 보일러의 과열을 방지하기 위하여 최고사용압력과 상용압력 사이에서 보일러의 버너 연소를 차단할 수 있도록 압력제한스위치를 부착하여 사용하여야 한다.

답 ②

139 ☆

보일러에서 압력제한 스위치의 역할은?

① 최고사용압력과 상용압력 사이에서 보일러의 버너연소를 차단
② 최고사용압력과 상용압력 사이에서 급수펌프 작동을 제한
③ 최고사용압력 도달 시 과열된 공기를 대기에 방출하여 압력 조절
④ 위험압력 시 버너, 급수펌프 및 고저 수위조절 장치 등을 통제하여 일정압력 유지

해 윗 해설 참조

답 ①

140 ☆☆

선반 등으로부터 돌출하여 회전하고 있는 가공물에 설치할 방호장치는?

① 클러치　② 울　③ 슬리브　④ 베드

해 사업주는 선반 등으로부터 돌출하여 회전하고 있는 가공물이 근로자에게 위험을 미칠 우려가 있는 경우에 덮개 또는 울 등을 설치하여야 한다.

답 ②

141 ☆

기계의 원동기, 회전축 및 체인 등 근로자에게 위험을 미칠 우려가 있는 부위에 설치해야 하는 위험방지장치가 아닌 것은?

① 덮개　② 건널다리
③ 클러치　④ 슬리브

해 사업주는 기계의 동기·회전축·기어·풀리·플라이휠·벨트 및 체인 등 근로자가 위험에 처할 우려가 있는 부위에 덮개·울·슬리브 및 건널다리 등을 설치하여야 한다.

답 ③

142 ☆☆

기계설비의 방호는 위험장소에 대한 방호와 위험원에 대한 방호로 분류할 때, 다음 위험원에 대한 방호장치에 해당하는 것은?

① 위치제한형 방호장치
② 포집형 방호장치
③ 접근거부형 방호장치
④ 격리형 방호장치

해 방호장치 분류

구분	종류
위험원에 대한 방호장치	포집형
위험장소에 대한 방호장치	감지형/격리형/접근거부형/접근반응형/위치제한형

답 ②

143 ☆

프레스의 일반적인 방호장치가 아닌 것은?

① 광전자식 방호장치

② 포집형 방호장치

③ 게이트 가드식 방호장치

④ 양수 조작식 방호장치

해 프레스 방호장치

구분	내용
격리형	기계 설비 외부에 벽이나 망, 덮개 설치하는 것(가드식)
위치제한형	신체부위가 위험한계 밖에 위치하도록 기계의 조작 장치를 위험구역에서 일정 거리 이상 떨어지게 하는 방호장치(양수조작식)
접근반응형	위험점 접근 시 센서에 의해 작동 중지되는 방호장치(광전자식)
접근거부형	작업자의 신체부위가 위험한계 내로 접근하였을 때 기계적인 작용에 의하여 접근을 못하도록 하는 방호장치(손쳐내기식/수인식)
감지형	이상온도, 이상기압, 과부하 등 기계의 부하가 안전 한계치를 초과하는 경우에 이를 감지하고 자동으로 안전상태가 되도록 조정하거나 기계의 작동을 중지시키는 방호장치

포집형: 위험원이 비산하거나 튀는 것을 방지하는 방호장치(반발예방장치)

답 ②

144 ☆☆☆☆☆☆☆☆

프레스의 방호장치에 해당되지 않는 것은?

① 손쳐내기식 방호장치

② 가드식 방호장치

③ 롤피드식 방호장치

④ 수인식 방호장치

해 윗 해설 참조

답 ③

145 ☆☆

위험기계에 조작자의 신체부위가 의도적으로 위험점 밖에 있도록 하는 방호장치는?

① 접근반응형 방호장치

② 차단형 방호장치

③ 위치제한형 방호장치

④ 덮개형 방호장치

해 윗 해설 참조

답 ③

146 ☆☆

다음 중 접근반응형 방호장치에 해당되는 것은?

① 양수조작식방호장치

② 덮개식방호장치

③ 손쳐내기식방호장치

④ 광전자식방호장치

해 ①: 위치제한형
②: 격리형
③: 접근거부형

답 ④

147 ☆☆☆☆

위험한 작업점과 작업자 사이의 위험을 차단시키는 격리형 방호장치가 아닌 것은?

① 접근반응형 방호장치

② 완전차단형 방호장치

③ 덮개형 방호장치

④ 안전방책

해 접근반응형: 위험점 접근 시 센서에 의해 작동 중지되는 방호장치(광전자식)

답 ①

148 ☆

프레스의 방호장치 중 확동식 클러치가 적용된 프레스에 한해서만 적용 가능한 방호장치로만 나열된 것은? (단, 방호장치는 한 가지 종류만 사용한다고 가정한다.)

① 광전자식, 수인식
② 양수조작식, 손쳐내기식
③ 광전자식, 양수조작식
④ 손쳐내기식, 수인식

해 확동식 클러치가 적용된 프레스에 한해서만 적용 가능한 방호장치에는 수인식, 손쳐내기식, 가드식이 있다.

답 ④

149 ☆

다음 중 프레스 작업에 있어 시계(視界)가 차단되지는 않으나 확동식 클러치 프레스에는 사용상의 제한이 발생하는 방호장치는?

① 게이트가드　② 광전자식방호장치
③ 양수조작장치　④ 프릭션 다이얼피드

해 광전자식방호장치에 대한 설명이다.

답 ②

150 ☆

프레스 방호장치의 공통 일반구조에 대한 설명으로 틀린 것은?

① 방호장치의 표면은 벗겨짐 현상이 없어야 하며, 날카로운 모서리 등이 없어야 한다.
② 위험기계·기구 등에 장착이 용이하고 견고하게 고정될 수 있어야 한다.
③ 외부충격으로부터 방호장치의 성능이 유지될 수 있도록 보호덮개가 설치되어야 한다.
④ 각종 스위치, 표시램프는 돌출형으로 쉽게 근로자가 볼 수 있는 곳에 설치해야 한다.

해 각종 스위치, 표시램프는 매립형으로 쉽게 근로자가 볼 수 있는 곳에 설치해야 한다.

답 ④

151 

프레스기에 설치하는 방호장치의 특징에 관한 설명으로 틀린 것은?

① 양수조작식의 경우 기계적 고장에 의한 2차 낙하에는 효과가 없다.
② 광전자식의 경우 핀클러치방식에는 사용할 수 없다.
③ 손쳐내기식은 측면방호가 불가능하다.
④ 가드식은 금형교환 빈도수가 많을 때 사용하기에 적합하다.

해 가드식은 금형교환 빈도수가 적을 때 사용하기에 적합하다.

답 ④

152 ☆☆☆☆

프레스기에 사용하는 양수조작식 방호장치의 일반구조에 관한 설명 중 틀린 것은?

① 1행정 1정지 기구에 사용할 수 있어야 한다.
② 누름버튼을 양 손으로 동시에 조작하지 않으면 작동시킬 수 없는 구조여야 한다.
③ 양쪽 버튼의 작동시간 차이는 최대 0.5초 이내일 때 프레스가 동작되게 해야 한다.
④ 방호장치는 사용전원전압의 ±50%의 변동에 대하여 정상적으로 작동돼야 한다.

해 사용전원전압의 ±(100분의 20)의 변동에 대하여 정상으로 작동되어야 한다.

답 ④

153 ☆☆

프레스의 양수조작식 방호장치에서 양쪽버튼의 작동시간 차이는 최대 몇 초 이내일 때 프레스가 동작되도록 해야 하는가?

① 0.1 ② 0.5 ③ 1.0 ④ 1.5

해 누름버튼을 양손으로 동시에 조작하지 않으면 작동시킬 수 없는 구조이어야 하며, 양쪽버튼의 작동시간 차이는 최대 0.5초 이내일 때 프레스가 동작되도록 해야 한다.

답 ②

154 ☆☆

프레스의 손쳐내기식 방호장치에서 방호판의 기준에 대한 설명이다. ( )에 들어갈 내용으로 맞는 것은?

> 방호판의 폭은 금형폭의 (㉠) 이상이어야 하고, 행정길이가 (㉡) 이상의 프레스 기계에는 방호판 폭을 (㉢)로 해야 한다.

① ㉠ 1/2, ㉡ 300, ㉢ 200
② ㉠ 1/2, ㉡ 300, ㉢ 300
③ ㉠ 1/3, ㉡ 300, ㉢ 200
④ ㉠ 1/3, ㉡ 300, ㉢ 300

해 방호판의 폭은 금형폭의 1/2 이상이어야 하고, 행정길이가 300㎜ 이상의 프레스기계에는 방호판 폭을 300㎜로 해야 한다.

답 ②

155 ☆

프레스기에 사용되는 방호장치의 종류 중 방호판을 가지고 있는 것은?

① 수인식 방호장치
② 광전자식 방호장치
③ 손쳐내기식 방호장치
④ 양수조작식 방호장치

해 손쳐내기식은 방호판을 가지고 있다.

답 ③

156 ☆☆☆

프레스기에 사용되는 손쳐내기식 방호장치의 일반구조에 대한 설명으로 틀린 것은?

① 슬라이드 하행정거리의 1/4 위치에서 손을 완전히 밀어내야 한다.
② 방호판의 폭은 금형폭의 1/2 이상이어야 하고, 행정길이가 300mm 이상의 프레스 기계에는 방호판 폭을 300mm로 해야 한다.
③ 부착볼트 등의 고정 금속부분은 예리하게 돌출되지 않아야 한다.
④ 손쳐내기봉의 행정(Stroke) 길이를 금형의 높이에 따라 조정할 수 있고, 진동폭은 금형폭 이상이어야 한다.

해 슬라이드 하행정거리의 3/4 위치에서 손을 완전히 밀어내야 한다.

답 ①

157 ☆☆☆☆☆☆☆☆☆

양수 조작식 방호장치에서 양쪽 누름버튼 간의 내측거리는 몇 mm 이상이어야 하는가?

① 100　② 200　③ 300　④ 400

해 누름버튼의 상호 간 내측거리는 300㎜ 이상으로 한다.

답 ③

158 ☆

양수조작식 방호장치에서 2개의 누름버튼 간의 거리는 300mm 이상으로 정하고 있는데 이 거리의 기준은?

① 2개의 누름버튼 간의 중심거리
② 2개의 누름버튼 간의 외측거리
③ 2개의 누름버튼 간의 내측거리
④ 2개의 누름버튼 간의 평균 이동거리

해 누름버튼의 상호 간 내측거리는 300mm 이상으로 한다.

답 ③

159 ☆

프레스 작업의 안전을 위한 방호장치 중 투광부와 수광부를 구비하는 방호장치는?

① 양수조작식　② 가드식
③ 광전자식　④ 수인식

해 광전자식
프레스 또는 전단기에서 일반적으로 많이 활용하고 있는 형태로서 투광부, 수광부, 컨트롤 부분으로 구성된 것으로서 신체의 일부가 광선을 차단하면 기계를 급정지시키는 방호장치

답 ③

160 ☆☆

다음 중 프레스에 사용되는 광전자식 방호장치의 일반구조에 관한 설명으로 틀린 것은?

① 방호장치의 감지 기능은 규정한 검출영역 전체에 걸쳐 유효하여야 한다.
② 슬라이드 하강 중 정전 또는 방호장치의 이상시에는 1회 동작 후 정지할 수 있는 구조이어야 한다.
③ 정상동작 표시램프는 녹색, 위험표시 램프는 붉은색으로 하며, 쉽게 근로자가 볼 수 있는 곳에 설치해야 한다
④ 방호장치의 정상작동 중에 감지가 이루어지거나 공급전원이 중단되는 경우 적어도 두 개 이상의 독립된 출력신호 개폐장치가 꺼진 상태로 돼야 한다.

해 슬라이드 하강 중 정전 또는 방호장치의 이상 시 바로 정지할 수 있는 구조이어야 한다.

답 ②

161 ☆

다음 중 프레스기에 사용하는 광전자식 방호장치의 단점으로 틀린 것은?

① 연속 운전작업에는 사용할 수 없다.
② 확동클러치 방식에는 사용할 수 없다.
③ 설치가 어렵고, 기계적 고장에 의한 2차 낙하에는 효과가 없다
④ 작업 중 진동에 의해 투·수광기가 어긋나 작동이 되지 않을 수 있다.

해 연속 운전작업에 사용할 수 있다.

답 ①

162 ☆

다음 ( )안에 들어갈 내용으로 옳은 것은?

> 광전자식 프레스 방호장치에서 위험한계까지의 거리가 짧은 200mm 이하의 프레스에는 연속 차광 폭이 작은 ( )의 방호장치를 선택한다.

① 30mm 초과 ② 30mm 이하
③ 50mm 초과 ④ 50mm 이하

해 광전자식 프레스 방호장치에서 위험한계까지의 거리가 짧은 200mm 이하의 프레스에는 연속 차광 폭이 작은 30mm 이하의 방호장치를 선택한다.

답 ②

163 ☆

프레스 방호장치 중 가드식 방호장치의 구조 및 선정조건에 대한 설명으로 옳지 않은 것은?

① 미동(Inching)행정에서는 작업자 안전을 위해 가드를 개방할 수 없는 구조로 한다.
② 1행정, 1정지 기구를 갖춘 프레스에 사용한다.
③ 가드 폭이 400mm 이하일 때는 가드 측면을 방호하는 가드를 부착하여 사용한다.
④ 가드 높이는 프레스에 부착되는 금형 높이 이상 (최소 180mm)으로 한다.

해 미동행정에서는 가드를 개방하는 구조가 좋다.

답 ①

164 ☆

다음 중 기계설비 안전화의 기본 개념으로서 적절하지 않은 것은?

① fail－safe의 기능을 갖추도록 한다.

② fool proof의 기능을 갖추도록 한다.

③ 안전상 필요한 장치는 단일 구조로 한다.

④ 안전 기능은 기계 장치에 내장되도록 한다.

해 기계설비 안전화의 기본 개념
－조작상 위험이 가능한 없도록 설계할 것
－안전기능이 기계설비에 내장되어 있을 것
－풀푸르프(fool proof)의 기능을 가질 것
－페일세이프(failsafe)의 기능을 가질 것

답 ③

165 ☆

페일세이프(Fail safe) 구조의 기능면에서 설비 및 기계 장치의 일부가 고장이 난 경우 기능의 저하를 가져오더라도 전체 기능은 정지하지 않고 다음 정기 점검 시까지 운전이 가능한 방법은?

① Fail－passive ② Fail－soft

③ Fail－active ④ Fail－operational

해

fail safe	기계 파손, 기능 불량이 발생해도 항상 안전하게 작동되는 방식
fail active	부품 고장 시 경보 울리며 잠시동안 가동됨
fail passive	부품 고장 시 기기 정지
fail operational	• 부품의 고장이 있어도 기계는 추후의 보수가 될 때까지 안전한 기능을 유지하며 이것은 병렬계통 또는 대기 여분(Stand－by redundancy) 계통으로 한 것
fool proof	• 인간이 기계 등의 취급을 잘못해도 그것이 바로 사고나 재해와 연결되는 일이 없는 기능 예 가드/이중촬영방지기구/인터록/권과방지장치/덮개

답 ④

166 ☆

페일 세이프(fail safe) 기능의 3단계 중 페일 액티브(fail active)에 관한 내용으로 옳은 것은?

① 부품고장 시 기계는 경보를 울리나 짧은 시간내 운전은 가능하다.
② 부품고장시 기계는 정지방향으로 이동한다.
③ 부품고장 시 추후 보수까지는 안전기능을 유지한다.
④ 부품고장 시 병렬계통방식이 작동되어 안전기능이 유지된다.

해 윗 해설 참조

답 ①

167 ☆

기계설비의 본질안전화에 대한 설명 중 맞는 것은?

① 근로자가 동작상 과오가 실수 또는 기계 설비에 이상이 생겨도 안전성이 확보된 것
② 점검과 주유방법이 용이한 것
③ 보전용 작업장이 확보된 것
④ 인간공학적 안전장치가 있는 것

해 본질안전화
근로자가 동작상 과오가 실수 또는 기계설비에 이상이 생겨도 안전성이 확보된 것

답 ①

168 ☆

기계설비의 본질적 안전화를 위한 방식 중 성격이 다른 것은?

① 양수조작식 조작기구
② 인터록 기구
③ 압력용기 안전밸브
④ 고정 가드

해 ①/②/④: 풀 프루프
③: 페일세이프

답 ③

169 ☆☆☆

프레스의 본질적 안전화(no-hand in die 방식) 추진대책이 아닌 것은?

① 안전금형을 설치
② 전용프레스의 사용
③ 방호울이 부착된 프레스 사용
④ 감응식 방호장치 설치

해 프레스 작업점에 대한 방호대책

No hand in die 방식	안전금형 부착 프레스/방호울/전용프레스
Hand in die 방식	양수조작식/가드식/손쳐내기식/수인식/광전자식(감응식) 방호장치

답 ④

170 ☆☆

기계나 그 부품에 고장이나 기능 불량이 생겨도 항상 안전하게 작동하는 안전화 대책은?

① fool proof ② fail safe
③ risk management ④ hazard diagnosis

해 페일세이프에 대한 설명이다.

답 ②

171 ☆

프레스 작업 중 작업자의 신체 일부가 위험한 작업점으로 들어가면 자동적으로 정지되는 기능이 있는데, 이러한 안전대책을 무엇이라고 하는가?

① 풀 프루프 ② 페일 세이프
③ 인터록 ④ 리미트 스위치

해 풀 프루프: 인간이 기계 등의 취급을 잘못해도 그것이 바로 사고나 재해와 연결되는 일이 없는 기능

답 ①

172 ☆

풀 프루프(fool proof)에 해당되지 않는 것은?

① 각종 기구의 인터록 기구
② 크레인의 권과방지장치
③ 카메라의 이중 촬영 방지기구
④ 항공기의 엔진

해 항공기 엔진은 페일세이프이다.

답 ④

173 ☆

다음 중 셰이퍼(shaper)의 크기를 표시하는 것은?

① 램의 행정 ② 새들의 크기
③ 테이블의 면적 ④ 바이트의 최대 크기

해 셰이퍼의 크기는 주로 램의 최대행정으로 표시할 때가 많고 테이블의 크기와 이송거리를 표시할 경우도 있다.

답 ①

174 ☆☆

선반의 크기를 표시하는 것으로 틀린 것은?

① 주축에 물릴 수 있는 공작물의 최대 지름
② 주축과 심압축의 센터 사이의 최대거리
③ 왕복대 위의 스윙
④ 베드 위의 스윙

해 선반 크기 표시
1. 양쪽 센터 사이의 최대 거리(심압대를 베드 위에서 주축으로부터 가장 멀리 떨어진 곳에 설치하였을 때, 주축과 심압대에 장치되어 있는 센터 사이의 거리)
2. 왕복대 위의 스윙(왕복대에 접촉됨이 없이 주축에 장치할 수 있는 가공물의 최대 지름)
3. 베드 위의 스윙(주축에 장치할 수 있는 공작물의 최대 지름)
4. 베드 길이

답 ①

175 ☆☆

프레스 가공품의 이송방법으로 2차 가공용 송급배출장치가 아닌 것은?

① 다이얼 피더(dial feeder)
② 롤 피더(roll feeder)
③ 푸셔 피더(pusher feeder)
④ 트랜스퍼 피더(transfer feeder)

해
- 1차가공용 송급장치: 롤피더(Roll feeder)
- 2차가공용 송급장치: 슈트, 푸셔피더(Pusher feeder), 다이얼피더(Dialfeeder), 트랜스퍼 피더(Transfer feeder) 등

답 ②

176 ☆

선반에서 냉각재 등에 의한 생물학적 위험을 방지하기 위한 방법으로 틀린 것은?

① 냉각재가 기계에 잔류되지 않고 중력에 의해 수집탱크로 배유되도록 해야 한다.

② 냉각재 저장탱크에는 외부 이물질의 유입을 방지하기 위해 덮개를 설치해야 한다.

③ 특별한 경우를 제외하고는 정상 운전시 전체 냉각재가 계통 내에서 순환되고 냉각재 탱크에 체류하지 않아야 한다.

④ 배출용 배관의 지름은 대형 이물질이 들어가지 않도록 작아야 하고, 지면과 수평이 되도록 제작해야 한다.

해 배출용 배관의 직경은 슬러지의 체류를 최소화할 수 있을 정도의 충분한 크기이고 적정한 기울기를 부여할 것

답 ④

177 ☆

다음 중 기계를 정지상태에서 점검하여야 할 사항으로 틀린 것은?

① 급유 상태

② 이상음과 진동상태

③ 볼트·너트의 풀림 상태

④ 전동기 개폐기의 이상 유무

해 이상음과 진동상태는 운전중일 때 나타난다.

답 ②

178 ☆

기계설비의 일반적인 안전조건에 해당되지 않는 것은?

① 설비의 안전화　　② 기능의 안전화

③ 구조의 안전화　　④ 작업의 안전화

해 안전화의 종류

외형 안전화	• 회전축·기어·풀리 및 플라이휠 등에 부속되는 키·핀 등의 기계 요소는 묻힘형으로 하거나 해당 부위에 덮개를 설치 • 기계의 원동기·회전축·기어·풀리·플라이휠·벨트 및 체인 등 근로자가 위험에 처할 우려가 있는 부위에 덮개·울·슬리브 및 건널다리 등을 설치 • 벨트의 이음 부분에 돌출된 고정구 미사용
작업 안전화	• 고장 발생을 최소화하기 위해 정기점검을 실시하였다. • 작업위험분석해 작업 표준화한다.
기능상 안전화	• 페일 세이프 및 풀 푸르프의 기능을 가지는 장치를 적용하였다. • 검토사항 사용압력 변동 시의 오동작/전압강하 및 정전에 따른 오동작/단락 또는 스위치 고장시의 오동작
구조적 안전화	• 강도의 열화를 고려하여 안전율을 최대로 고려하여 설계하였다. • 검토사항 부품변형에 의한 오동작

답 ①

179 ☆☆☆

기계 설비의 안전조건에서 구조적 안전화에 해당하지 않는 것은?

① 가공결함　　② 재료결함

③ 실계싱의 결함　　④ 방호장치의 작동결함

해 ④: 본질적 안전화
윗 해설 참조

답 ④

180 ☆

다음 중 기계 구조부분의 안전화에 대한 결함에 해당되지 않는 것은?

① 재료의 결함 ② 기계설계의 결함
③ 가공상의 결함 ④ 작업환경상의 결함

해 ④: 작업의 안전화

답 ④

181 ☆

기계설비 외형의 안전화 방법이 아닌 것은?

① 덮개 ② 안전색채 조절
③ 가드(guard)의 설치 ④ 페일세이프

해 ④: 기능의 안전화

답 ④

182 ☆

기계설비의 안전화를 크게 외관의 안전화, 기능의 안전화, 구조적 안전화로 구분할 때, 기능의 안전화에 해당하는 것은?

① 안전률의 확보
② 위험부위 덮개 설치
③ 기계 외관에 안전 색채 사용
④ 전압 강하 시 기계의 자동정지

해 ①: 구조적 안전화
②: 외관의 안전화
③: 외관의 안전화

답 ④

183 ☆

기계설비의 근원적인 안전화 확보를 위한 고려사항 중에서 작업의 안전화에 해당되는 것은?

① 기계 외형부분 및 돌출부분 덮개 설치
② 주변의 유해 가스나 분진에 대한 저항력을 갖추도록 기계 제작
③ 작업자가 오인이 안 되도록 기계류의 적절히 배치 및 표시
④ 필요한 기계적 특성을 얻기 위하여 적절한 열처리를 수행함

해 ①: 외형 안전화
②: 구조 안전화
④: 구조 안전화

답 ③

184 ☆☆☆☆

기계설비의 안전조건 중 구조의 안전화에 대한 설명으로 가장 거리가 먼 것은?

① 기계 재료의 선정 시 재료 자체에 결함이 없는지 철저히 확인한다.
② 사용 중 재료의 강도가 열화될 것을 감안하여 설계 시 안전율을 고려한다.
③ 기계작동 시 기계의 오동작을 방지하기 위하여 오동작 방지 회로를 적용한다.
④ 가공 경화와 같은 가공결함이 생길 우려가 있는 경우는 열처리 등으로 결함을 방지한다.

해 ③: 기능상 안전하

답 ③

185 ☆

다음 중 재료에 있어서의 결함에 해당하지 않는 것은?

① 미세 균열 ② 용접 불량
③ 불순물 내재 ④ 내부 구멍

해 재료 결함 종류: 미세 균열/내부 구멍/불순물 포함

답 ②

186 ☆

기계의 기능적인 면에서 안전을 확보하기 위하여 반자동 및 자동제어장치의 경우에는 적극적으로 안전화 대책을 강구하여야 한다. 이때 2차적 적극적 대책에 속하는 것은?

① 울을 설치한다.
② 급정지장치를 누른다.
③ 회로를 개선하여 오동작을 방지한다.
④ 연동 장치된 방호장치가 작동되게 한다.

해 ③: 기능적 안전화로 2차적 적극적 대책에 속한다.

답 ③

187 ☆☆

기계설비의 안전조건 중 외관의 안전화에 해당하는 조치는?

① 고장발생을 최소화하기 위해 정기점검을 실시하였다.
② 전압강하, 정전시의 오동작을 방지하기 위하여 제어장치를 설치하였다.
③ 기계의 예리한 돌출부 등에 안전 덮개를 설치하였다.
④ 강도를 고려하여 안전율을 최대로 고려하여 설비를 설계하였다.

해 ①: 유지보수
②: 기능적
④: 구조적

답 ③

188 ☆☆☆

기계설비의 안전조건 중 외관의 안전화에 해당되지 않는 것은?

① 오동작 방지 회로 적용
② 안전색채 조절
③ 구획된 장소에 격리
④ 덮개의 설치

해 ①: 기능적 안전화

답 ①

189 ☆

<보기>는 기계설비의 안전화 중 기능의 안전화와 구조의 안전화를 위해 고려해야 할 사항을 열거한 것이다. <보기> 중 기능의 안전화를 위해 고려해야 할 사항에 속하는 것은?

㉠ 재료 결함	㉡ 가공상 잘못
㉢ 정전 시 오동작	㉣ 설계 결함

① ㉠ ② ㉡ ③ ㉢ ④ ㉣

해 ㉠/㉡/㉣: 구조적 안전화

답 ③

190 ☆

다음 중 기계설비에서 이상 발생 시 기계를 급정지시키거나 안전장치가 작동되도록 하는 안전화를 무엇이라 하는가?

① 기능상의 안전화 ② 외관상의 안전화
③ 구조부분의 안전화 ④ 본질적 안전화

해 기능상 안전화에 대한 설명이다.

답 ①

191 ☆

공장설비의 배치 계획에서 고려할 사항이 아닌 것은?

① 작업의 흐름에 따라 기계 배치
② 기계설비의 주변 공간 최소화
③ 공장 내 안전통로 설정
④ 기계설비 보수점검 용이성을 고려한 배치

해 설비 수리를 위한 공간은 확보해야 된다.

답 ②

192 ☆

다음 중 공장설비의 고장원인 분석 방법으로 적당하지 않은 것은?

① 고장원인 분석은 언제, 누가, 어떻게 행하는가를 그때의 상황에 따라 결정한다.
② P－Q 분석도에 의한 고장대책으로 빈도가 높은 고장에 대하여 근본적인 대책을 수립한다.
③ 동일기종이 다수 설치되었을 때는 공통된 고장개소, 원인 등을 규명하여 개선하고 자료를 작성한다.
④ 발생한 고장에 대하여 그 개소, 원인, 수리상의 문제점, 생산에 미치는 영향 등을 조사하고 재발 방지계획을 수립한다.

해 ②: P－Q 분석도는 제품(P)와 생산량(Q)간 관계를 생산량이 많은 제품순으로 히스토그램을 작성하며 생산량에 따라 배치유형을 결정하는 것으로 고장에 대한 대책을 수립하진 않는다.

답 ②

193 ☆

불순물이 포함된 물을 보일러 수로 사용하여 보일러의 관벽과 드럼 내면에 발생한 관석(Scale)으로 인한 영향이 아닌 것은?

① 과열
② 불완전 연소
③ 보일러의 효율 저하
④ 보일러 수의 순환 저하

해 불완전 연소는 산소 부족 시 발생한다.

답 ②

194 ☆

보일러에서 과열이 발생하는 직접적인 원인과 가장 거리가 먼 것은?

① 수관의 청소 불량
② 관수 부족 시 보일러의 가동
③ 안전밸브의 기능이 부정확할 때
④ 수면계의 고장으로 드럼 내의 물의 감소

해 안전밸브와 과열과는 상관이 없다.

답 ③

195 ☆☆

보일러수 속에 유지(油脂)류, 용해 고형물, 부유물 등의 농도가 높아지면 드럼 수면에 안정한 거품이 발생하고, 또한 거품이 증가하여 드럼의 기실(氣室)에 전체로 확대되는 현상을 무엇이라 하는가?

① 포밍(forming)
② 프라이밍(priming)
③ 수격현상(water hammer)
④ 공동화현상(cavitation)

해 보일러 발생증기 이상현상

프라이밍	보일러 부하의 급변, 수위의 과상승 등에 의해 수분이 증기와 분리되지 않아 보일러 수면이 심하게 솟아올라 올바른 수위를 판단하지 못하는 현상
포밍	보일러 속 용해 고형물, 부유물 농도가 높아지면 드럼 수면에 안정한 거품이 발생하고, 또한 거품이 증가해 드럼 기실 전체에 확대되어 수위를 판단하지 못하는 현상
캐리오버	보일러 수중에 용해 고형분이나 수분이 발생, 증기 중에 다량 함유되어 증기의 순도를 저하시킴으로써 관 내 응축수가 생겨 워터햄머의 원인이 되는 현상
워터해머(수격작용)	고여 있던 응축수가 밸브를 급격히 개폐 시에 고온 고압의 증기에 이끌려 배관을 강하게 타격하는 현상

답 ①

196 ☆☆☆☆☆

보일러수 속에 불순물 농도가 높아지면서 수면에 거품이 형성되어 수위가 불안정하게 되는 현상은?

① 포밍 ② 서징
③ 수격현상 ④ 공동현상

해 윗 해설 참조

답 ①

197 ☆

다음 중 보일러의 증기관 내에서 수격작용(water hammering) 현상이 발생하는 가장 큰 원인은?

① 프라이밍(priming)
② 워터링(watering)
③ 캐리오버(carry over)
④ 서징(surging)

해 캐리오버는 수격작용의 원인이다.

답 ③

198 ☆

다음 중 보일러의 부식원인과 가장 거리가 먼 것은?

① 증기 발생이 과다할 때
② 급수처리를 하지 않은 물을 사용할 때
③ 급수에 해로운 불순물이 혼입되었을 때
④ 불순물을 사용하여 수관이 부식되었을 때

해 보일러 부식원인
- 급수처리를 하지 않은 물을 사용할 때
- 급수에 해로운 불순물이 혼입되었을 때
- 불순물을 사용하여 수관이 부식되었을 때

답 ①

199 ☆

일반연삭작업 등에 사용하는 것을 목적으로 하는 탁상용 연삭기의 덮개의 노출 각도로 옳은 것은?

① 30° 이내　② 45° 이내
③ 125° 이내　④ 150° 이내

해 연삭기 덮개 노출각도

구분	노출각도
일반 연삭작업 등에 사용하는 것을 목적으로 하는 탁상용 연삭기의 덮개 노출각도	125도 이내
연삭숫돌의 상부를 사용하는 것을 목적으로 하는 탁상용 연삭기의 덮개 노출각도	60도 이내
원통연삭기, 센터리스연삭기, 공구연삭기, 만능연삭기, 그 밖에 이와 비슷한 연삭기의 덮개 노출각도	180도 이내
휴대용 연삭기, 스윙연삭기, 스라브연삭기, 그 밖에 이와 비슷한 연삭기의 덮개 노출각도	180도 이내
평면연삭기, 절단연삭기, 그 밖에 이와 비슷한 연삭기의 덮개 노출각도	150도 이내

답 ③

200 ☆☆☆☆☆

산업안전보건법령상 연삭숫돌의 상부를 사용하는 것을 목적으로 하는 탁상용 연삭기 덮개의 노출각도는?

① 60° 이내　② 65° 이내
③ 80° 이내　④ 125° 이내

해 윗 해설 참조

답 ①

201 ☆

휴대용 연삭기 덮개의 노출각도 기준은?

① 60˚ 이내　② 90˚ 이내
③ 150˚ 이내　④ 180˚ 이내

해 윗 해설 참조

답 ④

202 ☆

다음 중 연삭기 덮개의 각도에 관한 설명으로 틀린 것은?

① 평면연삭기, 절단연삭기 덮개의 최대노출 각도는 150도 이내이다.
② 스윙연삭기, 스라브연삭기 덮개의 최대노출각도는 180도 이내이다.
③ 연삭숫돌의 상부를 사용하는 것을 목적으로 하는 탁상용 연삭기 덮개의 최대노출 각도는 60도 이내이다.
④ 일반연삭작업 등에 사용하는 것을 목적으로 하는 탁상용 연삭기 덮개의 최대노출 각도는 180도 이내이다.

해 ④: 125도 이내
윗 해설 참조

답 ④

203 ☆

방호장치의 안전기준상 평면연삭기 또는 절단연삭기에서 덮개의 노출각도 기준으로 옳은 것은?

① 80° 이내　② 125° 이내
③ 150° 이내　④ 180° 이내

해 윗 해설 참조

답 ③

204 ☆

통로의 설치기준 중 (　　)안에 공통적으로 들어갈 숫자로 옳은 것은?

> 사업주는 통로면으로부터 높이 (　　)m 이내에는 장애물이 없도록 하여야 한다. 다만, 부득이하게 통로면으로부터 높이 (　　)m 이내에 장애물을 설치할 수밖에 없거나 통로면으로부터 높이 (　　)m 이내의 장애물을 제거하는 것이 곤란하다고 고용노동부장관이 인정하는 경우에는 근로자에게 발생할 수 있는 부상 등의 위험을 방지하기 위한 안전 조치를 하여야 한다.

① 1　② 2　③ 1.5　④ 2.5

해 사업주는 통로면으로부터 높이 2m 이내에는 장애물이 없도록 하여야 한다. 다만, 부득이하게 통로면으로부터 높이 2m 이내에 장애물을 설치할 수밖에 없거나 통로면으로부터높이 2m 이내의 장애물을 제거하는 것이 곤란하다고 고용노동부장관이 인정하는 경우에는 근로자에게 발생할 수 있는 부상 등의 위험을 방지하기 위한 안전 조치를 하여야 한다.

답 ②

205 ☆☆☆☆☆

다음 중 기계설비에 의해 형성되는 위험점이 아닌 것은?

① 회전말림점 ② 접선분리점
③ 협착점 ④ 끼임점

해

협착점	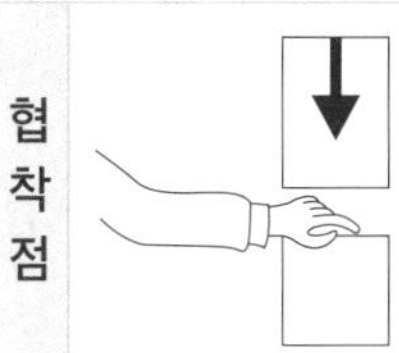	왕복운동하는 동작부분과 움직임 없는 고정부분 사이에 형성되는 위험점 예 프레스, 전단기, 굽힘기계, 조형기, 성형기
끼임점		고정부분과 회전 또는 직선운동 부분 사이에 형성되는 위험점 예 회전 풀리와 베드 사이, 연삭숫돌과 작업대, 핸들과 고정대 사이, 교반기의 날개와 하우스
절단점		회전하는 운동부분 자체 위험이나 운동하는 기계 자체의 위험에서 형성되는 위험점 예 밀링커터, 둥근 톱날
물림점		회전하는 두 개의 회전체가 맞닿아서 위험성이 있는 곳이며 회전체가 서로 반대방향으로 맞물려 회전되어야 한다. 예 기어, 롤러
접선물림점		회전하는 부분의 접선방향으로 물려 들어갈 위험이 존재하는 위험점 예 풀리와 벨트, 체인과 스프라켓, 기어와 벨트, 기어와 랙
회전말림점	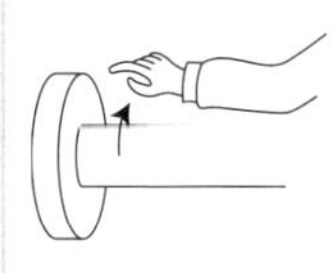	회전하는 물체의 길이 등이 불규칙한 부위와 돌기 회전부위에 옷, 장갑 등이 말려드는 위험점 예 회전축, 드릴

답 ②

206 ☆

기계설비기구의 위험점에서 고정부분과 회전부분이 만드는 위험점이 아니고 밀링커터, 둥근 톱날 등과 같이 회전하는 운동부 자체의 위험이나 운동하는 기계부분 자체의 위험에서 초래되는 위험점은?

① 물림점(Nip－point)
② 절단점(Cutting－point)
③ 끼임점(Shear－point)
④ 협착점(Squeeze－point)

해 윗 해설 참조

답 ②

207 ☆☆☆☆☆☆

연삭 숫돌과 작업받침대, 교반기의 날개, 하우스 등 기계의 회전 운동하는 부분과 고정부분 사이에 위험이 형성되는 위험점은?

① 물림점 ② 끼임점
③ 절단점 ④ 접선물림점

해 윗 해설 참조

답 ②

208 ☆☆☆

프레스 작업 시 왕복 운동하는 부분과 고정부분 사이에서 형성되는 위험점은?

① 물림점 ② 협착점
③ 절단점 ④ 회전말림점

해 윗 해설 참조

답 ②

209 ☆

다음 중 왕복운동을 하는 운동부와 고정부 사이에서 형성되는 위험점인 협착점(squeeze point)이 형성되는 기계로 가장 거리가 먼 것은?

① 프레스 ② 연삭기 ③ 조형기 ④ 성형기

해 윗 해설 참조

답 ②

210 ☆☆

체인과 스프로킷, 랙과 피니언, 풀리와 V벨트 등에 형성되는 위험점은?

① 끼임점 ② 회전말림점
③ 접선물림점 ④ 협착점

해 윗 해설 참조

답 ③

211 ☆☆

2개의 회전체가 회전운동을 할 때에 물림점이 발생할 수 있는 조건은?

① 두 개의 회전체 모두 시계 방향으로 회전
② 두 개의 회전체 모두 시계 반대 방향으로 회전
③ 하나는 시계 방향으로 회전하고 다른 하나는 정지
④ 하나는 시계 방향으로 회전하고 다른 하나는 시계 반대 방향으로 회전

해 물림점: 회전하는 두 개의 회전체가 맞닿아서 위험성이 있는 곳이며 회전체가 서로 반대방향으로 맞물려 회전되어야 한다.

답 ④

212 ☆

기계설비의 회전운동으로 인한 위험을 유발하는 것이 아닌 것은?

① 벨트 ② 풀리 ③ 가드 ④ 플라이휠

해 사업주는 기계의 원동기·회전축·기어·풀리·플라이휠·벨트 및 체인 등 근로자가 위험에 처할 우려가 있는 부위에 덮개·울·슬리브 및 건널다리 등을 설치하여야 한다.

답 ③

213 ☆☆☆

다음 중 산업안전보건법령에 따라 비파괴 검사를 실시해야 하는 고속회전체의 기준은?

① 회전축중량 1톤 초과, 원주속도 120m/s 이상
② 회전축중량 1톤 초과, 원주속도 100m/s 이상
③ 회전축중량 0.7톤 초과, 원주속도 120m/s 이상
④ 회전축중량 0.7톤 초과, 원주속도 100m/s 이상

해 사업주는 고속회전체(회전축의 중량이 1톤을 초과하고 원주속도가 초당 120미터 이상인 것으로 한정한다)의 회전시험을 하는 경우 미리 회전축의 재질 및 형상 등에 상응하는 종류의 비파괴검사를 해서 결함 유무(有無)를 확인하여야 한다.

답 ①

214 ☆

25m/s 초과 120m/s 미만의 속도로 회전하는 고속회전체에 적합한 방호 설비는?

① 덮개 ② 분할날
③ 급정지장치 ④ 광전자식 방호장치

해 회전체에는 덮개가 필요하다.

답 ①

215 ☆☆

다음 중 취급운반의 5원칙으로 틀린 것은?

① 연속 운반으로 할 것
② 직선 운반으로 할 것
③ 운반 작업을 집중화시킬 것
④ 생산을 최소로 하는 운반을 생각할 것

해 취급운반 5원칙
1. 직선 운반으로 할 것
2. 연속 운반으로 할 것
3. 극한까지 수 작업을 없애는 운반일 것
4. 생산을 최고로 하는 운반을 생각할 것
5. 운반 작업을 집중화시킬 것

답 ④

216 ☆

다음 중 인력운반 작업시 안전수칙으로 적절하지 않은 것은?

① 물건을 들어 올릴 때는 팔과 무릎을 사용 하고 허리를 구부린다.
② 운반 대상물의 특성에 따라 필요한 보호 구를 확인, 착용한다.
③ 화물에 가능한 한 접근하여 화물의 무게 중심을 몸에 가까이 밀착시킨다.
④ 무거운 물건은 공동 작업으로 하고 보조 기구를 이용한다.

해 물건을 들어 올릴 때는 팔과 무릎을 사용하고 허리를 핀다.

답 ①

217 ☆

중량물을 들어올리는 자세에 대한 설명 중 가장 적절한 것은?

① 다리를 곧게 펴고 허리를 굽혀 들어올린다.
② 되도록 자세를 낮추고 허리를 곧게 편 상태에서 들어올린다.
③ 무릎을 굽힌 자세에서 허리를 뒤로 젖히고 들어올린다.
④ 다리를 벌린 상태에서 허리를 숙여서 서서히 들어올린다.

해 ①: 다리를 곧게 펴고 허리를 펴 들어올린다.
③: 무릎을 굽힌 자세에서 허리를 피고 들어 올린다.
④: 다리를 벌린 상태에서 허리를 피고 서서히 들어올린다.

답 ②

218 ☆

아세틸렌 용접장치의 안전기 사용 시 준수사항으로 틀린 것은?

① 수봉식 안전기는 1일 1회 이상 점검하고 항상 지정된 수위를 유지한다.
② 수봉부의 물이 얼었을 때는 더운 물로 용해한다.
③ 중압용 안전기의 파열판은 상황에 따라 적어도 연 1회 이상 정기적으로 교환한다.
④ 수봉식 안전기는 지면에 대하여 수평으로 설치한다.

해 수봉식 안전기는 지면에 대하여 수직으로 설치한다.

답 ④

219 ☆

다음 중 현장에 안전밸브를 설치할 경우의 주의사항으로 틀린 것은?

① 검사하기 쉬운 위치에 밸브축을 수평으로 설치한다.
② 분출시의 반발력을 충분히 고려하여 설치한다.
③ 용기에서 안전밸브 입구까지의 압력차가 안전밸브 설정 압력의 3%를 초과하지 않도록 한다.
④ 방출관이 긴 경우는 배압에 주의하여야 한다.

해 검사하기 쉬운 위치에 밸브축을 수직으로 설치한다.

답 ①

220 ☆☆

산업안전보건법령에 따라 압력용기에 설치하는 안전밸브의 설치 및 작동에 관한 설명으로 틀린 것은?

① 다단형 압축기에는 각 단별로 안전밸브 등을 설치하여야 한다.
② 안전밸브는 이를 통하여 보호하여는 설비의 최저사용압력 이하에서 작동되도록 설정하여야 한다.
③ 화학공정 유체와 안전밸브의 디스크 또는 시크가 직접 접촉될 수 있도록 설치된 경우에는 매년 1회 이상 국가교정기관에서 교정을 받은 압력계를 이용하여 검사한 후 납으로 봉인하여 사용한다.
④ 공정안전보고서 이행상태 평가결과가 우수한 사업장의 안전밸브의 경우 검사주기는 4년마다 1회 이상이다.

해 안전밸브등이 안전밸브등을 통하여 보호하려는 설비의 최고사용압력 이하에서 작동되도록 하여야 한다.

답 ②

221 ☆☆☆☆☆

압력용기에서 안전밸브를 2개 설치한 경우 그 설치방법으로 옳은 것은? (단, 해당하는 압력용기가 외부화재에 대한 대비가 필요한 경우로 한정한다.)

① 1개는 최고사용압력 이하에서 작동하고 다른 1개는 최고사용압력의 1.1배 이하에서 작동하도록 한다.

② 1개는 최고사용압력 이하에서 작동하고 다른 1개는 최고사용압력의 1.2배 이하에서 작동하도록 한다.

③ 1개는 최고사용압력의 1.05배 이하에서 작동하고 다른 1개는 최고사용압력의 1.1배 이하에서 작동하도록 한다.

④ 1개는 최고사용압력의 1.05배 이하에서 작동하고 다른 1개는 최고사용압력의 1. 2배 이하에서 작동하도록 한다.

해 안전밸브등이 2개 이상 설치된 경우에 1개는 최고사용압력의 1.05배(외부화재를 대비한 경우에는 1.1배) 이하에서 작동되도록 설치할 수 있다.

답 ①

222 ☆

산소-아세틸렌가스 용접에서 산소 용기의 취급 시 주의사항으로 틀린 것은?

① 산소 용기의 운반 시 밸브를 닫고 캡을 씌워서 이동할 것

② 기름이 묻은 손이나 장갑을 끼고 취급하지 말 것

③ 원활한 산소 공급을 위하여 산소 용기는 눕혀서 사용할 것

④ 통풍이 잘되고 직사광선이 없는 곳에 보관할 것

해 원활한 산소 공급을 위하여 산소 용기는 세워서 사용할 것

답 ③

223 ☆

가스용접 작업의 안전수칙에 대한 설면 중 잘못된 것은?

① 용접하기 전에 소화기, 소화수의 위치를 확인할 것

② 작업 시에는 보호안경을 착용할 것

③ 산소용기와 화기와의 이격거리는 5m 이상으로 할 것

④ 작업 후에는 아세틸렌 밸브를 먼저 닫고 산소 밸브를 닫을 것

해 작업 후에는 산소 밸브를 먼저 닫고 아세틸렌 밸브를 닫을 것

답 ④

224 ☆

가스용접용 용기를 보관하는 저장소의 온도는 몇℃ 이하로 유지해야 하는가?

① 0℃ ② 20℃ ③ 40℃ ④ 60℃

해 용기 온도를 섭씨 40도 이하로 유지할 것

답 ③

225 ☆

가스용접용 산소 용기에 각인된 "TP50"에서 "TP"의 의미로 옳은 것은?

① 내압시험압력 ② 인장응력
③ 최고 충전압력 ④ 검사용적

해 - 내압시험압력(기호: TP, 단위: Mpa) (액화 석유가스용기 및 초저온용기는 제외)
- 최고충전압력(기호: FP, 단위: Mpa) (압축 가스를 충전하는 용기 및 초저온용기에 한 정)

답 ①

226 ☆

아세틸렌은 특정 물질과 결합 시 폭발을 쉽게 일으킬 수 있는데 다음 중 이에 해당하지 않는 물질은?

① 은 ② 철 ③ 수은 ④ 구리

해 동(Cu, 구리), 은(Ag), 수은(Hg)등의 금속과 화합시 폭발성의 화합물인 금속 아세틸라이드를 생성한다. (화합폭발)

답 ②

227 ☆

아세틸렌 용접 시 화재가 발생하였을 때 제일 먼저 해야 할 일은?

① 메인밸브를 잠근다.
② 용기를 실외로 끌어낸다.
③ 관리자에게 보고한다.
④ 젖은 천으로 용기를 덮는다.

해 아세틸렌 용접 시 화재가 발생하였을 때 즉시 메인밸브를 잠근다.

답 ①

228 ☆

아세틸렌 용접장치를 사용하여 금속의 용접·용단 또는 가열작업을 하는 경우 게이지 압력으로 얼마를 초과하는 압력의 아세틸렌을 발생시켜 사용해서는 아니 되는가?

① 85kPa ② 107kPa
③ 127kPa ④ 150kPa

해 사업주는 아세틸렌 용접장치를 사용하여 금속의 용접·용단 또는 가열작업을 하는 경우에는 게이지 압력이 127킬로파스칼을 초과하는 압력의 아세틸렌을 발생시켜 사용해서는 아니 된다.

답 ③

229 ☆

아세틸렌 용접장치를 사용하여 금속의 용접, 용단 또는 가열 작업 시 아세틸렌의 게이지 압력은 얼마를 초과하여 사용해서는 안되는가?

① $1.3kg/cm^2$ ② $1.5kg/cm^2$
③ $2.0kg/cm^2$ ④ $2.3kg/cm^2$

해 $1kPa = 0.0102kg/cm^2 \rightarrow 127kPa = 1.3kg/cm^2$

답 ①

230 ☆☆

아세틸렌 용접장치의 발생기실을 옥외에 설치하는 경우에는 그 개구부는 다른 건축물로부터 몇m 이상 떨어져야 하는가?

① 1 ② 1.5 ③ 2.5 ④ 3

해 발생기실을 옥외에 설치한 경우에는 그 개구부를 다른 건축물로부터 1.5미터 이상 떨어지도록 하여야 한다.

답 ②

231 ☆☆

산업안전보건법령에 따라 아세틸렌 발생기실에 설치해야 할 배기통은 얼마 이상의 단면적을 가져야 하는가?

① 바닥면적의 1/16 ② 바닥면적의 1/20
③ 바닥면적의 1/24 ④ 바닥면적의 1/30

해 바닥면적의 16분의 1 이상의 단면적을 가진 배기통을 옥상으로 돌출시키고 그 개구부를 창이나 출입구로부터 1.5미터 이상 떨어지도록 할 것

답 ①

232 ☆

아세틸렌 용접장치에서 아세틸렌 발생기실 설치 위치 기준으로 옳은 것은?

① 건물 지하층에 설치하고 화기 사용설비로부터 3미터 초과 장소에 설치
② 건물 지하층에 설치하고 화기 사용설비로부터 1.5미터 초과 장소에 설치
③ 건물 최상층에 설치하고 화기 사용설비로부터 3미터 초과 장소에 설치
④ 건물 최상층에 설치하고 화기 사용설비로부터 1.5미터 초과 장소에 설치

해 사업주는 아세틸렌 용접장치의 아세틸렌 발생기(이하 "발생기"라 한다)를 설치하는 경우에는 전용의 발생기실에 설치하여야 한다.

1. 발생기실은 건물의 최상층에 위치하여야 하며, 화기를 사용하는 설비로부터 3미터를 초과하는 장소에 설치하여야 한다.
2. 발생기실을 옥외에 설치한 경우에는 그 개구부를 다른 건축물로부터 1.5미터 이상 떨어지도록 하여야 한다.

답 ③

233 ☆☆

다음 중 산업안전보건법령에 따른 아세틸렌 용접장치에 관한 설명으로 옳은 것은?

① 아세틸렌 용접장치의 안전기는 취관마다 설치하여야 한다.

② 아세틸렌 용접장치의 아세틸렌 전용 발생기실은 건물의 지하에 위치하여야 한다.

③ 아세틸렌 전용의 발생기실은 화기를 사용하는 설비로부터 1.5m를 초과하는 장소에 설치하여야 한다.

④ 아세틸렌 용접장치를 사용하여 금속의 용접·용단하는 경우에는 게이지 압력이 250kPa을 초과하는 압력의 아세틸렌을 발생시켜 사용해서는 아니 된다.

해 ②: 발생기실은 건물의 최상층에 위치하여야 하며, 화기를 사용하는 설비로부터 3미터 를 초과하는 장소에 설치하여야 한다.
③: 발생기실은 건물의 최상층에 위치하여야 하며, 화기를 사용하는 설비로부터 3미터 를 초과하는 장소에 설치하여야 한다.
④: 사업주는 아세틸렌 용접장치를 사용하여 금속의 용접·용단 또는 가열작업을 하는 경우에는 게이지 압력이 127킬로파스칼 을 초과하는 압력의 아세틸렌을 발생시켜 사용해서는 아니 된다.

답 ①

234 ☆☆

아세틸렌 용접장치에 대하여 취관마다 설치하여야 하는 것은? (단, 주관 및 취관에 근접한 분기관마다 이것을 부착한 때는 부착하지 않아도 된다.)

① 압력조정기 ② 안전기
③ 토치크리너 ④ 자동전격 방지기

해 사업주는 아세틸렌 용접장치의 취관마다 안전기를 설치하여야 한다. 다만, 주관 및 취관에 가장 가까운 분기관(分岐管)마다 안전기를 부착한 경우에는 그러하지 아니하다.

답 ②

235 ☆

아세틸렌 용접장치의 안전기준과 관련하여 다음 빈칸에 들어갈 용어로 옳은 것은?

> 사업주는 가스용기가 발생기와 분리되어 있는 아세틸렌 용접장치에 대하여 발생기와 가스용기 사이에 (   )를 설치해야 한다.

① 격납실 ② 안전기
③ 안전밸브 ④ 소화설비

해 사업주는 가스용기가 발생기와 분리되어 있는 아세틸렌 용접장치에 대하여 발생기와 가스용기 사이에 안전기를 설치하여야 한다

답 ②

236 ☆

아세틸렌 용접시 역화를 방지하기 위하여 설치하는 것은?

① 압력기　　② 청정기
③ 안전기　　④ 발생기

해 아세틸렌 용접시 역화를 방지하기 위하여 안전기를 설치한다.

답 ③

237 ☆

가스집합 용접장치에서 가스장치실에 대한 안전조치로 틀린 것은?

① 가스가 누출될 때에는 해당 가스가 정체 되지 않도록 한다.
② 지붕 및 천장은 콘크리트 등의 재료로 폭발을 대비하여 견고히 한다.
③ 벽에는 불연성 재료를 사용한다.
④ 가스장치실에는 관계근로자가 아닌 사람의 출입을 금지시킨다.

해 천장과 지붕에는 얇은 철판이나 가벼운 불연성 재료를 사용할 것

답 ②

238 ☆

산업안전보건법령상 가스집합장치로부터 얼마 이내의 장소에서는 흡연, 화기의 사용 또는 불꽃을 발생할 우려가 있는 행위를 금지하여야 하는가?

① 5m　② 7m　③ 10m　④ 25m

해 가스집합장치로부터 5미터 이내의 장소에서는 흡연, 화기의 사용 또는 불꽃을 발생할 우려가 있는 행위를 금지할 것

답 ①

239 ☆☆

가스용접작업 시 충전가스 용기 색깔 중에서 틀린 것은?

① 프로판가스 용기: 회색
② 아르곤가스 용기: 회색
③ 산소가스 용기: 녹색
④ 아세틸렌가스 용기: 백색

해 가스용기 색상

가스	색상
액화석유가스/질소	회색
액화암모니아	백색
액화탄산가스	청색
액화염소	갈색
아세틸렌	황색
산소	녹색
수소	주황색

답 ④

240 ☆

산소-아세틸렌 가스용접장치에 사용되는 호스 색깔 중 [산소호스: 아세틸렌 호스] 색이 바르게 짝지어진 것은?

① 적색: 흑색　　② 적색: 녹색
③ 흑색: 적색　　④ 녹색: 흑색

해 가스용접장치 호스 색상
산소: 흑색, 아세틸렌: 적색

답 ③

241 ☆

다음 중 외형의 안전화를 위한 대상기계·기구·장치별 색채의 연결이 잘못된 것은?

① 시동용 단추스위치－녹색

② 고열을 내는 기계－노란색

③ 대형기계－밝은 연녹색

④ 급정지용 단추스위치-빨간색

해 장비 또는 배관별 안전색채

시동 스위치	녹색
급정지 스위치	빨간색
고열 발생 기계	회청색
기름 배관	갈색
증기 배관	암적색
공기 배관	백색
가스 배관	황색
물 배관	청색

답 ②

242 ☆

용접 팁의 청소는 무엇으로 해야 좋은가?

① 전선케이블 ② 줄이나 팁 크리너

③ 동성이나 철선 ④ 동선이나 놋쇠선

해 용접 팁의 청소는 팁 클리너로 한다.

답 ②

243 ☆☆

피복 아크 용접 작업 시 생기는 결함에 대한 설명 중 틀린 것은?

① 스패터(spatter): 용융된 금속의 작은 입자가 튀어나와 모재에 묻어있는 것

② 언더컷(under cut): 전류가 과대하고 용접속도가 너무 빠르며, 아크를 짧게 유지하기 어려운 경우 모재 및 용접부의 일부가 녹아서 발생하는 홈 또는 오목하게 생긴 부분

③ 크레이터(crater): 용착금속 속에 남아있는 가스로 인하여 생긴 구멍

④ 오버랩(overlap): 용접봉의 운행이 불량 하거나 용접봉의 용융 온도가 모재보다 낮을 때 과잉 용착금속이 남아있는 부분

해 크레이터(crater): 비트 끝부분이 오목하게 패인 부분

답 ③

244 ☆

가스 용접 작업을 위한 압력조정기 및 토치의 취급방법으로 틀린 것은?

① 압력조정기를 설치하기 전에 용기의 안전 밸브를 가볍게 2~3회 개폐하여 내부 구멍의 먼지를 불어낸다.
② 압력조정기 체결 전에 조정 핸들을 풀고, 신속히 용기의 밸브를 연다.
③ 우선 조정기의 밸브를 열고 토치의 콕 및 조정 밸브를 열어서 호스 및 토치 중의 공기를 제거한 후에 사용한다.
④ 장시간 사용하지 않을 때는 용기 밸브를 잠그고 조정 핸들을 풀어둔다.

해 압력 조정 시 반드시 압력 조정핸들은 서서히 돌린다.

답 ②

245 ☆☆☆☆

가스 용접에서 역화의 원인으로 볼 수 없는 것은?

① 토치 성능이 부실한 경우
② 취관이 작업 소재에 너무 가까이 있는 경우
③ 산소 공급량이 부족한 경우
④ 토치 팁에 이물질이 묻은 경우

해 역화의 원인
- 산소의 공급 과다
- 토치 성능의 부실
  압력조절기의 고장
- 토치 팁에 이물질이 묻은 경우

답 ③

246 ☆

다음 중 아세틸렌 용접장치에서 역화의 발생 원인과 가장 관계가 먼 것은?

① 압력조정기가 고장으로 작동이 불량할 때
② 수봉식 안전기가 지면에 대해 수직으로 설치될 때
③ 토치의 성능이 좋지 않을 때
④ 토치 팁에 이물질이 묻은 경우

해 윗 해설 참조

답 ②

247 ☆

보일러의 역화(Back Fire) 발생원인이 아닌 것은?

① 압입통풍이 너무 강할 경우
② 댐퍼를 너무 조여 흡입통풍 부족할 경우
③ 연료밸브를 급히 열었을 경우
④ 연료에 수분이 함유된 경우

해 보일러 역화 원인
- 압입통풍이 너무 강할 경우
- 댐퍼를 너무 조여 흡입통풍 부족할 경우
- 연료밸브를 급히 열었을 경우
- 점화시 착화 지연될 경우
- 연소실 내부 충분히 환기시키지 않아 미연소 가스 남았을 경우

답 ④

248 ☆

산업안전보건법령상 차량계 하역 운반기계를이용한 화물 적재 시의 준수해야 할 사항으로 틀린 것은?

① 최대적재량의 10% 이상 초과하지 않도록 적재한다.
② 운전자 시야를 가리지 않도록 적재한다.
③ 붕괴, 낙하 방지를 위해 화물에 로프를 거는 등 필요 조치를 한다.
④ 편하중이 생기지 않도록 적재한다.

해 그냥 최대적재량을 초과하지 않도록 적재한다.

답 ①

249 ☆

화물취급작업 중 화물 적재 시 준수해야 하는 사항에 속하지 않는 것은?

① 침하의 우려가 없는 튼튼한 기반 위에 적재할 것
② 중량의 화물은 건물의 칸막이나 벽에 기대어 적재할 것
③ 불안정할 정도로 높이 쌓아 올리지 말 것
④ 편하중이 생기지 아니하도록 적재할 것

해 중량의 화물은 건물의 칸막이나 벽에 기대어 적재하지 말 것

답 ②

250 ☆☆☆☆

다음 중 기계 고장률의 기본 모형이 아닌 것은?

① 초기 고장 ② 우발 고장
③ 영구 고장 ④ 마모 고장

해 욕조곡선

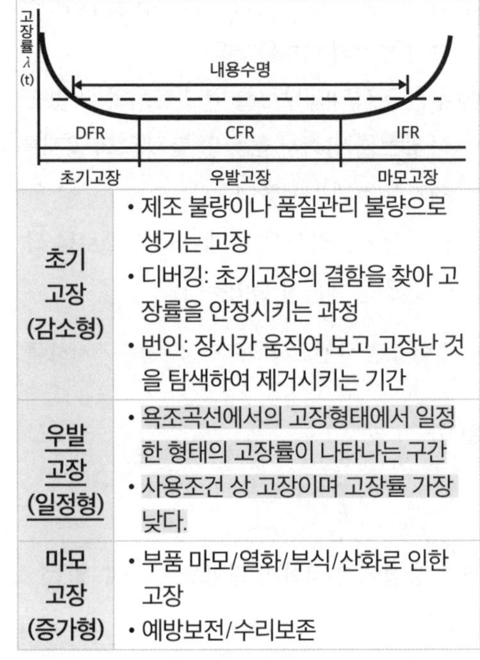

구분	내용
초기 고장 (감소형)	• 제조 불량이나 품질관리 불량으로 생기는 고장 • 디버깅: 초기고장의 결함을 찾아 고장률을 안정시키는 과정 • 번인: 장시간 움직여 보고 고장난 것을 탐색하여 제거시키는 기간
우발 고장 (일정형)	• 욕조곡선에서의 고장형태에서 일정한 형태의 고장률이 나타나는 구간 • 사용조건 상 고장이며 고장률 가장 낮다.
마모 고장 (증가형)	• 부품 마모/열화/부식/산화로 인한 고장 • 예방보전/수리보존

답 ③

251 ☆

기계고장률의 기본 모형 중 우발고장에 관한 사항으로 옳은 것은?

① 고장률이 시간에 따라 일정한 형태를 이룬다.
② 고장률이 시간이 갈수록 감소하는 형태이다.
③ 시스템의 일부가 수명을 다하여 발생하는 고장이다.
④ 마모나 노화에 의하여 어느 시점에 집중적으로 고장이 발생한다.

해 윗 해설 참조

답 ①

252 ☆

기계설비의 수명곡선에서 고장의 유형에 관한 설명으로 틀린 것은?

① 초기 고장은 불량 제조나 생산과정에서 품질관리의 미비로부터 생기는 고장을 말한다.
② 우발고장은 사용 중 예측할 수 없을 때에 발생하는 고장을 말한다.
③ 마모고장은 장치의 일부가 수명을 다해서 생기는 고장을 말한다.
④ 반복고장은 반복 또는 주기적으로 생기는 고장을 말한다.

해 윗 해설 참조
반복고장이란 것은 없다.

답 ④

253 ☆☆

반복하중을 받는 기계 구조물 설계 시 우선 고려해야 할 설계 인자는?

① 극한강도 ② 크리프강도
③ 피로한도 ④ 항복점

해

항복점	물체가 유체 내에서 운동할 때 받는 저항력과 두 물체가 접촉하면서 움직일 때 접촉면에 작용하는 힘
극한 강도	인장 강도, 재료가 감당할 수 있는 최대의 응력
크리프 한도	고온 하에서 강재에 일정한 하중을 걸고, 예를 들면 100,000시간에서 1%의 변형을 생기게 하는 응력
피로 한도	구조물이 반복하중 받더라도 파괴되지 않고 버틸 수 있는 응력의 최댓값이며 가장 먼저 고려해야 한다.

답 ③

254 ☆

한계하중 이하의 하중이라도 고온조건에서 일정 하중을 지속적으로 가하며 시간의 경과에 따라 변형이 증가하고 결국은 파괴에 이르게 되는 현상을 무엇이라 하는가?

① 크리프(creep)
② 피로현상(fatigue limit)
③ 가공 경화(stress hardening)
④ 응력 집중(stress concentration)

해

크리프	한계하중 이하의 하중이라도 고온조건에서 일정 하중을 지속적으로 가하며 시간의 경과에 따라 변형이 증가하고 결국은 파괴에 이르게 되는 현상
피로 현상	고체 재료가 작은 힘을 반복하여 받음으로써 틈이나 균열이 생겨 마침내 파괴되는 현상
가공 경화	금속을 가공·변형시켜 금속의 경도를 증가시키는 것
응력 집중	구멍이 있거나 노치(notch)등이 있는 재료에 외력이 작용할 때 가장 현저하게 나타나는 현상

답 ①

255 ☆☆

구멍이 있거나 노치(notch)등이 있는 재료에 외력이 작용할 때 가장 현저하게 나타나는 현상은?

① 가공경화　② 피로
③ 응력집중　④ 크리프

해 윗 해설 참조

답 ③

256 ☆

기계를 구성하는 요소에서 피로현상은 안전과 밀접한 관련이 있다. 다음 중 기계요소의 피로파괴현상과 가장 관련이 적은 것은?

① 소음(noise)
② 노치(notch)
③ 부식(corrosion)
④ 치수효과(size effect)

해 피로파괴 영향인자
노치/부식/치수효과/표면효과

답 ①

257 ☆☆

기계요소에 의해서 사람이 어떻게 상해를 입느냐에 대한 5가지 요소(사고 체인의 5요소)에 해당하지 않는 것은?

① 함정(trap)　② 충격(impact)
③ 결함(flaw)　④ 접촉(contact)

해 사고 체인의 5요소

함정 (trap)	기계요소 운동에 의한 트랩점은 없는가?
충격 (impact)	기계요소와 사람이 부딪혀 그 요소의 운동에너지에 의해 사고가 일어날 가능성이 없는가?
접촉 (contact)	날카로운 물체, 고온, 전류 등에 사람이 접촉해 상해 입을 요소 없는가?
말림 (entanglement)	작업자 신체 일부가 말려들어갈 요소는 없는가?
튀어나옴 (ejection)	기계요소가 튀어나올 요소는 없는가?

답 ③

258 ☆

소성가공의 종류가 아닌 것은?

① 단조 ② 압연 ③ 인발 ④ 연삭

해 소성가공 종류

단조	금속을 가열 또는 상온의 고체상태에서 압력을 가해 제품을 만드는 것
압연	회전하는 2개 이상의 롤러 사이로 금속재료를 높은 압력으로 눌러주며 단면을 밀어내 만드는 것
인발	금속을 다이(틀) 사이로 통과시켜 원하는 형상과 크기로 변형시키는 것
압출	금속재료를 높은 압력을 주며 다이(틀)의 구멍으로 밀어내며 단면을 수축시키는 것
전조	다이(틀) 사이에 소재를 넣고 상온에서 소성변형시켜 원하는 모양으로 만드는 가공방식을 말합니다. 전조가공은 주로 나사, 기어를 만드는데 사용되는 것이 특징

답 ④

259 ☆

가공물 또는 공구를 회전시켜 나사나 기어 등을 소성가공하는 방법은?

① 압연 ② 압출 ③ 인발 ④ 전조

해 윗 해설 참조

답 ④

260 ☆☆

그림과 같이 2줄의 와이어로프로 중량물을 달아 올릴 때, 로프에 가장 힘이 적게 걸리는 각도는?

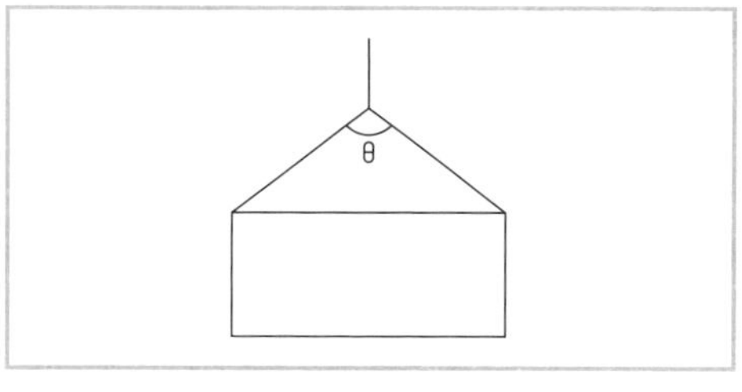

① 30° ② 60° ③ 90° ④ 120°

해 각도가 작을수록 힘이 적게 걸리며 보기에선 30이 제일 작으니 30도이다.

답 ①

261 ☆☆☆

지게차의 헤드가드가 갖추어야 할 조건에 대한 설명으로 틀린 것은?

① 강도는 지게차 최대하중의 2배 값(4톤을 넘는 값에 대해서는 4톤으로 한다)의 등분포정하중에 견딜 수 있을 것

② 상부틀의 각 개구의 폭 또는 길이가 26cm 미만일 것

③ 운전자가 앉아서 조작하는 방식의 지게차의 경우에는 운전자 좌석의 윗면에서 헤드가드의 상부틀의 아랫면까지의 높이가 1m 이상일 것

④ 운전자가 서서 조작하는 방식의 지게차는 운전석의 바닥면에서 헤드가드 상부틀의 하면까지의 높이가 2m 이상일 것

해 상부들의 각 개구의 폭 또는 길이가 16센티미터 미만일 것

답 ②

262 ☆

지게차의 헤드가드 상부틀에 있어서 각 개구부의 폭 또는 길이의 크기는?

① 8cm 미만 ② 10cm 미만
③ 16cm 미만 ④ 20cm 미만

해 상부틀의 각 개구의 폭 또는 길이가 16센티미터 미만일 것

답 ③

263 ☆

운전자가 서서 조작하는 방식의 지게차의 경우 운전석의 바닥면에서 헤드가드의 상부틀의 하면까지의 높이가 몇m 이상이 되어야 하는가?

① 0.3 ② 0.5 ③ 1 ④ 1.905

해 운전자가 앉아서 조작하거나 서서 조작하는 지게차의 헤드가드는 한국산업표준(좌승식: 좌석 기준점으로부터 0.903m 이상, 입승식: 조종사가 서 있는 플랫폼으로부터 1.905m 이상)에서 정하는 높이 기준 이상일 것

답 ④

264 ☆

다음은 지게차의 헤드가드에 관한 기준이다. ( ) 안에 들어갈 내용으로 옳은 것은?

> 지게차 사용 시 화물 낙하 위험 방호조치사항으로 헤드가드를 낮추어야 한다.
> 강도는 지게차의 최대하중의 ( ) 값(4톤을 넘는 값에 대해서는 4톤으로 한다)의 등분포정하중에 견딜 수 있을 것

① 2배 ② 3배 ③ 4배 ④ 5배

해 강도는 지게차의 최대하중의 2배 값(4톤을 넘는 값에 대해서는 4톤으로 한다)의 등분포정하중에 견딜 수 있을 것

답 ①

265 ☆

지게차의 안정도 기준으로 틀린 것은?

① 기준부하상태에서 주행 시의 전후 안정도는 8% 이내이다.
② 하역작업 시의 좌우안정도는 최대하중상태에서 포크를 가장 높이 올리고 마스트를 가장 뒤로 기울인 상태에서 6% 이내이다.
③ 하역작업시의 전후안정도는 최대하중상태에서 포크를 가장 높이 올린 경우 4% 이내이며, 5톤 이상은 3.5% 이내이다.
④ 기준무부하상태에서 주행시의 좌우안정도는 (15＋1.1×V)% 이내이고, V는 구내최고속도(km/h)를 의미한다.

해 기준부하상태에서 주행 시의 전후 안정도는 18% 이내이다.

답 ①

266 ☆

그림과 같은 지게차가 안정적으로 작업할 수 있는 상태의 조건으로 적합한 것은?

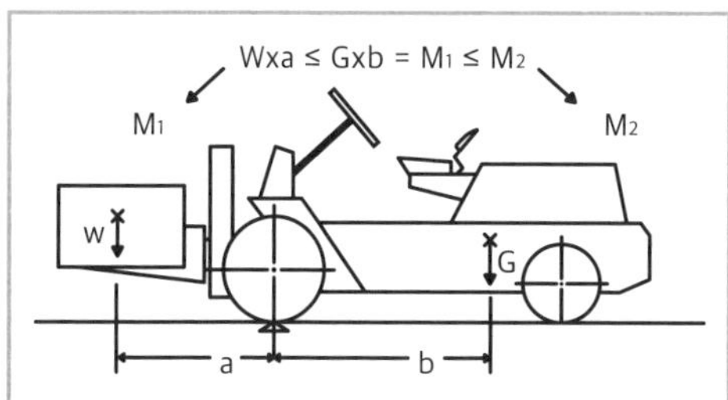

① $M_1 \leqq M_2$　② $M_1 > M_2$
③ $M_1 \geqq M_2$　④ $M_1 > 2M_2$

해 화물의 모멘트가 차의 모멘트보다 작거나 같아야 한다. 즉, $M_1 \leqq M_2$이다.

답 ①

267 ☆☆

화물적재 시 지게차의 안정조건을 옳게 나타낸 것은?(단, W는 화물의 중량, Lw는 앞바퀴에서 화물중심까지의 최단거리, G는 지게차의 중량, Lg는 앞바퀴에서 지게차 중심까지의 최단거리이다.)

① G×Lg ≧ W×Lw　② W×Lw ≧ G×Lg
③ G×Lw ≧ W×Lg　④ W×Lg ≧ G×Lw

해 G×Lg ≧ W×Lw
W: 화물 중량
G: 지게차 중량
Lw: 앞바퀴에서 화물중심까지의 최단거리
Lg: 앞바퀴에서 지게차 중심까지의 최단거리

답 ①

268 ☆

지게차의 작업과정에서 작업 대상물의 팔레트 폭이 b라고 할 때 적절한 포크 간격은? (단, 포크의 중심과 팔레트의 중심은 일치한다고 가정한다.)

① 1/4b ~ 1/2b　② 1/4b ~ 3/4b
③ 1/2b ~ 3/4b　④ 3/4b ~ 7/8b

해 포크의 간격은 적재상태 팔레트 폭(b)의 1/2이상, 3/4이하 정도 간격을 유지한다.

답 ③

269 ☆

다음 중 와이어로프 구성기호 "6×19"의 표기에서 "6"의 의미에 해당하는 것은?

① 소선 수　② 소선의 직경(mm)
③ 스트랜드 수　④ 로프의 인장강도

해 와이어로프 호칭
꼬임 수량(strand수)×소선 수량(wire수)

답 ③

270 ☆

이동식크레인과 관련된 용어의 설명 중 옳지 않은 것은?

① "정격하중"이라 함은 이동식 크레인의 지브나 붐의 경사각 및 길이에 따라 부하할 수 있는 최대 하중에서 인양기구(훅, 그래브 등)의 무게를 뺀 하중을 말한다.
② "정격 총 하중"이라 함은 최대하중 (붐 길이 및 작업반경에 따라 결정)과 부가하중 (훅과 그 이외의 인양 도구들의 무게)을 합한 하중을 말한다.
③ "작업반경"이라 함은 이동식 크레인의 선회중심선으로부터 훅의 중심선까지의 수평거리를 말하며, 최대 작업반경은 이동식 크레인으로 작업이 가능한 최대치를 말한다.
④ "파단하중"이라 함은 줄걸이 용구 1개를 가지고 안전율을 고려하여 수직으로 매달수 있는 최대 무게를 말한다.

해 파단하중: 파단시험에서 시험편이 파단될 때 까지의 최대하중

답 ④

271 ☆

다음 중 정하중이 작용할 때 기계의 안전을 위해 일반적으로 안전율이 가장 크게 요구되는 재질은?

① 벽돌 ② 주철 ③ 구리 ④ 목재

해 벽돌: 20 주철: 4 구리: 5 목재: 7

답 ①

272 ☆

숫돌의 지름이 D(mm), 회전수 N(rpm)이라 할 경우 숫돌의 원주속도 V(m/min)를 구하는 식으로 옳은 것은?

① DN ② πDN
③ $\frac{DN}{1,000}$ ④ $\frac{\pi DN}{1,000}$

해 $\text{rpm}=\frac{1}{\text{min}}$

$$V=\pi DN=\frac{\pi \cdot D\text{mm} \cdot N \cdot m}{\text{min} \cdot 1,000\text{mm}}=\frac{\pi DN}{1,000}$$

D: 숫돌지름 N: 회전수(rpm)

답 ④

273 ☆☆

연삭기의 원주 속도 V(m/s)를 구하는 식은? (단, d는 숫돌의 지름(m), n은 회전수(rpm)이다.)

① $V=\frac{\pi dn}{16}$ ② $V=\frac{\pi dn}{32}$
③ $V=\frac{\pi dn}{60}$ ④ $V=\frac{\pi dn}{1,000}$

해 $\text{rpm}=\frac{1}{\text{min}}$

$$V=\pi DN=\frac{\pi \cdot Dm \cdot N \cdot min}{\text{min} \cdot 60\text{s}}=\frac{\pi DN}{60}$$

D: 숫돌지름 N: 회전수(rpm)

답 ③

274 ☆

프레스 양수조작식 안전거리(D) 계산식으로 적합한 것은? (단, T_L는 누름버턴에서 손을 떼는 순간부터 급정지기구가 작동개시하기까지의 시간, T_S는 급정지기구 작동을 개시할 때부터 슬라이드가 정지할 때까지의 시간이다.)

① $D=1.6(T_L-T_S)$　② $D=1.6(T_L+T_S)$
③ $D=1.6(T_L\div T_S)$　④ $D=1.6(T_L\times T_S)$

해 $D=1.6\cdot(T_L-T_S)$
D: 안전거리(mm)
T_L: 응답시간(ms)
T_S: 브레이크 정지시간(ms)

답 ②

275 ☆☆☆☆

근로자가 탑승하는 운반구를 지지하는 달기체인의 안전계수는 몇 이상이어야 하는가?

① 3　② 4　③ 5　④ 10

해 1. 근로자가 탑승하는 운반구를 지지하는 달기와이어로프 또는 달기체인의 경우: 10 이상
2. 화물의 하중을 직접 지지하는 달기와이어 로프 또는 달기체인의 경우: 5 이상
3. 훅, 샤클, 클램프, 리프팅 빔의 경우: 3 이상
4. 그 밖의 경우: 4 이상

답 ④

276 ☆☆☆

기계장치의 안전설계를 위해 적용하는 안전율 계산식은?

① 안전하중÷설계하중
② 최대사용하중÷극한강도
③ 극한강도÷최대설계응력
④ 극한강도÷파단하중

해 안전률

$$=\frac{기준강도}{허용응력}=\frac{인장강도}{허용응력}=\frac{극한강도}{허용응력}$$
$$=\frac{압축강도}{허용응력}=\frac{파단하중}{안전하중}=\frac{파괴하중}{최대사용하중}$$
$$=\frac{극한강도}{최대설계응력}=\frac{극한하중}{허용응력\cdot 단면적}$$

답 ③

277 ☆

기초강도를 사용조건 및 하중의 종류에 따라 극한강도, 항복점, 크리프강도, 피로한도 등으로 적용할 때 허용응력과 안전율(>1)의 관계를 올바르게 표현한 것은?

① 허용응력＝기초강도×안전율
② 허용응력＝안전율/기초강도
③ 허용응력＝기초강도/안전율
④ 허용응력＝(안전율×기초강도)/2

해 $안전률=\frac{기준강도}{허용응력}\rightarrow 허용응력=\frac{기준강도}{안전률}$

답 ③

278 ☆

와이어로프에서 소선 하나의 파단강도는 P, 와이어로프 가닥수는 N, 안전계수는 S일 때, 이 와이어로프의 최대안전하중 Q는?

① $Q=NPS$ ② $Q=\frac{NP}{S}$

③ $Q=\frac{NS}{P}$ ④ $Q=\frac{SP}{N}$

해 $S=\frac{NP}{Q} \rightarrow Q=\frac{NP}{S}$

S: 안전율 N: 로프가닥수 P: 파단하중(kg)
Q: 안전하중(kg)

답 ②

279 ☆☆☆

다음과 같은 작업조건일 경우 와이어로프의 안전율은?

> 작업대에서 사용된 와이어로프 1줄의 파단하중이 100kN, 인양하중이 40kN, 로프 줄수가 2줄이다.

① 2 ② 2.5 ③ 4 ④ 5

해 $S=\frac{NP}{Q} \rightarrow \frac{2 \cdot 100}{40}=5$

S: 안전율 N: 로프가닥수 P: 파단하중(kg)
Q: 안전하중(kg)

답 ④

280 ☆

그림과 같이 2줄 걸이 인양작업에서 와이어로프 1줄의 파단하중이 10,000N, 인양화물의 무게가 2,000N이라면 이 작업에서 확보된 안전율은?

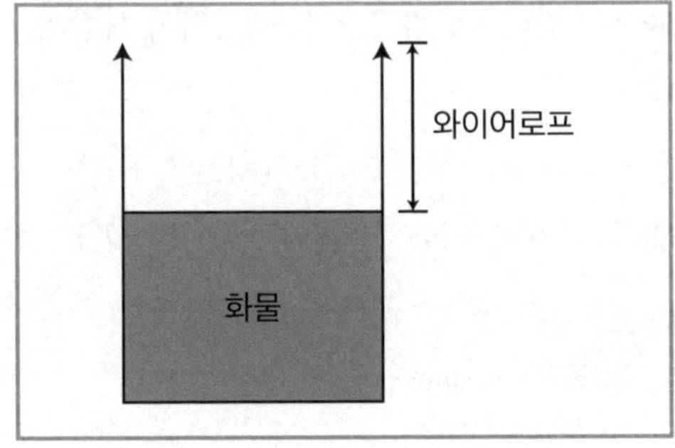

① 2 ② 5 ③ 10 ④ 20

해 $S=\frac{NP}{Q} \rightarrow \frac{2 \cdot 10,000}{2,000}=10$

S: 안전율 N: 로프가닥수 P: 파단하중(kg)
Q: 안전하중(kg)

답 ③

281 ☆

4.2ton의 화물을 그림과 같이 60°의 각을 갖는 와이어로프로 매달아 올릴 때 와이어로프 A에 걸리는 장력 W_1은 약 얼마인가?

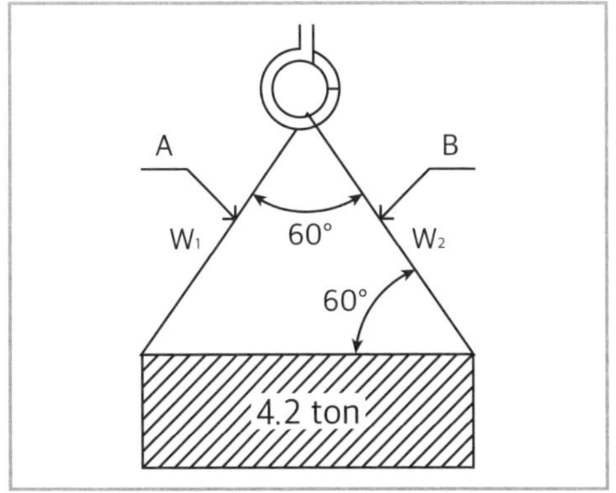

① 2ton ② 2.42ton ③ 4.2ton ④ 4.82ton

해 한 와이어로프 하중

$$(T)=\frac{\text{화물무게}}{2\cdot \text{COS}(\frac{\text{상부각도}}{2})}$$

$$=\frac{4,200}{2\cdot \text{COS}(\frac{60}{2})}$$

$$=2,424.8\text{kg}=2.42\text{ton}$$

답 ②

282 ☆

다음과 같이 2개의 슬링 와이어로프로 무게 1,000N의 화물을 인양하고 있다. 로프 TAB에 발생하는 장력의 크기는 얼마인가?

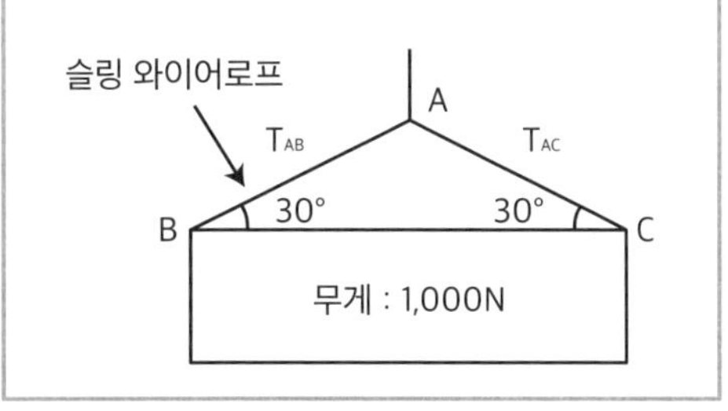

① 500N ② 707N

③ 1,000N ④ 1,414N

해 한 와이어로프 하중(T)

$$=\frac{\text{화물무게}}{2\cdot \text{COS}(\frac{\text{상부각도}}{2})}$$

$$=\frac{1,000}{2\cdot \text{COS}(\frac{120}{2})}=1,000N$$

답 ③

283 ☆☆☆☆☆

산업안전보건법령상 양중기에서 절단하중이 100톤인 와이어로프를 사용하여 화물을 직접적으로 지지하는 경우, 화물의 최대허용하중(톤)은?

① 20 ② 30 ③ 40 ④ 50

해 화물의 하중을 직접 지지하는 달기와이어로프 또는 달기체인의 경우: 안전률 5 이상

$$\text{안전률}=\frac{\text{절단하중}}{\text{최대허용하중}}\rightarrow 5=\frac{100}{X}$$

$$\rightarrow X=\frac{100}{5}=20\text{분}$$

답 ①

284 ☆☆

산업안전보건법령에 따라 양중기에서 절단하중이 100톤인 와이어로프를 사용하여 근로자가 탑승하는 운반구를 지지하는 경우, 달기와이어로프에 걸 수 있는 최대 사용하중은 얼마인가?

① 10톤　② 20톤　③ 25톤　④ 50톤

해 근로자가 탑승하는 운반구를 지지하는 달기와이어로프 또는 달기체인 경우: 안전율 10 이상

$$안전율=\frac{절단하중}{최대허용하중} \rightarrow 10=\frac{100}{X}$$

$$\rightarrow X=\frac{100}{10}=10분$$

답 ①

285 ☆

연강의 인장강도가 420MPa이고, 허용응력이 140MPa 이라면, 인장률은?

① 0.3　② 0.4　③ 3　④ 4

해 $$안전률=\frac{인장강도}{허용응력}=\frac{420}{140}=3$$

답 ③

286 ☆

극한강도가 100MPa이고, 최대설계응력 10MPa이면 안전율은?

① 1　② 5　③ 10　④ 100

해 $$안전률=\frac{극한강도}{최대설계응력}=\frac{100}{10}=10$$

답 ③

287 ☆

어떤 부재의 사용하중은 200kgf이고, 이의 파괴하중은 400kgf이다. 정격하중을 100kgf로 가정하고 설계한다면 안전율은 얼마인가?

① 0.25　② 0.5　③ 3　④ 4

해 $$안전율=\frac{파괴하중}{정격하중}=\frac{400}{100}=4$$

답 ④

288 ☆☆

안전계수 5인 로프의 절단하중이 4,000N이라면 이 로프는 몇N 이하의 하중을 매달아야 하는가?

① 500　② 800　③ 1,000　④ 1,600

해 $$최대하중=\frac{절단하중}{안전계수}=\frac{4,000}{5}=800N$$

답 ②

289 ☆☆☆

크레인 작업 시 300kg의 질량을 10m/s^{2}의 가속도로 감아올릴 때 로프에 걸리는 총 하중은 약 몇 N인가? (단, 중력가속도는 9.81m/s^{2}로 한다.)

① 2,943　② 3,000　③ 5,943　④ 8,886

해 $$N=\frac{kg \cdot m}{s^2}$$

$$\rightarrow \frac{300kg \cdot (10+9.81)m}{s^2}=5,943\text{N}$$

답 ③

290 ☆

크레인 작업 시 로프에 1톤의 중량을 걸어 20m/s²의 가속도로 감아올릴 때, 로프에 걸리는 총 하중(kgf)은 약 얼마인가? (단, 중력 가속도는 10m/s²이다.)

① 1,000 ② 2,000 ③ 3,000 ④ 3,500

해 $N=\frac{kg \cdot m}{s^2}$

$\rightarrow \frac{1{,}000kg \cdot (20+10)m}{s^2}=30{,}000\text{N}$

$\rightarrow \frac{30{,}000N \cdot kg}{10N}=3{,}000\text{kg}$

답 ③

291 ☆

크레인 작업 시 2,000N의 화물을 걸어 25m/s² 가속도로 감아올릴 때 로프에 걸리는 총 하중은 몇kN인가? (단, 중력 가속도는 9.81m/s²이다.)

① 3.1 ② 5.1 ③ 7.1 ④ 9.1

해 $N=\frac{kg \cdot m}{s^2}=\frac{1}{9.8}\text{kg}$

$\rightarrow \frac{\frac{2{,}000}{9.81}N \cdot (25+9.81)m}{s^2}$

$=7{,}096N \fallingdotseq 7.1kN$

답 ③

292 ☆☆

완전 회전식 클러치 기구가 있는 양수조작식 방호장치에서 확동클러치의 봉합개소가 4개, 분당 행정수가 200spm일 때, 방호장치의 최소 안전거리는 몇mm 이상이어야 하는가?

① 80 ② 120 ③ 240 ④ 360

해 $D=1.6 \cdot T_m=1.6 \cdot 225=360mm$

$T_m=(\frac{1}{\text{클러치 수}}+\frac{1}{2}) \cdot \frac{60{,}000}{\text{분당행정수}}$

$=(\frac{1}{4}+\frac{1}{2}) \cdot \frac{60{,}000}{200}$

$=225ms$

D: 안전거리(mm)

T_m=슬라이드가 하사점 도달하는 시간(ms)

답 ④

293 ☆☆☆

클러치 프레스에 부착된 양수조작식 방호장치에 있어서 클러치 맞물림 개소수가 4군데, 매분 행정수가 300SPM일 때 양수조작식 조작부의 최소 안전거리는? (단, 인간 손의 기준 속도는 1.6m/s로 한다.)

① 240mm ② 24mm
③ 90mm ④ 200mm

해 $D=1.6 \cdot T_m=1.6 \cdot 150=240\text{mm}$

$T_m=(\frac{1}{\text{클러치 수}}+\frac{1}{2}) \cdot \frac{60{,}000}{\text{분당행정수}}$

$=(\frac{1}{4}+\frac{1}{2}) \cdot \frac{60{,}000}{300}$

$=150ms$

D: 안전거리(mm)

T_m=슬라이드가 하사점 도달하는 시간(ms)

답 ①

294 ☆

양수조작식 방호장치의 누름버튼에서 손을 떼는 순간부터 급정지기구가 작동하여 슬라이드가 정지할 때까지의 시간이 0.2초 걸린다면, 양수조작식 방호장치의 안전거리는 최소한 몇mm 이상이어야 하는가?

① 150 ② 320 ③ 480 ④ 560

해 $D=1.6 \cdot T_m=1.6 \cdot 200=320mm$
D: 안전거리(mm)
T_m=슬라이드가 하사점 도달하는 시간(ms)

답 ②

295 ☆☆☆☆☆☆☆

프레스기가 작동 후 직업점까지의 도달시간이 0.2초 걸렸다면, 양수기동식 방호장치의 설치거리는 최소 얼마인가?

① 3.2cm ② 32cm ③ 6.4cm ④ 64cm

해 $D=1.6 \cdot T_m=1.6 \cdot 200=320mm=32cm$
D: 안전거리(mm)
T_m=슬라이드가 하사점 도달하는 시간(ms)

답 ②

296 ☆

작업자의 신체움직임을 감지하여 프레스의 작동을 급정지시키는 광전자식 안전장치를 부착한 프레스가 있다. 안전거리가 32cm라면 급정지에 소요되는 시간은 최대 몇 초 이내일 때 안전한가? (단, 급정지에 소요되는 시간은 손이 광선을 차단한 순간부터 급정지기구가 작동하여 슬라이드가 정지할 때 까지의 시간을 의미한다.)

① 0.1초 ② 0.2초 ③ 0.5초 ④ 1초

해 $D=1.6 \cdot T_m$
$\rightarrow T_m=\frac{D}{1.6} \rightarrow \frac{320}{1.6}=200ms=0.2s$
D: 안전거리(mm)
T_m=슬라이드가 하사점 도달하는 시간(ms)

답 ②

297 ☆☆☆☆

광전자식 방호장치가 설치된 프레스에서 손이 광선을 차단했을 때부터 급정지기구가 작동을 개시할 때까지의 시간은 0.3초, 급정지기구가 작동을 개시했을 때부터 슬라이드가 정지할 때까지의 시간이 0.4초 걸린다고 할 때 최소 안전거리는 약 몇 mm인가?

① 540 ② 760 ③ 980 ④ 1,120

해 $D=1.6 \cdot (T_L+T_S)=1.6 \cdot (300+400)$
$=1,120mm$
D: 안전거리(mm)
T_L: 응답시간(ms)
T_S=브레이크 정지시간(ms)

답 ④

298 ☆

드릴링 머신의 드릴지름이 10mm이고, 드릴 회전수가 1,000rpm일 때 원주속도는 약 몇 m/min인가?

① 3.14m/min ② 6.28m/min
③ 31.4m/min ④ 62.8m/min

해 $rpm = \frac{1}{min}$

$V = \pi DN = \frac{\pi \cdot 10mm \cdot 1,000 \cdot m}{\min \cdot 1,000mm} = 31.4$

D: 숫돌지름 N: 회전수(rpm)

답 ③

299 ☆☆☆☆☆☆☆

500rpm으로 회전하는 연삭기의 숫돌지름이 200mm일 때 원주속도(m/min)는?

① 628 ② 62.8 ③ 314 ④ 31.4

해 원주속도$= \pi DN = \frac{\pi \cdot 20mm \cdot 500 \cdot m}{\min \cdot 10^3 mm}$

$= 314.16$m/min

D: 지름 N: 회전수(rpm)

답 ③

300 ☆☆☆☆☆

롤러기에서 앞면 롤러의 지름이 200mm, 회전속도가 30rpm인 롤러의 무부하 동작에서의 급정지거리로 옳은 것은?

① 66mm 이내 ② 84mm 이내
③ 209mm 이내 ④ 248mm 이내

해

앞면 롤러의 표면속도(m/min)	급정지거리
30 미만	앞면 롤러 원주의 1/3 이내
30 이상	앞면 롤러 원주의 1/2.5 이내

원주속도$= \pi DN = \frac{\pi \cdot 200mm \cdot 30 \cdot m}{\min \cdot 10^3 mm}$

$= 18.85$m/min

D: 지름 N: 회전수(rpm)

원주 속도 30 미만이니 급정지거리는

원주의 $\frac{1}{3}$ 이내

원주$= \pi D = \pi \cdot 200 = 628.32$mm

$\rightarrow \frac{628.32}{3} = 209.44$mm

답 ③

301 ★

개구부에서 회전하는 롤러의 위험점까지 최단거리가 60mm일 때 개구부 간격은?

① 10mm ② 12mm ③ 13mm ④ 15mm

해 $Y=6+0.15X=6+0.15 \cdot 60=15mm$
Y: 개구부 간격
X: 가드와 위험점간의 거리(안전거리)(mm)
가드 설치 시 개구부 간격(mm)

개구부와 위험점 간격 160mm 이상	30
개구부와 위험점 간격 160mm 미만	6+0.15・개구부와 위험점 최단거리
위험점이 전동체	6+0.1・개구부와 위험점 최단거리

답 ④

302 ☆

동력전달부분의 전방 50cm 위치에 설치한 일방 평행 보호망에서 가드용 재료의 최대 구멍크기는 얼마인가?

① 45mm ② 56mm ③ 68mm ④ 81mm

해 동력전달부분 = 전동체
$Y=6+0.1X=6+0.1 \cdot 500=56mm$
Y: 개구부 간격
X: 가드와 위험점간의 거리(안전거리)(mm)
가드 설치 시 개구부 간격(mm)

개구부와 위험점 간격 160mm 이상	30
개구부와 위험점 간격 160mm 미만	6+0.15・개구부와 위험점 최단거리
위험점이 전동체	6+0.1・개구부와 위험점 최단거리

답 ②

303 ☆☆☆

롤러의 맞물림점 전방에 개구부 간격 30mm의 가드를 설치하고자 한다. 개구면에서 위험점까지의 최단거리(mm)는 얼마인가? (단, ILO기준에 의해 계산한다.)

① 80 ② 100 ③ 120 ④ 160

해 $Y=6+0.15X \rightarrow 30=6+0.15X$
$\rightarrow X=\frac{24}{0.15}=160mm$

Y: 개구부 간격
X: 가드와 위험점간의 거리(안전거리)(mm)
가드 설치 시 개구부 간격(mm)

개구부와 위험점 간격 160mm 이상	30
개구부와 위험점 간격 160mm 미만	6+0.15・개구부와 위험점 최단거리
위험점이 전동체	6+0.1・개구부와 위험점 최단거리

답 ④

304 ☆☆☆☆☆☆☆☆

연삭기에서 숫돌의 바깥지름이 180mm라면, 평형 플랜지의 바깥지름은 몇 mm 이상이어야 하는가?

① 30 ② 36 ③ 45 ④ 60

해 평형플랜지 지름은 숫돌 직경의 1/3 이상이어야 됨.
$\rightarrow 180/3=60mm$

답 ④

305 ☆

탁상용 연삭기의 평형 플랜지 바깥지름이 150mm일 때, 숫돌의 바깥지름은 몇 mm이내이어야 하는가?

① 300mm ② 450mm ③ 600mm ④ 750mm

해 평형플랜지 지름은 숫돌 직경의 1/3 이상이어야 됨
→ 150 • 3＝450mm

답 ②

306 ☆☆

목재가공용 둥근톱의 두께가 3mm일 때, 분할날의 두께는 몇mm 이상이어야 하는가?

① 3.3mm 이상 ② 3.6mm 이상
③ 4.5mm 이상 ④ 4.8mm 이상

해 분할날 두께는 둥근 톱 두께의 1.1배 이상이고, 치진폭보다는 작아야 된다.
→ 3 • 1.1mm ≦ t → 3.3mm ≦ t

답 ①

307 ☆

원통형 연삭기의 방호장치를 그림과 같이 설치할 때 각도 a와 간격 b로 가장 옳은 것은?

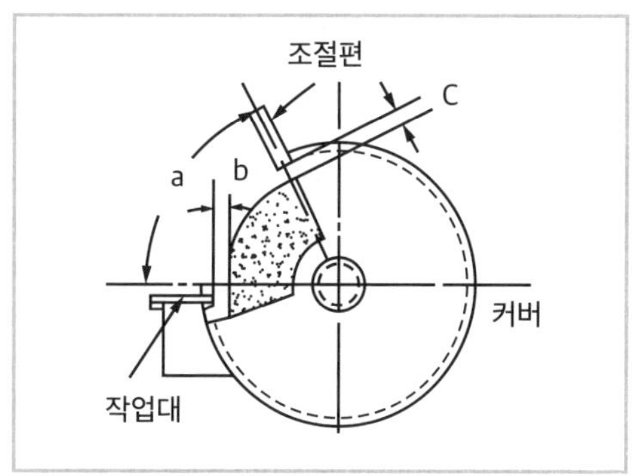

① a: 65˚ 이내, b: 3mm 이내
② a: 60˚ 이내, b: 3mm 이내
③ a: 90˚ 이내, b: 5mm 이내
④ a: 65˚ 이내, b: 5mm 이내

해

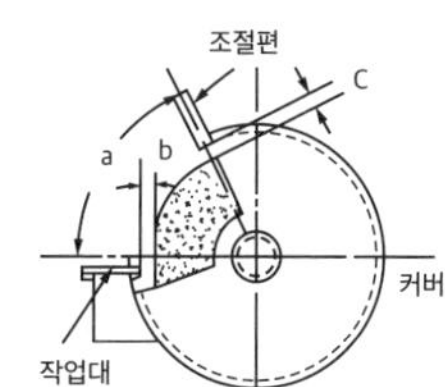

답 ①

308 ☆☆☆☆☆

지게차가 무부하 상태로 구내 최고속도 25km/h로 주행 시 좌우안정도는 몇% 이내인가?

① 16.5% ② 25% ③ 37.5% ④ 42.5%

해 주행 시 좌우안정도
＝15＋1.1V＝15＋1.1 • 25
＝42.5%

답 ④

309 ☆

원래 길이가 150mm인 슬링체인을 점검한 결과 길이에 변형이 발생하였다. 다음 중 폐기대상에 해당되는 측정값(길이)으로 옳은 것은?

① 151.5mm 초과　　② 153.5mm 초과

③ 155.5mm 초과　　④ 158.5mm 초과

해 달기체인 사용금지 기준

달기 체인의 길이가 달기 체인이 제조된 때의 길이의 5%를 초과한 것

①: (151.5－150)/150 • 100＝1%, 사용가능

②: (153.5－150)/150 • 100＝2.33%, 사용가능

③: (155.5－150)/150 • 100＝3.67%, 사용가능

④: (157.5－150)/150 • 100＝5.67%, 사용불가

답 ④

산업안전산업기사 2010~20년

4과목

전기 및 화학설비 안전관리
(기출중복문제 소거 정리)

잠깐! 더 효율적인 공부를 위한 링크들을 적극 이용하세요~!

직8딴 홈페이지

- 출시한 책 확인 및 구매

직8딴 카카오오픈톡방

- 실시간 저자의 질문 답변
(주7일 아침 11시~새벽 2시까지, 전화로도 함)
- 직8딴 구매자전용 복지와 혜택 획득
(최소 달에 40만원씩 기프티콘 지급)
- 구매자들과의 소통 및 EHS 관련 정보 습득

직8딴 네이버카페

- 실시간으로 최신화되는 정오표 확인
(정오표: 책 출시 이후 발견된 오타/오류를 모아놓은 표, 매우 중요)
- 공부에 도움되는 컬러버전 그림 및 사진 습득
- 직8딴 구매자전용 복지와 혜택 획득

직8딴 유튜브

- 저자 직접 강의 시청 가능
- 공부 팁 및 암기법 획득
- 국가기술자격증 관련 정보 획득

전기 및 화학설비 안전관리

기출 중복문제 소거 정리

001 ☆☆

다음 중 전압의 분류가 잘못된 것은?

① 1kV 이하의 교류 전압－저압

② 1.5kV 이하의 직류 전압－저압

③ 1kV 초과하고, 7kV 이하의 교류 전압 －고압

④ 10kV를 초과하는 직류 전압－초고압

해 전압을 구분하는 저압, 고압 및 특고압은 다음 각 호의 것을 말한다.

1. 저압: 직류는 1.5kV 이하, 교류는 1kV 이하인 것
2. 고압: 직류는 1.5kV를, 교류는 1kV를 초과하고, 7kV 이하인 것
3. 특고압: 7kV를 초과하는 것

답 ④

002 ☆

다음 중 화염일주한계와 폭발등급에 대한 설명으로 틀린 것은?

① 수소와 메탄은 상호 다른 등급에 해당한다.

② 폭발등급은 화염일주한계에 따라 등급을 구분한다.

③ 폭발등급 1등급 가스는 폭발등급 3등급 가스보다 폭발점화 파급위험이 크다.

④ 폭발성 혼합가스에서 화염일주한계값이 작은 가스일수록 외부로 폭발점화 파급 위험이 커진다.

해 ①: 수소는 ⅡC, 메탄은 ⅡA
③: 폭발등급 3등급 가스는 폭발등급 1등급 가스보다 폭발점화 파급위험이 크다.

답 ③

003 ☆☆

방폭구조의 종류 중 방진방폭구조를 나타내는 표시로 옳은 것은?

① DDP ② tD ③ XDP ④ DP

해 ①: 해당없음
③: 방진특수 방폭구조
④: 보통방진 방폭구조

답 ②

004 ☆

다음 중 방폭구조의 종류에 해당하지 않는 것은?

① 유출 방폭구조 ② 안전증 방폭구조
③ 압력 방폭구조 ④ 본질안전 방폭구조

해 "d": 내압 방폭구조
"e": 안전증 방폭구조
"ia": 본질안전 방폭구조, 보호방식 "ia"
"ib": 본질안전 방폭구조, 보호방식 "ib"
"ma": 몰드 방폭구조, 보호방식 "ma"
"mb": 몰드 방폭구조, 보호방식 "mb"
"nA": n형식 방폭구조, 보호방식 "nA"
"nC": n형식 방폭구조, 보호방식 "nC"
"nL": n형식 방폭구조, 보호방식 "nL"
"nR": n형식 방폭구조, 보호방식 "nR"
"o" : 유입 방폭구조
"px" : 압력 방폭구조, 보호형식 "px"
"py" : 압력 방폭구조, 보호형식 "py"
"pz" : 압력 방폭구조, 보호형식 "pz"
"q" : 충전 방폭구조
"s" : 특수 방폭구조

답 ①

005 ☆☆

방폭구조의 종류와 기호가 잘못 연결된 것은?

① 유입방폭구조 – o
② 압력방폭구조 – p
③ 내압방폭구조 – d
④ 본질안전방폭구조 – e

해 본질안전방폭구조: ia 또는 ib

답 ④

006 ☆☆☆☆

방폭구조의 명칭과 표기기호가 잘못 연결된 것은?

① 안전증방폭구조: e
② 유입(油入)방폭구조: o
③ 내압(耐壓)방폭구조: p
④ 본질안전방폭구조: ia 또는 ib

해 내압방폭구조: d

답 ③

007 ☆☆☆

다음 중 방폭구조의 종류와 기호를 올바르게 나타낸 것은?

① 안전증방폭구조: e ② 몰드방폭구조: n
③ 충전방폭구조: p ④ 압력방폭구조: o

해 몰드방폭구조: m
충전방폭구조: q
압력방폭구조: p

답 ①

008 ☆

다음 중 폭발등급 1~2등급, 발화도 G1~G4까지의 폭발성가스가 존재하는 1종 위험장소에 사용될 수 있는 방폭전기설비의 기호로 옳은 것은?

① d2G4 ② m1G1
③ e2G4 ④ e1G1

해 d: 내압방폭구조 기호
2: 폭발등급
G4: 발화온도

답 ①

009 ☆

다음 중 발화도 G_1의 발화점의 범위로 옳은 것은?

① 450℃ 초과
② 300℃ 초과 450℃ 이하
③ 200℃ 초과 300℃ 이하
④ 135℃ 초과 200℃ 이하

해

발화도 등급	가스 발화점(℃)
G_1	450 초과
G_2	300~450
G_3	200~300
G_4	135~200
G_5	100~135

답 ①

010 ☆☆

폭발위험장소를 분류할 때 가스폭발 위험장소의 종류에 해당하지 않는 것은?

① 0종 장소 ② 1종 장소
③ 2종 장소 ④ 3종 장소

해 가스폭발위험장소 종별

구분	내용
0종 장소	• 인화성 또는 가연성가스가 장기간 체류하는 곳 • 인화성 또는 가연성 물질을 취급하는 설비 내부 • 인화성 또는 가연성액체가 존재하는 피트 등의 내부 • 인화성 액체 탱크 내의 액면 상부의 공간부 • 가연성가스 용기, 탱크 등의 내부 • 가연성액체 내의 액중펌프
1종 장소	• 폭발성 가스 분위기가 정상작동 중 주기적 또는 빈번하게 생성되는 장소 • 탱크류의 벤트(Vent) 개구부 부근 • 점검, 수리 작업에서 가연성가스 또는 증기를 방출하는 경우의 밸브 부근 • 탱크로리, 드럼관 등이 인화성 액체를 충전하고 있는 경우의 개구부 부근 • Floating roof(지붕식) tank 상의 shell 내의 부분 • 실내(환기방해장소)에서 가연성가스 또는 증기가 방출될 염려가 있는 경우 • 위험한 가스가 누출될 염려가 있는 장소로서 피트처럼 가스가 축적되는 장소 • 릴리프밸브가 가끔 작동하여 가연성가스나 증기를 방출하는 경우의 릴리프밸브 부근
2종 장소	• 폭발성 가스 분위기가 정상상태에서 조성되지 않거나 조성된다 하더라도 짧은 기간에만 존재할 수 있는 장소 • 오조작인 경우에만 이런 물질이 누출해서 위험한 농도가 될 염려가 있는 장소 • 1종장소 주변 또는 인접한 실내에서 폭발성 가스가 경우에 따라 위험한 농도까지 침입할 염려가 있는 장소

답 ④

011 ☆☆

산업안전보건법령상 방폭전기설비의 위험장소분류에 있어 보통 상태에서 위험 분위기를 발생할 염려가 있는 장소로서 폭발성 가스가 보통상태에서 집적되어 위험농도로 될 염려가 있는 장소를 몇 종 장소라 하는가?

① 0종 장소 ② 1종 장소
③ 2종 장소 ④ 3종 장소

해 1종 장소에 대한 설명이다.

답 ②

012 ☆

방폭전기설비에서 1종 위험장소에 해당하는 것은?

① 이상상태에서 위험 분위기를 발생할 염려가 있는 장소
② 보통장소에서 위험 분위기를 발생할 염려가 있는 장소
③ 위험분위기가 보통의 상태에서 계속해서 발생하는 장소
④ 위험 분위기가 장기간 또는 거의 조성되지 않는 장소

해 ①: 2종 장소
③: 0종 장소
④: 해당없음

답 ②

013 ☆

폭발위험장소의 분류 중 1종 장소에 해당하는 것은?

① 폭발성 가스 분위기가 연속적, 장기간 또는 빈번하게 존재하는 장소
② 폭발성 가스 분위기가 정상작동 중 조성 되지 않거나 조성된다 하더라도 짧은 기간에만 존재할 수 있는 장소
③ 폭발성 가스 분위기가 정상작동 중 주기적 또는 빈번하게 생성되는 장소
④ 폭발성 가스 분위기가 장기간 또는 거의 조성되지 않는 장소

해 ①: 0종 장소
②: 2종 장소
④: 해당없음

답 ③

014 ☆

폭발위험장소 중 1종 장소에 해당하는 것은?

① 폭발성 가스 분위기가 연속적, 장기간 또는 빈번하게 존재하는 장소
② 폭발성 가스 분위기가 정상작동 중 주기적 또는 빈번하게 생성되는 장소
③ 폭발성 가스 분위기가 정상작동 중 조성 되지 않거나 조성된다 하더라도 짧은 기간에만 존재할 수 있는 장소
④ 전기설비를 제조, 설치 및 사용함에 있어 특별한 주의를 요하는 정도의 폭발성 가스 분위기가 조성될 우려가 없는 장소

해 ①: 0종 장소
③: 2종 장소
④: 비폭발위험장소

답 ②

015 ☆

방폭구조 전기기계·기구의 선정기준에 있어 가스폭발 위험장소의 제1종 장소에 사용할 수 없는 방폭구조는?

① 내압방폭구조 ② 안전증방폭구조

③ 본질안전방폭구조 ④ 비점화방폭구조

해 가스폭발위험장소에 따른 방폭구조 종류

0종	본질안전 방폭구조(ia)
1종	내압/압력(p)/충전/유입/안전증(e)/본질안전(ia/ib)/몰드 방폭구조(m)
2종	비점화 방폭구조(n)

답 ④

016 ☆☆

전폐형 방폭구조가 아닌 것은?

① 압력방폭구조 ② 내압방폭구조

③ 유입방폭구조 ④ 안전증방폭구조

해 전폐형 방폭구조

외피가 폐쇄된 구조로 압력방폭구조, 내압방 폭구조, 유입방폭구조가 있다.

답 ④

017 ☆☆

신선한 공기 또는 불연성가스 등의 보호기체를 용기의 내부에 압입함으로써 내부의 압력을 유지하여 폭발성가스가 침입하지 않도록 하는 방폭구조는?

① 내압 방폭구조 ② 압력 방폭구조

③ 안전증 방폭구조 ④ 특수방진 방폭구조

해 폭발성 가스 또는 증기에 대한 방폭구조

방폭구조 (Ex) 종류	정의
내압 방폭구조 (d)	• 방폭형 기기에 폭발성 가스가 내부로 침입하여 내부에서 폭발이 발생하여도 이 압력에 견디도록 제작한 방폭구조 • 전기설비 내부에서 발생한 폭발이 설비 주변에 존재하는 가연성 물질에 파급되지 않도록한 구조
안전증 방폭구조 (e)	전기기기의 과도한 온도상승, 아크 또는 불꽃 발생의 위험을 방지하기 위하여 추가적인 안전조치를 통한 안전도를 증가시킨 방폭구조
본질안전 방폭구조 (i)	폭발분위기에 노출되어 있는 기계, 기구 내의 전기에너지, 권선 상호접속에 의한 전기불꽃 또는 열 영향을 점화에너지 이하의 수준까지 제한하는 것을 기반으로 한 방폭구조
유입 방폭구조 (o)	유체 상부 또는 용기 외부에 존재할 수 있는 폭발성 분위기가 발화할 수 없도록 전기설비 또는 전기설비의 부품을 보호액에 합침시키는 방폭구조
압력 방폭구조 (p)	용기 내부에서 보호가스 압입해 내부압력 유지함으로써 폭발성 가스 또는 증기가 내부로 유입하지 않도록 한 방폭구조
몰드 방폭구조 (m)	전기기기의 불꽃 또는 열로 인해 폭발성 위험분 위기에 점화되지 않도록 컴파운드를 충전해서 보호한 방폭구조

답 ②

018 ☆

폭발성 가스나 전기기기 내부로 침입하지 못하도록 전기기기의 내부에 불활성가스를 압입하는 방식의 방폭구조는?

① 내압방폭구조 ② 압력방폭구조
③ 본질안전방폭구조 ④ 유입방폭구조

해 압력방폭구조에 대한 설명이다.

답 ②

019 ☆

방폭구조 중 전폐구조를 하고 있으며 외부의 폭발성 가스가 내부로 침입하여 내부에서 폭발 하더라도 용기는 그 압력에 견디고, 내부의 폭발로 인하여 외부의 폭발성 가스에 착화될 우려가 없도록 만들어진 구조는?

① 안정증방폭구조 ② 본질안전방폭구조
③ 유입방폭구조 ④ 내압방폭구조

해 내압방폭구조에 대한 설명이다.

답 ④

020 ☆

다음 중 내압 방폭구조인 전기기기의 성능시험에 관한 설명으로 틀린 것은?

① 성능시험은 모든 내용물이 용기에 장착한 상태로 시험한다.
② 성능시험은 충격시험을 실시한 시료 중 하나를 사용해서 실시한다.
③ 부품의 일부가 용기에 포함되지 않은 상태에서 사용할 수 있도록 설계된 경우, 최적의 조건에서 시험을 실시해야 한다.
④ 제조자가 제시한 자세한 부품 배열방법이 있고, 빈 용기가 최악의 폭발압력을 발생 시키는 조건인 경우에는 빈 용기 상태로 시험을 할 수 있다.

해 부품의 일부가 용기에 포함되지 않은 상태에서 사용할 수 있도록 설계된 경우, 가장 가혹한 조건에서 시험을 실시해야 한다.

답 ③

021 ☆

최대안전틈새(MESG)의 특성을 적용한 방폭구조는?

① 내압방폭구조 ② 유입방폭구조
③ 안전증방폭구조 ④ 압력방폭구조

해 내압방폭구조에 대한 설명이다.

답 ①

022 ☆☆☆

다음 정의에 해당하는 방폭구조는?

> 전기기기의 과도한 온도 상승, 아크 또는 불꽃 발생의 위험을 방지하기 위해 후가적인 안전조치를 통한 안전도를 증가시킨 방폭구조

① 내압방폭구조 ② 유입방폭구조
③ 안전증방폭구조 ④ 본질안전방폭구조

해 안전증방폭구조에 대한 설명이다.

답 ③

023 ☆

전기불꽃이나 과열에 대해서 회로특성상 폭발의 위험을 방지할 수 있는 방폭구조는?

① 내압 방폭구조 ② 유입 방폭구조
③ 안전증 방폭구조 ④ 압력 방폭구조

해 안전증방폭구조에 대한 설명이다.

답 ③

024 ☆☆

전기기기의 불꽃 또는 열로 인해 폭발성 위험 분 위기에 점화되지 않도록 컴파운드를 충전해서 보호한 방폭구조는?

① 몰드방폭구조 ② 비점화방폭구조
③ 안전증방폭구조 ④ 본질안전방폭구조

해 몰드방폭구조에 대한 설명이다.

답 ①

025 ☆

전기설비로 인한 화재폭발의 위험분위기를 생성하지 않도록 하기위해 필요한 대책으로 가장 거리가 먼 것은?

① 폭발성 가스의 사용 방지
② 폭발성 분진의 생성 방지
③ 폭발성 가스의 체류 방지
④ 폭발성 가스 누설 및 방출 방지

해 폭발성 혼합기의 생성방지 방법

1. 폭발성 가스의 누설 및 방출방지
   공기 중에 폭발성 가스의 누설 및 방출을 방지하기 위해서는 위험물질의 사용을 억제하고, 방상태에서 위험물질의 사용을 피한다. 또한, 관의 이음부분, 펌프 등에서의 누설을 방지할 수 있고 이상반응 및 장치의 열화, 파손, 오동작으로 인한 누설을 방지할 수 있어야 한다.
2. 폭발성 가스의 체류방지
   공기 중에 누설 또는 방출된 폭발성 가스가 체류하기 쉬운 장소는 옥외로 장소를 변경하거나 외벽이 개방된 건물에 위치시키고 환기가 불충분한 장소는 강제로 환기시켜야 한다.
3. 폭발성 분진의 생성 방지

답 ①

026 ☆

내압(耐壓)방폭구조에서 방폭전기기기의 폭발등급에 따른 최대안전틈새의 범위(mm) 기준으로 옳은 것은?

① ⅡA－0.65 이상

② ⅡA－0.5 초과 0.9 미만

③ ⅡC－0.25 미만

④ ⅡC－0.5 이하

해

폭발 등급	ⅡA	ⅡB	ⅡC
틈의 폭 [mm]	W≥0.9	0.9>W>0.5	W≤0.5
대표물질	프로판	에틸렌	수소, 아세틸렌

답 ④

027 ☆

위험분위기가 존재하는 장소의 전기기기에 방폭 성능을 갖추기 위한 일반적 방법으로 적절하지 않은 것은?

① 점화원의 격리

② 전기기기의 안전도 증강

③ 점화능력의 본질적 억제

④ 점화원으로 되는 확률을 0으로 낮춤

해 전기설비의 방폭화의 기본

－점화원의 방폭적 격리

－전기설비의 안전도 증강

－점화능력의 본질적 억제

답 ④

028 ☆

다음 중 방폭전기기기의 선정 시 고려하여야 할 사항과 가장 거리가 먼 것은?

① 압력 방폭구조의 경우 최고표면온도

② 내압 방폭구조의 경우 최대안전틈새

③ 안전증 방폭구조의 경우 최대안전틈새

④ 본질안전 방폭구조의 경우 최소점화전류

해 방폭전기기기의 선정 시 고려사항

1. 방폭전기기기가 설치될 지역의 방폭지역 등급 구분
2. 가스 등의 발화온도
3. 내압방폭구조의 경우 최대 안전틈새
4. 본질 안전방폭구조의 경우 최소점화 전류와 해당물질
5. 압력방폭구조, 유입방폭구조, 안전증 방폭 구조의 경우 최고 표면온도
6. 방폭전기기기가 설치될 장소의 주변온도, 표고 또는 상대습도, 먼지, 부식성 가스, 습기 등 환경조건

답 ③

029 ☆

다음 중 가스·증기방폭구조인 전기기기의 일반성능 기준에 있어 인증된 방폭기기에 표시하여야 하는 사항과 가장 거리가 먼 것은?

① 해당 방폭구조 기호

② 해당 방폭구조의 형상

③ 방폭기기를 나타내는 기호

④ 제조자 이름이나 등록상표

해 방폭기기의 표시사항

1) 제조자 이름이나 등록상표
2) 형식
3) 방폭기기를 나타내는 기호 Ex
4) 해당 방폭구조 기호
5) 전기기기의 그룹 기호
6) 그룹II 전기기기 온도등급 나타내는 기호
7) 일련번호
8) 인증서 발급기관의 이름 또는 마크, 합격 번호, 인증년도, 인증서 일련번호

답 ②

030 ☆

다음 중 분진폭발위험장소의 구분에 해당하지 않는 것은?

① 20종 ② 21종 ③ 22종 ④ 23종

해 분진폭발 위험장소의 종류

구분	내용
20종 장소	• 공기 중에 분진운의 형태로 폭발성분진 분위기가 지속적으로 또는 장기간 또는 빈번히 존재하는 장소 • 호퍼, 분진저장소, 집진장치 필터 등의 내부
21종 장소	• 20종 장소 외의 장소로서, 분진운형태의 가연성 분진이 폭발농도를 형성할 정도의 충분한 양이 정상작동 중에 존재할 수 있는 장소 • 집진장치 백필터, 배기구 등의 주위, 이송벨트 샘플링 지역 등
22종 장소	• 21종 장소 외의 장소로서, 가연성분진운 형태가 드물게 발생 또는 단기간 존재할 우려가 있거나, 이상 작동 상태 하에서 가연성 분진층이 형성될 수 있는 장소 • 21종 장소에서 예방조치가 취하여진 지역, 환기설비 등과 같은 안전 장치 배출구 주위 등

답 ④

031 ☆☆☆

다음 설명에 해당하는 위험장소의 종류로 옳은 것은? (공기 중에서 가연성 분진운의 형태가 연속적, 또는 장기적 또는 단기적 자주 폭발성 분위기가 존재하는 장소)

① 0종 장소 ② 1종 장소

③ 20종 장소 ④ 21종 장소

해 윗 해설 참조

답 ③

032 ☆☆

위험장소의 분류에 있어 다음 설명에 해당되는 것은?

> 분진운 형태의 가연성 분진이 폭발농도를 형성할 정도로 충분한 양이 정상작동 중에 연속적으로 또는 자주 존재하거나, 제어할 수 없을 정도의 양 및 두께의 분진층이 형성될 수 있는 장소

① 20종 장소　② 21종 장소
③ 22종 장소　④ 23종 장소

해 윗 해설 참조

답 ①

033 ☆☆

유해·위험물질 취급 시 보호구로서 구비조건이 아닌 것은?

① 방호성능이 충분할 것
② 재료의 품질이 양호할 것
③ 작업에 방해가 되지 않을 것
④ 외관이 화려할 것

해 외관이 화려할 필요는 없다. 패션쇼하러 작업장 가는 것이 아닙니다.

답 ④

034 ☆

유해위험물질 취급에 대한 작업별 안전한 작업이 아닌 것은?

① 자연발화의 방지 조치
② 인화성 물질의 수입시 호스를 사용
③ 가솔린이 남아 있는 설비에 중유의 주입
④ 서로 다른 물질의 접촉에 의한 발화 방지

해 혼유는 옳지 않다.

답 ③

035 ☆

방폭용 공구류의 제작에 많이 쓰이는 재료는?

① 철제　② 강철합금제
③ 카본제　④ 베릴륨 동합금제

해 스파크 방지 목적으로 알루미늄－동합금, 베릴륨－동합금을 재료로 사용한다.

답 ④

036 ☆

전기적 불꽃 또는 아크에 의한 화상의 우려가 높은 고압 이상의 충전전로작업에 근로자를 종사시키는 경우에는 어떠한 성능을 가진 작업복을 착용시켜야 하는가?

① 방충처리 또는 방수성능을 갖춘 작업복
② 방염처리 또는 난연성능을 갖춘 작업복
③ 방청처리 또는 난연성능을 갖춘 작업복
④ 방수처리 또는 방청성능을 갖춘 작업복

해 사업주는 전기적 불꽃 또는 아크에 의한 화상의 우려가 있는 고압 이상의 충전전로 작업에 근로자를 종사시키는 경우에는 방염처리된 작업복 또는 난연성능을 가진 작업복을 착용시켜야 한다.

답 ②

037 ☆

작업조건에 알맞은 보호구의 연결이 옳지 않은 것은?

① 안전대: 높이 또는 깊이 2m 이상의 추락할 위험이 있는 장소에서의 작업
② 보안면: 물체가 흩날릴 위험이 있는 작업
③ 안전화: 물체의 낙하·충격, 물체에의 끼임, 감전 또는 정전기의 대전(帶電)에 의한 위험이 있는 작업
④ 방열복: 고열에 의한 화상 등의 위험이 있는 작업

해 보호구 종류

안전모	물체가 떨어지거나 날아올 위험 또는 근로자가 추락할 위험이 있는 작업
안전대	높이 또는 깊이 2미터 이상의 추락할 위험이 있는 장소에서 하는 작업
안전화	물체의 낙하·충격, 물체에의 끼임, 감전 또는 정전기의 대전(帶電)에 의한 위험이 있는 작업
보안경	물체가 흩날릴 위험이 있는 작업
보안면	용접 시 불꽃이나 물체가 흩날릴 위험이 있는 작업
절연용 보호구	감전의 위험이 있는 작업
방열복	고열에 의한 화상 등의 위험이 있는 작업
방진 마스크	선창 등에서 분진(粉塵)이 심하게 발생하는 하역작업
방한모 방한복 방한화 방한장갑	섭씨 영하 18도 이하인 급냉동어창에서 하는 하역작업

답 ②

038 ☆

물체의 낙하·충격, 물체에의 끼임, 감전 또는 정전기의 대전에 의한 위험이 있는 작업 시 공통으로 근로자가 착용하여야 하는 보호구로 적합한 것은?

① 방열복　② 안전대
③ 안전화　④ 보안경

해 윗 해설 참조

답 ③

039 ☆

아크 용접 작업 시 감전재해 방지에 쓰이지 않는 것은?

① 보안면　② 절연장갑
③ 절연용접봉 홀더　④ 자동전격방지장치

해 보안면: 용접 시 불꽃이나 물체가 흩날릴 위험이 있는 작업에 사용

답 ①

040 ☆☆

교류아크 용접기의 재해방지를 위해 쓰이는 것은?

① 자동전격방지 장치　② 리미트 스위치
③ 정전압 장치　④ 정전류 장치

해 교류아크용접기 방호장치: 자동전격방지장치

답 ①

041 ☆

다음 중 교류 아크 용접기에서 자동전격방지장치의 기능으로 틀린 것은?

① 감전위험방지
② 전력손실 감소
③ 정전기 위험방지
④ 무부하시 안전전압 이하로 저하

해 자동전격방지기 기능
— 감전위험방지
— 무부하 전력손실 억제
— 용접기 2차측 무부하전압 감소에 따른 용접기 신뢰성 유지
— 역률개선 및 절전효과

답 ③

042 ☆☆

다음 중 고압활선작업에 필요한 보호구에 해당하지 않는 것은?

① 절연대 ② 절연장갑
③ 절연장화 ④ AE형 안전모

해 절연대는 절연방호구이다.

답 ①

043 ☆

활선작업시 사용하는 안전장구가 아닌 것은?

① 절연용 보호구 ② 절연용 방호구
③ 활선작업용 기구 ④ 절연저항 측정기구

해 절연저항 측정기구는 말 그대로 측정기기다.

답 ④

044 ☆☆☆

고압가스 용기에 사용되며 화재등으로 용기의 온도가 상승하였을 때 금속의 일부분을 녹여 가스의 배출구를 만들어 압력을 분출시켜 용기의 폭발을 방지하는 안전장치는?

① 가용합금 안전밸브 ② 방유제
③ 폭압방산공 ④ 폭발억제장치

해 가용합금 안전밸브
용기 내나 외면의 온도가 설정 온도 이상일 때 가용전이 녹아 용기 내의 가스를 배출하는 과압 방지용의 안전장치

답 ①

045 ☆

압력용기에서 과압으로 인한 폭발을 방지하기 위해 설치하는 압력방출장치는?

① 체크밸브 ② 스톱밸브
③ 안전밸브 ④ 비상밸브

해 사업주는 다음 각 호의 어느 하나에 해당하는 설비에 대해서는 과압에 따른 폭발을 방지하기 위하여 폭발 방지 성능과 규격을 갖춘 안전밸브 또는 파열판(이하 "안전밸브등"이라 한다)을 설치하여야 한다.

답 ③

046 ☆☆

다음 중 개방형 스프링식 안전밸브의 장점이 아닌 것은?

① 구조가 비교적 간단하다.
② 증기용에 어큐뮬레이션을 3% 이내로 할 수 있다.
③ 스프링, 밸브봉 등이 외기의 영향을 받지 않는다.
④ 밸브시트와 밸브스템 사이에서 누설을 확인하기 쉽다.

해

	장점	단점
개방형	– 구조 간단 – 밸브시트와 밸브스템 사이에서 누설 확인 용이 – 증기용에 어큐뮬레이션을 3% 이내로 가능	– 가연성가스, 독성가스로 사용 불가 – 스프링, 밸브봉 등이 외기의 영향을 받기 쉬움
밀폐형	– 가연성가스, 독성가스로 사용 가능 – 스프링, 밸브봉 등이 외기의 영향을 받지 않음	– 구조 복잡 – 밸브시트와 밸브스템 사이에서 누설 확인 어려움 – 어큐뮬레이션을 10%로 가능하며 증기용으로 부적합

답 ③

047 ☆

절연용 기구의 작업시작 전 점검사항으로 옳지 않은 것은?

① 고무소매의 육안점검
② 활선접근 경보기의 동작시험
③ 고무장화에 대한 절연내력시험
④ 고무장갑에 대한 공기점검 실시

해 ①: 절연 소매 육안점검 방법
– 각각의 소매는 사용하기 전 내·외부 확인을 위해 뒤집어 놓아야 한다.
– 사용 전 소매 한 쌍 중 한 개가 불안전하다고 판단되면 그 쌍을 사용하지 않는다.

②: 활선접근 경보기의 동작시험
– 버튼을 눌러 경보음 발생횟수 및 발생음향 강도가 정상인지 확인한다.

③: 절연장화 시험항목은 내전압성시험, 신장율시험, 인장강도시험, 내열성시험 등이 있다.

④: 고무장갑에 대한 공기점검 실시
– 고무절연 장갑에서 천공이나 조그만 구멍들은 압력 공기로 장갑을 부풀게 하여 점검한다.

답 ③

048 ☆

다음 중 화염의 역화를 방지하기 위한 안전장치는?

① flame arrester ② flame stack

③ molecular seal ④ water seal

해

화염방지기 (flame arrester)	화염방지기, 인화방지망, 역화방지기이라고도 부르며 유류저장탱크에서 화염의 차단을 목적으로 외부에 증기를 방출하기도 하고 탱크 내 외기를 흡입하기도 하는 부분에 설치하는 안전장치
플레어스택 (flame stack)	공정 중에서 발생하는 미연소가스를 연소하여 안전하게 밖으로 배출시키기 위하여 사용하는 설비
molecular seal	가연성 가스와 공기의 접촉을 방지하기 위하여 밀도가 작은 가스를 채워주는 안전 장치
water seal	터빈 축이 케이싱을 관통하는 부분과 터빈 내부의 각 단 사이의 압력차이에 의하여 증기가 누설되거나 공기가 유입되는 것을 방지하기 위한 밀봉장치(수밀봉)

답 ①

049 ☆

용접장치에 사용하는 역화방지기의 일반구조에 관한 설명으로 틀린 것은?

① 역화방지기의 구조는 소염소자, 역화방지장치로 구성되어야 하며, 특히 토치 입구에 사용하는 것은 방출장치도 구성되어야 한다.

② 역화방지기는 그 다듬질 면이 매끈하고 사용상 지장이 있는 부식, 흠, 균열 등이 없어야 한다.

③ 가스의 흐름 방향은 지워지지 않도록 돌출 또는 각인하여 표시해야 한다.

④ 소염소자는 금망, 소결금속, 스틸울(steel wool), 다공성 금속물 또는 이와 동등 이상의 소염성능을 갖는 것 이어야 한다.

해 역화방지기의 구조는 소염소자, 역화방지장치 및 방출장치 등으로 구성되어야 한다. 다만, 토치 입구에 사용하는 것은 방출장치를 생략할 수 있다.

답 ①

050 ☆

다음 중 절연용 고무장갑과 가죽장갑의 안전한 사용방법으로 가장 적합한 것은?

① 활선작업에서는 가죽장갑만 사용한다.

② 활선작업에서는 고무장갑만 사용한다.

③ 먼저 가죽장갑을 끼고 그 위에 고무장갑을 낀다.

④ 먼저 고무장갑을 끼고 그 위에 가죽장갑을 낀다.

해 먼저 고무장갑을 끼고 그 위에 가죽장갑을 낀다.

답 ④

051 ☆

내전압용 절연장갑의 등급에 따른 최대 사용전압이 올바르게 연결된 것은?

① 00등급: 직류 750V
② 00등급: 교류 650V
③ 0등급: 직류 1,000V
④ 0등급: 교류 800V

해 절연장갑 등급 및 색상

등급	최대 사용전압(V)		색상
	교류(실횻값)	직류	
00	500	750	갈색
0	1,000	1,500	빨간색
1	7,500	11,250	흰색
2	17,000	25,500	노란색
3	26,500	39,750	녹색
4	36,000	54,000	등색

답 ①

052 ☆☆☆☆☆

선간전압이 6.6kV인 충전전로 인근에서 유자격자가 작업하는 경우, 충전전로에 대한 최소 접근한계거리(cm)는? (단, 충전부에 절연조치가 되어있지 않고, 작업자는 절연장갑을 착용하지 않았다.)

① 20 ② 30 ③ 50 ④ 60

해

충전전로 선간전압(kV)	충전전로에 대한 접근 한계거리(cm)
0.3 이하	접근금지
0.3 초과 0.75 이하	30
0.75 초과 2 이하	45
2 초과 15 이하	60
15 초과 37 이하	90
37 초과 88 이하	110
88 초과 121 이하	130
121 초과 145 이하	150
145 초과 169 이하	170
169 초과 242 이하	230
242 초과 362 이하	380
362 초과 550 이하	550
550 초과 800 이하	790

답 ④

053 ☆☆

산업안전보건법상 충전선로의 선간전압과 접근한계거리가 틀린 것은?

① 2kV 초과 15kV 이하 → 60cm
② 15kV 초과 37kV 이하 → 80cm
③ 37kV 초과 88kV 이하 → 110cm
④ 88kV 초과 121kV 이하 → 130cm

해 ②: 90cm
윗 해설 참조

답 ②

054 ☆☆☆☆☆☆☆

인체의 대부분이 수중에 있는 상태에서의 허용접촉전압으로 옳은 것은?

① 2.5V 이하 ② 25V 이하
③ 50V 이하 ④ 100V 이하

해 접촉상태별 허용접촉전압

종별	접촉상태	허용 접촉전압
1종	인체 대부분이 수중에 있는 상태	2.5V 이하
2종	• 인체가 현저히 젖어있는 상태 • 금속성 전기기계 장치나 구조물에 인체 일부가 상시 접속되어있는 상태	25V 이하
3종	통상 인체상태에 있어서 접촉전압이 가해지더라도 위험성이 낮은 상태	50V 이하
4종	접촉전압이 가해질 우려가 없는 경우	제한 없음

답 ①

055 ☆☆☆

인체가 현저히 젖어 있거나 인체의 일부가 금속성의 전기기구 또는 구조물에 상시 접촉되어 있는 상태의 허용접촉전압(V)는?

① 2.5V 이하 ② 25V 이하
③ 50V 이하 ④ 제한 없음

해 윗 해설 참조

답 ②

056 ☆

다음 중 인체의 접촉상태에 따른 최대 허용접촉전압의 연결이 올바르게 연결된 것은?

① 인체의 대부분이 수중에 있는 상태: 10V 이하
② 인체가 현저하게 젖어 있는 상태: 25V 이하
③ 통상의 인체상태에 있어서 접촉전압이 가해지더라도 위험성이 낮은 상태: 30V 이하
④ 금속성의 전기기계장치나 구조물에 인체의 일부가 상시 접촉되어 있는 상태: 50V 이하

해 윗 해설 참조

답 ②

057 ☆☆

저압 전로의 사용전압이 220V인 경우 절연저항 값은 몇 $M\Omega$ 이상이어야 하는가?

① 0.1 ② 1.0 ③ 1.5 ④ 10

해

전로 사용전압(V)	DC 시험전압 (V)	절연저항 ($M\Omega$)
SELV 및 PELV	250	0.5
FELV, 500V 이하	500	1.0
500V 초과	1,000	1.0

답 ②

058 ☆☆☆☆

전기사용장소의 사용전압이 440V인 저압전로의 전선 상호간 및 전로와 대지 사이의 절연저항은 얼마 이상이어야 하는가?

① 0.2MΩ ② 0.4MΩ ③ 0.5MΩ ④ 1MΩ

해 윗 해설 참조

답 ④

059 ☆☆

교류 아크용접작업 시 감전을 예방하기 위하여 사용하는 자동전격방지기의 2차 전압은몇 V 이하로 유지하여야 하는가?

① 25 ② 35 ③ 50 ④ 40

해 교류아크용접기용 자동전격방지기란 대상으로 하는 용접기의 주회로(변압기의 경우는 1차회로 또는 2차회로)를 제어하는 장치를 가지고 있어, 용접봉의 조작에 따라 용접할 때에만 용접기의 주회로를 형성하고, 그 외에는 용접기의 출력측의 무부하전압을 25볼트 이하로 저하시키도록 동작하는 장치를 말한다.

답 ①

060 ☆

다음 중 교류 아크 용접작업시 작업자에게 발생할 수 있는 재해의 종류와 가장 거리가 먼 것은?

① 낙하·충돌 재해
② 피부 노출시 화상 재해
③ 폭발, 화재에 의한 재해
④ 안구(눈)의 조직손상 재해

해 교류 아크용접장치 사용 시 낙하와 충돌 재해는 관련이 많지가 않다.

답 ①

061 ☆☆☆

전기 기계기구에 누전에 의한 감전 위험을 방지하기 위하여 설치한 누전차단기에 의한 감전 방지의 사항으로 틀린 것은?

① 정격감도 전류가 30mA 이하이고 작동시간은 3초 이내일 것
② 분기회로 또는 전기기계 기구마다 누전 차단기를 접속할 것
③ 파손이나 감전사고를 방지할 수 있는 장소에 접속할 것
④ 지락보호전용 기능만 있는 누전차단기는 과전류를 차단하는 퓨즈나 차단기 등과 조합하여 접속할 것

해 전기기계·기구에 설치되어 있는 누전차단기는 정격감도전류가 30밀리암페어 이하이고 작동시간은 0.03초 이내일 것

답 ①

062 ☆☆

누전에 의한 감전위험을 방지하기 위하여 감전방지용 누전차단기의 접속에 관한 일반사항으로 틀린 것은?

① 분기회로마다 누전차단기를 설치한다.
② 동작시간은 0.03초 이내이어야 한다.
③ 전기기계·기구에 설치되어 있는 누전차단 기는 정격감도전류가 30mA 이하이어야 한다.
④ 누전차단기는 배전반 또는 분전반 내에 접속하지 않고 별도로 설치한다.

해 누전차단기는 배전반 또는 분전반 내에 접속하거나 꽂음접속기형 누전차단기를 콘센트에 접속하는 등 파손이나 감전사고를 방지할 수 있는 장소에 접속할 것

답 ④

063 ☆☆☆☆

인체 저항이 500Ω이고, 440V 회로에 누전차단기(ELB)를 설치할 경우 다음 중 가장 적당한 누전차단기는?

① 30mA 이하, 0.1초 이하에 작동
② 30mA 이하, 0.03초 이하에 작동
③ 15mA 이하, 0.1초 이하에 작동
④ 15mA 이하, 0.03초 이하에 작동

해 전기기계·기구에 설치되어 있는 누전차단기는 정격감도전류가 30밀리암페어 이하이고 작동시간은 0.03초 이내일 것. 다만, 정격전부하전류가 50암페어 이상인 전기기계·기구에 접속되는 누전차단기는 오작동을 방지하기 위하여 정격감도전류는 200밀리암페어이하로, 작동시간은 0.1초 이내로 할 수 있다.

답 ②

064 ☆☆

저압전선로 중 절연 부분의 전선과 대지 간 및 전선의 심선 상호간의 절연저항은 사용전압에 대한 누설전류가 최대 공급전류의 얼마를 넘지 않도록 규정하고 있는가?

① 1/1,000 ② 1/1,500
③ 1/2,000 ④ 1/2,500

해 저압전선로 중 절연 부분의 전선과 대지 간 및 전선의 심선 상호간의 절연저항은 사용전압에 대한 누설전류가 최대 공급전류의 1/2,000을 넘지 않도록 규정하고 있다.

답 ③

065 ☆

다음 중 최대공급전류가 200A인 단상전로의 한 선에서 누전되는 최소전류는 몇A인가?

① 0.1 ② 0.2 ③ 0.5 ④ 1.0

해 저압전선로 중 절연 부분의 전선과 대지 간 및 전선의 심선 상호간의 절연저항은 사용전압에 대한 누설전류가 최대 공급전류의 1/2,000을 넘지 않도록 규정하고 있다.

$\rightarrow 200 \cdot \frac{1}{2,000} = 0.1A$

답 ①

066 ☆

사용전압이 저압인 전로에서 정전이 어려운 경우 등 절연저항 측정이 곤란한 경우에 누설전류는 몇mA 이하로 유지하여야 하는가?

① 0.1 ② 1 ③ 10 ④ 50

해 사용전압이 저압인 전로에서 정전이 어려운 경우 등 절연저항 측정이 곤란한 경우에는 누설전류를 1mA 이하로 유지하여야 한다.

답 ②

067 ☆

다음 중 산업안전보건법상 화학설비 또는 그 배관의 덮개·플랜지·밸브 및 콕의 접합부에 대하여 당해 접합부에서의 위험물질 등의 누출로 인한 폭발·화재 또는 위험물의 누출을 방지하기 위한 가장 적절한 조치는?

① 개스킷의 사용 ② 코르크의 사용
③ 호스 밴드의 사용 ④ 호스 스크립의 사용

해 사업주는 화학설비 또는 그 배관의 덮개·플랜지·밸브 및 콕의 접합부에 대해서는 접합부에서 위험물질등이 누출되어 폭발·화재 또는 위험물이 누출되는 것을 방지하기 위하여 적절한 개스킷(gasket)을 사용하고 접합면을 서로 밀착시키는 등 적절한 조치를 하여야 한다.

답 ①

068 ☆☆

산업안전보건기준에 관한 규칙에 따라 폭발성 물질을 저장·취급하는 화학설비 및 그 부속설비를 설치할 때, 단위공정시설 및 설비로부터 다른 단위공정시설 및 설비 사이의 안전거리는 설비 바깥 면으로부터 몇m 이상 두어야 하나? (단, 원칙적인 경우에 한한다.)

① 3 ② 5 ③ 10 ④ 20

해 안전거리

구분	안전거리
단위공정시설 및 설비로부터 다른 단위공정시설 및 설비의 사이	설비의 바깥 면으로부터 10미터 이상
플레어스택으로부터 단위공정시설 및 설비, 위험물질 저장탱크 또는 위험물질 하역설비의 사이	플레어스택으로부터 반경 20미터 이상. 다만, 단위공정시설 등이 불연재로 시공된 지붕 아래에 설치된 경우에는 그러하지 아니하다.
위험물질 저장탱크로부터 단위공정시설 및 설비, 보일러 또는 가열로의 사이	저장탱크의 바깥 면으로부터 20미터 이상. 다만, 저장탱크의 방호벽, 원격조종 소화설비 또는 살수설비를 설치한 경우에는 그러하지 아니하다.
사무실·연구실·실험실·정비실 또는 식당으로부터 단위공정시설 및 설비, 위험물질 저장탱크, 위험물질 하역설비, 보일러 또는 가열로의 사이	사무실 등의 바깥 면으로부터 20미터 이상. 다만, 난방용 보일러인 경우 또는 사무실 등의 벽을 방호구조로 설치한 경우에는 그러하지 아니하다.

답 ③

069 ☆

산업안전보건법상의 위험물을 저장·취급하는 화학설비 및 그 부속설비를 설치하는 경우 폭발이나 화재에 따른 피해를 줄이기 위하여 단위공정시설 및 설비로부터 다른 단위공정시설 및 설비의 사이의 안전거리는 얼마로 하여야 하는가?

① 설비의 안쪽 면으로부터 10미터 이상
② 설비의 바깥 면으로부터 10미터 이상
③ 설비의 안쪽 면으로부터 5미터 이상
④ 설비의 바깥 면으로부터 5미터 이상

해 윗 해설 참조

답 ②

070 ☆

산업안전보건기준에 관한 규칙상 섭씨 몇℃ 이상인 상태에서 운전되는 설비는 특수화학설비에 해당하는가? (단, 규칙에서 정한 위험물질의 기준량 이상을 제조하거나 취급하는 설비인 경우이다.)

① 150℃ ② 250℃
③ 350℃ ④ 450℃

해 온도가 섭씨 350도 이상이거나 게이지 압력이 980킬로파스칼 이상인 상태에서 운전되는 설비

답 ③

071 ☆

산업안전보건법령에서 정한 위험물을 기준량 이상으로 제조하거나 취급하는 설비 중 특수화학설비에 해당하지 않는 것은?

① 발열반응이 일어나는 반응장치
② 증류·정류·증발·추출 등 분리하는 장치
③ 가열로 또는 가열기
④ 고로 등 점화기를 직접 사용하는 열교환 기류

해 ④: 화학설비

답 ④

072 ☆

산업안전보건법령에서 규정한 위험물질을 기준량 이상으로 제조 또는 취급하는 특수화학설비에 설치해야 할 계측 장치가 아닌 것은?

① 온도계 ② 유량계
③ 압력계 ④ 경보계

해 사업주는 위험물을 기준량 이상으로 제조하거나 취급하는 다음 각 호의 어느 하나에 해당하는 화학설비(이하 "특수화학설비"라 한다)를 설치하는 경우에는 내부의 이상 상태를 조기에 파악하기 위하여 필요한 온도계·유량계·압력계 등의 계측장치를 설치하여야 한다.

답 ④

073 ☆☆☆

가스 또는 분진폭발 위험장소에는 변전실·배전반실·제어실 등을 설치하여서는 아니된다. 다만, 실내기압이 항상 양압을 유지하도록 하고, 별도의 조치를 한 경우에는 그러하지 않는데 이 때 요구되는 조치사항으로 틀린 것은?

① 양압을 유지하기 위한 환기설비의 고장 등으로 양압이 유지되지 아니한 때 경보를 할 수 있는 조치를 한 경우
② 환기설비가 정지된 후 재가동하는 경우 변전실 등에 가스 등이 있는지를 확인할 수 있는 가스검지기 등의 장비를 비치한 경우
③ 환기설비에 의하여 변전실 등에 공급되는 공기는 가스폭발위험장소 또는 분진폭발위험장소가 아닌 곳으로부터 공급되도록 하는 조치를 한 경우
④ 실내기압이 항상 양압 10Pa 이상이 되도록 장치를 한 경우

해 실내 기압이 항상 양압 25Pa 이상이 되도록 장치를 한 경우

답 ④

074 ☆

이동전선에 접속하여 임시로 사용하는 전등이나 가설의 배선 또는 이동전선에 접속하는 가공매달기식 전등 등을 접촉함으로 인한 감전 및 전구의 파손에 의한 위험을 방지하기 위하여 부착하여야 하는 것은?

① 퓨즈 ② 누전차단기
③ 보호망 ④ 회로차단기

해 사업주는 이동전선에 접속하여 임시로 사용하는 전등이나 가설의 배선 또는 이동전선에 접속하는 가공매달기식 전등 등을 접촉함으로 인한 감전 및 전구의 파손에 의한 위험을 방지하기 위하여 보호망을 부착하여야 한다.

답 ③

075 ☆

이동전선에 접속하여 임시로 사용하는 전등이나 가설의 배선 또는 이동전선에 접속하는 가공매달기식 전등 등을 접촉함으로 인한 감전 및 전구의 파손에 의한 위험을 방지하기 위하여 보호망을 부착하도록 하고 있다. 이들을 설치시 준수하여야 할 사항이 아닌 것은?

① 보호망은 쉽게 파손되지 않을 것
② 재료는 용이하게 변형되지 아니하는 것으로 할 것
③ 전구의 밝기를 고려하여 유리로 된 것을 사용할 것
④ 전구의 노출된 금속부분에 쉽게 접촉되지 아니하는 구조로 할 것

해 사업주는 이동전선에 접속하여 임시로 사용하는 전등이나 가설의 배선 또는 이동전선에 접속하는 가공매달기식 전등 등을 접촉함으로 인한 감전 및 전구의 파손에 의한 위험을 방지하기 위하여 보호망을 부착하여야 한다.
보호망을 설치하는 경우에는 다음 각 호의 사항을 준수하여야 한다.
1. 전구의 노출된 금속 부분에 근로자가 쉽게 접촉되지 아니하는 구조로 할 것
2. 재료는 쉽게 파손되거나 변형되지 아니하는 것으로 할 것

답 ③

076 ☆

절연체에 발생한 정전기는 일정 장소에 축적되었다가 점차 소멸되는데 처음 값의 몇 %로 감소되는 시간을 그 물체의 "시정수" 또는 "완화시간"이라고 하는가?

① 25.8 ② 37 ③ 45.8 ④ 67.8

해 시정수: 정전기가 축적되다가 소멸되는 과정에서 처음의 37% 비율로 감소되는데 걸리는 시간

답 ②

077 ☆☆☆

파이프 등에 유체가 흐를 때 발생하는 유동대전에 가장 큰 영향을 미치는 요인은?

① 유체의 이동거리 ② 유체의 점도
③ 유체의 속도 ④ 유체의 양

해 유동대전 영향요인: 유체속도/배관 굴곡상태

답 ③

078 ☆☆

절연성 액체를 운반하는 관에서 정전기로 인해 일어나는 화재 및 폭발을 예방하기 위한 방법으로 가장 거리가 먼 것은?

① 유속을 줄인다.
② 관을 접지시킨다.
③ 도전성이 큰 재료의 관을 사용한다.
④ 관의 안지름을 작게 한다.

해 관의 안지름을 크게 하여 유속을 줄인다.

답 ④

079 ☆☆☆

휘발유를 저장하던 이동저장탱크에 등유나 경유를 이동저장탱크의 밑 부분으로부터 주입할 때에 액표면의 높이가 주입관의 선단의 높이를 넘을 때까지 주입속도는 몇m/s 이하로 하여야 하는가?

① 0.5 ② 1 ③ 1.5 ④ 2.0

해 등유나 경유를 주입하는 경우에는 그 액표면의 높이가 주입관의 선단의 높이를 넘을 때까지 주입속도를 초당 1미터 이하로 할 것

답 ②

080 ☆

유류저장 탱크에서 배관을 통해 드럼으로 기름을 이송하고 있다. 이 때 유동전류에 의한 정전대전 및 정전기 방전에 의한 피해를 방지하기 위한 조치와 관련이 먼 것은?

① 유체가 흘러가는 배관을 접지시킨다.
② 배관 내 유류 유속은 가능한 느리게한다.
③ 유류저장 탱크와 배관, 드럼 간에 본딩(Bonding)을 시킨다.
④ 유류를 취급하고 있으므로 화기 등을 가까이 하지 않도록 점화원 관리를 한다.

해 정전기대전과 주변 화기와는 관계가 없다.

답 ④

081 ☆☆☆☆

정전기 발생의 원인에 해당되지 않는 것은?

① 마찰 ② 냉장 ③ 박리 ④ 충돌

해 정전기 발생현상 종류

구분	내용
마찰대전	두 물체의 마찰이나 마찰에 의한 접촉위치 이동으로 전하 분리 및 재배열이 일어나서 정전기 발생하는 현상
박리대전	서로 밀착되어 있는 물체가 떨어질 때 전하 분리가 일어나 정전기 발생하는 현상 예 옷 벗을 때
유동대전	액체류가 파이프 등 내부에서 유동할 때 액체와 관 벽 사이에서 정전기가 발생되는 현상이며 파이프 속에 저항이 높은 액체가 흐를 때 발생
분출대전	분체류, 액체류, 기체류가 단면적이 작은 분출구를 통해 공기 중으로 분출될 때 분출하는 물질과 분출구의 마찰로 인해 정전기가 발생되는 현상
충돌대전	분체류와 같은 입자 상호간이나 입자와 고체와의 충돌에 의해 빠른 접촉 또는 분리가 행하여짐으로써 정전기가 발생되는 현상
파괴대전	고체나 분체류 같은 물체가 파괴되었을 시 전하분리가 일어나면서 생기는 현상
교반대전	탱크로리나 탱크 내 액체가 서로 교반될 때 발생하는 현상

답 ②

082 ☆☆

액체가 관내를 이동할 때에 정전기가 발생하는 현상은?

① 마찰대전 ② 박리대전
③ 분출대전 ④ 유동대전

해 윗 해설 참조

답 ④

083 ☆☆☆

페인트를 스프레이로 뿌려 도장작업을 하는 작업 중 발생할 수 있는 정전기 대전으로만 이루어진 것은?

① 유동대전,충돌대전 ② 유동대전,마찰대전
③ 분출대전,충돌대전 ④ 분출대전,유동대전

해 스프레이 작업과 관련된 것은 분출대전과 충돌대전이다.
스프레이 안 내용물이 뿌려 퍼지면서(분출) 벽에 부딪힌다.(충돌)

답 ③

084 ☆☆☆

정전기의 발생에 영향을 주는 요인과 가장 거리가 먼 것은?

① 분리속도 ② 물체의 표면상태
③ 접촉면적 및 압력 ④ 외부공기의 풍속

해 정전기 영향요인

물질 특성	• 정전기 발생량은 두 물체의 대전서열이 가까울수록 적다. • 불순물을 포함하면 정전기 발생량이 커진다.
표면 상태	표면이 매끈하거나 수분이나 기름에 오염될수록 정전기 발생량 커진다.
대전 이력	정전기 발생량은 처음 접촉 및 분리 발생시 최대이며 반복됨에 따라 작아진다.
접촉 면적	접촉면적 클수록 정전기 발생량은 커진다.
압력	압력 클수록 정전기 발생량은 커진다.
분리 속도	분리속도 빠를수록 정전기 발생량은 커진다.

답 ④

085 ☆☆

정전기 발생량과 관련된 내용으로 옳지 않은 것은?

① 분리속도가 빠를수록 정전기 발생량이 많아진다.
② 두 물질간의 대전서열이 가까울수록 정전기 발생량이 많아진다.
③ 접촉면적이 넓을수록, 접촉압력이 증가할수록 정전기 발생량이 많아진다.
④ 물질의 표면이 수분이나 기름 등에 오염 되어 있으면 정전기 발생량이 많아진다.

해 두 물질간의 대전서열이 가까울수록 정전기 발생량이 작아진다.

답 ②

086 ☆

방폭전기기기를 선정할 경우 고려할 사항으로 가장 거리가 먼 것은?

① 접지공사의 종류
② 가스 등의 발화온도
③ 설치될 지역의 방폭지역 등급
④ 내압방폭구조의 경우 최대 안전틈새

해 방폭전기기기의 선정시 고려사항
① 설치될 지역의 방폭지역 등급 구분
② 가스 등의 발화온도
③ 내압방폭구조의 경우 최대 안전틈새
④ 본질 안전방폭구조의 경우 최소점화 전류와 해당물질
⑤ 압력방폭구조, 유입방폭구조, 안전증 방폭 구조의 경우 최고 표면온도
⑥ 방폭전기기기가 설치될 장소의 주변온도, 표고 또는 상대습도, 먼지, 부식성 가스, 습기 등 환경조건

답 ①

087

가연성가스를 사용하는 시설의 경우 방폭구조의 전기 기기를 사용하여야 하는데 다음 중 방폭구조의 전기 기기 선정 시 고려사항과 가장 거리가 먼 것은?

① 발화도
② 위험장소 종류
③ 폭발성가스 폭발 등급
④ 부하용량

해 윗 해설 참조

답 ④

088 ☆

방폭전기설비의 설치 시 고려하여야 할 환경조건으로 가장 거리가 먼 것은?

① 열 ② 진동
③ 산소량 ④ 수분 및 습기

해 방폭전기설비의 설치 시 환경영향인자
열/진동/수분/온도/습도/부식성 가스/주파수

답 ③

089 ☆☆

다음 중 방폭전기설비가 설치되는 표준환경조건에 해당되지 않는 것은?

① 표고는 1,000m 이하
② 상대습도는 30~95% 범위
③ 주변온도는 -20℃~+40℃ 범위
④ 전기설비에 특별한 고려를 필요로 하는 정도의 공해, 부식성가스, 진동 등이 존재하지 않는 장소

해 표준환경조건은 방폭전기기기에 대하여 특별히 고려하여야 하는 분진, 부식성 가스, 진동 등이 존재하지 않는 경우로 한다.
주위온도: −20℃~+40℃
표고: 1,000m
상대습도: 45~85%

답 ②

090 ☆

다음 중 정전기로 인한 화재발생 원인에 대한 설명으로 틀린 것은?

① 금속물체를 접지했을 때
② 가연성가스가 폭발범위 내에 있을 때
③ 방전하기 쉬운 전위차가 있을 때
④ 정전기의 방전에너지가 가연성물질의 최소착화 에너지보다 클 때

해 ①: 화재 방지책

답 ①

091 ☆☆☆☆

정전기 제거방법으로 가장 거리가 먼 것은?

① 설비 주위를 가습한다.
② 설비의 금속 부분을 접지한다.
③ 설비의 주변에 적외선을 조사한다.
④ 정전기 발생 방지 도장을 실시한다.

해 정전기에 의한 화재 또는 폭발 등의 위험이 발생할 우려가 있는 경우에는 해당 설비에 대하여 확실한 방법으로 접지를 하거나, 도전성 재료를 사용하거나 가습 및 점화원이 될 우려가 없는 제전(除電)장치를 사용하는 등 정전기의 발생을 억제하거나 제거하기 위하여 필요한 조치를 하여야 한다.

답 ③

092 ☆☆

물체의 마찰로 인하여 정전기가 발생할 때 정전기를 제거할 수 있는 방법은?

① 가열을 한다. ② 가습을 한다.
③ 건조하게 한다. ④ 마찰을 세게 한다.

해 윗 해설 참조

답 ②

093 ☆☆

정전기에 의한 재해 방지대책으로 틀린 것은?

① 대전방지제 등을 사용한다.
② 공기 중의 습기를 제거한다.
③ 금속 등의 도체를 접지시킨다.
④ 배관 내 액체가 흐를 경우 유속 제한한다.

해 윗 해설 참조

답 ②

094 ☆☆

다음은 정전기로 인한 재해를 방지하기 위한 조치 중 전기를 통하지 않는 부도체 물질에 적합하지 않는 조치는?

① 가습을 시킨다.
② 접지를 실시한다.
③ 도전성을 부여한다.
④ 자기방전식 제전기를 설치한다.

해 부도체는 전하이동이 없어 접지는 부적합하다.

답 ②

095 ☆

인화성액체에 의한 정전기 재해를 방지하기 위해서는 관내의 유속을 몇 m/s 이하로 유지하여야 하는가?

① 1 ② 2 ③ 3 ④ 4

해 인화성액체를 탱크 등에 초기에 주입하는 경우에는 유속을 1m/s 이하로 한다.

답 ①

096 ☆☆

다음 중 정전기 재해의 방지대책으로 가장 적절한 것은?

① 절연도가 높은 플라스틱을 사용한다.
② 대전하기 쉬운 금속은 접지를 실시한다.
③ 작업장 내의 온도를 낮게 해서 방전을 촉진시킨다.
④ (+), (−)전하의 이동을 방해하기 위하여 주위의 습도를 낮춘다.

해 ①: 도전성 재료 사용한다.
③: 정전기는 온도와 관련없다.
④: 습도를 70%로 유지한다.

답 ②

097 ☆

정전기가 컴퓨터에 미치는 문제점으로 가장 거리가 먼 것은?

① 디스크 드라이브가 데이터를 읽고 기록한다.
② 메모리 변경이 에러나 프로그램의 분실을 발생시킨다.
③ 프린터가 오작동을 하여 너무 많이 찍히거나, 글자가 겹쳐서 찍힌다.
④ 터미널에서 컴퓨터에 잘못된 데이터를 입력시키거나 데이터를 분실한다.

해 ①: 디스크 드라이브의 기능을 맞게 설명 것 뿐이다.

답 ①

098 ☆

금속도체 상호간 혹은 대지에 대하여 전기적으로 절연되어 있는 2개 이상의 금속도체를 전기적으로 접속하여 서로 같은 전위를 형성하여 정전기 사고를 예방하는 기법을 무엇이라 하는가?

① 본딩 ② 1종 접지
③ 대전 분리 ④ 특별 접지

해 본딩에 대한 설명이다.

답 ①

099 ☆

다음 중 의료용 전자기기(medical electronic Instrument)에서 인체의 마이크로 쇼크(micro shock)방지를 목적으로 시설하는 접지로 가장 적절한 것은?

① 기기접지 ② 계통접지
③ 등전위접지 ④ 피뢰접지

해 접지 종류와 목적

구분	목적
계통 접지	고압전로와 저압전로가 혼촉되었을 때의 감전이나 화재 방지를 위해
지락 검출용 접지	차단기의 동작을 확실하게 하기 위하여
피뢰 접지	피뢰기 등의 기능손상을 방지하기 위하여
등전위 접지	병원에 있어서 의료기기 사용시 안전을 위하여
기기 접지	누전되고 있는 기기에 접촉되었을 때의 감전방지를 위해

답 ③

100 ☆

산업안전보건법령에 따라 충전전로 인근에서 차량, 기계 장치 등의 작업이 있는 경우에는 차량 등을 충전전로의 충전부로부터 얼마 이상 이격시켜 유지하여야 하는가?

① 1m ② 2m ③ 3m ④ 5m

해 사업주는 충전전로 인근에서 차량, 기계장치 등(이하 이 조에서 "차량등"이라 한다)의 작업이 있는 경우에는 차량등을 충전전로의 충전부로부터 300센티미터 이상 이격시켜 유지시키되, 대지전압이 50킬로볼트를 넘는 경우 이격시켜 유지하여야 하는 거리(이하 이조에서 "이격거리"라 한다)는 10킬로볼트 증가할 때마다 10센티미터씩 증가시켜야 한다.

답 ③

101 ☆☆

근로자가 충전전로에 취급하거나 그 인근에서 작업 하는 경우 조치하여야 하는 사항으로 틀린 것은?

① 충전전로를 취급하는 근로자에게 그 작업에 적합한 절연용 보호구를 착용시킬 것
② 충전전로를 정전시키는 경우 차단장치나 단로기 등의 잠금장치 확인 없이 빠른 시간 내에 작업을 완료할 것
③ 충전전로에 근접한 장소에서 전기작업을 하는 경우에는 해당 전압에 적합한 절연용 방호구를 설치할 것
④ 고압 및 특별고압의 전로에서 전기작업을 하는 근로자에게 활선작업용 기구 및 장치를 사용하도록 할 것

해 차단장치나 단로기 등에 잠금장치 및 꼬리표를 부착할 것

답 ②

102 ☆☆

접지에 관한 설명으로 틀린 것은?

① 접지저항이 크면 클수록 좋다.
② 접지공사의 접지선은 과전류차단기를 시설하여서는 안 된다.
③ 접지극의 시설은 동판, 동봉 등이 부식될 우려가 없는 장소를 선정하여 지중에 매설 또는 타입한다.
④ 고압전로와 저압전로를 결합하는 변압기의 저압전로 사용전압이 300[V] 이하로 중성점 접지가 어려운 경우 저압측 임의의 한 단자에 제2종접지공사를 실시한다.

해 접지저항이 클수록 안 좋다.

답 ①

103 ☆

전기설비의 접지저항을 감소시킬 수 있는 방법으로 가장 거리가 먼 것은?

① 접지극을 깊이 묻는다.
② 접지극을 병렬로 접속한다.
③ 접지극의 길이를 길게 한다.
④ 접지극과 대지간의 접촉을 좋게 하기 위해서 모래를 사용한다.

해 접지극과 대지간의 접촉을 좋게하기 위해 벤토나이트를 사용한다.

답 ④

104 ☆☆

전기설비 등에는 누전에 의한 감전의 위험을 방지하기 위하여 전기기계·기구에 접지를 실시하도록 하고 있다. 전기기계·기구의 접지에 대한 설명 중 틀린 것은?

① 특별고압의 전기를 취급하는 변전소·개폐소 그 밖에 이와 유사한 장소에서는 지락(地絡)사고가 발생할 경우 접지극의 전위상승에 의한 감전위험을 감소시키기 위한 조치를 하여야 한다.

② 코드 및 플러그를 접속하여 사용하는 전압이 대지전압 110V를 넘는 전기기계·기구가 노출된 비충전 금속체에는 접지를 반드시 실시하여야 한다.

③ 접지설비에 대하여는 상시 적정상태 유지 여부를 점검하고 이상을 발견한 때에는 즉시 보수하거나 재설치하여야 한다.

④ 전기기계·기구의 금속제 외함·금속제 외피 및 철대에는 접지를 실시해야 한다.

해 코드 및 플러그를 접속하여 사용하는 전압이 대지전압 150V를 넘는 전기기계·기구가 노출된 비충전 금속체에는 접지를 반드시 실시하여야 한다.

답 ②

105 ☆☆☆

산업안전보건법에 따라 누전에 의한 감전위험을 방지하기 위하여 대지전압이 몇 V를 초과하는 이동형 또는 휴대형 전기기계·기구에는 감전 방지용 누전차단기를 설치하여야 하는가?

① 50V ② 75V ③ 110V ④ 150V

해 사업주는 다음 각 호의 전기 기계·기구에 대하여 누전에 의한 감전위험을 방지하기 위하여 해당 전로의 정격에 적합하고 감도(전류 등에 반응하는 정도)가 양호하며 확실하게 작동하는 감전방지용 누전차단기를 설치해야 한다.

1. 대지전압이 150볼트를 초과하는 이동형 또는 휴대형 전기기계·기구
2. 물 등 도전성이 높은 액체가 있는 습윤장소에서 사용하는 저압(1.5천볼트 이하 직류전압이나 1천볼트 이하의 교류전압을 말한다)용전기기계·기구
3. 철판·철골 위 등 도전성이 높은 장소에서 사용하는 이동형 또는 휴대형 전기기계·기구
4. 임시배선의 전로가 설치되는 장소에서 사용하는 이동형 또는 휴대형 전기기계·기구

답 ④

106 ☆☆

누전에 의한 감전의 위험을 방지하기 위하여 반드시 접지를 해야만 하는 부분에 해당되지 않는 것은?

① 절연대 위 등과 같이 감전 위험이 없는 장소에서 사용하는 전기 기계기구 금속체
② 전기 기계기구의 금속제 외함, 금속제 외피 및 철대
③ 전기를 사용하지 아니하는 설비 중 전동식 양중기의 프레임과 궤도에 해당하는 금속체
④ 코드와 플러그를 접속하여 사용하는 휴대형 전동기계기구의 노출된 비충전 금속체

해 ①: 접지 적용 비대상

답 ①

107 ☆☆

전기기계·기구의 누전에 의한 감전의 위험을 방지하기 위하여 코드 및 플러그를 접속하여 사용하는 전기기계·기구 중 노출된 비충전 금속체에 접지를 실시하여야 하는 것이 아닌 것은?

① 사용전압이 대지전압 110V인 기구
② 냉장고·세탁기·컴퓨터 및 주변기기 등과 같은 고정형 전기기계 · 기구
③ 고정형·이동형 또는 휴대형 전동기계기구
④ 휴대형 손전등

해 코드와 플러그를 접속하여 사용하는 전기기계·기구 중 다음 각 목의 어느 하나에 해당하는 노출된 비충전 금속체

가. 사용전압이 대지전압 150볼트를 넘는 것
나. 냉장고·세탁기·컴퓨터 및 주변기기 등과 같은 고정형 전기기계·기구
다. 고정형·이동형 또는 휴대형 전동기계·기구
라. 물 또는 도전성(導電性)이 높은 곳에서 사용하는 전기기계·기구, 비접지형 콘센트
마. 휴대형 손전등

답 ①

108 ☆

전로에 시설하는 기계기구의 철대 및 금속제 외함에는 규정에 따른 접지공사를 실시하여야 하나 시설하지 않아도 되는 경우가 있다. 예외 규정으로 틀린 것은?

① 사용전압이 교류 대지전압 150V 이하인 기계기구를 습한 곳에 시설하는 경우
② 철대 또는 외함 주위에 적당한 절연대를 설치하는 경우
③ 저압용 기계기구를 건조한 마루나 절연성 물질 위에서 취급하도록 시설하는 경우
④ 2중절연구조로 되어 있는 기계기구를 시설하는 경우

해 사용전압이 직류 300V 또는 교류 대지전압이 150V 이하인 기계기구를 건조한 곳에 시설하는 경우

답 ①

109 ☆

저압 옥내직류 전기설비를 전로보호장치의 확실한 동작의 확보와 이상전압 및 대지전압의 억제를 위하여 접지를 하여야하나 직류 2선식으로 시설할 때, 접지를 생략할 수 있는 경우에 해당하지 않는 것은?

① 접지 검출기를 설치하고, 특정구역 내의 산업용 기계기구에만 공급하는 경우
② 사용전압이 110V 이상인 경우
③ 최대전류 30mA 이하의 직류 화재경보 회로
④ 교류계통으로부터 공급받는 정류기에서 인출되는 직류계통

해 저압 옥내 직류전기설비는 전로 보호장치의 확실한 동작의 확보, 이상전압 및 대지전압의 억제를 위하여 직류 2선식의 임의의 한 점 또는 변환장치의 직류측 중간점, 태양전지의 중간점 등을 접지하여야 한다. 다만, 직류 2선식을 다음에 따라 시설하는 경우는 그러하지 아니하다.

가. 사용전압이 60V 이하인 경우
나. 접지검출기를 설치하고 특정구역내의 산업용 기계기구에만 공급하는 경우
다. 교류전로로부터 공급을 받는 정류기에서 인출되는 직류계통
라. 최대전류 30mA 이하의 직류 화재경보 회로
마. 절연감시장치 또는 절연고장점검출장치를 설치하여 관리자가 확인할 수 있도록 경보장치를 시설하는 경우

답 ②

110 ☆

작업장 내 시설하는 저압전선에는 감전등의 위험으로 나전선을 사용하지 않고 있지만, 특별한 이유에 의하여 사용할 수 있도록 규정된 곳이 있는데 이에 해당되지 않는 것은?

① 버스덕트 작업에 의한 시설작업
② 애자사용 작업에 의한 전기로용 전선
③ 유희용 전차 시설의 규정에 준하는 접촉 전선을 시설하는 경우
④ 애자사용 작업에 의한 전선의 피폭 절연물이 부식되지 않는 장소에 시설하는 전선

해 옥내에 시설하는 저압전선에는 나전선을 사용해서는 아니 된다. 다만, 다음 중 어느 하나에 해당하는 경우에는 그러하지 아니하다.
가. 규정에 준하는 애자공사에 의하여 전개된 곳에 다음의 전선을 시설하는 경우
(1) 전기로용 전선
(2) 전선의 피복 절연물이 부식하는 장소에 시설하는 전선
(3) 취급자 이외의 자가 출입할 수 없도록 설비한 장소에 시설하는 전선
나. 버스덕트공사에 의하여 시설하는 경우
다. 라이팅덕트공사에 의하여 시설하는 경우
라. 접촉 전선을 시설하는 경우

답 ④

111 ☆☆

산업안전보건법상 전기기계·기구의 누전에 의한 감전 위험을 방지하기 위하여 접지를 하여야 하는 사항으로 틀린 것은?

① 전기기계·기구의 금속제 내부 충전부
② 전기기계·기구의 금속제 외함
③ 전기기계·기구의 금속제 외피
④ 전기기계·기구의 금속제 철대

해 사업주는 누전에 의한 감전의 위험을 방지하기 위하여 다음 부분에 대하여 접지를 해야 한다.
1. 전기 기계·기구의 금속제 외함, 금속제 외피 및 철대

답 ①

112 ☆

다음 중 섬락의 위험을 방지하기 위한 이격거리는 대지 전압, 뇌서지, 계폐서지 외에 어느 것을 고려하여 결정하여야 하는가?

① 정상전압 ② 다상전압
③ 단상전압 ④ 이상전압

해 섬락 위험을 방지위한 이격거리 영향요인 대지전압/뇌서지/계폐서지/이상전압

답 ④

113 ☆

고압 또는 특고압의 기계기구·모선 등을 옥외에 시설하는 발전소·변전소·개폐소 또는 이에 준하는 곳에는 구내에 취급자 이외의 자가 들어가지 못하도록 하기 위한 시설의 기준에 대한 설명으로 틀린 것은?

① 울타리·탑 등의 높이는 1.5m 이상으로 시설하여야 한다.
② 출입구에는 출입금지 표시를 해야 한다.
③ 출입구에는 자물쇠장치 기타 적당한 장치를 하여야 한다.
④ 지표면과 울타리·담 등의 하단사이의 간격은 15cm 이하로 하여야 한다.

해 울타리·담 등의 높이는 2m 이상으로 하고 지표면과 울타리·담 등의 하단 사이의 간격은 15cm 이하로 할 것.

답 ①

114 ☆

사용전압이 154kV인 변압기 설비를 지상에 설치할 때 감전사고 방지대책으로 울타리의 높이와 울타리로부터 충전 부분까지의 거리의 합계의 최소값은?

① 3m ② 5m ③ 6m ④ 8m

해 특고압용 기계기구 충전부분의 지표상 높이

사용전압의 구분	울타리의 높이와 울타리로부터 충전부분까지의 거리의 합계 또는 지표상의 높이
35kV 이하	5 m
35kV 초과 160kV 이하	6 m
160kV 초과	6m에 160kV를 초과하는 10kV 또는 그 단수마다 0.12m를 더한 값

답 ③

115 ☆

전기기계·기구의 조작부분을 점검하거나 보수하는 경우에는 근로자가 안전하게 작업할 수 있도록 전기기계·기구로부터 최소 몇cm 이상의 작업공간 폭을 확보하여야 하는가? (단, 작업공간을 확보하는 것이 곤란하여 절연용 보호구를 작용하도록 한 경우 제외)

① 60cm ② 70cm
③ 80cm ④ 90cm

해 사업주는 전기기계·기구의 조작부분을 점검하거나 보수하는 경우에는 근로자가 안전하게 작업할 수 있도록 전기 기계·기구로부터 폭 70cm 이상의 작업공간을 확보해야 한다.

답 ②

116 ☆☆☆

산업안전보건기준에 관한 규칙에 따라 꽂음접속기를 설치 또는 사용하는 경우 준수하여야 할 사항으로 틀린 것은?

① 서로 다른 전압의 꽂음접속기는 서로 접속되지 아니한 구조의 것을 사용할 것
② 습윤한 장소에 사용되는 꽂음접속기는 방수형 등 그 장소에 적합한 것을 사용할 것
③ 근로자가 해당 꽂음접속기를 접속시킬 경우에는 땀 등으로 젖은 손으로 취급하지 않도록 할 것
④ 꽂음접속기에 잠금장치가 있을 때에는 접속 후 개방하여 사용할 것

해 해당 꽂음 접속기에 잠금장치가 있는 경우에는 접속 후 잠그고 사용할 것

답 ④

117 ☆

사업주가 금속의 용접 용단 또는 가열에 사용되는 가스 등의 용기를 취급하는 경우에 준수하여야 하는 사항으로 틀린 것은?

① 용기 온도 섭씨 40℃ 이하로 유지 할 것
② 전도의 위험이 없도록 할 것
③ 밸브의 개폐는 빠르게 할 것
④ 용해아세틸렌의 용기는 세워 둘 것

해 사업주는 금속의 용접·용단 또는 가열에 사용되는 가스등의 용기를 취급하는 경우에 다음 각 호의 사항을 준수하여야 한다.

1. 다음 각 목의 어느 하나에 해당하는 장소에서 사용하거나 해당 장소에 설치·저장 또는 방치하지 않도록 할 것
   가. 통풍이나 환기가 불충분한 장소
   나. 화기를 사용하는 장소 및 그 부근
   다. 위험물 또는 제236조에 따른 인화성 액 체를 취급하는 장소 및 그 부근
2. 용기온도를 섭씨 40도 이하로 유지할 것
3. 전도의 위험이 없도록 할 것
4. 충격을 가하지 않도록 할 것
5. 운반하는 경우에는 캡을 씌울 것
6. 사용하는 경우에는 용기의 마개에 부착되어 있는 유류 및 먼지를 제거할 것
7. 밸브의 개폐는 서서히 할 것
8. 사용 전 또는 사용 중인 용기와 그 밖의 용기를 명확히 구별하여 보관할 것
9. 용해아세틸렌의 용기는 세워 둘 것
10. 용기의 부식·마모 또는 변형상태를 점검한 후 사용할 것

답 ③

118 ☆

인화성 가스, 불활성 가스 및 산소를 사용하여 금속의 용접·용단 또는 가열작업을 하는 경우 가스등의 누출 또는 방출로 인한 폭발·화재 또는 화상을 예방하기 위하여 준수해야 할 사항으로 옳지 않은 것은?

① 가스등의 호스와 취관(吹管)은 손상·마모 등에 의하여 가스등이 누출할 우려가 없는 것을 사용할 것
② 비상상황을 제외하고는 가스등의 공급구의 밸브나 콕을 절대 잠그지 말 것
③ 용단작업을 하는 경우에는 취관으로부터 산소의 과잉방출로 인한 화상을 예방하기 위하여 근로자가 조절밸브를 서서히 조작하도록 주지시킬 것
④ 가스등의 취관 및 호스의 상호 접촉부분은 호스밴드, 호스클립 등 조임기구를 사용하여 가스등이 누출되지 않도록 할 것

해 작업을 중단하거나 마치고 작업장소를 떠날 경우에는 가스등의 공급구의 밸브나 콕을 잠글 것

답 ②

119 ☆

전로의 과전류로 인한 재해를 방지하기 위한 방법으로 과전류 차단장치를 설치할 때에 대한 설명으로 틀린 것은?

① 과전류 차단장치로는 차단기·퓨즈 또는 보호계전기 등이 있다.
② 차단기·퓨즈는 계통에서 발생하는 최대 과전류에 대하여 충분하게 차단할 수 있는 성능을 가져야 한다.
③ 과전류 차단장치는 반드시 접지선에 병렬로 연결하여 과전류 발생시 전로를 자동으로 차단하도록 설치하여야 한다.
④ 과전류 차단장치가 전기계통상에서 상호 협조·보완되어 과전류를 효과적으로 차단하도록 하여야 한다.

해 과전류차단장치는 반드시 접지선이 아닌 전로에 직렬로 연결하여 과전류 발생 시 전로를 자동으로 차단하도록 설치할 것

답 ③

120 ☆

변압기의 내부고장을 예방하려면 어떤 보호계전방식을 선택하는가?

① 차동계전방식 ② 과전류계전방식
③ 과전압계전방식 ④ 부흐홀쯔계전방식

해 차동계전방식
보호 구간에 유입되는 전류와 그 구간에서 유출되는 전류의 차에 의하여 변압기 내부의 고장 상태를 알 수 있다.

답 ①

121 ☆☆☆☆

이온생성 방법에 따라 정전기 제전기의 종류가 아닌 것은?

① 전압인가식 ② 접지제어식
③ 자기방전식 ④ 방사선식

해 제전기 종류

전압인가식	방전전극에 약 7,000V의 전압을 인가하면 공기가 전리되어 코로나 방전을 일으킴으로서 발생한 이온으로 대전체의 전하를 중화시키는 방법을 이용한 제전기
자기방전식	필름의 권취, 셀로판제조, 섬유공장 등에 유효하나, 2kV 내외의 대전이 남는 결점이 있다.
방사선식	방사선의 전리 작용으로 공기를 이온화시키는 방식, 제전 효율은 낮으나 폭발위험지역에 적당하며 이동 물체에 부적합하다.

답 ②

122 ☆

다음 중 정전기 재해 방지대책으로 사용하는 제전기의 종류와 특성을 잘못 나타낸 것은?

번호	구분	전압인가식	자기방전식	방사선식
①	제전 능력	크다	보통	작다
②	구조	복잡	간단	간단
③	취급	복잡	간단	복잡
④	적용 범위	좁다	넓다	넓다

① ① ② ② ③ ③ ④ ④

해

구분	전압인가식	자기방전식	방사선식
제전능력	크다	보통	작다
구조	복잡	간단	간단
취급	복잡	간단	복잡
적용범위	넓다	좁다	좁다
기종	다양	적음	적음

답 ④

123 ☆

제전기의 설치 장소로 가장 적절한 것은?

① 대전물체의 뒷면에 접지물체가 있는 경우
② 정전기의 발생원으로부터 5~20cm 정도 떨어진 장소
③ 오물과 이물질이 자주 발생하고 묻기 쉬운 장소
④ 온도가 150℃, 상대습도가 80% 이상인 장소

해 제전기 설치

1. 제전 효율 90% 이상 되는 위치
2. 대전 물체 전위를 측정해 그 전위가 될 수 있는 한 높은 위치
3. 정전기의 발생원으로부터 5~20cm 정도 떨어진 위치
4. 대전 물체 뒤에 접지체 또는 다른 제전기 설치되어 있지 않은 위치
5. 오물 묻기 어려운 위치
6. 온도가 150℃, 상대습도가 80% 이상이 아닌 위치

답 ②

124 ☆

누전차단기의 설치에 관한 설명으로 적절하지 않은 것은?

① 진동 또는 충격을 받지 않도록 한다.
② 전원전압의 변동에 유의하여야 한다.
③ 비나 이슬에 젖지 않은 장소에 설치한다.
④ 누전차단기 설치는 고도와 관계가 없다.

해 누전치단기 설치는 표고 1,000m 이하의 장소에 설치한다.

답 ④

125 ☆☆

누전차단기의 선정 및 설치에 대한 설명으로 틀린 것은?

① 차단기를 설치한 전로에 과부하 보호장치를 설치하는 경우는 서로 협조가 잘 이루어지도록 한다.

② 정격부동작전류와 정격감도전류와의 차는 가능한 큰 차단기로 선정한다.

③ 감전방지 목적으로 시설하는 누전차단기는 고감도고속형을 선정한다.

④ 전로의 대지정전용량이 크면 차단기가 오동작하는 경우가 있으므로 각 분기회로마다 차단기를 설치한다.

해 정격부동작전류와 정격감도전류와의 차는 가능한 작은 차단기로 선정한다.

답 ②

126 ☆☆☆

누전차단기의 설치 환경조건에 관한 설명으로 틀린 것은?

① 전원전압은 정격전압의 85~110% 범위로 한다.

② 설치장소가 직사광선을 받을 경우 차폐시설을 설치한다.

③ 정격부동작 전류가 정격감도 전류의 30% 이상이어야 하고 이들의 차가 가능한 큰 것이 좋다.

④ 정격전부하전류가 30A인 이동형 전기기계·기구에 접속되어 있는 경우 일반적으로 정격감도 전류는 30mA 이하인 것을 사용한다.

해 정격부동작 전류가 정격감도 전류의 50% 이상이어야 하고 이들의 차가 가능한 작은 것이 좋다.

답 ③

127 ☆

누전에 의한 감전위험을 방지하기 위하여 누전차단기를 설치하여야 하는데 다음 중 누전차단기를 설치하지 않아도 되는 것은?

① 절연대 위에서 사용하는 이중 절연구조의 전동기기

② 임시배선의 전로가 설치되는 장소에서 사용하는 이동형 전기기구

③ 철판 위와 같이 도전성이 높은 장소에서 사용하는 이동형 전기기구

④ 물과 같이 도전성이 높은 액체에 의한 습윤장소에서 사용하는 이동형 전기기구

해 사업주는 다음 각 호의 전기 기계·기구에 대하여 누전에 의한 감전위험을 방지하기 위하여 해당 전로의 정격에 적합하고 감도(전류 등에 반응하는 정도)가 양호하며 확실하게 작동하는 감전방지용 누전차단기를 설치해야 한다.

1. 대지전압이 150볼트를 초과하는 이동형 또는 휴대형 전기기계·기구
2. 물 등 도전성이 높은 액체가 있는 습윤장소에서 사용하는 저압(1.5천볼트 이하 직류전압이나 1천볼트 이하의 교류전압을 말한다)용 전기기계·기구
3. 철판·철골 위 등 도전성이 높은 장소에서 사용하는 이동형 또는 휴대형 전기기계·기구
4. 임시배선의 전로가 설치되는 장소에서 사용하는 이동형 또는 휴대형 전기기계기구

답 ①

128 ☆

작업장에서 근로자의 감전 위험을 방지하기 위하여 필요한 조치를 하여야 한다. 맞지 않는 것은?

① 작업장 통행 등으로 인하여 접촉하거나 접촉할 우려가 있는 배선 또는 이동전선에 대하여는 절연피복이 손상 되거나 노화된 경우에는 교체하여 사용하는 것이 바람직하다.

② 전선을 서로 접속하는 때에는 해당 전선의 절연성능 이상으로 절연될 수 있는 것으로 충분히 피복하거나 적합한 접속기구를 사용하여야 한다.

③ 물 등 도전성이 높은 액체가 있는 습윤한 장소에서 근로자의 통행 등으로 인하여 접촉할 우려가 있는 이동 전선 및 이에 부속하는 접속기구는 그 도전성이 높은 액체에 대하여 충분한 절연효과가 있는 것을 사용하여야 한다.

④ 차량 기타 물체의 통과 등으로 인하여 전선의 절연피복이 손상될 우려가 없더라도 통로바닥에 전선 또는 이동전선을 설치하여 사용하여서는 아니 된다.

해 사업주는 통로바닥에 전선 또는 이동전선등을 설치하여 사용해서는 아니 된다. 다만, 차량이나 그 밖의 물체의 통과 등으로 인하여 해당 전선의 절연피복이 손상될 우려가 없거나 손상되지 않도록 적절한 조치를 하여 사용하는 경우에는 그러하지 아니하다.

답 ④

129 ☆☆

피뢰기가 반드시 가져야 할 성능 중 틀린 것은?

① 방전개시 전압이 높을 것

② 뇌전류 방전능력이 클 것

③ 속류 차단을 확실하게 할 수 있을 것

④ 반복 동작이 가능할 것

해 피뢰기 구비조건

1. 반복동작이 가능할것
2. 구조가 견고하며 특성이 변하지 않을 것
3. 점검, 보수가 간단할 것
4. 충격방전 개시전압과 제한전압이 낮을 것
5. 뇌전류의 방전능력이 크고 속류의 차단이 확실하게 될 것

답 ①

130 ☆

피뢰설비 기본 용어에 있어 외부 뇌보호 시스템에 해당되지 않는 구성요소는?

① 수뢰부 ② 인하도선

③ 접지시스템 ④ 등전위 본딩

해 외부 뇌보호 시스템 구성요소

수뢰부/인하도선시스템/접지시스템

답 ④

131 ☆

다음 중 가스누설검지기에 관한 설명으로 틀린 것은?

① 검지원리는 반도체식, 접촉연소식 등이 있다.
② 경보방식에서 가스농도가 경보설정치에 달했을 직후에 경보를 발하는 방식을 반시한 경보형이라 한다.
③ 경보방식에서 가스농도가 경보설정치에 달한 후 일정시간 그 농도 이상의 상태를 지속했을 때에 경보를 발하는 방식을 경보지연형이라 한다.
④ 가스경보기는 방폭성과 견고성이 요구된다.

해 경보방식에서 가스농도가 경보설정치에 달했을 직후에 경보를 발하는 방식을 즉시 경보형이라 한다.

답 ②

132 ☆

건물의 전기설비로부터 누설전류를 탐지하여 경보를 발하는 누전경보기의 구성으로 옳은 것은?

① 축전기, 변류기, 경보장치
② 변류기, 수신기, 경보장치
③ 수신기, 발신기, 경보장치
④ 비상전원, 수신기, 경보장치

해 누전경보기 구성요소
영상변류기/수신부/음향장치/차단기

답 ②

133 ☆

누전경보기의 수신기는 옥내의 점검에 편리한 장소에 설치하여야 한다. 이 수신기의 설치장소로 옳지 않는 것은?

① 습도가 낮은 장소
② 온도의 변화가 거의 없는 장소
③ 화약류를 제조하거나 저장 또는 취급하는 장소
④ 부식성 증기와 가스는 발생되나 방식이 되어있는 곳

해 수신기의 설치장소
- 습도가 낮은 장소
- 온도의 변화가 거의 없는 장소
- 부식성 증기와 가스는 발생되나 방식이 되어 있는 곳

답 ③

134 ☆

다음과 같은 특성이 있으며 제한전압이 낮기 때문에 접지저항을 낮게 하기 어려운 배전선로에 적합한 피뢰기는?

> 피뢰기의 특성요소가 화이버관으로 되어있고 방전은 직렬 캡을 통해 화이버관 내부의 상부와 하부 전극간에서 행해지며 속류차단은 화이버관 내부 벽면에서 아크열에 의한 화이버질의 분해로 발생하는 고압가스의 소호작용에 의한다.

① 변형 피뢰기　② 방출형 피뢰기
③ 갭레스형 피뢰기　④ 변저항형 피뢰기

해 방출형 피뢰기에 대한 설명이다.

답 ②

135 ☆

건설현장에서 사용하는 임시배선의 안전대책으로 거리가 먼 것은?

① 모든 전기기기 외함은 접지시켜야 한다.
② 임시배선은 다심케이블을 사용하지 않아도 된다.
③ 배선은 반드시 분전반 또는 배전반에서 인출해야 한다.
④ 지상 등에서 금속판으로 방호할 때는 그 금속관을 접지해야 한다.

해 임시배선은 다심케이블을 사용해야 된다.

답 ②

136 ☆☆

옥내배선에서 누전으로 인한 화재방지의 대책에 아닌 것은?

① 배선불량 시 재시공할 것
② 배선에 단로기를 설치할 것
③ 정기적으로 절연저항을 측정할 것
④ 정기적으로 배선시공 상태를 확인할 것

해 단로기는 개폐역할이며 화재방지대책과는 무관하다.

답 ②

137 ☆

전기화재에서 출화의 경과에 대한 화재예방 대책에 해당하지 않는 것은?

① 단락 및 혼촉을 방지한다.
② 누전사고의 요인을 제거한다.
③ 접촉불량방지와 안전점검을 철저히 한다.
④ 단일 인입구에 여러 개의 전기코드를 연결한다.

해 코드를 여러 개 연결하면 화재위험이 있다.

답 ④

138 ☆

감전사고의 사망경로에 해당되지 않는 것은?

① 전류가 뇌의 호흡중추부로 흘러 발생한 호흡기능 마비
② 전류가 흉부에 흘러 발생한 흉부근육수축으로 인한 질식
③ 전류가 심장부로 흘러 심실세동에 의한 혈액순환기능 장애
④ 전류가 인체에 흐를 때 인체의 저항으로 발생한 주울열에 의한 화상

해 감전에 의해 사망에 이르는 주요현상
- 전류가 심장부위로 흘러 심장마비에 의한 혈액순환 기능장애 발생
- 전류가 뇌의 호흡 중추부로 흘러 호흡기능 장애발생
- 전류가 가슴부위에 흘러 흉부수축으로 인한 질식

답 ④

139 ☆

전압과 인체저항과의 관계를 잘못 설명한 것은?

① 정(+)의 저항온도계수를 나타낸다.
② 내부조직의 저항은 전압에 관계없이 일정하다.
③ 1,000V 부근에서 피부의 전기저항은 거의 사라진다.
④ 남자보다 여자가 일반적으로 전기저항이 작다.

해 부(−)의 저항온도계수를 나타낸다.
저항온도계수란 온도를 1℃ 올렸을 때 바뀐 저항값의 차이가 원래 저항값에 비해 얼마나 되는가를 가리키는 비율

답 ①

140 ☆

다음 중 전기화재의 주요 원인이 되는 전기의 발열현상에서 가장 큰 열원에 해당하는 것은?

① 줄(Joule) 열 ② 고주파 가열
③ 자기유도에 의한 열 ④ 전기화학 반응열

해 전기화재는 전기에너지가 변환되어 발생한 열(주울열)이 발화원이 되어 발생한 화재로 도체 중에 전류가 흐르면 반드시 발열이 일어나고, 이 열을 주울열이라 한다.
또한 공간을 통한 전극간의 전압이 그 공간의 내전압을 넘는 경우에는 전극 간에 불꽃을 수반하는 방전이 발생한다.

답 ①

141 ☆☆☆

전기화재의 원인을 직접원인과 간접원인으로 구분할 때, 직접원인과 거리가 먼 것은?

① 애자 오손 ② 과전류
③ 누전 ④ 절연열화

해 전기화재 경로별 원인 종류
단락/누전/과전류/접촉부 과열/정전기/절연열화

답 ①

142 ☆☆

전기화재의 직접적인 발생요인과 가장 거리가 먼 것은?

① 피뢰기의 손상
② 누전, 열의 축적
③ 과전류 및 절연의 손상
④ 지락 및 접속불량으로 인한 과열

해 윗 해설 참조

답 ①

143 ☆☆

다음 중 전기화재의 원인에 관한 설명으로 가장 거리가 먼 것은?

① 단락된 순간의 전류는 정격전류보다 크다.
② 전류에 의해 발생되는 열은 전류의 제곱에 비례하고, 저항에 비례한다.
③ 누전에 의한 전기화재는 배선용차단기나 누전차단기로 예방이 가능하다.
④ 전기화재의 발화형태별 원인 중 가장 큰 비율을 차지하는 것은 전기배선의 단락이다.

해 누전에 의한 전기화재는 미사용시 전원 끄는 것으로 예방이 가능하다.

답 ③

144 ☆

감전에 의한 전격위험을 결정하는 주된 인자와 거리가 먼 것은?

① 통전저항 ② 통전전류 크기
③ 통전경로 ④ 통전시간

해 전격현상 위험도
통전전류 크기 > 통전경로 > 통전시간 > 전원 종류(교류>직류) > 주파수, 파형

답 ①

145 ☆☆☆☆

다음 중 통전경로별 위험도가 가장 높은 경로는?

① 왼손－등 ② 오른손－가슴
③ 왼손－가슴 ④ 오른손－양발

해 통전경로별 위험도

통전경로	Kh (Kill of Heart, 위험도계수)
왼손 → 가슴	1.5
오른손 → 가슴	1.3
왼손 → 한발/양발	1.0
양손 → 양발	1.0
오른손 → 한발/양발	0.8
왼손 → 등	0.7
한손/양손 → 앉아있는 자리	0.7
왼손 → 오른손	0.4
오른손 → 등	0.3

답 ③

146 ☆

감전 사고의 요인과 관계가 없는 것은?

① 전기기기의 절연파괴
② 콘덴서의 방전 미실시
③ 전기기기의 24시간 계속 운전
④ 정전작업시 단락접지를 하지 않아 유도 전압 발생

해 기계를 24시 가동한다고 감전되진 않는다.

답 ③

147 ☆

인체가 전격(감전)으로 인한 사고 시 통전전류에 의한 인체반응으로 틀린 것은?

① 교류가 직류보다 일반적으로 더 위험하다.
② 주파수가 높아지면 감지전류는 작아진다.
③ 심장을 관통하는 경로가 가장 사망률이 높다.
④ 가수전류는 불수전류보다 값이 대체적으로 작다.

해 주파수가 높아지면 감지전류는 커진다.

답 ②

148 ☆

60Hz 정현파 교류에 의해 인체가 감전되었을 때 다른 손의 도움 없이 자력으로 감전에서 벗어날 수 있는 최대전류(가수전류 또는 마비한계전류)의 크기로 가장 적절한 것은?

① 10~15mA ② 20~35mA

③ 30~35mA ④ 40~45mA

해 인체 내 흐르는 60Hz 전류크기에 따른 영향

1~8mA	쇼크를 느끼나 인체의 기능에는 영향이 없다.
15~20mA	쇼크를 느끼고 감전부위 가까운 쪽의 근육이 마비된다.
20~30mA	고통을 느끼고 강한 근육의 수축이 일어나 호흡이 곤란하다.
50~100mA	순간적으로 치사 위험있는 상태
100~200mA	사망

1mA: 최소감지전류, 성인 남자의 경우 상용 주파수 60Hz 교류에서 약 1mA

7~8mA: 고통한계전류

10~15mA: 이탈전류(가수전류), 다른 손을 사용하지 않고 자력으로 손을 뗄 수 있는 최대전류

답 ①

149 ☆

다음 중 인체에 흐르는 전류가 50mA일 때 일반적으로 인체에 미치는 영향을 가장 적절하게 설명한 것은?

① 거의 느끼지 못한다.

② 가벼운 경직 현상이 일어난다.

③ 혈압상승, 심장박동이 불규칙하여 실신하기도 한다.

④ 심한 근육 수축으로 현장에서 사망한다.

해 윗 해설 참조

답 ③

150 ☆

다음 중 감지전류에 미치는 주파수의 영향에 대한 설명으로 옳은 것은?

① 주파수와 감전은 아무 상관관계가 없다.

② 주파수 증가시키면 감지전류는 증가한다.

③ 주파수 높을수록 전력의 영향은 증가한다.

④ 주파수가 낮을수록 고온증으로 사망하는 경우가 많다.

해 ① 전격현상 위험도 통전전류 크기 > 통전경로 > 통전시간 > 전원 종류(교류>직류) > 주파수, 파형

③: 주파수 높을수록 전력 영향은 감소한다.

④: 주파수가 높을수록 유전체 손실과 표피 효과로 고온증이 유발된다.

답 ②

151 ☆☆

전류밀도, 통전전류, 접촉면적과 피부저항과의 관계를 올바르게 설명한 것은?

① 전류밀도와 통전전류는 반비례 관계이다.

② 통전전류와 접촉면적에 관계없이 피부저항은 항상 일정하다.

③ 같은 크기의 통전전류가 흘러도 접촉면적이 커지면 전류밀도는 커진다.

④ 같은 크기의 통전전류가 흘러도 접촉면적이 커지면 피부저항은 작게 된다.

해 ①: 전류밀도와 통전전류는 비례 관계이다.

②: 접촉면적 커지면 피부저항 작아진다.

③: 접촉면적 커지면 전류밀도 작아진다.

답 ④

152 ☆

절연물은 여러 가지 원인으로 전기저항이 저하되어 이른바 절연불량을 일으켜 위험한 상태가 되는데 절연불량의 주요원인이 아닌 것은?

① 정전에 의한 전기적 원인
② 온도상승에 의한 열적 요인
③ 진동, 충격 등에 의한 기계적 요인
④ 높은 이상전압 등에 의한 전기적 요인

해 정전과 절연불량은 상관이 없다.

답 ①

153 ☆☆

감전을 방지하기 위해 관계근로자에게 반드시 주지시켜야 하는 정전작업 사항으로 가장 거리가 먼 것은?

① 전원설비 효율에 관한 사항
② 단락접지 실시에 관한 사항
③ 전원 재투입 순서에 관한 사항
④ 작업 책임자의 임명, 정전범위 및 절연용 보호구 작업 등 필요한 사항

해 감전 방지인데 설비 효율을 알려줄 필요는 없다.

답 ①

154 ☆☆

정전작업 시 주의할 사항으로 틀린 것은?

① 감독자를 배치시켜 스위치의 조작을 통제한다.
② 퓨즈가 있는 개폐기의 경우는 퓨즈를 제거한다.
③ 정전작업 전에 작업내용을 충분히 작업원에게 주지시킨다.
④ 단시간에 끝나는 작업일 경우 작업원의 판단에 의해 작업한다.

해 단시간에 끝나는 작업이어도 감독자의 판단에 의해 작업한다.

답 ④

155 ☆

과전류차단기로 시설하는 퓨즈 중 고압전로에 사용하는 비포장 퓨즈에 대한 설명으로 옳은 것은?

① 정적전류의 1.25배의 전류에 견디고 또한 2배의 전류로 2분 안에 용단되는 것이어야 한다.
② 정적전류의 1.25배의 전류에 견디고 또한 2배의 전류로 4분 안에 용단되는 것이어야 한다.
③ 정적전류의 2배의 전류에 견디고 또한 2배의 전류로 2분 안에 용단되는 것이어야 한다.
④ 정적전류의 2배의 전류에 견디고 또한 2배의 전류로 4분 안에 용단되는 것이어야 한다.

해 과전류차단기로 시설하는 퓨즈 중 고압전로에 사용하는 비포장 퓨즈는 정격전류의 1.25배의 전류에 견디고 또한 2배의 전류로 2분 안에 용단되는 것이어야 한다.

답 ①

156 ☆

과전류차단기로 시설하는 퓨즈 중 고압전로에 사용하는 포장 퓨즈는 정격전류의 몇 배를 견딜 수 있어야 하는가?

① 1.1배 ② 1.3배 ③ 1.6배 ④ 2.0배

해 과전류차단기로 시설하는 퓨즈 중 고압전로에 사용하는 포장 퓨즈는 정격전류의 1.3배의 전류에 견디고 또한 2배의 전류로 120분 안에 용단되는 것 또는 다음에 적합한 고압전류 제한퓨즈이어야 한다.

답 ②

157 ☆

다음 중 인입용 비닐 절연전선에 해당하는 약어로 옳은 것은?

① RB ② IV ③ DV ④ OW

해 ①: 고무절연전선
②: 600v 비닐절연전선
④: 옥외용 비닐절연전선

답 ③

158 ☆

다음 중 착화열에 대한 정의로 가장 적절한 것은?

① 연료가 착화해서 발생하는 전열량
② 연료 1kg이 착화해서 연소하여 나오는 총발열량
③ 외부로부터 열을 받지 않아도 스스로 연소하여 발생하는 열량
④ 연료를 최초의 온도로부터 착화온도까지 가열하는데 드는 열량

해 착화열: 연료를 최초의 온도로부터 착화온도까지 가열하는데 드는 열량

답 ④

159 ☆

어떤 인화성 액체가 점화원의 존재 하에 지속적인 연소를 일으키는 최저 온도를 무엇이라고 하는가?

① 인화점 ② 발화점 ③ 연소점 ④ 산화점

해

구분	설명
연소점	인화성 액체가 점화원의 존재 하에 지속적인 연소를 일으키는 최저 온도
발화점 (착화점)	외부에서 화염, 전기불꽃 등의 착화원을 주지 않고 물질을 공기 중 또는 산소 중에서 가열할 경우에 착화 또는 폭발을 일으키는 최저온도
인화점	액체 표면에서 발생한 증기농도가 공기 중에서 연소하한농도가 될 수 있는 가장 낮은 액체온도

답 ③

160 ☆

점화원 없이 발화를 일으키는 최저온도를 무엇이라 하는가?

① 착화점 ② 연소점 ③ 용융점 ④ 기화점

해 착화점에 대한 설명이다.

답 ①

161 ☆☆

다음 중 "공기 중의 발화온도"가 가장 높은 물질은?

① CH_4 ② C_2H_2 ③ C_2H_6 ④ H_2S

해 발화점
메탄(CH_4): 537℃
아세틸렌(C_2H_2): 305℃
에테인(에탄, C_2H_6) 472℃
황화수소(H_2S): 260℃

답 ①

162 ☆☆

정상운전 중의 전기설비가 점화원으로 작용하지 않는 것은?

① 변압기 권선

② 직류 전동기의 정류자

③ 개폐기 접점

④ 권선형 전동기의 슬립링

해 코샤가이드/전기방폭의 기본
슬립링: 전동기, 발전기의 회전자 권선에 전류를 공급하거나 끌어내는 금속제 고리

전기설비 점화원

현재적 점화원	정상적 가동 중에 점화원 되는 설비
	• 직류 전동기의 정류자, 권선형 유도 전동기의 슬립링 • 전열기, 저항기, 전동기의 고온부 • 개폐기 및 차단기류의 접점, 제어 기기 및 보호계전기의 전기접점
잠재적	정상적 가동 중에는 아니지만 고장, 파괴 발생 시 점화원 되는 설비
	• 전동기, 변압기의 권선, 마그넷 코일, 전기적 광원, 케이블, 기타 배선

답 ①

163 ☆

전기설비의 점화원 중 잠재적 점화원에 속하지 않는 것은?

① 전동기 권선　② 마그넷 코일

③ 케이블　④ 릴레이 전기접점

해 릴레이 전기접점: 실질적 점화원

답 ④

164 ☆

다음 중 점화원에 해당하지 않는 것은?

① 기화열　② 충격·마찰

③ 복사열　④ 고온물질표면

해 기화열은 액체가 기체로 될 때 발생하는 열로 점화원이 아니다.

답 ①

165 ☆☆

누설전류로 인해 화재가 발생될 수 있는 누전화재의 3요소에 해당하지 않는 것은?

① 누전점　② 인입점　③ 접지점　④ 출화점

해 누전화재 3요소

누전점	전선 충전부에서 금속조영재 등으로 전류가 흘러들어오는 점
출화점	과열개소
접지점	접지물로 전기가 흘러들어 오는 점

답 ②

166 ☆☆

연소의 3요소에 해당되지 않는 것은?

① 가연물　② 점화원

③ 연쇄반응　④ 산소공급원

해 연소의 3요소: 가연물/점화원/산소공급원

답 ③

167 ☆

연소의 3요소 중 1가지에 해당하는 요소가 아닌 것은?

① 메탄 ② 공기
③ 정전기방전 ④ 이산화탄소

해 메탄: 가연물
공기: 산소공급원
정전기 방전: 점화원

답 ④

168 ☆☆

다음 중 열교환기의 가열 열원으로 사용되는 것은?

① 다우섬 ② 염화칼슘
③ 프레온 ④ 암모니아

해 다우섬: 60~400℃ 정도의 고온으로 열을 운반할 수 있는 액상의 매체(열매체)로서, 표와 같이 고온에서도 압력이 낮은 것이 특징이다. 특수 열매체 보일러 열매체로 널리 사용되고 있다.

답 ①

169 ☆☆

가정에서 요리를 할 때 사용하는 가스렌지에서 일어나는 가스의 연소형태에 해당되는 것은?

① 자기연소 ② 분해연소
③ 표면연소 ④ 확산연소

해

기체	확산연소	가연성 가스가 공기 중의 지연성 가스와 접촉하여 접촉면에서 연소가 일어나는 현상
	예혼합연소	가연성 가스와 지연성 가스가 미리 일정한 농도로 혼합된 상태에서 점화원에 의하여 연소되는 현상
액체	증발연소	액체 표면에서 증발하는 가연성 증기가 공기와 혼합하여 연소범위 내에서 열원에 의하여 연소하는 현상
	분무연소	액체연료를 미세 유적으로 미립화해 공기와 혼합시켜 연소시키는 것
고체	분해연소	고체가 가열돼 열분해 일어나고 가연성 가스가 공기 중 산소와 타는 연소 예 목재
	증발연소	고체 가연물이 가열되어 융해되고 가연성 증기가 발생, 공기와 혼합해 연소하는 형태 예 나프탈렌
	표면연소	고체의 표면이 고온을 유지하면서 연소하는 현상 예 목탄, 숯, 코크스
	자기연소	• 연소에 필요한 산소를 포함하고 있는 물질이 연소하는 것 • 공기 중 산소를 필요로 하지 않고 자신이 분해되며 타는 것 예 TNT, 니트로셀룰로오스

답 ④

170 ☆

혼촉방지판이 부착된 변압기를 설치하고 혼촉방지판을 접지시켰다. 이러한 변압기를 사용하는 주요 이유는?

① 2차측의 전류를 감소시킬 수 있기 때문에
② 누전전류를 감소시킬 수 있기 때문에
③ 2차측에 비접지 방식을 채택하면 감전 시 위험을 감소시킬 수 있기 때문에
④ 전력의 손실을 감소시킬 수 있기 때문에

해 2차측에 비접지 방식을 채택하면 감전 시 위험을 감소시킬 수 있기 때문에 변압기를 사용한다.

답 ③

171 ☆

다음 중 물리적 공정에 해당되는 것은?

① 유화중합 ② 축합중합
③ 산화 ④ 증류

해 화학적 공정: 유화중합/축합중합/산화/치환
물리적 공정: 증류/추출/건조/혼합

답 ④

172 ☆☆

낮은 압력에서 물질의 끓는점이 내려가는 현상을 이용하여 시행하는 분리법으로 온도를 높여서 가열할 경우 원료가 분해될 우려가 있는 물질을 증류할 때 사용하는 방법을 무엇이라 하는가?

① 진공증류 ② 추출증류
③ 공비증류 ④ 수증기증류

해

공비증류	수분을 함유하는 에탄올에서 순수한 에탄올을 얻기 위해 벤젠과 같은 물질을 첨가하여 수분을 제거하는 증류 방법
추출증류	끓는점이 비슷한 혼합물이나 공비 혼합물 성분의 분리를 용이하게 하기 위하여 사용되는 증류법
감압(진공)증류	낮은 압력에서는 물질의 끓는점이 내려가는 현상을 이용하여 시행하는 증류법

답 ①

173 ☆

취급물질에 따라 여러 가지 증류 방법이 있는데, 다음 중 특수 증류방법이 아닌 것은?

① 감압증류 ② 추출 증류
③ 공비증류 ④ 기·액 증류

해 윗 해설 참조

답 ④

174 ☆

여러 가지 성분의 액체 혼합물을 각 성분별로 분리하고자 할 때 비점의 차이를 이용하여 분리하는 화학설비를 무엇이라 하는가?

① 건조기 ② 반응기 ③ 진공관 ④ 증류탑

해 증류탑에 대한 설명이다.

답 ④

175 ☆☆

다음 중 증류탑의 일상 점검항목으로 볼 수 없는 것은?

① 도장의 상태
② 트레이(Tray)의 부식상태
③ 보온재, 보냉재의 파손여부
④ 접속부, 맨홀부 및 용접부에서의 외부 누출 유무

해 증류탑 점검항목

일상 점검항목	–도장의 상태 –보온재, 보냉재의 파손여부 –접속부, 맨홀부 및 용접부에서의 외부 누출 유무 –기초 볼트 헐거움 여부
개방 점검항목	–트레이(Tray)의 부식상태 –라이닝 상태

답 ②

176 ☆

공정 중에서 발생하는 미연소가스를 연소하여 안전하게 밖으로 배출시키기 위하여 사용하는 설비는 무엇인가?

① 증류탑　② 플레어스택
③ 흡수탑　④ 인화방지망

해

화염방지기 (flame arrester)	화염방지기, 인화방지망, 역화방지기이라고도 부르며 유류저장탱크에서 화염의 차단을 목적으로 외부에 증기를 방출하기도 하고 탱크 내 외기를 흡입하기도 하는 부분에 설치하는 안전장치
플레어스택 (flame stack)	공정 중에서 발생하는 미연소 가스를 연소하여 안전하게 밖으로 배출시키기 위하여 사용하는 설비

답 ②

177 ☆☆☆

다음 중 증류탑의 원리로 거리가 먼 것은?

① 끓는점(휘발성) 차이를 이용하여 목적 성분을 분리한다.
② 열이동은 도모하지만 물질이동은 관계하지 않는다.
③ 기–액 두 상의 접촉이 충분히 일어날 수 있는 접촉 면적이 필요하다.
④ 여러 개의 단을 사용하는 다단탑이 사용 될 수 있다.

해 열이동, 물질이동 둘 다 이용한다.

답 ②

178 ☆

다음 중 불연성 가스에 해당하는 것은?

① 프로판　② 탄산가스
③ 아세틸렌　④ 암모니아

해

가연성 가스	수소/메탄/프로판/일산화탄소/아세틸렌/암모니아/에틸렌/아황산가스
조연성 (지연성)가스	염소/공기/불소/산소/오존
불활성 가스	질소/아르곤/헬륨
불연성 가스	이산화탄소(탄산가스)

답 ②

179 ☆☆

다음 중 분해 폭발하는 가스의 폭발방지를 위하여 첨가하는 불활성가스로 가장 적합한 것은?

① 산소 ② 질소 ③ 수소 ④ 프로판

해 ①: 조연성 가스
③: 가연성 가스
④: 가연성 가스
윗 해설 참조

답 ②

180 ☆☆☆☆☆

다음 중 가연성 가스가 아닌 것은?

① 이산화탄소 ② 수소
③ 메탄 ④ 아세틸렌

해 ①: 불연성 가스
윗 해설 참조

답 ①

181 ☆☆

물반응성 물질에 해당하는 것은?

① 니트로화합물 ② 칼륨

③ 염소산나트륨 ④ 부탄

해 ①: 폭발성물질 및 유기과산화물

③: 산화성액체 및 산화성고체

④: 인화성가스

위험물 구분(산업안전보건기준에 관한 규칙)

구분	내용
폭발성물질 및 유기과산화물	• 질산에스테르류 • 니트로화합물 • 니트로소화합물 • 아조화합물 • 디아조화합물 • 하이드라진 유도체 • 유기과산화물 • 그 밖에 가목부터 사목까지의 물질과 같은 정도의 폭발 위험이 있는 물질 • 가목부터 아목까지의 물질을 함유한 물질
물반응성물질 및 인화성고체	• 리튬 • 칼륨 • 나트륨 • 황 • 황린 • 황화인 • 적린 • 셀룰로이드류 • 알킬알루미늄·알킬리튬 • 마그네슘 분말 • 금속분말(마그네슘 분말은 제외한다) • 알칼리금속(리튬·칼륨및나트륨은 제외) • 유기 금속화합물(알킬알루미늄 및 알킬리튬은 제외한다) • 금속의 수소화물 • 금속의 인화물 • 칼슘 탄화물, 알루미늄 탄화물 • 그 밖에 가목부터 하목까지의 물질과 같은 정도의 발화성 또는 인화성 있는 물질 • 가목부터 거목까지의 물질을 함유한 물질
산화성액체 및 산화성고체	• 차아염소산 및 그 염류 • 아염소산 및 그 염류 • 염소산 및 그 염류 • 과염소산 및 그 염류 • 브롬산 및 그 염류 • 요오드산 및 그 염류 • 과산화수소 및 무기 과산화물 • 질산 및 그 염류 • 과망간산 및 그 염류 • 중크롬산 및 그 염류 • 그 밖에 가목부터 차목까지의 물질과 같은 정도의 산화성이 있는 물질 • 가목부터 카목까지의 물질을 함유한 물질
인화성액체	• 에틸에테르, 가솔린, 아세트알데히드, 산화프로필렌, 그 밖에 인화점이 섭씨 23도 미만이고 초기 끓는점이 섭씨 35도 이하인 물질 • 노르말헥산, 아세톤, 메틸에틸케톤, 메틸알코올, 에틸알코올, 이황화탄소, 그 밖에 인화점이 섭씨 23도 미만이고 초기 끓는점이 섭씨 35도를 초과하는 물질 • 크실렌, 아세트산아밀, 등유, 경유, 테레핀유, 이소아밀알코올, 아세트산, 하이드라진, 그 밖에 인화점이 섭씨 23도 이상 섭씨 60도 이하인 물질
인화성가스	• 수소 • 아세틸렌 • 에틸렌 • 메탄 • 에탄 • 프로판 • 부탄 • 별표13에 따른 인화성가스
부식성물질	• 부식성 산류 – 농도가 20퍼센트 이상인 염산, 황산, 질산, 그 밖에 이와 같은 정도 이상의 부식성을 가지는 물질 – 농도가 60퍼센트 이상인 인산, 아세트산, 불산, 그 밖에 이와 같은 정도 이상의 부식성을 가지는 물질 • 부식성 염기류 – 농도가 40퍼센트 이상인 수산화나트륨, 수산화칼륨, 그 밖에 이와 같은 정도 이상의 부식성을 가지는 염기류
급성독성물질	• 쥐에 대한 경구투입실험에 의하여 실험 동물의 50퍼센트를 사망시킬 수 있는 물질의 양, 즉 LD50(경구, 쥐)이 킬로그램 당 300 밀리그램–(체중)이하인 화학물질 • 쥐 또는 토끼에 대한 경피흡수실험에의 하여 실험동물의 50퍼센트를 사망시킬 수 있는 물질 양, 즉 LD50(경피, 토끼 또는 쥐)이 킬로그램당 1,000밀리그램 –(체중) 이하인 화학물질 • 쥐에 대한 4시간 동안의 흡입실험에 의하여 실험동물의 50퍼센트를 사망시킬 수 있는 물질의 농도, 즉 가스 LC50 (쥐, 4시간 흡입)이 2,500ppm 이하인 화학 물질, 증기 LC50(쥐, 4시간 흡입)이 10mg/l 이하인 화학물질, 분진 또는 미스트 1mg/l 이하인 화학물질

답 ②

182 ☆

다음 중 산업안전보건법령상 위험물의 종류에서 인화성 가스에 해당하지 않는 것은?

① 수소 ② 질산에스테르
③ 아세틸렌 ④ 메탄

해 질산에스테르: 폭발성물질 및 유기과산화물

답 ②

183 ☆☆

산업안전보건법령에서 정한 위험물질의 종류에서 "물반응성 물질 및 인화성 고체"에 해당하는 것은?

① 니트로화합물 ② 과염소산
③ 아조화합물 ④ 칼륨

해 ①: 폭발성물질 및 유기과산화물
②: 산화성액체 및 산화성고체
③: 폭발성물질 및 유기과산화물

답 ④

184 ☆

산업안전보건기준 관한 규칙에서 정한 위험물질의 종류에서 인화성 액체에 해당하지 않는 것은?

① 적린 ② 에틸에테르
③ 산화프로필렌 ④ 아세톤

해 ①: 물반응성물질 및 인화성고체

답 ①

185 ☆☆

물과의 접촉을 금지하여야 하는 물질은?

① 적린 ② 칼륨

③ 히드라진 ④ 니트로셀룰로오스

해 칼륨은 물과 접촉 시 수소를 발생한다.

①: 가연성 고체

③: 인화성 액체

④: 자기반응성물질

위험물 구분(위험물안전관리법)

유별	성질	품명
제1류	산화성고체	• 아염소산염류 • 염소산염류 • 과염소산염류 • 무기과산화물 • 브롬산염류 • 질산염류 • 요오드산염류 • 과망간산염류 • 중크롬산염류 • 그 밖에 행정안전부령으로 정하는 것 • 제1호 내지 제10호의 1에 해당하는 어느 하나 이상을 함유한 것
제2류	가연성고체	• 황화린 • 적린 • 황 • 철분 • 금속분 • 마그네슘 • 인화성고체 • 그 밖에 행정안전부령으로 정하는 것 • 제1호 내지 제7호의 1에 해당하는 어느 하나 이상을 함유한 것
제3류	자연발화성물질및금수성물질	• 칼륨 • 나트륨 • 알킬알루미늄 • 알킬리튬 • 황린 • 알칼리금속(칼륨 및 나트륨을 제외한다) 및 알칼리토금속 • 유기금속화합물(알킬알루미늄 및 알킬리튬을 제외한다) • 금속의 수소화물 • 금속의 인화물 • 칼슘 또는 알루미늄의 탄화물 • 그 밖에 행정안전부령으로 정하는 것 • 제1호 내지 제11호의 1에 해당하는 어느 하나 이상을 함유한 것
제4류	인화성액체	• 특수인화물 • 제1석유류(비수용성액체/수용성액체) • 알코올류 • 제2석유류(비수용성액체/수용성액체) • 제3석유류(비수용성액체/수용성액체) • 제4석유류 • 동식물유류
제5류	자기반응성물질	• 유기과산화물 • 질산에스터류 • 나이트로화합물 • 나이트로소화합물 • 아조화합물 • 다이아조화합물 • 하이드라진 유도체 • 하이드록실아민 • 하이드록실아민염류 • 그 밖에 행정안전부령으로 정하는 것 • 제1호 내지 제10호의 1에 해당하는 어느 하나 이상을 함유한 것
제6류	산화성액체	• 과염소산 • 과산화수소 • 질산 • 그 밖에 행정안전부령으로 정하는 것 • 제1호 내지 제4호의 1에 해당하는 어느 하나 이상을 함유한 것

답 ②

186 ☆

다음 중 자연발화성 물질에 해당하는 것은?

① 프로판 ② 황린

③ 염소산 및 그 염류 ④ 질산에스테르류

해 ①: 인화성가스

③: 산화성 액체 및 산화성 고체

④: 자기반응성물질

답 ②

187 ☆

위험물안전관리법상 자기반응성물질은 제 몇 류 위험물로 분류하는가?

① 제1류 위험물 ② 제3류 위험물
③ 제4류 위험물 ④ 제5류 위험물

해 1류: 산화성고체
2류: 가연성고체
3류: 자연발화성물질 및 금수성물질
4류: 인화성액체
5류: 자기반응성물질
6류: 산화성액체

답 ④

188 ☆☆

위험물안전관리법령상 제3류 위험물의 금수성 물질이 아닌 것은?

① 과염소산염 ② 금속나트륨
③ 탄화칼슘 ④ 탄화알루미늄

해 ①: 산화성고체(제1류)

답 ①

189 ☆

공기 중 산화성이 높아 반드시 석유, 경유 등의 보호액에 저장해야 하는 것은?

① Ca ② P_4 ③ K ④ S

해 칼륨 보호액: 경유
황린(P_4) 보호액: pH_9 알칼리 물

답 ③

190 ☆

위험물안전관리법령상 제4류 위험물(인화성액체)이 갖는 일반성질로 가장 거리가 먼 것은?

① 증기는 대부분 공기보다 무겁다.
② 대부분 물보다 가볍고 물에 잘 녹는다.
③ 대부분 유기화합물이다.
④ 발생증기는 연소하기 쉽다.

해 물보단 가볍지만 물에는 잘 안 녹는다.

답 ②

191 

다음 중 인화성 액체의 취급시 주의사항으로 가장 적절하지 않은 것은?

① 소포성의 인화성액체의 화재시에는 내알콜포를 사용한다.
② 소화작업시에는 공기호흡기 등 적합한 보호구를 착용하여야 한다.
③ 일반적으로 비중이 물보다 무거워서 물 아래로 가라앉으므로, 주수소화를 이용하면 효과적이다.
④ 화기, 충격, 마찰 등의 열원을 피하고, 밀폐용기를 사용하며, 사용상 불가능한 경우 환기장치를 이용한다.

해 물보다 가볍다.

답 ③

192 ☆

비도전성 용기에 인화성액체를 주입하는 경우의 조치사항이 아닌 것은?

① 드럼주변에 접지 밴드를 체결해 액체표면에 대전된 정전기를 완화시키도록 할 것
② 주입 시 상부주입 방법으로 할 것
③ 깔대기와 같은 모든 도전성 물체는 주입 시 모두 접지시킬 것
④ 정전기 제전용 접지극을 주입 시에는 용기 안에 위치하게 하고 주입이 끝난 후 30초 이상 경과한 후 제거할 것

해 비도전성 용기에 인화성액체를 주입하는 경우에는 다음 각 호의 조치를 하여야 한다.
1. 주입 시 하부주입 방법으로 할 것
2. 드럼주변에 접지 밴드를 체결해 액체표면에 대전된 정전기를 완화시키도록 할 것
3. 정전기 제전용 접지극을 주입 시에는 용기 안에 위치하게 하고 주입이 끝난 후 30초 이상 경과한 후 제거할 것
4. 깔대기와 같은 모든 도전성 물체는 주입 시 모두 접지시킬 것

답 ②

193 ☆

다음 중 인화성 액체를 소화할 때 내알콜포를 사용해야 하는 물질은?

① 특수인화물
② 소포성의 수용성액체
③ 인화점이 영하 이하의 인화성물질
④ 발생하는 증기가 공기보다 무거운 인화성 액체

해 소포성(기포제거)의 수용성액체

답 ②

194 ☆

다음 중 자기반응성 물질에 관한 설명으로 틀린 것은?

① 가열·마찰·충격에 의해 폭발하기 쉽다.
② 연소속도가 대단히 빨라서 폭발적으로 반응한다.
③ 소화에는 이산화탄소, 할로겐화합물 소화약제를 사용한다.
④ 가연성 물질이면서 그 자체 산소를 함유 하므로 자기연소를 일으킨다.

해 5류(자기반응성물질) 소화약제
봉상수소화기/무상수소화기/봉상강화액소화기/무상강화액소화기/포소화기/물통/수조/건조사/팽창질석/팽창진주암

답 ③

195 ☆

가열·마찰·충격 또는 다른 화학물질과의 접촉 등으로 인하여 산소나 산화제의 공급이 없더라도 폭발 등 격렬한 반응을 일으킬 수 있는 물질은?

① 알코올류 ② 무기과산화물
③ 나이트로화합물 ④ 과망간산칼륨

해 ①/④: 불티·불꽃·고온체와의 접근 또는 과열을 피하고, 함부로 증기를 발생시키지 아니하여야 한다.
②: 가연물과의 접촉·혼합이나 분해를 촉진하는 물품과의 접근 또는 과열·충격·마찰 등을 피하는 한편, 알카리금속의 과산화물 및 이를 함유한 것에 있어서는 물과의 접촉을 피하여야 한다.

답 ③

196 ☆

물과의 반응 또는 열에 의해 분해되어 산소를 발생하는 것은?

① 적린 ② 과산화나트륨
③ 유황 ④ 이황화탄소

해 과산화나트륨과 물과의 반응식
$Na_2O_2 + H_2O \rightarrow 2NaOH + 0.5O_2$
이황화탄소과 물과의 반응식
$CS_2 + 2H_2O \rightarrow 2H_2S + CO_2$

답 ②

197 ☆

나트륨은 물과 반응할 때 위험성이 매우 크다. 그 이유로 적합한 것은?

① 물과 반응하여 지연성 가스 및 산소를 발생시키기 때문이다.
② 물과 반응하여 맹독성 가스를 발생시키기 때문이다.
③ 물과 발열반응을 일으키면서 가연성 가스를 발생시키기 때문이다.
④ 물과 반응하여 격렬한 흡열반응을 일으키기 때문이다.

해 $2Na + 2H_2O \rightarrow 2NaOH + H_2$
나트륨+ 물 → 수산화나트륨+수소(가연성가스)

답 ③

198 ☆☆

물과 접촉할 경우 화재나 폭발의 위험성이 더욱 증가하는 것은?

① 칼륨 ② 트리니트로톨루엔
③ 황린 ④ 니트로셀룰로오스

해 칼륨은 물과 접촉 시 수소 발생해 위험하다.
$2K + 2H_2O \rightarrow 2KOH + H_2$
칼륨+ 물 → 수산화칼륨+수소(가연성기체)

답 ①

199 ☆☆

산화성 액체의 성질에 관한 설명으로 옳지 않은 것은?

① 피부 및 의복을 부식하는 성질이 있다.
② 가연성 물질이 많으므로 화기에 극도로 주의한다.
③ 위험물 유출시 건조사를 뿌리거나 중화제로 중화한다.
④ 물과 반응하면 발열반응을 일으키므로 물과의 접촉을 피한다.

해 가연물에 접촉 주의한다.

답 ②

200 ☆

알루미늄 금속분말에 대한 설명으로 틀린 것은?

① 분질폭발의 위험성이 있다.
② 연소 시 열을 발생한다.
③ 분진폭발 방지하기 위해 물속에 저장한다.
④ 염산과 반응하여 수소가스를 발생한다.

해 알루미늄을 물속에 저장하면 반응하여 수소 발생시켜 화재위험 있다.
$2Al+6H_2O$
$\rightarrow 2Al(OH)_3+3H_2$(가연성가스)

답 ③

201 ☆

아세톤에 관한 설명으로 옳은 것은?

① 인화점은 557.8℃이다.
② 무색의 휘발성 액체이며 유독하지 않다.
③ 20% 이하의 수용액에서는 인화 위험이 없다.
④ 일광이나 공기에 노출되면 과산화물을 생성하여 폭발성으로 된다.

해 ①: 인화점은 -18.5℃이다.
②: 무색의 휘발성 액체이며 유독하다.
③: 20% 이하 수용액에서 인화 위험이 있다.
④: 아세트산, 질산, 과산화수소와 같은 강한 산화제 접촉 시 폭발성 과산화물 생성한다.

답 ④

202 ☆

다음 중 피부에 닿았을 때 탈지현상을 일으키는 물질은?

① 등유 ② 아세톤
③ 글리세린 ④ 니트로톨루엔

해 아세톤을 피부에 바르면 탈지현상(기름제거)이 일어난다.

답 ②

203 ☆

산화성물질을 가연물과 혼합할 경우 혼합위험성 물질이 되는데 다음 중 그 이유로 가장 적당한 것은?

① 산화성물질에 조해성이 생기기 때문이다.
② 산화성물질이 가연성물질과 혼합되어 있으면 주수 소화가 어렵기 때문이다.
③ 산화성물질이 가연성물질과 혼합되어 있으면 산화환원반응이 더욱 잘 일어나기 때문이다.
④ 산화성물질과 가연물이 혼합되어 있으면 가열·마찰·충격 등의 점화에너지원에 의해 더욱 쉽게 분해하기 때문이다.

해 산화성 물질을 가연물과 혼합 시 산화환원반응이 잘 일어나 혼합위험성 물질이 된다.

답 ③

204 ☆☆☆☆

다음 중 물 속에 저장이 가능한 물질은?

① 칼륨 ② 황린
③ 인화칼슘 ④ 탄화알루미늄

해 황린은 저장 시 물 속에 한다.

답 ②

205 ☆

염소산칼륨($KClO_3$)에 관한 설명으로 옳은 것은?

① 탄소, 유기물과 접촉 시에도 분해폭발 위험은 거의 없다.
② 200℃ 부근에서 분해되기 시작하여 KCl, $KClO_4$를 생성한다.
③ 400℃ 부근에서 분해반응을 하여 염화칼륨과 산소를 방출한다.
④ 중성 및 알칼리성 용액에서는 산화작용이 없으나, 산성용액에서는 강한 산화제가 된다.

해 ①: 탄소, 유기물과 접촉 시 분해폭발 위험이 크다.
②: 400℃ 부근에서 분해반응을 하여 염화칼륨과 과염소산칼륨을 방출한다.
③: 400℃ 부근에서 분해반응을 하여 염화칼륨과 과염소산칼륨을 방출한다.

답 ④

206 ☆

리튬(Li)에 관한 설명으로 틀린 것은?

① 연소 시 산소와는 반응하지 않는 특성이 있다.
② 염산과 반응하여 수소를 발생한다.
③ 물과 반응하여 수소를 발생한다.
④ 화재발생 시 소화방법으로는 건조된 마른 모래 등을 이용한다.

해 리튬과 산소의 반응식
$4Li+O_2 \rightarrow 2Li_2O$
리튬과 염소의 반응식
$2Li+2HCl \rightarrow 2LiCl+H_2$
리튬과 물의 반응식
$2Li+2H_2O \rightarrow 2LiOH+H_2$

답 ①

207 ☆☆

다음 중 아세틸렌의 취급·관리 시 주의사항으로 옳지 않은 것은?

① 용기는 폭발할 수 있으므로 전도· 낙하되지 않도록 한다.
② 폭발할 수 있으므로 필요 이상 고압으로 충전하지 않는다.
③ 용기는 밀폐된 장소에 보관하고, 누출 시에는 누출원에 직접 주수하도록 한다.
④ 폭발성 물질을 생성할 수 있으므로 구리나 일정 함량 이상의 구리합금과 접촉하지 않도록 한다.

해 용기는 통풍 잘되는 장소에 보관한다.

답 ③

208 ☆☆

최소점화에너지(MIE)와 온도, 압력 관계를 옳게 설명한 것은?

① 압력, 온도에 모두 비례한다.
② 압력, 온도 모두 반비례한다.
③ 압력에 비례하고, 온도에 반비례한다.
④ 압력에 반비례하고, 온도에 비례한다.

해 최소점화에너지는 압력, 온도 모두 반비례한다.

답 ②

209 ☆☆

다음 중 최소발화에너지에 관한 설명으로 틀린 것은?

① 압력이 상승하면 작아진다.
② 온도가 상승하면 작아진다.
③ 산소농도가 높아지면 작아진다.
④ 유체의 유속이 높아지면 작아진다.

해 유체의 유속이 높아지면 커진다.

답 ④

210 ☆

다음 중 폭발의 위험성이 가장 높은 것은?

① 폭발 상한농도
② 완전연소 조성농도
③ 폭발 상한선과 하한선의 중간점 농도
④ 폭굉 상한선과 하한선의 중간점 농도

해 완전연소 조성농도일 때 폭발 위험성이 가장 높다.

답 ②

211 ☆

폭발범위에 관한 설명으로 옳은 것은?

① 공기밀도에 대한 폭발성 가스 및 증기의 폭발 가능 밀도 범위
② 가연성 액체의 액면 근방에 생기는 증기가 착화할 수 있는 온도 범위
③ 폭발화염이 내부에서 외부로 전파될 수 있는 용기의 틈새 간격 범위
④ 가연성 가스와 공기와의 혼합가스에 점화원을 주었을 때 폭발이 일어나는 혼합가스의 농도 범위

해 폭발범위: 가연성 가스와 공기와의 혼합가스에 점화원을 주었을 때 폭발이 일어나는 혼합가스의 농도 범위

답 ④

212 ☆

다음 중 폭발범위에 영향을 주는 인자가 아닌 것은?

① 성상　② 압력
③ 공기조성　④ 온도

해 폭발범위 영향인자
점화원/측정용기 직경/화염 전파방향/온도/압력/공기조성

답 ①

213 ☆☆☆

다음 중 가연성 가스의 폭발범위에 관한 설명으로 틀린 것은?

① 상한과 하한이 있다.
② 압력과 무관하다.
③ 공기와 혼합된 가연성 가스의 체적 농도로 표시된다.
④ 가연성 가스의 종류에 따라 다른 값을 갖는다.

해 압력 증가에 따라 폭발 상한계는 증가하고, 하한계는 변화없다.

답 ②

214 ☆☆

다음 가스 중 공기 중에서 폭발범위가 넓은 순서로 옳은 것은?

① 아세틸렌 > 프로판 > 수소 > 일산화탄소
② 수소 > 아세틸렌 > 프로판 > 일산화탄소
③ 아세틸렌 > 수소 > 일산화탄소 > 프로판
④ 수소 > 프로판 > 일산화탄소 > 아세틸렌

해 폭발범위

메탄: 5~15%	프로판: 2.1~9.5%
수소: 4~75%	일산화탄소: 12~75%
아세틸렌: 2.5~100%	산화에틸렌: 3~100%
사이클로헥산: 1.3~8.4%	이황화탄소: 1~50%
벤젠: 1.4~8%	이소프로필렌알코올: 2~12%
아세톤: 2.5~12.8%	디에틸에테르: 1.7~48%
에틸렌: 2.7~36%	암모니아: 15~25%

답 ③

215 ☆

다음 중 분해폭발을 일으키기 가장 어려운 물질은?

① 아세틸렌 ② 에틸렌
③ 이황화탄소 ④ 암모니아

해 폭발범위가 좁은 암모니아가 가장 위험하다.

답 ④

216 ☆

다음 중 폭발 위험이 가장 높은 물질은?

① 수소 ② 벤젠
③ 산화에틸렌 ④ 이소프로필렌 알코올

해 폭발범위가 넓은 산화에틸렌이 가장 위험하다.

답 ③

217 ☆

다음 중 폭발하한농도(vol%)가 가장 높은 것은?

① 일산화탄소 ② 아세틸렌
③ 디에틸에테르 ④ 아세톤

해 윗 해설 참조

답 ①

218 ☆

다음 중 화학물질 및 물리적 인자의 노출기준에 따른 TWA 노출기준이 가장 낮은 물질은?

① 불소 ② 아세톤
③ 니트로벤젠 ④ 사염화탄소

해 TWA(시간가중평균노출기준)

1일 8시간 작업 기준으로 유해인자 측정치에 발생 시간을 곱해 8시간으로 나눈 값으로 낮을수록 독성이 크다.	
불소: 0.1ppm	암모니아: 25ppm
황화수소: 10ppm	니트로벤젠: 1ppm
염소: 0.5ppm	에탄올: 1,000ppm
메탄올: 200ppm	일산화탄소: 30ppm
수소: 자료없음	포스겐(COCI2):0.1ppm
아세톤: 500ppm	사염화탄소: 5ppm
시안화수소(HCN): 자료없음	염화수소: 1ppm
	이산화탄소: 5,000ppm

답 ①

219 ☆

화재발생 시 발생되는 연소 생성물 중 독성이 높은 것부터 낮은 순으로 올바르게 나열한 것은?

① 염화수소 > 포스겐 > CO > CO_2
② CO > 포스겐 > 염화수소 > CO_2
③ CO_2 > CO > 포스겐 > 염화수소
④ 포스겐 > 염화수소 > CO > CO_2

해 윗 해설 참조

답 ④

220 ☆

다음 중 만성중독과 가장 관계가 깊은 유독성 지표는?

① LD50(Median Lethal dose)
② MLD(Minimum lethal dose)
③ TLV(Threshold limit value)
④ LC50(Median lethal concentration)

해 ①/②/④: 급성독성물질 단위

LD50	경구·경피 투입실험에 의하여 실험동물의 50퍼센트를 사망시킬 수 있는물질의 양
LC50	흡입실험에 의하여 실험동물의 50퍼센트를 사망시킬수 있는 물질의 농도
MLD	최소치사량으로 정해진 조건하에서 동물을 죽게 하는 물질(세균, 독소, 기타 화학물질)의 최소량
TLV	허용한계농도이며 독성물의 섭취량과 인간에 대한 그 반응정도를 나타내는 관계에서 손상 입히지 않는 농도 중 가장 큰 값
TLV－TWA	시간가중평균노출기준로 1일 8시간 작업 기준으로 유해인자 측정치에 발생 시간을 곱해 8시간으로 나눈 값으로 낮을수록 독성이 크다.
TLV－STEL	단시간노출기준으로 15분간의 시간가중평균노출값
TLV－C	최고노출기준으로 근로자가 1일 작업시간동안 잠시라도 노출되어서는 아니 되는 기준

답 ③

221 ☆

다음 중 가장 짧은 기간에도 노출되어서 안되는 노출 기준은?

① TLV－S ② TLV－C
③ TLV－TWA ④ TLV－STEL

해 윗 해설 참조

답 ②

222 ☆

황린의 저장 및 취급방법으로 옳은 것은?

① 강산화제를 첨가하여 중화된 상태로 저장한다.

② 물 속에 저장한다.

③ 자연발화하므로 건조한 상태로 저장한다.

④ 강알칼리 용액 속에 저장한다.

해 황린은 자연발화성물질이라 물 속에 저장한다.

답 ②

223 ☆☆

다음 각 물질의 저장방법에 관한 설명으로 옳은 것은?

① 황린은 저장용기 중에 물을 넣어 보관한다.

② 과산화수소는 장기 보존 시 유리용기에 저장된다.

③ 피크린산은 철 또는 구리로 된 용기에 저장한다.

④ 마그네슘은 다습하고 통풍이 잘 되는 장소에 보관한다.

해 ②: 금속분말, 과망간산 염료 등 유기물과 가연물은 격리하여야 하며, 직사광선을 피하여 통풍 환기가 잘 되는 냉암소에 보관한다.
③: 통풍이 잘되는 냉암소에 보관한다.
④: 습기가 적고 통풍이 잘 되는 곳에 보관한다.

답 ①

224 ☆

다음의 주의사항에 해당하는 물질은?

> 특히 산화제와 접촉 및 혼합을 엄금하며 화재 시 주수소화를 피하고 건조한 모래 등으로 질식소화를 한다.

① 마그네슘 ② 과염소산나트륨

③ 황인 ④ 과산화수소

해 마그네슘은 2류(가연성고체)이므로 위의 설명에 적합하다.

답 ①

225 ☆☆

LPG에 대한 설명으로 옳지 않은 것은?

① 강한 독성가스로 분류된다.

② 질식의 우려가 있다.

③ 누설 시 인화, 폭발성이 있다.

④ 가스의 비중은 공기보다 크다.

해 독성이 강하지는 않다.

답 ①

226 ☆

염소산칼륨에 관한 설명으로 옳은 것은?

① 탄소, 유기물과 접촉 시에도 분해폭발 위험은 거의 없다.

② 열에 강한 성질이 있어서 500℃의 고온에서도 안정적이다.

③ 찬물이나 에탄올에도 매우 잘 녹는다.

④ 산화성 고체이다.

해 염소산칼륨은 산화성고체(제1류)이다.

답 ④

227 ☆

인화점에 대한 설명으로 옳은 것은?

① 인화점이 높을수록 위험하다.
② 인화점이 낮을수록 위험하다.
③ 인화점과 위험성은 관계없다.
④ 인화점이 0℃ 이상인 경우만 위험하다.

해 인화점이 낮을수록 화재 및 폭발 위험하다.

답 ②

228 ☆☆

환풍기가 고장난 장소에서 인화성 액체를 취급할 때, 부주의로 마개를 막지 않았다. 여기서 작업자가 담배를 피우기 위해 불을 켜는 순간 인화성 액체에서 불꽃이 일어나는 사고가 발생하였다. 이와 같은 사고의 발생 가능성이 가장 높은 물질은? (단, 작업현장의 온도는 20℃이다.)

① 글리세린　　② 중유
③ 디에틸에테르　　④ 경유

해 인화점이 낮을수록 폭발 위험이 높으니 정답은 디에틸에테르이다.
물질별 인화점

디에틸에테르: −40℃	산화프로필렌: −37℃
아세트산에틸(초산에틸): −3℃	이황화탄소: −30℃
경유: 41℃ 이상	아세톤: −18.5℃
아세트산: 40℃	벤젠: −11℃
등유: 39℃ 이상	메탄올: 11.11℃
에탄올: 13℃	크실렌: 25~30℃
중유: 70℃ 이상	글리세린: 160℃
	에틸에테르: −45℃ 이상

답 ③

229 ☆

환풍기가 고장난 장소에서 인화성 액체를 취급하는 과정에서 부주의로 마개를 막지 않았다. 이 장소에서 작업자가 담배를 피우기 위해 불을 켜는 순간 인화성 액체에서 불꽃이 일어나는 사고가 발생하였다면 다음 중 이와 같은 사고의 발생 가능성이 가장 높은 물질은?

① 아세트산　　② 등유
③ 에틸에테르　　④ 경유

해 인화점이 낮을수록 폭발 위험이 높으니 정답은 에틸에테르이다.
윗 해설 참조

답 ③

230 ☆☆☆

산업안전보건기준에 관한 규칙에서 부식성 염기류에 해당하는 것은?

① 농도 30퍼센트인 과염소산
② 농도 30퍼센트인 아세틸렌
③ 농도 40퍼센트인 디아조화합물
④ 농도 40퍼센트인 수산화나트륨

해 부식성 염기류
농도가 40퍼센트 이상인 수산화나트륨, 수산화칼륨, 그 밖에 이와 같은 정도 이상의 부식성을 가지는 염기류

답 ④

231 ☆☆☆

다음 중 분진폭발의 가능성이 가장 낮은 물질은?

① 소맥분 ② 마그네슘분
③ 질석가루 ④ 석탄가루

해 질석: 운모와 같은 결정구조를 가지는 단사정계에 속하는 광물
분진폭발 위험이 높은 물질
마그네슘/소맥분(밀가루)/알루미늄/석탄가루 등

답 ③

232 ☆

다음 중 자연발화에 대한 설명으로 가장 적절한 것은?

① 습도를 높게 하면 자연발화를 방지할 수 있다.
② 점화원을 잘 관리하면 자연발화를 방지할 수 있다.
③ 윤활유를 닦은 걸레의 보관 용기로는 금속재보다는 플라스틱 제품이 더 좋다.
④ 자연발화는 외부로 방출하는 열보다 내부에서 발생하는 열의 양이 많은 경우에 발생한다.

해 ①; 습도를 낮게 하면 자연발화를 방지할 수 있다.
②: 점화원과 무관하다.
③: 윤활유를 닦은 걸레의 보관 용기로는 플라스틱보다는 금속재 제품이 더 좋다.

답 ④

233 ☆☆

다음 중 화학반응에 의해 발생하는 열이 아닌 것은?

① 연소열 ② 압축열 ③ 반응열 ④ 분해열

해 자연발열을 일으키는 원인
산화열/분해열/흡착열/중합열/미생물에 의한 발열

답 ②

234 ☆

다음 중 중합폭발의 유해위험요인(hazard)이 있는 것은?

① 아세틸렌 ② 시안화수소
③ 산화에틸렌 ④ 염소산칼륨

해 중합반응물질 종류
스티렌/아크릴산 에스테르/액화시안화수소

답 ②

235 ☆

다음 중 산화에틸렌의 분해 폭발 반응에서 생성되는 가스가 아닌 것은? (단, 연소는 일어나지 않는다.)

① 메탄(CH_4) ② 일산화탄소(CO)
③ 에틸렌C_2H_4) ④ 이산화탄소(CO_2)

해 산화에틸렌 분해폭발반응식
$2C_2H_4O \rightarrow C_2H_4 + 2CO + 2H_2$

답 ④

236 ☆☆☆

다음 중 화재의 종류가 옳게 연결된 것은?

① A급화재 – 유류화재

② B급화재 – 유류화재

③ C급화재 – 일반화재

④ D급화재 – 일반화재

해

A급화재	일반화재
B급화재	유류화재
C급화재	전기화재
D급화재	금속화재

답 ②

237 ☆

다음 중 소화에 관한 설명으로 옳은 것은?

① 물을 가장 일반적인 소화제로서 모든 형태의 불을 소화하기에 가장 좋은 소화제이다.

② 탄화수소가스 혹은 유류 화재 등 B급 화재는 물에 의한 진화가 용이하다.

③ B급 화재의 소화에 있어 첫 단계는 가능 하다면 불을 일으키는 연료의 공급을 차단하는 것이다.

④ 소화제로서의 물은 제5류 위험물에 대한 소화적응성이 떨어지므로 사용할 수 없다.

해 ①: 전기설비에는 불가능하다.

②: B급 화재는 이산화탄소 등에 의한 진화가 용이하다.

④: 제5류위험물은 물에 소화적응성이 있다.

답 ③

238 ☆

다음 중 소화방법의 분류에 해당하지 않는 것은?

① 포소화 ② 질식소화
③ 희석소화 ④ 냉각소화

해 소화방법 종류

구분	내용
질식소화	• 공기가 가연물질에 공급되는 것을 차단하는 소화방법 • 혼합기체의 농도를 연소범위 밖으로 벗어나게 해 연소를 멈추는 방법 • 적용소화방법: 포소화설비/이산화탄소 소화설비 • 예 – 연소하고 있는 가연물이 존재하는 장소를 기계적으로 폐쇄하여 공기의 공급을 차단한다. – 칼륨, 마그네슘 소화 시 – 모래를 뿌린다/담요로 덮는다.
제거소화	• 가연성 기체의 분출 화재 시 주 공급 밸브를 닫아서 연료공급을 차단하여 소화하는 방법 • 예 – 가연성 기체의 분출 화재 시 주 밸브를 닫아서 연료 공급을 차단한다. – 금속화재의 경우 불활성 물질로 가연물을 덮어 미연소 부분과 분리한다. – 연료 탱크를 냉각하여 가연성 가스의 발생 속도를 작게 해 연소를 억제한다. – 촛불을 입으로 불어서 끈다.
억제소화	• 부촉매소화라고도 하며 연쇄반응을 약화시켜 연소가 계속 되는 것을 불가능하게 하는 소화방법 • 적용소화방법: 할로겐화합물소화설비 • 예 – 가연성 기체의 연쇄반응을 차단하여 소 화한다.
냉각소화	• 연소 시 발생하는 열에너지를 흡수하는 매체를 화염 속에 투입하여 소화하는 방법 • 적용소화방법: 스프링클러설비 • 예 – 튀김 기름이 인화되었을 때 싱싱한 야채를 넣는다. – 염소산칼륨 소화 시
희석소화	• 수용성 가연물의 화재에 있어 대량 방수를 통해 수용성 가연물질 농도를 낮춰 소화하는 방법 • 예 – 아세트알데히드 소화 시

답 ①

239 ☆

다음 중 소화의 원리에 해당되지 않는 것은?

① 연소의 연쇄반응을 차단시킨다.
② 한계산소지수를 높이도록 한다.
③ 가연성 물질을 인화점 또는 발화점 이하로 낮춘다.
④ 혼합 기체의 농도를 연소 범위 밖으로 벗어나게 한다.

해 한계산소지수를 낮추도록 한다.

답 ②

240 ☆

소화방법에 대한 주된 소화원리로 틀린 것은?

① 물을 살포한다.: 냉각소화
② 모래를 뿌린다.: 질식소화
③ 초를 불어서 끈다.: 억제소화
④ 담요를 덮는다.: 질식소화

해 ③: 제거소화

답 ③

241 ☆

다음 중 화재 발생 시 주수소화 방법을 적용할 수 있는 물질은?

① 과산화칼륨 ② 황산
③ 질산 ④ 과산화수소

해 ①/②/③: 물과 접촉 시 고온의 열을 발산

답 ④

242 ☆

다음 중 소화(消火)방법에 있어 제거소화에 해당되지 않는 것은?

① 연료 탱크를 냉각하여 가연성 기체의 발생 속도를 작게 한다.
② 금속화재의 경우 불활성 물질로 가연물을 덮어 미연소 부분과 분리한다.
③ 가연성 기체의 분출 화재 시 주밸브를 잠그고 연료 공급을 중단시킨다.
④ 가연성 가스나 산소의 농도를 조절하여 혼합 기체의 농도를 연소 범위 밖으로 벗어나게 한다.

해 ④: 질식소화

답 ④

243 ☆

다음 설명에 해당하는 소화의 종류는?

가연성 가스와 지연성 가스가 섞여있는 혼합 기체의 농도를 조절해 혼합기체의 농도를 연소범위 밖으로 벗어나게 해 연소를 멈추는 방법

① 냉각소화 ② 질식소화
③ 제거소화 ④ 억제소화

해 윗 해설 참조

답 ②

244 ☆☆

다음 중 액체의 증발잠열을 이용하여 소화시키는 것으로 물을 이용하는 방법은 주로 어떤 소화방법에 해당되는가?

① 냉각소화법 ② 연소억제법
③ 제거소화법 ④ 질식소화법

해 냉각소화법에 대한 설명이다.

답 ①

245 ☆

할로겐 화합물 소화약제의 소화작용과 같이 연소의 연속적인 연쇄 반응을 차단, 억제 또는 방해하여 연소현상이 일어나지 않도록 하는 소화작용은?

① 부촉매 소화작용 ② 냉각 소화작용
③ 질식 소화작용 ④ 제거 소화작용

해 윗 해설 참조

답 ①

246 ☆

다음 중 F, Cl, Br 등 산화력이 큰 할로겐 원소의 반응을 이용하여 소화(消火)시키는 방식을 무엇이라 하는가?

① 희석식 소화
② 냉각에 의한 소화
③ 연료 제거에 의한 소화
④ 연소 억제에 의한 소화

해 윗 해설 참조

답 ④

247 ☆

다음 중 물분무소화설비의 주된 소화효과에 해당하는 것으로만 나열한 것은?

① 냉각효과/질식효과 ② 희석효과/제거효과
③ 제거효과/억제효과 ④ 억제효과/희석효과

해 물분무소화설비 소화효과:냉각효과/질식효과

답 ①

248 ☆

이산화탄소 소화기에 관한 설명으로 옳지 않은 것은?

① 전기화재에 사용할 수 있다.
② 주된 소화 작용은 질식작용이다.
③ 소화약제 자체 압력으로 방출가능하다.
④ 전기전도성이 높아 사용 시 감전에 유의 해야 한다.

해 이산화탄소 소화기는 전기전도성이 낮다.

답 ④

249 ☆

다음 중 이산화탄소 소화기의 사용이 가능한 것은?

① 전기설비가 존재하는 한랭한 지역에서의 화재
② 사람이 존재하는 밀폐된 지역에서의 화재
③ LiH, NaH와 같은 금속수소화물에 의한 화재
④ 제5류 위험물(자기 반응성 물질)에 의한 화재

해 ②: 사람이 질식할 수 있어 위험하다.
③: 금속수소화물에 적응성이 낮다.
④: 5류에는 이산화탄소 적응성이 낮다.

답 ①

250 ☆

이산화탄소 소화기의 사용에 관한 설명으로 옳지 않은 것은?

① B급화재 및 C급화재의 적용에 적절하다.
② 이산화탄소의 주된 소화작용은 질식작용이므로 산소의 농도가 15% 이하가 되도록 약제를 살포한다.
③ 액화탄산가스가 공기 중에서 이산화탄소로 기화하면 체적이 급격하게 팽창하므로 질식에 주의한다.
④ 이산화탄소는 반도체설비와 반응을 일으키므로 통신 기기나 컴퓨터설비에 사용을 해서는 아니된다.

해 이산화탄소는 반도체설비와 반응을 안일으키므로 통신 기기나 컴퓨터 설비에 사용해도 된다.

답 ④

251 ☆

화재 발생 시 알코올포(내알코올포) 소화약제의 소화 효과가 큰 대상물은?

① 특수인화물
② 물과 친화력이 있는 수용성 용매
③ 인화점이 영하 이하의 인화성 물질
④ 발생하는 증기가 공기보다 무거운 인화성 액체

해 내알코올포는 수용성 용매에 효과적이다.

답 ②

252 ☆

다음 중 주요 소화작용이 다른 소화약제는?

① 사염화탄소 ② 할론
③ 이산화탄소 ④ 중탄산나트륨

해 ①/②/④: 억제효과
③: 질식소화

답 ③

253 ☆

다음 중 분말소화약제에 대한 설명으로 틀린 것은?

① 소화약제의 종별로는 제1종~제4종까지 있다.
② 적응 화재에 따라 크게 BC 분말과 ABC 분말로 나누어 진다.
③ 제3종 분말 주성분은 제1인산암모늄으로 B급과 C급 화재에만 사용이 가능하다.
④ 제4종 분말소화약제는 제2종 분말을 개량한 것으로 분말소화약제 중 소화력이 가장 우수하다.

해 분말소화약제의 종별 주성분

종별	소화약제	색상	적응화재
1종	탄산수소나트륨 ($NaHCO_3$)	백색	B/C급
2종	탄산수소칼륨 ($KHCO_3$)	담회색	B/C급
3종	제1인산암모늄 ($NH_4H_2PO_4$)	담홍색	**A/B/C급**
4종	탄산수소칼륨＋요소 ($KC_2N_2H_3O_3$)	회색	B/C급

답 ③

254 ☆

다음 중 분말소화제의 조성과 관계가 없는 것은?

① 중탄산나트륨 ② T.M.B
③ 탄산수소칼륨 ④ 인산암모늄

해 윗 해설 참조
T.M.B: 3,3′,5,5′ - 사메틸 벤지딘

답 ②

255 ☆☆☆

위험물안전관리법령상 칼륨에 의한 화재에 적응성이 있는 것은?

① 건조사(마른모래) ② 포소화기
③ 이산화탄소소화기 ④ 할로겐화합물소화기

해 칼륨에 적용가능한 소화기
탄산수소염류 분말소화설비/건조사 /팽창질석/팽창진주암

답 ①

256 ☆

다음 중 독성가스의 발생으로 화재에 사용할 수 없는 할로겐화합물 소화약제는?

① 할론1211소화약제
② 할론1301소화약제
③ 할론2402소화약제
④ 할론104소화약제

해 할론104(사염화탄소)은 열분해 및 공기, 이산화탄소 등과 반응 시 유독성 질식성 기체인 포스겐을 발생한다.

답 ④

257 ☆☆

다음 중 전기화재 시 부적합한 소화기는?

① 분말 소화기 ② CO_2 소화기
③ 할로겐 소화기 ④ 산알칼리 소화기

해 전기화재 시 적용 소화설비
- 물분무등 소화설비(물분무소화설비/불활성가스소화설비/할로겐화합물소화설비/분말소화설비(인산염류등/탄산수소염류등))
- 대형·소형수동식소화기(무상수소화기/무상강화액소화기/이산화탄소소화기/할로겐화합물 소화기/분말소화기
(인산염류소화기/탄산수소 염류소화기))

답 ④

258 ☆

소화기의 몸통에 "A급 화재 10단위"라고 기재되어 있는 소화기에 관한 설명으로 적절한 것은?

① 이 소화기의 소화능력시험시 소화기 조작자는 반드시 방화복을 착용하고 실시하여야 한다.

② 이 소화기의 A급 화재 소화능력 단위가 10단위이면, B급 화재에 대해서도 같은 10단위가 적용된다.

③ 어떤 A급 화재 소방대상물의 능력단위가 21일 경우 소방대상물에 위의 소화기를 비치할 경우 2대면 충분하다.

④ 이 소화기의 소화능력 단위는 소화능력시험에 배치되어 완전소화한 모형의 수에 해당하는 능력단위의 합계가 10단위라는 뜻이다.

해 ①: 소화기를 조작하는 자는 적합한 작업복(안전모, 내열성의 얼굴가리개, 장갑 등)을 착용할 수 있다.
②: 대형소화기의 능력단위의 수치는 A급화 재에 사용하는 소화기는 10단위 이상, B급화재에 사용하는 소화기는 20단위 이상이어야 한다.
③: 어떤 A급 화재 소방대상물의 능력단위가 21일 경우 소방대상물에 위의 소화기를 비치할 경우 3대면 충분하다.

답 ④

259 ☆☆

산업안전보건법상 물질안전보건자료 작성 시 포함되어야 하는 항목이 아닌 것은? (단, 참고사항은 제외한다.)

① 화학제품과 회사에 관한 정보

② 제조일자 및 유효기간

③ 운송에 필요한 정보

④ 환경에 미치는 영향

해 물질안전보건자료 작성 시 포함되어야 할 항목 및 그 순서는 다음 각 호에 따른다.

1. 화학제품과 회사에 관한 정보
2. 유해성·위험성
3. 구성성분의 명칭 및 함유량
4. 응급조치요령
5. 폭발·화재시 대처방법
6. 누출사고시 대처방법
7. 취급 및 저장방법
8. 노출방지 및 개인보호구
9. 물리화학적 특성
10. 안정성 및 반응성
11. 독성에 관한 정보
12. 환경에 미치는 영향
13. 폐기 시 주의사항
14. 운송에 필요한 정보
15. 법적규제 현황
16. 그 밖의 참고사항

답 ②

260 ☆

산업안전보건법령상 용해아세틸렌의 가스집합용접장치의 배관 및 부속기구에는 구리나 구리 함유량이 몇 퍼센트 이상인 합금을 사용할 수 없는가?

① 40 ② 50 ③ 60 ④ 70

해 사업주는 용해아세틸렌의 가스집합용접장치의 배관 및 부속기구는 구리나 구리 함유량이 70퍼센트 이상인 합금을 사용해서는 아니 된다.

답 ④

261 ☆☆☆

산업안전보건기준에 관한 규칙상 (　　)안의 내용으로 알맞은 것은?

> 사업주는 급성 독성물질이 지속적으로 외부에 유출될 수 있는 화학설비 및 그 부속설비에 파열판과 안전밸브를 직렬로 설치하고 그 사이에는 (　　)를 설치하여야 한다.

① 온도지시계 또는 과열방지장치
② 압력지시계 또는 자동경보장치
③ 유량지시계 또는 유속지시계
④ 액위지시계 또는 과압방지장치

답 사업주는 급성 독성물질이 지속적으로 외부에 유출될 수 있는 화학설비 및 그 부속설비에 파열판과 안전밸브를 직렬로 설치하고 그 사이에는 압력지시계 또는 자동경보장치를 설치하여야 한다.

답 ②

262 ☆

산업안전보건법령상 안전밸브 전단, 후단에 자물쇠형 차단밸브를 설치할 수 없는 경우는?

① 화학설비 및 그 부속설비에 안전밸브 등 이 복수방식으로 설치되어 있는 경우
② 예비용 설비를 설치하고 각각의 설비에 안전밸브 등이 설치되어 있는 경우
③ 열팽창에 의하여 상승된 압력을 낮추기 위한 목적으로 안전밸브가 설치된 경우
④ 안전밸브 등의 배출용량의 2분의 1 이상에 해당하는 용량의 자동압력조절밸브와 안전밸브가 직렬로 연결된 경우

해 안전밸브등의 배출용량의 2분의 1 이상에 해당하는 용량의 자동압력조절밸브(구동용 동력원의 공급을 차단하는 경우 열리는 구조인 것으로 한정한다)와 안전밸브등이 병렬로 연결된 경우

답 ④

263 ☆

다음은 산업안전보건기준에 관한 규칙에서 정한 부식방지와 관련한 내용이다. (   )에 해당하지 않는 것은?

> 사업주는 화학설비 또는 그 배관(화학설비 또는 그 배관의 밸브나 콕은 제외한다) 중 위험물 또는 인화점이 섭씨 60도 이상인 물질(이하 "위험물질등"이라 한다)이 접촉하는 부분에 대해서는 위험물질등에 의하여 그 부분이 부식되어 폭발·화재 또는 누출되는 것을 방지하기 위하여 위험물질등의 (   )·(   )·(   ) 등에 따라 부식이 잘 되지 않는 재료를 사용하거나 도장(塗裝) 등의 조치를 하여야 한다.

① 종류 ② 온도 ③ 농도 ④ 색상

해 사업주는 화학설비 또는 그 배관(화학설비 또는 그 배관의 밸브나 콕은 제외한다) 중 위험물 또는 인화점이 섭씨 60도 이상인 물질(이하 "위험물질등"이라 한다)이 접촉하는 부분에 대해서는 위험물질등에 의하여 그 부분이 부식되어 폭발·화재 또는 누출되는 것을 방지하기 위하여 위험물질등의 종류·온도·농도 등에 따라 부식이 잘 되지 않는 재료를 사용하거나 도장(塗裝) 등의 조치를 하여야 한다.

답 ④

264 ☆

위험물을 건조하는 경우 내용적이 몇 m^3이상인 건조설비일 때 위험물 건조설비 중 건조실을 설치하는 건축물의 구조를 독립된 단층으로 해야 하는가? (단, 건축물은 내화구조가 아니며, 건조실을 건축물의 최상층에 설치한 경우가 아니다.)

① 0.1 ② 1 ③ 10 ④ 100

해 사업주는 다음 각 호의 어느 하나에 해당하는 위험물 건조설비(이하 "위험물 건조설비"라 한다) 중 건조실을 설치하는 건축물의 구조는 독립된 단층건물로 하여야 한다. 다만, 해당 건조실을 건축물의 최상층에 설치하거나 건축물이 내화구조인 경우에는 그러하지 아니하다.

1. 위험물 또는 위험물이 발생하는 물질을 가열·건조하는 경우 내용적이 1세제곱미터 이상인 건조설비
2. 위험물이 아닌 물질을 가열·건조하는 경우로서 다음 각 목의 어느 하나의 용량에 해당하는 건조설비
   가. 고체 또는 액체연료의 최대사용량이 시간당 10킬로그램 이상
   나. 기체연료의 최대사용량이 시간당 1세 제곱미터 이상
   다. 전기사용정격용량이 10킬로와트 이상

답 ②

265 ☆☆

다음 중 건조설비의 사용상 주의사항으로 적절하지 않은 것은?

① 건조설비 가까이 가연성 물질을 두지 말 것
② 고온으로 가열 건조한 물질은 즉시 격리 저장할 것
③ 위험물 건조설비를 사용할 때는 미리 내부를 청소하거나 환기시킨 후 사용할 것
④ 건조 시 발생하는 가스·증기 또는 분진에 의한 화재·폭발의 위험이 있는 물질은 안전한 장소로 배출할 것

해 고온으로 가열건조한 인화성액체는 발화 위험이 없는 온도로 냉각한 후에 격납시킬 것

답 ②

266 ☆

건조설비구조에 관한 설명으로 옳지 않은 것은?

① 건조설비의 외면은 불연성 재료로 한다.
② 위험물 건조설비의 측벽이나 바닥은 견고한 구조로 한다.
③ 건조설비의 내부는 청소할 수 있는 구조로 되어서는 안 된다.
④ 건조설비의 내부 온도는 국부적으로 상승되는 구조로 되어서는 안 된다.

해 건조설비의 내부는 청소하기 쉬운 구조로 할 것

답 ③

267 ☆

일반적인 방전형태의 종류가 아닌 것은?

① 스트리머(streamer)방전
② 적외선(infrared－ray)방전
③ 코로나(corona)방전
④ 연면(surface)방전

해 정전기 방전현상 종류

코로나 방전	• 전극간의 전계가 평등하지 않으면 불꽃 방전 이전에 전극 표면상의 전계가 큰 부분에 발광 현상이 나타나고, 1~100㎂ 정도의 전류가 흐르는 방전 • 코로나 방전 손실을 줄이기 위해 복도체 방식으로 송전한다.
스트리머 방전	전압경도가 공기 파괴전압 초과 시 나타나는 저전류 방전
불꽃 방전	도체가 대전되었을 때 접지된 도체와의 사이에서 발생하는 강한 발광과 파괴음을 수반하는 방전
연면 방전	정전기가 대전되어 있는 부도체에 접지체가 접근한 경우 대전물체와 접지체 사이에 발생하는 방전과 거의 동시에 부도체의 표면을 따라서 발생하는 나뭇가지 형태(수지상)의 발광을 수반하는 방전
낙뢰(뇌상) 방전	공기 중에 떠 있는 대전 입자에 의해 공간 전하운이 발생할 때 발광을 수반하며 발생하는 방전

답 ②

268 ☆☆

전선 간에 가해지는 전압이 어떤 값 이상으로 되면 전선 주위의 전기장이 강하게 되어 전선 표면의 공기가 국부적으로 절연이 파괴 되어 빛과 소리를 내는 것은?

① 표피 작용　② 페란티 효과
③ 코로나 현상　④ 근접 현상

해 코로나 현상에 대한 설명이다.

답 ③

269 ☆☆

방전에너지가 크지 않은 코로나 방전이 발생할 경우 공기 중에 발생할 수 있는 것은?

① O_2　② O_3　③ N_2　④ N_3

해 코로나 방전시 오존이 발생한다.

답 ②

270 ☆

정전기 방전의 종류 중 부도체의 표면을 따라서 star-check 마크를 가지는 나뭇가지 형태의 발광을 수반하는 것은?

① 기중방전　② 불꽃방전
③ 연면방전　④ 고압방전

해 윗 해설 참조

답 ③

271 ☆

송전선의 경우 복도체 방식으로 송전하는데 이는 어떤 방전 손실을 줄이기 위한 것인가?

① 코로나방전　② 평등방전
③ 불꽃방전　④ 자기방전

해 윗 해설 참조
복도체 방식: 복도체 방식은 3상 송전선로에서 한상의 전선을 2본 이상으로 분할한 전선으로 단도체 방식에 비해서 작용인덕턴스는 작게 하면서 작용정전용량은 크게 한다.

답 ①

272 ☆

다음 중 글로우 코로나(Glow Corona)에 대한 설명으로 틀린 것은?

① 전압이 2,000V 정도에 도달하면 코로나가 발생하는 전극의 끝단에 자색의 광점이 나타난다.
② 회로에 예민한 전류계가 삽입되어 있으면, 수 μA 정도의 전류가 흐르는 것을 감지할 수 있다.
③ 전압을 상승시키면 전류도 점차로 증가하여 스파크방전에 의해 전극간이 교락된다.
④ Glow Corona는 습도에 의하여 큰 영향을 받는다.

해 Glow Corona는 습도에 의한 영향이 없다.

답 ④

273 ☆

다음 중 스파크 방전으로 인한 가연성 가스, 증기 등에 폭발을 일으킬 수 있는 조건이 아닌 것은?

① 가연성 물질이 공기와 혼합비를 형성, 가연범위 내에 있다.
② 방전 에너지가 가연 물질의 최소착화에너지 이상이다.
③ 방전에 충분한 전위차가 있다.
④ 대전 물체는 신뢰성과 안전성이 있다.

해 스파크 방전으로 인한 가연성 가스, 증기 등에 폭발을 일으킬 수 있는 조건
- 가연성가스 및 증기가 폭발한계 내에 있을 것
- 방전에너지가 가연물질의 최소착화에너지 이상일 것
- 방전할 수 있는 충분한 전위차가 있을 것

답 ④

274 ☆

대기 중에 대량의 가연성 가스가 유출되거나 대량의 가연성 액체가 유출하여 그것으로부터 발생하는 증기가 공기와 혼합해서 가연성 혼합기체를 형성하고, 점화원에 의하여 발생하는 폭발을 무엇이라 하는가?

① UVCE ② BLEVE
③ Detonation ④ Boil over

해 이상현상 종류

비등액 팽창증기폭발 BLEVE (Boiling Liquid Expanding Vapor Explosion)	비점이 낮은 액체 저장탱크 주위에 화재가 발생했을 때 저장탱크 내부의 비등 현상으로인한 압력 상승으로 탱크가 파열되어 그 내용물이 증발, 팽창하면서 발생되는 폭발현상
증기운 폭발 UVCE (Unconfined Vapor Cloud Explosion)	대기 중에 대량의 가연성 가스나 휘발성이 강한 가연성의 액체가 유출하여 발생한 증기가 공기와 혼합하여 가연성 혼합기인 물적 조건을 형성하고 에너지 조건인 점화원이 있으면 폭발하는 현상
백드래프트 (Back Draft)	연소에 필요한 산소가 부족하여 훈소상태에 있는 실내에 산소가 갑자기 다량 공급될 때 연소가스가 순간적으로 발화하는 현상
플래시오버 (Flash Over)	화재가 서서히 진행되다 어느 기점 지나면 실내의 모든 가연 물들이 동시에 폭발적으로 발화하는 현상

답 ①

275 ☆

윤활유를 닦은 기름걸레를 햇빛이 잘 드는 작업장의 구석에 모아 두었을 때 가장 발생가능성이 높은 재해는?

① 분진폭발
② 자연발화에 의한 화재
③ 정전기 불꽃에 의한 화재
④ 기계의 마찰열에 의한 화재

해 기름걸레가 자연발화 될 가능성이 있는 이유는 요오드가가 큰 유류가 묻어 있기 때문이다.

답 ②

276 ☆☆

건조설비의 사용에 있어 500~800℃ 범위의 온도에 가열된 스테인리스강에서 주로 일어나며, 탄화크롬이 형성되었을 때 결정경계면의 크롬함유량이 감소하여 발생되는 부식형태는?

① 전면부식　② 층상부식
③ 입계부식　④ 격간부식

해

구분	내용
전면부식	스테인리스강의 일반적인 부식성을 판정하는 기준으로 양면부가 균일하게 부식되는 것
층상부식	박리부식이라 하며 스케일링의 한 형태로 층상조직을 따라 박리하는 현상
입계부식	합금이나 금속 중에 불순물이 포함되어 있을 때 입계부분(입자의 경계)에서 국부적으로 일어나는 부식
격간부식	접촉부식이라 하며 금속과 비금속 재료와의 접촉부에서 발생

답 ③

277 ☆☆

다음 중 반응기의 운전을 중지할 때 필요한 주의사항으로 가장 적절하지 않은 것은?

① 급격한 유량 변화를 피한다.
② 가연성 물질이 새거나 흘러나올 때의 대책을 사전에 세운다.
③ 급격한 압력 변화 또는 온도 변화를 피한 다.
④ 80~90℃의 염산으로 세정을 하면서 수소가스로 잔류가스를 제거한 후 잔류물을 처리한다.

해 수소가스로 처리 시 폭발 가능성 있으니 질소같은 불활성 기체를 이용한다.

답 ④

278 ☆

다음 중 화학공정에서 반응을 시키기 위한 조작 조건에 해당되지 않는 것은?

① 반응 높이　② 반응 농도
③ 반응 온도　④ 반응 압력

해 화학공정에서 반응을 시키기 위한 조작 조건 반응농도/반응온도/반응압력

답 ①

279 ☆

콘덴서 및 전력 케이블 등을 고압 또는 특별고압 전기 회로에 접촉하여 사용할 때 전원을 끊은 뒤에도 감전될 위험성이 있는 주된 이유로 볼 수 있는 것은?

① 잔류전하　② 접지선 불량
③ 접속기구 손상　④ 절연 보호구 미사용

해 전원이 껐는데도 감전되는 것은 잔류전하 밖에 없다.

답 ①

280 ☆☆

다음 중 화학장치에서 반응기의 유해위험요인(hazard)으로 화학반응이 있을 때 특히 유의해야 할 사항은?

① 낙하, 절단 ② 감전, 협착
③ 비래, 붕괴 ④ 반응폭주, 과압

해 화학반응 시 유의사항은 반응폭주와 과압 등이 있다.

답 ④

281 ☆

반응기의 이상압력 상승으로부터 반응기를 보호하기 위해 동일한 용량의 파열판과 안전밸브를 설치하고자 한다. 다음 중 반응폭주현상이 일어났을 때 반응기 내부의 과압을 가장 잘 분출할 수 있는 방법은?

① 파열판과 안전밸브를 병렬로 반응기 상부에 설치한다.
② 안전밸브, 파열판의 순서로 반응기 상부에 직렬로 설치한다.
③ 파열판, 안전밸브의 순서로 반응기 상부에 직렬로 설치한다.
④ 반응기 내부의 압력이 낮을 때는 직렬연결이 좋고, 압력이 높을 때는 병렬연결이 좋다.

해 반응폭주현상이 일어났을 때 파열판과 안전밸브를 병렬로 반응기 상부에 설치하면 반응기 내부 과압을 가장 잘 분출할 수 있다.

답 ①

282 ☆

반응기가 이상과열인 경우 반응폭주를 방지하기 위하여 작동하는 장치로 가장 거리가 먼 것은?

① 고온경보장치 ② 블로다운시스템
③ 긴급차단장치 ④ 자동 shutdown장치

해 반응폭주 방지장치
고온경보장치/긴급차단장치/자동 셧다운장치

답 ②

283 ☆

다음 중 반응기를 구조형식에 의하여 분류할 때 이에 해당하지 않는 것은?

① 탑형 ② 회분식
③ 교반조형 ④ 유동층형

해 반응기 분류

조작방식에 따라 분류	회분식/반회분식/연속식
구조형식에 따라 분류	관형(전열면적 커 온도조절 어려움)/탑형/교반조형/유동층형

답 ②

284 ☆

반응기를 조작방법에 따라 분류할 때 반응기의 한 쪽에서는 원료를 계속적으로 유입하는 동시에 다른 쪽에서는 반응생성물질을 유출시키는 형식의 반응기를 무엇이라 하는가?

① 관형 반응기 ② 연속식 반응기
③ 회분식 반응기 ④ 교반조형 반응기

해 – 연속식 반응기
농도, 온도, 압력 등이 시간적인 변화가 없이 반응물질을 일정한 속도로 계속 투입하고 배출하는 반응기로서 원료의 투입과 반응 그리고 생성물의 회수를 동시에 실시하여 조작하는 방식
– 회분식 반응기
반응기에서 반응생성물을 얻는 경우에 반응기에 원료의 일정량을 투입하고 교반하면서 가열, 냉각 등을 실시하여 반응을 진행시켜 일정량의 생성물을 제조하고 회수하여 1회의 조작을 끝낸 뒤 이를 반복적으로 실시하여 조작하는 방식

답 ②

285 ☆☆

공정별로 폭발을 분류할 때 물리적 폭발이 아닌 것은?

① 분해폭발 ② 탱크 감압폭발
③ 수증기 폭발 ④ 고압용기 폭발

해 분해폭발: 화학적 폭발

답 ①

286 ☆

응상폭발에 해당되지 않는 것은?

① 수증기폭발 ② 전선폭발
③ 증기폭발 ④ 분진폭발

해

기상 폭발	종류: 가스/분진/분무/분해/증기운폭발
응상 폭발	종류: 수증기/전선/고상 간 전이에 의한 폭발

답 ④

287 ☆

다음 중 가연성 분진의 폭발 메커니즘으로 옳은 것은?

① 퇴적분진 → 비산 → 분산 → 발화원 발생 → 폭발
② 발화원 발생 → 퇴적분진 → 비산 → 분산 → 폭발
③ 퇴적분진 → 발화원 발생 → 분산 → 비산 → 폭발
④ 발화원 발생 → 비산 → 분산 → 퇴적분진 → 폭발

해 분진폭발 발생 순서
분진→비산→분산→발화원→전면폭발→2차폭발

답 ①

288 ☆☆

다음 중 전선이 연소될 때의 단계별 순서로 가장 적절한 것은?

① 착화단계, 순시용단 단계, 발화단계, 인화단계
② 인화단계, 착화단계, 발화단계, 순시용단 단계
③ 순시용단 단계, 착화단계, 인화단계, 발화단계
④ 발화단계, 순시용단 단계, 착화단계, 인화단계

해 과전류 단계

1. 인화단계	전선에 허용전류 3배 정도의 전류를 가하면 피복이 녹고 불씨를 가까이하면 인화된다.
2. 착화단계	인화단계보다 전류 더 증가시키면 액체상태의 고무가 흐른다. 이 상태가 지나면 피복전체에 착화해 피복이 탈락하고 적열상태의 심선이 노출되어 암적색으로 된다.
3. 발화단계	착화단계보다 더 전류 증가시키면 심선이 용단하기전에 피복이 발화한다.
4. 순시용단	대전류를 순간적으로 흘려주면 심선이 용단하고, 피복을 뚫고 구리가 비산한다.

답 ②

289 ☆☆

다음 중 분진폭발의 발생 위험성을 낮추는 방법으로 적절하지 않은 것은?

① 주변의 점화원을 제거한다.
② 분진이 날리지 않도록 한다.
③ 분진과 그 주변의 온도를 낮춘다.
④ 분진 입자의 표면적을 크게 한다.

해

분진폭발	• 발생 순서 퇴적분진→비산→분산→발화원→전면폭발→2차폭발 • 특징 – 가스폭발보다 연소시간이 길고, 발생 에너지가 크다. – 폭발압력과 연소속도는 가스폭발보다 작다. – 화염의 파급속도보다 압력의 파급속도가 빠르다. – 불완전연소로 인한 가스중독의 위험성이 크다. – 가스폭발에 비해 불완전연소가 쉽게 발생한다. – 주위의 분진에 의해 2차, 3차의 폭발로 파급될 수 있다. • 영향인자 – 분진의 온도가 높을수록 폭발위험성 커진다. – 분위기 중 산소 농도가 클수록 폭발 위험성 커진다. – 분진의 표면적이 입자체적에 비교하여 클수록 폭발위험성 커진다. –입자의 크기가 작을수록 위험이 더 크다. – 분진의 발열량이 높을수록 폭발위험성 커진다. – 분진 내의 수분농도가 작을수록 폭발 위험성 커진다.

답 ④

290 ☆☆

다음 중 분진폭발에 대한 설명으로 틀린 것은?

① 일반적으로 입자의 크기가 클수록 위험이 더 크다.
② 산소의 농도는 분진폭발 위험에 영향을 주는 요인이다.
③ 주위 공기의 난류확산은 위험을 증가시킨다.
④ 가스폭발에 비하여 불완전 연소를 일으키기 쉽다.

해 윗 해설 참조

답 ①

291 ☆

다음 중 분진폭발에 대한 안전대책으로 가장 적절하지 않은 것은?

① 분진의 퇴적을 방지한다.
② 수분의 함량을 증가시킨다.
③ 입자의 크기를 최소화한다.
④ 불활성 분위기를 조성한다.

해 윗 해설 참조

답 ③

292 ☆☆

다음 중 분진폭발의 영향인자에 대한 설명으로 틀린 것은?

① 분진 입경이 작을수록 폭발하기가 쉽다.
② 일반적으로 부유분진이 퇴적분진에 비해 발화온도가 낮다.
③ 연소열이 큰 분진일수록 저농도에서 폭발하고 폭발 위력도 크다.
④ 분진의 비표면적이 클수록 폭발성이 높아진다.

해 일반적으로 부유분진이 퇴적분진에 비해 발화온도가 높다.

답 ②

293 ☆☆

다음 중 폭굉(detonation) 현상에 있어서 폭굉파의 진행 전면에 형성되는 것은?

① 증발열 ② 충격파 ③ 역화 ④ 화염 대류

해 폭굉: 폭발충격파가 미반응 매질 속으로 음속보다 큰 속도로 이동하는 폭발

답 ②

294 ☆☆☆

어떤 물질 내에서 반응전파속도가 음속보다 빠르게 진행되며 이로 인해 발생된 충격파가 반응을 일으키고 유지하는 발열반응을 무엇이라 하는가?

① 점화(Ignition) ② 폭연(Deflagration)
③ 폭발(Explosion) ④ 폭굉(Detonation)

해 폭굉에 대한 설명이다.

답 ④

295 ☆

다음 중 폭굉유도거리에 대한 설명으로 틀린 것은?

① 압력이 높을수록 짧다.
② 점화원의 에너지가 강할수록 짧다.
③ 정상연소속도가 큰 혼합가스일수록 짧다.
④ 관속에 방해물이 없거나 관의 지름이 클수록 짧다.

해 폭굉유도거리: 연소가 폭굉으로 되기까지의 거리

폭굉유도거리 짧아지는 조건
– 연소속도 빠를수록
– 배관 직경 작을수록
– 관속에 장애물 있을수록
– 점화에너지 클수록
– 배관 내 압력 클수록

답 ④

296 ☆

사업장에서 유해위험물질의 일반적인 보관 방법으로 적합하지 않는 것은?

① 질소와 격리하여 저장
② 서늘한 장소에 저장
③ 부식성이 없는 용기에 저장
④ 차광막이 있는 곳에 저장

해 오히려 불활성 기체인 질소를 이용하여 저장한다.

답 ①

297 ☆☆☆

산업안전보건법령상 관리대상 유해물질의 운반 및 저장 방법으로 적절하지 않은 것은?

① 저장장소에는 관계 근로자가 아닌 사람의 출입을 금지하는 표시를 한다.
② 저장장소에서 관리대상 유해물질의 증기가 실외로 배출되지 않도록 적절한 조치를 한다.
③ 관리대상 유해물질을 저장할 때 일정한 장소를 지정하여 저장하여야 한다.
④ 물질이 새거나 발산될 우려가 없는 뚜껑 또는 마개가 있는 튼튼한 용기 사용한다.

해 관리대상 유해물질의 증기를 실외로 배출시키는 설비를 설치할 것

답 ②

298 ☆☆

다음 중 유해위험물질이 유출되는 사고가 발생했을 때의 대처요령으로 가장 적절하지 않은 것은?

① 중화 또는 희석을 시킨다.
② 유해위험물질을 즉시 모두 소각시킨다.
③ 유출부분을 억제 또는 폐쇄시킨다.
④ 유출된 지역의 인원을 대피시킨다.

해 소각시키면 환경문제가 발생한다.

답 ②

299 ☆

다음 중 화재 방지대책에 대한 내용으로 틀린 것은?

① 예방대책－점화원 관리
② 국한대책－안전장치 설치
③ 소화대책－건물설비의 불연화
④ 피난대책－인명이나 재산 손실보호

해 화재 방지대책

예방대책	발화원 제거
국한대책	건물 및 설비의 불연성화 가연물 저장의 최소화 방유제 등의 설치 설비간 안전거리 확보 일정한 공지의 확보 안전장치 설치
소화대책	소화기 사용 소화설비의 사용 본격적 소화 경보 및 대피 등 가연물의 직접(直接) 방지
피난대책	비상구, 비상통로 이용

답 ③

300 ☆☆☆

산업안전보건기준에 관한 규칙에서 규정하는 급성 독성 물질의 기준으로 틀린 것은?

① 쥐에 대한 경구투입실험에 의하여 실험동물의 50%를 사망시킬 수 있는 물질의 양이 kg당 300mg－(체중) 이하인 화학물질
② 쥐에 대한 경피흡수실험에 의하여 실험동물의 50%를 사망시킬 수 있는 물질 양이 kg당 1,000mg－(체중) 이하인 화학물질
③ 토끼에 대한 경피흡수실험에 의하여 실험동물의 50%를 사망시킬 수 있는 물질의 양이 kg당 1,000mg－(체중) 이하인 화학 물질
④ 쥐에 대한 4시간 동안의 흡입실험에 의하여 실험동물의 50%를 사망시킬 수 있는 가스 농도가 3,000ppm 이상인 화학물질

해 쥐에 대한 4시간 동안의 흡입실험에 의하여 실험동물의 50퍼센트를 사망시킬 수 있는 물질의 농도, 즉 가스 LC50(쥐, 4시간 흡입)이 2,500ppm 이하인 화학물질, 증기 LC50(쥐, 4시간 흡입)이 10mg/ℓ 이하인 화학물질, 분진 또는 미스트 1mg/ℓ 이하인 화학물질

답 ④

301 ☆☆

다음 중 산업안전보건법령상 공정안전보고서에 포함되어야 하는 주요 4가지 사항에 해당하지 않는 것은? (단, 고용노동부장관이 필요하다고 인정하여 고시하는 사항은 제외한다.)

① 공정안전자료 ② 안전운전비용

③ 비상조치계획 ④ 공정위험성 평가서

해 공정안전보고서

항목	세부 항목
공정안전자료	• 취급·저장하고 있거나 취급·저장하려는 유해·위험물질의 종류 및 수량 • 유해위험물질에대한 물질안전보건자료 • 유해하거나 위험한 설비 목록 및 사양 • 유해하거나 위험한 설비의 운전방법을 알 수 있는 공정도면 • 각종 건물·설비의 배치도 • 폭발위험장소 구분도, 전기단선도 • 위험설비의 안전설계·제작 및 설치관련 지침서
공정위험성 평가서 및 잠재위험에 대한 사고예방·피해 최소화 대책	• 체크리스트(Check List) • 상대위험순위 결정(Dow and Mond Indices) • 작업자 실수 분석(HEA) • 사고 예상 질문 분석(What−if) • 위험과 운전 분석(HAZOP) • 이상위험도 분석(FMECA) • 결함 수 분석(FTA) • 사건 수 분석(ETA) • 원인결과 분석(CCA) • 가목부터 자목까지의 규정과 같은 수준 이상의 기술적 평가기법
안전운전계획	• 안전운전지침서 • 설비점검·검사 및 보수계획, 유지계획 및 지침서 • 안전작업허가 • 도급업체 안전관리계획 • 근로자 등 교육계획 • 가동 전 점검지침 • 변경요소 관리계획 • 자체감사 및 사고조사계획 • 그 밖에 안전운전에 필요한 사항
비상조치계획	• 비상조치를 위한 장비·인력 보유현황 • 사고발생 시 각 부서·관련기관과의 비상연락체계 • 사고발생 시 비상조치를 위한 조직의 임무 및 수행 절차 • 비상조치계획에 따른 교육계획 • 주민홍보계획 • 그 밖에 비상조치 관련 사항

답 ②

302 ☆☆☆

산업안전보건법령상 공정안전보고서의 내용 중 공정안전자료에 포함되지 않는 것은?

① 유해·위험설비의 목록 및 사양
② 폭발위험장소 구분도 및 전기단선도
③ 안전운전 지침서
④ 각종 건물·설비의 배치도

해 ③: 안전운전계획
윗 해설 참조

답 ③

303 ☆☆

산업안전보건법령상 공정안전보고서에 포함되어야 하는 사항 중 공정안전자료의 세부내용에 해당하는 것은?

① 주민홍보계획
② 안전운전지침서
③ 위험과 운전 분석(HAZOP)
④ 각종 건물·설비의 배치도

해 ①: 비상조치계획
②: 안전운전계획
③: 공정위험성평가서 및 잠재위험에 대한 사고 예방·피해 최소화 대책

답 ④

304 ☆☆

다음 중 공정안전보고서에 관한 설명으로 틀린 것은?

① 사업주가 공정안전보고서를 작성한 후에는 별도의 심의 과정이 없다.
② 공정안전보고서를 제출한 사업주는 정하는 바에 따라 고용노동부장관의 확인을 받아야 한다.
③ 고용노동부장관은 공정안전보고서의 이행 상태를 평가하고 그 결과에 따라 공정안전보고서를 다시 제출하도록 명할 수 있다.
④ 고용노동부장관은 공정안전보고서를 심사한 후 필요하다고 인정하는 경우에는 그 공정안전보고서의 변경을 명할 수 있다.

해 고용노동부장관은 공정안전보고서를 고용노동부령으로 정하는 바에 따라 심사하여 그 결과를 사업주에게 서면으로 알려주어야 한다.

답 ①

305 ☆☆☆

산업안전보건법령에 따라 사업주는 공정안전보고서의 심사결과를 송부받는 경우 몇 년간 보존하여야 하는가?

① 2년 ② 3년 ③ 5년 ④ 10년

해 사업주는 송부받은 공정안전보고서를 송부받은 날부터 5년간 보존하여야 한다.

답 ③

306 ☆

유해위험설비의 설치·이전 시 공정안전보고서의 제출 시기로 옳은 것은?

① 공사완료 전까지
② 공사 후 시운전 익일까지
③ 설비 가동 후 30일 이내에
④ 공사의 착공일 30일 전까지

해 사업주는 유해하거나 위험한 설비의 설치·이전 또는 주요 구조부분의 변경공사의 착공일 30일 전까지 공정안전보고서를 2부 작성하여 공단에 제출해야 한다.

답 ④

307 ☆

다음 중 공정안전보고서의 심사결과 구분에 해당하지 않는 것은?

① 적정 ② 부적정 ③ 보류 ④ 조건부 적정

해 공단은 유해위험방지계획서의 심사 결과를 다음 각 호와 같이 구분·판정한다.

1. **적정**: 근로자의 안전과 보건을 위하여 필요한 조치가 구체적으로 확보되었다고 인정되는 경우
2. **조건부 적정**: 근로자의 안전과 보건을 확보하기 위하여 일부 개선이 필요하다고 인정되는 경우
3. **부적정**: 건설물·기계·기구 및 설비 또는 건설공사가 심사기준에 위반되어 공사착공 시 중대한 위험이 발생할 우려가 있거나 해당 계획에 근본적 결함이 있다고 인정되는 경우

답 ③

308 ☆☆

다음 중 물질의 위험성과 그 시험방법이 올바르게 연결된 것은?

① 인화점－태그 밀폐식
② 발화온도－산소지수법
③ 연소시험－가스크로마토그래피법
④ 최소발화에너지－클리브랜드 개방식

해 인화점 시험법에는 태그 밀폐식, 신속평형법, 클리브랜드 개방식이 있다.

답 ①

309 ☆

가스를 저장하는 가스용기의 색상이 틀린 것은?(단, 의료용 가스는 제외한다.)

① 암모니아－백색 ② 이산화탄소－황색
③ 산소－녹색 ④ 수소－주황색

해 가스용기 색상

가스	색상
액화석유가스/질소	회색
액화암모니아	백색
액화탄산가스	청색
액화염소	갈색
아세틸렌	황색
산소	녹색
수소	주황색

답 ②

310 ☆

가스용기 파열사고의 주요 원인으로 가장 거리가 먼 것은?

① 용기 밸브의 이탈
② 용기의 내압력 부족
③ 용기 내압의 이상 상승
④ 용기 내 폭발성 혼합가스 발화

해 가스용기 파열사고 원인
- 용기의 내압력 부족
- 용기 내압의 이상 상승
- 용기 내 폭발성 혼합가스 발화
- 용기 취급 불량
- 안전장치 불량

답 ①

311 ☆

배관설비 중 유체의 역류를 방지하기 위하여 설치하는 밸브는?

① 글로브밸브 ② 체크밸브
③ 게이트 밸브 ④ 시퀀스밸브

해

밸브	설명
안전밸브 (Relief valve, safety valve)	관 안의 유체 압력이 미리 정해 놓은 일정한 압력을 넘었을 때, 내부의 유체가 자동적으로 분출하게 되어 있는 밸브
글로브밸브 (globe valve)	나사에 의해 밸브를 밸브 시트에 꽉 눌러 유체의 개폐를 실행하는 밸브
게이트밸브 (gate valve)	밸브 디스크가 유체의 통로를 수직으로 막아서 개폐하고 유체의 흐름이 일직선으로 유지되는 밸브
체크밸브 (check valve)	유체의 역류를 방지하기 위해 설치하는 밸브
통기밸브 (breather valve)	평상시 폐쇄상태이다가 설정압력에 도달 시 밸브 열어서 내부 가스 외부로 방출하고, 내부로 외부 공기 흡입하는 밸브
시퀀스밸브 (sequence valve)	액추에이터의 작동 순서를 제어하는 밸브

답 ②

312 ☆

액체계의 과도한 상승 압력의 방출에 이용되고, 설정 압력이 되었을 때 압력상승에 비례하여 서서히 개방되는 밸브는?

① 릴리프밸브 ② 체크밸브
③ 게이트밸브 ④ 통기밸브

해 윗 해설 참조

답 ①

313 ☆

산업안전보건법령에 따라 인화성 액체를 저장취급하는 대기압 탱크에 가압이나 진공 발생 시 압력을 일정하게 유지하기 위하여 설치하여야 하는 장치는?

① 통기밸브 ② 체크밸브
③ 스팀트랩 ④ 프레임어레스트

해 사업주는 인화성 액체를 저장·취급하는 대기압 탱크에는 통기관 또는 통기밸브(breather valve) 등(이하 "통기설비"라 한다)을 설치하여야 한다.

답 ①

314 ☆☆☆☆

배관용 부품에 있어 사용되는 용도가 다른 것은?

① 엘보(elbow) ② 티(T)
③ 크로스(cross) ④ 밸브(valve)

해 관 부속품 종류

배관 방향 변경 시	엘보우/티/크로스
관과 관을 연결 시	커플링/유니온/니플/플랜지/소켓
관의 지름 변경 시	리듀서/부싱
유로 차단 시	플러그/밸브

답 ④

315 ☆☆

산업안전보건기준에 관한 규칙에서는 인화성 액체를 수시로 사용하는 밀폐된 공간에서 해당 가스 등으로 폭발위험 분위기가 조성되지 않도록 하기 위해서 해당 물질의 공기중 농도를 인화하한계값의 얼마를 넘지 않도록 규정하고 있는가?

① 10% ② 15% ③ 20% ④ 25%

해 인화성 액체, 인화성 가스 등으로 폭발위험 분위기가 조성되지 않도록 해당 물질의 공기 중 농도가 인화하한계값의 25퍼센트를 넘지 않도록 충분히 환기를 유지할 것

답 ④

316 ☆

다음 중 위험물에 대한 일반적 개념으로 옳지 않은 것은?

① 반응속도가 급격히 진행된다.
② 화학적 구조 및 결합력이 불안정하다.
③ 대부분 화학적 구조가 복잡한 고분자 물질이다.
④ 그 자체가 위험하다든가 또는 환경 조건에 따라 쉽게 위험성을 나타내는 물질을 말한다.

해 ③: 화학구조가 복잡하면 오히려 반응성이 낮아서 화학반응이 잘 발생하지 않는다.

답 ③

317 ☆

다음 중 전자, 통신기기 등의 전자파장해(EMI)를 방지하기 위한 조치로 가장 거리가 먼 것은?

① 절연을 보강한다. ② 접지를 실시한다.
③ 필터를 설치한다. ④ 차폐체를 설치한다.

해 전자파 장해 방지법
－접지 실시
－필터 설치
－차폐체 설치

답 ①

318 ☆

다음 중 일반적인 국소배기장치의 구성 요소로 볼 수 없는 것은?

① 후드 ② 저장소 ③ 덕트 ④ 송풍기

해 국소배기장치의 구성요소
후드: 오염물질 포집
덕트: 오염물질, 공기 이송 통로
송풍기: 공기 이송에 필요한 동력 제공

답 ②

319 ☆

후드의 설치 요령으로 옳지 않은 것은?

① 충분한 포집속도를 유지한다.
② 후드의 개구면적은 작게 한다.
③ 후드는 되도록 발생원에 접근시킨다.
④ 후드로부터 연결된 덕트는 곡선화시킨다.

해 후드로부터 연결된 덕트는 직선화시킨다.

답 ④

320 ☆☆

인체가 전격을 받았을 때 가장 위험한 경우는 심실세동이 발생하는 경우이다. 정현파 교류에 있어 인체의 전기저항이 500Ω일 경우 다음 중 심실세동을 일으키는 전기에너지의 한계로 가장 적합한 것은?

① 2~8J ② 6.5~17J
③ 15~27J ④ 25~35J

해 $W=I^2Rt=(\frac{165}{\sqrt{1}}\cdot 10^{-3})^2\cdot 500\cdot 1=13.61J$

I: 심실세동전류(A) R: 저항(Ω)
t: 통전시간(s)

6.5~17J: 정현파교류에 있어서의 위험한계 에너지

답 ②

321 ☆☆

유해물질의 농도를 c, 노출시간을 t라 할 때 유해물지수(k)와의 관계인 Haber의 법칙을 바르게 나타낸 것은?

① $k=c+t$ ② $k=c/t$
③ $k=c\times t$ ④ $k=c-t$

해 Haber의 법칙
$k=c\times t$
k: 유해물지수 c: 유해물 농도 t: 노출시간

답 ③

322 ☆☆

변전소 등에 고장전류가 유입되었을 때 두 다리가 대지에 접촉하고 있다. 한 손을 도전성 구조물에 접촉했을 때, 심실세동전류를 I_k인 체저항을 R_b, 지표상 저항률(고유저항)을 P_s라 하면 허용접촉전압(E)을 구하는 식으로 옳은 것은?

① $E=(R_b+3p_s)\cdot I_k$

② $E=(R_b+\frac{3p_s}{2})\cdot I_k$

③ $E=(R_b+6p_s)\cdot I_k$

④ $E=(R_b+\frac{6p_s}{2})\cdot I_k$

해 $E=(R_b+1.5p_s)\cdot I_k$

E : 허용접촉전압 R_b : 인체저항

p_s : 지표저항률 I_k : 심실세동전류

답 ②

323 ☆☆

대전된 물체가 방전을 일으킬 때에 에너지 E(J)를 구하는 식으로 옳은 것은? (단, 도체의 정전용량을 C(F), 대전전위를 V(V), 대전전하량을 Q(C)라 한다.)

① $E=\sqrt{2CQ}$ ② $E=\frac{1}{2}CV$

③ $E=\frac{Q^2}{2C}$ ④ $E=\sqrt{\frac{2V}{C}}$

해 $E=\frac{1}{2}CV^2=\frac{1}{2}C(\frac{Q}{C})^2=\frac{Q^2}{2C}$

$Q=CV \rightarrow V=\frac{Q}{C}$

답 ③

324 ☆

전기스파크 최소발화에너지를 구하는 공식은?

① $W=\frac{1}{2}CV^2$ ② $W=\frac{1}{2}CV$

③ $W=2CV^2$ ④ $W=2C^2V$

해 $W=\frac{1}{2}CV^2$

W: 정전에너지(J) C: 정전용량(F)

V: 전압(V)

답 ①

325 ☆☆☆

도체의 정전용량 C=20μF, 대전전위(방전시 전압) V=3kV일 때 정전에너지(J)는?

① 45 ② 90 ③ 180 ④ 360

해 $W=\frac{1}{2}CV^2=\frac{1}{2}\cdot(20\cdot10^{-6})\cdot3{,}000^2=90\text{J}$

W: 정전에너지(J) C: 정전용량(F)

V: 전압(V)

답 ②

326

☆☆☆☆

폭발범위에 있는 가연성 가스 혼합물에 전압을 변화시키며 전기 불꽃을 주었더니 1,000V가 되는 순간 폭발이 일어났다. 이때 사용한 전기 불꽃의 콘덴서 용량은 0.1μF을 사용하였다면 이 가스에 대한 최소 발화에너지는 몇 mJ인가?

① 5 ② 10 ③ 50 ④ 100

해 $E=\frac{1}{2}CV^2=\frac{1}{2}\cdot(0.1\cdot10^{-6})\cdot1{,}000^2$

$=0.05J=50mJ$

E: 정전에너지(J) C: 정전용량(F)

V: 전압(V)

답 ③

327

☆☆

절연된 컨베이어 벨트 시스템에서 발생하는 정전기의 전압이 10kV이고, 이때 정전용량이 5pF일 때 이 시스템에서 1회의 정전기 방전으로 생성될 수 있는 에너지는 얼마인가?

① 0.2mJ ② 0.25mJ

③ 0.5mJ ④ 0.25J

해 $E=\frac{1}{2}CV^2=\frac{1}{2},(5\cdot10^{-12})\cdot(10\cdot10^3)^2$

$=2.5\cdot10^{-4}=0.25mJ$

E: 정전에너지(J) C: 정전용량(F)

V: 전압(V)

$1F=10^{12}pF$

답 ②

328

☆☆☆

최소 착화에너지가 0.25mJ, 극간 정전용량이 10pF인 부탄가스 버너를 점화시키기 위해서 최소 얼마 이상의 전압을 인가하여야 하는가?

① 0.52×10^2V ② 0.74×10^3V

③ 7.07×10^3V ④ 5.03×10^5V

해 $W=\frac{1}{2}CV^2$

$\rightarrow V=\sqrt{\frac{2W}{C}}=\sqrt{\frac{2\cdot0.25\cdot10^{-3}}{10\cdot10^{-12}}}$

$=7{,}071.07V$

W: 정전에너지(J) C: 정전용량(F)

V: 전압(V)

답 ③

329

☆☆

착화에너지가 0.1mJ이고 가스를 사용하는 사업장 전기설비의 정전용량이 0.6nF일 때 방전 시 착화 가능한 최소 대전 전위는 약 얼마인가?

① 289V ② 385V ③ 577V ④ 1,154V

해 $1F=10^9nF$

$W=\frac{1}{2}CV^2$

$\rightarrow V=\sqrt{\frac{2W}{C}}=\sqrt{\frac{2\cdot0.1\cdot10^{-3}}{0.6\cdot10^{-9}}}=577.35V$

W: 정전에너지(J) C: 정전용량(F)

V: 전압(V)

답 ③

330 ☆☆☆

인체가 전격을 당했을 경우 통전시간이 1초라면 심실세동을 일으키는 전류값(mA)은? (단, 심실세동전류값은 Dalziel의 관계식을 이용한다.)

① 100 ② 165 ③ 180 ④ 215

해 $I=\frac{165}{\sqrt{T}}=\frac{165}{\sqrt{1}}=165\text{mA}$

답 ②

331 ☆

인체 저항을 5,000Ω으로 가정하면 심실세동을 일으키는 전류에서의 전기에너지는? (단, 심실세동전류는 $\frac{165}{\sqrt{1}}$mA이며 통전시간 T는 1초이고 전원은 교류 정현파이다.)

① 33J ② 130J ③ 136J ④ 142J

해 $W=I^2Rt=(\frac{165}{\sqrt{1}}\cdot 10^{-3})^2\cdot 5{,}000\cdot 1$

$=136.13\text{J}$

I: 심실세동전류(A) R: 저항(Ω)

t: 통전시간(s)

답 ③

332 ☆☆☆☆

10Ω 저항에 10A의 전류를 1분간 흘렸을 때의 발열량은 몇cal 인가?

① 1,800 ② 3,600 ③ 7,200 ④ 14,400

해 $H=0.24I^2RT$

$=0.24\cdot 10^2\cdot 10\cdot 60=14{,}400\text{cal}$

H: 열량(cal) I: 전류(A)

R: 저항(Ω) T: 시간(s)

답 ④

333 ☆

저항값이 0.2Ω인 도체에 10A의 전류가 1분간 흘렀을 경우 발생하는 열량은 몇cal인가?

① 64 ② 144 ③ 288 ④ 386

해 $H=0.24I^2RT$

$=0.24\cdot 10^2\cdot 0.2\cdot 60=288\text{cal}$

H: 열량(cal) I: 전류(A)

R: 저항(Ω) T: 시간(s)

답 ③

334 ☆

피뢰기의 제한 전압이 800kV이고, 충격절연강도가 1,000kV라면, 보호여유도는?

① 12% ② 25% ③ 39% ④ 43%

해 보호여유도(%)

$=\frac{\text{충격절연강도}-\text{제한전압}}{\text{제한전압}}\cdot 100$

$=\frac{1{,}000-800}{800}\cdot 100=25\%$

답 ②

335 ☆

모터에 걸리는 대지전압이 50V이고 인체저항이 5,000Ω일 경우 인체에 흐르는 전류는 몇 mA인가?

① 10mA ② 20mA ③ 30mA ④ 40mA

해 $V=IR\rightarrow I=\frac{V}{R}=\frac{50}{5000}=0.01\text{A}=10\text{mA}$

답 ①

336 ☆☆

어떤 도체에 20초 동안에 100C의 전하량이 이동하면 이때 흐르는 전류(A)는?

① 200 ② 50 ③ 10 ④ 5

해 $전류(A)=\frac{전하량(C)}{시간(s)}=\frac{100}{20}=5A$

답 ④

337 ☆

부탄 연소하한값이 1.6vol%일 경우, 연소에 필요한 최소 산소농도는 약 몇 vol%인가?

① 9.4 ② 10.4 ③ 11.4 ④ 12.4

해 $2C_4H_{10}+13O_2 \rightarrow 8CO_2+10H_2O$

최소산소농도

$=폭발하한계(\%)\cdot\frac{산소mol\ 수}{연소가스\ mol\ 수}$

$=1.6\cdot\frac{13}{2}=10.4\%$

답 ②

338 ☆

메탄올의 연소반응이 다음과 같을 때 최소산소농도(MOC)는 약 얼마인가? (단, 메탄올의 연소하한값(L)은 6.7vol%이다.)

$CH_3OH+1.5O_2 \rightarrow CO_2+2H_2O$

① 1.5vol% ② 6.7vol%
③ 10vol% ④ 15vol%

해 최소산소농도

$=폭발하한계(\%)\cdot\frac{산소mol\ 수}{연소가스\ mol\ 수}$

$=6.7\cdot\frac{1.5}{1}=10.05\%$

답 ③

339 ☆

다음 중 화재 및 폭발방지를 위하여 질소가스를 주입하는 불활성화 공정에서 적정 최소산소농도(MOC)는?

① 5% ② 10% ③ 21% ④ 25%

해 가연성가스 경우 불활성화를 위한
최소산소농도(MOC)는 약 10%로 유지한다.

답 ②

340 ☆

다음 반응식에서 프로판가스의 화학양론 농도는 약 얼마인가?

$C_3H_8+5O_2+18.8N_2 \rightarrow 3CO_2+4H_2O+18.8N_2$

① 8.04vol% ② 4.02vol%
③ 20.4vol% ④ 40.8vol%

해 $C_3H_8 \rightarrow a:3 \quad b:8$

$C_{st}=\frac{100}{1+4.77(a+\frac{b-c-2d}{4})}$

$=\frac{100}{1+4.77(3+\frac{8-0-2\cdot0}{4})}$

$=4.02\%$

a: 탄소 b: 수소 c: 할로겐 d: 산소

답 ②

341 ☆☆

다음 중 벤젠(C_6H_6)이 공기 중에서 연소될 때의 이론혼합비(화학양론조성)는?

① 0.72vol% ② 1.22vol%
③ 2.72vol% ④ 3.22vol%

해 C_6H_6 → a : 6 b : 6

$$C_{st}=\frac{100}{1+4.77(a+\frac{b-c-2d}{4})}$$

$$=\frac{100}{1+4.77(6+\frac{6-0-2\cdot 0}{4})}$$

$$=2.72\%$$

a: 탄소 b: 수소 c: 할로겐 d: 산소

답 ③

342 ☆☆

아세틸렌(C_2H_2)의 공기 중 완전연소 조성농도(C_{st})는 약 얼마인가?

① 6.7vol% ② 7vol%
③ 7.4vol% ④ 7.74vol%

해 완전연소조성농도

$$C_{st}=\frac{100}{1+4.77(a+\frac{b-c-2d}{4})}$$

a: 탄소 b: 수소 c: 할로겐 d: 산소

$$C_{st}=\frac{100}{1+4.77(2+\frac{2-0-2\cdot 0}{4})}$$

$$=7.74\%$$

답 ④

343 ☆☆☆

프로판(C_3H_8)의 완전연소 조성농도는 약 몇 vol%인가?

① 4.02 ② 4.19 ③ 5.05 ④ 5.19

해 완전연소조성농도

$$C_{st}=\frac{100}{1+4.77(a+\frac{b-c-2d}{4})}$$

a: 탄소 b: 수소 c: 할로겐 d: 산소

$$C_{st}=\frac{100}{1+4.77(3+\frac{8-0-2\cdot 0}{4})}$$

$$=4.02\%$$

답 ①

344 ☆☆

A가스의 폭발하한계가 4.1vol%, 폭발상한계가 62vol%일 때 이 가스의 위험도는 약 얼마인가?

① 8.94 ② 12.75 ③ 14.12 ④ 16.12

해 $위험도=\frac{폭발상한값-폭발하한값}{폭발하한값}$

$$=\frac{62-4.1}{4.1}=14.12$$

답 ③

345 ☆

다음 표는 공기 중 표준상태에서 가연성 물질의 연소 한계를 나타낸 것이다. 위험도가 가장 높은 것은?

물질	상한계(%)	하한계(%)
프로판	9.5	2
메탄	15	5
헥산	7	1
톨루엔	6.5	1.5

① 프로판 ② 메탄 ③ 헥산 ④ 톨루엔

해 위험도 $=\dfrac{\text{폭발상한값}-\text{폭발하한값}}{\text{폭발하한값}}$

프로판 $=\dfrac{9.5-2}{2}=3.75$

메탄 $=\dfrac{15-5}{5}=2$

헥산 $=\dfrac{7-1}{1}=6$

톨루엔 $=\dfrac{6.5-1.5}{1.5}=3.33$

→ 헥산이 가장 크다.

답 ③

346 ☆

다음 물질이 물과 반응하였을 때 가스가 발생한다. 위험도 값이 가장 큰 가스를 발생하는 물질은?

① 칼륨 ② 수소화나트륨
③ 탄화칼슘 ④ 트리에틸알루미늄

해 ① $K+H_2O \rightarrow KOH+0.5H_2$
② $NaH+H_2O \rightarrow NaOH+H_2$
③ $CaC_2+2H_2O \rightarrow Ca(OH)_2+C_2H_2$
④ $(C_2H_5)_3Al+3H_2O \rightarrow Al(OH)_3+3C_2H_6$

위험도

수소: $\dfrac{75-4}{4}=17.75$

아세틸렌: $\dfrac{100-2.5}{2.5}=39$

에탄: $\dfrac{12.4-3}{3}=3.13$

답 ③

347 ☆

다음 가스 중 위험도가 가장 큰 것은?

① 수소 ② 아세틸렌

③ 프로판 ④ 암모니아

해 폭발범위

수소: 4~75%

아세틸렌: 2.5~100%

프로판: 2.1~9.5%

암모니아: 15~25%

$$위험도=\frac{폭발상한값-폭발하한값}{폭발하한값}$$

$$수소=\frac{75-4}{4}=17.75$$

$$아세틸렌=\frac{100-2.5}{2.5}=39$$

$$프로판=\frac{9.5-2.1}{2.1}=3.524$$

$$암모니아=\frac{25-15}{15}=0.667$$

→ 아세틸렌이 가장 크다.

답 ②

348 ☆☆☆

에틸에테르(폭발하한값 1.9vol%)와 에틸알콜(폭발하한값 4.3vol%)이 4:1로 혼합된 증기의 폭발하한계(vol%)는 약 얼마인가? (단, 혼합 증기는 에틸에테르가 80%, 에틸알콜 20%로 구성되고, 르샤틀리에 법칙을 이용한다.)

① 2.14vol% ② 3.14vol%

③ 4.14vol% ④ 5.14vol%

해 $$LEL(\%)=\frac{\Sigma vol\%}{\Sigma\frac{vol\%}{LEL}}$$

$$=\frac{80+20}{\frac{80}{1.9}+\frac{20}{4.3}}=2.14\%$$

LEL: 폭발하한계(%)

답 ①

349 ☆

가연성가스의 조성과 연소하한값이 표와 같을 때 혼합가스의 연소하한값은 약 몇 vol% 인가?

	조성(vol%)	연소하한값(vol%)
A 가스	2	1.1
B 가스	3	5
C 가스	2	15
공기	93	–

① 1.74 ② 2.16 ③ 2.74 ④ 3.16

해 공기는 고려 대상 아니다.

$$LEL(\%)=\frac{\Sigma vol\%}{\Sigma\frac{vol\%}{LEL}}$$

$$=\frac{2+3+2}{\frac{2}{1.1}+\frac{3}{5}+\frac{2}{15}}=2.74\%$$

LEL: 폭발하한계(%)

답 ③

350 ☆☆☆☆

어떤 혼합가스의 구성성분이 공기는 50vol%, 수소는 20vol%, 아세틸렌은 30vol%인 경우 이 혼합가스의 폭발하한계는? (단, 폭발하한값이 수소는 4vol%, 아세틸렌은 2.5vol%이다.)

① 2.5% ② 2.94% ③ 4.76% ④ 5.88%

해 공기는 고려 대상 아니다.

$$\text{LEL}(\%) = \frac{\Sigma vol\%}{\Sigma \frac{vol\%}{LEL}} = \frac{20+30}{\frac{20}{4}+\frac{30}{2\cdot 5}}$$

$= 2.94\%$

LEL: 폭발하한계(%)

답 ②

351 ☆☆☆

메탄 20vol%, 에탄 25vol%, 프로판 55vol%의 조성을 가진 혼합가스의 폭발하한계값(vol%)은 약 얼마인가? (단, 메탄, 에탄 및 프로판가스의 폭발하한값은 각각 5vol%, 3vol%, 2vol% 이다.)

① 2.51 ② 3.12 ③ 4.26 ④ 5.2

해 LEL(%)

$$= \frac{\Sigma vol\%}{\Sigma \frac{vol\%}{LEL}} = \frac{20+25+55}{\frac{20}{5}+\frac{25}{3}+\frac{55}{2}}$$

$= 2.51\%$

LEL: 폭발하한계(%)

답 ①

352 ☆

혼합가스 용기에 전체 압력이 10기압, 0℃에서 몰비로 수소 10%, 산소 20%, 질소 70%가 채워져 있을 때, 산소가 차지하는 부피는 몇L인가? (단, 표준상태는 0℃, 1기압이다.)

① 0.226 ② 0.448 ③ 0.672 ④ 1.568

해 1mol = 22.4L

$$\frac{22.4L \cdot 0.2 \cdot 1atm}{10atm} = 0.448\text{L}$$

답 ②

353 ☆☆

공기 중에 3ppm이 디메틸아민(demethylaminem TLV-TWA:10ppm)과 20ppm의 시클로핵산올 (cyclohexanol, TLV-TWA: 50ppm)이 있고, 10ppm의 산화프로필렌(propyleneoxide, TLV-TWA: 20ppm)이 존재한다면 혼합 TLV-TWA 몇 ppm인가?

① 12.5 ② 22.5 ③ 27.5 ④ 32.5

해 허용농도

$$= \frac{\Sigma \text{측정치}}{\text{노출지수}} = \frac{3+20+10}{1.2} = 27.5\text{ppm}$$

노출지수

$$= \Sigma \frac{\text{측정농도}}{\text{노출기준}} = \frac{3}{10}+\frac{20}{50}+\frac{10}{20} = 1.2$$

답 ③

354 ☆☆☆

20℃인 1기압의 공기를 압축비 3으로 단열압축하였을 때, 온도는 약 몇 ℃가 되겠는가? (단, 공기의 비열비는 1.4이다.)

① 84 ② 128 ③ 182 ④ 1,091

해 $온도_1(K) = 온도_2(K) \cdot (압축비)^{\frac{비열-1}{비열}}$

$= (273+20) \cdot (3)^{\frac{1.4-1}{1.4}}$

$= 401.04K = 273 + ℃$

$\rightarrow ℃ = 128.04$

답 ②

355 ☆☆☆

SO_2 20ppm은 약 몇 g/m^3인가? (단, SO_2의 분자량은 64이고, 온도는 21℃, 압력은 1기압으로 한다.)

① 0.571 ② 0.531

③ 0.0571 ④ 0.0531

해 ppm=ml/m^3 1mol=22.4L K=273+℃

$g/m^3 = \frac{ppm \cdot 분자량(mg) \cdot 273}{22.4ml \cdot (273+℃)}$

$= \frac{20ml \cdot 64mg \cdot 273K \cdot g}{m^3 \cdot 22.4ml \cdot (273+21)K \cdot 10^3 mg}$

$\rightarrow 0.0531 g/m^3$

답 ④

356 ☆

25℃ 1기압에서 공기 중 벤젠(C_6H_6)의 허용농도가 10ppm일 때 이를 mg/m^3의 단위로 환산하면 약 얼마인가? (단, C, H의 원자량은 각각 12, 1이다.)

① 28 ② 31.9 ③ 34.8 ④ 45.9

해 ppm=ml/m^3 1mol=22.4L K=273+℃

분자량=6 • 12+6 • 1=78g

$mg/m^3 = \frac{ppm \cdot 분자량(mg) \cdot 273}{22.4ml \cdot (273+℃)}$

$= \frac{10ml \cdot 78mg \cdot 273K}{m^3 \cdot 22.4ml \cdot (273+25)K}$

$\rightarrow 31.9 mg/m^3$

답 ②

357 ☆☆

메탄(CH_4) 100mol이 산소 중에서 완전연소하였다면 이 때 소비된 산소량 몇 mol인가?

① 50 ② 100 ③ 150 ④ 200

해 $CH_4 + 2O_2 \rightarrow CO_2 + 2H_2O$

1 : 2

100 : X

$\rightarrow X = 200 mol$

답 ④

358 ☆

프로판(C_3H_8) 1몰이 완전연소하기 위한 산소의 화학양론계수는 얼마인가?

① 2 ② 3 ③ 4 ④ 5

해 $C_3H_8 + 5O_2 \rightarrow 3CO_2 + 4H_2O$

답 ④

359 ☆

산소용기의 압력계가 100kgf/cm^{2}일 때 약 몇 psi인가? (단, 대기압은 표준대기압이다.)

① 1,465 ② 1,455 ③ 1,438 ④ 1,423

해 1kgf/cm^2 = 14.22psi
→ 100kgf/cm^2 = 1,422psi
#1atm = 14.7psi

답 ④

360 ☆

최대운전압력이 게이지압력으로 200kgf/cm^{2}인 열교환기의 안전밸브 작동압력(kgf/cm^2)으로 가장 적절한 것은?

① 210 ② 220 ③ 230 ④ 240

해 최대운전압력이 게이지압력으로 7MPa(70kgf/㎠)를 초과하는 공정용기의 설계압력은 아래의 수치 중 큰 것으로 한다.
- 최대 운전 압력 + 700kPa(7kgf/㎠)
- 최대 운전 압력 • 1.05

→ 200 + 7 = 207
200 • 1.05 = 210
따라서, 210이 더 크니 210이 답

답 ①

산업안전산업기사 2010~20년

5과목

건설공사 안전관리
(기출중복문제 소거 정리)

잠깐! 더 효율적인 공부를 위한 링크들을 적극 이용하세요~!

직8딴 홈페이지

- 출시한 책 확인 및 구매

직8딴 카카오오픈톡방

- 실시간 저자의 질문 답변
(주7일 아침 11시~새벽 2시까지, 전화로도 함)
- 직8딴 구매자전용 복지와 혜택 획득
(최소 달에 40만원씩 기프티콘 지급)
- 구매자들과의 소통 및 EHS 관련 정보 습득

직8딴 네이버카페

- 실시간으로 최신화되는 정오표 확인
(정오표: 책 출시 이후 발견된 오타/오류를 모아놓은 표, 매우 중요)
- 공부에 도움되는 컬러버전 그림 및 사진 습득
- 직8딴 구매자전용 복지와 혜택 획득

직8딴 유튜브

- 저자 직접 강의 시청 가능
- 공부 팁 및 암기법 획득
- 국가기술자격증 관련 정보 획득

05 건설공사 안전관리

기출 중복문제 소거 정리

001 ☆

다음 중 건설공사관리의 주요 기능이라 볼 수 없는 것은?

① 안전관리 ② 공정관리
③ 품질관리 ④ 재고관리

해 건설공사관리 주요 기능
안전/품질/공정 관리

답 ④

002 ☆

재해발생과 관련된 건설공사의 주요 특징으로 틀린 것은?

① 재해 강도가 높다.
② 추락재해의 비중이 높다.
③ 근로자의 직종이 매우 단순하다.
④ 작업 환경이 다양하다.

해 근로자의 직종이 매우 다양하다.

답 ③

003 ☆☆

물체가 떨어지거나 날아올 위험 또는 근로자가 추락할 위험이 있는 작업 시 착용하여야 할 보호구는?

① 보안경 ② 안전모
③ 방열복 ④ 방한복

해 보호구 종류

보호구	작업
안전모	물체가 떨어지거나 날아올 위험 또는 근로자가 추락할 위험이 있는 작업
안전대	높이 또는 깊이 2미터 이상의 추락할 위험이 있는 장소에서 하는 작업
안전화	물체의 낙하·충격, 물체에의 끼임, 감전 또는 정전기의 대전(帶電)에 의한 위험이 있는 작업
보안경	물체가 흩날릴 위험이 있는 작업
보안면	용접 시 불꽃이나 물체가 흩날릴 위험이 있는 작업
절연용 보호구	감전의 위험이 있는 작업
방열복	고열에 의한 화상 등의 위험이 있는 작업
방진 마스크	선창 등에서 분진(粉塵)이 심하게 발생하는 하역작업
방한모 방한복 방한화 방한장갑	섭씨 영하 18도 이하인 급냉동어창에서 하는 하역작업

답 ②

004 ☆☆

건설공사 중 작업으로 인하여 물체가 떨어지거나 날아올 위험이 있을 때 조치할 사항으로 옳지 않은 것은?

① 안전난간 설치　② 보호구 착용
③ 출입금지구역 설정　④ 낙하물방지망 설치

해 사업주는 작업으로 인하여 물체가 떨어지거나 날아올 위험이 있는 경우 낙하물 방지망, 수직보호망 또는 방호선반의 설치, 출입금지구역의 설정, 보호구의 착용 등 위험을 방지하기 위하여 필요한 조치를 하여야 한다.

답 ①

005 ☆

일반적인 안전수칙에 따른 수공구와 관련된 행동으로 옳지 않은 것은?

① 작업에 맞는 공구의 선택과 올바른 취급을 하여야 한다.
② 결함이 없는 완전한 공구를 사용하여야 한다.
③ 작업 중인 공구는 작업이 편리한 반경 내의 작업대나 기계 위에 올려놓고 사용하여야 한다.
④ 공구는 사용 후 안전한 장소에 보관하여야 한다.

해 작업 중인 공구는 작업이 편리한 반경 내의 작업대나 기계 위에 올려놓고 사용하면 위험하다.

답 ③

006 ☆☆

철골공사 중 트랩을 이용해 승강할 때 안전과 관련된 항목이 아닌 것은?

① 수평구명줄　② 수직구명줄
③ 죔줄　④ 추락방지대

해 수평구명줄: 수평으로 이동 시 사용

답 ①

007

건설현장에서 사용하는 공구 중 토공용이 아닌 것은?

① 착암기　② 포장 파괴기
③ 연마기　④ 점토 굴착기

해 연마기는 금속이나 석재 가공용이다.

답 ③

008

구조물 해체 작업용 기계기구와 직접적으로 관계가 없는 것은?

① 대형브레이커　② 압쇄기
③ 핸드브레이커　④ 착암기

해 해체작업용 기계, 기구 종류
대형 브레이커/압쇄기/철제해머/핸드브레이커/팽창제/절단톱/하이드로잭/쐐기타입기/화염방사기/절단줄톱

답 ④

009

다음 중 구조물의 해체작업을 위한 기계·기구가 아닌 것은?

① 쇄석기　② 데릭　③ 압쇄기　④ 철제 해머

해 데릭: 양중기 종류

답 ②

010 ☆

철근 콘크리트 해체용 장비가 아닌 것은?

① 철 해머 ② 압쇄기
③ 램머 ④ 핸드브레이커

해 램머: 다지기기계의 일종이며 구조물의 뒤채우기 등 좁은 장소에 사용하는 기계

답 ③

011 ☆

해체용 기계·기구의 취급에 대한 설명으로 틀린 것은?

① 해머는 적절한 직경과 종류의 와이어로프로 매달아 사용해야 한다.
② 압쇄기는 셔블(shovel)에 부착설치하여 사용한다.
③ 차체에 무리를 초래하는 중량의 압쇄기 부착을 금지한다.
④ 해머 사용시 충분한 견인력을 갖춘 도저에 부착하여 사용한다.

해 ④: 1톤 전후의 해머를 크롤러크레인 등에 부착하여 구조물에 충격을 주어 파쇄하는 것이다.

답 ④

012 ☆

대형브레이커에 대한 설명 중 옳지 않은 것은?

① 수직 및 수평의 테두리 끊기 작업에도 사용할 수 있다.
② 공기식보다 유압식이 많아 사용된다.
③ 셔블(shovel)에 부착하여 사용하며 일반적으로 상향 작업에 적합하다.
④ 고층건물에서는 건물 위에 기계를 놓아서 작업할 수 있다.

해 셔블(shovel)에 부착하여 사용하며 일반적으로 하향 작업에 적합하다.

답 ③

013 ☆

건설작업용 타워크레인의 안전장치가 아닌 것은?

① 권과방지장치 ② 과부하 방지장치
③ 브레이크 장치 ④ 호이스트 스위치

해 호이스트 스위치는 안전장치가 아니다.

답 ④

014 ☆☆☆

리프트의 방호장치에 해당하지 않는 것은?

① 권과방지장치 ② 비상정지장치
③ 과부하방지장치 ④ 자동경보장치

해 리프트 방호장치: 과부하방지장치/권과방지장치/비상정지장치/제동장치/조작반 잠금장치

답 ④

015 ☆

곤돌라의 방호장치에 해당되지 않는 것은?

① 제동장치 ② 과부하방지장치
③ 권과방지장치 ④ 조속기

해 ④: 승강기 방호장치
리프트 방호장치: 과부하방지장치/권과방지장치/비상정지장치/제동장치

답 ④

016 ☆

무한궤도식 장비와 타이어식(차륜식) 장비의 차이점에 관한 설명으로 옳은 것은?

① 무한궤도식은 기동성이 좋다.
② 타이어식은 승차감과 주행성이 좋다.
③ 무한궤도식은 경사지반에서의 작업에 부적당하다.
④ 타이어식은 땅을 다지는 데 효과적이다.

해 타이어식: 승차감, 주행성, 기동성이 좋다.
무한궤도식: 연약지반에서 적당하며 기동성이 안좋다.

답 ②

017 ☆

양중기의 분류에서 고정식 크레인에 해당되지 않는 것은?

① 천장 크레인 ② 지브 크레인
③ 타워 크레인 ④ 트럭 크레인

해 ④: 이동식 크레인

답 ④

018 ☆

산업안전보건법령상 양중장비에 대한 다음 설명 중 옳지 않은 것은?

① 승용승강기란 사람의 수직 수송을 주목적으로 한다.
② 화물용승강기는 화물의 수송을 주목적으로 하며 사람의 탑승은 원칙적으로 금지 된다.
③ 리프트는 동력을 이용해 화물을 운반하는 기계설비로서 사람의 탑승은 금지된다.
④ 크레인은 중량물을 상하 및 좌우 운반하는 기계로서 사람의 운반은 금지된다.

해 리프트란 동력을 사용하여 사람이나 화물을 운반하는 것을 목적으로 하는 기계설비

답 ③

019 ☆

건설현장의 중장비 작업 시 일반적인 안전수칙으로 옳지 않은 것은?

① 승차석 외의 위치에 근로자를 탑승시키지 아니한다.
② 장비는 항상 사용 전에 점검한다.
③ 중장비는 사용법을 확실히 모를 때는 관리감독자가 현장에서 시운전을 해본다.
④ 경우에 따라 취급자가 없을 경우에는 사용이 불가능하다.

해 ③: 중장비는 자격있는 사람이 운전을 해야 한다.

답 ③

020 ☆☆☆

건설용 양중기에 관한 설명으로 옳은 것은?

① 삼각데릭의 인접시설에 장해가 없는 상태에서 360°회전이 가능하다.

② 이동식크레인(crane)에는 트럭 크레인, 크롤러 크레인 등이 있다.

③ 휠 크레인에는 무한궤도식과 타이어식이 있으며 장거리 이동에 적당하다.

④ 크롤러 크레인은 휠 크레인보다 기동성이 뛰어나다.

해 ①: 삼각데릭의 인접시설에 장해가 없는 상태에서 270° 회전이 가능하다.
③: 휠 크레인은 장거리 이동에 부적당하다.
④: 휠 크레인은 크롤러 크레인보다 기동성이 뛰어나다.

답 ②

021 ☆☆

다음 건설기계 중 360도 회전작업이 불가능한 것은?

① 타워 크레인 ② 크롤러 크레인
③ 가이데릭 ④ 삼각데릭

해 삼각데릭 회전반경은 270도이다.

답 ④

022 ☆

동력을 사용하여 중량물을 매달아 상하 및 좌우(수평 또는 선회를 말한다.)로 운반하는 것을 목적으로 하는 기계는?

① 크레인 ② 리프트 ③ 곤돌라 ④ 승강기

해

크레인	동력을 사용하여 중량물을 매달아 상하 및 좌우(수평 또는 선회를 말한다)로 운반하는 것을 목적으로 하는 기계 또는 기계장치
리프트	동력을 사용하여 사람이나 화물을 운반하는 것을 목적으로 하는 기계설비
곤돌라	달기발판 또는 운반구, 승강장치, 그 밖의 장치 및 이들에 부속된 기계부품에 의하여 구성되고, 와이어로프 또는 달기강선에 의하여 달기발판 또는 운반구가 전용 승강장치에 의하여 오르내리는 설비
승강기	건축물이나 고정된 시설물에 설치되어 일정한 경로에 따라 사람이나 화물을 승강장으로 옮기는 데에 사용되는 설비

답 ①

023 ☆☆

산업안전보건법령에 따른 다음 설명에 해당하는 기계설비는?

> 동력을 사용하여 가이드레일을 따라 상하로 움직이는 운반구를 매달아 화물을 운반할 수 있는 설비 또는 이와 유사한 구조 및 성능을 가진 것으로 건설현장 외의 장소에서 사용하는 것

① 크레인 ② 산업용 리프트
③ 곤돌라 ④ 이삿짐운반용 리프트

해 – 산업용 리프트
동력을 사용하여 가이드레일을 따라 상하로 움직이는 운반구를 매달아 화물을 운반할 수 있는 설비 또는 이와 유사한 구조 및 성능을 가진 것으로 건설현장 외의 장소에서 사용하는 것
– 이삿짐 운반용 리프트
연장 및 축소가 가능하고 끝단을 건축물 등에 지지하는 구조의 사다리형 붐에 따라 동력을 사용하여 움직이는 운반구를 매달아 화물을 운반하는 설비로서 화물자동차 등 차량 위에 탑재하여 이삿짐 운반 등에 사용하는 것

답 ②

024 ☆☆

다음 셔블계 굴착장비 중 좁고 깊은 굴착에 가장 적합한 장비는?

① 드래그라인(dragline)
② 파워셔블(power shovel)
③ 백호(back hoe)
④ 클램쉘(clam shell)

해

백호우 (드래그쇼벨)	단단한 지반에 작업하기 쉽고 작업속도가 빠르며 특히 암반굴착에 적합하며, 지면보다 낮은 곳을 굴착한다.
파워쇼벨	기계 위치보다 높은 곳의 굴착, 비탈면 절취에 적합하다.
진폴	1개의 기둥을 보조 로프로 경사지게 지지하고 윈치를 별도로 설치하여 와이어로프와 활차를 사용하여 중량물을 들어 올리고 내리는 데릭
클램쉘	• 지면보다 낮은 곳 굴착 가능하다. • 잠함 안의 굴착에 사용된다. • 수면 아래의 자갈, 모래를 굴착(수중굴착)하고 준설선에 많이 사용된다. • 건축구조물의 기초 등 정해진 범위의 깊은 굴착에 적합하다. • 단단한 토질 굴착 불가능하다.
드래그라인	• 굴착기가 위치한 지면보다 낮은 곳의 굴착에 적합 • 연질지반 굴착에 적합 • 굴삭범위 크지만 굴삭력 약함 • 수중굴착에 이용

답 ④

025 ☆☆

다음 건설기계의 명칭과 각 용도가 옳게 연결된 것은?

① 드래그라인 – 암반굴착
② 드래그쇼벨 – 흙 운반작업
③ 크램쉘 – 정지작업
④ 파워쇼벨 – 지반면보다 높은 곳의 흙파기

해 윗 해설 참조

답 ④

026 ☆

수중굴착 공사에 가장 적합한 건설장비는?

① 백호 ② 어스드릴
③ 항타기 ④ 클램쉘

해 클램쉘은 수중굴착에 유용하다.

답 ④

027 ☆

기계가 서 있는 지면보다 높은 곳을 파는 작업에 가장 적합한 굴착기계는?

① 파워셔블 ② 드레그라인
③ 백호우 ④ 클램쉘

해 파워셔블에 대한 설명이다.

답 ①

028 ☆☆

토공사용 건설장비 중 굴착기계가 아닌 것은?

① 파워 셔블 ② 드래그 셔블
③ 로더 ④ 드래그 라인

해 로더: 운반/적재/정지 작업

답 ③

029 ☆

흙파기 공사용 기계에 관한 설명 중 틀린 것은?

① 불도저는 일반적으로 거리 60m 이하의 배토작업에 사용된다.
② 클램쉘은 좁은 곳의 수직파기를 할 때 사용한다.
③ 파워쇼벨은 기계가 위치한 면보다 낮은 곳을 파낼 때 유용하다.
④ 백호우는 토질의 구멍파기나 도랑파기에 이용된다.

해 파워쇼벨은 기계가 위치한 면보다 높은 곳을 파낼 때 유용하다.

답 ③

030 ☆☆☆

다음 중 굴착기의 전부장치와 거리가 먼 것은?

① 붐(Boom) ② 암(Arm)
③ 버킷(Bucket) ④ 블레이드(Blade)

해 굴착기 전부장치: 붐/암/버킷
전(前)부장치: 상부장치 앞에 있는 장치

답 ④

031 ☆

건설기계에 관한 설명 중 옳은 것은?

① 백호는 장비가 위치한 지면보다 높은 곳의 땅을 파는데에 적합하다.

② 바이브레이션 롤러는 노반 및 소일시멘트 등의 다지기에 사용된다.

③ 파워쇼벨은 지면에 구멍을 뚫어 낙하해머 또는 디젤 해머에 의해 강관말뚝, 널말뚝 등을 박는데 이용된다.

④ 가이데릭은 지면을 일정한 두께로 깎는 데에 이용된다.

해 ①: 백호는 장비가 위치한 지면보다 낮은 곳의 땅을 파는데에 적합하다.
③: 파워쇼벨은 기계 위치보다 높은 곳의 굴착, 비탈면 절취에 적합하다.
④: 철골공사의 세우기용 주요 기계설비

답 ②

032 ☆

다음 중 차량계 건설기계에 속하지 않는 것은?

① 배쳐플랜트 ② 모터그레이더
③ 크롤러드릴 ④ 탬덤롤러

해 재료의 계량장치를 배쳐라 하며 배쳐에 재료를 넣는 설비, 계량한 재료를 믹서에 투입하는 설비를 합하여 배쳐플랜트라 한다.

차량계 건설기계 종류

1. 도저형 건설기계(불도저, 스트레이트도저, 틸트도저, 앵글도저, 버킷도저 등)
2. 모터그레이더(motor grader, 땅 고르는 기계)
3. 로더(포크 등 부착물 종류에 따른 용도 변경 형식을 포함한다)
4. 스크레이퍼(scraper, 흙을 절삭·운반하거나 펴 고르는 등의 작업을 하는 토공 기계)
5. 크레인형 굴착기계(크램쉘, 드래그라인 등)
6. 굴착기(브레이커, 크러셔, 드릴 등 부착물 종류에 따른 용도 변경 형식을 포함한다)
7. 항타기 및 항발기
8. 천공용 건설기계(어스드릴, 어스오거, 크롤러드릴, 점보드
9. 지반 압밀침하용 건설기계(샌드드레인머신, 페이퍼드레인머신, 팩드레인머신 등)
10. 지반 다짐용 건설기계(타이어롤러, 매커덤롤러, 탠덤롤러 등)
11. 준설용 건설기계(버킷준설선, 그래브준설선, 펌프준설선 등)
12. 콘크리트 펌프카
13. 덤프트럭
14. 콘크리트 믹서 트럭
15. 도로포장용 건설기계(아스팔트 살포기, 콘크리트 살포기, 아스팔트 피니셔, 콘크리트 피니등)
16. 골재 채취 및 살포용 건설기계(쇄석기, 자갈채취기, 골재살포기 등)
17. 제1호부터 제16호까지와 유사한 구조 또는 기능을 갖는 건설기계로서 건설작업에 사용하는 것

답 ①

033 ☆

말뚝박기 해머(hammer)중 연약지반에 적합하고 상대적으로 소음이 적은 것은?

① 드롭 해머(drop hammer)
② 디젤 해머(diesel hammer)
③ 스팀 해머(steam hammer)
④ 바이브로 해머(vibro hammer)

해 바이브로 해머는 진동을 이용하며 연약지반에 적합하고 상대적으로 소음이 적다.

답 ④

034 ☆☆

철골공사에서 부재의 건립용 기계로 거리가 먼 것은?

① 타워크레인 ② 가이데릭
③ 삼각데릭 ④ 항타기

해 항타기는 지반에 말뚝 박을 때 사용한다.

답 ④

035 ☆☆

다음 중 쇼벨계 굴착기계에 속하지 않는 것은?

① 파워쇼벨(power shovel)
② 크램쉘(clamshell)
③ 스크레이퍼(scraper)
④ 드래그라인(dragline)

해 스크레이퍼: scraper, 흙을 절삭·운반하거나 펴 고르는 등의 작업을 하는 토공기계)

답 ③

036 ☆

쇼벨계 굴착기에 부착하며, 유압을 이용하여 콘크리트의 파괴, 빌딩해체, 도로파괴 등에 쓰이는 것은?

① 파일 드라이버 ② 디젤해머
③ 브레이커 ④ 오우거

해

구분	설명
파일 드라이버	타격 에너지와 진동 에너지를 이용하는 말뚝박기 기계
디젤해머	디젤 기관을 이용하여 피스톤의 낙하에 의한 실린더 내의 혼합 가스의 폭발력을 말뚝의 타격력으로 이용하는 말뚝 박는 기계
브레이커	압축공기 또는 유압에 의한 급속한 충격력으로 구조물을 파쇄할 때 사용하는 기구로 통상 쇼벨계 건설기계에 설치하여 사용
오우거	구멍뚫는 천공기계

답 ③

037 ☆

굴착이 곤란한 경우 발파가 어려운 암석의 파쇄굴착 또는 암석제거에 적합한 장비는?

① 리퍼 ② 스크레이퍼
③ 롤러 ④ 드래그라인

해 리퍼에 대한 설명이다.
②: 흙을 절삭·운반하거나 펴 고르는 등의 작업을 하는 토공기계
③: 지반 다짐용 건설기계
④: 크레인형 굴착기계

답 ①

038 ☆☆

아스팔트 포장도로의 노반의 파쇄 또는 토사 중에 있는 암석 제거에 가장 적당한 장비는?

① 스크레이퍼　② 롤러
③ 리퍼　④ 드래그라인

해 윗 해설 참조

답 ③

039 ☆

앞쪽에 한 개의 조향륜 롤러와 뒤축에 두 개의 롤러가 배치된 것으로 (2축 3륜), 하층 노반다지기, 아스팔트 포장에 주로 쓰이는 장비의 이름은?

① 머캐덤 롤러　② 탬핑 롤러
③ 페이 로더　④ 스크레이퍼

해

탠덤롤러	앞뒤 두 개의 차륜이 있으며 각각의 차축이 평행으로 배치된 것으로 찰흙, 점성토 등의 두꺼운 흙을 다짐하는데 적당하나 단단한 각재를 다지는 데는 부적당하며 머캐덤 롤러 다짐 후의 아스팔트 포장에 사용하는 롤러
타이어롤러	고무 타이어에 의해 흙을 다지는 롤러
탬핑롤러	철륜 표면에 다수의 돌기를 붙여지면적을 작게 하여 접지압을 증가시킨 롤러로서 고함수비 점성토 지반의 다짐작업에 적합한 롤러
머캐덤 롤러	앞쪽에 한 개의 조향륜 롤러와 뒤축에 두 개의 롤러가 배치된 것으로 (2축 3륜), 하층 노반다지기, 아스팔트 포장에 주로 쓰이는 롤러

답 ①

040 ☆

드럼에 다수의 돌기를 붙여 놓은 기계로 점토층의 내부를 다지는 데 적합한 것은?

① 탠덤 롤러　② 타이어 롤러
③ 진동 롤러　④ 탬핑 롤러

해 윗 해설 참조

답 ④

041 ☆☆

다음에서 설명하고 있는 건설장비의 종류는?

> 앞뒤 두 개의 차륜이 있으며 각각의 차축이 평행으로 배치된 것으로 찰흙, 점성토 등의 두꺼운 흙을 다짐하는데 적당하나 단단한 각재를 다지는 데는 부적당하며 머캐덤 롤러 다짐 후의 아스팔트 포장에 사용된다.

① 클램쉘　② 탠덤 롤러
③ 트랙터 셔블　④ 드래그 라인

해 윗 해설 참조

답 ②

042 ☆

블레이드를 레버로 조정할 수 있으며, 좌우를 상하 25~30°까지 기울일 수 있는 불도저는?

① 틸트 도저 ② 스트레이트 도저
③ 앵글 도저 ④ 힌지 도저

해

스트레이트 도저	배토판이 차체 진행 방향에 직각으로 고정되어 있는 도저
틸트 도저	블레이드를 레버로 조정할 수 있으며, 좌우를 상하 25~30°까지 기울일 수 있는 불도저
레이크 도저	레이크 부착해 발근용이나 지상 청소 작업에 사용되는 도저
앵글도저	블레이드의 길이가 길고 낮으며 블레이드의 좌우를 전후 25~30° 각도로 회전시켜 흙을 측면으로 보낼 수 있는 도저
힌지 도저	앵글도저보다 큰 각으로 움직일 수 있어 흙을 깎아 옆으로 밀어내면서 전진하므로 제설, 제토작업 및 다량의 흙을 전방으로 밀어가는데 적합한 불도저

답 ①

043 ☆☆

블레이드의 길이가 길고 낮으며 블레이드의 좌우를 전후 25~30° 각도로 회전시킬 수 있어 흙을 측면으로 보낼 수 있는 도저는?

① 레이크 도저 ② 스트레이트 도저
③ 앵글도저 ④ 틸트도저

해 윗 해설 참조

답 ③

044 ☆

가설구조물이 갖추어야 할 구비요건과 가장 거리가 먼 것은?

① 영구성 ② 경제성 ③ 작업성 ④ 안전성

해 가설구조물 구비조건: 경제성/작업성/안전성

답 ①

045 ☆☆

가설구조물의 특징이 아닌 것은?

① 연결재가 적은 구조로 되기 쉽다.
② 부재결합이 불완전할 수 있다.
③ 영구적인 구조설계의 개념이 확실하게 적용된다.
④ 단면에 결함이 있기 쉽다.

해 가설구조물은 영구적인이 아닌 한시적인 구조물이다.

답 ③

046 ☆☆☆

철근의 가스절단 작업 시 안전상 유의해야 할 사항으로 옳지 않은 것은?

① 작업장에는 소화기를 비치하도록 한다.
② 호스, 전선 등은 다른 작업장을 거치는 곡선상의 배선이어야 한다.
③ 전선의 경우 피복이 손상되어 있는지를 확인하여야 한다.
④ 호스는 작업 중에 겹치거나 밟히지 않도록 한다.

해 호스, 전선등은 다른 작업장을 거치지 않는 직선상의 배선이어야 하며, 길이가 짧아야 한다.

답 ②

047 ☆

핸드 브레이커 취급 시 안전에 관한 유의사항으로 옳지 않은 것은?

① 기본적으로 현장 정리가 잘되어 있어야 한다.

② 작업 자세는 항상 하향 45° 방향으로 유지하여야 한다.

③ 작업 전 기계에 대한 점검을 철저히 한다.

④ 호스의 교차 및 꼬임여부를 점검하여야 한다.

해 끌의 부러짐을 방지하기 위하여 작업자세는 하향 수직방향으로 유지하도록 하여야 한다.

답 ②

048 ☆☆☆☆

철골보 인양작업 시 준수사항으로 옳지 않은 것은?

① 인양용 와이어로프의 체결지점은 수평부재의 1/4 지점을 기준으로 한다.

② 인양용 와이어로프의 매달기 각도는 양변 60℃를 기준으로 한다.

③ 흔들리거나 선회하지 않도록 유도 로프로 유도한다.

④ 후크는 용접의 경우 용접규격을 반드시 확인한다.

해 인양 와이어로프의 매달기 각도는 양변 60도를 기준으로 2열로 매달고 와이어 체결지점은 수평부재의 1/3 기점을 기준해야 한다.

답 ①

049 ☆

현장에서 양중작업 중 와이어로프의 사용금지 기준이 아닌 것은?

① 이음매가 없는 것

② 와이어로프의 한 꼬임에서 끊어진 소선의 수가 10% 이상인 것

③ 지름의 감소가 공칭지름의 7%를 초과하는 것

④ 심하게 변형 또는 부식된 것

해 다음 각 목의 어느 하나에 해당하는 와이어로프를 달비계에 사용해서는 아니 된다.

1. 이음매가 있는 것
2. 와이어로프의 한 꼬임에서 끊어진 소선의 수가 10% 이상인 것
3. 지름 감소가 공칭지름의 7%를 초과하는 것
4. 꼬인 것
5. 심하게 변형되거나 부식된 것
6. 열과 전기충격에 의해 손상된 것

답 ①

050 ☆☆

달비계에 사용이 불가한 와이어로프의 기준으로 옳지 않은 것은?

① 이음매가 없는 것

② 지름의 감소가 공칭지름의 7%를 초과하는 것

③ 심하게 변형되거나 부식된 것

④ 와이어로프의 한 꼬임에서 끊어진 소선의 수가 10% 이상인 것

해 이음매가 있는 것

답 ①

051 ☆

달비계에 사용하는 와이어로프는 지름의 감소가 공칭지름의 몇%를 초과하는 경우에사용할 수 없도록 규정되어 있는가?

① 5% ② 7% ③ 9% ④ 10%

해 지름 감소가 공칭지름 7%를 초과하는 것

답 ②

052 ☆

다음은 이음매가 있는 권상용 와이어로프의 사용금지 규정이다. (   ) 안에 알맞은 숫자는?

와이어로프의 한 꼬임에서 소선의 수가 (   )% 이상 절단된 것 사용하면 안된다.

① 5 ② 7 ③ 10 ④ 15

해 와이어로프의 한 꼬임에서 소선의 수가 10% 이상 절단된 것 사용하면 안된다.

답 ③

053 ☆

달비계 설치 시 달기체인의 사용 금지 기준과 거리가 먼 것은?

① 달기체인의 길이가 달기체인이 제조된 때의 길이의 5%를 초과한 것
② 균열이 있거나 심하게 변형된 것
③ 이음매가 있는 것
④ 링의 단면지름이 달기체인이 제조된 때의 해당 링의 지름의 10%를 초과하여 감소 한 것

해 ③: 와이어로프 사용금지 기준
다음 각 목의 어느 하나에 해당하는 달기 체인을 달비계에 사용해서는 아니 된다.
가. 달기 체인의 길이가 달기 체인이 제조된 때의 길이의 5퍼센트를 초과한 것
나. 링의 단면지름이 달기 체인이 제조된 때의 해당 링의 지름의 10퍼센트를 초과하여 감소한 것
다. 균열이 있거나 심하게 변형된 것

답 ③

054 ☆

달기체인(chain)의 신장율 체크사항 중 사용금지 기준으로 올바른 것은?

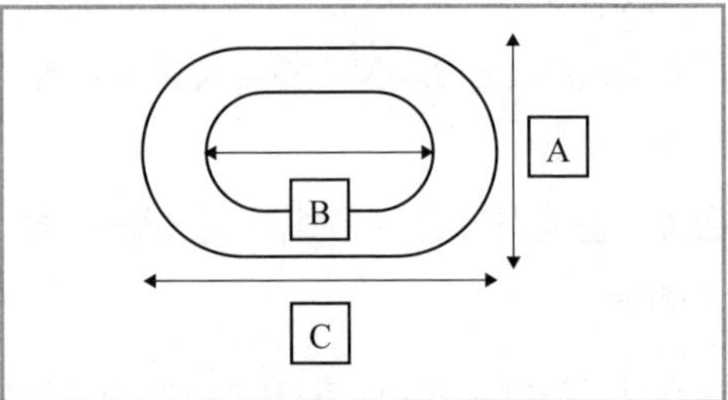

① A의 폭에 대하여 3% 변화
② B의 길이에 대하여 5% 변화
③ C의 길이에 대하여 1% 변화
④ A의 지름에 대하여 7% 변화

해 B: 달기 체인의 길이가 달기 체인이 제조된 때의 길이의 5퍼센트를 초과한 것

답 ②

055 ☆

건설공사에서 발코니 단부, 엘리베이터 입구, 재료 반입구 등과 같이 벽면 혹은 바닥에 추락의 위험이 우려되는 장소를 가리키는 용어는?

① 비계 ② 개구부
③ 가설구조물 ④ 연결통로

해 개구부에 대한 설명이다.

답 ②

056 ☆☆

추락재해 방지설비의 종류가 아닌 것은?

① 추락방망 ② 안전난간
③ 개구부 덮개 ④ 수직보호망

해 사업주는 작업발판 및 통로의 끝이나 개구부로서 근로자가 추락할 위험이 있는 장소에는 안전난간, 울타리, 수직형 추락방망 또는 덮개 등(이하 이 조에서 "난간등"이라 한다)의 방호 조치를 충분한 강도를 가진 구조로 튼튼하게 설치하여야 하며, 덮개를 설치하는 경우에는 뒤집히거나 떨어지지 않도록 설치하여야 한다. 이 경우 어두운 장소에서도 알아볼 수 있도록 개구부임을 표시해야 하며, 수직형 추락방망은 한국산업표준에서 정하는 성능기준에 적합한 것을 사용해야 한다.

답 ④

057 ☆☆☆

작업발판 및 통로의 끝이나 개구부로서 근로자가 추락할 위험이 있는 장소에서의 방호조치로 옳지 않은 것은?

① 안전난간 설치 ② 와이어로프 설치
③ 울타리 설치 ④ 수직형 추락방망 설치

해 윗 해설 참조

답 ②

058 ☆☆☆

근로자의 추락 등의 위험을 방지하기 위하여 안전난간을 설치하는 경우 안전난간은 구조적으로 가장 취약한 지점에서 가장 취약한 방향으로 작용하는 얼마 이상의 하중에 견딜 수 있는 튼튼한 구조이어야 하는가?

① 50kg ② 100kg ③ 150kg ④ 200kg

해 안전난간은 구조적으로 가장 취약한 지점에서 가장 취약한 방향으로 작용하는 100킬로그램 이상의 하중에 견딜 수 있는 튼튼한 구조일 것

답 ②

059 ☆☆☆☆☆

안전난간의 구조 및 설치요건과 관련하여 발끝막이판은 바닥면으로부터 얼마 이상의 높이를 유지하여야 하는가?

① 10cm 이상 ② 15cm 이상
③ 20cm 이상 ④ 30cm 이상

해 발끝막이판은 바닥면등으로부터 10cm 이상의 높이를 유지할 것

답 ①

060 ☆

방망의 정기시험은 사용개시 후 몇 년 이내에 실시하는가?

① 1년 이내 ② 2년 이내
③ 3년 이내 ④ 4년 이내

해 방망의 정기시험은 사용개시 후 1년 이내로 하고, 그 후 6개월마다 1회씩 정기적으로 시험용사에 대해서 등속인장시험을 해야 한다.

답 ①

061 ☆☆☆☆

추락방지망의 달기로프를 지지점에 부착할 때 지지점의 간격이 1.5m인 경우 지지점의 강도는 최소 얼마 이상이어야 하는가?

① 200kg ② 300kg ③ 400kg ④ 500kg

해 방망 지지점은 600킬로그램의 외력에 견딜 수 있는 강도를 보유하여야 한다(다만, 연속적인 구조물이 방망 지지점인 경우의 외력이 다음식에 계산한 값에 견딜 수 있는 것은 제외한다.).
F=200B
여기에서 F는 외력(단위: kg), B는 지지점 간격(단위: m)이다.
→ 200 • 1.5=300kg

답 ②

062 ☆☆☆

추락방지망의 방망 지지점은 최소 얼마 이상의 외력에 견딜 수 있는 강도를 보유하여야 하는가?

① 500kg ② 600kg ③ 700kg ④ 800kg

해 윗 해설 참조

답 ②

063 ☆☆☆☆

추락재해 방지용 방망의 신품에 대한 인장강도는 얼마인가? (단, 그물코의 크기가 10cm 이며, 매듭 없는 방망)

① 220kg ② 240kg ③ 260kg ④ 280kg

해 방망사 신품에 대한 인장강도

그물코 크기 (cm)	방망 종류(kg)	
	매듭없는 방망	매듭있는 방망
10	240	200
5	–	110

답 ②

064 ☆☆☆

근로자가 추락하거나 넘어질 위험이 있는 장소에서 추락방호망의 설치 기준으로 옳지 않은 것은?

① 망의 처짐은 짧은 변 길이의 10% 이상이 되도록 할 것
② 추락방호망은 수평으로 설치할 것
③ 건축물 등의 바깥쪽으로 설치하는 경우 추락방호망의 내민 길이는 벽면으로부터 3m 이상 되도록 할 것
④ 추락방호망의 설치위치는 가능하면 작업면으로부터 가까운 지점에 설치하여야 하며, 작업면으로부터 망의 설치지점까지의 수직거리는 10m를 초과하지 아니할 것

해 망의 처짐은 짧은 변 길이의 12% 이상이 되도록 할 것

답 ①

065 ☆

다음은 산업안전보건법령에 따른 근로자의 추락위험 방지를 위한 추락방호망의 설치기준이다. ( )안에 들어갈 내용으로 옳은 것은?

> 추락방호망은 수평으로 설치하고, 망 처짐은 짧은 변 길이의 ( ) 이상이 되도록 할 것

① 10% ② 12% ③ 15% ④ 18%

해 추락방호망은 수평으로 설치하고, 망 처짐은 짧은 변 길이의 12% 이상이 되도록 할 것

답 ②

066 ☆

추락방호망을 건축물의 바깥쪽으로 설치하는 경우 벽면으로부터 망의 내민 길이는 최소 얼마 이상이어야 하는가?

① 2m ② 3m ③ 5m ④ 10m

해 건축물 등의 바깥쪽으로 설치하는 경우 추락방호망의 내민 길이는 벽면으로부터 3m 이상 되도록 할 것

답 ②

067 ☆☆

추락방지용 방망을 구성하는 그물코의 모양과 크기로 옳은 것은?

① 원형 또는 사각으로서 그 크기는 10cm 이하이어야 한다.

② 원형 또는 사각으로서 그 크기는 20cm 이하이어야 한다.

③ 사각 또는 마름모로서 그 크기는 10cm 이하이어야 한다.

④ 사각 또는 마름모로서 그 크기는 20cm 이하이어야 한다.

해 그물코: 사각 또는 마름모로서 그 크기는 10cm 이하이어야 한다.

답 ③

068 ☆☆☆☆☆

근로자의 추락 위험이 있는 장소에서 발생하는 추락재해의 원인으로 볼 수 없는 것은?

① 안전대를 부착하지 않았다.

② 덮개를 설치하지 않았다.

③ 투하설비를 설치하지 않았다.

④ 안전난간을 설치하지 않았다.

해 투하설비는 낙하 방지를 위함이다.

답 ③

069 ☆

낙하·비래 재해 방지설비에 대한 설명으로 틀린 것은?

① 투하설비는 높이 10m 이상 되는 장소에서만 사용한다.
② 투하설비 이음부는 충분히 겹쳐 설치한다.
③ 투하입구 부근에는 적정한 낙하방지설비를 설치한다.
④ 물체를 투하 시에는 감시인을 배치한다.

해 쓰레기 투하시설 또는 반출계획
- 높이 3m 이상에서 자재 투하 시 반드시 투하설비를 설치한다.
- 투하설비의 종류
- 이음부는 충분히 겹쳐 설치하여 쓰레기가 뛰어나오지 않도록 함
- 구조체와의 긴결을 확실하게 함
- 최하부에는 방호휀스 및 표지판을 설치, 관계자 외 접근금지
- 투하입구 장소에는 적정 낙하방지설비 설치
- 투하작업 중 감시원 배치
- 투하설비 종류는 THP관 ϕ600을 이용할 예정임

답 ①

070 ☆☆☆

다음은 작업으로 인해 물체가 떨어지거나 날아올 위험이 있는 경우에 조치해야 하는 사항이다. 빈칸에 알맞은 내용으로 옳은 것은?

낙하물 방지망 또는 방호선반을 설치하는 경우 높이 10미터 이내마다 설치하고, 내민 길이는 벽면으로부터 (   ) 이상으로 할 것

① 2m ② 2.5m ③ 3m ④ 3.5m

해 높이 10미터 이내마다 설치하고, 내민 길이는 벽면으로부터 2미터 이상으로 할 것

답 ①

071 ☆☆☆☆☆☆☆

공사현장에서 낙하물방지망 또는 방호선반을 설치할 때 설치높이 및 벽면으로부터 내민 길이 기준으로 옳은 것은?

① 설치높이: 10m 이내, 내민길이 2m 이상
② 설치높이: 15m 이내, 내민길이 2m 이상
③ 설치높이: 10m 이내, 내민길이 3m 이상
④ 설치높이: 15m 이내, 내민길이 3m 이상

해 높이 10미터 이내마다 설치하고, 내민 길이는 벽면으로부터 2미터 이상으로 할 것

답 ①

072 ☆☆

작업으로 인하여 물체가 떨어지거나 날아올 위험이 있는 경우에 조치 및 준수하여야 할 내용으로 옳지 않은 것은?

① 낙하물방지망, 수직보호망 또는 방호선반 등을 설치한다.
② 낙하물방지망의 내민 길이는 벽면으로부터 2m 이상으로 한다.
③ 낙하물방지망의 수평면과 각도는 20° 이상 30° 이하를 유지한다.
④ 낙하물방지망은 높이 15m 이내마다 설치한다.

해 윗 해설 참조

답 ④

073 ☆

작업으로 인하여 물체가 떨어지거나 날아올 위험이 있는 경우 설치하는 낙하물 방지망의 수평면과의 각도 기준으로 옳은 것은?

① 10° 이상 20° 이하를 유지
② 20° 이상 30° 이하를 유지
③ 30° 이상 40° 이하를 유지
④ 40° 이상 45° 이하를 유지

해 수평면과의 각도는 20도 이상 30도 이하를 유지할 것

답 ②

074 ☆

안전난간의 구조 및 설치기준으로 옳지 않은 것은?

① 안전난간은 상부난간대, 중간난간대, 발끝막이판, 난간기둥으로 구성할 것
② 상부난간대와 중간난간대는 난간 길이 전체에 걸쳐 바닥면 등과 평행을 유지할 것
③ 발끝막이판은 바닥면 등으로부터 10cm 이상의 높이를 유지할 것
④ 안전난간은 구조적으로 가장 취약한 지점 에서 가장 취약한 방향으로 작용하는 80kg 이상의 하중에 견딜 수 있는 튼튼한 구조일 것

해 안전난간은 구조적으로 가장 취약한 지점에서 가장 취약한 방향으로 작용하는 100kg 이상의 하중에 견딜 수 있는 튼튼한 구조일 것

답 ④

075 ☆☆

계단의 개방된 측면에 근로자의 추락 위험을 방지하기 위하여 안전난간을 설치하고자 할 때 그 설치기준으로 옳지 않은 것은?

① 안전난간은 상부 난간대, 중간 난간대, 발끝막이판 및 난간기둥으로 구성할 것
② 발끝막이판은 바닥면 등으로부터 10cm 이상의 높이를 유지할 것
③ 난간기둥은 상부 난간대와 중간 난간대를 견고하게 떠받칠 수 있도록 적정한 간격을 유지할 것
④ 난간대는 지름 3.8cm 이상의 금속제 파이프나 그 이상의 강도가 있는 재료일 것

해 난간대는 지름 2.7센티미터 이상의 금속제 파이프나 그 이상의 강도가 있는 재료일 것

답 ④

076 ☆

다음 중 작업장에 대한 안전조치 사항으로 틀린 것은?

① 상시통행을 하는 통로에는 75럭스 이상의 채광 또는 조명시설을 하여야 한다.

② 산업안전보건법으로 규정된 위험물질을 취급하는 작업장에 설치하여야 하는 비상 구는 너비 0.75m 이상, 높이 1.5m 이상이어야 한다.

③ 높이가 3m를 초과하는 계단에는 높이 3m 이내마다 너비 90cm 이상의 계단참을 설치하여야 한다.

④ 상시 50명 이상의 근로자가 작업하는 옥내 작업장에는 비상시 근로자에게 신속하게 알리기 위한 경보용 설비를 설치하여야 한다.

해 사업주는 높이가 3미터를 초과하는 계단에 높이 3미터 이내마다 진행방향으로 길이 1.2미터 이상의 계단참을 설치해야 한다.

답 ③

077 ☆☆☆☆

산업안전보건기준에 관한 규칙에 따라 계단 및 계단참을 설치하는 경우 매 m^2당 최소 얼마 이상의 하중에 견딜 수 있는 강도를 가진 구조로 설치하여야 하는가?

① 500kg ② 600kg ③ 700kg ④ 800kg

해 사업주는 계단 및 계단참을 설치하는 경우 매제곱미터당 500킬로그램 이상의 하중에 견딜 수 있는 강도를 가진 구조로 설치하여야 하며, 안전율[안전의 정도를 표시하는 것으로서 재료의 파괴응력도(破壞應力度)와 허용응력도(許容應力度)의 비율을 말한다)]은 4 이상으로 하여야 한다.

답 ①

078 ☆☆

건설현장에서 계단을 설치하는 경우 계단의 높이가 최소 몇 미터 이상일 때 계단의 개방된 측면에 안전난간을 설치하여야 하는가?

① 0.8m ② 1.0m ③ 1.2m ④ 1.5m

해 사업주는 높이 1미터 이상인 계단의 개방된 측면에 안전난간을 설치하여야 한다.

답 ②

079 ☆☆

공사용 가설도로의 일반적으로 허용되는 최고 경사도는 얼마인가?

① 5% ② 10% ③ 20% ④ 30%

해 사업주는 공사용 가설도로를 설치하여 사용함에 있어서 다음 각 호의 사항을 준수하여야 한다.

1. 도로의 표면은 장비 및 차량이 안전운행 할 수 있도록 유지·보수하여야 한다.
2. 장비사용을 목적으로 하는 진입로, 경사로 등은 주행하는 차량통행에 지장을 주지 않도록 만들어야 한다.
3. 도로와 작업장높이에 차가 있을 때는 바리케이트 또는 연석 등을 설치하여 차량의 위험 및 사고를 방지하도록 하여야 한다.
4. 도로는 배수를 위해 도로 중앙부를 약간 높게 하거나 배수시설을 하여야 한다.
5. 운반로는 장비의 안전운행에 적합한 도로의 폭을 유지하여야 하며, 또한 모든 커브는 통상적인 도로폭보다 좀더 넓게 만들고 시계에 장애가 없도록 만들어야 한다.
6. 커브 구간에서는 차량이 가시거리의 절반 이내에서 정지할 수 있도록 차량의 속도를 제한하여야 한다.
7. 최고 허용경사도는 부득이한 경우를 제외하고는 10퍼센트를 넘어서는 안된다.
8. 필요한 전기시설(교통신호등 포함), 신호 수, 표지판, 바리케이트, 노면표지등을 교통 안전운행을 위하여 제공하여야 한다.
9. 안전운행을 위하여 먼지가 일어나지 않도록 물을 뿌려주고 겨울철에는 눈이 쌓이지 않도록 조치하여야 한다.

답 ②

080 ☆☆☆☆☆☆☆☆☆

가설통로를 설치하는 경우 준수해야 할 기준으로 옳지 않은 것은?

① 경사는 45° 이하로 할 것

② 경사가 15°를 초과하는 경우에는 미끄러지지 아니하는 구조로 할 것

③ 추락할 위험이 있는 장소에는 안전난간을 설치할 것

④ 수직갱에 가설된 통로의 길이가 15m 이상인 경우에는 10m 이내마다 계단참을 설치할 것

해 사업주는 가설통로를 설치하는 경우 다음 각 호의 사항을 준수하여야 한다.

1. 견고한 구조로 할 것
2. 경사는 30도 이하로 할 것. 다만, 계단을 설치하거나 높이 2미터 미만의 가설통로로서 튼튼한 손잡이를 설치한 경우엔 그러하지 아니하다.
3. 경사가 15도를 초과하는 경우에는 미끄러지지 아니하는 구조로 할 것
4. 추락위험이 있는 장소에는 안전난간을 설치할 것. 다만, 작업상 부득이한 경우는 필요한 부분만 임시로 해체할 수 있다.
5. 수직갱에 가설된 통로의 길이가 15미터 이상인 경우에는 10미터 이내마다 계단참을 설치할 것
6. 건설공사에 사용하는 높이 8미터 이상인 비계다리에는 7미터 이내마다 계단참을 설치할 것

답 ①

081 ☆☆☆

가설통로 설치 시 경사가 몇 도를 초과하면 미끄러지지 않는 구조로 설치하여야 하는가?

① 15° ② 20° ③ 25° ④ 30°

해 윗 해설 참조

답 ①

082 ☆☆

다음은 가설통로를 설치하는 경우의 준수사항이다. 빈칸에 들어갈 수치를 순서대로 옳게 나타낸 것은?

> 수직갱에 가설된 통로 길이가 (　　)m 이상인 경우에는 (　　)m 이내마다 계단참을 설치할 것

① 8, 7　② 7, 8　③ 10, 15　④ 15, 10

해 수직갱에 가설된 통로의 길이가 15m 이상인 경우에는 10m 이내마다 계단참을 설치할 것

답 ④

083 ☆

추락재해를 방지하기 위한 안전대책 내용 중 옳지 않은 것은?

① 높이가 2m를 초과하는 장소에는 승강설비를 설치 한다.
② 사다리식 통로의 폭은 30cm 이상으로 한다.
③ 사다리식 통로의 기울기는 85° 이상으로 한다.
④ 슬레이트 지붕에서 발이 빠지는 등 추락 위험이 있을 경우 폭 30cm 이상의 발판을 설치한다.

해 사다리식 통로 기울기는 75° 이상으로 한다.

답 ③

084 ☆☆

사다리식 통로의 구조에 대한 설명으로 옳지 않은 것은?

① 견고한 구조로 할 것
② 폭은 20cm 이상의 간격을 유지할 것
③ 심한 부식 등이 없는 재료를 사용할 것
④ 발판과 벽과의 사이는 15cm 이상을 유지할 것

해 폭은 30센티미터 이상으로 할 것

답 ②

085 ☆☆☆☆

사다리식 통로 등을 설치하는 경우 준수해야 할 기준으로 옳지 않은 것은?

① 접이식 사다리 기둥은 사용 시 접혀지거나 펼쳐지지 않도록 철물 등을 사용하여 견고하게 조치할 것
② 발판과 벽과의 사이는 25cm 이상의 간격을 유지할 것
③ 폭은 30cm 이상으로 할 것
④ 사다리식 통로의 길이가 10m 이상인 경우에는 5m 이내마다 계단참을 설치할 것

해 발판과 벽과의 사이는 15센티미터 이상의 간격을 유지할 것

답 ②

086 ☆☆☆

사다리식 통로를 설치할 때 사다리의 상단은 걸쳐 놓은 지점으로부터 최소 얼마 이상 올라가도록 하여야 하는가?

① 45cm 이상 ② 60cm 이상
③ 75cm 이상 ④ 90cm 이상

해 사다리의 상단은 걸쳐놓은 지점으로부터 60센티미터 이상 올라가도록 할 것

답 ②

087 ☆☆

사다리식 통로 등을 설치하는 경우 발판과 벽과의 사이는 최소 얼마 이상의 간격을 유지하여야 하는가?

① 10cm 이상 ② 15cm 이상
③ 20cm 이상 ④ 25cm 이상

해 발판과 벽과의 사이는 15cm 이상 간격을 유지할 것

답 ②

088 ☆☆

주행크레인 및 선회크레인과 건설물 사이에 통로를 설치하는 경우, 그 폭은 최소 얼마 이상으로 하여야 하는가? (단, 건설물의 기둥에 접촉하지 않는 부분인 경우)

① 0.3m ② 0.4m ③ 0.5m ④ 0.6m

해 사업주는 주행 크레인 또는 선회 크레인과 건설물 또는 설비와의 사이에 통로를 설치하는 경우 그 폭을 0.6미터 이상으로 하여야 한다. 다만, 그 통로 중 건설물의 기둥에 접촉하는 부분에 대해서는 0.4미터 이상으로 할 수 있다.

답 ④

089 ☆☆☆

부두 등의 하역작업장에서 부두 또는 안벽의 선을 따라 설치하는 통로의 최소폭 기준은?

① 30cm 이상 ② 50cm 이상
③ 70cm 이상 ④ 90cm 이상

해 부두 또는 안벽의 선을 따라 통로를 설치하는 경우에는 폭을 90cm 이상으로 할 것

답 ④

090 ☆

크레인 운전실을 통하는 통로의 끝과 건설물 등의 벽체와의 간격은 최대 얼마 이하로 하여야 하는가?

① 0.3m ② 0.4m ③ 0.5m ④ 0.6m

해 사업주는 크레인의 운전실 또는 운전대를 통하는 통로의 끝과 건설물 등의 벽체의 간격 0.3미터 이하로 하여야 한다.

답 ①

091 ☆

다음은 비계발판용 목재재료의 강도상의 결점에 대한 조사기준이다. (   )안에 들어갈 내용으로 옳은 것은?

발판 폭과 동일한 길이 내에 있는 결점지수 총합이 발판 폭의 (   )을 초과하지 말 것

① 1/2 ② 1/3 ③ 1/4 ④ 1/6

해 발판 폭과 동일한 길이 내에 있는 결점지수 총합이 발판 폭의 1/4을 초과하지 말 것

답 ③

092 ☆

비계발판용 목재의 강도상의 결점에 대한 조사기준으로 옳지 않은 것은?

① 발판의 폭과 동일한 길이 내에 결점 치수의 총합이 발판폭의 1/4을 초과하지 않 을 것
② 결점 개개의 크기가 발판의 중앙부에 있는 경우 발판폭의 1/5을 초과하지 않을 것
③ 발판의 갈라짐은 발판폭의 1/3을 초과하지 않을 것
④ 발판의 갈라짐은 철선, 띠철로 감아서 보존할 것

해 재료의 강도상 결점은 다음 각 목에 따른 검사에 적합하여야 한다.
가. 발판의 폭과 동일한 길이내에 있는 결점 치수의 총합이 발판폭의 1/4을 초과하지 않을 것
나. 결점 개개의 크기가 발판의 중앙부에 있는 경우 발판폭의 1/5, 발판의 갓부분에 있을 때는 발판폭의 1/7을 초과하지 않을 것
다. 발판의 갓면에 있을 때는 발판두께의 1/2을 초과하지 않을 것
라. 발판의 갈라짐은 발판폭의 1/2을 초과해서는 아니되며 철선, 띠철로 감아서 보존할 것

답 ③

093 ☆

비계발판의 크기를 결정하는 기준은?

① 비계의 제조회사
② 재료의 부식 및 손상정도
③ 지점의 간격 및 작업시 하중
④ 비계의 높이

해 비계발판 크기 기준: 지점 간격 및 작업하중

답 ③

094 ☆☆☆☆☆☆

다음 (　　)안에 알맞은 수치는?

> 슬레이트, 선라이트 등 강도가 약한 재료로 덮은 지붕 위에서 작업을 할 때 발이 빠지는 등 근로자가 위험해질 우려가 있는 경우 폭 (　　) 이상의 발판을 설치하거나 안전방망을 치는 등 위험을 방지하기 위해 필요한 조치를 해야한다.

① 30cm　② 40cm　③ 50cm　④ 60cm

해 사업주는 근로자가 지붕 위에서 작업을 할 때에 추락하거나 넘어질 위험이 있는 경우에는 다음 각 호의 조치를 해야 한다.
1. 지붕의 가장자리에 안전난간을 설치할 것
2. 채광창(skylight)에는 견고한 구조의 덮개를 설치할 것
3. 슬레이트 등 강도가 약한 재료로 덮은 지붕에는 폭 30cm 이상의 발판을 설치할 것

답 ①

095 ☆

기상상태의 악화로 비계에서의 작업을 중지시킨 후 그 비계에서 작업을 다시 시작하기 전에 점검해야 할 사항에 해당하지 않는 것은?

① 기둥 침하·변형·변위 또는 흔들림 상태
② 손잡이의 탈락 여부
③ 격벽의 설치여부
④ 발판재료의 손상 여부 및 부착 또는 걸림 상태

해 사업주는 비, 눈, 그 밖의 기상상태의 악화로 작업을 중지시킨 후 또는 비계를 조립·해체하거나 변경한 후에 그 비계에서 작업을 하는 경우에는 해당 작업을 시작하기 전에 다음 각 호의 사항을 점검하고, 이상을 발견하면 즉시 보수하여야 한다.

1. 발판 재료의 손상 여부 및 부착 또는 걸림 상태
2. 해당 비계의 연결부 또는 접속부의 풀림 상태
3. 연결 재료 및 연결 철물의 손상 또는 부식 상태
4. 손잡이의 탈락 여부
5. 기둥의 침하, 변형, 변위(變位) 또는 흔들림 상태
6. 로프의 부착 상태 및 매단 장치의 흔들림 상태

답 ③

096 ☆☆☆☆

말비계를 조립하여 사용하는 경우의 준수사항으로 옳지 않은 것은?

① 지주부재의 하단에는 미끄럼 방지장치를 할 것
② 지주부재와 수평면과의 기울기는 85°이하로 할 것
③ 말비계의 높이가 2m를 초과할 경우에는 작업발판의 폭을 40cm 이상으로 할 것
④ 지주부재와 지주부재 사이를 고정시키는 보조부재를 설치할 것

해 지주부재와 수평면과의 기울기는 75° 이하로 할 것

답 ②

097 ☆☆☆☆

다음은 산업안전보건법령에 따른 말비계를 조립하여 사용하는 경우에 관한 준수사항이다. (　　) 안에 알맞은 숫자는?

말비계 높이가 2m 초과할 경우, 작업발판 폭을 (　　)cm 이상으로 할 것

① 10　② 20　③ 30　④ 40

해 말비계 높이가 2m 초과할 경우, 작업발판 폭을 40cm 이상으로 할 것

답 ④

098 ☆☆

시스템 비계를 사용하여 비계를 구성하는 경우에 준수하여야 할 사항으로 옳지 않은 것은?

① 수직재와 수직재의 연결철물은 이탈되지 않도록 견고한 구조로 할 것
② 수직재·수평재·가새재를 견고하게 연결하는 구조가 되도록 할 것
③ 수직재와 받침철물의 연결부 겹침길이는 받침철물 전체길이의 4분의 1 이상이 되도록 할 것
④ 수평재는 수직재와 직각으로 설치하여야 하며, 체결 후 흔들림이 없도록 견고하게 설치할 것

해 수직재와 받침철물의 연결부의 겹침 길이는 받침철물 전체길이의 3분의 1 이상이 되도록 할 것

답 ③

099 ☆☆

이동식 비계 작업 시 주의사항으로 옳지 않은 것은?

① 비계의 최상부에서 작업을 하는 경우에는 안전난간을 설치한다.
② 이동 시 작업지휘자가 이동식 비계에 탑승하여 이동하며 안전여부를 확인하여야 한다.
③ 비계를 이동시키고자 할 때는 바닥의 구멍이나 머리 위의 장애물을 사전에 점검 한다.
④ 작업발판은 항상 수평을 유지하고 작업발판 위에서 안전난간을 딛고 작업을 하거나 받침대 또는 사다리를 사용하여 작업 하지 않도록 한다.

해 이동 시 이동식 비계에 탑승하고 있지 않아야 한다.

답 ②

100 ☆

이동식 비계의 조립에 대한 유의사항으로 옳지 않은 것은?

① 제동장치를 설치
② 승강용 사다리를 견고하게 부착
③ 비계 최대높이는 밑변 최대 폭 4배 이하
④ 최소적재하중을 표시하여야 한다.

해 사업주는 이동식비계를 조립하여 사용함에 있어서 다음 각 호의 사항을 준수해야 한다.

1. 안전담당자의 지휘하에 작업을 행하여야 한다.
2. 비계의 최대높이는 밑변 최소폭의 4배 이하이어야 한다.
3. 작업대의 발판은 전면에 걸쳐 빈틈없이 깔아야 한다.
4. 비계의 일부를 건물에 체결하여 이동, 전도 등을 방지하여야 한다.
5. 승강용 사다리는 견고하게 부착해야 한다
6. 최대적재하중을 표시하여야 한다.
7. 부재의 접속부, 교차부는 확실하게 연결하여야 한다.
8. 작업대에는 안전난간을 설치하여야 하며 낙하물 방지조치를 설치하여야 한다.
9. 불의의 이동을 방지하기 위한 제동장치를 반드시 갖추어야 한다.
10. 이동할 때에는 작업원이 없는 상태이어야 한다.
11. 비계의 이동에는 충분한 인원배치를 하여야 한다.
12. 안전모를 착용하여야 하며 지지로우프를 설치하여야 한다.
13. 재료, 공구의 오르내리기에는 포대, 로우프 등을 이용하여야 한다.
14. 작업장 부근에 고압선 등이 있는가를 확인하고 적절한 방호조치를 취해야 한다.
15. 상하에서 동시에 작업을 할 때에는 충분한 연락을 취하면서 작업을 해야 한다.

답 ④

101 ☆☆

와이어로프나 철선 등을 이용하여 상부지점에서 작업용 발판을 매다는 형식의 비계로서 건물 외장도장이나 청소 등의 작업에서 사용되는 비계는?

① 브라켓 비계 ② 달비계
③ 이동식 비계 ④ 말비계

해 달비계에 대한 설명이다.
브라켓 비계: 거푸집 공사에서의 거푸집 체결을 위한 홈타이 볼트 구멍을 활용, 구조물 외벽에 브라켓 볼트로 부착한 후 그 상부에 단관파이프와 크램프 등으로 조립한 외부비계

답 ②

102 ☆

철골조립 공사 중에 볼트작업을 하기 위해 주체인 철골에 매달아서 작업발판으로 이용하는 비계는?

① 달비계 ② 말비계
③ 달대비계 ④ 선반비계

해 달대비계에 대한 설명이다.

답 ③

103 ☆

달비계 또는 높이 5m 이상의 비계를 조립·해체하거나 변경하는 작업 시 준수사항으로 틀린 것은?

① 근로자가 관리감독자의 지휘에 따라 작업하도록 할 것
② 비, 눈, 그 밖의 기상상태의 불안정으로 날씨가 몹시 나쁜 경우에는 그 작업을 중 지시킬 것
③ 비계재료의 연결·해체작업을 하는 경우에는 폭 20cm 이상의 발판을 설치할 것
④ 강관비계 또는 통나무비계를 조립하는 경우 외줄로 구성하는 것을 원칙으로 할 것

해 사업주는 달비계 또는 높이 5미터 이상의 비계를 조립·해체하거나 변경하는 작업을 하는 경우 다음 각 호의 사항을 준수하여야 한다.

1. 근로자가 관리감독자의 지휘에 따라 작업하도록 할 것
2. 조립·해체 또는 변경의 시기·범위 및 절차를 그 작업에 종사하는 근로자에게 주지시킬 것
3. 조립·해체 또는 변경 작업구역에는 해당 작업에 종사하는 근로자가 아닌 사람의 출입을 금지하고 그 내용을 보기 쉬운 장소에 게시할 것
4. 비, 눈, 그 밖의 기상상태의 불안정으로 날씨가 몹시 나쁜 경우에는 그 작업을 중지시킬 것
5. 비계재료의 연결·해체작업을 하는 경우에는 폭 20센티미터 이상의 발판을 설치하고 근로자로 하여금 안전대를 사용하도록 하는 등 추락을 방지하기 위한 조치를 할 것
6. 재료·기구 또는 공구 등을 올리거나 내리는 경우에는 근로자가 달줄 또는 달포대 등을 사용하게 할 것

답 ④

104 ☆

달대비계는 주로 어느 곳에 설치하는가?

① 콘크리트 기초　　② 철골기중 및 보
③ 조적벽면　　④ 굴착사면

해 달대비계는 주로 철골에 설치한다.

답 ②

105 ☆

다음은 비계를 조립하여 사용하는 경우 작업발판설치에 관한 기준이다. (　　)에 들어갈 내용으로 옳은 것은?

> 사업주는 비계(달비계, 달대비계 및 말비계는 제외한다.)의 높이가 (　　) 이상인 작업장소에 설치하여야 한다.
> 1. 작업발판재료는 뒤집히거나 떨어지지 않도록 둘 이상의 지지물에 연결하거나 고정시킬 것
> 2. 작업발판의 폭은 40cm 이상으로 하고, 발판재료 간의 틈은 3cm 이하로 할 것

① 1m　　② 2m　　③ 3m　　④ 4m

해 사업주는 비계(달비계, 달대비계 및 말비계는 제외한다.)의 높이가 2m 이상인 작업장소에 설치하여야 한다.

답 ②

106 ☆☆

높이 2m를 초과하는 말비계를 조립하여 사용하는 경우 작업발판의 최소 폭 기준으로 옳은 것은?

① 20cm　　② 30cm　　③ 40cm　　④ 50cm

해 작업발판의 폭은 40cm 이상으로 한다.

답 ③

107 ☆☆

강관을 사용하여 비계를 구성하는 경우의 준수사항으로 옳지 않은 것은?

① 비계기둥의 간격은 띠장 방향에서는 1.85 m 이하로 할 것
② 비계기둥의 간격은 장선(長線) 방향에서는 1.0m 이하로 할 것
③ 띠장 간격은 2m 이하로 할 것
④ 비계기둥 간의 적재하중은 400kg을 초과하지 않도록 할 것

해 비계기둥의 간격은 띠장 방향에서는 1.85미터 이하, 장선(長線) 방향에서는 1.5미터 이하로 할 것.

답 ②

108 ☆☆

다음 빈칸에 알맞은 숫자를 순서대로 옳게 나타낸 것은?

> 띠장 간격은 (　　) 이하로 할 것. 다만, 작업의 성질상 이를 준수하기가 곤란하여 쌍기둥틀 등에 의하여 해당 부분을 보강한 경우에는 그러하지 아니하다.

① 1　　② 2.5　　③ 2　　④ 1,3

해 띠장 간격은 2.0미터 이하로 할 것.
다만, 작업의 성질상 이를 준수하기가 곤란하여 쌍기둥틀 등에 의하여 해당 부분을 보강한 경우에는 그러하지 아니하다.

답 ③

109 ☆☆☆☆

강관비계의 구조에서 비계기둥 간의 최대 허용 적재 하중으로 옳은 것은?

① 500kg ② 400kg
③ 300kg ④ 200kg

해 비계기둥 간의 적재하중은 400킬로그램을 초과하지 않도록 할 것

답 ②

110 ☆

강관틀비계의 높이가 20m를 초과하는 경우 주틀간의 간격을 최대 얼마 이하로 사용해야 하는가?

① 1.0m ② 1.5m ③ 1.8m ④ 2.0m

해 높이가 20미터를 초과하거나 중량물의 적재를 수반하는 작업을 할 경우에는 주틀간의 간격을 1.8미터 이하로 할 것

답 ③

111 ☆☆

강관틀비계를 조립하여 사용하는 경우 벽이음의 수직방향 조립간격은?

① 2m 이내마다 ② 5m 이내마다
③ 6m 이내마다 ④ 8m 이내마다

해 수직방향으로 6미터, 수평방향으로 8미터 이내마다 벽이음을 할 것

답 ③

112 ☆☆☆☆

단관비계의 도괴 또는 전도를 방지하기 위하여 사용하는 벽이음의 간격기준으로 옳은 것은?

① 수직방향 5m 이하, 수평방향 5m 이하
② 수직방향 6m 이하, 수평방향 6m 이하
③ 수직방향 7m 이하, 수평방향 7m 이하
④ 수직방향 8m 이하, 수평방향 8m 이하

해 강관비계 조립간격

강관비계 종류	조립간격(m)	
	수직방향	수평방향
단관비계	5	5
틀비계 (높이 5m 미만 제외)	6	8

답 ①

113 ☆

신축공사 현장에서 강관으로 외부비계를 설치할 때 비계기둥의 최고 높이가 45m라면 관련 법령에 따라 비계기둥을 2개의 강관으로 보강하여야 하는 높이는 지상으로부터 얼마까지인가?

① 14m ② 20m ③ 25m ④ 31m

해 비계기둥의 제일 윗부분으로부터 31미터 되는 지점 밑부분의 비계기둥은 2개의 강관으로 묶어 세울 것.
→ 45－31＝14m

답 ①

114 ☆☆

비계의 높이가 2m 이상인 작업장소에 설치되는 작업발판의 구조에 관한 기준으로 옳지 않은 것은?

① 작업발판의 폭은 40cm 이상으로 할 것
② 발판재료 간의 틈은 5cm 이하로 할 것
③ 작업발판재료는 뒤집히거나 떨어지지 않도록 둘 이상의 지지물에 연결하거나 고정시킬 것
④ 작업발판을 작업에 따라 이동시킬 경우에는 위험 방지에 필요한 조치를 할 것

해 발판재료 간의 틈은 3cm 이하로 할 것

답 ②

115 ☆

옥외에 설치되어 있는 주행크레인에 대하여 이탈방지장치를 작동시키는 등 이탈 방지를 위한 조치를 하여야 하는 순간 풍속 기준은?

① 초당 10m 초과 ② 초당 20m 초과
③ 초당 30m 초과 ④ 초당 40m 초과

해 사업주는 순간 풍속이 초당 30미터를 초과하는 바람이 불어올 우려가 있는 경우 옥외에 설치되어 있는 주행크레인에 대하여 이탈방지장치를 작동시키는 등 이탈 방지를 위한 조치를 하여야 한다.

답 ③

116 ☆☆☆

건설용 리프트에 대하여 바람에 의한 붕괴를 방지하는 조치를 한다고 할 때 그 기준이 되는 풍속은?

① 순간풍속 30m/sec 초과
② 순간풍속 35m/sec 초과
③ 순간풍속 40m/sec 초과
④ 순간풍속 45m/sec 초과

해 사업주는 순간풍속이 초당 35미터를 초과하는 바람이 불어올 우려가 있는 경우 건설용 리프트(지하에 설치되어 있는 것은 제외한다)에 대하여 받침의 수를 증가시키는 등 그 붕괴 등을 방지하기 위한 조치를 하여야 한다.

답 ②

117 ☆☆

타워크레인의 운전작업을 중지하여야 하는 순간풍속기준으로 옳은 것은?

① 초당 10m 초과 ② 초당 12m 초과
③ 초당 15m 초과 ④ 초당 20m 초과

해 사업주는 순간풍속이 초당 10미터를 초과하는 경우 타워크레인의 설치·수리·점검 또는 해체 작업을 중지하여야 하며, 순간풍속이 초당 15미터를 초과하는 경우에는 타워크레인의 운전작업을 중지하여야 한다.

답 ③

118 ★☆☆☆☆☆

철골작업을 중지하여야 하는 제한 기준에 해당되지 않는 것은?

① 풍속이 초당 10m 이상인 경우
② 강우량이 시간당 1mm 이상인 경우
③ 강설량이 시간당 1cm 이상인 경우
④ 소음이 65dB 이상인 경우

해 사업주는 다음 각 호의 어느 하나에 해당하는 경우에 철골작업을 중지하여야 한다.
1. 풍속이 초당 10미터 이상인 경우
2. 강우량이 시간당 1밀리미터 이상인 경우
3. 강설량이 시간당 1센티미터 이상인 경우

답 ④

119 ☆☆

발파작업에 종사하는 근로자가 준수하여야 할 사항으로 옳지 않은 것은?

① 장전구는 마찰·충격·정전기 등에 의한 폭발 위험이 없는 안전한 것을 사용할 것
② 발파공의 충진재료는 점토·모래 등 발화 성 또는 인화성의 위험이 없는 재료를 사용할 것
③ 얼어붙은 다이나마이트는 화기에 접근시키거나 그 밖의 고열물에 직접 접촉시켜 단시간 안에 융해시킬 수 있도록 할 것
④ 전기뇌관에 의한 발파의 경우 점화하기 전에 화약류를 장전한 장소로부터 30m 이상 떨어진 안전한 장소에서 전선에 대하여 저항측정 및 도통시험을 할 것

해 얼어붙은 다이나마이트는 화기에 접근시키거나 그 밖의 고열물에 직접 접촉시키는 등 위험한 방법으로 융해되지 않도록 할 것

답 ③

120 ☆☆☆☆

화물을 적재하는 경우에 준수하여야 하는 사항으로 옳지 않은 것은?

① 침하 우려가 없는 튼튼한 기반 위에 적재할 것
② 건물의 칸막이나 벽 등이 화물의 압력에 견딜 만큼의 강도를 지니지 아니한 경우에는 칸막이나 벽에 기대어 적재하지 않도록 할 것
③ 불안정할 정도로 높이 쌓아 올리지 말 것
④ 편하중이 발생하도록 쌓아 적재효율을 높일 것

해 편하중이 발생하지 않도록 할 것

답 ④

121 ☆☆

차량계 하역운반기계에 화물을 적재할 때의 준수사항과 거리가 먼 것은?

① 하중 한쪽으로 치우치지 않도록 적재할 것
② 구내운반차 또는 화물자동차의 경우 화물의 붕괴 또는 낙하에 의한 위험을 방지하기 위하여 화물에 로프를 거는 등 필요한 조치를 할 것
③ 운전자의 시야를 가리지 않도록 화물을 적재할 것
④ 제동장치 및 조정장치 기능의 이상 유무를 점검할 것

해 ④: 지게차 작업시작 전 점검사항

답 ④

122 ☆

차량계 하역운반기계에서 화물을 싣거나 내리는 작업에서 작업지휘자가 준수해야할 사항과 가장 거리가 먼 것은?

① 작업순서 및 그 순서마다의 작업방법을 정하고 작업을 지휘하는 일
② 기구 및 공구를 점검하고 불량품을 제거하는 일
③ 당해 작업을 행하는 장소에 관계근로자외의 자의 출입을 금지하는 일
④ 총 화물량을 산출하는 일

해 사업주는 차량계 하역운반기계등에 단위화물의 무게가 100kg 이상인 화물을 싣는 작업(로프 걸이 작업 및 덮개 덮기 작업을 포함한다. 이하 같다) 또는 내리는 작업(로프 풀기 작업 또는 덮개 벗기기 작업을 포함한다. 이하 같다)을 하는 경우에 해당 작업의 지휘자에게 다음 각 호의 사항을 준수하도록 하여야 한다.

1. 작업순서 및 그 순서마다의 작업방법을 정하고 작업을 지휘할 것
2. 기구, 공구를 점검하고 불량품 제거할 것
3. 해당 작업을 하는 장소에 관계 근로자가 아닌 사람이 출입하는 것을 금지할 것
4. 로프 풀기 작업 또는 덮개 벗기기 작업은 적재함의 화물이 떨어질 위험이 없음을 확인한 후에 하도록 할 것

답 ④

123 ☆☆

차량계 하역운반기계 등을 이송하기 위하여 자주(自走) 또는 견인에 의하여 화물자동차에 싣거나 내리는 작업을 할 때 발판·성토 등을 사용하는 경우 기계의 전도 또는 전락에 의한 위험을 방지하기 위하여 준수하여야 할 사항으로 옳지 않은 것은?

① 싣거나 내리는 작업은 견고한 경사지에서 실시할 것
② 가설대 등을 사용하는 경우에는 충분한 폭 및 강도와 적당한 경사를 확보할 것
③ 발판을 사용하는 경우에는 충분한 길이·폭 및 강도를 가진 것을 사용할 것
④ 지정운전자의 성명·연락처 등을 보기 쉬운 곳에 표시하고 지정운전자 외에는 운전하지 않도록 할 것

해 싣거나 내리는 작업은 평탄하고 견고한 장소에서 할 것

답 ①

124 ☆

차량계 하역운반기계 등을 사용하는 작업을 할 때, 그 기계가 넘어지거나 굴러 떨어짐으로써 근로자에게 위험을 미칠 우려가 있는 경우에 이를 방지하기 위한 조치사항과 거리가 먼 것은?

① 유도자 배치
② 지반의 부동침하방지
③ 상단부분의 안정을 위하여 버팀줄 설치
④ 갓길 붕괴방지

해 사업주는 차량계 하역운반기계등을 사용하는 작업을 할 때에 그 기계가 넘어지거나 굴러떨어짐으로써 근로자에게 위험을 미칠 우려가 있는 경우에는 그 기계를 유도하는 사람(이하 "유도자"라 한다)을 배치하고 지반의 부동침하 방지 및 갓길 붕괴를 방지하기 위한 조치를 하여야 한다.

답 ③

125 ☆☆☆

차량계 하역운반기계의 운전자가 운전위치를 이탈하는 경우의 조치사항으로 부적절한 것은?

① 포크 및 버킷을 가장 높은 위치에 두어 근로자 통행을 방해하지 않도록 하였다.
② 원동기를 정지시키고 브레이크를 걸었다.
③ 시동키를 운전대에서 분리시켰다.
④ 경사지에서 갑작스런 주행이 되지 않도록 바퀴에 블록 등을 놓았다.

해 포크, 버킷, 디퍼 등의 장치를 가장 낮은 위치 또는 지면에 내려둘 것

답 ①

126 ☆

차량계 건설기계의 운전자가 운전위치를 이탈할 때 행하여야 할 조치사항으로 옳지 않은 것은?

① 브레이크를 걸어둔다.
② 버킷은 지상에서 1m 정도 위치에 둔다.
③ 디퍼는 지면에 내려둔다.
④ 원동기를 정지시킨다.

해 ②: 가장 낮은 위치에 둔다.

답 ②

127 ☆

불특정지역을 계속적으로 운반할 경우 사용해야 하는 운반기계는?

① 컨베이어　② 크레인
③ 화물차　④ 기차

해 화물차는 운반기계이다.

답 ③

128 ☆☆

거푸집의 일반적인 조립순서를 옳게 나열한 것은?

① 기둥 → 보받이 내력벽 → 큰보 → 작은 보 → 바닥판 → 내벽 → 외벽
② 외벽 → 보받이 내력벽 → 큰보 → 작은 보 → 바닥판 → 내력 → 기둥
③ 기둥 → 보받이 내력벽 → 작은보 → 큰 보 → 바닥판 → 내벽 → 외벽
④ 기둥 → 보받이 내력벽 → 바닥판 → 큰 보 → 작은보 → 내벽 → 외벽

해 거푸집의 일반적인 조립순서
기둥→보받이 내력벽→큰보→작은보→바닥판→내벽→외벽

답 ①

129 ☆

2가지의 거푸집 중 먼저 해체해야 하는 것으로 옳은 것은?

① 기온이 높을 때 타설한 거푸집과 낮을 때 타설한 거푸집 – 높을 때 타설한 거푸집
② 조강 시멘트를 사용하여 타설한 거푸집과 보통 시멘트를 사용하여 타설한 거푸집 – 보통 시멘트를 사용하여 타설한 거푸집
③ 보와 기둥 – 보
④ 스팬이 큰 빔과 작은 빔 – 큰 빔

해 ②: 조강 시멘트를 사용하여 타설한 거푸집
③: 기둥
④: 작은 빔

답 ①

130 ☆

거푸집 공사에 관한 설명으로 옳지 않은 것은?

① 거푸집 조립 시 거푸집이 이동하지 않도록 비계 또는 기타 공작물과 직접 연결한다.
② 거푸집 치수를 정확하게 하여 시멘트 모르타르가 새지 않도록 한다.
③ 거푸집 해체가 쉽게 가능하도록 박리제 사용 등의 조치를 한다.
④ 측압에 대한 안전성을 고려한다.

해 연결철물을 이용해 견고하게 연결한다.

답 ①

131 ☆

거푸집 해체 시 작업자가 이행해야 할 안전수칙으로 옳지 않은 것은?

① 거푸집 해체는 순서에 입각해 실시한다.
② 상하에서 동시작업을 할 때는 상하의 작업자가 긴밀하게 연락을 취해야 한다.
③ 거푸집 해체가 용이하지 않을 때에는 큰 힘을 줄 수 있는 지렛대를 사용해야 한다.
④ 해체된 거푸집, 각목 등을 올리거나 내릴 때는 달줄, 달포대 등을 사용한다.

해 무리한 충격을 주는 지렛대는 사용 금지한다.

답 ③

132 ☆

콘크리트 거푸집 해체 작업시의 안전 유의사항으로 옳지 않은 것은?

① 해당 작업을 하는 구역에는 관계 근로자가 아닌 사람의 출입을 금지해야 한다.
② 비, 눈, 그 밖의 기상상태의 불안정으로 날씨가 몹시 나쁜 경우에는 그 작업을 중지해야 한다.
③ 안전모, 안전대, 산소마스크 등을 착용하여야 한다.
④ 재료, 기구 또는 공구 등을 올리거나 내리는 경우에는 근로자로 하여금 달줄 또는 달포대 등을 사용하도록 할 것

해 산소마스크는 산소결핍장소에서 착용한다.

답 ③

133 ☆

거푸집 해체작업 시 일반적인 안전수칙과 거리가 먼 것은?

① 거푸집 동바리를 해체할 때는 작업책임자를 선임한다.

② 해체된 거푸집 재료를 올리거나 내릴 때는 달줄이나 달포대를 사용해야 한다.

③ 보 밑 또는 슬라브 거푸집을 해체할 때는 동시에 해체하여야 한다.

④ 거푸집의 해체가 곤란한 경우 구조체에 무리한 충격이나 지렛대 사용은 금해야 한다.

해 보 밑 또는 슬라브 거푸집을 해체할 때는 동시에 해체해서 안된다.

답 ③

134 ☆

비계 등을 조립하는 경우 강재와 강재의 접속부 또는 교차부를 연결시키기 위한 전용철물은?

① 클램프 ② 가새 ③ 턴버클 ④ 샤클

해 강재의 접속부 및 교차부는 볼트·클램프 등 전용철물을 사용해 단단히 연결할 것

답 ①

135 ☆

거푸집동바리 등을 조립하는 때 동바리로 사용하는 파이프 서포트에 대하여는 다음 각 목에서 정하는 바에 의해 설치하여야 한다. 빈칸에 들어갈 내용으로 옳은 것은?

> 동바리로 사용하는 파이프 서포트에 대해서는 다음 각 목의 사항을 따를 것
> 가. 파이프 서포트를 ( ) 이상 이어서 사 용하지 않도록 할 것
> 나. 파이프 서포트를 이어서 사용하는 경 우에는 ( ) 이상의 볼트 또는 전용철물을 사용하여 이을 것

① 1,2 ② 2,3 ③ 3,4 ④ 4,5

해 동바리로 사용하는 파이프 서포트에 대해서는 다음 각 목의 사항을 따를 것
가. 파이프 서포트를 3개 이상 이어서 사용하지 않도록 할 것
나. 파이프 서포트를 이어서 사용하는 경우에는 4개 이상의 볼트 또는 전용철물을 사용하여 이을 것
다. 높이가 3.5미터를 초과하는 경우에는 높이 2미터 이내마다 수평연결재를 2개 방향으로 만들고 수평연결재의 변위를 방지할 것

답 ③

136 ☆☆

거푸집동바리 등을 조립하는 경우의 준수사항으로 옳지 않은 것은?

① 동바리로 사용하는 파이프 서포트는 최소 3개 이상 이어서 사용하도록 할 것
② 동바리의 상하 고정 및 미끄러짐 방지조치를 하고, 하중의 지지상태를 유지할 것
③ 동바리의 이음은 맞댄이음이나 장부이음으로 하고 같은 품질의 재료를 사용할 것
④ 강재와 강재의 접속부 및 교차부는 볼트·클램프등 전용철물을 사용하여 단단히 연결할 것

해 파이프 서포트를 3개 이상 이어서 사용하지 않도록 할 것

답 ①

137 ☆☆☆

동바리로 사용하는 파이프 서포트에 관한 설치 기준으로 옳지 않은 것은?

① 파이프 서포트를 3개 이상 이어서 사용하지 않도록 할 것
② 파이프 서포트를 이어서 사용하는 경우에는 4개 이상의 볼트 또는 전용철물을 사용하여 이을 것
③ 높이가 3.5m를 초과하는 경우에는 높이 2m 이내마다 수평연결재를 2개 방향으로 만들고 수평연결재 변위를 방지할 것
④ 파이프 서포트 사이에 교차가새를 설치하여 수평력에 대하여 보강 조치할 것

해 윗 해설 참조

답 ④

138 ☆☆

다음 터널 공법 중 전단면 기계 굴착에 의한 공법에 속하는 것은?

① ASSM(American Steel Supported Method)
② NATM(New Austrian Tunneling Method)
③ TBM(Tunnel Boring Machine)
④ 개착식 공법

해 TBM 공법: 터널보링머신의 회전 커터에 의해 터널 전단면을 절삭 또는 파쇄하는 공법

답 ③

139 ☆

콘크리트 구조물에 적용하는 해체작업 공법의 종류가 아닌 것은?

① 연삭 공법　② 발파 공법
③ 오픈 컷 공법　④ 유압 공법

해 오픈 컷 공법: 굴착공사 공법

답 ③

140 ☆

콘크리트의 비파괴 검사방법이 아닌 것은?

① 반발경도법　② 자기법
③ 음파법　④ 침지법

해 콘크리트의 비파괴 검사방법
반발경도법/방사선법/음파법/자기법/진동법

답 ④

141 ☆

경화된 콘크리트의 각종 강도를 비교한 것 중 옳은 것은?

① 전단강도 > 인장강도 > 압축강도
② 압축강도 > 인장강도 > 전단강도
③ 인장강도 > 압축강도 > 전단강도
④ 압축강도 > 전단강도 > 인장강도

해 경화된 콘크리트 강도
압축강도 > 전단강도 > 인장강도

답 ④

142 ☆☆

터널 등의 건설작업을 하는 경우에 낙반 등에 의하여 근로자가 위험해질 우려가 있는 경우, 그 위험을 방지하기 위하여 취해야 할 조치와 거리가 먼 것은?

① 터널지보공 설치 ② 록볼트 설치
③ 부석의 제거 ④ 산소의 측정

해 사업주는 터널 등의 건설작업을 하는 경우에 낙반 등에 의하여 근로자가 위험해질 우려가 있는 경우에 터널 지보공 및 록볼트의 설치, 부석(浮石)의 제거 등 위험을 방지하기 위하여 필요한 조치를 하여야 한다.

답 ④

143 ☆

터널 계측관리 및 이상 발견 시 조치에 관한 설명으로 옳지 않은 것은?

① 숏크리트가 벗겨지면 두께를 감소시키고 뿜어 붙이기를 금한다.
② 터널의 계측관리는 일상계측과 대표계측으로 나뉜다.
③ 록볼트의 축력이 증가하여 지압판이 휘게 되면 추가 볼트를 시공한다.
④ 지중변위가 크게 되고 이완영역이 이상하게 넓어지면 추가 볼트를 시공한다.

해 콘크리트 표준 시방서
숏크리트가 벗겨지면 뿜어붙이기를 실시해 설계에서 정한 두께를 확보한다.

답 ①

144 ☆☆

산업안전보건법령에서는 터널건설작업을 하는 경우에 해당 터널 내부의 화기나 아크를 사용하는 장소에는 필히 무엇을 설치하도록 규정하고 있는가?

① 소화설비 ② 대피설비
③ 충전설비 ④ 차단설비

해 사업주는 터널건설작업을 하는 경우에는 해당 터널 내부의 화기나 아크를 사용하는 장소 또는 배전반, 변압기, 차단기 등을 설치하는 장소에 소화설비를 설치하여야 한다.

답 ①

145 ☆☆

기계의 안전을 확보하기 위해서는 안전율을 고려하여야 하는데 다음 중 이에 관한 설명으로 틀린 것은?

① 기초강도와 허용응력과의 비를 안전율이라 한다.
② 안전율 계산에 사용되는 여유율은 연성재료에 비하여 취성재료를 크게 잡는다.
③ 안전율은 크면 클수록 안전하므로 안전율이 높은 기계는 우수한 기계라 할 수 있다.
④ 재료의 균질성, 응력계산의 정확성, 응력의 분포 등 각종 인자를 고려한 경험적 안전율도 사용된다.

해 안전율이 크다고 우수한 기계는 아니다.

답 ③

146 ☆

가설공사와 관련된 안전율에 대한 정의로 옳은 것은?

① 재료의 파괴응력도와 허용응력도의 비율이다.
② 재료가 받을 수 있는 허용응력도이다.
③ 재료의 변형이 일어나는 한계응력도이다.
④ 재료가 받을 수 있는 허용하중을 나타내는 것이다.

해 안전율: 안전의 정도를 표시하는 것으로서 재료의 파괴응력도(破壞應力度)와 허용응력도(許容應力度)의 비율

답 ①

147 ☆☆☆☆☆

양중기의 와이어로프 등 달기구의 안전계수 기준으로 옳은 것은? (단, 화물의 하중을 직접 지지하는 달기와이어로프 또는 달기체인의 경우)

① 3 이상 ② 4 이상 ③ 5 이상 ④ 6 이상

해 화물의 하중을 직접 지지하는 달기와이어 로프 또는 달기체인의 경우: 5 이상

답 ③

148 ☆☆

항타기 또는 항발기의 권상용 와이어로프의 안전계수 기준으로 옳은 것은?

① 3 이상 ② 5 이상 ③ 8 이상 ④ 10 이상

해 화물의 하중을 직접 지지하는 달기와이어로프 또는 달기체인의 경우: 5 이상

답 ②

149 ☆

고소작업대 구조에서 작업대를 상승 또는 하강시킬 때 사용하는 체인의 안전율은 최소 얼마 이상인가?

① 2 ② 5 ③ 10 ④ 12

해 작업대를 와이어로프 또는 체인으로 올리거나 내릴 경우에는 와이어로프 또는 체인이 끊어져 작업대가 떨어지지 아니하는 구조여야 하며, 와이어로프 또는 체인의 안전율은 5 이상일 것

답 ②

150 ☆

터널 지보공을 설치한 경우에 수시로 점검하여야 할 사항에 해당하지 않는 것은?

① 기둥침하의 유무 및 상태
② 부재의 긴압 정도
③ 매설물 등의 유무 또는 상태
④ 부재의 접속부 및 교차부의 상태

해 사업주는 터널 지보공을 설치한 경우에 다음 각 호의 사항을 수시로 점검하여야 하며, 이상을 발견한 경우에는 즉시 보강하거나 보수하여야 한다.

1. 부재의 손상·변형·부식·변위 탈락의 유무 및 상태
2. 부재의 긴압 정도
3. 부재의 접속부 및 교차부의 상태
4. 기둥 침하의 유무 및 상태

답 ③

151 ☆☆☆

흙막이 지보공을 설치하였을 때 붕괴 등의 위험방지를 위하여 정기적으로 점검하고, 이상 발견 시 즉시 보수하여야 하는 사항이 아닌 것은?

① 침하의 정도
② 버팀대의 긴압의 정도
③ 지형·지질 및 지층상태
④ 부재의 손상·변형·변위 및 탈락의 유무와 상태

해 사업주는 흙막이 지보공을 설치하였을 때에는 정기적으로 다음 각 호의 사항을 점검하고 이상을 발견하면 즉시 보수하여야 한다.

1. 부재의 손상·변형·부식·변위 및 탈락의 유무와 상태
2. 버팀대의 긴압(緊壓)의 정도
3. 부재의 접속부·부착부 및 교차부의 상태
4. 침하의 정도

답 ③

152 ☆

트렌치 굴착시 흙막이 지보공을 설치하지 않는 경우 굴착 깊이는 몇m 이하로 해야 하는가?

① 1.5m ② 2m ③ 3.5m ④ 4m

해 흙막이 지보공을 설치하지 않는 경우 굴착깊이는 1.5미터 이하로 하여야 한다.

답 ①

153 ☆☆

잠함 또는 우물통의 내부에서 근로자가 굴착 작업을 하는 경우의 준수사항으로 옳지 않은 것은?

① 산소결핍 우려가 있는 경우에는 산소의 농도를 측정하는 사람을 지명하여 측정하도록 할 것
② 근로자가 안전하게 오르내리기 위한 설비를 설치할 것
③ 굴착 깊이가 20m를 초과하는 경우에는 해당 작업장소와 외부와의 연락을 위한 통신설비 등을 설치할 것
④ 잠함 또는 우물통의 급격한 침하에 의한 위험을 방지하기 위하여 바닥으로부터 천장 또는 보까지의 높이는 2m 이내로 할 것

해 ④: 바닥으로부터 천장 또는 보까지의 높이는 1.8미터 이상으로 할 것

사업주는 잠함, 우물통, 수직갱, 그 밖에 이와 유사한 건설물 또는 설비(이하 "잠함등"이라 한다)의 내부에서 굴착작업을 하는 경우에 다음 각 호의 사항을 준수하여야 한다.

1. 산소 결핍 우려가 있는 경우에는 산소의 농도를 측정하는 사람을 지명하여 측정하도록 할 것
2. 근로자가 안전하게 오르내리기 위한 설비를 설치할 것
3. 굴착 깊이가 20미터를 초과하는 경우에는 해당 작업장소와 외부와의 연락을 위한 통신설비 등을 설치할 것

답 ④

154 ☆☆

옹벽 축조를 위한 굴착작업에 관한 설명으로 옳지 않은 것은?

① 수평 방향으로 연속적으로 시공한다.
② 하나의 구간을 굴착하면 방치하지 말고 기초 및 본체구조물 축조를 마무리한다.
③ 절취경사면에 전석, 낙석의 우려가 있고 혹은 장기간 방치할 경우에는 숏크리트, 록볼트, 캔버스 및 모르타르 등으로 방호 한다.
④ 작업위치 좌우에 만일의 경우에 대비한 대피통로를 확보하여 둔다.

해 수평 방향으로 연속적으로 시공하지 않고, 분단 시공을 한다.

답 ①

155 ☆

양끝이 힌지(Hinge)인 기둥에 수직하중을 가하면 기둥이 수평방향으로 휘게 되는 현상은?

① 피로한계 ② 파괴한계
③ 좌굴 ④ 부재 안전도

해 좌굴: 양끝이 힌지(Hinge)인 기둥에 수직하중을 가하면 기둥이 수평방향으로 휘게 되는 현상

답 ③

156 ☆☆

옹벽이 외력에 대하여 안정하기 위한 검토 조건이 아닌 것은?

① 전도 ② 활동
③ 좌굴 ④ 지반 지지력

해 옹벽의 안정조건: 활동/전도/지지력

답 ③

157 ☆☆

옹벽의 활동에 대한 저항력은 옹벽에 작용하는 수평력보다 최소 몇 배 이상 되어야 안전한가?

① 0.5 ② 1.0 ③ 1.5 ④ 2.0

해 활동에 대한 안전율은 1.5(지진시 토압에 대해서는 1.2) 이상으로 한다. 다만, 옹벽 전면 흙에 의한 수동토압을 활동저항력에 포함할 경우의 안전율은 2.0 이상으로 한다. 옹벽저판의 깊이는 동결심도보다 깊어야 하며 최소한 1m 이상으로 한다.

답 ③

158 ☆☆☆

철근의 인력 운반 방법에 관한 설명으로 옳지 않는 것은?

① 긴 철근은 두 사람이 1조가 되어 같은 쪽의 어깨에 메고 운반한다.
② 양끝은 묶어서 운반한다.
③ 1회 운반 시 1인당 무게는 50kg 정도로 한다.
④ 공동작업 시 신호에 따라 작업한다.

해 운반 시 1인당 무게는 25kg 정도가 적당하다.

답 ③

159 ☆

운반작업 중 요통을 일으키는 인자와 가장 거리가 먼 것은?

① 물긴의 중량 ② 직입 자세
③ 작업 시간 ④ 물건의 표면마감 종류

해 요통 일으키는 인자
물건 중량 및 형태/작업 자세 및 시간

답 ④

160 ☆

콘크리트용 거푸집의 재료에 해당되지 않는 것은?

① 철재 ② 목재 ③ 석면 ④ 경금속

해 거푸집 재료: 철재/목재/경금속(알루미늄)

답 ③

161 ☆☆

강재 거푸집과 비교한 합판 거푸집의 특성이 아닌 것은?

① 외기 온도의 영향이 적다.
② 녹이 슬지 않음으로 보관하기가 쉽다.
③ 중량이 무겁다.
④ 보수가 간단하다.

해 합판보다 강재가 더 무겁다.

답 ③

162 ☆

사다리를 설치하여 사용함에 있어 사다리 지주 끝에 사용하는 미끄럼 방지재료로 적당하지 않은 것은?

① 고무 ② 코르크 ③ 가죽 ④ 비닐

해 사다리 지주의 끝에 고무, 코르크, 가죽, 강스파이크 등을 부착시켜 바닥과의 미끄럼을 방지하는 안전장치가 있어야 한다.

답 ④

163 ☆

콘크리트의 양생 방법이 아닌 것은?

① 습윤 양생 ② 건조 양생
③ 증기 양생 ④ 전열 양생

해 양생 종류

구분	내용
습윤 양생	수분 가해 콘크리트를 수분있는 상태에서 마를 때까지 보존하는 방법
증기 양생	일반적 거푸집 존치기간보다 짧은 기간 내에 거푸집 제거하고 소요 강도를 얻기 위해 고온 증기로 시멘트 수화반응을 촉진시키는 방법
전열 양생	전열선을 콘크리트 주위에 배치하고 캔버스로 덮어 주위 공기를 따뜻하게 하는 방법
피막 양생	콘크리트를 습윤 양생할 수 없거나 장기간 양생할 때 콘크리트 노출 표면에 비닐 혹은 아스팔트 유제 따위를 도장하여 방수막을 형성해 수분 증발 방지하는 방법
오토클레이브 양생	고온 고압의 가마 속에 콘크리트를 넣어 콘크리트 치기가 끝난 후 온동/하중/충격 따위의 유해 영향을 받지 않도록 양생하는 방법

답 ④

164 ☆

콘크리트 양생작업에 관한 설명 중 옳지 않은 것은?

① 콘크리트 타설 후 소요기간까지 경화에 필요한 조건을 유지시켜주는 작업이다.
② 양생 기간 중에 예상되는 진동, 충격, 하중 등의 유해한 작용으로부터 보호하여야 한다.
③ 습윤양생 시 일광을 최대한 도입하여 수화작용을 촉진하도록 한다.
④ 습윤양생 시 거푸집판이 건조될 우려가 있는 경우에는 살수하여야 한다.

해 습윤양생 시 일광을 최대한 피해야 된다.

답 ③

165 ☆☆☆

하루의 평균기온이 4°C 이하로 될 것이 예상되는 기상조건에서 낮에도 콘크리트가 동결의 우려가 있는 경우 사용되는 콘크리트는?

① 고강도 콘크리트 ② 경량 콘크리트
③ 서중 콘크리트 ④ 한중 콘크리트

해 콘크리트 종류

구분	내용
한중 콘크리트	하루의 평균기온이 4℃ 이하로 될 것이 예상되는 기상조건에서 낮에도 콘크리트가 동결의 우려가 있는 경우 사용되는 콘크리트
고강도 콘크리트	단위 면적당 재료적인 효과가 높아 설계시 부재 단면의 최소화를 통해 넓은 공간을 확보할 수 있으며, 자중을 감소시킬 수 있는 부차적인 효과를 가진 콘크리트
경량 콘크리트	기건 비중이 2.0이하인 콘크리트
서중 콘크리트	기온이 30℃를 넘으면 서중 콘크리트 사용한다.
저발열 콘크리트	콘크리트 균열을 방지하기 위해 고성능 AE감수제를 사용하여 낮은 물 시멘트 비로 분말슬래그, 플라이애쉬 등을 시멘트와 혼합시켜 수화열을 낮추고 균열을 최대한 억제할 수 있는 콘크리트
매스 콘크리트	두께가 80cm 이상인 슬래브 구조물이나 하단이 구속된 두께가 50cm이상인 옹벽 구조물 등은 매스 콘크리트로 시공한다.
유동화 콘크리트	베이스 콘크리트(base concrete)에 유동화제를 첨가하여 이것을 다시 비벼 유동성을 증대시킨 것
수중 콘크리트	높은 점성과 유동성을 부여하여 수밀성과 내구성 있는 콘크리트로 수중에서도 완벽한 구조물을 만들 수 있도록 한다
수밀 콘크리트	단위 굵은 골재량은 많이 사용하여 수밀성을 높인다.
프리팩트 콘크리트	일정한 입도를 갖는 굵은 골재를 거푸집에 미리 채워 놓고 이 굵은 골재 사이의 공극에 특수한 모르타르를 적당한 압력으로 주입하여 만든 콘크리트
숏 콘크리트	뿜어 붙이기 콘크리트인 숏크리트(shotcrete)는 압축 공기를 이용하여 배관을 통해 운반된 모르타르나 콘크리트를 뿜어 타설하는 방법

답 ④

166 ☆

조강포틀랜드 시멘트를 사용한 콘크리트의 압축강도를 시험하지 않을 경우 거푸집널의 해체 시기로 옳은 것은? (단, 평균기온이 20℃ 이상이면서 기둥의 경우)

① 1일 ② 2일 ③ 3일 ④ 4일

해 일반적으로 콘크리트를 지탱하지 않는 부위, 즉 보옆, 기둥벽 등의 측벽의 경우 10℃ 이상의 온도에서 24시간 이상 양생한 후에 콘크리트 압축강도가 50kgf/㎠ 이상 도달한 경우 거푸집널을 해체할 수 있다.
다만, 거푸집널 존치기간 중의 평균 기온이 10℃ 이상인 경우는 콘크리트 재령이 표에 주어진 재령 이상 경과하면 압축강도시험을 하지 않고도 해체할 수 있다.
거푸집 동바리 해체시기
– 콘크리트 압축강도 시험 시

부재	콘크리트 압축강도(f_{cu})
확대기초/보 옆/ 기둥/벽 등의 측벽	50kgf/cm^2 이상
슬래브 및 보 밑면/ 아치 내면	설계기준강도 • 2/3 ($f_{cu} \geq 2/3 f_{cu}$) 다만, 140kgf/cm^2 이상

– 콘크리트 압축강도 미시험 시

시멘트 종류 / 평균 기온	조강 포틀랜드 시멘트	–보통 포틀랜드 시멘트 –고로슬래그 시멘트 –포틀랜드 포졸란 시멘트(A종) –플라이애시 시멘트(A종)	–고로슬래그 시멘트(특급) –포틀랜드 포졸란 –시멘트(B종) –플라이애시 시멘트(B종)
20℃이상	2일	4일	5일
20℃미만 ~10℃이상	3일	6일	8일

(기초/보옆/기둥/벽의 측벽)

답 ②

167 ☆

도심지에서 주변에 주요 시설물이 있을 때 침하와 변위를 적게 할 수 있는 가장 적당한 흙막이 공법은?

① 동결공법 ② 샌드드레인공법
③ 지하연속벽공법 ④ 뉴매틱케이슨공법

해 지하연속벽공법(슬러리월)에 대한 설명이다.

답 ③

168 ☆

콘크리트 타설 후 물이나 미세한 불순물이 분리 상승하여 콘크리트 표면에 떠오르는 현상을 가리키는 용어와 이때 표면에 발생하는 미세한 물질을 가리키는 용어를 옳게 나열한 것은?

① 블리딩-레이턴스 ② 보링-샌드드레인
③ 히빙-슬라임 ④ 블로우홀-슬래그

해 블리딩: 재료분리 현상으로 콘크리트 타설 후 물이나 미세한 불순물이 분리 상승하여 콘크리트 표면에 떠오르는 현상
레이턴스: 콘크리트 표면에 떠오르는 현상

답 ①

169

다음 중 흙막이 공법에 해당하지 않는 것은?

① Soil Cement Wall

② Cast In concrete Pile

③ 지하연속벽공법

④ Sand Compaction Pile

해 흙막이 공법 종류

지지방식에 의한 분류	• 수평 버팀대식 흙막이 공법 • 자립 공법 • 어스앵커 공법 • 타이로드 공법
구조방식에 의한 분류	• H−Pile 공법 • 지하연속벽 공법 • Top down(역타공) 공법 • 강제 널말뚝 공법 • C.I.P 공법 • S.C.W 공법

답 ④

170

층고가 높은 슬래브 거푸집 하부에 적용하는 무지주 공법이 아닌 것은?

① 보우빔(bow beam)

② 철근일체형 데크플레이트(deck plate)

③ 페코빔(pecco beam)

④ 솔져시스템(soldier system)

해 솔져시스템: 데크플레이트 합벽이라고도 하며 브레이스프레임이라고도 한다. 지하층 합벽 지지용 거푸집동바리 시스템이다.

답 ④

171

철골구조물의 건립 순서를 계획할 때 일반적인 주의사항으로 틀린 것은?

① 현장건립 순서와 공장제작 순서를 일치시킨다.

② 건립기계의 작업반경과 진행방향을 고려하여 조립 순서를 결정한다.

③ 건립 중 가볼트 체결기간을 가급적 길게하여 안정을 기한다.

④ 연속기둥 설치시 기둥을 2개 세우면 기둥사이의 보도 동시에 설치하도록 한다.

해 건립순서를 계획할 때는 다음 각 목의 사항을 검토하여야 한다.

1. 철골건립에 있어서는 현장건립순서와 공 장제작순서가 일치되도록 계획하고 제작 검사의 사전실시, 현장운반계획 등을 확 인하여야 한다.
2. 어느 한면만을 2절점 이상 동시에 세우는 것은 피해야 하며 1스팬 이상 수평방향으로도 조립이 진행되도록 계획하여 좌굴, 탈락에 의한 도괴를 방지하여야 한다.
3. 건립기계의 작업반경과 진행방향을 고려하여 조립순서를 결정하고 조립 설치된 부재에 의해 후속작업이 지장을 받지 않도록 계획하여야 한다.
4. 연속기둥 설치시 기둥을 2개 세우면 기둥 사이의 보를 동시에 설치하도록 하며 그 다음의 기둥을 세울 때에도 계속 보를 연 결시킴으로써 좌굴 및 편심에 의한 탈락 방지 등의 안전성을 확보하면서 건립을 진행시켜야 한다.
5. 건립 중 도괴를 방지하기 위하여 가볼트 체결기간을 단축시킬 수 있도록 후속공사를 계획하여야 한다.

답 ③

172 ☆

철골기둥 건립 작업 시 붕괴·도괴 방지를 위하여 베이스 플레이트의 하단은 기준 높이 및 인접기둥의 높이에서 얼마 이상 벗어나지 않아야 하는가?

① 2mm ② 3mm ③ 4mm ④ 5mm

해 앵커볼트를 매립하는 정밀도는 다음 각 목의 범위 내이어야 한다.

1. 기둥 중심은 기준선 및 인접 기둥의 중심에서 5밀리미터 이상 벗어나지 않을 것
2. 인접 기둥간 중심거리의 오차는 3밀리리터 이하일 것
3. 앵커볼트는 기둥 중심에서 2밀리미터 이상 벗어나지 않을 것
4. 베이스 플레이트의 하단은 기준 높이 및 인접 기둥의 높이에서 3밀리미터 이상 벗어나지 않을 것

답 ②

173 ☆

산업안전보건법령에 따라 안전관리자와 보건관리자의 직무를 분류할 때 안전관리자의 직무를 분류할 때 안전관리자의 직무에 해당되지 않는 것은?

① 산업재해에 관한 통계의 유지·관리·분석을 위한 보좌 및 조언 지도
② 산업재해 발생의 원인 조사·분석 및 재발 방지를 위한 기술적 보좌 및 조언 지도
③ 해당 사업장 안전교육계획의 수립 및 안전교육 실시에 관한 보좌 및 조언 지도
④ 국소 배기장치 등에 관한 설비의 점검과 작업방법의 공학적 개선에 관한 보좌 및 조언 지도

해 ④: 보건관리자 직무

안전관리자 직무
• 업무 수행 내용의 기록·유지 • 사업장 순회점검, 지도 및 조치 건의 • 위험성평가에 관한 보좌 및 지도·조언 • 산업재해에 관한 통계의 유지·관리·분석을 위한 보좌 및 지도·조언 • 해당 사업장 안전교육 계획의 수립 및 안전교육 실시에 관한 보좌 및 지도·조언 • 산업재해 발생의 원인 조사·분석 및 재발 방지를 위한 기술적 보좌 및 지도·조언 • 법 또는 법에 따른 명령으로 정한 안전에 관한 사항 이행에 관한 보좌 및 지도·조언 • 안전인증대상기계등과 자율안전확인대상기계등 구입 시 적격품의 선정에 관한 보좌 및 지도·조언 • 산업안전보건위원회 또는 안전 및 보건에 관한 노사협의체에서 심의·의결한 업무와 안전보건관리규정 및 취업규칙에서 정한 업무 • 그 밖에 안전에 관한 사항으로서 고용노동부장관이 정하는 사항

답 ④

174 ☆

공사금액이 500억원인 건설업 공사에서 선임해야 할 최소 안전관리자 수는?

① 1명 ② 2명 ③ 3명 ④ 4명

해 공사금액 50 이상 800억 미만 건설업은 안전관리자 1명 이상 선임해야 된다.

답 ①

175 ☆

산업안전보건관리비에 관한 설명으로 옳지 않은 것은?

① 발주자는 수급인이 안전관리비를 다른 목적으로 사용한 금액에 대해서는 계약금액에서 감액 조정할 수 있다.

② 발주자는 수급인이 안전관리비를 사용하지 아니한 금액에 대하여는 반환을 요구할 수 있다.

③ 자기공사자는 원가계산에 의한 예정가격 작성 시 안전관리비를 계상한다.

④ 발주자는 설계변경 등으로 대상액의 변동이 있는 경우 공사 완료 후 정산하여야 한다.

해 발주자 또는 자기공사자는 설계변경 등으로 대상액의 변동이 있는 경우 지체없이 안전보건관리비를 조정 계상하여야 한다.

답 ④

176 ☆

다음의 건설공사 현장 중에서 재해예방 기술지도를 받아야 하는 대상공사에 해당하지 않는 것은?

① 공사금액 5억원인 건축공사

② 공사금액 140억원인 토목공사

③ 공사금액 5천만원인 전기공사

④ 공사금액 2억원인 정보통신공사

해 재해예방 기술지도 받아야 하는 대상공사
공사금액 1억원 이상 120억원(「건설산업기본법 시행령」 별표1의 종합공사를 시공하는 업종의 건설업종란 제1호의 토목공사업에 속하는 공사는 150억원) 미만인 공사

답 ③

177 ☆☆

건설업 산업안전보건관리비 계상 및 사용기준을 적용하는 공사금액 기준을 적용하는 공사금액 기준으로 옳은 것은?

① 총공사금액 1천만원 이상인 공사

② 총공사금액 2천만원 이상인 공사

③ 총공사금액 4천만원 이상인 공사

④ 총공사금액 1억원 이상인 공사

해 건설업 산업안전보건관리비 계상 및 사용기준에 적용되는 건설공사는 총 공사금액 2천만원 이상인 공사이다.

답 ②

178 ☆

다음은 공사진척에 따른 안전관리비의 사용 기준이다. (　　)에 들어갈 내용으로 옳은 것은?

공정률	50% 이상 70% 미만	70% 이상 90% 미만	90% 이상
사용 기준	(　　)	70% 이상	90% 이상

① 30% 이상　② 40% 이상
③ 50% 이상　④ 60% 이상

해 공사진척에 따른 안전관리비 사용기준

공정률	50% 이상 70% 미만	70% 이상 90% 미만	90% 이상
사용기준	50% 이상	70% 이상	90% 이상

답 ③

179 ☆☆

공사 종류 및 규모별 안전관리비 계상 기준표에서 공사 종류의 명칭에 해당되지 않는 것은?

① 건축공사　② 일반건설공사(병)
③ 토목공사　④ 중건설공사

해 공사 종류
1. 건축공사
2. 토목공사
3. 중건설공사
4. 특수건설공사

답 ②

180 ☆☆☆

안전관리비의 사용 항목에 해당하지 않는 것은?

① 안전시설비
② 개인보호구 구입비
③ 접대비
④ 사업장의 안전보건진단비

해 도급인과 자기공사자는 안전보건관리비를 산업재해예방 목적으로 다음 각 호의 기준에 따라 사용하여야 한다.
1. 안전관리자·보건관리자의 임금 등
2. 안전시설비 등
3. 보호구 등
4. 안전보건진단비 등
5. 안전보건교육비 등
6. 근로자 건강장해예방비 등
7. 건설재해예방전문지도기관의 지도에 대한 대가로 지급하는 비용
8. 본사 전담조직 근로자 임금
9. 위험성평가에 따른 소요비용

답 ③

181 ☆☆

건설업 산업안전보건관리비의 사용항목이 아닌 것은?

① 안전관리계획서 작성비용
② 안전관리자 인건비
③ 안전시설비
④ 안전진단비

해 윗 해설 참조

답 ①

182 ☆☆

산업안전보건관리비 중 안전시설비 등의 항목에서 사용가능한 내역은?

① 보호구의 구입·수리·관리 등에 소요되는 비용
② 용접 작업 등 화재 위험작업 시 사용하는 소화기의 구입·임대비용
③ 유해위험방지계획서의 작성 등에 소요되는 비용
④ 중대재해 목격으로 발생한 정신질환을 치료하기 위해 소요되는 비용

해 ①: 보호구 등
③: 안전보건진단비 등
④: 근로자 건강장해예방비 등

답 ②

183 ☆☆☆

다음은 산업안전보건법령에 따른 승강설비의 설치에 관한 내용이다. (　　) 에 들어갈 내용으로 옳은 것은?

> 사업주는 높이 또는 깊이가 (　　)를 초과하는 장소에서 작업하는 경우 해당 작업에 종사하는 근로자가 안전하게 승강하기 위한 건설용 리프트 등의 설비를 설치해야 한다. 다만, 승강설비를 설치하는 것이 작업 성질상 곤란한 경우에는 그렇지 않다.

① 2m　② 3m　③ 4m　④ 5m

해 사업주는 높이 또는 깊이가 2미터를 초과하는 장소에서 작업하는 경우 해당 작업에 종사하는 근로자가 안전하게 승강하기 위한 건설용 리프트 등의 설비를 설치해야 한다. 다만, 승강설비를 설치하는 것이 작업의 성질상 곤란한 경우에는 그렇지 않다.

답 ①

184 ☆

화물자동차에서 짐 싣는 작업 또는 내리는 작업할 때 바닥과 짐 윗면과의 높이가 최소 얼마 이상이면 승강설비 설치해야 하는가?

① 1m　② 1.5m　③ 2m　④ 3m

해 사업주는 바닥으로부터 짐 윗면까지의 높이가 2미터 이상인 화물자동차에 짐을 싣는 작업 또는 내리는 작업을 하는 경우에는 근로자의 추가 위험을 방지하기 위하여 해당 작업에 종사하는 근로자가 바닥과 적재함의 짐 윗면 간을 안전하게 오르내리기 위한 설비를 설치하여야 한다.

답 ③

185 ☆

굴착공사표준안전작업지침에 따른 인력굴착 작업 시 굴착면이 높아 계단식 굴착을 할 때 소단의 폭은 수평거리로 얼마 정도하여야 하는가?

① 1m　② 1.5m　③ 2m　④ 2.5m

해 굴착면이 높은 경우는 계단식으로 굴착하고 소단의 폭은 수평거리 2미터 정도로 하여야 한다.

답 ③

186 ☆☆

토사 붕괴 시의 조치사항으로 거리가 먼 것은?

① 대피통로 확보 ② 동시작업 금지
③ 2차 재해 방지 ④ 굴착공법 선정

해 토사 붕괴 시의 조치사항
- 동시작업의 금지
  붕괴토석의 최대 도달거리 범위 내에서 굴 착공사, 배수관의 매설, 콘크리트 타설작업 등을 할 경우에는 적절한 보강대책을 강구하여야 한다.
- 대피공간의 확보
  붕괴의 속도는 높이에 비례하므로 수평방향의 활동에 대비하여 작업장 좌우에 피난통로 등을 확보하여야 한다.
- 2차 재해의 방지
  작은 규모의 붕괴가 발생되어 인명구출 등 구조작업 도중에 대형붕괴의 재차 발생을 방지하기 위하여 붕괴면의 주변상황을 충분히 확인하고 2중 안전조치를 강구한 후 복구작업에 임하여야 한다.

답 ④

187 ☆

화재 발생 시 피난하기 위해 사용하는 피난기구가 아닌 것은?

① 간이완강기 ② 피난사다리
③ 구조대 ④ 소화기

해 피난구조설비: 화재가 발생할 경우 피난하기 위하여 사용하는 기구 또는 설비로서 다음 각 목의 것
가. 피난기구
1) 피난사다리
2) 구조대
3) 완강기
4) 간이완강기
5) 그 밖에 화재안전기준으로 정하는 것

답 ④

188 ☆

굴착작업에 있어서 지반의 붕괴 또는 토석의 낙하에 의하여 근로자에게 위험을 미칠 우려가 있는 경우에 사전에 필요한 조치로 거리가 먼 것은?

① 인화성 가스의 농도 측정
② 방호망의 설치
③ 흙막이 지보공의 설치
④ 근로자의 출입금지 조치

해 사업주는 굴착작업에 있어서 지반의 붕괴 또는 토석의 낙하에 의하여 근로자에게 위험을 미칠 우려가 있는 경우에는 미리 흙막이 지보공의 설치, 방호망의 설치 및 근로자의 출입 금지 등 그 위험을 방지하기 위하여 필요한 조치를 하여야 한다.

답 ①

189 ☆☆

채석작업을 하는 경우 지반의 붕괴 또는 토석의 낙하로 인하여 근로자에게 발생할 우려가 있는 위험을 방지하기 위하여 취하여야 할 조치와 가장 거리가 먼 것은?

① 작업 시작 전 작업장소 및 그 주변 지반의 부석과 균열이 유무와 상태 점검
② 함수·용수 및 동결상태의 변화 점검
③ 진동치 속도 점검
④ 발파 후 발파장소 점검

해 사업주는 채석작업을 하는 경우 지반의 붕괴 또는 토석의 낙하로 인하여 근로자에게 발생할 우려가 있는 위험을 방지하기 위하여 다음 각 호의 조치를 하여야 한다.
1. 점검자를 지명하고 당일 작업 시작 전에 작업장소 및 그 주변 지반의 부석과 균열의 유무와 상태, 함수·용수 및 동결상태의 변화를 점검할 것
2. 점검자는 발파 후 그 발파 장소와 그 주변의 부석 및 균열의 유무와 상태를 점검 할 것

답 ③

190 ☆☆

굴착작업 시 근로자의 위험을 방지하기 위하여 해당 작업, 작업장에 대한 사전조사를 실시하여야 하는데 이 사전조사 항목에 포함되지 않는 것은?

① 지반의 지하수위 상태
② 형상·지질 및 지층의 상태
③ 굴착기의 이상 유무
④ 매설물 등의 유무 또는 상태

해 굴착작업 사전조사 항목
1. 형상·지질 및 지층의 상태
2. 균열·함수(含水)·용수 및 동결의 유무 또는 상태
3. 매설물 등의 유무 또는 상태
4. 지반의 지하수위 상태

해 ③

191 ☆

굴착작업을 실시하기 전에 조사하여야 할 사항 중 지하매설물에 해당하지 않는 것은?

① 가스관 ② 상하수도관
③ 암반 ④ 건축물의 기초

해 지하매설물: 가스관, 상수도관, 하수도관, 전력 및 전기통신시설 , 지역난방 배관, 건축물 기초

답 ③

192 ☆☆

굴착작업을 하는 경우 지반의 붕괴 또는 토석의 낙하에 의한 근로자의 위험을 방지하기 위하여 관리감독자로 하여금 작업시작 전에 점검하도록 해야 하는 사항과 가장 거리가 먼 것은?

① 부석·균열의 유무
② 함수·용수
③ 동결상태의 변화
④ 시계의 상태

해 사업주는 굴착작업을 하는 경우 지반의 붕괴 또는 토석의 낙하에 의한 근로자의 위험을 방지하기 위하여 관리감독자에게 작업 시작 전에 작업장소 및 그 주변의 부석·균열의 유무, 함수(含水)·용수(湧水) 및 동결상태의 변화를 점검하도록 하여야 한다.

답 ④

193 ☆

차량계 건설기계의 작업 시 작업시작 전 점검사항에 해당되는 것은?

① 권과방지장치의 이상유무
② 브레이크 및 클러치의 기능
③ 슬링·와이어 슬링의 매달린 상태
④ 언로드밸브의 이상유무

해 ①: 크레인 작업시작 전 점검사항
③: 슬링 등을 사용한 작업시작 전 점검사항
④: 공기압축기 가동 작업시작 전 점검사항

답 ②

194 ☆☆

차량계 건설기계의 작업계획서 작성 시 그 내용에 포함되어야 할 사항이 아닌 것은?

① 사용하는 차량계 건설기계 종류 및 성능
② 차량계 건설기계의 운행 경로
③ 차량계 건설기계에 의한 작업방법
④ 브레이크 및 클러치 등의 기능

해 ④: 차량계 건설기계의 작업 시 작업시작 전 점검사항

차량계건설기계를 사용하는 작업계획서 내용
1. 사용하는 차량계 건설기계 종류 및 성능
2. 차량계 건설기계의 운행경로
3. 차량계 건설기계에 의한 작업방법

답 ④

195 ☆☆☆

중량물의 취급작업 시 근로자의 위험을 방지하기 위하여 사전에 작성하여야 하는 작업계획서 내용에 해당되지 않는 것은?

① 추락위험을 예방할 수 있는 안전대책
② 낙하위험을 예방할 수 있는 안전대책
③ 전도위험을 예방할 수 있는 안전대책
④ 침수위험을 예방할 수 있는 안전대책

해 중량물 취급에 따른 작업계획서 포함사항
1. 추락위험을 예방할 수 있는 안전대책
2. 낙하위험을 예방할 수 있는 안전대책
3. 전도위험을 예방할 수 있는 안전대책
4. 협착위험을 예방할 수 있는 안전대책
5. 붕괴위험을 예방할 수 있는 안전대책

답 ④

196 ☆

채석작업을 하는 때 채석작업계획에 포함되어야 하는 사항에 해당되지 않는 것은?

① 굴착면의 높이와 기울기
② 기둥침하의 유무 및 상태 확인
③ 암석의 분할방법
④ 표토 또는 용수의 처리방법

해 채석작업 작업계획서
가. 노천굴착과 갱내굴착의 구별, 채석방법
나. 굴착면 높이와 기울기
다. 굴착면 소단(小段: 비탈면의 경사를 완화시키기 위해 중간에 좁은 폭으로 설치하는 평탄한 부분)의 위치와 넓이
라. 갱내에서의 낙반 및 붕괴방지 방법
마. 발파방법
바. 암석의 분할방법
사. 암석의 가공장소
아. 사용하는 굴착기계·분할기계·적재기계 또는 운반기계(이하 "굴착기계등"이라 한다)의 종류 및 성능
자. 토석 또는 암석의 적재 및 운반방법과 운반경로
차. 표토 또는 용수(湧水)의 처리방법

답 ②

197 ☆

산업안전보건법령에 따른 크레인을 사용하여 작업을 하는 때 작업 시작 전 점검사항에 해당되지 않는 것은?

① 권과방지장치·브레이크·클러치 및 운전장치의 기능
② 주행로의 상측 및 트롤리(trolleyy)가 횡행하는 레일의 상태
③ 원동기 및 풀리(pulley)기능의 이상 유무
④ 와이어로프가 통하고 있는 곳의 상태

해 ③: 컨베이어 이용 작업 시작 전 점검사항

답 ③

198 ☆☆☆☆

고소작업대를 사용하는 경우 준수해야 할 사항으로 옳지 않은 것은?

① 안전한 작업을 위하여 적정수준의 조도를 유지할 것
② 전로(電路)에 근접하여 작업을 하는 경우에는 작업감시자를 배치하는 등 감전사고를 방지하기 위하여 필요한 조치를 할 것
③ 작업대의 붐대를 상승시킨 상태에서 탑승자는 작업대를 벗어나지 말 것
④ 전환스위치는 다른 물체를 이용하여 고정할 것

해 전환스위치는 다른 물체를 이용하여 고정하지 말 것

답 ④

199 ☆

고소작업대가 갖추어야 할 설치조건으로 옳지 않은 것은?

① 작업대를 와이어로프 또는 체인으로 올리거나 내릴 경우에는 와이어로프 또는 체인이 끊어져 작업대가 떨어지지 아니하는 구조여야 하며, 와이어로프 또는 체인의 안전율은 3 이상일 것

② 작업대를 유압에 의해 올리거나 내릴 경우에는 작업대를 일정한 위치에 유지할 수 있는 장치를 갖추고 압력의 이상 저하를 방지할 수 있는 구조일 것

③ 작업대에 정격하중(안전율 5 이상)을 표시할 것

④ 작업대에 끼임·충돌 등 재해를 예방하기 위한 가드 또는 과상승 방지장치를 설치할 것

해 작업대를 와이어로프 또는 체인으로 올리거나 내릴 경우에는 와이어로프 또는 체인이 끊어져 작업대가 떨어지지 아니하는 구조여야 하며, 와이어로프 또는 체인의 안전율은 5 이상일 것

답 ①

200 ☆

건축물의 층고가 높아지면서, 현장에서 고소작업대의 사용이 증가하고 있다. 고소작업대의 사용 및 설치기준으로 옳은 것은?

① 작업대를 와이어로프 또는 체인으로 올리거나 내릴 경우에는 와이어로프 또는 체인의 안전율은 10 이상일 것

② 작업대를 올린 상태에서 항상 작업자를 태우고 이동할 것

③ 바닥과 고소작업대는 가능하면 수직을 유지하도록 할 것

④ 갑작스러운 이동을 방지하기 위하여 아웃트리거(outrigger) 또는 브레이크 등을 확실히 사용할 것

해 ①: 작업대를 와이어로프 또는 체인으로 올리거나 내릴 경우에는 와이어로프 또는 체인이 끊어져 작업대가 떨어지지 아니하는 구조여야 하며, 와이어로프 또는 체인의 안전율은 5 이상일 것

②: 작업대를 올린 상태에서 작업자를 태우고 이동하지 말 것. 다만, 이동 중 전도 등의 위험예방을 위하여 유도하는 사람을 배치하고 짧은 구간을 이동하는 경우에는 그러하지 아니하다.

③: 바닥과 고소작업대는 가능하면 수평을 유지하도록 할 것

답 ④

201 ☆☆

항타기 및 항발기를 조립하는 경우 점검하여야 할 사항이 아닌 것은?

① 과부하장치 및 제동장치의 이상 유무
② 권상장치의 브레이크 및 쐐기장치 기능의 이상 유무
③ 본체 연결부의 풀림 또는 손상의 유무
④ 권상기의 설치상태의 이상 유무

해 사업주는 항타기 또는 항발기를 조립하거나 해체하는 경우 다음 각 호의 사항을 점검해야 한다.
1. 본체 연결부의 풀림 또는 손상의 유무
2. 권상용 와이어로프·드럼 및 도르래의 부착상태의 이상 유무
3. 권상장치의 브레이크 및 쐐기장치 기능의 이상 유무
4. 권상기의 설치상태의 이상 유무
5. 리더(leader)의 버팀 방법 및 고정상태의 이상 유무
6. 본체·부속장치 및 부속품의 강도가 적합 한지 여부
7. 본체·부속장치 및 부속품에 심한 손상·마모·변형 또는 부식이 있는지 여부

답 ①

202 ☆

옥내작업장에는 비상시에 근로자에게 신속하게 알리기 위한 경보용 설비 또는 기구를 설치하여야 한다. 그 설치대상 기준으로 옳은 것은?

① 연면적이 400m^2 이상이거나 상시 40명 이상의 근로자가 작업하는 옥내작업장
② 연면적이 400m^2 이상이거나 상시 50명 이상의 근로자가 작업하는 옥내작업장
③ 연면적이 500m^2 이상이거나 상시 40명 이상의 근로자가 작업하는 옥내작업장
④ 연면적이 500m^2 이상이거나 상시 50명 이상의 근로자가 작업하는 옥내작업장

해 사업주는 연면적이 400제곱미터 이상이거나 상시 50명 이상의 근로자가 작업하는 옥내작업장에는 비상시에 근로자에게 신속하게 알리기 위한 경보용 설비 또는 기구를 설치하여야 한다.

답 ②

203 ☆☆☆☆

콘크리트 타설 작업을 하는 경우에 준수해야 할 사항으로 옳지 않은 것은?

① 콘크리트를 타설하는 경우에는 편심을 유발하여 한쪽 부분부터 밀실하게 타설되도록 유도할 것
② 당일의 작업을 시작하기 전에 해당 작업에 관한 거푸집동바리등의 변형·변위 및 지반의 침하 유무 등을 점검하고 이상이 있으며 보수할 것
③ 작업 중에는 거푸집동바리등의 변형·변위 및 침하 유무 등을 감시할 수 있는 감시자를 배치하여 이상이 있으면 작업을 중지하고 근로자를 대피시킬 것
④ 설계도서상의 콘크리트 양생기간을 준수하여 거푸집동바리등을 해체할 것

해 콘크리트를 타설하는 경우에는 편심이 발생하지 않도록 골고루 분산하여 타설할 것

답 ①

204 ☆

콘크리트 타설 시 안전수칙으로 옳지 않은 것은?

① 콘크리트 콜드조인트 발생을 억제하기 위하여 한 곳부터 집중타설 한다.
② 타설 순서 및 타설속도를 준수한다.
③ 콘크리트 타설 도중에는 동바리, 거푸집 등의 이상유무를 확인하고 감시인을 배치한다.
④ 진동기의 지나친 사용은 재료분리를 일으킬 수 있으므로 적절히 사용하여야 한다.

해 콘크리트를 타설하는 경우에는 편심이 발생하지 않도록 골고루 분산하여 타설할 것
콜드조인트: 연속된 타설에서, 앞서 타설된 콘크리트가 응고되어 뒤에 타설 된 콘크리트와 융화되지 못한 이음새

답 ①

205 ☆☆☆

콘크리트를 타설할 때 안전상 유의하여야 할 사항으로 옳지 않은 것은?

① 콘크리트를 치는 도중에는 거푸집, 지보공 등의 이상유무를 확인한다.
② 진동기 사용 시 지나친 진동은 거푸집 도괴의 원인이 될 수 있으므로 적절히 사용해야 한다.
③ 최상부의 슬래브는 되도록 이어붓기를 하고 여러 번에 나누어 콘크리트를 타설한다.
④ 타워에 연결되어 있는 슈트의 접속이 확실한지 확인한다.

해 최상부의 슬래브는 되도록 이어붓기를 피하고 한번에 콘크리트 전체를 타설한다.

답 ③

206 ☆

콘크리트 타설 시 안전에 유의해야 할 사항으로 옳지 않은 것은?

① 콘크리트 다짐효과를 위하여 최대한 높은 곳에서 타설한다.
② 타설 순서는 계획에 의하여 실시한다.
③ 콘크리트를 치는 도중에는 거푸집, 동바리 등의 이상 유무를 확인하여야 한다.
④ 타설 시 비어 있는 공간이 발생되지 않도록 밀실하게 부어 넣는다.

해 콘크리트 타설 위치는 호스에서 높이 1.5m 이하로 한다.

답 ①

207 ☆

콘크리트의 재료분리현상 없이 거푸집 내부에 쉽게 타설할 수 있는 정도를 나타내는 것은?

① Workability ② Bleeding
③ Consistency ④ Finishability

해 시공연도: Workability, 콘크리트의 재료분리현상 없이 거푸집 내부에 쉽게 타설할 수 있는 정도 나타내는 것

답 ①

208 ☆☆☆☆☆☆☆☆

콘크리트를 타설할 때 거푸집에 작용하는 콘크리트 측압에 영향을 미치는 요인과 가장 거리가 먼 것은?

① 콘크리트 타설 속도
② 콘크리트 강도
③ 콘크리트 타설 높이
④ 기온

해

콘크리트 측압 커지는 조건

- 타설속도가 빠를수록
- 거푸집 투수성이 낮을수록
- 타설높이가 높을수록
- 콘크리트 온도와 기온이 낮을수록
- 습도 높을수록
- 슬럼프가 클수록
- 콘크리트 질량이 클수록
- 거푸집의 수평단면이 클수록

답 ②

209 ☆☆

거푸집에 가해지는 콘크리트의 측압에 관한 설명 중 옳지 않은 것은?

① 슬럼프가 클수록 크다.
② 거푸집의 수평단면이 클수록 크다.
③ 타설속도가 빠를수록 크다.
④ 거푸집의 강성이 클수록 작다.

해 윗 해설 참조

답 ④

210 ☆☆

다음 (   )안에 들어갈 말로 옳은 것은?

> 콘크리트 측압은 콘크리트 타설속도, (   ), 단위용적중량, 온도, 철근배근상태 등에 따라 달라진다.

① 타설높이 ② 골재의 형상
③ 콘크리트 강도 ④ 박리제

해 윗 해설 참조

답 ①

211 ☆

벽체 콘크리트 타설시 거푸집이 터져서 콘크리트가 쏟아진 사고가 발생하였다. 다음 중 이 사고의 주요 원인으로 추정할 수 있는 것은?

① 콘크리트를 부어 넣는 속도가 빨랐다.
② 거푸집에 박리제를 다량 도포했다.
③ 대기 온도가 매우 높았다.
④ 시멘트 사용량이 많았다.

해 콘크리트 타설속도가 빠르면 측압이 커져서 위험하다.

답 ①

212 ☆

콘크리트 강도에 가장 큰 영향을 주는 것은?

① 골재의 입도 ② 시멘트량
③ 배합방법 ④ 물·시멘트 비

해 물·시멘트 비에 따라 강도가 달라진다.

답 ④

213 ☆☆☆☆

콘크리트 타설용 거푸집에 작용하는 외력 중 연직방향 하중이 아닌 것은?

① 고정하중 ② 충격하중
③ 작업하중 ④ 풍하중

해 연직방향 하중: 자중(자체하중)/고정하중/충격하중/작업하중
횡방향 하중: 풍하중/콘크리트 측압

답 ④

214 ☆☆☆

거푸집 및 동바리 설계 시 적용하는 연직방향 하중에 해당되지 않는 것은?

① 콘크리트의 측압
② 철근콘크리트의 자중
③ 작업하중
④ 충격하중

해 윗 해설 참조

답 ①

215 ☆

철근 콘크리트 공사에서 슬래브에 대하여 거푸집동바리를 설치할 때 고려해야 할 사항으로 가장 거리가 먼 것은?

① 철근콘크리트의 고정하중
② 타설시의 충격하중
③ 콘크리트의 측압에 의한 하중
④ 작업인원과 장비에 의한 하중

해 윗 해설 참조
슬래브에는 연직방향 하중과 관련있다.

답 ③

216 ☆☆

철근콘크리트 공사 시 활용되는 거푸집의 필요조건이 아닌 것은?

① 콘크리트의 하중에 대해 뒤틀림이 없는 강도를 갖출 것
② 콘크리트 내 수분 등에 대한 물빠짐이 원활한 구조를 갖출 것
③ 최소한의 재료로 여러 번 사용할 수 있는 전용성을 가질 것
④ 거푸집은 조립·해체·운반이 용이하도록 할 것

해 거푸집은 수밀성을 갖춰야 한다.

답 ②

217 ☆☆☆☆☆☆☆☆☆

지반의 종류에 따른 굴착면의 기울기 기준으로 옳지 않은 것은?

① 모래 – 1:1.5 ② 연암 – 1:1
③ 풍화암 – 1:1 ④ 경암-1:0.5

해 굴착면 기울기 기준

지반 종류	굴착면 기울기
모래	1 : 1.8
연암 및 풍화암	1 : 1
경암	1 : 0.5
그 밖의 흙	1 : 1.2

답 ①

218 ☆☆☆

다음 그림은 풍화암에서 토사붕괴를 예방하기 위한 기울기를 나타낸 것이다. x값은?

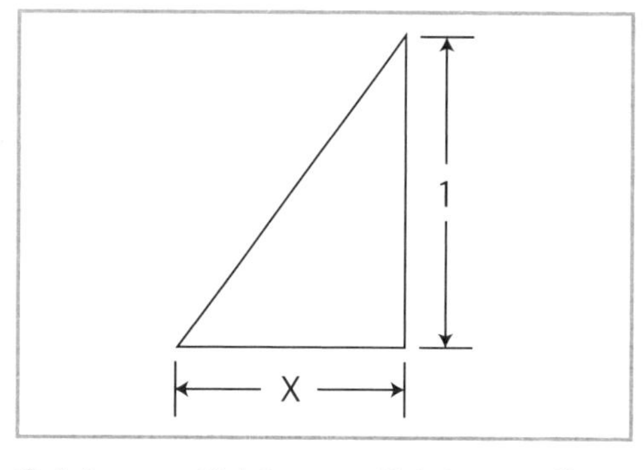

① 1.5 ② 1.0 ③ 0.8 ④ 0.5

해 윗 해설 참조

답 ②

219 ☆

암반사면의 파괴 형태가 아닌 것은?

① 평면파괴 ② 압축파괴
③ 쐐기파괴 ④ 전도파괴

해 암반사면의 붕괴형태
– 원형붕괴(circular failure)
불연속면이 불규칙 뚜렷한 방향성이 없는 경우
– 평면파괴(plane failure)
불연속면이 한방향으로 발달
– 쐐기파괴(plane failure)
불연속면이 두방향으로 발달(불연속면이 교차되는 경우)
– 전도파괴(Toppling failure)
절개면의 경사방향과 불연속면의 경사방향이 반대인 경우

답 ②

220 ☆☆

지반의 사면파괴 유형 중 유한사면의 종류가 아닌 것은?

① 사면내파괴 ② 사면선단파괴
③ 사면저부파괴 ④ 직립사면파괴

해 사면 붕괴는 사면 천단부 붕괴(사면 선단 파괴), 사면 중심부 붕괴(사면 내 파괴), 사면하단부 붕괴(사면 저부(바닥면) 파괴)의 형태이며 작업위치와 붕괴예상지점의 사전조사를 필요로 한다.

천단부 붕괴 (사면 선단 파괴)	– 균일 연약 점토 지반 위에 놓인 비교적 연직 사면일 때 잘 발생 – 사면이 급하고 점착성이 작은 경우 발생
사면 중심부 붕괴 (사면 내 파괴)	– 기초지반 두께가 작고 성토층이 여러 층인 경우 발생
사면하단부 붕괴 (사면 저부(바닥면) 파괴)	– 비교적 토질이 연약한 점착성의 흙이 완만한 사면 위에 놓인 경우 잘 발생

답 ④

221 ☆☆

유한사면에서 사면 기울기가 비교적 완만한 점성토에서 주로 발생되는 사면파괴의 형태는?

① 저부파괴 ② 사면선단파괴
③ 사면내파괴 ④ 국부전단파괴

해 윗 해설 참조

답 ①

222 ☆☆

일반적으로 사면이 가장 위험한 경우는 어느 때인가?

① 사면이 완전 건조 상태일 때
② 사면의 수위가 서서히 상승할 때
③ 사면이 완전 포화 상태일 때
④ 사면의 수위가 급격히 하강할 때

해 사면 안정상 가장 위험한 경우는 사면 수위가 급격히 내려가는 경우이다.

답 ④

223 ☆☆☆☆☆☆☆☆☆

토석이 붕괴되는 원인을 외적요인과 내적요인으로 나눌 때 외적요인으로 볼 수 없는 것은?

① 사면, 법면의 경사 및 기울기의 증가
② 지진발생, 차량 또는 구조물의 중량
③ 공사에 의한 진동 및 반복하중의 증가
④ 절토 사면의 토질, 암질

해 토석이 붕괴되는 외적 원인은 다음 각 호와 같으므로 굴착 작업시에 적절한 조치를 취하여야 한다.

1. 사면, 법면의 경사 및 기울기의 증가
2. 절토 및 성토 높이의 증가
3. 공사에 의한 진동 및 반복 하중의 증가
4. 지표수 및 지하수의 침투에 의한 토사 중량의 증가
5. 지진, 차량, 구조물의 하중작용
6. 토사 및 암석의 혼합층 두께

토석이 붕괴되는 내적 원인은 다음 각 호와 같으므로 굴착작업 시에 적절한 조치를 취하여야 한다.

1. 절토 사면의 토질·암질
2. 성토 사면의 토질구성 및 분포
3. 토석의 강도 저하

답 ④

224 ☆

절토공사 중 발생하는 비탈면 붕괴의 원인과 거리가 먼 것은?

① 함수비 고정으로 인한 균일한 흙의 단위 중량
② 건조로 인하여 점성토의 점착력 상실
③ 점성토의 수축이나 팽창으로 균열 발생
④ 공사진행으로 비탈면 높이와 기울기 증가

해 함수비가 일정하면 붕괴 위험이 줄어든다.

답 ①

225 ☆

비탈면 붕괴를 방지하기 위한 방법으로 옳지 않은 것은?

① 비탈면 상부는 토사 제거
② 지하 배수공 시공
③ 비탈면 하부의 성토
④ 비탈면 내부 수압의 증가 유도

해 비탈면 내부 수압이 증가하면 붕괴위험이 높아진다.

답 ④

226 ☆

비탈면 붕괴 방지를 위한 붕괴방지공법과 가장 거리가 먼 것은?

① 배토공법 ② 압성토공법
③ 공작물의 설치 ④ 언더피닝 공법

해 언더피닝 공법은 기존 구조물이나 기초를 변경 혹은 확대하거나 인접공사 등으로 보완이 필요할 경우 기존구조물을 보강 또는 지지하는 공법이다.

답 ④

227 ☆

비탈면 붕괴 방지를 위한 붕괴방지공법과 가장 거리가 먼 것은?

① 배토공법 ② 압성토공법
③ 공작물의 설치 ④ 웰포인트 공법

해 웰포인트 공법은 지하수위 저하시키는 배수공법이다.

답 ④

228 ☆

토사붕괴를 방지하기 위한 대책으로 붕괴방지공법에 해당되지 않는 것은?

① 배토공법 ② 압성토공법
③ 집수정공법 ④ 공작물의 설치

해 집수정공법: 점성토 배수공법

답 ③

229 ☆

점성토 지반의 개량공법으로 적합하지 않은 것은?

① 바이브로 플로테이션 공법

② 프리로딩 공법

③ 치환공법

④ 페이퍼 드레인공법

해 연약지반 개량공법

점성토 개량 공법	• 치환공법 • 재하(압밀)공법(프리로딩공법/압성토공법/사면선단 재하공법) • 탈수공법(샌드드레인/페이퍼드레인공법) • 배수공법(웰포인트공법/딥웰공법) • 고결공법(생석회 말뚝공법/소결공 법)
사질토 개량 공법	• 진동다짐공법(바이브로 플로테이션공법) • 동다짐(압밀)공법 • 약액주입공법 • 전기충격공법 • 모래다짐말뚝공법 • 폭파다짐공법

답 ①

230 ☆

지반개량공법 중 고결안정공법에 해당하지 않는 것은?

① 생석회 말뚝공법 ② 동결공법

③ 동다짐공법 ④ 소결공법

해 ③: 압밀공법
고결안정공법: 생석회 말뚝공법/동결공법/소결공법

답 ③

231 ☆

연약지반처리공법 중 압밀에 의해 강도를 증가시키는 방법이 아닌 것은?

① 여성토 공법 ② 샌드드레인 공법

③ 고결 공법 ④ 페이퍼드레인 공법

해 고결공법: 시멘트나 약액의 주입 또는 동결에 의해 지반의 불투수화 혹은 도를 증가시키는 공법

답 ③

232 ☆

흙의 안식각과 동일한 의미를 가진 용어는?

① 자연 경사각 ② 비탈면각

③ 시공 경사각 ④ 계획 경사각

해 안식각: 자연 상태에서 암석의 파편이나 풍화생성물이 경사진 면에서 안전(安하게 휴식(息)하며 머물 수 있는 최대각

답 ①

233 ☆

토사붕괴 재해의 발생 원인으로 보기 어려운 것은?

① 부석의 점검을 소홀히 했다.

② 지질조사를 충분히 하지 않았다.

③ 굴착면 상하에서 동시작업을 했다.

④ 안식각으로 굴착했다.

해 윗 해설 참조

답 ④

234 ☆☆

거푸집동바리등을 조립하거나 해체하는 작업을 하는 경우에 준수해야 할 사항으로 옳지 않은 것은?

① 해당 작업을 하는 구역에는 관계 근로자가 아닌 사람의 출입을 금지할 것
② 비, 눈, 그 밖의 기상상태의 불안정으로 날씨가 몹시 나쁜 경우에는 그 작업을 중지할 것
③ 재료, 기구 또는 공구 등을 올리거나 내리는 경우에는 근로자 간 서로 직접 전달하도록 하고, 달줄·달포대 등의 사용을 금할 것
④ 낙하·충격에 의한 돌발적 재해를 방지하기 위하여 버팀목을 설치하고 거푸집동바리등을 인양장비에 매단 후에 작업을 하도록 하는 등 필요한 조치를 할 것

해 재료, 기구 또는 공구 등을 올리거나 내릴 경우에는 근로자로 하여금 달줄, 달포대 등을 사용하도록 할 것

답 ③

235 ☆

터널 지보공을 조립하는 경우에는 미리 그 구조를 검토한 후 조립도를 작성하고, 그 조립도에 따라 조립하도록 하여야 하는데 조립도에 명시해야 할 사항과 가장 거리가 먼 것은?

① 재료의 강도　　② 단면규격
③ 이음방법　　④ 설치간격

해 사업주는 터널 지보공을 조립하는 경우에는 미리 그 구조를 검토한 후 조립도를 작성하고, 그 조립도에 따라 조립하도록 하여야 한다. 조립도에는 재료의 재질, 단면규격, 설치간격 및 이음방법 등을 명시하여야 한다.

답 ①

236 ☆☆

거푸집동바리 조립도에 명시해야 할 사항과 거리가 가장 먼 것은?

① 작업 환경　　② 부재의 재질
③ 단면 규격　　④ 설치 간격

해 사업주는 거푸집 동바리등을 조립하는 경우에는 그 구조를 검토한 후 조립도를 작성하고, 그 조립도에 따라 조립하도록 하여야 한다. 조립도에는 동바리·멍에 등 부재의 재질·단면규격·설치간격 및 이음방법 등을 명시하여야 한다.

답 ①

237 ☆

다음은 산업안전보건기준에 관한 규칙 중 조립도에 관한 사항이다. (　　)안에 알맞은 것은?

> 사업주는 거푸집동바리등을 조립하는 경우에는 그 구조를 검토한 후 조립도를 작성하고, 그 조립도에 따라 조립하도록 하여야 한다. 조립도에는 동바리·멍에 등 부재의 재질·단면규격·(　　) 및 이음방법 등을 명시하여야 한다.

① 부재강도　　② 기울기
③ 표면　　④ 설치간격

해 윗 해설 참조

답 ④

238 ☆☆

철근 콘크리트 공사에서 거푸집동바리의 해체 시기를 결정하는 요인으로 가장 거리가 먼 것은?

① 시방서상 거푸집 존치기간의 경과
② 콘크리트 강도시험 결과
③ 동절기일 경우 적산온도
④ 후속공정의 착수시기

해 거푸집동바리 해체 시기 결정 요인
1. 콘크리트 강도시험 결과
2. 동절기일 경우 적산온도
3. 시방서상 거푸집 존치기간 경과

답 ④

239 ☆

철골공사에서 기둥의 건립작업 시 앵커볼트를 매립할 때 요구되는 정밀도에서 기둥 중심은 기준선 및 인접 기둥의 중심으로부터 얼마 이상 벗어나지 않아야 하는가?

① 3mm ② 5mm ③ 7mm ④ 10mm

해 앵커 볼트를 매립하는 정밀도는 다음 각 목의 범위 내이어야 한다.
1. 기둥 중심은 기준선 및 인접 기둥의 중심에서 5밀리미터 이상 벗어나지 않을 것
2. 인접 기둥간 중심거리의 오차는 3밀리리터 이하일 것
3. 앵커볼트는 기둥 중심에서 2밀리미터 이상 벗어나지 않을 것
4. 베이스 플레이트의 하단은 기준 높이 및 인접 기둥의 높이에서 3밀리미터 이상 벗어나지 않을 것

답 ②

240 ☆

철골공사 시 안전을 위한 사전 검토 계획수립을 할 때 가장 거리가 먼 내용은?

① 추락방지망의 설치
② 사용기계의 용량 및 사용 대수
③ 기상조건의 검토
④ 지하매설물 조사

해 철골공사 시 사전 검토사항
- 설계도 및 공작도 확인
- 추락방지망의 설치
- 사용기계의 용량 및 사용 대수
- 기상조건의 검토
- 신호방법

답 ④

241 ☆☆☆

철골공사에서 용접작업을 실시함에 있어 전격예방을 위한 안전조치 중 옳지 않은 것은?

① 전격방지를 위해 자동전격방지기를 설치한다.
② 우천, 강설 시에는 야외작업을 중단한다.
③ 개로 전압이 낮은 교류 용접기는 사용하지 않는다.
④ 절연 홀더(Holder)를 사용한다.

해 개로 전압이 낮은 교류 용접기는 사용하면 전격방지 가능하다.

답 ③

242 ☆

철공공사의 용접, 용단작업에 사용되는 가스 용기는 최대 몇℃ 이하로 보존해야 하는가?

① 25℃ ② 36℃ ③ 40℃ ④ 48℃

해 용기의 온도를 섭씨 40도 이하로 유지할 것

답 ③

243 ☆☆

철골공사 시 도괴의 위험이 있어 강풍에 대한 안전 여부를 확인해야 할 필요성이 가장 높은 경우는?

① 연면적당 철골량이 일반 건물보다 많은 경우

② 기둥에 H형강을 사용하는 경우

③ 이음부가 공장용접인 경우

④ 단면구조가 현저한 차이가 있으며 높이가 20m 이상인 건물

해 구조안전의 위험이 큰 다음 각 목의 철골구조물은 건립 중 강풍에 의한 풍압등 외압에 대한 내력이 설계에 고려되었는지 확인하여야 한다.

가. 높이 20미터 이상의 구조물

나. 구조물의 폭과 높이의 비가 1:4 이상인 구조물

다. 단면구조에 현저한 차이가 있는 구조물

라. 연면적당 철골량이 50킬로그램/평방미터 이하인 구조물

마. 기둥이 타이플레이트(tie plate)형인 구조물

바. 이음부가 현장용접인 구조물

답 ④

244 ★

유해위험방지계획서를 제출해야 하는 공사의 기준으로 옳지 않은 것은?

① 최대지간길이 30m 이상인 교량 건설등 공사

② 깊이 10m 이상인 굴착공사

③ 터널 건설등의 공사

④ 다목적댐, 발전용댐 및 저수용량 2천만톤 이상의 용수 전용 댐, 지방상수도 전용 댐 건설 등의 공사

해 1. 다음 각 목의 어느 하나에 해당하는 건축 물 또는 시설 등의 건설·개조 또는 해체(이하 "건설등"이라 한다) 공사

가. 지상높이가 31미터 이상인 건축물 또는 인공구조물

나. 연면적 3만제곱미터 이상인 건축물

다. 연면적 5천제곱미터 이상인 시설로서 다음의 어느 하나에 해당하는 시설

1) 문화 및 집회시설(전시장 및 동물원·식물원은 제외한다)

2) 판매시설, 운수시설(고속철도의 역사 및 집배송 시설은 제외한다)

3) 종교시설

4) 의료시설 중 종합병원

5) 숙박시설 중 관광숙박시설

6) 지하도상가

7) 냉동·냉장 창고시설

2. 연면적 5천제곱미터 이상인 냉동·냉장 창고시설의 설비공사 및 단열공사

3. 최대 지간(支間)길이(다리의 기둥과 기둥의 중심사이의 거리)가 50미터 이상인 다리의 건설등 공사

4. 터널의 건설등 공사

5. 다목적댐, 발전용댐, 저수용량 2천만톤 이상의 용수 전용 댐 및 지방상수도 전용댐의 건설 등 공사

6. 깊이 10미터 이상인 굴착공사

답 ①

245 ☆

연면적 6,000m²인 호텔공사의 유해위험방지계획서 확인검사 주기는?

① 1개월 ② 3개월 ③ 5개월 ④ 6개월

해 유해위험방지계획서를 제출한 사업주는 해당 건설물·기계·기구 및 설비의 시운전단계에서, 사업주는 건설공사 중 6개월 이내마다 법에 따라 다음 각 호의 사항에 관하여 공단의 확인을 받아야 한다.

답 ④

246 ☆☆☆

건설공사 유해위험방지계획서 제출 시 공통적으로 제출하여야 할 첨부서류가 아닌 것은?

① 공사 개요서

② 전체 공정표

③ 산업안전보건관리비 사용계획서

④ 가설도로계획서

해 유해위험방지계획서 제출서류

구분	서류
건설업	1. 공사 개요서 2. 공사현장의 주변 현황 및 주변과의 관계를 나타내는 도면(매설물 현황을 포함한다) 3. 전체 공정표 4. 산업안전보건관리비 사용계획서 5. 안전관리 조직표 6. 재해발생 위험 시 연락 및 대피방법
제조업	1. 건축물 각 층의 평면도 2. 기계·설비의 개요를 나타내는 서류 3. 기계·설비의 배치도면 4. 원재료 및 제품의 취급, 제조 등의 작업방법의 개요 5. 그 밖에 고용노동부장관이 정하는 도면 및 서류

답 ④

247 ☆☆

다음 중 유해위험방지계획서 제출 시 첨부해야하는 서류와 가장 거리가 먼 것은?

① 건축물 각 층 평면도

② 기계·설비의 배치도면

③ 원재료 및 제품의 취급, 제조 등의 작업 방법의 개요

④ 비상조치계획서

해 ④: 공정안전보고서 서류

답 ④

248 ☆☆

건설공사 유해위험방지계획서를 제출하는 경우 자격을 갖춘 자의 의견을 들은 후 제출하여야 하는데 이 자격에 해당하지 않는 자는?

① 건설안전기사로서 건설안전관련 실무경력이 4년인 자

② 건설안전기술사

③ 토목시공기술사

④ 건설안전분야 산업안전지도사

해 건설공사를 착공하려는 사업주는 유해위험방지계획서를 작성할 때 건설안전 분야의 자격 등 고용노동부령으로 정하는 자격을 갖춘 자의 의견을 들어야 한다.

1. 건설안전 분야 산업안전지도사
2. 건설안전기술사 또는 토목·건축 분야 기술사
3. 건설안전산업기사 이상의 자격을 취득한 후 건설안전 관련 실무경력이 건설안전기사 이상의 자격은 5년, 건설안전산업기사 자격은 7년 이상인 사람

답 ①

249 ☆

산업안전보건법에 따라 고용노동부장관이 산업재해 예방활동에 대한 참여와 지원을 촉진하기 위하여 근로자, 근로자 단체, 사업주 단체 및 산업재해 예방 관련 전문단체에 소속된 자 중에서 위촉할 수 있는 사람을 무엇이라 하는가?

① 사업재해조사관 ② 관리감독자
③ 명예산업안전감독관 ④ 근로감독관

해 고용노동부장관은 산업재해 예방활동에 대한 참여와 지원을 촉진하기 위하여 근로자, 근로자단체, 사업주단체 및 산업재해 예방 관련 전문단체에 소속된 사람 중에서 명예산업안전감독관을 위촉할 수 있다.

답 ③

250 ☆☆

타워크레인을 벽체에 지지하는 경우 서면심사 서류 등이 없거나 명확하지 아니할 때 설치를 위해서는 특정 기술자의 확인을 필요로 하는데, 그 기술자에 해당하지 않는 것은?

① 건설안전기술사
② 기계안전기술사
③ 건축시공기술사
④ 건설안전분야 산업안전지도사

해 건축구조·건설기계·기계안전·건설안전기술사 또는 건설안전분야 산업안전지도사의 확인을 받아 설치하거나 기종별·모델별 공인된 표준방법으로 설치할 것

답 ③

251 ☆☆

철근콘크리트 슬래브에 발생하는 응력에 대한 설명으로 옳지 않은 것은?

① 전단력은 일반적으로 단부보다 중앙부에서 크게 작용한다.
② 중앙부 하부에는 인장응력이 발생한다.
③ 단부 하부에는 압축응력이 발생한다.
④ 휨응력은 일반적으로 슬래브의 중앙부에서 크게 작용한다.

해 전단력은 일반적으로 중앙부보다 단부에서 크게 작용한다.

답 ①

252 ☆☆

건설현장에서의 PC(precast Concrete) 조립 시 안전대책으로 옳지 않은 것은?

① 달아 올린 부재의 아래에서 정확한 상황을 파악하고 전달하여 작업한다.
② 운전자는 부재를 달아 올린 채 운전대를 이탈해서는 안된다.
③ 신호는 사전 정해진 방법에 의해서만 실시한다.
④ 크레인 사용 시 PC판의 중량을 고려하여 아우트리거를 사용한다.

해 달아 올린 부재의 아래에 있으면 부재 낙하로 인한 위험이 있다.

답 ①

253 ☆☆

프리캐스트 부재의 현장야적에 대한 설명으로 틀린 것은?

① 오물로 인한 부재의 변질을 방지한다.
② 벽 부재는 변형을 방지하기 위해 수평으로 포개 쌓아 놓는다.
③ 부재의 제조번호, 기호 등을 식별하기 쉽게 야적한다.
④ 받침대를 설치하여 휨, 균열 등이 생기지 않게 한다.

해 외장재가 부착된 부재 또는 벽체용 부재는 프레임(Frame) 또는 수직받침대를 이용하여 수직으로 적재하여야 한다.

답 ②

254 ☆

철근콘크리트 현장타설공법과 비교한 PC(precast concrete)공법의 장점으로 볼 수 없는 것은?

① 기후의 영향을 받지 않아 동절기 시공이 가능하고, 공기를 단축할 수 있다.
② 현장작업이 감소되고, 생산성이 향상되어 인력절감이 가능하다.
③ 공사비가 매우 저렴하다.
④ 공장 제작이므로 콘크리트 양생 시 최적 조건에 의한 양질의 제품생산 가능하다.

해 공사기간은 줄어드나 공사비는 비슷하다.

답 ③

255 ☆☆

콘크리트의 유동성과 묽기를 시험하는 방법은?

① 다짐시험 ② 슬럼프시험
③ 압축강도시험 ④ 평판시험

해 슬럼프시험
굳지 않은 콘크리트의 반죽 질기를 측정하는 것으로, 워커빌리티를 판단하는 하나의 시험
시공연도(Workability): 콘크리트의 재료분리현상 없이 거푸집 내부에 쉽게 타설할 수 있는 정도를 나타내는 것

답 ②

256 ☆

콘크리트 슬럼프 시험방법에 대한 설명 중 옳지 않은 것은?

① 슬럼프 시험기구는 강제평판, 슬럼프 테스트 콘, 다짐 막대, 측정기기로 이루어 진다.
② 콘크리트 타설 시 작업의 용이성을 판단하는 방법이다.
③ 슬럼프 콘에 비빈 콘크리트를 같은 양의 3층으로 나누어 25회씩 다지면서 채운다.
④ 슬럼프는 슬럼프 콘을 들어올려 강제평판으로부터 콘크리트가 무너져 내려앉은 높이까지의 거리를 mm로 표시한 것이다.

해 슬럼프시험
굳지 않은 콘크리트의 반죽 질기를 측정하는 것으로, 워커빌리티를 판단하는 하나의 시험

답 ②

257 ☆☆

낙하 추나 화약의 폭발 등으로 인공진동을 일으켜 지반의 종류, 지층 및 강성도 등을 알아내는데 활용되는 지반조사 방법은?

① 탄성파탐사　　② 전기저항탐사
③ 방사능탐사　　④ 유량검층탐사

해 탄성파탐사에 대한 설명이다.

답 ①

258 ☆

지반조사의 방법 중 지반을 강관으로 천공하고 토사를 채취 후 여러 가지 시험을 시행하여 지반의 토질 분포, 흙의 층상과 구성 등을 알 수 있는 것은?

① 보링　　② 표준관입시험
③ 베인테스트　　④ 평판재하시험

해 보링: 지반을 강관으로 천공하고 토사를 채취 후 여러 가지 시험을 시행하여 지반의 토질 분포, 흙의 층상과 구성 등을 알아내는 방법

답 ①

259 ☆

지반조사 방법 중 충격날(bit)을 회전시켜 천공하므로 토층이 흐트러질 우려가 적어 불교란시료, 암석채취 등에 많이 사용되는 것은?

① 워시보링　　② 로터리보링
③ 퍼쿠션보링　　④ 탄성파탐사

해 보링의 종류

1. 오거보링(Auger boring)
   깊이 10m 이내의 점토층에 적합
2. 수세식보링(Wash boring)
   깊이 30m 이내의 연질층에 사용하며, 내관 끝에 충격을 주며 물을 뿜어 파진 흙을 배출하여 토질판별
3. 회전식보링(Rotary boring)
   비트를 회전시켜 천공, 비교적 자연상태 그대로 채취가능하며 지질 상태를 가장 정확히 파악가능하다.
4. 충격식보링(PerCussion boring)
   경질층 깊이 파는데 이용, 비트의 상하 충격으로 토사와 암석을 파쇄

답 ②

260 

지반의 조사방법 중 지질의 상태를 가장 정확히 파악할 수 있는 보링방법은?

① 충격식 보링(percussion boring)
② 수세식 보링(wash boring)
③ 회전식 보링(rotary boring)
④ 오거 보링(auger boring)

해 윗 해설 참조

답 ③

261 ☆

사질토지반에서 보일링(boiling)현상에 의한 위험성이 예상될 경우의 대책으로 옳지 않은 것은?

① 흙막이 말뚝의 밑둥넣기를 깊게 한다.
② 굴착 저면보다 깊은 지반을 불투수로 개량한다.
③ 굴착 밑 투수층에 만든 피트(pit)를 제거 한다.
④ 흙막이벽 주위에서 배수시설을 통해 수두차를 적게 한다.

해 굴착 밑 투수층에 만든 피트(pit)를 설치한다.

답 ③

262 ☆

강변 옆에서 아파트 공사를 하기 위해 흙막이를 설치하고 지하공사 중에 바닥에서 물이 솟아오르면서 모래 등이 부풀어 올라 흙막이가 무너졌다. 어떤 현상에 의해 사고가 발생 하였는가?

① 보일링(boiling) 파괴
② 히빙(heaving) 파괴
③ 파이핑(piping) 파괴
④ 지하수 침하 파괴

해

구분		내용
히빙(Heaving)	정의	• 굴착면 저면이 부풀어 오르는 현상 • 연약한 점토지반을 굴착할 때 굴착 배면의 토사중량이 굴착저면 이하의 지반지지력보다 클때 발생하는 현상
	예방대책	• 흙막이벽 근입 깊이 증가 • 흙막이벽 배면지반 상재하중 감소 • 저면 굴착부분 미리 굴착해 기초콘크리트 타설 • 웰포인트 공법 병행 • 시트파일 근입심도 검토 • 굴착저면에 토사 등 인공중력 증가
보일링(Boiling)	정의	사질토지반 굴착 시 굴착부와 지하수위 차가 있을 때 수두 차에 의하여 삼투압이 생겨 흙막이벽 근입부분을 침식하는 동시에 모래가 액상화되어 솟아오르는 현상
	예방대책	• 흙막이벽 근입 깊이 증가 • 차수성 높은 흙막이 설치 • 흙막이벽 배면지반 그라우팅 실시 • 흙막이벽 배면지반 지하수위 저하
동상현상	정의	온도가 하강함에 따라 토층수가 얼어 부피가 약 9% 정도 증대하게 됨으로써 지표면이 부풀어오르는 현상
	예방대책	• 모관수 상승을 차단하는 층을 둬 동상방지 • 배수층 설치 • 모래 자갈과 같은 미동결성 재료를 사용해 동상방지 • 단열재료 삽입
연화현상	정의	동결된 지반이 기온 상승으로 녹기 시작하여 녹은 물이 적절하게 배수되지 않으면 지반이 연약해지고 강도가 떨어지는 현상.
	예방대책	• 지표수 유입 방지 • 동결부분 함수량 증가 방지 • 동결깊이 아래에 배수층 설치

답 ①

263 ☆

지반에서 발생하는 히빙 현상의 직접적인 대책과 가장 거리가 먼 것은?

① 굴착주변의 상재하중을 제거한다.
② 토류벽의 배면토압을 경감시킨다.
③ 굴착저면에 토사 등 인공중력 가중시킨다.
④ 수밀성 있는 흙막이 공법을 채택한다.

해 윗 해설 참조

답 ④

264 ☆☆

연질의 점토지반 굴착 시 흙막이 바깥에 있는 흙의 중량과 지표 위에 적재하중 등에 의해 저면 흙이 붕괴되고 흙막이 바깥에 있는 흙이 안으로 밀려 불룩하게 되는 현상은?

① 히빙 ② 보일링 ③ 파이핑 ④ 베인

해 윗 해설 참조

답 ①

265 ☆

사질지반에 흙막이를 하고 터파기를 실시하면 지반수위와 터파기 저면과의 수위차에 의해 보일링현상이 발생할 수 있다. 이때 이 현상을 방지하는 방법이 아닌 것은?

① 흙막이 벽의 저면타입깊이를 크게 한다.
② 차수성이 높은 흙막이벽을 사용한다.
③ 웰포인트로 지하수면을 낮춘다.
④ 주동토압을 크게한다.

해 주동토압을 작게 한다.
주동토압: 벽체가 뒷면의 흙으로부터 떨어지도록 움직일 때 생기는 흙의 압력

답 ④

266 ☆

연약지반을 굴착할 때, 흙막이벽 뒷쪽 흙의 중량이 바닥의 지지력보다 커지면 굴착저면에서 흙이 부풀어 오르는 현상은?

① 슬라이딩(Sliding) ② 보일링(Boiling)
③ 파이핑(Piping) ④ 히빙(Heaving)

해 윗 해설 참조

답 ④

267 ☆

흙막이 가시설 공사 중 발생할 수 있는 히빙(heaving) 현상에 관한 설명으로 틀린 것은?

① 흙막이 벽체 내·외의 토사의 중량차에 의해 발생한다.
② 연약한 점토지반에서 굴착면의 융기로 발생한다.
③ 연약한 사질토 지반에서 주로 발생한다.
④ 흙막이벽의 근입장 깊이가 부족할 경우 발생한다.

해 연약한 점토 지반에서 주로 발생한다.

답 ③

268 ☆

히빙(heaving)현상이 가장 쉽게 발생하는 토질지반은?

① 연약한 점토 지반 ② 연약한 사질토 지반
③ 견고한 점토 지반 ④ 견고한 사질토 지반

해 히빙: 연약한 점토지반을 굴착할 때 굴착배면의 토사중량이 굴착저면 이하의 지반 지지력보다 클때 발생하는 현상

답 ①

269 ☆

히빙현상에 대한 안전대책과 가장 거리가 먼 것은?

① 어스앵커 설치
② 흙막이벽의 근입심도 확보
③ 양질의 재료로 지반개량 실시
④ 굴착주변에 상재하중을 증대

해 굴착주변에 상재하중을 감소

답 ④

270 ☆☆

흙의 동상을 방지하기 위한 대책으로 틀린 것은?

① 물의 유통을 원활하게 하여 지하수위를 상승시킨다.
② 모관수의 상승을 차단하기 위하여 지하수위 상층에 조립토층을 설치한다.
③ 지표의 흙을 화학약품으로 처리한다.
④ 흙속에 단열재료를 매입한다.

해 흙의 동상방지 대책
- 모관수 상승을 차단하는 층을 둬 동상방지
- 배수층 설치
- 모래 자갈과 같은 미동결성 재료를 사용해 동상방지
- 동결심도를 아래 기초에 설치
- 흙 속의 단열재료를 매입하는 방법
- 지표의 흙을 화학약품으로 처리하는 방법

답 ①

271 ☆☆☆

흙의 동상현상을 지배하는 인자가 아닌 것은?

① 흙의 마찰력 ② 동결지속시간
③ 모관 상승고의 크기 ④ 흙의 투수성

해 동상현상 영향인자
동결지속시간/모관 상승고 크기/투수성/지하수위/동결온도 유지시간

답 ①

272 ☆☆

모래질 지반에서 포화된 가는 모래에 충격을 가하면 모래가 약간 수축하여 정(+)의 공극수압이 발생하며, 이로 인하여 유효응력이 감소하여 전단강도가 떨어져 순간침하가 발생하는 현상은?

① 동상현상 ② 연화현상
③ 리칭현상 ④ 액상화현상

해 액상화현상
모래질 지반에서 포화된 가는 모래에 충격을 가하면 모래가 약간 수축하여 정(+)의 공극수압이 발생하며, 이로 인하여 유효응력이 감소하여 전단강도가 떨어져 순간침하가 발생하는 현상

답 ④

273 ☆☆

흙을 크게 분류하면 사질토와 점성토로 나눌 수 있는데 그 차이점으로 옳지 않은 것은?

① 흙의 내부 마찰각은 사질토가 점성토보다 크다.
② 지지력은 사질토가 점성토보다 크다.
③ 점착력은 사질토가 점성토보다 작다.
④ 장기침하량은 사질토가 점성토보다 크다.

해 장기 침하량은 사질토가 점성토보다 작다.

답 ④

274 ☆

흙의 연경도(Consistency)에서 반고체 상태와 소성상태의 한계를 무엇이라 하는가?

① 액성한계 ② 소성한계
③ 수축한계 ④ 반수축한계

해

액성한계	흙이 액체에서 소성상태로 넘어가는 경계가 되는 함수비
소성한계	흙이 소성상태에서 반고체 상태로 넘어가는 함수비
수축한계	함수량 증감에 관련없이 체적변화 없는 한계점 함수비

답 ②

275 ☆

흙의 입도 분포와 관련한 삼각좌표에 나타나는 흙의 분류에 해당되지 않는 것은?

① 모래 ② 점토 ③ 자갈 ④ 실트

해 삼각좌표분류법
- 미국농무성(US Department of Agriculture, USDA)이 만든 입도조성에 의한 분류법
- 입자크기에 따른 분류법
  - 모래 크기: 직경 2.0~0.05mm
  - 실트 크기: 직경 0.05~0.002mm
  - 점토 크기: 직경 0.002mm보다 작은 것

답 ③

276 ☆

건설공사 시 계측관리의 목적이 아닌 것은?

① 지역의 특수성보다는 토질의 일반적인 특성파악을 목적으로 한다.
② 시공 중 위험에 대한 정보제공을 목적으로 한다.
③ 설계 시 예측치와 시공 시 측정치와의 비교를 목적으로 한다.
④ 향후 거동 파악 및 대책 수립을 목적으로 한다.

해 토질의 일반적인 특성파악보다는 지역의 특수성을 목적으로 한다.

답 ①

277 ☆☆

흙막이 가시설의 버팀대(Strut)의 변형을 측정하는 계측기에 해당하는 것은?

① Water level meter ② Strain gauge
③ Piezometer ④ Load cell

해

Tilt meter	건물경사계, 인접한 구조물에 설치하여 구조물의 경사 및 변형상태를 측정하는 기구
Inclino meter	지중경사계, 지중의 수평 변위량과 주변 지반의 변형을 측정하는 기계
Strain gauge	변형률계, 흙막이 구조물 각 부재와 인접 구조물의 변형률을 측정하는 기구
Load cell	하중계, 스트럿(Strut) 또는 어스앵커(Earth anchor)등의 축 하중 변화를 측정하는 기구
Water level meter	지하수위계, 지하수위 변화를 계측하는 기구
Piezometer	간극수압계, 굴착공사에 따른 간극수압의 변화를 측정하는 기구

답 ②

278 ☆

토류벽에 거치된 어스앵커의 인장력을 측정하기 위한 계측기는?

① 하중계(Load cell)
② 변형계(Strain gauge)
③ 지하수위계(Piezometer)
④ 지중경사계(Inclinometer)

해 윗 해설 참조

답 ①

279 ☆

버팀대(Strut)의 축하중 변화상태를 측정하는 계측기는?

① 경사계(Inclino meter)
② 수위계(Water level meter)
③ 침하계(Extension)
④ 하중계(Load cell)

해 윗 해설 참조

답 ④

280 ☆☆

개착식 굴착공사(Open cut)에서 설치하는 계측기기와 거리가 먼 것은?

① 수위계 ② 경사계
③ 응력계 ④ 내공변위계

해 깊이 10.5m 이상의 굴착의 경우 아래 각 목의 계측기기의 설치에 의하여 흙막이 구조의 안전을 예측하여야 하며, 설치가 불가능할 경우 트랜싯 및 레벨 측량기에 의해 수직·수평 변위 측정을 실시하여야 한다.
가. 수위계
나. 경사계
다. 하중 및 침하계
라. 응력계

답 ④

281 ☆

개착식 굴착공사에서 버팀보공법을 적용하여 굴착할 때 지반붕괴를 방지하기 위하여 사용하는 계측장치로 거리가 먼 것은?

① 지하수위계 ② 경사계
③ 변형률계 ④ 록볼트응력계

해 록볼트응력계는 터널공사 측정장치이다.

답 ④

282 ☆☆

정기안전점검 결과 건설공사의 물리적·기능적 결함 등이 발견되어 보수·보강 등의 조치를 하기 위하여 필요한 경우에 실시하는 것은?

① 자체안전점검 ② 정밀안전점검
③ 상시안전점검 ④ 품질관리점검

해 정밀안전점검에 대한 설명이다.

답 ②

283 ☆☆

철골공사에서 나타나는 용접결함의 종류에 해당하지 않는 것은?

① 가우징(gouging)
② 오버랩(overlap)
③ 언더 컷(under cut)
④ 블로우 홀(bolw hole)

해 가우징: 금속판의 뒷면 깎기. 용접결함부의 제거 등을 위해 금속표면에 골을 파는 것

답 ①

284 ☆

감전재해의 방지대책에서 직접접촉에 대한 방지대책에 해당하는 것은?

① 충전부에 방호망 또는 절연덮개 설치
② 보호접지(기기외함의 접지)
③ 보호절연
④ 안전전압 이하의 전기기기 사용

해 직접접촉에 대한 방지대책
1. 충전부가 노출되지 않도록 폐쇄형 외함(外函)이 있는 구조로 할 것
2. 충전부에 충분한 절연효과가 있는 방호망이나 절연덮개를 설치할 것
3. 충전부는 내구성이 있는 절연물로 완전히 덮어 감쌀 것
4. 발전소·변전소 및 개폐소 등 구획되어 있는 장소로서 관계 근로자가 아닌 사람의 출입이 금지되는 장소에 충전부를 설치하고, 위험표시 등의 방법으로 방호를 강화할 것
5. 전주 위 및 철탑 위 등 격리되어 있는 장소로서 관계 근로자 아닌 사람이 접근할 우려가 없는 장소에 충전부를 설치할 것

답 ①

285 ☆

기초의 안전상 부동침하를 방지하는 대책으로 옳지 않은 것은?

① 구조물의 전체 하중이 기초에 균등하게 분포되도록 한다.
② 기초 상호간을 지중보로 연결한다.
③ 한 구조물의 기초는 2종류 이상의 복합적인 기초형식으로 한다.
④ 기초 지반 아래의 토질이 연약할 경우는 연약지반 처리 공법으로 보강한다.

해 기초의 안전상 부동침하를 방지하는 대책
- 구조물의 전체 하중이 기초에 균등하게 분포되도록 한다.
- 구조물 자중을 줄여 침하를 방지한다.
- 기초 상호간을 지중보로 연결한다.
- 연속 구조물은 시방서에 준수하여 적정위치에 줄눈을 둔다.
- 기초 지반 아래의 토질이 연약할 경우는 연약지반 처리 공법으로 보강한다.

답 ③

286 ☆

작업에서의 위험요인과 재해형태가 가장 관련이 적은 것은?

① 무리한 자재적재 및 통로 미확보 → 전도
② 개구부 안전난간 미설치 → 추락
③ 벽돌 등 중량물 취급 작업 → 협착
④ 항만 하역 작업 → 질식

해 항만 하역 작업 → 추락/협착

답 ④

287 ☆

다음 중 작업부위별 위험요인과 주요사고형태와의 연관관계로 옳지 않은 것은?

① 암반의 절취법면－낙하
② 흙막이 지보공 설치 작업－붕괴
③ 암석의 발파－비산
④ 흙막이 지보공 토류판 설치-접촉

해 흙막이 지보공 토류판 설치-끼임/부딪힘

답 ④

288 ☆☆☆

건설현장에서 근로자가 안전하게 통행할 수 있도록 통로에 설치하는 조명의 조도 기준은?

① 65럭스 이상　② 75럭스 이상
③ 85럭스 이상　④ 95럭스 이상

해 사업주는 근로자가 안전하게 통행할 수 있도록 통로에 75럭스 이상의 채광 또는 조명시설을 하여야 한다. 다만, 갱도 또는 상시 통행을 하지 아니하는 지하실 등을 통행하는 근로자에게 휴대용 조명기구를 사용하도록 한 경우에는 그러하지 아니하다.

답 ②

289 ☆☆

다음 중 작업장 내의 안전을 확보하기 위한 행위로 볼 수 없는 것은?

① 통로 주요 부분에는 통로표시를 하였다.
② 통로에는 50럭스 정도의 조명시설을 하였다.
③ 비상구의 너비는 1.0m로 하고, 높이는 2.0m로 하였다.
④ 통로면으로부터 높이 2m 이내에는 장애물이 없도록 하였다.

해 윗 해설 참조

답 ②

290 ☆

지반의 투수계수에 영향을 주는 인자에 해당하지 않는 것은?

① 토립자의 단위중량　② 유체의 점성계수
③ 토립자의 공극비　④ 유체의 밀도

해 지반의 투수계수에 영향을 주는 인자
유체: 점성계수/밀도/단위중량
토립자: 공극비/모양/입경/포화도

답 ①

291 ☆

다음 중 흙의 투수계수에 영향을 미치는 요소가 아닌 것은?

① 입자의 모양과 크기
② 유체 점성계수
③ 공극비
④ 압축지수

해 윗 해설 참조

답 ④

292 ☆

지반의 침하에 따른 구조물의 안전성에 중대한 영향을 미치는 흙의 간극비의 정의로 옳은 것은?

① 간극비$=\dfrac{\text{공기 부피}}{\text{흙 부피}}$

② 간극비$=\dfrac{\text{공기}+\text{물 부피}}{\text{흙 부피}}$

③ 간극비$=\dfrac{\text{공기}+\text{물 부피}}{\text{흙}+\text{물 부피}}$

④ 간극비$=\dfrac{\text{공기 부피}}{\text{흙}+\text{물 부피}}$

해 간극비 $=\dfrac{\text{공기}+\text{물 부피}}{\text{흙 부피}}$

답 ②

293 ☆☆

추락시 로프의 지지점에서 최하단까지의 거리(h)를 구하는 식으로 옳은 것은?

① h=로프 길이+신장

② h=로프 길이+신장/2

③ h=로프 길이+로프 늘어난 길이+신장

④ h=로프 길이+로프 늘어난 길이+신장/2

해 H > 로프 길이+로프 늘어난 길이+신장/2

답 ④

294 ☆

화물용 승강기를 설계하면서 와이어로프의 안전하중은 10ton이라면 로프의 가닥수를 얼마로 하여야 하는가? (단, 와이어로프 한 가닥의 파단강도는 4ton이며, 화물용 승강기의 와이어로프의 안전율은 6으로 한다.)

① 10가닥 ② 15가닥 ③ 20가닥 ④ 30가닥

해 로프가닥수$=\dfrac{\text{안전하중}\cdot\text{안전률}}{\text{파단강도}}$

$=\dfrac{10\cdot 6}{4}=15$

답 ②

295 ☆

단면적이 800mm^{2}인 와이어로프에 의지하여 체중 800N인 작업자가 공중 작업을 하고 있다면 이 때 로프에 걸리는 인장응력은 얼마인가?

① 1MPa ② 2MPa ③ 3MPa ④ 4MPa

해 인장응력$=\dfrac{\text{단면적}}{\text{체중}}$ 1MPa$=10^6$Pa

$=\dfrac{800N\cdot(1{,}000\text{mm})^2\cdot Pa\cdot m^2\cdot MPa}{800\text{mm}^2\cdot m^2\cdot N\cdot 10^6 Pa}$

=1MPa

답 ①

296 ☆

흙의 함수비 측정시험을 하였다. 먼저 용기의 무게를 잰 결과 10g이었다. 시료를 용기에 넣은 후에 총 무게는 40g, 그대로 건조시킨 후 무게는 30g이었다. 이 흙의 함수비는?

① 25% ② 30% ③ 50% ④ 75%

해 건조전흙: 40－10＝30g

건조후흙: 30－10＝20g

$$함수비=\frac{건조전\ 흙-건조후\ 흙}{건조후\ 흙}\cdot 100$$

$$=\frac{30-20}{20}\cdot 100=50\%$$

답 ③

297 ☆☆

포화도 80%, 함수비 28%, 흙 입자의 비중 2.7일 때 공극비를 구하면?

① 0.94 ② 0.945 ③ 0.95 ④ 0.955

해 $공극비=\frac{함수비(\%)\cdot 비중}{포화도(\%)}=\frac{28\cdot 2.7}{80}=0.945$

답 ②

298 ☆

흙의 액성한계 W_L = 48%, 소성한계 W_P = 26%일 때 소성지수(I_P)는 얼마인가?

① 18% ② 22% ③ 26% ④ 32%

해 소성지수＝액성한계－소성한계

＝48－26＝22%

답 ②

299 ☆

다음과 같은 조건에서 추락 시 로프의 지지점에서 최하단까지의 거리 H를 구하면 얼마인가?

－로프 길이: 1.5m －로프 신장률: 30%
－근로자 키: 1.7m

① 2.8m ② 3.0m ③ 3.2m ④ 3.4m

해 H＞로프길이＋로프길이 • 신장률＋근로자 키 • 0.5

H＞1.5＋1.5 • 0.3＋1.7 • 0.5

→H ＞ 2.8m

답 ①

300 ☆

추락재해를 방지하기 위하여 10cm 그물코인 방망을 설치할 때 방망과 바닥면 사이의 최소 높이로 옳은 것은? (단, 설치된 방망의 단변 방향 길이 L=2m, 장변방향 방망의 지지간격 A=3m이다.)

① 2.0m ② 2.4m ③ 3.0m ④ 3.4m

해

높이 종류 /조건	방망과 바닥면 높이	
	10cm 그물코	5cm 그물코
L＜A	$\frac{0.85}{4}(L+3A)$	$\frac{0.95}{4}(L+3A)$
L≥A	0.85L	0.95L

L＜A이니 $\frac{0.85}{4}(2+3\cdot 3)=2.33m$

답 ②

301 ☆

지내력 시험을 통하여 다음과 같은 하중-침하량 곡선을 얻었을 때 장기하중에 대한 허용 지내력도로 옳은 것은? (단, 장기하중에 대한 허용지내력도=단기하중에 대한 허용 지내력도×1/2)

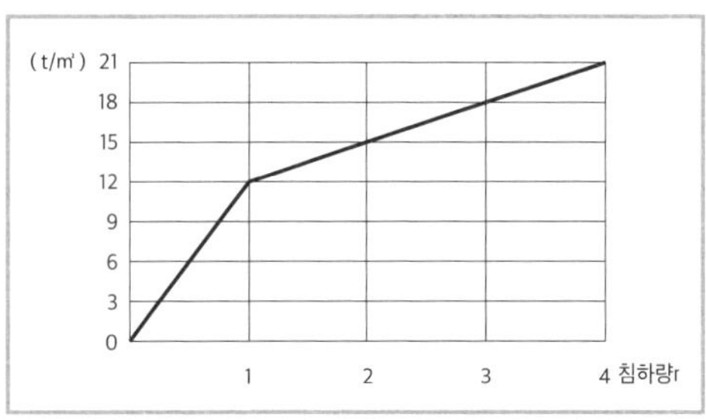

① $6t/m^2$ ② $7t/m^2$ ③ $12t/m^2$ ④ $14t/m^2$

해 장기하중에 대한 허용 지내력도
=단기하중에 대한 허용 지내력도×1/2)
=12×1/2=6t/m²

답 ①

302 ☆☆☆

보통 흙의 굴착공사에서 굴착깊이가 5m, 굴착기초면의 폭이 5m인 경우 양단면 굴착을 할 때 상부 단면의 폭은?(단, 굴착구배는 1:1로 한다.)

① 10m ② 15m ③ 20m ④ 25m

해

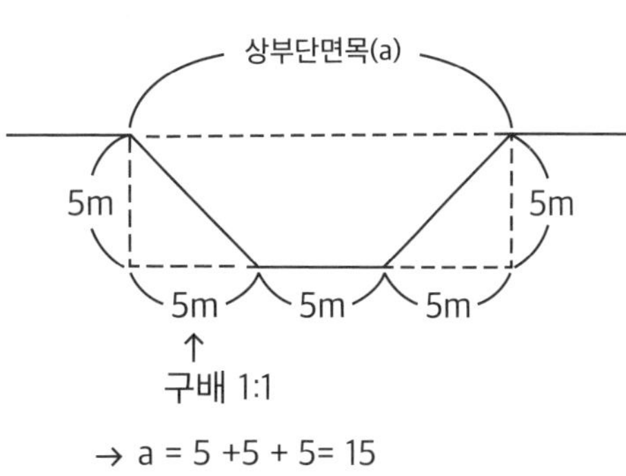

→ a×5+5+5=15

답 ②

303 ☆☆

재료비가 30억원, 직접노무비가 50억원인 건설공사의 예정가격상 안전관리비로 옳은 것은? (단, 건축공사에 해당되며 계상기준은 2.37%임)

① 56,400,000원 ② 94,000,000원

③ 150,400,000원 ④ 189,600,000원

해

	대상액 5억원 미만인 경우 적용비율(%)	대상액 5억원 이상 50억 미만인 경우		대상액 50억 이상인 경우 적용비율(%)	보건관리자 선임대상 건설공사의 적용비율(%)
		적용 비율 (%)	기초액(원)		
건축공사	3.11	2.28	4,325,000	2.37	2.64
토목공사	3.15	2.53	3,300,000	2.6	2.73
중건설공사	3.64	3.05	2,975,000	3.11	3.39
특수건설공사	2.07	1.59	2,450,000	1.64	1.78

안전관리비＝(30억＋50억)・0.0237
＝189,600,000원

답 ④

목차 6

2021년부터 새로 나온 기출문제

21년부터 CBT로 변경되어 완벽 복원이 불가

잠깐! 더 효율적인 공부를 위한 링크들을 적극 이용하세요~!

직8딴 홈페이지

- 출시한 책 확인 및 구매

직8딴 카카오오픈톡방

- 실시간 저자의 질문 답변
(주7일 아침 11시~새벽 2시까지, 전화로도 함)
- 직8딴 구매자전용 복지와 혜택 획득
(최소 달에 40만원씩 기프티콘 지급)
- 구매자들과의 소통 및 EHS 관련 정보 습득

직8딴 네이버카페

- 실시간으로 최신화되는 정오표 확인
(정오표: 책 출시 이후 발견된 오타/오류를 모아놓은 표, 매우 중요)
- 공부에 도움되는 컬러버전 그림 및 사진 습득
- 직8딴 구매자전용 복지와 혜택 획득

직8딴 유튜브

- 저자 직접 강의 시청 가능
- 공부 팁 및 암기법 획득
- 국가기술자격증 관련 정보 획득

6 2021년부터 새로 나온 기출문제

23년부터 CBT로 변경되어 완벽 복원이 불가

1과목 | 산업재해 예방 및 안전보건교육

001

다음 설명에 해당하는 용어는?

> 사업주가 자율경영방침에 안전보건정책을 반영하고, 이에대한 세부 실행지침과 기준을 규정화하여, 주기적으로 안전보건계획에 대한 실행 결과를 자체평가 후 개선토록 하는 등 재해예방과 기업손실감소 활동을 체계적으로 추진토록 하기 위한 자율안전보건체계

① 재해예방기술지도
② 위험성 평가
③ 안전보건경영시스템
④ 공정안전보고서

해

재해예방기술지도	사업주가 공사현장의 안전활동을 추진하기 위해 안전관리시스템과 재해예방 조치에 대하여 재해예방 전문 지도기관의 기술지도를 받는 것
위험성 평가	사업주가 스스로 유해·위험요인을 파악하고 해당 유해·위험요인의 위험성 수준을 결정하여, 위험성을 낮추기 위한 적절한 조치를 마련하고 실행하는 과정
안전보건경영시스템	사업주가 자율경영방침에 안전보건정책을 반영하고, 이에 대한 세부 실행지침과 기준을 규정화하여, 주기적으로 안전보건계획에 대한 실행 결과를 자체평가 후 개선토록 하는 등 재해예방과 기업손실감소 활동을 체계적으로 추진토록 하기 위한 자율안전보건체계
공정안전보고서	유해·위험 설비를 보유한 사업장의 사업주는 당해 설비로부터의 위험물질의 누출·화재·폭발 등으로 인하여 사업장 내의 근로자에게 즉시 피해를 주거나 사업장 인근지역에 피해를 줄 수 있는 사고를 예방하기 위해 작성하는 서류

답 ③

002

임금근로자수 200명, 휴업재해자수 15명, 재해건수 3건. 사망자수 2명인 사업장의 휴업재해율은?

① 6.5 ② 7 ③ 7.5 ④ 8

해 $휴업재해율 = \frac{휴업재해자수}{임금근로자\ 수} \cdot 100$

$= \frac{15}{200} \cdot 100 = 7.5$

답 ③

003

KOSHA Guide에 대해 옳지 않은 것은?

① 사업장의 자기규율 예방체계 확립을 지원하기 위한 자율적 안전보건가이드이다.

② 산업안전보건법과 같은 강제적인 법률성을 띤다.

③ 한국산업안전보건공단에서 제작했다.

④ 한국뿐만 아니라 외국도 적극 이용한다.

해 KOSHA Guide

정의	사업장의 자기규율 예방체계 확립을 지원하기 위한 자율적 안전보건가이드
법적 효력	산업안전보건법과 같은 강제적인 법률이 아닌 권고 기술기준으로서 한국산업안전보건공단에 의해서 제·개정되고 있는 지침
이용성	우리나라 실정에 맞게 일반, 기계, 전기, 화공, 보건 등 전문분야별로 세분화하여 제공하는 자율적인 기술지침

답 ②

004

KOSHA Guide 일련번호에 대해 옳지 않은 것은?

KOSHA Guide M－185－2015
① ② ③ ④

① 가이드 표시

② 분야/업종별 분류기호

③ 목차 개수

④ 제·개정 연도

해 KOSHA Guide 일련번호

KOSHA Guide M－185－2015
① ② ③ ④

①: 가이드 표시 ②: 분야/업종별 분류기호
③: 공표순서 ④: 제·개정 연도

답 ②

005

KOSHA Guide와 관련된 분야별 또는 업종별 분류기호이다. 옳은 것은?

① 건설안전지침: B

② 화재보호지침: E

③ 화학공업지침: K

④ 작업환경관리지침: A

해 KOSHA Guide 분야별/업종별 분류기호

분야별/업종별	분류기호
시료 채취 및 분석지침	A
조선·항만하역지침	B
건설안전지침	C
안전설계지침	D
전기·계장일반지침	E
화재보호지침	F
안전·보건 일반지침	G
건강진단 및 관리지침	H
화학공업지침	K
기계일반지침	M
점검·정비·유지관리지침	O
공정안전지침	P
산업독성지침	T
작업환경관리지침	W
리스크관리지침	X
안전경영관리지침	Z

답 ③

006

KOSHA Guide 분야별 또는 업종별에 해당되지 않는 것은?

① 건설안전지침 ② 화재보호지침

③ AI산업지침 ④ 작업환경관리지침

해 윗 해설 참조

답 ③

007

KOSHA Guide을 이용할 때 효과로 옳지 않은 것은?

① 근로자는 작업 시 기본 안전수칙 정보 신속 확인이 가능하다.

② 관리자는 산업안전보건관련 종합적 정보를 쉽게 확인이 가능하다.

③ 심사원은 심사 업무 시 관련 기술지침 참고 등 적극 활용이 가능하다.

④ 사업주는 산업안전보건관리비 계상을 신속하게 처리 가능하다.

해 KOSHA Guide 효과

구분	효과
근로자	– 작업 시 기본안전수칙 정보 신속 확인 – 안전수칙 미준수에 따른 사고 예방 및 안전의식 향상
관리자	– 산업안전보건관련 종합적 정보를 쉽게 확인 – 안전보건체계 관리를 통해 각종 위험 요인 기인 사고 예방
심사원	– 심사 업무 시 관련 기술지침 참고 등 적극 활용 – 업무 효율성 증대 및 산재예방 수단 강화

답 ④

008

KOSHA Guide 분야별 주요내용으로 올바른 것은?

① 산업안전일반: 안전진단, 지도 및 기술

② 리스크관리: 안전문화 보급 및 확산

③ 산업보건일반: 뇌심혈관질환 예방

④ 산업독성: 공장 자동화 및 로봇

해 KOSHA Guide 분야별 주요내용

분야	주요 내용
산업안전일반	– 안전보건교육 및 상담 – 안전·보건전문기관 등의 인력,시설 및 자격기준 등 – 산업재해원인조사 – 안전인증기준 중 산업안전일반분야 해당 내용 – 그 밖의 타분야에 해당되지 않는내용
리스크관리	– 위험(리스크) 분석, 평가 및 관리기법 – 산업재해 예방을 위한 경영관리 – 안전문화 보급 및 확산 – 안전보건관리체제 운영 – 자율안전보건경영체계 확립 – 그 밖의 위험(리스크)관리에 관한 내용
기계안전	– 위험기계·기구의 설계·제작 – 기계안전설계 – 공장 자동화 및 로봇 – 안전진단, 지도 및 기술 – 건설기계 – 소음 및 진동 등에 관한 공학적 내용 – 안전인증기준 중 기계안전분야 해당 내용 – 그 밖의 기계안전에 관한 내용
전기안전	– 전기설비에 관한 설계·제작·설치 및 사용 – 전기 화재·폭발 – 방폭용 전기기계·기구 – 정전기 재해 예방 – 감전방지 – 산업용 기계·부속 전기설비 – 자동화 부속 전기설비 – 안전인증기준 중 전기안전분야 해당 내용 – 그 밖의 전기안전에 관한 내용
화학안전	– 유해·위험물질 취급 및 저장 – 화학설비 및 부속설비 설계·제작 – 건조설비, 가스집합용접장치 등 – 가스누출 예방 – 고압가스 – 화학공장 계측제어 실비 – 화학공장 위험성 평가 – 소화설비 – 안전인증기준 중 화학안전분야 해당 내용 – 그 밖의 화학안전에 관한 내용
건설안전	– 거푸집 지보공 및 거푸집 설치 – 비계 설치 – 추락 또는 붕괴예방 – 건축물의 해체작업 – 중량물의 취급, 하역작업 – 건설현장 가설전기작업 – 교량, 터널, 댐, 항만공사 작업안전 – 흙막이 공사 작업안전 – 토목공사 해체작업시 안전 – 굴착 및 발파작업 – 안전인증기준 중 건설안전분야 해당 내용 – 그 밖의 건설안전에 관한 내용
산업보건일반	– 근골격계질환 예방관리 – 인간공학적 작업장, 설비, 수공구 등의 설계 – 화학물질 취급근로자 건강관리 – 직무스트레스 관리 – 감정노동 근로자 건강보호 – 근로자 건강증진활동 – 그 밖의 산업보건관리에 관한 내용
산업의학	– 근로자 건강진단 – 건강진단기관 정도관리 – 노동생리, 생체역학, 피로 등 직무능력평가 – 직업성질환의 의학적 평가 및 관리 – 산업보건취약계층을 위한 보건관리 – 뇌심혈관질환 예방 – 그 밖의 산업의학에 관한 내용
산업위생	– 지정측정기관 정도관리 – 조명, 소음, 진동 등 물리적 유해인자 – 유기용제, 중금속 등 화학적 유해인자 – 작업환경측정 및 분석 평가 – 산업환기 – 그 밖의 산업위생에 관한 내용
산업독성	– 화학물질의 독성 및 유해성 평가 – 물질안전보건자료 – 신규화학물질 유해·위험성 조사 – 화학물질의 분류, 표지에 관한 세계조 화시스템(GHS) – 우량시험시설기준(GLP) – 유해물질의 허용농도 – 그 밖의 산업독성에 관한 내용

답 ②

009

산업안전보건관리비 사용내역관련 내용이다. 올바른 것은?

> 도급인은 산업안전보건관리비 사용내역에 대하여 공사 시작 후 (A)마다 (B) 이상 발주자 또는 감리자의 확인을 받아야 한다.

① A: 1개월 B: 1회 ② A: 3개월 B: 1회
③ A: 6개월 B: 1회 ④ A: 1년 B: 1회

해 도급인은 산업안전보건관리비 사용내역에 대하여 공사 시작 후 6개월마다 1회 이상 발주자 또는 감리자의 확인을 받아야 한다. 다만, 6개월 이내에 공사가 종료되는 경우에는 종료 시 확인을 받아야 한다.

답 ③

010

사업주가 사업장 내의 유해위험요인을 파악할 때 사용되는 방법으로 옳지 않은 것은?

① 사업장 순회점검
② 근로자들의 상시적 제안
③ 안전보건 체크리스트
④ 유해위험관련 논문 확인

해 사업주는 사업장 내의 유해위험요인을 파악하여야 한다. 이때 업종, 규모 등 사업장 실정에 따라 다음 각 호의 방법 중 어느 하나 이상의 방법을 사용하되, 특별한 사정이 없으면 제1호에 의한 방법을 포함하여야 한다.

1. 사업장 순회점검에 의한 방법
2. 근로자들의 상시적 제안에 의한 방법
3. 설문조사, 인터뷰 등 청취조사에 의한 방법
4. 물질안전보건자료, 작업환경측정결과, 특수건강진단결과 등 안전보건 자료에 의한 방법
5. 안전보건 체크리스트에 의한 방법
6. 그 밖에 사업장의 특성에 적합한 방법

해 ④

011

관리감독자 안전보건업무 수행 시 수당지급 작업에 해당하지 않는 것은?

① 굴착면의 깊이 4미터 이상인 암석 굴착 작업
② 거푸집지보공의 조립 또는 해체작업
③ 맨홀작업, 산소결핍장소에서의 작업
④ 전주 또는 통신주에서의 케이블 공중가설 작업

해 관리감독자 안전보건업무 수행 시 수당지급 작업

1. 건설용 리프트·곤돌라를 이용한 작업
2. 콘크리트 파쇄기를 사용하여 행하는 파쇄작업(2미터 이상인 구축물 파쇄에 한정한다)
3. 굴착 깊이가 2미터 이상인 지반의 굴착작업
4. 흙막이지보공의 보강, 동바리 설치 또는 해체작업
5. 터널 안에서의 굴착작업, 터널거푸집의 조립 또는 콘크리트 작업
6. 굴착면의 깊이 2미터 이상인 암석 굴착 작업
7. 거푸집지보공의 조립 또는 해체작업
8. 비계의 조립, 해체 또는 변경작업
9. 건축물의 골조, 교량의 상부구조 또는 탑의 금속제의 부재에 의하여 구성되는 것(5미터 이상에 한정한다)의 조립, 해체 또는 변경작업
10. 콘크리트 공작물(높이 2미터 이상에 한정한다)의 해체 또는 파괴 작업
11. 전압이 75볼트 이상인 정전 및 활선작업
12. 맨홀작업, 산소결핍장소에서의 작업
13. 도로에 인접하여 관로, 케이블 등을 매설하거나 철거하는 작업
14. 전주 또는 통신주에서의 케이블공중가설작업

답 ①

012

전면형과 반면형의 방진마스크는 사용할 때 충격을 받을 수 있는 부품은 충격시에 마찰 스파크가 발생하여 가연성의 가스 혼합물을 점화시킬 수 있는 재료가 되어서는 안된다. 이에 적합하지 않는 것은?

① 알루미늄　② 마그네슘
③ 철　④ 티타늄

해 전면형과 반면형의 경우 사용할 때 충격을 받을 수 있는 부품은 충격시에 마찰 스파크를 발생되어 가연성의 가스혼합물을 점화시킬 수 있는 알루미늄, 마그네슘, 티타늄 또는 이의 합금을 최소한 사용할 것

답 ③

013

다음 벽돌 쌓기 중 우리나라에서 가장 많이 사용되는 쌓기법은?

① 영국식 쌓기　② 네덜란드식 쌓기
③ 프랑스식 쌓기　④ 미국식 쌓기

해

벽돌쌓기 방식	설명
영국식 쌓기	가장 튼튼하며 길이와 마구리를 한 켜씩 번갈아 쌓고 마구리 켜의 모서리에 반절 또는 이오토막을 사용해서 통줄눈이 생기는 것을 막는 방식
네덜란드식 쌓기 (화란식 쌓기)	한 켜씩 길이와 마구리를 번갈아 쌓고 길이 켜의 모서리에 칠오토막을 사용하며 시공이 용이하고 모서리가 튼튼하며 우리나라에서 많이 사용
프랑스식 쌓기	한 켜에 길이와 마구리가 번갈아서 들어가고 통줄눈이 나와서 구조적인 용도가 아닌 장식용으로 사용
미국식 쌓기	앞면은 5켜 정도 길이 기를 하고 여섯 번째 켜를 마구리 쌓기로 하며 뒷면은 영국식 쌓기로 하는 방식
공간 쌓기	벽돌 구조에서 방음, 단열, 방습을 위해 벽돌벽을 이중으로 하고 중간을 띄어 쌓는 방식

답 ②

014

안전하고 능률적인 생산을 위한 설계를 할 때, 일반적으로 공장의 경영자가 따라야 할 원칙 중 틀린 것은?

① 재료와 자재의 취급을 최대화해야 한다.
② 기계나 설비에 적당한 간격을 둬야 한다.
③ 안전한 운송장비를 제공해야 한다.
④ 화재시 적당한 대피수단 제공해야 한다.

해 ①: 재료와 자재의 취급을 최소화해야 한다.

답 ①

015

"유기체에 자극을 주면 반응함으로써 새로운 행동이 발달된다."는 S-R 연구 이론을 제시한 사람은?

① 스키너 ② 홀 ③ 레윈 ④ 파블로브

답 ④

016

안전교육 성과를 위한 그룹활동의 지도방법 중 미국의 크리가 주장한 소집단 활동으로서 1차 집단은?

① 직접 대면하는 옆 동료 근로자
② 안전 학술단체의 회원들
③ 정부 안전 관련자
④ 산업안전 협회 등 단체

해 크리(쿨리)의 소집단 활동

구분	내용
1차 집단	사람들의 대면적 접촉에 따른 친밀한 결합에 있으며, 구성원 사이에는 심리적으로 '우리'라는 말로 표시되는 강한 공속감·일체감을 공유
2차 집단	1차와 반대되는 기업체·정당·조합 등을 전형으로 하는 집단

답 ①

017

방진마스크의 항목별 성능 기준에서 안면부 배기 저항이 분리식 및 안면부 여과식 유량 160ℓ/min인 방진마스크의 경우 차압(Pa)은?

① 250 이하 ② 200 이하
③ 150 이하 ④ 300 이하

해 보호구 안전인증 고시/별표4

형태	유량(ℓ/min)	차압(Pa)
분리식	160	300 이하
안면부 여과식	160	300 이하

답 ④

018

다음 설명에 해당하는 것은?

> 발주자에게 건설공사를 도급받은 사업주로서 건설공사의 시공을 주도하여 총괄·관리하는 자

① 감리자 ② 건설공사발주자
③ 건설공사도급인 ④ 자기공사자

해 "건설공사도급인"이란 발주자에게 건설공사를 도급받은 사업주로서 건설공사의 시공을 주도하여 총괄·관리하는 자를 말한다.
"자기공사자"란 건설공사의 시공을 주도하여 총괄·관리하는 자(발주자로부터 건설공사를 최초로 도급받은 수급인은 제외)를 말한다.

답 ③

019

산업안전보건관리비에서 사용가능한 안전보건진단비 기준이 아닌 것은?

① 유해위험방지계획서의 작성 등에 소요되는 비용
② 안전보건진단에 소요되는 비용
③ 작업환경 측정에 소요되는 비용
④ 일반기관 등에서 실시하는 진단, 검사, 지도 등에 소요되는 비용

해 안전보건진단비 등
가. 법에 따른 유해위험방지계획서의 작성 등에 소요되는 비용
나. 법에 따른 안전보건진단에 소요되는 비용
다. 법에 따른 작업환경 측정에 소요되는 비용
라. 그 밖에 산업재해예방을 위해 법에서 지정한 전문기관 등에서 실시하는 진단, 검사, 지도 등에 소요되는 비용

답 ④

020

산업안전보건관리비에서 사용가능한 안전관리자·보건관리자의 임금기준이 아닌 것은?

① 안전관리 업무만을 전담하는 안전관리자의 출장비 전액
② 보건관리 업무를 전담하지 않는 보건관리자의 임금과 출장비의 각각 4분의 1에 해당하는 비용
③ 안전관리자를 선임한 건설공사 현장에서 산업재해 예방 업무만을 수행하는신호자의 임금 전액
④ 관리감독자의 직위에 있는 자가 법에서 정하는 업무를 수행하는 경우에 지급하는 업무수당(임금의 10분의 1 이내)

해 안전관리자·보건관리자의 임금 등
가. 법에 따라 안전관리 또는 보건관리 업무만을 전담하는 안전관리자 또는 보건관리자의 임금과 출장비 전액
나. 안전관리 또는 보건관리 업무를 전담하지 않는 안전관리자 또는 보건관리자의 임금과 출장비의 각각 2분의 1에 해당하는 비용
다. 안전관리자를 선임한 건설공사 현장에서 산업재해 예방 업무만을 수행하는 작업 지휘자, 유도자, 신호자 등의 임금 전액
라. 별표에 해당하는 작업을 직접 지휘·감독하는 직·조·반장 등 관리감독자의 직위에 있는 자가 법에서 정하는 업무를 수행하는 경우에 지급하는 업무수당(임금의 10분의 1 이내)

답 ②

2과목 | 인간공학 및 위험성 평가·관리

001

커크패트릭의 4수준 평가모형 순서로 올바른 것은?

① 반응 → 학습 → 행동 → 결과

② 반응 → 행동 → 학습 → 결과

③ 결과 → 학습 → 행동 → 반응

④ 학습 → 행동 → 결과 → 반응

해 커크패트릭의 4수준 평가모형

반응	프로그램에 참여한 참가자들의 프로그램 만족도를 측정하는데, 주로 프로그램의 질, 운영과정, 수업방법 등에 대한 개인적인 의견을 파악
학습	교육프로그램의 참가자들의 지식, 스킬, 태도 등이 어느 정도 향상되었는지를 측정함으로써 프로그램의 교육적 효과를 목표 측면에서 파악
행동	교육프로그램 참가자들이 숙달한 지식, 스킬, 태도를 자신이 종사하는 현장에서 적용하고 있는지를 파악
결과	교육프로그램에 참가한 사람들의 학습결과로 조직에 경영성과가 향상되었는지를 평가

답 ①

002

다음 중 작업자의 안전모를 착용하게 하는 방법 중 인지학습에 대한 설명으로 옳은 것은?

① 안전모의 중요성에 관한 영상 틀어주어 작업자에게 알려준다

② 안전모 미착용에 대한 상벌점제도로 안전모를 착용하게 한다

③ 안전모 잘 착용하는 사람에게 좋은 것을 많이 줘 남들도 착용하게 유도한다.

④ 안전모 제작과정을 보여주게 한다.

답 ①

003

위험성평가 실시에 대한 설명으로 틀린 것은?

① 질병으로 이어질 수 있는 위험성의 크기가 허용 가능한 범위인지를 평가한다.

② 평가 시 해당 작업장의 근로자를 참여시키면 안된다.

③ 사업주는 평가의 결과와 조치사항을 기록하여 보존하여야 한다.

④ 부상으로 이어질 수 있는 위험성의 크기가 허용 가능한 범위인지를 평가한다.

해 ① 사업주는 건설물, 기계·기구·설비, 원재료, 가스, 증기, 분진, 근로자의 작업행동 또는 그 밖의 업무로 인한 유해·위험 요인을 찾아내어 부상 및 질병으로 이어질 수 있는 위험성의 크기가 허용 가능한 범위인지를 평가하여야 하고, 그 결과에 따라 이 법과 이 법에 따른 명령에 따른 조치를 하여야 하며, 근로자에 대한 위험 또는 건강장해를 방지하기 위하여 필요한 경우에는 추가적인 조치를 하여야 한다.

② 사업주는 제1항에 따른 평가 시 고용노동부장관이 정하여 고시하는 바에 따라 해당 작업장의 근로자를 참여시켜야 한다.

③ 사업주는 제1항에 따른 평가의 결과와 조치사항을 고용노동부령으로 정하는 바에 따라 기록하여 보존하여야 한다.

④ 제1항에 따른 평가의 방법, 절차 및 시기, 그 밖에 필요한 사항은 고용노동부장관이 정하여 고시한다.

답 ②

004

사용성 평가 'ISO'에서 정의하는 사용자 정의가 아닌 것은?

① 정확도 ② 효과성 ③ 효율성 ④ 만족도

해 사용성 및 유용성 평가
사용성 평가란 "특정 그룹의 이용자가 특정의 환경에서 특정의 과업을 성취하는데 있어서의 효과성(effectiveness), 효율성(efficiency) 및 만족도(satisfacion)을 측정하는 것"이라고 ISO에서는 정의를 내리고 있다.

답 ①

005

위험성 감소 대책 수립 순서이며 빈칸으로 알맞은 것은?

1. 계획 단계에서 위험성 제거
2. 공학적 대책
3. (　　　)
4. 개인용 보호구의 사용

① 환경적 대책 ② 인사적 대책
③ 관리적 대책 ④ 물리화학적 대책

해 사업주는 허용가능한 위험성이 아니라고 판단한 경우에는 위험성의 수준, 영향을 받는 근로자 수 및 다음 각 호의 순서를 고려하여 위험성 감소를 위한 대책을 수립하여 실행하여야 한다. 이 경우 법령에서 정하는 사항과 그 밖에 근로자의 위험 또는 건강장해를 방지하기 위해 필요한 조치를 반영해야 한다.

1. 위험한 작업의 폐지·변경, 유해위험물질 대체 등의 조치 또는 설계나 계획 단계에서 위험성을 제거 또는 저감하는 조치
2. 연동장치, 환기장치 설치 등 공학적 대책
3. 사업장 작업절차서 정비 등 관리적 대책
4. 개인용 보호구의 사용

답 ③

006

위험성평가 인정신청서를 제출한 사업장에 대해 공단이 심사해야 할 항목으로 옳지 않은 것은?

① 사업주의 관심도
② 위험성평가 실행수준
③ 구성원의 참여 및 이해 수준
④ 직원의 안전보건 대응도

해 공단은 위험성평가 인정신청서를 제출한 사업장에 대하여는 다음에서 정하는 항목을 심사(이하 "인정심사"라 한다)하여야 한다.

1. 사업주의 관심도
2. 위험성평가 실행수준
3. 구성원의 참여 및 이해 수준
4. 재해발생 수준

답 ④

007

RULA(Rapid Upper Limb Assessment)의 평가항목으로 옳지 않은 것은?

① 윗팔 ② 손목 ③ 목 ④ 허리

해 RULA 평가항목

A그룹	윗팔/아래팔/손목/손목비틀림
B그룹	목/몸통/다리

답 ④

008

OWAS(Ovako Working-posture Analysis System) 평가항목으로 옳지 않은 것은?

① 팔 ② 다리 ③ 하중 ④ 종아리

해 OWAS 평가항목: 팔/다리/허리/하중

답 ④

009

근골격계 부담작업 유해요인 조사에서 개선 우선순위 결정 시 유해도 높은 작업 또는 특정근로자에 대해 옳지 않은 것은?

① 근로자의 통지에 의해 기능의 손실 등의 징후가 나타난 작업
② 다수의 근로자가 유해요인에 노출되고 있는 작업
③ 비용편익 효과가 큰 작업
④ 베블렌 효과가 있는 작업

해 사업주는 유해요인조사 결과를 바탕으로 근골격계질환 발생 위험이 높은 작업에 대해 작업환경 개선을 실시하되, 다음 각호의 사항에 따른다.

1. 근로자의 통지에 의해 운동범위의 축소, 쥐는 힘의 저하, 기능의 손실 등의 징후 가 나타난 작업
2. 다수의 근로자가 유해요인에 노출되고 있거나 증상 및 불편을 호소하는 작업
3. 비용편익 효과가 큰 작업

답 ④

010

다음을 설명하는 용어는?

> 근골격계질환(직업성상지질환)과 관련한 위해인자에 대한 개인작업자 노출정도를 평가하기 위한 목적으로 개발한 평가기법

① OWAS　② REBA
③ RULA　④ NIOSH

해

OWAS	철강업에서 작업자들의 부적절한 작업자세를 정의하고 평가하기 위해 개발한 대표적인 작업자세 평가기법
REBA	근골격계질환(직업성상지질환)과 관련한 위해인자에 대한 개인작업자 노출정도를 평가하기 위한 목적으로 개발한 평가기법
RULA	근골격계질환과 관련된 위험인자에 대한 개인 작업자의 노출정도를 평가하기 위한 목적으로 개발
NIOSH	작업장에서 가장 빈번히 일어나는 들기 작업에 있어 안전작업무게와 최대허용무게를 제시

답 ②

011

OWAS의 4수준의 분류로 옳지 않은 것은?

① 근골격에 특별한 해를 끼치지 않음

② 근골격계에 약간의 해를 끼침

③ 근골격계에 직접적인 해를 끼침

④ 근골격계에 간접적인 해를 끼침

해

작업자세 수준	평가내용
수준 1	• 근골격에 특별한 해를 끼치지 않음 • 작업자세에 아무 조치도 필요치 않음
수준 2	• 근골격계에 약간의 해를 끼침 • 가까운 시일 내에 작업자세 교정이 필요함
수준 3	• 근골격계에 직접적인 해를 끼침 • 가능한 빨리 작업자세를 교정해야 함
수준 4	• 근골격계에 매우 심각한 해를 끼침 • 즉각적인 작업자세의 교정이 필요함

답 ④

012

다음 설명에 맞는 용어는?

> 인간이 인공물에서 기대하는 감성을 체계적이고 과학적으로 분석, 평가해 최종 물리적 디자인에 구현하는 방법을 연구하고 응용하는 기술

① 지성공학 ② 인간공학

③ 감성공학 ④ 심미공학

해

감성공학 정의	인간이 인공물에서 기대하는 감성을 체계적이고 과학적으로 분석, 평가해 최종 물리적 디자인에 구현하는 방법을 연구하고 응용하는 기술
감성공학 Ⅰ류	– 의미미분법(SD법)에 의해 제품의 감성을 측정하고 이 감성을 실현시킬 디자인요 소들을 파악해 디자인하는 것 – 감성공학 기본 프로세스감성어수집 → SD법에 의한 이미지 평가 → 요인분석 통한 의미 공간 파악 → 감성어에 대한 디자인 요소 기여도 파악 → 물리적 디자인
감성공학 Ⅱ류	제품에 대해 감성 느끼는 사람들을 특성별로 세분화해 감성 – 디자인요소 – 개인특성 간의 관계를 파악하는 것
감성공학 Ⅲ류	감성 대신 전문평가자가 시제품을 직접 사용하고 느껴진 생리적 감각을 측정해 실제 제품으로 변환시키는 것

답 ③

013

감성공학 방법 중 다음 설명에 알맞은 것은?

> 감성 대신 전문평가자가 시제품을 직접 사용하고 느껴진 생리적 감각을 측정해 실제 제품으로 변환시키는 것

① 감성공학 Ⅰ류　　② 감성공학 Ⅱ류

③ 감성공학 Ⅲ류　　④ 감성공학 Ⅳ류

해 윗 해설 참조

답 ③

014

1개월 이내에 조사대상 및 조사방법 등을 검토하여 유해요인 조사를 해야 하는 경우가 아닌 것은?

① 제품 불량률 변화

② 새로운 발생 사례 수를 기준으로 한 발생율의 비교

③ 근로자 만족도 변화

④ 사망자수

해 평가는 상해와 질병 비율의 경향 분석과 근로자의 보상 기록, 근로자 면담, 작업 및 작업장 변화 조사 등을 통하여 다음과 같은 평가지표를 활용하여 실시할 수 있다.

- 특정기간동안 보고된 사례 수를 기준으로 한 근골격계질환 증상자의 발생빈도
- 새로운 발생 사례 수를 기준으로 한 발생율의 비교
- 근로자가 근골격계질환으로 일하지 못한 날을 기준으로 한 근로손실일수의 비교
- 작업개선 전후의 유해요인 노출 특성 변화
- 근로자 만족도 변화
- 제품 불량률 변화 등

답 ④

015

사업장의 근로자 A에 대해 워크 샘플링 분석을 해보니 이 담당자의 실제 근무시간의 비율은 총 근무시간의 80%였으며, 평정 계수는 100%였다. 이 근로자는 8시간의 분석대상 근무시간 중 200단위의 작업을 처리하였다. 이 사업장은 총 근무시간의 10%를 여유시간으로 준다고 할 때 고객당 정상시간과 표준시간을 구하면?

① 정상시간: 1.92분 표준시간: 2.13분

② 정상시간: 2.13분 표준시간: 1.92분

③ 정상시간: 2.92분 표준시간: 1.13분

④ 정상시간: 3.92분 표준시간: 3.13분

해 정상시간

$$=\frac{\text{총작업시간(분)} \cdot \text{실근무시간비율} \cdot \text{평정계수}}{\text{총생산량}}$$

$$=\frac{480 \cdot 0.8 \cdot 1}{200}=1.92\text{분}$$

$$\text{표준시간}=\frac{\text{정상시간} \cdot 100}{100-\text{여유율}}$$

$$=\frac{1.92 \cdot 100}{100\text{-}10}=2.13\text{분}$$

답 ①

016

다음 설명에 맞는 기법으로 옳은 것은?

> 작업자를 무작위로 관찰하여 특정 활동에 실제 소비하는 시간의 비율을 추정하고 이에 근거하여 시간 표준을 설정하는 기법

① WF ② 워크샘플링

③ MTM분석 ④ FTA

해 워크 샘플링(work sampling)

정의	작업자를 무작위로 관찰하여 특정 활동에 실제 소비하는 시간의 비율을 추정하고 이에 근거하여 시간 표준을 설정하는 기법
절차	1. 연구대상 직무나 그룹 선정 2. 작업자에게 분석 수행함을 알리고 작업자의 활동을 나열하면서 서술 3. 필요한 관찰의 횟수 및 관찰 시점을 결정 4. 작업자의 활동을 관찰, 평정, 기록 5. 산출물의 단위당 정상시간을 산출 6. 산출물의 단위당 표준시간 산출

답 ②

017

MTM분석 관련내용이며 빈칸에 알맞은 것은?

> 시간표에서 각 요소동작을 케이스와 타입에 따라 더 세분하고, 그 각각에 대하여 (A)마다 시간치를 표시한다. 시간치는 (B)을 10만 TMU로 하는 TMU 단위로 나타낸다.

① A: 동작 크기 B: 2시간

② A: 속도 범위 B: 2시간

③ A: 동작 위치 B: 30분

④ A: 동작 크기 B: 1시간

해 MTM(methods time measurement) 분석

기본적으로는 WF(work factor)분석법과 동일한 관점에서 실시되는 것이지만, 시간표에서 각 요소동작을 케이스(작업조건이 주는 곤란성)와 타입(상태·속도 등)에 따라 더 세분하고, 그 각각에 대하여 동작의 크기(거리·각도)마다 시간치(時間値)를 표시한다.

시간치는 1시간을 10만 TMU로 하는 TMU 단위로 나타낸다.

답 ④

018

work factor 분석에서 표준 요소 중 다음을 설명하는 것은?

2가지 물체를 조합 또는 정리하는 동작

① 잡는다 ② 조립 ③ 사용 ④ 유지

해 작업 표준 요소

표준 요소	기호	동작내용
뻗치다	R	손이나 팔 등 신체부위의 위치를 바꿈
옮긴다	M	물건을 이동시 또는 이동 중에 유용한 일을 함
잡는다	Gr	물체를 작업자의 컨트롤하에 두는 동작
놓는다	RI	물체에서 신체부위를 분리하는 동작
앞에 놓다	PP	다음 목적에 알맞게 물체의 방향을 바꾸는 동작
조립	Asy	2가지 물체를 조합 또는 정리하는 동작
사용	Use	공구 및 기계 등을 사용하는 요소
분해	Dsy	조립된 물체를 풀어내는 동작
정신 작용	Mp	눈,귀,뇌 및 신경계통을 사용하는 요소
대기	W	대기, 놀고 있는 상태
유지	H	물건을 들고 있거나 누르고 있는 상태

답 ②

019

영상표시단말기 작업을 주목적으로 하는 작업실 안의 온도와 습도로 알맞은 값은?

① 온도: 15도 습도: 50%

② 온도: 20도 습도: 75%

③ 온도: 23도 습도: 70%

④ 온도: 10도 습도: 50%

해 사업주는 영상표시단말기 작업을 주목적으로 하는 작업실 안의 온도를 18도 이상 24도 이하, 습도는 40퍼센트 이상 70퍼센트 이하를 유지하여야 한다.

답 ③

020

NIOSH 관련 그래프이다. 번호에 맞는 값이 다른 것은?

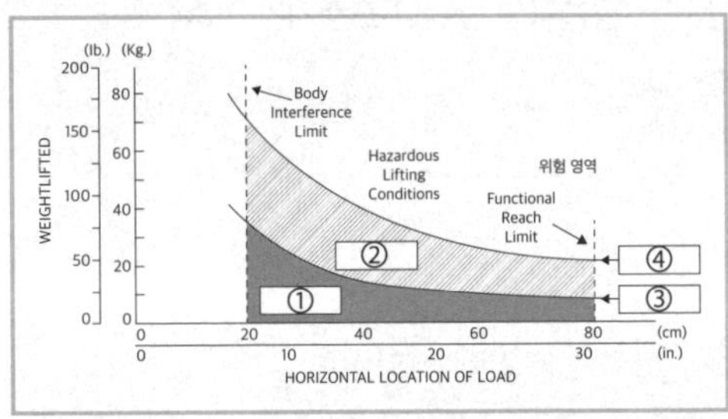

① 수용가능 ② 관리개선

③ 조치한계기준 ④ 최소허용한계기준

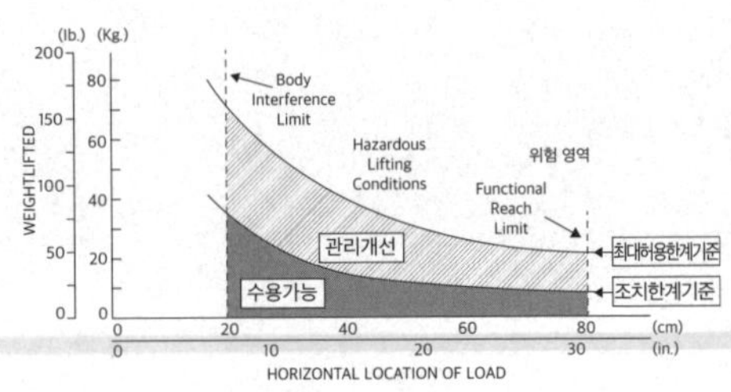

답 ④

3과목 | 기계·기구 및 설비 안전 관리

001

2줄 나사의 피치가 0.75mm일 때 이 나사의 리드(lead)는 얼마인가?

① 0.75mm ② 1.5mm
③ 3mm ④ 4mm

해 1줄 나사 리드＝피치
2줄 나사 리드＝2 • 피치＝2 • 0.75＝1.5mm
리드: 1회전 시 이동거리
피치: 나사산과 나사산 거리

답 ②

002

보일러의 안전밸브가 보일러의 사용 최고 증기압력 초과 시 배출시키는 증기압(W_s)을 구하는 공식은? [단, f: 밸브의 증기 분출구의 단면적(cm^2), V:증기의 용적(m^3), P:증기압력(km/cm^2)]

① $W_s = 0.02f\sqrt{\frac{P}{V}}$ ② $W_s = 0.01f\sqrt{\frac{P}{V}}$

③ $W_s = 0.02f\sqrt{\frac{V}{P}}$ ④ $W_s = 0.2f\sqrt{\frac{P}{V}}$

해 $W_s = 0.02f\sqrt{\frac{P}{V}}$

답 ①

003

훅의 법칙을 바르게 설명한 항은?

① 봉의 신장과 인장력의 변형률 관계를 설명한 것이다.
② 탄성한도내에서 응력과 변형률 관계를 설명한 것이다.
③ 횡변형률과 종변형률의 비례관계를 나타낸 것이다.
④ 영구변형의 방지를 설명한 법칙이다.

해 훅의 법칙(Hook's Law)
탄성한도내에서 응력과 변형률 관계를 설명한 법칙
$\sigma = E\epsilon$
σ: 축응력 E: 탄성계수 ϵ: 축변형률

답 ②

004

파이프서포트의 최대사용길이에서 압축강도 기준은?

① 4,000N 이상 ② 20,000N 이상
③ 30,000N 이상 ④ 40,000N 이상

해 파이프서포트의 최대사용길이에서 압축강도는 40,000N 이상이어야 한다.

답 ④

005

교류아크 용접에서 지동시간이란?

① 홀더에 용접기 출력측 무부하전압이 발생한 후 주접점이 개방될 때까지의 시간
② 용접봉을 피용접물에 접촉시켜 전격 방지장치의 주접점이 폐로될 때까지의 시간
③ 홀더에 용접기 출력측의 무부하 전압이 발생한 후 주접점이 닫힐 때까지의 시간
④ 용접봉을 피용접물에 접촉시켜 전격방지장치의 주접점이 개방될 때까지의 시간

해
- "시동시간"이란 용접봉을 피용접물에 접촉시켜서 전격방지기의 주접점이 폐로될(닫힐) 때까지의 시간을 말한다.
- "지동시간"이란 용접봉 홀더에 용접기 출력측의 무부하전압이 발생한 후 주접점이 개방될 때까지의 시간을 말한다.
- "표준시동감도"란 정격전원전압(전원을 용접기의 출력측에서 취하는 경우는 무부하전압의 하한값을 포함한다)에 있어서 전격방지기를 시동시킬 수 있는 출력회로의 시동감 도로서 명판에 표시된 것을 말한다.

답 ①

006

산업용 로봇 관련 용어 설명에 맞는 용어는?

감지기의 윗 표면 중에서 작동하중이 주어져도 감응하지 않는 부분

① 유효감지영역 ② 연속차광폭
③ 사영역 ④ 유효구경각

해

유효 감지 영역	한 개의 감지기가 여러 개로 조합된 감지기의 윗 표면 중에서 작동하중이 있을 때 실제로 감지할 수 있는 부분
연속 차광폭	광축을 차단할 때 계속적으로 차광이 될 수 있는 최소직경
사영역	감지기의 윗 표면 중에서 작동하중이 주어져도 감응하지 않는 부분
유효 구경각	광전자식 방호장치가 그 기능을 발휘할 수 있는 투광부와 수광부의 최대허용각도

답 ③

007

프레스 작업에서 용기의 가장자리를 잘라내는 작업명은?

① 스웨이징(Swazing) ② 업셋팅(upsetting)
③ 트리밍(Trimming) ④ 슬리팅(Slitting)

해 프레스 전단 가공법

전단	전단기로 소재의 일부를 전단
블랭킹	소재로부터 정해진 형상을 절단
피어싱	제품으로 사용하고자 하는 소재로부터 구멍을 뚫어내는 작업
트리밍	성형된 제품의 불규칙한 가장자리부위를 절단하는 작업
노칭	소재의 가장자리로부터 원하는 형상을 절단
슬로팅	판재의 중앙부에서 가늘고 긴 홈을 절단하는 작업
슬리팅	판재의 일부에 가는 절입선을 가공하는 작업 또는 넓은 판재를 일정한 간격의 좁은 코일 또는 스트립으로 가공하는 작업
세퍼레이팅	성형된 제품을 2개 이상으로 분리하는 작업
퍼퍼레이팅	판재상에 많은 구멍을 규칙적인 배열로 피어싱하는 작업
셰이빙	앞 공정에서 전단된 블랭크재의 전단면을 평평하게 가공하기 위해 다시 한번 전단하는 작업

답 ③

008

광전자식 방호장치의 연속차광폭시험 기준은?(12광축 이상으로 광축과 작업점과의 수평거리가 500㎜를 초과하는 프레스에 사용하는 경우이다.)

① 20mm 이하 ② 30mm 이하
③ 40mm 이하 ④ 50mm 이하

해 연속차광폭시험
30㎜ 이하(다만, 12광축 이상으로 광축과 작업점과의 수평거리가 500㎜를 초과하는 프레스에 사용하는 경우는 40㎜ 이하)

답 ③

009

안전매트 출력부 시험기준으로 빈칸에 알맞은 내용은?

> 출력부의 상태는 최초 전원을 공급하였을 때 (A)상태이어야 하며 복귀신호에 의하여 (B)상태이어야 한다.

① A: 꺼짐 B: 꺼짐 ② A: 켜짐 B: 꺼짐
③ A: 켜짐 B: 켜짐 ④ A: 꺼짐 B: 켜짐

해 출력부 시험은 다음 각 목과 같다.

가. 출력부의 상태는 최초 전원을 공급하였을 때 꺼짐상태이어야 하며 복귀신호에 의하여 켜짐상태이어야 한다.

나. 출력부가 켜짐상태에서 작동하중을 가하였을 때 꺼짐상태로 전환하여야 하며, 하중을 제거하지 않는 한 계속하여 꺼짐 상태로 유지하여야 한다.

답 ④

010

양중기 과부하방지장치 종류에 해당되지 않는 것은?

① J－1　② J－2　③ J－3　④ J－4

해

종류	원리	적용
전자식 (J－1)	스트레인 게이지를 이용한 전자감응방식으로 과부하상태 감지	크레인곤돌라리프트승강기고소작업대
전기식 (J－2)	권상모터의 부하변동에 따른 전류변화를 감지하여 과부하상태 감지	크레인호이스트
기계식 (J－3)	전기전자방식이 아닌 기계·기구학적인 방법에 의하여 과부하 상태를 감지	크레인곤돌라리프트 승강기

답 ④

011

연삭기 덮개 재료기준이다. 옳지 않은 것은?

① 인장강도 274.5메가파스칼MPa 이상일 것

② 신장도가 14% 이상일 것

③ 국가공인시험기관의 시험성적서를 제출받아 확인할 것

④ 인장강도의 값(MPa)에 신장도(%)의 10배를 더한 값이 754.5 이상일 것

해 연삭기 덮개재료는 다음 각 목과 같이 한다.

가. 덮개 재료는 인장강도 274.5메가파스칼 (MPa) 이상이고 신장도가 14퍼센트 이상이어야 하며, 인장강도의 값(단위: MPa)에 신장도(단위: %)의 20배를 더한 값이 754. 5 이상이어야 한다. 다만, 절단용 숫돌의 덮개는 인장강도 176.4메가파스칼 이상, 신장도 2퍼센트 이상의 알루미늄합금을 사용할 수 있다.

나. 덮개 재료는 국가공인시험기관의 시험성 적서를 제출받아 확인하여야 한다. 다만, 재료 성적서를 제조사가 입증하는 경우에는 증명 서류로 대체할 수 있다.

답 ④

012

롤러기 내전압시험기준이다. 가하여야 할 최저 전압(V)를 구하면?(정상상태에서 시료 회로에 걸리는 최고전압: 200V)

① 1,000　② 1,400　③ 1,500　④ 2,000

해 내전압시험은 상용주파수의 정현파에 가까운 파형으로 다음 산식에서 구한 전압을 각 충전부분과 외함사이에서 1분간 가한다.

2E＋1,000V(다만, 최저 1,500V로 한다.)

E: 정상상태서 시료회로에 걸리는 최고전압

→ 2・200＋1,000＝1,400V

허나 최저 1,500V이므로 답은 1,500V

답 ③

013

전격방지기 정격주파수에 대해 옳지 않은 것은?

① SP－E형으로 보조전원을 사용하는 것에 대해서는 그 보조전원의 공칭주파수로 한다.
② 용접기에 적용되는 것에 대해서는 90㎐로 한다.
③ 전격방지기가 특정의 주파수에 한정되지 않고 넓은 주파수의 범위로 상용할 수 있는 것에 대해서는 적용 가능한 주파수 범위를 정하고 명판에 표시해야 한다.
④ SP－E형으로 보조전원을 사용하는 것에 대해서는 그 보조전원의 정격주파수로 한다.

해 정격주파수는 다음 각 목과 같이 한다.
가. 용접기에 적용되는 것에 대해서는 60헤르쯔(㎐)로 한다.
나. SP－E형으로 보조전원을 사용하는 것에 대해서는 그 보조전원의 공칭주파수 또는 정격주파수로 한다.
다. 전격방지기가 특정의 주파수에 한정되지 않고 넓은 주파수의 범위로 상용할 수 있는 것에 대해서는 적용 가능한 주파수 범위를 정하고 명판에 표시해야 한다.

해 ②

014

역화방지기 가스압력손실시험 기준이다, 빈칸에 알맞은 내용은?

> 가스압력손실은 유량이 분당 (A)리터일 때는 8.82킬로파스칼 이하, 유량이 분당 (B)리터일 때는 19.60킬로파스칼 이하여야 한다.

① A: 15 B: 20 ② A: 17 B: 25
③ A: 15 B: 30 ④ A: 13 B: 30

해 가스압력손실은 유량이 분당 13리터일 때는 8.82킬로파스칼(㎪) 이하, 유량이 분당 30리터일 때는 19.60킬로파스칼 이하여야 한다.

답 ④

015

개방 시 기계의 작동이 정지되는 구조의 구동부 방호 연동장치를 설치해야 되는 진공포장기의 부위로 옳지 않은 것은?

① 릴 풀림장치 등 구동부
② 포장 릴(릴 풀림장치 미포함) 주변
③ 자동 스플라이싱 장치 주변
④ 포장재 절단용 칼날 주변

해 진공포장기 및 랩핑기의 다음 각 호의 부위에는 개방 시 기계의 작동이 정지되는 구조의 구동부 방호 연동장치를 설치하여야 한다. 다만, 연동회로의 구성이 곤란한 부위에는 고정식 방호가드를 설치하여야 한다.
1. 릴 풀림장치 등 구동부
2. 열 봉합장치 등 고열발생 부위
3. 포장 릴(릴 풀림장치 포함) 주변
4. 자동 스플라이싱 장치 주변
5. 포장재 절단용 칼날 주변

답 ②

016

절연봉 성능기준상 일반구조로 옳은 것은?

① 절연봉 등의 직경은 규정된 허용 한계값 이상이어야 한다.

② 주어진 구간에서 두 직경사이의 차이는 2mm 이내이어야 한다.

③ 절연봉 등의 색상은 주문자에 의해 규정 되어야 한다.

④ 절연관의 내부 폼은 절연관의 벽에 접착 되지 말아야 한다.

해 1. 절연봉 등의 직경은 규정된 허용 한계값 이내이어야 한다.
2. 주어진 구간에서 두 직경사이의 차이는 1mm 이내이어야 한다.
3. 절연봉 등의 색상은 주문자에 의해 규정 되어야 한다.
4. 절연관의 내부 폼은 절연관의 벽에 접착 되어야 하며, 폼 및 접착제는 다음의 시험 중에 부분적으로 손상되는 것 이외의 그 어떠한 열화도 있어서는 안 된다.

답 ③

017

조립식 안전난간 기둥재 및 수평난간대 치수 기준으로 옳지 않은 것은?

① 강관 기둥재 ∅34.0㎜ 이상

② 각형강관 기둥재 30×30㎜ 이상

③ 각형강관 수평난간대 25×25㎜ 이상

④ 형관 수평난간대 50×50㎜ 이상

해 기둥재 및 수평난간대 치수

단면 형태	치수	
	기둥재	수평난간대
강관	∅34.0㎜ 이상	∅27.2㎜ 이상
각형 강관	30×30㎜ 이상	25×25㎜ 이상
형강	40×40㎜ 이상	40×40㎜ 이상

답 ④

018

절연담요의 고무 두께 3mm, 플라스틱 두께 1.3mm일 때 등급은?

① 0 ② 1 ③ 2 ④ 3

해 절연담요 최대 두께

등급	0	1	2	3	4
고무최대두께(mm)	2.2	3.6	3.8	4	4.3
플라스틱 최대두께(mm)	1	1.5	2	–	–

답 ②

019

절연담요 일반구조로 옳지 않은 것은?

① 특수 모양은 평면형(Plain) 또는 홈형(slotted) 형태로 할 수 있다.

② 담요는 양쪽 표면상에 유해한 외형상 불규칙성이 검출되어서는 안 된다.

③ 절연담요는 절단하여 특수형 또는 롤형으로 사용한다.

④ 심리스(seamless)로 접속부가 없어야 하며, 가죽 끈이나 고리를 끼우기 위한 작은 구멍(eyelet)이 필요한 경우, 비도전성 재질로 직경은 10㎜이어야 한다.

해 절연담요는 심리스(seamless)로 접속부가 없어야 하며, 가죽 끈이나 고리를 끼우기 위한 작은 구멍(eyelet)이 필요한 경우, 비도전성 재질로 직경은 8㎜이어야 한다.

답 ④

020

포장기계 구동부 방호 연동장치 설치기준으로 옳지 않은 것은?

① 정해진 위치에 견고하게 고정될 것

② 공구 사용하지 않고도 해체할 수 있을 것

③ 연동장치는 방호덮개 등을 닫은 후 자동으로 재기동되지 아니하고 별도의 조작에 의해서만 기동될 것

④ 구동부와 방호덮개 등의 연동장치가 상호 간섭되지 않도록 충분한 안전거리를 확보할 것

해 구동부 방호 연동장치는 다음 각 호의 요건에 적합하게 설치하여야 한다.

1. 정해진 위치에 견고하게 고정될 것
2. 공구를 사용하여야 해체할 수 있을 것
3. 연동장치는 방호덮개 등을 닫은 후 자동으로 재기동되지 아니하고 별도의 조작에 의해서만 기동될 것
4. 구동부와 방호덮개 등의 연동장치가 상호 간섭되지 않도록 충분한 안전거리를 확보 할 것

답 ②

4과목 | 전기 및 화학설비 안전관리

001

피뢰시스템 적용범위이다. 빈칸에 알맞은 말은?

> 다음에 시설되는 피뢰시스템에 적용한다.
> 1. 전기전자설비가 설치된 건축물·구조물로서 낙뢰로부터 보호가 필요한 것 또는 지상으로부터 높이가 (　　　)m 이상인 것
> 2. 전기설비 및 전자설비 중 낙뢰로부터 보호가 필요한 설비

① 10　② 15　③ 20　④ 25

해 다음에 시설되는 피뢰시스템에 적용한다.
1. 전기전자설비가 설치된 건축물·구조물로서 낙뢰로부터 보호가 필요한 것 또는 지상으로부터 높이가 20m 이상인 것
2. 전기설비 및 전자설비 중 낙뢰로부터 보호가 필요한 설비

답 ③

002

다음 중 정전 결합 노이즈(NOISE)를 감소시키는 방법이 아닌 것은?

① 부하 임피던스의 신호원 임피던스를 증가한다.
② 선간의 유전율을 감소시킨다.
③ 선간의 거리를 충분히 둔다.
④ 신호선을 완전하게 띄워 전력선과 1쌍의 신호 선간용량을 같게 한다.

해 ①: 부하 임피던스의 신호원 임피던스를 감소시킨다.

답 ①

003

비파괴검사 방법 중 자성체 분말을 뿌려 금속(자성체)파이프 등의 결함을 발견하는 방법이 있다. 이 방법은 어떤 매질상수에 비례하는 성질을 이용한 것인가?

① 도전율　② 투자율　③ 유전율　④ 저항률

해

구분	설명
도전율	전류가 흐르기 쉬운 정도를 나타내는 값
투자율	어떤 매질이 주어진 자기장에 대해 얼마나 자화하는지를 나타내는 값
유전율	전매상수는 전하 사이에 전기장이 작용할 때, 그 전하 사이의 매질이 전기장에 미치는 영향을 나타내는 물리적 단위
저항률	물질이 전기를 얼마나 잘 통하는지를 나타내는 물리적 단위

답 ②

004

산업안전보건법상 다음 설명에 알맞은 빈칸에 들어갈 것은?

> 사업주는 정전에 의한 기계·설비의 갑작스러운 정지로 인하여 화재·폭발 등 재해가 발생할 우려가 있는 경우에는 해당 기계·설비에 비상발전기, 비상전원용 수전설비, 축전지 설비, 전기저장장치 등 (　　　)을 접속하여 정전 시 비상전력이 공급되도록 하여야 한다.

① 비상전원　　② 상용전원
③ 긴급전원　　④ 직류전원

해 사업주는 정전에 의한 기계·설비의 갑작스러운 정지로 인하여 화재·폭발 등 재해가 발생할 우려가 있는 경우에는 해당 기계·설비에 비상발전기, 비상전원용 수전(受電)설비, 축전지 설비, 전기저장장치 등 비상전원을 접속하여 정전 시 비상전력이 공급되도록 하여야 한다. 비상전원의 용량은 연결된 부하를 각각의 필요에 따라 충분히 가동할 수 있어야 한다.

답 ①

005

가스폭발 위험장소에 변전실을 설치해서는 안되는 경우는?

① 양압을 유지하기 위한 환기설비의 고장 등으로 양압이 유지되지 아니한 경우 경보를 할 수 있는 조치
② 환기설비가 정지된 후 재가동하는 경우 변전실등에 가스 등이 있는지를 확인할 수 있는 가스검지기 등 장비의 비치
③ 연중무휴 감시원을 배치하여 장소의 안전을 관리하며 긴급상황을 대비하여 대응메뉴얼을 작성하게하는 조치
④ 환기설비에 의하여 변전실등에 공급되는 공기는 가스폭발 위험장소 또는 분진폭발 위험장소가 아닌 곳으로부터 공급되도록 하는 조치

해 사업주는 가스폭발 위험장소 또는 분진폭발 위험장소에는 변전실, 배전반실, 제어실, 그 밖에 이와 유사한 시설(이하 이 조에서 "변전실등"이라 한다)을 설치해서는 아니 된다. 다만, 변전실등의 실내기압이 항상 양압(25파스칼 이상의 압력을 말한다. 이하 같다)을 유지하도록 하고 다음 각 호의 조치를 하거나, 가스폭발 위험장소 또는 분진폭발 위험장소에 적합한 방폭성능을 갖는 전기 기계·기구를 변전실등에 설치·사용한 경우에는 그러하지 아니하다.

1. 양압을 유지하기 위한 환기설비의 고장 등으로 양압이 유지되지 아니한 경우 경보를 할 수 있는 조치
2. 환기설비가 정지된 후 재가동하는 경우 변전실등에 가스 등이 있는지를 확인할 수 있는 가스검지기 등 장비의 비치
3. 환기설비에 의하여 변전실등에 공급되는 공기는 가스폭발 위험장소 또는 분진폭발 위험장소가 아닌 곳으로부터 공급되도록 하는 조치

답 ③

006

이동중에나 휴대장비 등을 사용하는 작업시 조치사항으로 아닌 것은?

① 근로자가 착용하거나 취급하고 있는 도전성 공구·장비 등이 노출 충전부에 닿지 않도록 할 것

② 근로자가 사다리를 노출 충전부가 있는 곳에서 사용하는 경우에는 도전성 재질의 사다리를 사용하지 않도록 할 것

③ 근로자가 전기회로를 개방, 변환 또는 투입하는 경우에는 전기 차단용으로 특별히 설계된 스위치, 차단기 등을 사용하도록 할 것

④ 근로자가 절연장갑을 낀 손으로 전기기계·기구의 플러그를 꽂거나 제거하지 않도록 할 것

해 사업주는 이동중에나 휴대장비 등을 사용하는 작업에서 다음 각 호의 조치를 해야 한다.

1. 근로자가 착용하거나 취급하고 있는 도전성 공구·장비 등이 노출 충전부에 닿지 않도록 할 것
2. 근로자가 사다리를 노출 충전부가 있는 곳에서 사용하는 경우에는 도전성 재질의 사다리를 사용하지 않도록 할 것
3. 근로자가 젖은 손으로 전기기계·기구의 플러그를 꽂거나 제거하지 않도록 할 것
4. 근로자가 전기회로를 개방, 변환 또는 투입하는 경우에는 전기 차단용으로 특별히 설계된 스위치, 차단기 등을 사용하도록 할 것
5. 차단기 등의 과전류 차단장치에 의하여 자동 차단된 후에는 전기회로 또는 전기 기계·기구가 안전하다는 것이 증명되기 전까지는 과전류 차단장치를 재투입하지 않도록 할 것

답 ④

007

산업안전보건법령상 전기 기계·기구 사용에 의하여 발생하는 전자파로 인하여 기계·설비의 오작동을 초래함으로써 산업재해가 발생할 우려가 있는 경우 조치사항으로 옳은 것은?

① 설비간 거리를 멀게 할 것

② 전자파 크기가 다른 설비가 원래 의도된 대로 작동하는 것을 방해하지 않도록 할 것

③ 전자파 적게 발생하는 설비를 도입할 것

④ 적절수준의 전자파값보다 더 높게 설정할 것

해 사업주는 전기 기계·기구 사용에 의하여 발생하는 전자파로 인하여 기계·설비의 오작동을 초래함으로써 산업재해가 발생할 우려가 있는 경우에는 다음 각 호의 조치를 하여야 한다.

1. 전기기계·기구에서 발생하는 전자파의 크기가 다른 기계·설비가 원래 의도된 대로 작동하는 것을 방해하지 않도록 할 것
2. 기계·설비는 원래 의도된 대로 작동할 수 있도록 적절한 수준의 전자파 내성을 가지도록 하거나, 이에 준하는 전자파 차폐조치를 할 것

답 ②

008

한국전기설비규정상 직렬 갭이 있는 피뢰기의 표준기준으로 옳지 않은 것은?

① 건조 및 주수상태에서 2분 이내의 시간간격으로 5회 연속하여 상용주파 방전개시 전압을 측정하였을 때 상용주파 방전개시 전압의 값 이상일 것.

② 직렬 갭 및 특성요소를 수납하기 위한 자기용기 등 평상시 또는 동작시에 전압이 인가되는 부분에 대하여 "상용주파전압"을 건조상태에서 1분간, 주수상태에서 10초간 가할 때 불꽃 방전 또는 파괴되 지 아니할 것.

③ 정·부양극성의 뇌임펄스전류에 의하여 제한전압과 방전전류와의 특성을 구할 때 공칭방전전류에서의 전압 값은 "제한전압"의 값 이하일 것.

④ 건조 및 주수상태에서 "뇌임펄스 방전개 시 전압(표준)"을 정·부양극성으로 각각 10회 인가하였을 때 모두 방전하고 또한, 정·부양극성의 뇌임펄스전압에 의하여 방전개시전압과 방전개시시간의 특성을 구할 때 0.5㎲에서의 전압 값은 "뇌임펄스 방전개시전압(0.5㎲)"의 값 이하일 것.

해 직렬 갭이 있는 피뢰기 표준은 다음과 같다.

(1) 건조 및 주수상태에서 2분 이내의 시간간격으로 10회 연속하여 상용주파 방전개시전압을 측정하였을 때 상용주파 방전개시전압의 값 이상일 것.

(2) 직렬 갭 및 특성요소를 수납하기 위한 자기용 기 등 평상시 또는 동작시에 전압이 인가되는 부분에 대하여 "상용주파전압"을 건조상태에서 1분간, 주수상태에서 10초간 가할 때 불꽃 방 전 또는 파괴되지 아니할 것.

(3) (2)와 동일한 부분에 대하여 "뇌임펄스전압" (파두장 0.5㎲ 이상 1.5㎲ 이하, 파미장 32㎲ 이상 48㎲ 이하인 것. 이하 이호에서 같다)을 건조 및 주수상태에서 정·부 양극성으로 각 각 3회 가할 때 불꽃 방전 또는 파괴되지 아니할 것.

(4) 건조 및 주수상태에서 "뇌임펄스 방전개시전 압(표준)"을 정·부양극성으로 각각 10회 인가 하였을 때 모두 방전하고 또한, 정·부양극성의 뇌임펄스전압에 의하여 방전개시전압과 방전 개시시간의 특성을 구할 때 0.5㎲에서의 전압 값은 같은 표의 "뇌임펄스방전개시전압(0.5 ㎲)"의 값 이하일 것.

(5) 정·부양극성의 뇌임펄스전류(파두장 0.5㎲ 이상 1.5㎲ 이하, 파미장 32㎲ 이상 48㎲ 이하의 파형인 것)에 의하여 제한전압과 방전전 류와의 특성을 구할 때, 공칭방전전류에서의 전압값은 "제한전압"의 값 이하일 것.

답 ①

009

한국전기설비규정상 직렬 갭이 있는 피뢰기의 표준기준 내용이다, 빈칸에 알맞은 것은?

> 정·부양극성의 뇌임펄스전류(파두장 0.5μs 이상 (　　)μs 이하, 파미장 32μs 이상 48μs 이하의 파형인 것)에 의하여 제한전압과 방전전류와의 특성을 구할 때, 공칭방전전류에서의 전압값은 "(　　)"의 값 이하일 것.

① 0.5/사용전압　② 2/직류전압
③ 3.5/교류전압　④ 1.5/제한전압

해 윗 해설 참조

답 ④

010

보호도체의 접속부는 검사와 시험이 가능해야 되나 예외사항이 아닌 것은?

① 화합물로 충전된 접속부
② 눌러 붙임 공구에 의한 접속부
③ 캡슐로 보호되는 접속부
④ 플랜지로 연결한 접속부

해 보호도체의 접속부는 검사와 시험이 가능하여야 한다. 다만 다음의 경우는 예외로 한다.
(1) 화합물로 충전된 접속부
(2) 캡슐로 보호되는 접속부
(3) 금속관, 덕트 및 버스덕트에서의 접속부
(4) 기기의 한 부분으로서 규정에 부합하는 접속부
(5) 용접(welding)이나 경납땜(brazing)에 의한 접속부
(6) 눌러 붙임 공구에 의한 접속부

답 ④

011

보호도체 또는 보호본딩도체로 사용해서는 안 되는 금속부분으로 옳지 않은 것은?

① 금속 수도관
② 가스·액체·가루와 같은 잠재적인 인화성 물질을 미포함하는 금속관
③ 상시 기계적 응력을 받는 지지 구조물 일부
④ 가요성 금속전선관

해 다음과 같은 금속부분은 보호도체 또는 보호본딩도체로 사용해서는 안 된다.
(1) 금속 수도관
(2) 가스·액체·가루와 같은 잠재적인 인화성 물질을 포함하는 금속관
(3) 상시 기계적 응력을 받는 지지 구조물 일부
(4) 가요성 금속배관. 다만, 보호도체의 목적으로 설계된 경우는 예외로 한다.
(5) 가요성 금속전선관
(6) 지지선, 케이블트레이 및 이와 비슷한 것

답 ②

012

접지극 시설방법 중 옳지 않은 것은?

① 콘크리트에 매입된 기초 접지극

② 토양에 매설된 기초 접지극

③ 지중 금속구조물(배관 등)

④ 대지에 매설된 철근콘크리트의 용접된 금속 보강재(강화콘크리트 포함)

해 접지극은 다음의 방법 중 하나 또는 복합하여 시설하여야 한다.

가. 콘크리트에 매입 된 기초 접지극

나. 토양에 매설된 기초 접지극

다. 토양에 수직 또는 수평으로 직접 매설된 금속 전극(봉, 전선, 테이프, 배관, 판 등)

라. 케이블의 금속외장 및 그 밖에 금속피복

마. 지중 금속구조물(배관 등)

바. 대지에 매설된 철근콘크리트의 용접된 금속 보강재. 다만, 강화콘크리트는 제외 한다.

답 ④

013

한국전기설비규정상 접지극 매설에 대한 내용으로 옳지 않은 것은?

① 접지극은 매설하는 토양을 오염시키지 않아야 하며, 가능한 다습한 부분에 설치한다.

② 접지극은 동결 깊이를 고려하여 시설하되 고압 이상의 전기설비와 시설하는 접지극의 매설깊이는 지표면으로부터 지하 0.75m 이상으로 한다.

③ 접지도체를 철주 기타의 금속체를 따라서 시설하는 경우에는 접지극을 철주의 밑면으로부터 0.3m 이상의 깊이에 매설하는 경우 이외에는 접지극을 지중에서 그 금속체로부터 1m 이상 떼어 매설하여야 한다.

④ 접지극은 동결 깊이를 고려하여 시설하되 고압 이상의 전기설비와 시설하는 접지극의 매설깊이는 지표면으로부터 지하 1.75m 이상으로 한다.

해 접지극의 매설은 다음에 의한다.

가. 접지극은 매설하는 토양을 오염시키지 않아야 하며, 가능한 다습한 부분에 설치한다.

나. 접지극은 동결 깊이를 고려하여 시설하되 고압 이상의 전기설비와 시설하는 접지극의 매설깊이는 지표면으로부터 지하 0.75m 이상으로 한다. 다만, 발전소·변전소·개폐소 또는 이에 준하는 곳에 접지극을 시설하는 경우에는 그러하지 아니하다.

다. 접지도체를 철주 기타의 금속체를 따라서 시설하는 경우에는 접지극을 철주의 밑면으로부터 0.3m 이상의 깊이에 매설하는 경우 이외에는 접지극을 지중에서 그 금속체로부터 1m 이상 떼어 매설하 여야 한다.

답 ④

014

접지시스템은 주접지단자를 설치하고, 도체들을 접속한다. 도체로 옳지 않은 것은?

① 등전위본딩도체
② 접지도체
③ 비보호도체
④ 기능성 접지도체(관련있는 경우)

해 접지시스템은 주접지단자를 설치하고, 다음의 도체들을 접속하여야 한다.
가. 등전위본딩도체
나. 접지도체
다. 보호도체
라. 관련이 있는 경우, 기능성 접지도체

답 ③

015

다음 내용에서 빈칸에 알맞은 말은?

> 수용장소 인입구 부근에서 다음의 것을 접지극으로 사용하여 변압기 중성점 접지를 한 저압전선로의 중성선 또는 접지측 전선에 추가로 접지공사를 할 수 있다.
> 가. 지중에 매설되어 있고 대지와의 전기 저항 값이 (   )Ω 이하의 값을 유지하고 있는 금속제 수도관로
> 나. 대지 사이의 전기저항 값이 3Ω 이하인 값을 유지하는 건물의 철골

① 1 ② 2 ③ 3 ④ 4

해 수용장소 인입구 부근에서 다음의 것을 접지극으로 사용하여 변압기 중성점 접지를 한 저압전선로의 중성선 또는 접지측 전선에 추가로 접지공사를 할 수 있다.
가. 지중에 매설되어 있고 대지와의 전기저항 값이 3Ω 이하의 값을 유지하고 있는 금속제 수도관로
나. 대지 사이의 전기저항 값이 3Ω 이하인 값을 유지하는 건물의 철골

답 ③

016

피뢰침의 설명 중 가장 적합한 것은?

① 피뢰침의 선단은 세 갈래로 하고 금도금하여야 뇌격의 흡입능력에 효과가 있다.

② 위험물 저장소인 경우와 일반물 저장소의 경우 보호각도가 다르므로 돌침을 건물 위에 높게 설치하면 100% 보호할 수 있다.

③ 건물 위에 낮은 돌침을 여러개 설치하는 것이 효과가 있다.

④ 뇌격전류는 저항이 낮은 부분으로 흐르기 쉬우므로 금도금한 도체나 순은으로 크게 하여 한 곳에 놓아두면 뇌격흡입능력에 효과가 크다.

해 ①: 금도금을 해도 효과가 없다.
②: 보호각도가 같다.
④: 효과가 크지 않다.

답 ③

017

한국전기설비규정상 SELV와 PELV용 전원에서 특별저압 계통에 사용하기 적합하지 않은 전원은?

① 안전절연변압기 전원

② 축전지 및 디젤발전기 등과 같은 독립전원

③ 특고압으로 공급되는 이중 또는 강화절연된 이동용 전원

④ 내부고장이 발생한 경우에도 출력단자의 전압이 규정된 값을 초과하지 않도록 관련 표준에 따른 전자장치

해 특별저압 계통에는 다음의 전원을 사용해야 한다.

가. 안전절연변압기 전원[KS C IEC 61558-2-6(전력용 변압기, 전원 공급 장치 및 유사 기기의 안전-제2부: 범용 절연 변압기의 개별 요구 사항에 적합한 것)]
나. "가"의 안전절연변압기 및 이와 동등한 절연의 전원
다. 축전지 및 디젤발전기 등과 같은 독립전원
라. 내부고장이 발생한 경우에도 출력단자의 전압이 규정된 값을 초과하지 않도록 관련표준에 따른 전자장치
마. 안전절연변압기, 전동발전기 등 저압으로 공급되는 이중 또는 강화절연된 이동용 전원

답 ④

018

SELV 및 PELV 회로과련 포함사항으로 옳지 않은 것은?

① 충전부와 다른 SELV와 PELV 회로 사이의 기본절연
② 최저전압에 대한 기본절연 및 보호차폐에 의한 SELV 또는 PELV 이외의 회로들의 충전부로부터 보호 분리
③ SELV 회로는 충전부와 대지 사이에 기본 절연
④ PELV 회로 및 PELV 회로에 의해 공급 되는 기기의 노출도전부는 접지

해 SELV 및 PELV 회로는 다음을 포함하여야 한다.
가. 충전부와 다른 SELV와 PELV 회로 사이의 기본절연
나. 이중절연 또는 강화절연 또는 최고전압에 대한 기본절연 및 보호차폐에 의한 SELV 또는 PELV 이외의 회로들의 충전부로부터 보호 분리
다. SELV 회로는 충전부와 대지 사이에 기본절연
라. PELV 회로 및 PELV 회로에 의해 공급되는 기기의 노출도전부는 접지

답 ②

019

사용 중 예상치 못한 회로의 개방이 위험 또는 큰 손상을 초래할 수 있는 특정 부하에 전원을 공급하는 회로에 대해서는 과부하 보호장치를 생략할 수 있다. 그 특정 부하로 옳지 않은 것은?

① 회전기 여자회로
② 전자석 크레인 전원회로
③ 전류변성기의 4차회로
④ 주거침입경보 전원회로

해 사용 중 예상치 못한 회로의 개방이 위험 또는 큰 손상을 초래할 수 있는 다음과 같은 부하에 전원을 공급하는 회로에 대해서는 과부하 보호장치를 생략할 수 있다.
(1) 회전기의 여자회로
(2) 전자석 크레인의 전원회로
(3) 전류변성기의 2차회로
(4) 소방설비의 전원회로
(5) 안전설비(주거침입경보, 가스누출경보 등)의 전원회로

답 ③

020

한국전기설비규정상 축전지 관련 내용으로 옳지 않은 것은?

① 50V를 초과하는 축전지는 비접지측 도체에 쉽게 차단할 수 있는 곳에 개폐기를 시설하여야 한다.

② 옥내전로에 연계되는 축전지는 비접지측 도체에 과전류보호장치를 시설해야 한다.

③ 축전지실 등은 폭발성의 가스가 축적되지 않도록 환기장치 등을 시설하여야 한다.

④ 상용 전원으로 쓰이는 축전지에는 이에 과전류가 생겼을 경우에 자동적으로 이를 전로로부터 차단하는 장치를 시설하여야 한다.

해 1. 30V를 초과하는 축전지는 비접지측 도체에 쉽게 차단할 수 있는 곳에 개폐기를 시설하여야 한다.
2. 옥내전로에 연계되는 축전지는 비접지측 도체에 과전류보호장치를 시설해야 한다.
3. 축전지실 등은 폭발성의 가스가 축적되지 않도록 환기장치 등을 시설하여야 한다.
4. 상용 전원으로 쓰이는 축전지에는 이에 과전류가 생겼을 경우에 자동적으로 이를 전로로부터 차단하는 장치를 시설하여야 한다.

답 ①

021

다음 빈칸에 알맞은 것은?

> 사업주는 화학설비에 원재료를 공급하는 근로자의 오조작으로 인하여 발생하는 폭발·화재 또는 위험물의 누출을 방지하기 위하여 그 근로자가 보기 쉬운 위치에 원재료의 종류, (   )등을 표시하여야 한다.

① 제조회사명

② 설계도 위치

③ 주의사항

④ 원재료가 공급되는 설비명

해 사업주는 화학설비에 원재료를 공급하는 근로자의 오조작으로 인하여 발생하는 폭발·화재 또는 위험물의 누출을 방지하기 위하여 그 근로자가 보기 쉬운 위치에 원재료의 종류, 원재료가 공급되는 설비명 등을 표시하여야 한다.

답 ④

022

화학설비 및 그 부속설비의 안전검사내용을 점검한 후 해당 설비를 사용하여야 하는 경우가 아닌 것은?

① 처음으로 사용하는 경우
② 분해하거나 개조 또는 수리한 경우
③ 계속하여 6개월 이상 사용하지 아니한 후 다시 사용하는 경우
④ 계속하여 1개월 이상 사용하지 아니한 후 다시 사용하는 경우

해 사업주는 다음 각 호의 어느 하나에 해당하는 경우에는 화학설비 및 그 부속설비의 안전검사내용을 점검한 후 해당 설비를 사용하여야 한다.
1. 처음으로 사용하는 경우
2. 분해하거나 개조 또는 수리를 한 경우
3. 계속하여 1개월 이상 사용하지 아니한 후 다시 사용하는 경우

답 ③

023

평활한 금속판 상에 한 방울의 니트로글리세린을 떨어트려 놓고 금속 추로 타격을 행할 때 니트로글리세린 중에 아주 작은 기포가 존재한 경우, 기포가 존재하지 않을 때보다 작은 충격에 의해서도 발화가 일어난다. 이러한 현상의 원인으로 옳은 것은?

① 단열압축 ② 정전기 발생
③ 기포의 탈출 ④ 미분화 현상

해 ①: 공기덩어리가 외부와 열교환 없이 부피가 줄어들고 기온이 상승하는 현상

답 ①

024

화염방지기 관련 내용이다. 빈칸에 알맞은 것은?

> 사업주는 인화성 액체 및 인화성 가스를 저장·취급하는 화학설비에서 증기나 가스를 대기로 방출하는 경우에는 외부로부터의 화염을 방지하기 위하여 화염방지기를 그 설비 상단에 설치해야 한다. 다만, 대기로 연결된 통기관에 화염방지 기능이 있는 통기밸브가 설치되어 있거나, 인화점이 섭씨 ( )인 인화성 액체를 저장·취급할 때에 화염방지 기능을 가지는 인화방지망을 설치한 경우에는 그렇지 않다.

① 18도 이상 40도 이하
② 28도 이상 50도 이하
③ 38도 이상 60도 이하
④ 40도 이상 70도 이하

해 사업주는 인화성 액체 및 인화성 가스를 저장·취급하는 화학설비에서 증기나 가스를 대기로 방출하는 경우에는 외부로부터의 화염을 방지하기 위하여 화염방지기를 그 설비 상단에 설치해야 한다. 다만, 대기로 연결된 통기관에 화염방지 기능이 있는 통기밸브가 설치되어 있거나, 인화점이 섭씨 38도 이상 60도 이하인 인화성 액체를 저장·취급할 때에 화염방지 기능을 가지는 인화방지망을 설치한 경우에는 그렇지 않다.

답 ③

025

결정수를 함유하는 물질이 공기 중에 결정수를 잃는 현상을 무엇이라 하는가?

① 풍해성 ② 산화성 ③ 부식성 ④ 조해성

해 풍해성: 결정수를 함유하는 물질이 공기 중에 결정수를 잃는 현상

답 ①

026

화학설비와 그 부속설비의 개조·수리 및 청소 등을 위하여 해당 설비를 분해하거나 해당 설비의 내부에서 작업을 하는 경우 준수사항으로 옳지 않은 것은?

① 작업책임자를 정하여 해당 작업을 지휘하도록 할 것

② 작업장소에 위험물 등이 누출되거나 고온의 수증기가 새어나오지 않도록 할 것

③ 작업장 및 그 주변의 인화성 액체의 증기나 인화성 가스의 농도를 수시로 측정할 것

④ 국가에서 인증된 청소업체를 불러 조치할 것

해 사업주는 화학설비와 그 부속설비의 개조·수리 및 청소 등을 위하여 해당 설비를 분해하거나 해당 설비의 내부에서 작업을 하는 경우에는 다음 각 호의 사항을 준수하여야 한다.

1. 작업책임자를 정하여 해당 작업을 지휘하도록 할 것
2. 작업장소에 위험물 등이 누출되거나 고온의 수증기가 새어나오지 않도록 할 것
3. 작업장 및 그 주변의 인화성 액체의 증기나 인화성 가스의 농도를 수시로 측정할 것

답 ④

027

공정안전보고서 작성자 자격으로 옳지 않은 것은?

① 환경분야 기술사 자격을 취득한 사람

② 화공안전 분야의 산업안전지도사 자격을 취득한 사람

③ 4년제 이공계 대학을 졸업한 후 해당 분야에서 7년 이상 근무한 경력이 있는 사람

④ 공정안전보고서 제출 대상 유해·위험설비 운영분야)에서 10년 이상 근무한 경력이 있는 사람

해 윗 해설 참조

답 ④

028

유해성 있는 화학물질을 저장하는 저장탱크를 철거하는 작업을 도급하는 자가 도급작업이 시작되기 전까지 수급인에게 제공해야 할 문서의 포함사항이 아닌 것은?

① 안전보건규칙 화학설비 및 그 부속설비에서 제조·사용·운반 또는 저장하는 위험 물질 및 관리대상 유해물질의 명칭과 그 유해성·위험성

② 안전·보건상 유해하거나 위험한 작업에 대한 안전·보건상의 주의사항

③ 안전·보건상 유해하거나 위험한 물질의 유출 등 사고가 발생한 경우에 필요한 조치의 내용

④ 안전·보건상 유해하거나 위험한 물질의 성분, 제조법, 연소범위 등의 정보를 담은 내용

해 작업을 도급하는 자는 다음 각 호의 사항을 적은 문서(전자문서를 포함한다. 이하 이 조에서 같다)를 해당 도급작업이 시작되기 전까지 수급인에게 제공해야 한다.

1. 안전보건규칙 화학설비 및 그 부속설비에서 제조·사용·운반 또는 저장하는 위험 물질 및 관리대상 유해물질의 명칭과 그 유해성·위험성
2. 안전·보건상 유해하거나 위험한 작업에 대한 안전·보건상의 주의사항
3. 안전·보건상 유해하거나 위험한 물질의 유출 등 사고가 발생한 경우에 필요한 조 치의 내용

답 ④

029

3성분계 혼합가스에 있어서 인화성가스(F), 조연성가스(S), 불활성가스(I)가 각각 한 가지씩 구성되는 경우 폭발범위를 나타낸 삼각도로 옳은 것은?

①

②

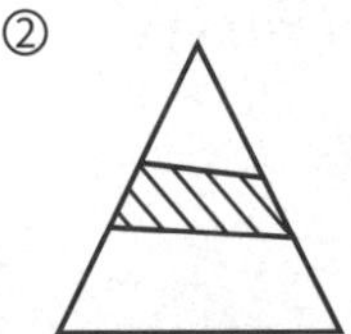

③

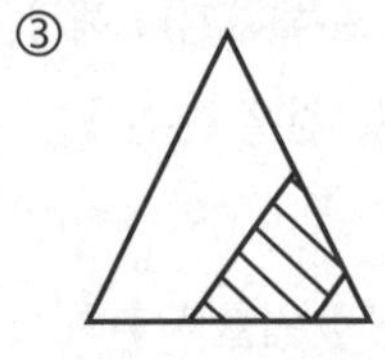

④

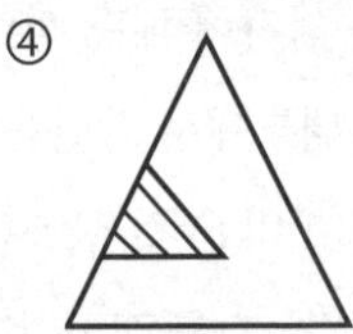

해

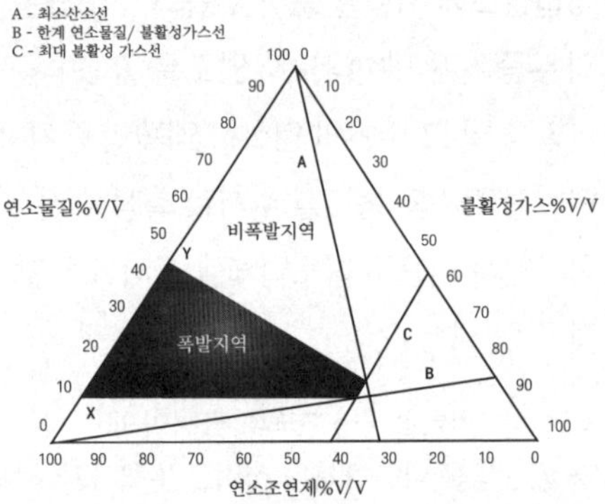

A - 최소산소선
B - 한계 연소물질/ 불활성가스선
C - 최대 불활성 가스선

연소물질%V/V
불활성가스%V/V
연소조연제%V/V
비폭발지역
폭발지역

답 ④

030

공정안전보고서 관련 내용이며 빈칸에 알맞은 것은?

> – 사업주는 제출된 보고서의 내용 중 기업의 정보 유출로 인한 피해가 우려되는 부분에 대하여는 기업의 (   )을 공단에 요구 할 수 있다.
> – 공단은 사업주로부터 (   )을 요구받은 부 분에 대하여는 특별한 관리절차를 규정하고 이에 따라 관리하여야 한다.

① 대책보장 ② 신분보장
③ 보험보장 ④ 비밀보장

해 – 사업주는 제출된 보고서의 내용 중 기업의 정보 유출로 인한 피해가 우려되는 부분에 대하여는 기업의 비밀보장을 공단에 요구할 수 있다.
– 공단은 사업주로부터 비밀보장을 요구받은 부분에 대하여는 특별한 관리절차를 규정하고 이에 따라 관리하여야 한다.

답 ④

031

공정안전보고서 작성자는 공단에서 실시하는 관련교육을 이수하여야 한다, 관련교육으로 옳지 않은 것은?

① 위험과 운전분석(HAZOP)과정
② 사고빈도분석(FTA, ETA)과정
③ 안전보건 체크리스트 작성과정
④ 설비유지 및 변경관리(MI, MOC)과정

해 공단에서 실시하는 관련교육은 다음 각 호의 어느 하나의 교육을 말한다.
1. 위험과 운전분석(HAZOP)과정
2. 사고빈도분석(FTA, ETA)과정
3. 보고서 작성·평가 과정
4. 사고결과분석(CA)과정
5. 설비유지 및 변경관리(MI, MOC)과정
6. 그 밖에 고용노동부장관으로부터 승인받은 공정안전관리 교육과정

답 ③

032

공단이 실시하는 관련교육을 몇시간 이상 이수해야 공정안전보고서 작성 자격이 되는가?

① 28 ② 18 ③ 8 ④ 12

해 사업주는 보고서를 작성할 때 다음 각 호의 어느 하나에 해당하는 사람으로서 공단이 실시하는 관련교육을 28시간 이상 이수한 사람 1명 이상을 포함시켜야 한다.

1. 기계, 금속, 화공, 요업, 전기, 전자, 안전 관리 또는 환경분야 기술사 자격을 취득 한 사람
2. 기계, 전기 또는 화공안전 분야의 산업안 전지도사 자격을 취득한 사람
3. 제1호에 따른 관련분야의 기사 자격을 취득한 사람으로서 해당 분야에서 5년 이상 근무한 경력이 있는 사람
4. 제1호에 따른 관련분야의 산업기사 자격을 취득한 사람으로서 해당 분야에서 7년 이상 근무한 경력이 있는 사람
5. 4년제 이공계 대학을 졸업한 후 해당 분야에서 7년 이상 근무한 경력이 있는 사람 또는 2년제 이공계 대학을 졸업한 후 해당 분야에서 9년 이상 근무한 경력이 있는 사람
6. 공정안전보고서 제출 대상 유해·위험설비 운영분야(해당 공정안전보고서를 작성 하고자 하는 유해·위험설비 관련분야에 한한다.)에서 11년 이상 근무한 경력이 있는 사람

답 ①

033

공정안전보고서를 접수하고 심사할 경우 심사반의 구성 전문가가 아닌 분야는?

① 안전일반 ② 위험성평가
③ 비상조치 및 소방 ④ 환경오염물질 처리

해 공단은 보고서를 접수하고 심사할 경우에는 소속 직원 중 다음 각 호의 분야에 해당하는 전문가로 심사반을 구성하고 심사책임자를 임명하여 기간에 심사를 완료하고 사업주에게 그 결과를 통지하여야 한다.

1. 위험성평가
2. 공정 및 장치 설계
3. 기계 및 구조설계, 응력해석, 용접, 재료 및 부식
4. 계측제어·컴퓨터제어 및 자동화
5. 전기설비·방폭전기
6. 비상조치 및 소방
7. 가스, 확산 모델링 및 환경
8. 안전일반
9. 그 밖에 보고서 심사에 필요한 분야

답 ④

034

공정안전보고서 관련 내용이며 빈칸에 알맞은 것은?

> 지방관서의 장은 공단으로부터 보고를 받은 때에는 부적합 사항에 대해 (　　)일 이내에 사업주에게 변경계획의 작성을 명하는 등 필요한 행정조치를 하여야 하며, 사업주는 행정조치를 받은 날로부터 (　　)일 이내에 변경계획을 작성하여 지방관서의 장에게 제출하여야 한다.

① 7, 15　② 3, 1　③ 5, 15　④ 15, 7

해 지방관서의 장은 공단으로부터 보고를 받은 때에는 부적합 사항에 대해 7일 이내에 사업주에게 변경계획의 작성을 명하는 등 필요한 행정조치를 하여야 하며, 사업주는 행정조치를 받은 날로부터 15일 이내에 변경계획을 작성하여 지방관서의 장에게 제출해야 한다.

답 ①

035

공정안전보고서 제출 대상설비가 전체설비 중 일부분 또는 변경설비인 경우에는 그 해당 부분에 한정해 보고서를 작성·제출할 수 있다. 그 보고서의 첨부사항이 아닌 것은?

① 전체 설비 개요

② 전체 설비의 배치도

③ 전체 설비에서 사용되는 원료의 종류 및 사용량

④ 전체 설비 제조업체명 및 위치

해 보고서 제출 대상설비가 전체설비 중 일부분 또는 변경설비인 경우에는 그 해당 부분에 한정하여 보고서를 작성·제출할 수 있다. 이 경우 다음 각 호의 사항을 첨부하여야 한다.

1. 전체 설비 개요
2. 전체 설비에서 사용되는 원료의 종류 및 사용량
3. 전체 설비에서 제조되는 생산품의 종류 및 생산량
4. 전체 설비의 배치도

답 ④

036

옥내소화전설비 펌프 성능기준이며 빈칸에 알맞은 것은?

> 펌프의 성능은 체절운전 시 정격토출압력의 (　　)%를 초과하지 않고, 정격토출량의 150%로 운전 시 정격토출압력의 65% 이상이 되어야 하며, 펌프의 성능을 시험할 수 있는 성능시험배관을 설치할 것

① 140　② 150　③ 160　④ 170

해 펌프의 성능은 체절운전 시 정격토출압력의 140퍼센트를 초과하지 않고, 정격토출량의 150퍼센트로 운전 시 정격토출압력의 65퍼센트 이상이 되어야 하며, 펌프의 성능을 시험할 수 있는 성능시험배관을 설치할 것

답 ①

037

동력기계 목록자료 중 "명세"란에 대한 내용이며 빈칸에 알맞은 것은?

> "명세"란에는 펌프 및 압축기의 시간당 처리량, (　　), 분당회전속도 등, 교반기의 임펠러의 반경, 분당회전속도 등, 양중기의 들어 올릴 수 있는 무게, 높이 등 그 밖에 동력기계의 시간당 처리량 등을 기재한다.

① 토출측의 압력　② 재질분류기호

③ 방호장치의 종류　④ 안전율

해 유해·위험설비 중 동력기계 목록에 다음 각 호의 사항에 따라 작성하여야 한다.

1. 대상 설비에 포함되는 동력기계는 모두 기재한다.
2. "명세"란에는 펌프 및 압축기의 시간당 처리량, 토출측의 압력, 분당회전속도 등, 교반기의 임펠러의 반경, 분당회전속도 등, 양중기의 들어 올릴 수 있는 무게, 높이 등 그 밖에 동력기계의 시간당 처리량 등을 기재한다.
3. "주요 재질"란에는 해당 기계의 주요 부분의 재질을 재질분류기호로 기재한다.
4. "방호장치의 종류"란에는 해당 설비에 필요한 모든 방호장치의 종류를 기재한다.

답 ①

038

이산화탄소소화설비의 분사헤드 설치하면 안되는 장소의 기준이 아닌 것은?

① 사람이 상시 근무하는 장소
② 자기연소성물질을 취급하는 장소
③ 불활성금속물질을 저장·취급하는 장소
④ 관람을 위하여 다수인이 통행하는 통로

해 이산화탄소소화설비의 분사헤드는 다음의 장소에 설치해서는 안 된다.
1. 제어실 등 사람이 상시 근무하는 장소
2. 니트로셀룰로스·셀룰로이드제품 등 자기연소성물질을 저장·취급하는 장소
3. 나트륨·칼륨·칼슘 등 활성금속물질을 저장·취급하는 장소
4. 전시장 등의 관람을 위하여 다수인이 출입·통행하는 통로 및 전시실 등

답 ③

039

이산화탄소 소화약제의 저장용기 설치기준으로 옳지 않은 것은?

① 온도가 40℃ 이하이고, 온도변화가 작은 곳에 설치할 것
② 방화문으로 구획된 실에 설치할 것
③ 용기 간의 간격은 점검에 지장이 없도록 5cm 이상의 간격을 유지할 것
④ 직사광선 및 빗물이 침투할 우려가 없는 곳에 설치할 것

해 이산화탄소 소화약제의 저장용기는 다음의 기준에 적합한 장소에 설치해야 한다.
1. 방호구역 외의 장소에 설치할 것. 다만, 방호구역 내에 설치할 경우에는 피난 및 조작이용이 하도록 피난구 부근에 설치해야 한다.
2. 온도가 40℃ 이하이고, 온도변화가 작은 곳에 설치할 것
3. 직사광선 및 빗물이 침투할 우려가 없는 곳에 설치할 것
4. 방화문으로 구획된 실에 설치할 것
5. 용기의 설치장소에는 해당 용기가 설치된 곳임을 표시하는 표지를 할 것
6. 용기 간의 간격은 점검에 지장이 없도록 3cm 이상의 간격을 유지할 것
7. 저장용기와 집합관을 연결하는 연결배관에는 체크밸브를 설치할 것. 다만, 저장 용기가 하나의 방호구역만을 담당하는 경우에는 그렇지 않다.

답 ③

040

다음 설명에 해당하는 용어는?

> 소화용수와 공기를 채우고 일정 압력 이상으로 가압하여 그 압력으로 급수하는 수조

① 고가수조　② 압력수조
③ 가압수조　④ 항온수조

해

구분	설명
고가수조	구조물 또는 지형지물 등에 설치하여 자연낙차의 압력으로 급수하는 수조
압력수조	소화용수와 공기를 채우고 일정 압력이상으로 가압하여 그 압력으로 급수하는 수조
가압수조	가압원인 압축공기 또는 불연성 고압기체에 따라 소방용수를 가압시키는 수조
항온수조	온도제어장치를 붙여 일정한 온도범위가 유지되도록 한 수조

답 ②

5과목 | 건설공사 안전 관리

001

가설비계 종류가 아닌 것은?

① 강관비계　② 달비계
③ 말비계　④ 사다리비계

해 가설비계 종류
강관비계/강관틀비계/달비계/달대비계/걸침비계/말비계/이동식비계

답 ④

002

안전시설비로 불가능한 것은?

① 안전대 부착설비 설치를 위해 소요되는 비용
② 스마트 안전장비 구입·임대 비용의 5분의 4에 해당하는 비용
③ 용접 작업 등 화재 위험작업 시 사용하는 소화기의 구입·임대비용
④ 안전대 부착설비 설치를 위해 소요되는 비용

해 안전시설비

가. 산업재해 예방을 위한 안전난간, 추락방호망, 안전대 부착설비, 방호장치(기계·기구와 방호장치가 일체로 제작된 경우, 방호장치 부분의 가액에 한함) 등 안전시설의 구입·임대 및 설치를 위해 소요 되는 비용

나. 「산업재해예방시설자금 융자금 지원사업 및 보조금 지급사업 운영규정」(고용노동 부고시) 제2조제12호에 따른 "스마트안전장비 지원사업" 및 「건설기술진흥법」 제62조의3에 따른 스마트 안전장비 구입·임대 비용. 다만, 제4조에 따라 계상된 산업안전보건관리비 총액의 10분의 1을 초과할 수 없다.

다. 용접 작업 등 화재 위험작업 시 사용하는 소화기의 구입·임대비용

답 ②

003

30° 경사각의 가설통로에서 미끄럼막이 간격으로 알맞은 것은?

① 30cm ② 40cm ③ 50cm ④ 60cm

해

경사각	미끄럼막이 간격	경사각	미끄럼막이 간격
14도	47cm	24도15분	37cm
17도	45cm	27도	35cm
19도20분	43cm	29도	33cm
22도	40cm	30도	30cm

답 ①

004

건설현장에서 사용하는 임시조명기구에 대한 안전대책으로 옳지 않은 것은?

① 모든 조명기구에는 외부의 충격으로부터 보호될 수 있도록 보호망을 씌워야 한다.

② 이동식 조명기구의 배선은 유연성이 좋은 코드선을 사용해야 한다.

③ 이동식 조명기구의 손잡이는 견고한 금속재료로 제작해야 한다.

④ 이동식 조명기구를 일정한 장소에 고정시킬 경우에는 견고한 받침대를 사용해야 한다.

해 임시 조명기구에 대한 안전대책

(1) 모든 조명기구에는 외부의 충격으로부터 보호할 수 있는 보호망을 씌운다.

(2) 이동식 조명기구의 배선은 유연성이 좋은 코드선을 사용한다.

(3) 이동식 조명기구의 손잡이는 금속체가 아닌 절연재로 제작한다.

(4) 이동식 조명기구를 일성한 장소에 고정할 시는 견고한 받침대를 사용한다.

답 ③

005

콘크리트 타설 이후 발생되는 블리딩(bleeding)을 방지하기 위한 대책으로 옳지 않은 것은?

① 단위 수량을 적게 해야 한다.

② 분말도가 낮은 시멘트를 사용한다.

③ 골재 중 먼지와 같은 유해물의 함량을 적게 한다.

④ AE제나 포졸란 등을 사용한다.

해 ②: 분말도가 높은 시멘트를 사용한다.

답 ②

006

동력으로 작동되는 문을 설치하는 경우 설치 기준으로 옳지 않은 것은?

① 동력으로 작동되는 문에 근로자가 끼일 위험이 있는 4m 높이까지는 위급하거나 위험한 사태가 발생한 경우에 문의 작동을 정지시킬 수 있도록 비상정지장치 설치 등 필요한 조치를 할 것
② 동력으로 작동되는 문의 비상정지장치는 근로자가 잘 알아볼 수 있고 쉽게 조작할 수 있을 것
③ 동력으로 작동되는 문의 동력이 끊어진 경우에는 즉시 정지되도록 할 것
④ 동력으로 작동되는 문을 수동으로 조작하는 경우에는 제어장치에 의하여 즉시 정지시킬 수 있는 구조일 것

해 사업주는 동력으로 작동되는 문을 설치하는 경우 다음 각 호의 기준에 맞는 구조로 설치해야 한다.

1. 동력으로 작동되는 문에 근로자가 끼일 위험이 있는 2.5미터 높이까지는 위급하거나 위험한 사태가 발생한 경우에 문의 작동을 정지시킬 수 있도록 비상정지장치 설치 등 필요한 조치를 할 것. 다만, 위험구역에 사람이 없어야만 문이 작동되도록 안전장치가 설치되어 있거나 운전자가 특별히 지정되어 상시 조작하는 경우에는 그러하지 아니하다.
2. 동력으로 작동되는 문의 비상정지장치는 근로자가 잘 알아볼 수 있고 쉽게 조작할 수 있을 것
3. 동력으로 작동되는 문의 동력이 끊어진 경우에는 즉시 정지되도록 할 것. 다만, 방화문의 경우에는 그러하지 아니하다.
4. 수동으로 열고 닫을 수 있도록 할 것. 다만, 동력으로 작동되는 문에 수동으로 열고 닫을 수 있는 문을 별도로 설치하여 근로자가 통행할 수 있도록 한 경우에는 그러하지 아니하다.
5. 동력으로 작동되는 문을 수동으로 조작하는 경우에는 제어장치에 의하여 즉시 정지시킬 수 있는 구조일 것

답 ①

007

계측장치를 설치하여 계측결과를 확인하고 그 결과를 통하여 안전성을 검토하는 등 위험을 방지하기 위한 조치를 해야 하는 경우로 옳지 않은 것은?

① 건설공사에 대한 유해위험방지계획서 심사 시 계측시공을 지시받은 경우

② 건설공사에서 구축물등의 붕괴로 근로자가 위험해질 우려가 있는 경우

③ 설계도서에서 계측장치를 설치하도록 하고 있는 경우

④ 비산먼지, 화학물질 유출등 인체에 유해한 환경에서 작업을 하는 경우

해 사업주는 다음 각 호의 어느 하나에 해당하는 경우에는 그에 필요한 계측장치를 설치하여 계측결과를 확인하고 그 결과를 통하여 안전성을 검토하는 등 위험을 방지하기 위한 조치를 해야 한다.

1. 건설공사에 대한 유해위험방지계획서 심사 시 계측시공을 지시받은 경우
2. 건설공사에서 토사등이나 구축물등의 붕괴로 근로자가 위험해질 우려가 있는 경우
3. 설계도서에서 계측장치를 설치하도록 하고 있는 경우

답 ④

008

버력처리 장비 선정시 고려사항이 아닌 것은?

① 터널 경사도

② 굴착방식

③ 버력의 상상 및 함수비

④ 터널 길이

해 버력처리 장비는 다음 각목의 사항을 고려하여 선정하고 사토장거리, 운행속도 등의 작업계획을 수립한 후 작업하여야 한다.

가. 굴착단면 크기 및 단위발파 버력의 물량
나. 터널 경사도
다. 굴착방식
라. 버력의 상상 및 함수비
마. 운반 통로의 노면상태

답 ④

009

산업안전보건법령상 이동식 사다리의 넘어짐 방지를 위한 조치사항이 아닌 것은?

① 이동식 사다리를 견고한 시설물에 연결하여 고정할 것

② 아웃트리거를 설치하거나 아웃트리거가 붙어있는 이동식 사다리를 설치할 것

③ 이동식 사다리를 다른 근로자가 지지하여 넘어지지 않도록 할 것

④ 지면에 못을 박아 사다리와 고정시킬 것

해 이동식 사다리의 넘어짐을 방지하기 위해 다음 각 목의 어느 하나 이상에 해당하는 조치를 할 것

가. 이동식 사다리를 견고한 시설물에 연결하여 고정할 것
나. 아웃트리거(outrigger, 전도방지용지지대)를 설치하거나 아웃트리거가 붙어있는 이동식 사다리를 설치할 것
다. 이동식 사다리를 다른 근로자가 지지하여 넘어지지 않도록 할 것

답 ④

010

걸이자 및 보조자는 관계자와 작업내용 등에 대하여 협의하여야 할 작업으로 아닌 것은?

① 트럭이나 대차상에서의 걸이
② 물체를 반전, 전도시키기 위한 걸이
③ 긴 물체, 중량물, 이형물 등의 걸이
④ 장애물이 없는 장소에서의 걸이

해 다음 각 호의 작업을 할 경우 걸이자 및 보조자는 관계자와 작업내용 등에 대하여 협의하여야 한다.

1. 좁은 장소나 장애물이 있는 장소에서의 걸이
2. 트럭이나 대차상에서의 걸이
3. 물체를 반전, 전도시키기 위한 걸이
4. 긴 물체, 중량물, 이형물 등의 걸이

답 ④

011

우회로를 설치하여 사용할 때 준수사항으로 옳지 않은 것은?

① 교통량을 유지시킬 수 있도록 계획되어야 한다.
② 모든 교통통제나 신호등은 교통법규에 적합하도록 하여야 한다.
③ 우회로는 항시 유지보수 되도록 확실한 점검을 실시하여야 하며 필요한 경우에는 가설등을 설치하여야 한다.
④ 우회로의 사용이 완료되면 모든 것을 그대로 둔다.

해 사업주는 우회로를 설치하여 사용함에 있어서 다음 각 호의 사항을 준수하여야 한다.

1. 교통량을 유지시킬 수 있도록 계획되어야 한다.
2. 시공중인 교량이나 높은 구조물의 밑을 통과해서는 안되며 부득이 시공중인 교량이나 높은 구조물의 밑을 통과하여야 할 경우에는 필요한 안전조치를 해야 한다.
3. 모든 교통통제나 신호등은 교통법규에 적합하도록 하여야 한다.
4. 우회로는 항시 유지보수 되도록 확실한 점검을 실시하여야 하며 필요한 경우에는 가설등을 설치하여야 한다.
5. 우회로의 사용이 완료되면 모든 것을 원상복구하여야 한다.

답 ④

012

가설공사 표준안전 작업지침상 신호수의 자격으로 옳지 않은 것은?

① 책임감이 있어야 된다.
② 관련 경험이 있어야 된다.
③ 중장비 운전경력이 있어야 된다.
④ 임무숙지를 잘해야 된다.

해 신호수는 책임감 있고 임무숙지는 물론 잘 훈련되고 경험있는 자로 하여야 한다.

답 ③

013

레버풀러 또는 체인블록 사용 시 준수사항으로 옳지 않은 것은?

① 정격하중을 초과하여 사용하지 말 것
② 레버풀러의 레버에 파이프 등을 끼워서 사용할 것
③ 체인블록은 체인의 꼬임과 헝클어지지 않도록 할 것
④ 체인과 훅은 파손, 부식, 마모되거나 균열된 것을 사용하지 않도록 조치할 것

해 사업주는 레버풀러(lever puller) 또는 체인블록(chain block)을 사용하는 경우 다음 각 호의 사항을 준수하여야 한다.

1. 정격하중을 초과하여 사용하지 말 것
2. 레버풀러 작업 중 훅이 빠져 튕길 우려가 있을 경우에는 훅을 대상물에 직접 걸지 말고 피벗 클램프(pivot clamp)나 러그(lu g)를 연결하여 사용할 것
3. 레버풀러의 레버에 파이프 등을 끼워서 사용하지 말 것
4. 체인블록의 상부 훅(top hook)은 인양하중에 충분히 견디는 강도를 갖고, 정확히 지탱될 수 있는 곳에 걸어서 사용할 것
5. 훅의 입구(hook mouth) 간격이 제조자가 제공하는 제품사양서 기준으로 10퍼센트 이상 벌어진 것은 폐기할 것
6. 체인블록은 체인의 꼬임과 헝클어지지 않도록 할 것
7. 체인과 훅은 변형, 파손, 부식, 마모(磨耗) 되거나 균열된 것을 사용하지 않도록 조치할 것

답 ②

014

지게차를 이용하여 야간작업을 할 경우 준수 사항으로 옳지 않은 것은?

① 작업장에 충분한 조명시설을 해야 한다.
② 전조등 또는 그 밖의 조명장치를 이용하여야 한다.
③ 항시 여분의 지게차를 준비한다.
④ 야간작업 시에는 특히 원근감이나 지면의 고저가 불명확하고 심하게 착각을 일으키기 쉬우므로 주변의 근로자나 장애물에 주의하면서 안전속도로 운전하여야 한다.

해 지게차를 이용하여 야간작업을 할 경우 다음 각 호의 사항을 준수하여야 한다.
1. 작업장에 충분한 조명시설을 해야 한다.
2. 전조등 또는 그 밖의 조명장치를 이용하여야 한다.
3. 야간작업 시에는 특히 원근감이나 지면의 고저가 불명확하고 심하게 착각을 일으키기 쉬우므로 주변의 근로자나 장애물에 주의하면서 안전속도로 운전하여야 한다.

답 ③

015

철골건립에 앞서 완성된 기초에 대하여 확인해야 할 사항으로 옳지 않은 것은?

① 작업장소 지반과 사용 자재 정보를 확인
② 철골기초 콘크리트의 배합강도는 설계기준과 동일한지 확인
③ 부정확하게 설치된 앵커 볼트는 수정
④ 기둥간격, 수직, 수평도 등의 기본치수를 측정하여 확인

해 철골건립에 앞서 완성된 기초에 대하여는 다음 각호의 사항을 확인하여야 한다.
1. 기둥간격, 수직, 수평도 등의 기본치수를 측정하여 확인해야 한다.
2. 부정확하게 설치된 앵커 볼트는 수정하여야 한다.
3. 철골기초 콘크리트의 배합강도는 설계기준과 동일한지 확인하여야 한다.

답 ①

016

작업장소가 파괴되기 쉬운 암반일 때 뿜어붙이기 콘크리트의 최소 두께는?

① 5cm ② 4cm ③ 3cm ④ 7cm

해 지반 및 암반의 상태에 따라 뿜어붙이기 콘크리트의 최소 두께는 다음 각목의 기준 이상이어야 한다.
가. 약간 취약한 암반: 2㎝
나. 약간 파괴되기 쉬운 암반: 3㎝
다. 파괴되기 쉬운 암반: 5㎝
라. 매우 파괴되기 쉬운 암반: 7㎝(철망병용)
마. 팽창성의 암반: 15㎝(강재 지보공과 철망병용)

답 ①

017

록 볼트 삽입간격 및 길이의 기준 결정시 고려사항으로 옳지 않은 것은?

① 원지반 강도 ② 절리 간격
③ 사용목적 ④ 터널의 환기수준

해 록 볼트 삽입간격 및 길이의 기준은 다음 각 목의 사항을 고려하여 결정하여야 한다.
가. 원지반의 강도와 암반특성
나. 절리의 간격 및 방향
다. 터널의 단면규격
라. 사용목적

답 ④

018

산업안전보건법령상 작업발판 및 추락방호망을 설치하기 곤란한 경우에는 근로자로 하여금 3개 이상의 버팀대를 가지고 지면으로부터 안정적으로 세울 수 있는 구조를 갖춘 이동식 사다리를 사용하여 작업을 하게 할 수 있는데 이 경우 사업주의 조치사항으로 옳지 않은 것은?

① 평탄하고 견고하며 미끄럽지 않은 바닥에 이동식 사다리를 설치할 것
② 이동식 사다리의 제조사가 정하여 표시한 이동식 사다리의 최대사용하중을 초과하지 않는 범위 내에서만 사용할 것
③ 이동식 사다리를 설치한 바닥면에서 높이 4m 이하의 장소에서만 작업할 것
④ 안전모 착용하되, 작업 높이 2m 이상인 경우에는 안전모와 안전대를 함께 착용할 것

해 사업주는 제1항 및 제2항에도 불구하고 작업발판 및 추락방호망을 설치하기 곤란한 경우에는 근로자로 하여금 3개 이상의 버팀대를 가지고 지면으로부터 안정적으로 세울 수 있는 구조를 갖춘 이동식 사다리를 사용하여 작업을 하게 할 수 있다. 이 경우 사업주는 근로자가 다음 각 호의 사항을 준수하도록 조치해야 한다.

1. 평탄하고 견고하며 미끄럽지 않은 바닥에 이동 식 사다리를 설치할 것
2. 이동식 사다리의 넘어짐을 방지하기 위해 다음 각 목의 어느 하나 이상에 해당하는 조치를 할 것
   가. 이동식 사다리를 견고한 시설물에 연결하여 고정할 것
   나. 아웃트리거(outrigger, 전도방지용 지지대)를 설치하거나 아웃트리거가 붙어있는 이동식 사다리를 설치할 것
   다. 이동식 사다리를 다른 근로자가 지지하여 넘어지지 않도록 할 것
3. 이동식 사다리의 제조사가 정하여 표시한 이동식 사다리의 최대사용하중을 초과하지 않는 범위 내에서만 사용할 것
4. 이동식 사다리를 설치한 바닥면에서 높이 3.5미터 이하의 장소에서만 작업할 것
5. 이동식 사다리의 최상부 발판 및 그 하단 디딤대에 올라서서 작업하지 않을 것. 다만, 높이 1미터 이하의 사다리는 제외한다.
6. 안전모 착용하되, 작업 높이 2미터 이상인 경우에는 안전모와 안전대를 함께 착용할 것
7. 이동식 사다리 사용 전 변형 및 이상 유무 등을 점검하여 이상이 발견되면 즉시 수리하거나 그 밖에 필요한 조치를 할 것

답 ③

019

진동작업에 해당하지 않는 작업은?

① 착암기 ② 줄

③ 체인톱 ④ 엔진 커터

해 진동작업이란 다음 각 목의 어느 하나에 해당하는 기계·기구 사용하는 작업을 말한다.

가. 착암기(鑿巖機)
나. 동력을 이용한 해머
다. 체인톱
라. 엔진 커터(engine cutter)
마. 동력을 이용한 연삭기
바. 임팩트 렌치(impact wrench)
사. 그 밖에 진동으로 인하여 건강장해를 유발할 수 있는 기계·기구

답 ②

020

안건보건조정자 업무로 옳지 않은 것은?

① 같은 장소에서 이루어지는 각각의 공사 간에 혼재된 작업의 파악

② 제1호에 따른 혼재된 작업으로 인한 산업재해 발생의 위험성 파악

③ 제1호에 따른 혼재된 작업으로 인한 산업재해를 예방하기 위한 작업의 시기·내용 및 안전보건 조치 등의 조정

④ 위험성평가의 실시에 관한 사항

해 안건보건조정자 업무는 다음 각 호와 같다.

1. 같은 장소에서 이루어지는 각각의 공사 간에 혼재된 작업의 파악
2. 제1호에 따른 혼재된 작업으로 인한 산업 재해 발생의 위험성 파악
3. 제1호에 따른 혼재된 작업으로 인한 산업 재해를 예방하기 위한 작업의 시기·내용 및 안전보건 조치 등의 조정
4. 각각의 공사 도급인의 안전보건관리책임 자간 작업 내용에 관한 정보 공유 여부의 확인

답 ④

목차 7

실제 시험처럼 풀어보기

2020(1회차) | **2019**(2회차) | **2018**(3회차) | **빈출문제**(4회차)

잠깐! 더 효율적인 공부를 위한 링크들을 적극 이용하세요~!

직8딴 홈페이지

- 출시한 책 확인 및 구매

직8딴 카카오오픈톡방

- 실시간 저자의 질문 답변
(주7일 아침 11시~새벽 2시까지, 전화로도 함)
- 직8딴 구매자전용 복지와 혜택 획득
(최소 달에 40만원씩 기프티콘 지급)
- 구매자들과의 소통 및 EHS 관련 정보 습득

직8딴 네이버카페

- 실시간으로 최신화되는 정오표 확인
(정오표: 책 출시 이후 발견된 오타/오류를 모아놓은 표, 매우 중요)
- 공부에 도움되는 컬러버전 그림 및 사진 습득
- 직8딴 구매자전용 복지와 혜택 획득

직8딴 유튜브

- 저자 직접 강의 시청 가능
- 공부 팁 및 암기법 획득
- 국가기술자격증 관련 정보 획득

7 실제 시험처럼 풀어보기

2020년(1회차)

1과목 | 산업재해 예방 및 안전보건교육

001

무재해 운동의 이념 가운데 직장의 위험 요인을 행동하기 전에 예지하여 발견, 파악, 해결하는 것을 의미하는 것은?

① 무의 원칙　　② 선취의 원칙
③ 참가의 원칙　　④ 인간 존중의 원칙

답 ②

002

산업안전보건법령상 안전보건표시의 종류 중 인화성물질에 관한 표지에 해당하는 것은?

① 금지표시　　② 경고표시
③ 지시표시　　④ 안내표시

답 ②

003

인간관계의 메커니즘 중 다른 사람의 행동 양식이나 태도를 투입시키거나, 다른 사람 가운데서 자기와 비슷한 것을 발견하는 것을 무엇이라고 하는가?

① 투사　② 모방　③ 암시　④ 동일화

답 ④

004

산업안전보건법령상 일용근로자의 안전·보건교육 과정별 교육시간 기준으로 틀린 것은?

① 채용 시의 교육: 1시간 이상
② 작업내용 변경 시의 교육: 2시간 이상
③ 건설업 기초안전·보건교육(건설 일용근로자): 4시간
④ 특별교육: 2시간 이상(흙막이 지보공의 보강 또는 동바리를 설치하거나 해체하는 작업에 종사하는 일용근로자)

답 ②

005

위험예지훈련 4라운드 기법의 진행방법에 있어 문제점 발견 및 중요 문제를 결정하는 단계는?

① 대책수립 단계　　② 현상파악 단계
③ 본질추구 단계　　④ 행동목표설정 단계

답 ③

006

산업안전보건법령상 안전모의 시험성능기준 항목이 아닌 것은?

① 난연성　　② 인장성
③ 내관통성　　④ 충격흡수성

답 ②

007

O.J.T(On the Job Training) 교육의 장점과 가장 거리가 먼 것은?

① 훈련에만 전념할 수 있다.
② 직장의 실정에 맞게 실제적 훈련이 가능 하다.
③ 개개인의 업무능력에 적합하고 자세한 교육이 가능하다.
④ 교육을 통하여 상사와 부하간의 의사소통과 신뢰감이 깊게 된다.

답 ①

008

인지과정 착오의 요인이 아닌 것은?

① 생리·심리적 능력 한계
② 감각차단 현상
③ 작업자의 기능 미숙
④ 정서 불안정

답 ③

009

학습 성취에 직접적인 영향을 미치는 요인과 가장 거리가 먼 것은?

① 적성　② 준비도
③ 개인차　④ 동기유발

답 ①

010

태풍, 지진 등의 천재지변이 발생한 경우나 이상상태 발생 시 기능상 이상 유·무에 대한 안전점검의 종류는?

① 일상점검　② 정기점검
③ 수시점검　④ 특별점검

답 ④

011

연간 근로자수가 300명인 A 공장에서 지난 1년간 1명의 재해자(신체장해등급: 1급)가 발생하였다면 이 공장의 강도율은? (단, 근로자 1인당 1일 8시간씩 연간 300일을 근무하였다.)

① 4.27　② 6.42　③ 10.05　④ 10.42

해 $강도율 = \frac{총요양근로손실일수}{연근로시간} \cdot 10^3$

$= \frac{7,500}{300 \cdot 8 \cdot 300} \cdot 10^3 = 10.42$

답 ④

012

재해예방의 4원칙에 해당하지 않는 것은?

① 예방가능의 원칙　② 손실우연의 원칙
③ 원인계기의 원칙　④ 선취해결의 원칙

답 ④

013

알더퍼의 ERG(Existence Relation Growth) 이론에서 생리적 욕구, 물리적 측면의 안전욕구 등 저차원적 욕구에 해당하는 것은?

① 관계욕구　② 성장욕구
③ 존재욕구　④ 사회적 욕구

답 ③

014

상황성 누발자의 재해유발원인과 거리가 먼 것은?

① 작업의 어려움 ② 기계설비의 결함
③ 심신의 근심 ④ 주의력의 산만

답 ④

015

리더십(leadership)의 특성에 대한 설명으로 옳은 것은?

① 지휘형태는 민주적이다.
② 권한부여는 위에서 위임된다.
③ 구성원과의 관계는 지배적 구조이다.
④ 권한 근거는 법적 또는 공식적으로 부여된다.

답 ①

016

재해 원인을 통상적으로 직접원인과 간접원인으로 나눌 때 직접 원인에 해당되는 것은?

① 기술적 원인 ② 물적 원인
③ 교육적 원인 ④ 관리적 원인

답 ②

017

안전교육 계획수립 시 고려하여야 할 사항과 관계가 가장 먼 것은?

① 필요한 정보를 수집한다.
② 현장의 의견을 충분히 반영한다.
③ 법 규정에 의한 교육에 한정한다.
④ 안전교육시행 체계와의 관련을 고려한다.

답 ③

018

안전관리조직의 형태 중 라인스탭형에 대한 설명으로 틀린 것은?

① 대규모 사업장에 효율적이다.
② 안전과 생산업무가 분리될 우려가 없기 때문에 균형을 유지할 수 있다.
③ 모든 안전관리 업무를 생산라인을 통하여 직선적으로 이루어지도록 편성된 조직이다.
④ 안전업무를 전문적으로 담당하는 스탭 및 생산라인의 각 계층에도 겸임 또는 전임의 안전담당자를 둔다.

답 ③

019

기능(기술)교육의 진행방법 중 하버드 학파의 5단계 교수법의 순서로 옳은 것은?

① 준비 → 연합 → 교시 → 응용 → 총괄
② 준비 → 교시 → 연합 → 총괄 → 응용
③ 준비 → 총괄 → 연합 → 응용 → 교시
④ 준비 → 응용 → 총괄 → 교시 → 연합

답 ②

020

재해의 원인과 결과를 연계하여 상호 관계를 파악하기 위해 도표화하는 분석방법은?

① 관리도 ② 파레토도
③ 특성요인도 ④ 크로스분석도

답 ③

2과목 | 인간공학 및 위험성 평가관리

021

산업안전보건법령상 정밀작업 시 갖추어져야할 작업면의 조도 기준은? (단, 갱내 작업장과 감광재료를 취급하는 작업장은 제외한다.)

① 75럭스 이상　② 150럭스 이상
③ 300럭스 이상　④ 750럭스 이상

답 ③

022

시스템 수명주기 단계 중 이전 단계들에서발생되었던 사고 또는 사건으로부터 축적된 자료에 대해 실증을 통한 문제를 규명하고 이를 최소화하기 위한 조치를 마련하는 단계는?

① 구상단계　② 정의단계
③ 생산단계　④ 운전단계

답 ④

023

시스템의 수명주기를 구상, 정의, 개발, 생산, 운전의 5단계로 구분할 때 다음 중 시스템 안전성 위험분석(SSHA)은 어느 단계에서 수행되는 것이 가장 적합한가?

① 구상(concept) 단계
② 운전(deployment) 단계
③ 생산(production) 단계
④ 정의(definition) 단계

답 ④

024

FTA에 의한 재해사례 연구의 순서를 올바르게 나열한 것은?

A. 목표사상 선정	B. FT도 작성
C. 재해원인 규명	D. 개선계획 작성

① A→B→C→D　② A→C→B→D
③ B→C→A→D　④ B→A→C→D

답 ②

025

반복되는 사건이 많이 있는 경우, FTA의 최소 컷셋과 관련이 없는 것은?

① Fussel Algorithm
② Booolean Algorithm
③ Monte Carlo Algorithm
④ Limnios Ziani Algorithm

답 ③

026

신뢰도가 0.4인 부품 5개가 병렬 결합 모델로 구성된 제품이 있을 때 제품 신뢰도는?

① 0.9　② 0.91　③ 0.92　④ 0.93

해 $1-(1-0.4)(1-0.4)(1-0.4)(1-0.4)(1-0.4)$
$=0.92$

답 ③

027

조작자 한 사람의 신뢰도가 0.9일 때 요원을 중복하여 2인 1조가 되어 작업을 진행하는 공정이 있다. 작업 기간 중 항상 요원 지원을 한다면 이 조의 인간 신뢰도는?

① 0.93 ② 0.94 ③ 0.96 ④ 0.99

해 병렬구조이다.
$1-(1-0.9)(1-0.9)=0.99$

답 ④

028

다수의 표시장치(디스플레이)를 수평으로 배열할 경우 해당 제어장치를 각각의 표시장치 아래에 배치하면 좋아지는 양립성의 종류는?

① 공간 양립성 ② 운동 양립성
③ 개념 양립성 ④ 양식 양립성

답 ①

029

주물공장 A작업자의 작업지속시간과 휴식시간을 열압박지수(HSI)를 활용하여 계산하니 각각 45분, 15분이었다. A작업자의 1일 작업량은 얼마인가? (단, 휴식시간은 포함하지 않으며, 1일 근무시간은 8시간이다.)

① 4.5시간 ② 5시간
③ 5.5시간 ④ 6시간

해 작업량

$$=\frac{\text{1일 근무시간(분)} \cdot \text{작업지속시간(분)}}{\text{작업지속시간(분)}+\text{휴식시간(분)}}$$

$$=\frac{8 \cdot 60 \cdot 45}{45+15}=360\text{분}=6\text{시간}$$

답 ④

030

환경요소의 조합에 의해서 부과되는 스트레스나 노출로 인해서 개인에 유발되는 긴장(strain)을 나타내는 환경요소 복합지수가 아닌 것은?

① 카타온도(kata temperature)
② Oxford 지수(wet−dry index)
③ 실효온도(effective temperature)
④ 열 스트레스 지수(heat stress index)

답 ①

031

활동이 내용마다 "우·양·가·불가"로 평가하고 이 평가내용을 합하여 다시 종합적으로 정규화하여 평가하는 안전성 평가기법은?

① 평점척도법 ② 쌍대비교법
③ 계층적 기법 ④ 일관성 검정법

답 ①

032

MIL-STD-882E에서 분류한 심각도(severity) 카테고리 범주에 해당하지 않는 것은?

① 재앙수준(catastrophic)
② 임계수준(critical)
③ 경계수준(precautionary)
④ 무시가능수준(negligible)

답 ③

033

다음 중 육체적 활동에 대한 생리학적 측정방법과 가장 거리가 먼 것은?

① EMG ② EEG
③ 심박수 ④ 에너지소비량

답 ②

034

작업기억(working memory)과 관련된 설명으로 옳지 않은 것은?

① 오랜 기간 정보를 기억하는 것이다.
② 작업기억 내의 정보는 시간이 흐름에 따라 쇠퇴할 수 있다.
③ 작업기억의 정보는 일반적으로 시각, 음성, 의미 코드의 3가지로 코드화된다.
④ 리허설(rehearsal)은 정보를 작업기억 내에 유지하는 유일한 방법이다.

답 ①

035

다음 형상 암호화 조종장치 중 이산 멈춤 위치용 조종장치는?

①
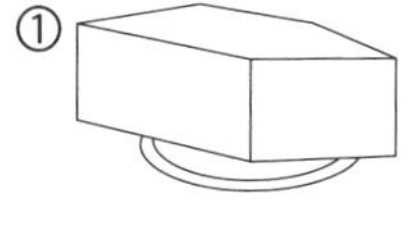
②
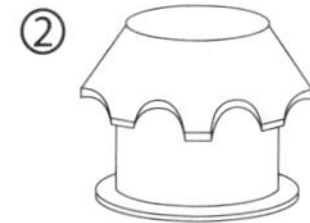
③
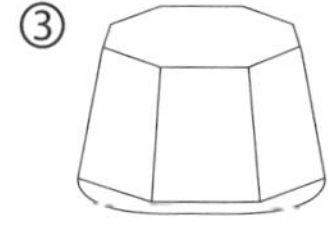
④
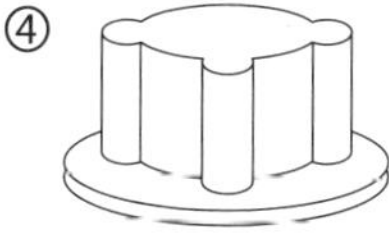

답 ①

036

표시 값의 변화 방향이나 변화 속도를 나타내어 전반적인 추이의 변화를 관측할 필요가 있는 경우에 가장 적합한 표시장치 유형은?

① 계수형 ② 묘사형 ③ 동목형 ④ 동침형

답 ④

037

사용자의 잘못된 조작 또는 실수로 인해 기계의 고장이 발생하지 않도록 설계하는 방법은?

① EMEA ② HAZOP
③ fail safe ④ fool proof

답 ④

038

인간-기계 시스템을 설계하기 위해 고려해야 할 사항으로 틀린 것은?

① 시스템 설계 시 동작 경제의 원칙이 만족되도록 고려하여야 한다.
② 인간과 기계가 모두 복수인 경우 종합적인 효과보다 기계를 우선적으로 고려한다.
③ 대상이 되는 시스템이 위치할 환경조건이 인간에 대한 한계치를 만족하는가의 여부를 조사한다.
④ 인간이 수행해야 할 조작이 연속적인가 불연속적인가를 알아보기 위해 특성조사를 실시한다.

답 ②

039

FTA에 사용되는 기호 중 다음 기호에 해당하는 것은?

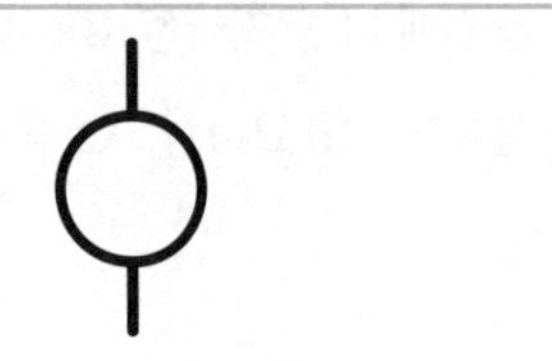

① 생략사상 ② 부정게이트
③ 결함사상 ④ 기본사상

답 ④

040

작업자의 작업공간과 관련된 내용으로 옳지 않은 것은?

① 서서 작업하는 작업공간에서 발바닥을 높이면 뻗침길이가 늘어난다.
② 서서 작업하는 작업공간에서 신체의 균형에 제한을 받으면 뻗침길이가 늘어난다.
③ 앉아서 작업하는 작업공간은 동적 팔뻗침에 의해 포락면(reach envelope)의 한계가 결정된다.
④ 앉아서 작업하는 작업공간에서 기능적 팔뻗침에 영향을 주는 제약이 적을수록 뻗침길이가 늘어난다.

답 ②

3과목 | 기계기구 및 설비 안전관리

041

크레인 작업 시 로프에 1톤의 중량을 걸어 $20m/s^2$의 가속도로 감아올릴 때, 로프에 걸리는 총 하중(kgf)은 약 얼마인가? (단, 중력가속도는 $10m/s^2$이다.)

① 1,000 ② 2,000
③ 3,000 ④ 3,500

해 $N=\frac{kg \cdot m}{s^2}$

$\rightarrow \frac{1,000kg \cdot (20+10)m}{s^2}=30,000N$

$\rightarrow \frac{30,000N \cdot kg}{10N}=3,000\text{kg}$

답 ③

042

다음 중 선반 작업 시 준수하여야 하는 안전사항으로 틀린 것은?

① 작업 중 면장갑 착용을 금한다.
② 작업 시 공구는 항상 정리해 둔다.
③ 운전 중에 백기어를 사용한다.
④ 주유 및 청소를 할 때에는 반드시 기계를 정지시키고 한다.

답 ③

043

기계설비의 안전조건 중 구조의 안전화에 대한 설명으로 가장 거리가 먼 것은?

① 기계 재료의 선정 시 재료 자체에 결함이 없는지 철저히 확인한다.
② 사용 중 재료의 강도가 열화될 것을 감안 하여 설계 시 안전율을 고려한다.
③ 기계작동 시 기계의 오동작을 방지하기 위하여 오동작 방지 회로를 적용한다.
④ 가공 경화와 같은 가공결함이 생길 우려가 있는 경우는 열처리 등으로 결함을 방지한다.

답 ③

044

산업안전보건법령상 리프트의 종류로 틀린 것은?

① 건설용 리프트
② 자동차정비용 리프트
③ 간이 리프트
④ 이삿짐운반용 리프트

답 ③

045

보일러수 속에 불순물 농도가 높아지면서 수면에 거품이 형성되어 수위가 불안정하게 되는 현상은?

① 포밍 ② 서징
③ 수격현상 ④ 공동현상

답 ①

046

산업안전보건법령상 연삭숫돌의 상부를 사용하는 것을 목적으로 하는 탁상용 연삭기 덮개의 노출각도는?

① 60° 이내 ② 65° 이내
③ 80° 이내 ④ 125° 이내

답 ①

047

산업안전보건법령상 위험기계·기구별 방호조치로 가장 적절하지 않은 것은?

① 산업용 로봇 – 안전매트
② 보일러 – 급정지장치
③ 목재가공용 둥근톱기계 – 반발예방장치
④ 산업용 로봇-광전자식 방호장치

답 ②

048

다음 중 연삭기를 이용한 작업을 할 경우 연삭숫돌을 교체한 후에는 얼마동안 시험운전을 하여야 하는가?

① 1분 이상 ② 3분 이상
③ 10분 이상 ④ 15분 이상

답 ②

049

금형의 안전화에 대한 설명 중 틀린 것은?

① 금형의 틈새는 8mm 이상 충분하게 확보 한다.
② 금형 사이에 신체일부가 들어가지 않도록 한다.
③ 충격이 반복되어 부가되는 부분에는 완충 장치를 설치한다.
④ 금형 설치용 홈은 설치된 프레스의 홈에 적합한 현상의 것으로 한다.

답 ①

050

컨베이어의 종류가 아닌 것은?

① 체인 컨베이어　② 스크류 컨베이어
③ 슬라이딩 컨베이어　④ 유체 컨베이어

답 ③

051

산업안전보건법령상 지게차 방호장치에 해당하는 것은?

① 포크　② 헤드가드
③ 호이스트　④ 힌지드 버킷

답 ②

052

프레스의 방호장치에 해당되지 않는 것은?

① 손쳐내기식 방호장치
② 가드식 방호장치
③ 롤피드식 방호장치
④ 수인식 방호장치

답 ③

053

산업안전보건법령상 양중기에서 절단하중이 100톤인 와이어로프를 사용하여 화물을 직접적으로 지지하는 경우, 화물의 최대허용하중(톤)은?

① 20　② 30　③ 40　④ 50

해 화물의 하중을 직접 지지하는 달기와이어로프 또는 달기체인의 경우: 안전률 5이상

$$안전률=\frac{절단하중}{최대허용하중}$$

$$\rightarrow 5=\frac{100}{X}$$

$$\rightarrow X=\frac{100}{5}=20톤$$

답 ①

054

산업안전보건법령상 기계 기구의 방호조치에 대한 사업주·근로자 준수사항으로 가장 적절하지 않은 것은?

① 방호 조치의 기능상실에 대한 신고가 있을 시 사업주는 수리, 보수 및 작업중지 등 적절한 조치를 할 것
② 방호조치 해체 사유가 소멸된 경우 근로자는 즉시 원상회복 시킬 것
③ 방호조치의 기능상실을 발견 시 사업주에게 신고할 것
④ 방호조치 해체 시 해당 근로자가 판단하여 해체할 것

답 ④

055

산업안전보건법령상 프레스를 사용하여 작업을 할 때 작업시작 전 점검 항목에 해당하지 않는 것은?

① 전선 및 접속부 상태
② 클러치 및 브레이크의 기능
③ 프레스의 금형 및 고정볼트 상태
④ 1행정 1정지기구·급정지장치 및 비상정지장치의 기능

답 ①

056

프레스의 분류 중 동력 프레스에 해당하지 않는 것은?

① 크랭크 프레스 ② 토글 프레스
③ 마찰 프레스 ④ 아버 프레스

답 ④

057

밀링작업 시 안전수칙에 해당되지 않는 것은?

① 칩이나 부스러기는 반드시 브러시를 사용하여 제거한다.
② 가공 중에는 가공면을 손으로 점검하지 않는다.
③ 기계를 가동 중에는 변속시키지 않는다.
④ 바이트는 가급적 길게 고정시킨다.

답 ④

058

산소-아세틸렌가스 용접에서 산소 용기의 취급 시 주의사항으로 틀린 것은?

① 산소 용기의 운반 시 밸브를 닫고 캡을 씌워서 이동할 것
② 기름이 묻은 손이나 장갑을 끼고 취급하지 말 것
③ 원활한 산소 공급을 위하여 산소 용기는 눕혀서 사용할 것
④ 통풍이 잘되고 직사광선이 없는 곳에 보관할 것

답 ③

059

가드(guard)의 종류가 아닌 것은?

① 고정식 ② 조정식
③ 자동식 ④ 반자동식

답 ④

060

산업안전보건법령상 롤러기의 무릎조작식 급정지장치의 설치 위치 기준은? (단, 위치는 급정지장치 조작부의 중심점을 기준)

① 밑면에서 0.7~0.8m 이내
② 밑면에서 0.6m 이내
③ 밑면에서 0.8~1.2m 이내
④ 밑면에서 1.5m 이내

답 ②

4과목 | 전기 및 화학설비 안전관리

061

대전된 물체가 방전을 일으킬 때에 에너지 E(J)를 구하는 식으로 옳은 것은? (단, 도체의 정전용량을 C(F), 대전전위를 V(V), 대전전하량을 Q(C)라 한다.)

① $E=\sqrt{2CQ}$　　② $E=\frac{1}{2}CV$

③ $E=\frac{Q^2}{2C}$　　④ $E=\sqrt{\frac{2V}{C}}$

해 $E=\frac{1}{2}CV^2=\frac{1}{2}C(\frac{Q}{C})^2=\frac{Q^2}{2C}$

$Q=CV \rightarrow V=\frac{Q}{C}$

답 ③

062

인체의 대부분이 수중에 있는 상태에서의 허용접촉전압으로 옳은 것은?

① 2.5V 이하　　② 25V 이하

③ 50V 이하　　④ 100V 이하

답 ①

063

저압전선로 중 절연 부분의 전선과 대지 간 및 전선의 심선 상호간의 절연저항은 사용전압에 대한 누설전류가 최대 공급전류의 얼마를 넘지 않도록 규정하고 있는가?

① 1/1,000　　② 1/1,500

③ 1/2,000　　④ 1/2,500

답 ③

064

방폭구조 전기기계·기구의 선정기준에 있어 가스폭발 위험장소의 제1종 장소에 사용할 수 없는 방폭구조는?

① 내압방폭구조　　② 안전증방폭구조

③ 본질안전방폭구조　　④ 비점화방폭구조

답 ④

065

폭발성 가스나 전기기기 내부로 침입하지 못하도록 전기기기의 내부에 불활성가스를 압입하는 방식의 방폭구조는?

① 내압방폭구조　　② 압력방폭구조

③ 본질안전방폭구조　　④ 유입방폭구조

답 ②

066

옥내배선에서 누전으로 인한 화재방지의 대책에 아닌 것은?

① 배선불량 시 재시공할 것

② 배선에 단로기를 설치할 것

③ 정기적으로 절연저항을 측정할 것

④ 정기적으로 배선시공 상태를 확인할 것

답 ②

067

제전기의 설치 장소로 가장 적절한 것은?

① 대전물체의 뒷면에 접지물체가 있는 경우
② 정전기의 발생원으로부터 5~20cm 정도 떨어진 장소
③ 오물과 이물질이 자주 발생하고 묻기 쉬운 장소
④ 온도가 150℃, 상대습도가 80% 이상인 장소

답 ②

068

전기적 불꽃 또는 아크에 의한 화상의 우려가 높은 고압 이상의 충전전로작업에 근로자를 종사시키는 경우에는 어떠한 성능을 가진 작업복을 착용시켜야 하는가?

① 방충처리 또는 방수성능을 갖춘 작업복
② 방염처리 또는 난연성능을 갖춘 작업복
③ 방청처리 또는 난연성능을 갖춘 작업복
④ 방수처리 또는 방청성능을 갖춘 작업복

답 ②

069

감전을 방지하기 위해 관계근로자에게 반드시 주지시켜야 하는 정전작업 사항으로 가장 거리가 먼 것은?

① 전원설비 효율에 관한 사항
② 단락접지 실시에 관한 사항
③ 전원 재투입 순서에 관한 사항
④ 작업 책임자의 임명, 징진범위 및 절연용 보호구 작업 등 필요한 사항

답 ①

070

위험물안전관리법령상 제3류 위험물의 금수성 물질이 아닌 것은?

① 과염소산염 ② 금속나트륨
③ 탄화칼슘 ④ 탄화알루미늄

답 ①

071

이산화탄소 소화기에 관한 설명으로 옳지 않은 것은?

① 전기화재에 사용할 수 있다.
② 주된 소화 작용은 질식작용이다.
③ 소화약제 자체 압력으로 방출가능하다.
④ 전기전도성이 높아 사용 시 감전에 유의 해야 한다.

답 ④

072

낮은 압력에서 물질의 끓는점이 내려가는 현상을 이용하여 시행하는 분리법으로 온도를 높여서 가열할 경우 원료가 분해될 우려가 있는 물질을 증류할 때 사용하는 방법을 무엇이라 하는가?

① 진공증류 ② 추출증류
③ 공비증류 ④ 수증기증류

답 ①

073

다음 중 폭발하한농도(vol%)가 가장 높은 것은?

① 일산화탄소 ② 아세틸렌
③ 디에틸에테르 ④ 아세톤

답 ①

074

다음 중 불연성 가스에 해당하는 것은?

① 프로판　② 탄산가스
③ 아세틸렌　④ 암모니아

답 ②

075

염소산칼륨에 관한 설명으로 옳은 것은?

① 탄소, 유기물과 접촉 시에도 분해폭발 위험은 거의 없다.
② 열에 강한 성질이 있어서 500℃의 고온에서도 안정적이다.
③ 찬물이나 에탄올에도 매우 잘 녹는다.
④ 산화성 고체이다.

답 ④

076

다음 중 화재의 종류가 옳게 연결된 것은?

① A급화재－유류화재
② B급화재－유류화재
③ C급화재－일반화재
④ D급화재-일반화재

답 ②

077

다음 중 증류탑의 원리로 거리가 먼 것은?

① 끓는점(휘발성) 차이를 이용하여 목적 성분을 분리한다.
② 열이동은 도모하지만 물질이동은 관계하지 않는다.
③ 기－액 두 상의 접촉이 충분히 일어날 수 있는 접촉 면적이 필요하다.
④ 여러 개의 단을 사용하는 다단탑이 사용될 수 있다.

답 ②

078

물과 접촉할 경우 화재나 폭발의 위험성이 더욱 증가하는 것은?

① 칼륨　② 트리니트로톨루엔
③ 황린　④ 니트로셀룰로오스

답 ①

079

메탄 20vol%, 에탄 25vol%, 프로판 55vol%의 조성을 가진 혼합가스의 폭발하한계값(vol%)은 약 얼마인가? (단, 메탄, 에탄 및 프로판가스의 폭발하한값은 각각 5vol%, 3vol%, 2vol%이다.)

① 2.51　② 3.12　③ 4.26　④ 5.2

해 $$LEL(\%)=\frac{\Sigma vol\%}{\Sigma \frac{vol\%}{LEL}}=\frac{20+25+55}{\frac{20}{5}+\frac{25}{3}+\frac{55}{2}}$$

$$=2.51\%$$

LEL: 폭발하한계(%)

답 ①

080

※법령 개정으로 1문제 삭제

5과목 | 건설공사 안전관리

081

항타기 및 항발기를 조립하는 경우 점검하여야 할 사항이 아닌 것은?

① 과부하장치 및 제동장치의 이상 유무
② 권상장치의 브레이크 및 쐐기장치 기능의 이상 유무
③ 본체 연결부의 풀림 또는 손상의 유무
④ 권상기의 설치상태의 이상 유무

답 ①

082

건설공사 유해위험방지계획서 제출 시 공통적으로 제출하여야 할 첨부서류가 아닌 것은?

① 공사개요서
② 전체 공정표
③ 산업안전보건관리비 사용계획서
④ 가설도로계획서

답 ④

083

신축공사 현장에서 강관으로 외부비계를 설치할 때 비계기둥의 최고 높이가 45m라면 관련 법령에 따라 비계기둥을 2개의 강관으로 보강하여야 하는 높이는 지상으로부터 얼마까지인가?

① 14m ② 20m ③ 25m ④ 31m

답 ①

084

히빙(heaving)현상이 가장 쉽게 발생하는 토질지반은?

① 연약한 점토 지반 ② 연약한 사질토 지반
③ 견고한 점토 지반 ④ 견고한 사질토 지반

답 ①

085

흙막이 지보공을 설치하였을 때 붕괴 등의 위험방지를 위하여 정기적으로 점검하고, 이상 발견 시 즉시 보수하여야 하는 사항이 아닌 것은?

① 침하의 정도
② 버팀대의 긴압의 정도
③ 지형·지질 및 지층상태
④ 부재의 손상·변형·변위 및 탈락의 유무와 상태

답 ③

086

작업발판 및 통로의 끝이나 개구부로서 근로자가 추락할 위험이 있는 장소에서의 방호조치로 옳지 않은 것은?

① 안전난간 설치 ② 와이어로프 설치
③ 울타리 설치 ④ 수직형 추락방망 설치

답 ②

087

철근콘크리트 현장타설공법과 비교한 PC(precast concrete)공법의 장점으로 볼 수 없는 것은?

① 기후의 영향을 받지 않아 동절기 시공이 가능하고, 공기를 단축할 수 있다.
② 현장작업이 감소되고, 생산성이 향상되어 인력절감이 가능하다.
③ 공사비가 매우 저렴하다.
④ 공장 제작이므로 콘크리트 양생 시 최적 조건에 의한 양질의 제품생산 가능하다.

답 ③

088

블레이드의 길이가 길고 낮으며 블레이드의 좌우를 전후 25~30° 각도로 회전시킬 수 있어 흙을 측면으로 보낼 수 있는 도저는?

① 레이크 도저 ② 스트레이트 도저
③ 앵글도저 ④ 틸트도저

답 ③

089

동바리로 사용하는 파이프 서포트에 관한 설치 기준으로 옳지 않은 것은?

① 파이프 서포트를 3개 이상 이어서 사용하지 않도록 할 것
② 파이프 서포트를 이어서 사용하는 경우에는 4개 이상의 볼트 또는 전용철물을 사용하여 이을 것
③ 높이가 3.5m를 초과하는 경우에는 높이 2m 이내마다 수평연결재를 2개 방향으로 만들고 수평연결재 변위를 방지할 것
④ 파이프 서포트 사이에 교차가새를 설치하여 수평력에 대하여 보강 조치할 것

답 ④

090

다음은 작업으로 인해 물체가 떨어지거나 날아올 위험이 있는 경우에 조치해야 하는 사항이다. 빈칸에 알맞은 내용으로 옳은 것은?

낙하물 방지망 또는 방호선반을 설치하는 경우 높이 10미터 이내마다 설치하고, 내민 길이는 벽면으로부터 (　　) 이상으로 할 것

① 2m ② 2.5m ③ 3m ④ 3.5m

답 ①

091

콘크리트를 타설할 때 거푸집에 작용하는 콘크리트 측압에 영향을 미치는 요인과 가장 거리가 먼 것은?

① 콘크리트 타설 속도
② 콘크리트 강도
③ 콘크리트 타설 높이
④ 기온

답 ②

092

다음과 같은 조건에서 추락 시 로프의 지지점에서 최하단까지의 거리 H를 구하면 얼마인가?

> −로프 길이: 1.5m −로프 신장률: 30%
> −근로자 키: 1.7m

① 2.8m ② 3.0m ③ 3.2m ④ 3.4m

해 H > 로프길이 + 로프길이 • 신장률 + 근로자 키 • 0.5
H > 1.5 + 1.5 • 0.3 + 1.7 • 0.5
→ H > 2.8m

답 ①

093

산업안전보건법령에 따른 크레인을 사용하여 작업을 하는 때 작업 시작 전 점검사항에 해당되지 않는 것은?

① 권과방지장치·브레이크·클러치 및 운전장치의 기능
② 주행로의 상측 및 트롤리(trolley)가 횡행하는 레일의 상태
③ 원동기 및 풀리(pulley)기능의 이상 유무
④ 와이어로프가 통하고 있는 곳의 상태

답 ③

094

다음은 비계를 조립하여 사용하는 경우 작업발판설치에 관한 기준이다. ( )에 들어갈 내용으로 옳은 것은?

> 사업주는 비계(달비계, 달대비계 및 말비계는 제외한다.)의 높이가 ( ) 이상인 작업장소에 설치하여야 한다.
> 1. 작업발판재료는 뒤집히거나 떨어지지 않도록 둘 이상의 지지물에 연결하거나 고정시킬 것
> 2. 작업발판의 폭은 40cm 이상으로 하고, 발판재료 간의 틈은 3cm 이하로 할 것

① 1m ② 2m ③ 3m ④ 4m

답 ②

095

다음은 산업안전보건법령에 따른 승강설비의 설치에 관한 내용이다. ( )에 들어갈 내용으로 옳은 것은?

> 사업주는 높이 또는 깊이가 ( )를 초과하는 장소에서 작업하는 경우 해당 작업에 종사하는 근로자가 안전하게 승강하기 위한 건설용 리프트 등의 설비를 설치해야 한다. 다만, 승강설비를 설치하는 것이 작업 성질상 곤란한 경우에는 그렇지 않다.

① 2m ② 3m ③ 4m ④ 5m

답 ①

096

리프트의 방호장치에 해당하지 않는 것은?

① 권과방지장치 ② 비상정지장치
③ 과부하방지장치 ④ 자동경보장치

답 ④

097

부두 등의 하역작업장에서 부두 또는 안벽의 선을 따라 설치하는 통로의 최소폭 기준은?

① 30cm 이상　② 50cm 이상
③ 70cm 이상　④ 90cm 이상

답 ④

098

안전관리비의 사용 항목에 해당하지 않는 것은?

① 안전시설비
② 개인보호구 구입비
③ 접대비
④ 사업장의 안전보건진단비

답 ③

099

강관을 사용하여 비계를 구성하는 경우의 준수사항으로 옳지 않은 것은?

① 비계기둥의 간격은 띠장 방향에서는 1.85m 이하로 할 것
② 비계기둥의 간격은 장선(長線) 방향에서는 1.0m 이하로 할 것
③ 띠장 간격은 2m 이하로 할 것
④ 비계기둥 간의 적재하중은 400kg을 초과하지 않도록 할 것

답 ②

100

※법령 개정으로 1문제 삭제

2019년(2회차)

1과목 | 산업재해 예방 및 안전보건교육

001

하인리히의 재해구성비율에 따라 경상사고가 87건 발생하였다면 무상해사고는 몇 건이 발생하였겠는가?

① 300건　② 600건
③ 900건　④ 1,200건

해 1(사망/중상해):29(경상해):300(무상해)
87 : x

$$\rightarrow x = 300 \cdot \frac{87}{29} = 900$$

답 ③

002

OFF J.T의 설명으로 틀린 것은?

① 다수 근로자에게 조직적 훈련이 가능하다.
② 훈련에만 전념하게 된다.
③ 효과가 곧 업무에 나타나며 훈련의 좋고 나쁨에 따라 개선이 쉽다.
④ 교육훈련목표에 대해 집단적 노력이 흐트러 질 수 있다.

답 ③

003

재해사례연구에 관한 설명으로 틀린 것은?

① 재해사례연구는 주관적이며 정확성이 있어야 한다.

② 문제점과 재해요인의 분석은 과학적이고, 신뢰성이 있어야 한다.

③ 재해사례를 과제로 하여 그 사고와 배경을 체계적으로 파악한다.

④ 재해요인을 규명하여 분석하고 그에 대한 대책을 세운다.

답 ①

004

산업안전보건법상 안전보건 표지에서 기본 모형의 색상이 빨강이 아닌 것은?

① 산화성물질 경고　② 화기금지
③ 탑승금지　④ 고온 경고

답 ④

005

모랄 서베이(Morale Survey)의 효용이 아닌 것은?

① 조직과 구성원 성과를 비교·분석한다.

② 종업원의 정화(Catharsis)작용을 촉진시킨다.

③ 경영관리를 개선하는 데에 대한 자료를 얻는다.

④ 근로자의 심리 또는 욕구를 파악하여 불만을 해소하고, 노동 의욕을 높인다.

답 ①

006

주의(Attention)의 특징 중 여러 종류의 자극을 자각할 때, 소수의 특정한 것에 한하여 주의가 집중되는 것은?

① 선택성　② 방향성　③ 변동성　④ 검출성

답 ①

007

인간의 적응기제(適機應制)에 포함되지 않는 것은?

① 갈등(conflict)

② 억압(repression)

③ 공격(aggression)

④ 합리화(rationalization)

답 ①

008

산업안전보건법상 직업병 유소견자가 발생하거나 다수 발생할 우려가 있는 경우에 실시하는 건강진단은?

① 특별 건강진단　② 일반 건강진단
③ 임시 건강진단　④ 채용시 건강진단

답 ③

009

위험예지훈련 중 TBM(Tool Box Meeting)에 관한 설명으로 틀린 것은?

① 작업 장소에서 원형의 형태를 만들어 실시한다.
② 통상 작업시작 전·후 10분 정도 시간으로 미팅한다.
③ 토의는 다수인(30인)이 함께 수행한다.
④ 근로자 모두가 말하고 스스로 생각하고 "이렇게 하자"라고 합의한 내용이 되어야 한다.

답 ③

010

제조업자는 제조물의 결함으로 인하여 생명·신체 또는 재산에 손해를 입은 자에게 그 손해를 배상하여야 하는데 이를 무엇이라 하는가? (단, 당해 제조물에 대해서만 발생한 손해는 제외한다.)

① 입증 책임　② 담보 책임
③ 연대 책임　④ 제조물 책임

답 ④

011

기능(기술)교육의 진행방법 중 하버드 학파의 5단계 교수법의 순서로 옳은 것은?

① 준비 → 연합 → 교시 → 응용 → 총괄
② 준비 → 교시 → 연합 → 총괄 → 응용
③ 준비 → 총괄 → 연합 → 응용 → 교시
④ 준비 → 응용 → 총괄 → 교시 → 연합

답 ②

012

객관적인 위험을 자기 나름대로 판정해서 의지결정을 하고 행동에 옮기는 인간의 심리특성은?

① 세이프 테이킹(safe taking)
② 액션 테이킹(action taking)
③ 리스크 테이킹(risk taking)
④ 휴먼 테이킹(human taking)

답 ③

013

재해예방의 4원칙에 해당하지 않는 것은?

① 예방가능의 원칙　② 손실우연의 원칙
③ 원인계기의 원칙　④ 선취해결의 원칙

답 ④

014

방독마스크의 정화통 색상으로 틀린 것은?

① 유기화합물용 – 갈색
② 할로겐용 – 회색
③ 황화수소용 – 회색
④ 암모니아용 – 노란색

답 ④

015

다음 중 스트레스(Stress)에 관한 설명으로 가장 적절한 것은?

① 스트레스는 나쁜 일에서만 발생한다.
② 스트레스는 부정적인 측면만 있다.
③ 스트레스는 직무몰입과 생산성 감소의 직접적인 원인이 된다.
④ 스트레스 상황에 직면하는 기회가 많을수록 스트레스 발생 가능성은 낮아진다.

답 ③

016

누전차단장치 등과 같은 안전장치를 정해진 순서에 따라 작동시키고 동작상황의 양부를 확인하는 점검은?

① 외관점검 ② 작동점검
③ 기술점검 ④ 종합점검

답 ②

017

재해발생 형태별 분류 중 물건이 주체가 되어 사람이 상해를 입는 경우에 해당되는 것은?

① 떨어짐 ② 넘어짐 ③ 무너짐 ④ 맞음

답 ④

018

산업안전보건법령상 특별안전보건 교육의 대상 작업에 해당하지 않는 것은?

① 석면 해체·제거작업
② 밀폐된 장소에서 하는 용접작업
③ 화학설비 취급품의 검수·확인 작업
④ 2m 이상의 콘크리트 인공구조물의 해체 작업

답 ③

019

안전을 위한 동기부여로 틀린 것은?

① 기능을 숙달시킨다.
② 경쟁과 협동을 유도한다.
③ 상벌제도를 합리적으로 시행한다.
④ 안전목표를 명확히 설정하여 주지시킨다.

답 ①

020

안전교육의 3단계에서 안전수칙 준수, 생활지도, 작업동작지도 등을 통한 안전의 습관화를 위한 교육은?

① 지식교육 ② 기능교육
③ 태도교육 ④ 인성교육

답 ③

2과목 | 인간공학 및 위험성 평가관리

021

인간-기계시스템에 대한 평가에서 평가척도나 기준(criteria)으로서 관심의 대상이 되는 변수는?

① 독립변수 ② 종속변수
③ 확률변수 ④ 통제변수

답 ②

022

화학설비의 안전성 평가 과정에서 제3단계인 정량적 평가 항목에 해당되는 것은?

① 목록 ② 공정계통도
③ 화학설비용량 ④ 건조물의 도면

답 ③

023

다음 FTA 그림에서 a, b, c의 부품고장률이 각각 0.01일 때, 최소 컷셋(minimal cut sets)과 신뢰도로 옳은 것은?

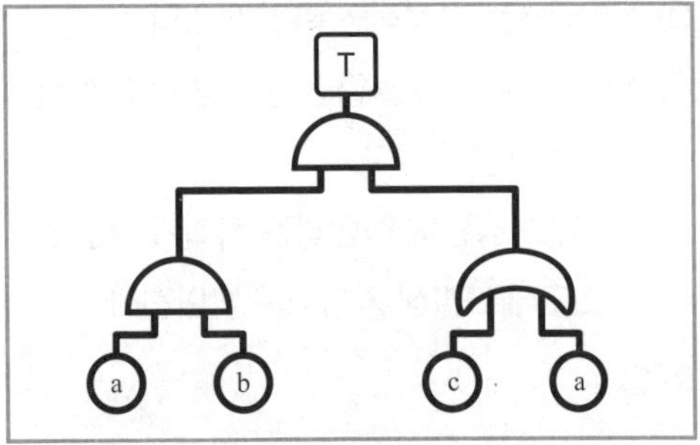

① {a, b}, R(t)=99.99%
② {a, b, c}, R(t)=98.99%
③ {a, b}, R(t)=96.99%
④ {a, b, c}, R(t)=95.99%

해 $(a \cdot b)(c+a)=(a,b,c),\ (a,b)$
→ 최소컷셋은 (a,b) 이다.
신뢰도$=1-0.01 \cdot 0.01=0.9999=99.99\%$

답 ①

024

FT도에 사용되는 기호 중 입력신호가 생긴 후, 일정시간이 지속된 후에 출력이 생기는 것을 나타내는 것은?

① OR 게이트 ② 위험 지속 기호
③ 억제 게이트 ④ 배타적 OR 게이트

답 ②

025

자동차나 항공기의 앞유리 혹인 차양판 등에 정보를 중첩 투사하는 표시장치는?

① CRT ② LCD ③ HUD ④ LED

답 ③

026

암호체계 사용상의 일반적인 지침에 해당하지 않는 것은?

① 암호의 검출성 ② 부호의 양립성
③ 암호의 표준화 ④ 암호의 단일 차원화

답 ④

027

일반적인 수공구의 설계원칙으로 볼 수 없는 것은?

① 손목을 곧게 유지한다.
② 반복적인 손가락 동작을 피한다.
③ 사용이 용이한 검지만 주로 사용한다.
④ 손잡이는 접촉 면적을 가능하면 크게 한다.

답 ③

028

광원으로부터의 직사휘광을 줄이기 위한 방법으로 적절하지 않은 것은?

① 휘광원 주위를 어둡게 한다.
② 가리개, 갓, 차양 등을 사용한다.
③ 광원을 시선에서 멀리 위치시킨다.
④ 광원의 수는 늘리고 휘도는 줄인다.

답 ①

029

신뢰성과 보전성을 효과적으로 개선하기 위해 작성하는 보전기록 자료로서 가장 거리가 먼 것은?

① 자재관리표 ② MTBF 분석표
③ 설비이력카드 ④ 고장원인대책표

답 ①

030

통제표시비(control/display ratio)를 설계할 때 고려하는 요소에 관한 설명으로 틀린 것은?

① 통제표시비가 낮다는 것은 민감한 장치라는 것을 의미한다.
② 목시거리(目示距離)가 길면 길수록 조절의 정확도는 떨어진다.
③ 짧은 주행 시간 내에 공차의 인정범위를 초과하지 않는 계기를 마련한다.
④ 계기의 조절시간이 짧게 소요되도록 계기의 크기(size)는 항상 작게 설계한다.

답 ④

031

다음 중 연마작업장의 가장 소극적인 소음대책은?

① 음향 처리제를 사용할 것
② 방음 보호용구를 착용할 것
③ 덮개를 씌우거나 창문을 닫을 것
④ 소음원으로부터 적절하게 배치할 것

답 ②

032

다음의 설명에서 (   )안의 내용을 맞게 나열한 것은?

> 40phon은 (㉠)sone을 나타내며 이는 (㉡)dB의 (㉢)Hz 순음의 크기를 나타낸다.

① ㉠ 1, ㉡ 40, ㉢ 1,000
② ㉠ 1, ㉡ 32, ㉢ 1,000
③ ㉠ 2, ㉡ 40, ㉢ 2,000
④ ㉠ 2, ㉡ 32, ㉢ 2,000

답 ①

033

위험조정을 위해 필요한 기술은 조직형태에 따라 다양하며, 4가지로 분류하였을 때 이에 속하지 않는 것은?

① 전가(transfer) ② 보류(retention)
③ 계속(continuation) ④ 감축(reduction)

답 ③

034

체내에서 유기물을 합성하거나 분해하는 데는 반드시 에너지의 전환이 뒤따른다. 이것을 무엇이라 하는가?

① 에너지 변환 ② 에너지 합성
③ 에너지 대사 ④ 에너지 소비

답 ③

035

전통적인 인간-기계(Man-Machine) 체계의 대표적 유형과 거리가 먼 것은?

① 수동체계 ② 기계화체계
③ 자동체계 ④ 인공지능체계

답 ④

036

다음 그림 중 형상 암호화된 조종장치에서 단회전용 조종장치로 가장 적절한 것은?

①
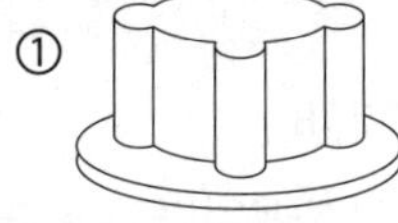
②

③
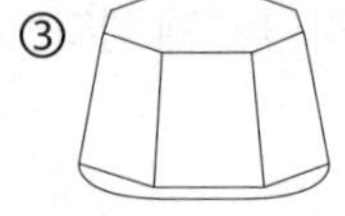
④
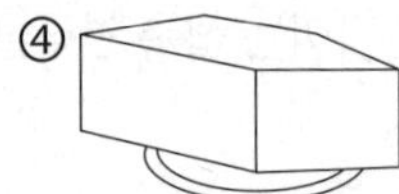

답 ①

037

작업장에서 구성요소를 배치하는 인간공학적 원칙과 가장 거리가 먼 것은?

① 중요도의 원칙 ② 선입선출의 원칙
③ 기능성의 원칙 ④ 사용빈도의 원칙

답 ②

038

동전 던지기에서 앞면이 나올 확률 P(앞)=0.6이고, 뒷면이 나올 확률 P(뒤)=0.4일 때, 앞면과 뒷면이 나올 사건의 정보량을 각각 맞게 나타낸 것은?

① 앞면: 0.10bit, 뒷면: 1.00bit
② 앞면: 0.74bit, 뒷면: 1.32bit
③ 앞면: 1.32bit, 뒷면: 0.74bit
④ 앞면: 2.00bit, 뒷면: 1.00bit

해 $정보량(bit) = \log_2 \frac{1}{확률}$

$앞면 = \log_2 \frac{1}{0.6} = 0.74bit$

$뒷면 = \log_2 \frac{1}{0.4} = 1.32bit$

답 ②

039

어떤 결함수의 쌍대결함수를 구하고, 컷셋을 찾아내어 결함(사고)을 예방할 수 있는 최소의 조합을 의미하는 것은?

① 최대 컷셋 ② 최소 컷셋
③ 최대 패스셋 ④ 최소 패스셋

답 ④

040

인간-기계 시스템에서의 신뢰도 유지 방안으로 가장 거리가 먼 것은?

① fail－safe ② lock system
③ fool－proof ④ risk assessment

답 ④

3과목 | 기계기구 및 설비 안전관리

041

프레스 등의 금형을 부착·해체 또는 조정 작업 중 슬라이드가 갑자기 작동하여 근로자에게 발생할 수 있는 위험을 방지하기 위하여 설치하는 것은?

① 방호 울 ② 안전블록
③ 시건장치 ④ 게이트 가드

답 ②

042

프레스 작업 중 작업자의 신체 일부가 위험한 작업점으로 들어가면 자동적으로 정지되는 기능이 있는데, 이러한 안전대책을 무엇이라고 하는가?

① 풀 프루프 ② 페일 세이프
③ 인터록 ④ 리미트 스위치

답 ①

043

다음 중 취급운반의 5원칙으로 틀린 것은?

① 연속 운반으로 할 것
② 직선 운반으로 할 것
③ 운반 작업을 집중화시킬 것
④ 생산을 최소로 하는 운반을 생각할 것

답 ④

044

프레스기에 사용하는 양수조작식 방호장치의 일반구조에 관한 설명 중 틀린 것은?

① 1행정 1정지 기구에 사용할 수 있어야 한다.
② 누름버튼을 양 손으로 동시에 조작하지 않으면 작동시킬 수 없는 구조여야 한다.
③ 양쪽 버튼의 작동시간 차이는 최대 0.5초 이내일 때 프레스가 동작되게 해야 한다.
④ 방호장치는 사용전원전압의 ±50%의 변동에 대하여 정상적으로 작동돼야 한다.

답 ④

045

피복 아크 용접 작업 시 생기는 결함에 대한 설명 중 틀린 것은?

① 스패터(spatter): 용융된 금속의 작은 입자가 튀어나와 모재에 묻어있는 것
② 언더컷(under cut): 전류가 과대하고 용접속도가 너무 빠르며, 아크를 짧게 유지하기 어려운 경우 모재 및 용접부의 일부가 녹아서 발생하는 홈 또는 오목하게 생긴 부분
③ 크레이터(crater): 용착금속 속에 남아있는 가스로 인하여 생긴 구멍
④ 오버랩(overlap): 용접봉의 운행이 불량하거나 용접봉의 용융 온도가 모재보다 낮을 때 과잉 용착금속이 남아있는 부분

답 ③

046

다음 중 선반(lathe)의 방호장치에 해당하는 것은?

① 슬라이드(slide)
② 심압대(tail stock)
③ 주축대(head stock)
④ 척 가드(chuck guard)

답 ④

047

안전계수 5인 로프의 절단하중이 4,000N 이라면 이 로프는 몇N 이하의 하중을 매달아야 하는가?

① 500　② 800　③ 1,000　④ 1,600

해 $\text{최대하중} = \frac{\text{절단하중}}{\text{안전계수}}$

$= \frac{4,000}{5} = 800\text{N}$

답 ②

048

산업안전보건법령에 따라 아세틸렌 발생기실에 설치해야 할 배기통은 얼마 이상의 단면적을 가져야 하는가?

① 바닥면적의 1/16
② 바닥면적의 1/20
③ 바닥면적의 1/24
④ 바닥면적의 1/30

답 ①

049

롤러기에서 앞면 롤러의 지름이 200mm, 회전속도가 30rpm인 롤러의 무부하 동작에서의 급정지거리로 옳은 것은?

① 66mm 이내 ② 84mm 이내
③ 209mm 이내 ④ 248mm 이내

해

앞면 롤러의 표면속도(m/min)	급정지거리
30 미만	앞면 롤러 원주의 1/3 이내
30 이상	앞면 롤러 원주의 1/2.5 이내

원주속도$=\pi DN=\dfrac{\pi \cdot 200mm \cdot 30 \cdot m}{min \cdot 10^3 mm}$

$=18.85$m/min

D: 지름 N: 회전수

원주속도 30미만이니급정지거리는원주의 $\dfrac{1}{3}$ 이내

원주$=\pi D=\pi \cdot 200=628.32$mm

$\rightarrow \dfrac{628.32}{3}=209.44$mm

답 ③

050

정(chisel) 작업의 일반적인 안전 수칙으로 틀린 것은?

① 따내기 및 칩이 튀는 가공에서는 보안경을 착용하여야 한다.
② 절단 작업 시 절단된 끝이 튀는 것을 조심하여야 한다.
③ 작업을 시작할 때는 가급적 정을 세게 타격하고 점차 힘을 줄여간다.
④ 담금질 된 철강 재료는 정 가공을 하지 않는 것이 좋다.

답 ③

051

다음과 같은 작업조건일 경우 와이어로프의 안전율은?

> 작업대에서 사용된 와이어로프 1줄의 파단하중이 100kN, 인양하중이 40kN, 로프 줄 수가 2줄이다.

① 2 ② 2.5 ③ 4 ④ 5

해 $S=\dfrac{NP}{Q}=\dfrac{2 \cdot 100}{40}=5$

S:안전율 N: 로프가닥수 P: 파단하중(kg)
Q: 안전하중(kg)

답 ④

052

컨베이어 역전방지장치의 형식 중 전기식 장치에 해당하는 것은?

① 리쳇 브레이크 ② 밴드 브레이크
③ 롤러 브레이크 ④ 스러스트 브레이크

답 ④

053

공장설비의 배치 계획에서 고려할 사항이 아닌 것은?

① 작업의 흐름에 따라 기계 배치
② 기계설비의 주변 공간 최소화
③ 공장 내 안전통로 설정
④ 기계설비 보수점검 용이성을 고려한 배치

답 ②

054

다음 중 기계설비에 의해 형성되는 위험점이 아닌 것은?

① 회전말림점 ② 접선분리점
③ 협착점 ④ 끼임점

답 ②

055

가스 용접에서 역화의 원인으로 볼 수 없는 것은?

① 토치 성능이 부실한 경우
② 취관이 작업 소재에 너무 가까이 있는 경우
③ 산소 공급량이 부족한 경우
④ 토치 팁에 이물질이 묻은 경우

답 ③

056

위험기계에 조작자의 신체부위가 의도적으로 위험점 밖에 있도록 하는 방호장치는?

① 접근반응형 방호장치
② 차단형 방호장치
③ 위치제한형 방호장치
④ 덮개형 방호장치

답 ③

057

선반 작업에 대한 안전수칙으로 틀린 것은?

① 척 핸들을 항상 척에 끼워 둔다.
② 배드 위에 공구를 올려놓지 않아야 한다.
③ 바이트를 교환할 때는 기계를 정지시키고 한다.
④ 일감의 길이가 외경과 비교하여 매우 길 때는 방진구를 사용한다.

답 ①

058

양중기에 사용 가능한 와이어로프에 해당하는 것은?

① 와이어로프의 한 꼬임에서 끊어진 소선의 수가 10% 초과한 것
② 심하게 변형 또는 부식된 것
③ 지름의 감소가 공칭지름의 7% 이내인 것
④ 이음매가 있는 것

답 ③

059

프레스의 방호장치 중 확동식 클러치가 적용된 프레스에 한해서만 적용 가능한 방호장치로만 나열된 것은? (단, 방호장치는 한 가지 종류만 사용한다고 가정한다.)

① 광전자식, 수인식
② 양수조작식, 손쳐내기식
③ 광전자식, 양수조작식
④ 손쳐내기식, 수인식

답 ④

060

산업안전보건법령에 따라 압력용기에 설치하는 안전밸브의 설치 및 작동에 관한 설명으로 틀린 것은?

① 다단형 압축기에는 각 단별로 안전밸브 등을 설치하여야 한다.

② 안전밸브는 이를 통하여 보호하여는 설비의 최저사용압력 이하에서 작동되도록 설정하여야 한다.

③ 화학공정 유체와 안전밸브의 디스크 또는 시크가 직접 접촉될 수 있도록 설치된 경우에는 매년 1회 이상 국가교정기관에서 교정을 받은 압력계를 이용하여 검사한 후 납으로 봉인하여 사용한다.

④ 공정안전보고서 이행상태 평가결과가 우수한 사업장의 안전밸브의 경우 검사주기는 4년마다 1회 이상이다.

답 ②

4과목 | 전기 및 화학설비 안전관리

061

다음 정의에 해당하는 방폭구조는?

전기기기의 과도한 온도 상승, 아크 또는 불꽃 발생의 위험을 방지하기 위해 후가적인 안전조치를 통한 안전도를 증가시킨 방폭구조

① 내압방폭구조 ② 유입방폭구조
③ 안전증방폭구조 ④ 본질안전방폭구조

답 ③

062

선간전압이 6.6kV인 충전전로 인근에서 유자격자가 작업하는 경우, 충전전로에 대한 최소 접근한계거리(cm)는? (단, 충전부에 절연조치가 되어있지 않고, 작업자는 절연장갑을 착용하지 않았다.)

① 20 ② 30 ③ 50 ④ 60

답 ④

063

정전기 제거방법으로 가장 거리가 먼 것은?

① 설비 주위를 가습한다.

② 설비의 금속 부분을 접지한다.

③ 설비의 주변에 적외선을 조사한다.

④ 정전기 발생 방지 도장을 실시한다.

답 ③

064

활선작업시 사용하는 안전장구가 아닌 것은?

① 절연용 보호구 ② 절연용 방호구
③ 활선작업용 기구 ④ 절연저항 측정기구

답 ④

065

정상운전 중의 전기설비가 점화원으로 작용하지 않는 것은?

① 변압기 권선
② 직류 전동기의 정류자
③ 개폐기 접점
④ 권선형 전동기의 슬립링

답 ①

066

인체가 전격을 당했을 경우 통전시간이 1초라면 심실세동을 일으키는 전류값(mA)은? (단, 심실세동전류값은 Dalziel의 관계식을 이용한다.)

① 100 ② 165 ③ 180 ④ 215

해 $I=\frac{165}{\sqrt{T}}=\frac{165}{\sqrt{1}}=165\text{mA}$

답 ②

067

건설현장에서 사용하는 임시배선의 안전대책으로 거리가 먼 것은?

① 모든 전기기기 외함은 접지시켜야 한다.
② 임시배선은 다심케이블을 사용하지 않아도 된다.
③ 배선은 반드시 분전반 또는 배전반에서 인출해야 한다.
④ 지상 등에서 금속판으로 방호할 때는 그 금속관을 접지해야 한다.

답 ②

068

위험물안전관리법령상 칼륨에 의한 화재에 적응성이 있는 것은?

① 건조사(마른모래)
② 포소화기
③ 이산화탄소소화기
④ 할로겐화합물소화기

답 ①

069

전기화재의 원인을 직접원인과 간접원인으로 구분할 때, 직접원인과 거리가 먼 것은?

① 애자 오손 ② 과전류
③ 누전 ④ 절연열화

답 ①

070

정전기의 발생에 영향을 주는 요인과 가장 거리가 먼 것은?

① 분리속도 ② 물체의 표면상태
③ 접촉면적 및 압력 ④ 외부공기의 풍속

답 ④

071

알루미늄 금속분말에 대한 설명으로 틀린 것은?

① 분질폭발의 위험성이 있다.
② 연소 시 열을 발생한다.
③ 분진폭발 방지하기 위해 물속에 저장한다.
④ 염산과 반응하여 수소가스를 발생한다.

답 ③

072

다음 중 분해 폭발하는 가스의 폭발방지를 위하여 첨가하는 불활성가스로 가장 적합한 것은?

① 산소 ② 질소 ③ 수소 ④ 프로판

답 ②

073

다음 중 벤젠(C_6H_6)이 공기 중에서 연소될 때의 이론혼합비(화학양론조성)는?

① 0.72vol% ② 1.22vol%
③ 2.72vol% ④ 3.22vol%

해 $C_6H_6 \rightarrow a:6 \quad b:6$

$$C_{st}=\frac{100}{1+4.77(a+\frac{b-c-2d}{4})}$$

$$=\frac{100}{1+4.77(6+\frac{6-0-2\cdot 0}{4})}$$

$=2.72\%$

a: 탄소 b: 수소 c: 할로겐 d: 산소

답 ③

074

산업안전보건기준에 관한 규칙상 (　　)안의 내용으로 알맞은 것은?

> 사업주는 급성 독성물질이 지속적으로 외부에 유출될 수 있는 화학설비 및 그 부속설비에 파열판과 안전밸브를 직렬로 설치하고 그 사이에는 (　　)를 설치하여야 한다.

① 온도지시계 또는 과열방지장치
② 압력지시계 또는 자동경보장치
③ 유량지시계 또는 유속지시계
④ 액위지시계 또는 과압방지장치

답 ②

075

산업안전보건법령상 용해아세틸렌의 가스집합용접장치의 배관 및 부속기구에는 구리나 구리 함유량이 몇 퍼센트 이상인 합금을 사용할 수 없는가?

① 40 ② 50 ③ 60 ④ 70

답 ④

076

다음 중 분진폭발의 발생 위험성을 낮추는 방법으로 적절하지 않은 것은?

① 주변의 점화원을 제거한다.
② 분진이 날리지 않도록 한다.
③ 분진과 그 주변의 온도를 낮춘다.
④ 분진 입자의 표면적을 크게 한다.

답 ④

077

유해·위험물질 취급 시 보호구로서 구비조건이 아닌 것은?

① 방호성능이 충분할 것
② 재료의 품질이 양호할 것
③ 작업에 방해가 되지 않을 것
④ 외관이 화려할 것

답 ④

078

공기 중에 3ppm이 디메틸아민(demethylaminem TLV-TWA:10ppm)과 20ppm의 시클로핵산을 (cyclohexanol, TLV-TWA:50ppm)이 있고, 10ppm의 산화프로필렌(propyleneoxide, TLV-TWA:20ppm)이 존재한다면 혼합 TLV-TWA 몇 ppm인가?

① 12.5 ② 22.5 ③ 27.5 ④ 32.5

해 허용농도 $= \dfrac{\sum 측정치}{노출지수}$

$= \dfrac{3+20+10}{1.2} = 27.5ppm$

노출지수 $= \sum \dfrac{측정농도}{노출기준}$

$= \dfrac{3}{10} + \dfrac{20}{50} + \dfrac{10}{20} = 1.2$

답 ③

079

건조설비의 사용에 있어 500~800℃ 범위의 온도에 가열된 스테인리스강에서 주로 일어나며, 탄화크롬이 형성되었을 때 결정경계면의 크롬함유량이 감소하여 발생되는 부식형태는?

① 전면부식 ② 층상부식
③ 입계부식 ④ 격간부식

답 ③

080

※법령 개정으로 1문제 삭제

5과목 | 건설공사 안전관리

081

흙막이 가시설의 버팀대(Strut)의 변형을 측정하는 계측기에 해당하는 것은?

① Water level meter ② Strain gauge
③ Piezometer ④ Load cell

답 ②

082

사다리식 통로 등을 설치하는 경우 준수해야 할 기준으로 옳지 않은 것은?

① 접이식 사다리 기둥은 사용 시 접혀지거나 펼쳐지지 않도록 철물 등을 사용하여 견고하게 조치할 것
② 발판과 벽과의 사이는 25cm 이상의 간격을 유지할 것
③ 폭은 30cm 이상으로 할 것
④ 사다리식 통로의 길이가 10m 이상인 경우에는 5m 이내마다 계단참을 설치할 것

답 ②

083

추락방지망의 달기로프를 지지점에 부착할 때 지지점의 간격이 1.5m인 경우 지지점의 강도는 최소 얼마 이상이어야 하는가?

① 200kg ② 300kg ③ 400kg ④ 500kg

답 ②

084

가설통로를 설치하는 경우 준수해야 할 기준으로 옳지 않은 것은?

① 경사는 45° 이하로 할 것
② 경사가 15°를 초과하는 경우에는 미끄러지지 아니하는 구조로 할 것
③ 추락할 위험이 있는 장소에는 안전난간을 설치할 것
④ 수직갱에 가설된 통로의 길이가 15m 이상인 경우에는 10m 이내마다 계단참을 설치할 것

답 ①

085

유해위험방지계획서를 제출해야 하는 공사의 기준으로 옳지 않은 것은?

① 최대지간 길이 30m 이상인 교량 건설등 공사
② 깊이 10m 이상인 굴착공사
③ 터널 건설등의 공사
④ 다목적댐, 발전용댐 및 저수용량 2천만톤 이상의 용수 전용 댐, 지방상수도 전용 댐 건설 등의 공사

답 ①

086

굴착이 곤란한 경우 발파가 어려운 암석의 파쇄굴착 또는 암석제거에 적합한 장비는?

① 리퍼　② 스크레이퍼
③ 롤러　④ 드래그라인

답 ①

087

중량물의 취급작업 시 근로자의 위험을 방지하기 위하여 사전에 작성하여야 하는 작업계획서 내용에 해당되지 않는 것은?

① 추락위험을 예방할 수 있는 안전대책
② 낙하위험을 예방할 수 있는 안전대책
③ 전도위험을 예방할 수 있는 안전대책
④ 침수위험을 예방할 수 있는 안전대책

답 ④(5과목 199번)

088

콘크리트 타설용 거푸집에 작용하는 외력 중 연직방향 하중이 아닌 것은?

① 고정하중　② 충격하중
③ 작업하중　④ 풍하중

답 ④

089

화물을 적재하는 경우에 준수하여야 하는 사항으로 옳지 않은 것은?

① 침하 우려가 없는 튼튼한 기반 위에 적재 할 것
② 건물의 칸막이나 벽 등이 화물의 압력에 견딜 만큼의 강도를 지니지 아니한 경우에는 칸막이나 벽에 기대어 적재하지 않도록 할 것
③ 불안정할 정도로 높이 쌓아 올리지 말 것
④ 편하중이 발생하도록 쌓아 적재효율을 높일 것

답 ④

090

핸드 브레이커 취급 시 안전에 관한 유의사항으로 옳지 않은 것은?

① 기본적으로 현장 정리가 잘되어 있어야 한다.
② 작업 자세는 항상 하향 45° 방향으로 유지하여야 한다.
③ 작업 전 기계에 대한 점검을 철저히 한다.
④ 호스의 교차 및 꼬임여부를 점검하여야 한다.

답 ②

091

유한사면에서 사면 기울기가 비교적 완만한 점성토에서 주로 발생되는 사면파괴의 형태는?

① 저부파괴 ② 사면선단파괴
③ 사면내파괴 ④ 국부전단파괴

답 ①

092

산업안전보건관리비 중 안전시설비 등의 항목에서 사용가능한 내역은?

① 보호구의 구입·수리·관리 등에 소요되는 비용
② 용접 작업 등 화재 위험작업 시 사용하는 소화기의 구입·임대비용
③ 유해위험방지계획서의 작성 등에 소요되는 비용
④ 중대재해 목격으로 발생한 정신질환을 치료하기 위해 소요되는 비용

답 ②

093

추락방지용 방망을 구성하는 그물코의 모양과 크기로 옳은 것은?

① 원형 또는 사각으로서 그 크기는 10cm 이하이어야 한다.
② 원형 또는 사각으로서 그 크기는 20cm 이하이어야 한다.
③ 사각 또는 마름모로서 그 크기는 10cm 이하이어야 한다.
④ 사각 또는 마름모로서 그 크기는 20cm 이하이어야 한다.

답 ③

094

지반조사의 방법 중 지반을 강관으로 천공하고 토사를 채취 후 여러 가지 시험을 시행하여 지반의 토질 분포, 흙의 층상과 구성 등을 알 수 있는 것은?

① 보링 ② 표준관입시험
③ 베인테스트 ④ 평판재하시험

답 ①

095

말비계를 조립하여 사용하는 경우의 준수사항으로 옳지 않은 것은?

① 지주부재의 하단에는 미끄럼 방지장치를 할 것
② 지주부재와 수평면과의 기울기는 85° 이하로 할 것
③ 말비계의 높이가 2m를 초과할 경우에는 작업발판의 폭을 40cm 이상으로 할 것
④ 지주부재와 지주부재 사이를 고정시키는 보조부재를 설치할 것

답 ②

096

철골작업을 중지하여야 하는 제한 기준에 해당되지 않는 것은?

① 풍속이 초당 10m 이상인 경우
② 강우량이 시간당 1mm 이상인 경우
③ 강설량이 시간당 1cm 이상인 경우
④ 소음이 65dB 이상인 경우

답 ④

097

강관틀비계의 높이가 20m를 초과하는 경우 주틀간의 간격을 최대 얼마 이하로 사용해야 하는가?

① 1.0m　② 1.5m　③ 1.8m　④ 2.0m

답 ③

098

철골공사에서 용접작업을 실시함에 있어 전격예방을 위한 안전조치 중 옳지 않은 것은?

① 전격방지를 위해 자동전격방지기를 설치한다.
② 우천, 강설 시에는 야외작업을 중단한다.
③ 개로 전압이 낮은 교류 용접기는 사용하지 않는다.
④ 절연 홀더(Holder)를 사용한다.

답 ③

099

"가"와 "나"에 들어갈 내용으로 옳은 것은?

> 사업주는 순간풍속이 (가)를 초과하는 경우 타워크레인의 설치·수리·점검 또는 해체 작업을 중지하여야 하며, 순간풍속이 (나)를 초과하는 경우에는 타워크레인의 운전작업을 중지하여야 한다.

① 가: 10m/s, 나: 15m/s
② 가: 10m/s, 나: 25m/s
③ 가: 20m/s, 나: 35m/s
④ 가: 20m/s, 나: 45m/s

답 ①

100

흙막이 지보공을 설치하였을 때 붕괴 등의 위험방지를 위하여 정기적으로 점검하고, 이상 발견 시 즉시 보수하여야 하는 사항이 아닌 것은?

① 침하의 정도
② 버팀대의 긴압의 정도
③ 지형·지질 및 지층상태
④ 부재의 손상·변형·변위 및 탈락의 유무와 상태

답 ③

2018년(3회차)

1과목 | 산업재해 예방 및 안전보건교육

001

산업안전보건법령상 근로자 안전·보건교육 기준 중 다음 (　　) 안에 알맞은 것은?

채용 시 교육	일용근로자 및 근로계약기간이 1주일 이하인 기간제근로자	(㉠) 시간 이상
	근로계약기간이 1주일 초과 1개월 이하인 기간제근로자	4시간 이상
	그 밖의 근로자	(㉡) 시간 이상

① ㉠ 1, ㉡ 8　　② ㉠ 2, ㉡ 8
③ ㉠ 1, ㉡ 2　　④ ㉠ 3, ㉡ 6

답 ①

002

다음 중 산업심리의 5대 요소에 해당하지 않는 것은?

① 적성　② 감정　③ 기질　④ 동기

답 ①(1과목 125번)

003

학습을 자극에 의한 반응으로 보는 이론(S-R 이론, stimulus-response theory)에 해당하는 것은?

① 손다이크(Thorndike)의 시행착오설
② 퀠러(Kohler)의 통찰설
③ 톨만(Tolman)의 기호형태설
④ 레빈(Lewin)의 장이론

답 ①

004

학생이 마음속에 생각하고 있는 것을 외부에 구체적으로 실현하고 형상화하기 위하여 자기 스스로가 계획을 세워 수행하는 학습활동으로 이루어지는 학습지도의 형태는?

① 케이스 메소드(Case method)
② 패널 디스커션(Panel discussion)
③ 구안법(Project method)
④ 문제법(Problem method)

답 ③

005

헤드십(Headship)에 관한 설명으로 틀린 것은?

① 구성원과 사회적 간격이 좁다.
② 지휘의 형태는 권위주의적이다.
③ 권한 부여는 조직으로부터 위임받는다.
④ 권한귀속은 공식화된 규정에 의한다.

답 ①

006

추락 및 감전 위험방지용 안전모의 일반구조가 아닌 것은?

① 착장체 ② 충격흡수재
③ 선심 ④ 모체

답 ③

007

Safe-T-Score에 대한 설명으로 틀린 것은?

① 안전관리 수행도를 평가하는데 유용하다.
② 기업의 산업재해에 대한 과거와 현재의 안전성적을 비교 평가한 점수로 단위가 없다.
③ Safe－T－Score가 ＋2.0 이상인 경우는 안전관리가 과거보다 좋아졌음을 나타낸다.
④ Safe－T－Score가 ＋2.0~－2.0 사이인 경우는 안전관리가 과거에 비해 심각한 차이가 없음을 나타낸다.

답 ③

008

매슬로우(Maslow. A.H)의 욕구 5단계 중 자신의 잠재력을 발휘하여 자기가 하고 싶은 일을 실현하는 욕구는 어느 단계인가?

① 생리적 욕구 ② 안전의 욕구
③ 존경의 욕구 ④ 자아실현의 욕구

답 ④

009

산업안전보건법령상 안전·보건표지 중 안내표지사항의 기본모형은?

① 사각형 ② 원형
③ 삼각형 ④ 마름모형

답 ①

010

재해 발생 시 조치사항 중 대책수립 목적은?

① 재해발생 관련자 문책 및 처벌

② 재해 손실비 산정

③ 재해발생 원인 분석

④ 동종 및 유사재해 방지

답 ④

011

기업 내 교육 방법 중 작업의 개선 방법 및 사람을 다루는 방법, 작업을 가르치는 방법 등을 주된 교육 내용으로 하는 것은?

① CCS(Civil Communication Section)

② MTP(Management Training Program)

③ TWI(Training Within Industry)

④ ATT(American Telephone Telegram Co)

답 ③

012

부하의 행동에 영향을 주는 리더십 중 조언, 설명, 보상조건 등의 제시를 통한 적극적인 방법은?

① 강요　② 모범　③ 제언　④ 설득

답 ④

013

사고예방대책의 기본원리 5단계 중 제4단계의 내용으로 틀린 것은?

① 인사조정　② 작업분석

③ 기술의 개선　④ 교육 및 훈련의 개선

답 ②

014

주의(Attention)의 특징 중 여러 종류의 자극을 자각할 때, 소수의 특정한 것에 한하여 주의가 집중되는 것은?

① 선택성　② 방향성　③ 변동성　④ 검출성

답 ①

015

재해예방의 4원칙에 해당하지 않는 것은?

① 예방가능의 원칙　② 손실우연의 원칙

③ 원인계기의 원칙　④ 선취해결의 원칙

답 ④

016

산업안전보건법령상 관리감독자의 업무의 내용이 아닌 것은?

① 해당 작업에서 발생한 산업재해에 관한 보고 및 이에 대한 응급조치

② 해당 작업의 작업장 정리·정돈 및 통로 확보에 대한 확인·감독

③ 위험성 평가를 위한 업무에 기인하는 유해위험요인의 파악 및 그 결과에 따라 개선조치의 시행

④ 작성된 물질안전보건자료의 게시 또는 비치에 관한 보좌 및 조언·지도

답 ④

017

400명의 근로자가 종사하는 공장에서 휴업 일수 127일, 중대 재해 1건이 발생한 경우 강도율은? (단, 1일 8시간으로 연 300일 근무조건으로 한다.)

① 10 ② 0.1 ③ 1 ④ 0.01

해 $\text{강도율} = \dfrac{\text{총 요양근로손실 일수}}{\text{연근로시간}} \cdot 10^3$

$$= \frac{127 \cdot \frac{300}{365}}{400 \cdot 8 \cdot 300} \cdot 10^3$$

$$= 0.11$$

답 ②

018

시행착오설에 의한 학습 법칙이 아닌 것은?

① 효과의 법칙 ② 준비성의 법칙
③ 연습의 법칙 ④ 일관성의 법칙

답 ④

019

산업 안전 보건법령에 따른 안전검사대상 유해 위험 기계 등의 검사 주기 기준 중 다음 (㉠), (㉡) 안에 알맞은 것은?

> 크레인(이동식 크레인은 제외한다), 리프트(이삿짐운반용 리프트는 제외한다) 및 곤돌라: 사업장에 설치가 끝난 날부터 3년 이내에 최초 안전검사를 실시하되, 그 이후부터 (㉠)년마다(건설현장에서 사용하는 것은 최초로 설치한 날부터 (㉡)개월마다)

① ㉠ 1, ㉡ 4 ② ㉠ 1, ㉡ 6
③ ㉠ 2, ㉡ 4 ④ ㉠ 2, ㉡ 6

답 ④

020

위험예지훈련 4R(라운드)의 진행방법에서 3R(라운드)에 해당하는 것은?

① 목표설정 ② 본질추구
③ 현상파악 ④ 대책수립

답 ④

2과목 | 인간공학 및 위험성 평가관리

021

시각적 표시장치를 사용하는 것이 청각적 표시장치를 사용하는 것보다 좋은 경우는?

① 메시지가 후에 참고되지 않을 때
② 메시지가 공간적인 위치를 다룰 때
③ 메시지가 시간적인 사건을 다룰 때
④ 사람 일이 연속적인 움직임을 요구할 때

답 ②

022

체계분석 및 설계에 있어서 인간공학의 가치와 가장 거리가 먼 것은?

① 성능의 향상
② 인력 이용률의 감소
③ 사용장의 수용도 향상
④ 사고 및 오용으로부터의 손실 감소

답 ②

023

휘도(luminance)의 척도 단위(unit)가 아닌 것은?

① fc ② fL ③ mL ④ cd/m^2

답 ①

024

신체 반응의 척도 중 생리적 스트레스의 척도로 신체적 변화의 측정 대상에 해당하지 않는 것은?

① 혈압 ② 부정맥
③ 혈액성분 ④ 심박수

답 ③

025

안전성의 관점에서 시스템을 분석 평가하는 접근방법과 거리가 먼 것은?

① "이런 일은 금지한다."의 개인 판단에 따른 주관적인 방법
② "어떻게 하면 무슨 일이 발생할 것인가?"의 연역적인 방법
③ "어떤 일은 하면 안 된다."라는 점검표를 사용하는 직관적인 방법
④ "어떤 일이 발생하였을 때 어떻게 처리하여야 안전한가?"의 귀납적인 방법

답 ①

026

다음의 연산표에 해당하는 논리연산은?

입력		출력
X_1	X_2	—
0	0	0
0	1	1
1	0	1
1	1	0

① XOR ② AND ③ NOT ④ OR

답 ①

027

항공기 위치 표시장치의 설계원칙에 있어, 다음 보기의 설명에 해당하는 것은?

> 항공기 경우 일반적으로 이동 부분의 영상은 고정된 눈금이나 좌표계에 나타내는 것이 바람직하다.

① 통합 ② 양립적 이동
③ 추종표시 ④ 표시의 현실성

답 ②

028

근골격계 질환의 인간공학적 주요 위험요인과 가장 거리가 먼 것은?

① 과도한 힘 ② 부적절한 자세
③ 고온의 환경 ④ 단순 반복 작업

답 ③

029

설비에 부착된 안전장치를 제거하면 설비가 작동되지 않도록 하는 안전설계는?

① Fail safe ② Fool proof
③ Lock out ④ Tamper proof

답 ④

030

FTA의 활용 및 기대효과가 아닌 것은?

① 시스템의 결함 진단
② 사고원인 규명화의 간편화
③ 사고원인 분석의 정량화
④ 시스템의 결함 비용 분석

답 ④

031

공간 배치의 원칙에 해당되지 않는 것은?

① 중요성의 원칙 ② 다양성의 원칙
③ 사용빈도의 원칙 ④ 기능별 배치의 원칙

답 ②

032

시스템안전프로그램계획(SSPP)에서 "완성해야 할 시스템안전업무"에 속하지 않는 것은?

① 정성적 해석 ② 운용 위험요인 해석
③ 경제성 분석 ④ 프로그램 심사의 참가

답 ③

033

조정장치를 3cm 움직였을 때 표시장치의 지침이 5cm 움직였다면, C/R비는 얼마인가?

① 0.25 ② 0.6 ③ 1.6 ④ 1.7

해 $통제표시비 = \frac{조정장치이동거리(cm)}{표시장치이동거리(cm)}$

$= \frac{3}{5} = 0.6$

답 ②

034

자연습구온도가 20℃이고, 흑구온도가 30℃일 때, 실내의 습구흑구온도지수(WBGT: wet-bulb globe temperature)는 얼마인가?

① 20℃ ② 23℃ ③ 25℃ ④ 30℃

해 옥내 또는 옥외(태양광선 없는 장소)

WBGT = 0.7 • 자연습구온도 + 0.3 • 흑구온도
= 0.7 • 20 + 0.3 • 30 = 23℃

답 ②

035

소음을 방지하기 위한 대책으로 틀린 것은?

① 소음원 통제 ② 차폐장치 사용
③ 소음원 격리 ④ 연속 소음 노출

답 ④

036

산업안전 분야에서의 인간공학을 위한 제반 언급사항으로 관계가 먼 것은?

① 안전관리자와의 의사소통 원활화
② 인간과오 방지를 위한 구체적 대책
③ 인간행동 특성자료의 정량화 및 축적
④ 인간-기계체계의 설계 개선을 위한 기금의 축적

답 ④

037

시스템 안전을 위한 업무 수행 요건이 아닌 것은?

① 안전활동의 계획 및 관리
② 다른 시스템 프로그램과 분리 및 배제
③ 시스템 안전에 필요한 사람의 동일성 식별
④ 시스템 안전에 대한 프로그램 해석 및 평가

답 ②

038

컷셋과 최소 패스셋을 정의한 것으로 맞는 것은?

① 컷셋은 시스템 고장을 유발시키는 필요 최소한의 고장들의 집합이며, 최소 패스셋은 시스템의 신뢰성을 표시한다.
② 컷셋은 시스템 고장을 유발시키는 필요 최소한의 고장들의 집합이며, 최소 패스셋은 시스템의 불신뢰도를 표시한다.
③ 컷셋은 그 속에 포함되어 있는 모든 기본 사상이 일어났을 때 톱 사상을 일으키는 기본사상의 집합이며, 최소 패스셋은 시스템의 신뢰성을 표시한다.
④ 컷셋은 그 속에 포함되어 있는 모든 기본 사상이 일어났을 때 톱 사상을 일으키는 기본사상의 집합이며, 최소 패스셋은 시스템의 성공을 유발하는 기본사상의 집합이다.

답 ③

039

인체 측정치의 응용 원칙과 거리가 먼 것은?

① 극단치를 고려한 설계
② 조절 범위를 고려한 설계
③ 평균치를 기준으로 한 설계
④ 기능적 치수를 이용한 설계

답 ④

040

10시간 설비 가동 시 설비고장으로 1시간 정지하였다면 설비고장강도율은 얼마인가?

① 0.1% ② 9% ③ 10% ④ 11%

해 설비고장 강도율 $= \frac{\text{정지시간}}{\text{가동시간}} \cdot 100$

$= \frac{1}{10} \cdot 100 = 10\%$

답 ③

3과목 | 기계기구 및 설비 안전관리

041

500rpm으로 회전하는 연삭기의 숫돌지름이 200mm일 때 원주속도(m/min)는?

① 628 ② 62.8 ③ 314 ④ 31.4

해 원주속도 $= \pi DN = \frac{\pi \cdot 200mm \cdot 500 \cdot m}{min \cdot 10^3 mm}$

$= 314.16\text{m/min}$

D: 지름 N: 회전수(rpm)

답 ③

042

연삭 숫돌과 작업받침대, 교반기의 날개, 하우스 등 기계의 회전 운동하는 부분과 고정부분 사이에 위험이 형성되는 위험점은?

① 물림점 ② 끼임점
③ 절단점 ④ 접선물림점

답 ②

043

컨베이어 작업시작 전 점검해야 할 사항으로 거리가 먼 것은?

① 원동기 및 풀리 기능의 이상 유무
② 이탈 등의 방지장치 기능의 이상유무
③ 비상정지장치의 이상유무
④ 자동전격방지장치의 이상 유무

답 ④

044

아세틸렌 용접장치에서 아세틸렌 발생기실 설치 위치 기준으로 옳은 것은?

① 건물 지하층에 설치하고 화기 사용설비로부터 3미터 초과 장소에 설치
② 건물 지하층에 설치하고 화기 사용설비로부터 1.5미터 초과 장소에 설치
③ 건물 최상층에 설치하고 화기 사용설비로부터 3미터 초과 장소에 설치
④ 건물 최상층에 설치하고 화기 사용설비로부터 1.5미터 초과 장소에 설치

답 ③

045

기계설비 방호에서 가드의 설치조건으로 옳지 않은 것은?

① 충분한 강도를 유지할 것
② 구조 단순하고 위험점 방호가 확실할 것
③ 개구부(틈새)의 간격은 임의로 조정이 가능할 것
④ 작업, 점검, 주유 시 장애가 없을 것

답 ③

046

완전 회전식 클러치 기구가 있는 양수조작식 방호장치에서 확동클러치의 봉합개소가 4개, 분당 행정수가 200spm일 때, 방호장치의 최소 안전거리는 몇mm 이상이어야 하는가?

① 80 ② 120 ③ 240 ④ 360

해 $D=1.6 \cdot T_m=1.6 \cdot 225=360\text{mm}$

$$T_m=\frac{1}{\text{클러치 수}}+\frac{1}{2}) \cdot \frac{60{,}000}{\text{분당행정수}}$$

$$=(\frac{1}{4}+\frac{1}{2}) \cdot \frac{60{,}000}{200}$$

$$=225\text{ms}$$

D: 안전거리(mm)
T_m: 슬라이드가 하사점 도달하는 시간(ms)

답 ④

047

목재가공용 둥근톱의 두께가 3mm일 때, 분할날의 두께는 몇mm 이상이어야 하는가?

① 3.3mm 이상 ② 3.6mm 이상
③ 4.5mm 이상 ④ 4.8mm 이상

해 분할날 두께는 둥근 톱 두께의 1.1배 이상이고, 치진폭보다는 작아야 된다
→ 3 • 1.1mm ≦ t → 3.3mm ≦ t

답 ①

048

타워크레인의 운전작업을 중지하여야 하는 순간풍속기준으로 옳은 것은?

① 초당 10m 초과 ② 초당 12m 초과
③ 초당 15m 초과 ④ 초당 20m 초과

답 ③

049

탁상용 연삭기에서 숫돌을 안전하게 설치하기 위한 방법으로 옳지 않은 것은?

① 숫돌바퀴 구멍은 축 지름보다 0.1mm 정도 작은 것을 선정하여 설치한다.
② 설치 전에는 육안 및 목재 해머로 숫돌의 흠, 균열을 점검한 후 설치한다.
③ 축의 턱에 내측 플랜지, 압지 또는 고무판, 숫돌 순으로 끼운 후 외측에 압지 또는 고무판, 플랜지, 너트 순으로 조인다.
④ 가공물 받침대는 숫돌의 중심에 맞추어 연삭기에 견고히 고정한다.

답 ①

050

다음 중 근로자에게 위험을 미칠 우려가 있을 덮개 또는 울을 설치해야 하는 위치와가장 거리가 먼 것은?

① 연삭기 또는 평삭기의 테이블, 형삭기 램 등의 행정 끝
② 선반으로부터 돌출하여 회전하고 있는 가공물 부근
③ 과열에 따른 과열이 예산되는 보일러의 버너 연소실
④ 띠톱기계의 위험한 톱날(절단부분 제외) 부위

답 ③

051

산업안전보건법령상 차량계 하역 운반기계를 이용한 화물 적재 시의 준수해야 할 사항으로 틀린 것은?

① 최대적재량의 10% 이상 초과하지 않도록 적재한다.
② 운전자 시야를 가리지 않도록 적재한다.
③ 붕괴, 낙하 방지를 위해 화물에 로프를 거는 등 필요 조치를 한다.
④ 편하중이 생기지 않도록 적재한다.

답 ①

052

산업안전보건법령상 롤러기의 무릎조작식 급정지장치의 설치 위치 기준은? (단, 위치는 급정지장치 조작부의 중심점을 기준)

① 밑면에서 0.7~0.8m 이내
② 밑면에서 0.6m 이내
③ 밑면에서 0.8~1.2m 이내
④ 밑면에서 1.5m 이내

답 ②

053

양수조작식 방호장치에서 2개의 누름버튼 간의 거리는 300mm 이상으로 정하고 있는데 이 거리의 기준은?

① 2개의 누름버튼 간의 중심거리
② 2개의 누름버튼 간의 외측거리
③ 2개의 누름버튼 간의 내측거리
④ 2개의 누름버튼 간의 평균 이동거리

답 ③

054

다음 중 프레스에 사용되는 광전자식 방호장치의 일반구조에 관한 설명으로 틀린 것은?

① 방호장치의 감지 기능은 규정한 검출영역 전체에 걸쳐 유효하여야 한다.

② 슬라이드 하강 중 정전 또는 방호장치의 이상 시에는 1회 동작 후 정지할 수 있는 구조이어야 한다.

③ 정상동작 표시램프는 녹색, 위험표시 램프는 붉은색으로 하며, 쉽게 근로자가 볼 수 있는 곳에 설치해야 한다

④ 방호장치의 정상작동 중에 감지가 이루어지거나 공급전원이 중단되는 경우 적어도 두 개 이상의 독립된 출력신호 개폐장치 가 꺼진 상태로 돼야 한다.

답 ②

055

보일러수 속에 유지(油脂)류, 용해 고형물, 부유물 등의 농도가 높아지면 드럼 수면에 안정한 거품이 발생하고, 또한 거품이 증가하여 드럼의 기실(氣室)에 전체로 확대되는 현상을 무엇이라 하는가?

① 포밍(forming)

② 프라이밍(priming)

③ 수격현상(water hammer)

④ 공동화현상(cavitation)

답 ①

056

다음 중 연삭기를 이용한 작업의 안전대책으로 가장 옳은 것은?

① 연삭숫돌의 최고 원주 속도 이상으로 사용하여여 한다.

② 운전 중 연삭숫돌의 균열 확인을 위해 수시로 충격을 가해 본다.

③ 정밀한 작업을 위해서는 연삭기의 덮개를 벗기고 숫돌의 정면에 서서 작업한다.

④ 작업시작 전에는 1분 이상 시운전을 하고 숫돌의 교체 시에는 3분 이상 시운전을 한다.

답 ④

057

다음 중 연삭기를 이용한 작업을 할 경우 연삭숫돌을 교체한 후에는 얼마동안 시험운전을 하여야 하는가?

① 1분 이상　② 3분 이상

③ 10분 이상　④ 15분 이상

답 ②

058

다음 중 드릴작업 시 가장 안전한 행동에 해당하는 것은?

① 장갑을 끼고 작업한다.

② 작업 중 브러시로 칩을 털어 낸다.

③ 작은 구멍을 뚫고 큰 구멍을 뚫는다.

④ 드릴을 먼저 회전시키고 공작물을 고정한다.

답 ③

059

다음 중 산업안전보건법령에 따라 비파괴 검사를 실시해야 하는 고속회전체의 기준은?

① 회전축중량 1톤 초과, 원주속도 120m/s 이상
② 회전축중량 1톤 초과, 원주속도 100m/s 이상
③ 회전축중량 0.7톤 초과, 원주속도 120m/s 이상
④ 회전축중량 0.7톤 초과, 원주속도 100m/s 이상

답 ①

060

지게차의 안전장치에 해당하지 않는 것은?

① 후사경 ② 헤드가드
③ 백 레스트 ④ 권과방지장치

답 ④

4과목 | 전기 및 화학설비 안전관리

061

저압 옥내직류 전기설비를 전로보호장치의 확실한 동작의 확보와 이상전압 및 대지전압의 억제를 위하여 접지를 하여야하나 직류 2선식으로 시설할 때, 접지를 생략할 수 있는 경우에 해당하지 않는 것은?

① 접지 검출기를 설치하고, 특정구역 내의 산업용 기계기구에만 공급하는 경우
② 사용전압이 110V 이상인 경우
③ 최대전류 30mA 이하의 직류 화재경보 회로
④ 교류계통으로부터 공급받는 정류기에서 인출되는 직류계통

답 ②

062

감전에 의한 전격위험을 결정하는 주된 인자와 거리 먼 것은?

① 통전저항 ② 통전전류 크기
③ 통전경로 ④ 통전시간

답 ①

063

폭발위험장소를 분류할 때 가스폭발 위험장소의 종류에 해당하지 않는 것은?

① 0종 장소 ② 1종 장소
③ 2종 장소 ④ 3종 장소

답 ④

064

다음 중 정전기 재해의 방지대책으로 가장 적절한 것은?

① 절연도가 높은 플라스틱을 사용한다.
② 대전하기 쉬운 금속은 접지를 실시한다.
③ 작업장 내의 온도를 낮게 해서 방전을 촉진시킨다.
④ (+), (−)전하의 이동을 방해하기 위하여 주위의 습도를 낮춘다.

답 ②

065

전로의 과전류로 인한 재해를 방지하기 위한 방법으로 과전류 차단장치를 설치할 때에 대한 설명으로 틀린 것은?

① 과전류 차단장치로는 차단기·퓨즈 또는 보호계전기 등이 있다.
② 차단기·퓨즈는 계통에서 발생하는 최대 과전류에 대하여 충분하게 차단할 수 있는 성능을 가져야 한다.
③ 과전류 차단장치는 반드시 접지선에 병렬로 연결하여 과전류 발생시 전로를 자동으로 차단하도록 설치하여야 한다.
④ 과전류 차단장치가 전기계통상에서 상호 협조·보완되어 과전류를 효과적으로 차단하도록 하여야 한다.

답 ③

066

인체 저항이 500Ω이고, 440V 회로에 누전차단기(ELB)를 설치할 경우 다음 중 가장 적당한 누전차단기는?

① 30mA 이하, 0.1초 이하에 작동
② 30mA 이하, 0.03초 이하에 작동
③ 15mA 이하, 0.1초 이하에 작동
④ 15mA 이하, 0.03초 이하에 작동

답 ②

067

다음 중 통전경로별 위험도가 가장 높은 경로는?

① 왼손−등　　② 오른손−가슴
③ 왼손−가슴　　④ 오른손−양발

답 ③

068

정전기 발생의 원인에 해당되지 않는 것은?

① 마찰　② 냉장　③ 박리　④ 충돌

답 ②

069

액체가 관내를 이동할 때에 정전기가 발생하는 현상은?

① 마찰대전　　② 박리대전
③ 분출대전　　④ 유동대전

답 ④

070

다음 중 방폭구조의 종류와 기호를 올바르게 나타낸 것은?

① 안전증방폭구조: e ② 몰드방폭구조: n
③ 충전방폭구조: p ④ 압력방폭구조: o

답 ①

071

다음 중 분진폭발의 가능성이 가장 낮은 물질은?

① 소맥분 ② 마그네슘분
③ 질석가루 ④ 석탄가루

답 ③

072

인화성 가스, 불활성 가스 및 산소를 사용하여 금속의 용접·용단 또는 가열작업을 하는 경우 가스등의 누출 또는 방출로 인한 폭발·화재 또는 화상을 예방하기 위하여 준수해야 할 사항으로 옳지 않은 것은?

① 가스등의 호스와 취관(吹管)은 손상·마모 등에 의하여 가스등이 누출할 우려가 없는 것을 사용할 것
② 비상상황을 제외하고는 가스등의 공급구의 밸브나 콕을 절대 잠그지 말 것
③ 용단작업을 하는 경우에는 취관으로부터 산소의 과잉방출로 인한 화상을 예방하기 위하여 근로자가 조절밸브를 서서히 조작하도록 주지시킬 것
④ 가스등의 취관 및 호스의 상호 접촉부분은 호스밴드, 호스클립 등 조임기구를 사용하여 가스등이 누출되지 않도록 할 것

답 ②

073

산업안전보건기준에 관한 규칙상 섭씨 몇℃ 이상인 상태에서 운전되는 설비는 특수화학설비에 해당하는가? (단, 규칙에서 정한 위험물질의 기준량 이상을 제조하거나 취급하는 설비인 경우이다.)

① 150℃ ② 250℃ ③ 350℃ ④ 450℃

답 ③

074

점화원 없이 발화를 일으키는 최저온도를 무엇이라 하는가?

① 착화점 ② 연소점 ③ 용융점 ④ 기화점

답 ①

075

배관용 부품에 있어 사용되는 용도가 다른 것은?

① 엘보(elbow) ② 티(T)
③ 크로스(cross) ④ 밸브(valve)

답 ④

076

에틸에테르(폭발하한값 1.9vol%)와 에틸알콜(폭발하한값 4.3vol%)이 4:1로 혼합된 증기의 폭발하한계(vol%)는 약 얼마인가? (단, 혼합증기는 에틸에테르가 80%, 에틸알콜 20%로 구성되고, 르샤틀리에 법칙을 이용한다.)

① 2.14vol% ② 3.14vol%
③ 4.14vol% ④ 5.14vol%

해 $LEL(\%)=\frac{\Sigma vol\%}{\Sigma \frac{vol\%}{LEL}}$

$$=\frac{80+20}{\frac{80}{1.9}+\frac{20}{4.3}}=2.14\%$$

LEL: 폭발하한계(%)

답 ①

077

산업안전보건기준에 관한 규칙에서 규정하는 급성 독성 물질의 기준으로 틀린 것은?

① 쥐에 대한 경구투입실험에 의하여 실험동물의 50%를 사망시킬 수 있는 물질의 양이 kg당 300mg－(체중) 이하인 화학물질
② 쥐에 대한 경피흡수실험에 의하여 실험동물의 50%를 사망시킬 수 있는 물질 양이 kg당 1,000mg－(체중) 이하인 화학물질
③ 토끼에 대한 경피흡수실험에 의하여 실험 동물의 50%를 사망시킬 수 있는 물질의 양이 kg당 1,000mg－(체중) 이하인 화학 물질
④ 쥐에 대한 4시간 동안의 흡입실험에 의하여 실험동물의 50%를 사망시킬 수 있는 가스 농도가 3,000ppm 이상인 화학물질

답 ④

078

연소의 3요소 중 1가지에 해당하는 요소가 아닌 것은?

① 메탄 ② 공기
③ 정전기방전 ④ 이산화탄소

답 ④

079

다음 중 화재의 종류가 옳게 연결된 것은?

① A급화재－유류화재
② B급화재－유류화재
③ C급화재－일반화재
④ D급화재－일반화재

답 ②

080

※ 법령 개정으로 1문제 삭제

5과목 | 건설공사 안전관리

081

잠함 또는 우물통의 내부에서 근로자가 굴착 작업을 하는 경우의 준수사항으로 옳지 않은 것은?

① 산소결핍 우려가 있는 경우에는 산소의 농도를 측정하는 사람을 지명하여 측정하도록할 것
② 근로자가 안전하게 오르내리기 위한 설비를 설치할 것
③ 굴착 깊이가 20m를 초과하는 경우에는 해당 작업장소와 외부와의 연락을 위한 통신설비 등을 설치할 것
④ 잠함 또는 우물통의 급격한 침하에 의한 위험을 방지하기 위하여 바닥으로부터 천장 또는 보까지의 높이는 2m 이내로 할 것

답 ④

082

굴착작업 시 근로자의 위험을 방지하기 위하여 해당 작업, 작업장에 대한 사전조사를 실시하여야 하는데 이 사전조사 항목에 포함되지 않는 것은?

① 지반의 지하수위 상태
② 형상·지질 및 지층의 상태
③ 굴착기의 이상 유무
④ 매설물 등의 유무 또는 상태

답 ③

083

흙의 연경도(Consistency)에서 반고체 상태와 소성상태의 한계를 무엇이라 하는가?

① 액성한계 ② 소성한계
③ 수축한계 ④ 반수축한계

답 ②

084

화물을 적재하는 경우에 준수하여야 하는 사항으로 옳지 않은 것은?

① 침하 우려가 없는 튼튼한 기반 위에 적재 할 것
② 건물의 칸막이나 벽 등이 화물의 압력에 견딜 만큼의 강도를 지니지 아니한 경우에는 칸막이나 벽에 기대어 적재하지 않도록 할 것
③ 불안정할 정도로 높이 쌓아 올리지 말 것
④ 편하중이 발생하도록 쌓아 적재효율을 높일 것

답 ④

085

도심지에서 주변에 주요 시설물이 있을 때 침하와 변위를 적게 할 수 있는 가장 적당한 흙막이 공법은?

① 동결공법 ② 샌드드레인공법
③ 지하연속벽공법 ④ 뉴매틱케이슨공법

답 ③

086

철골작업을 중지하여야 하는 제한 기준에 해당되지 않는 것은?

① 풍속이 초당 10m 이상인 경우
② 강우량이 시간당 1mm 이상인 경우
③ 강설량이 시간당 1cm 이상인 경우
④ 소음이 65dB 이상인 경우

답 ④

087

근로자의 추락 등의 위험을 방지하기 위하여 안전난간을 설치하는 경우 안전난간은 구조적으로 가장 취약한 지점에서 가장 취약한 방향으로 작용하는 얼마 이상의 하중에 견딜 수 있는 튼튼한 구조이어야 하는가?

① 50kg ② 100kg ③ 150kg ④ 200kg

답 ②

088

지반의 종류에 따른 굴착면의 기울기 기준으로 옳지 않은 것은?

① 모래－1:1.5 ② 연암－1:1
③ 풍화암－1:1 ④ 경암-1:0.5

답 ①

089

재료비가 30억원, 직접노무비가 50억원인 건설공사의 예정가격상 안전관리비로 옳은 것은? (단, 건축공사에 해당되며 계상기준은 1.97%임)

① 56,400,000원 ② 94,000,000원
③ 150,400,000원 ④ 157,600,000원

답 ④

090

사질토지반에서 보일링(boiling)현상에 의한 위험성이 예상될 경우의 대책으로 옳지 않은 것은?

① 흙막이 말뚝의 밑둥넣기를 깊게 한다.
② 굴착 저면보다 깊은 지반을 불투수로 개량한다.
③ 굴착 밑 투수층에 만든 피트(pit)를 제거한다.
④ 흙막이벽 주위에서 배수시설을 통해 수두차를 적게 한다.

답 ③

091

건설공사 유해위험방지계획서 제출 시 공통적으로 제출하여야 할 첨부서류가 아닌 것은?

① 공사개요서
② 전체 공정표
③ 산업안전보건관리비 사용계획서
④ 가설도로계획서

답 ④

092

다음 (　　)안에 알맞은 수치는?

> 슬레이트, 선라이트 등 강도가 약한 재료로 덮은 지붕 위에서 작업을 할 때 발이 빠지는 등 근로자가 위험해질 우려가 있는 경우 폭 (　　) 이상의 발판을 설치하거나 안전방망을 치는 등 위험을 방지하기 위해 필요한 조치를 해야한다.

① 30cm ② 40cm ③ 50cm ④ 60cm

답 ①

093

다음 중 쇼벨계 굴착기계에 속하지 않는 것은?

① 파워쇼벨(power shovel)
② 크램쉘(clamshell)
③ 스크레이퍼(scraper)
④ 드래그라인(dragline)

답 ③

094

토석이 붕괴되는 원인을 외적요인과 내적요인으로 나눌 때 외적요인으로 볼 수 없는 것은?

① 사면, 법면의 경사 및 기울기의 증가
② 지진발생, 차량 또는 구조물의 중량
③ 공사에 의한 진동 및 반복하중의 증가
④ 절토 사면의 토질, 암질

답 ④

095

다음은 비계발판용 목재재료의 강도상의 결점에 대한 조사기준이다. (　　)안에 들어갈 내용으로 옳은 것은?

> 발판 폭과 동일한 길이 내에 있는 결점지수 총합이 발판 폭의 (　　)을 초과하지 말 것

① 1/2　② 1/3　③ 1/4　④ 1/6

답 ③

096

근로자의 추락 위험이 있는 장소에서 발생하는 추락재해의 원인으로 볼 수 없는 것은?

① 안전대를 부착하지 않았다.
② 덮개를 설치하지 않았다.
③ 투하설비를 설치하지 않았다.
④ 안전난간을 설치하지 않았다.

답 ③

097

낙하·비래 재해 방지설비에 대한 설명으로 틀린 것은?

① 투하설비는 높이 10m 이상 되는 장소에서만 사용한다.
② 투하설비 이음부는 충분히 겹쳐 설치한다.
③ 투하입구 부근에는 적정한 낙하방지설비를 설치한다.
④ 물체를 투하 시에는 감시인을 배치한다.

답 ①

098

층고가 높은 슬래브 거푸집 하부에 적용하는 무지주 공법이 아닌 것은?

① 보우빔(bow beam)
② 철근일체형 데크플레이트(deck plate)
③ 페코빔(pecco beam)
④ 솔져시스템(soldier system)

답 ④

099

100

※ 법령 개정으로 2문제 삭제

빈출문제

1과목 | 산업재해 예방 및 안전보건교육

001

산업안전보건법상 사업 내 근로자 안전보건 교육의 교육과정에 해당하지 않는 것은?

① 검사원 정기점검교육
② 특별교육
③ 근로자 정기안전보건교육
④ 작업내용 변경 시의 교육

답 ①

002

레빈(Lewin)은 인간행동과 인간의 조건 및 환경조건의 관계를 다음과 같이 표시하였다. 이 때 'f'의 의미는?

B=f(P • E)

① 행동 ② 조명 ③ 지능 ④ 함수

답 ④

003

인지과정 착오의 요인이 아닌 것은?

① 생리·심리적 능력 한계
② 감각차단 현상
③ 작업자의 기능 미숙
④ 정서 불안정

답 ③

004

상황성 누발자의 재해유발원인과 거리가 먼 것은?

① 작업의 어려움 ② 기계설비의 결함
③ 심신의 근심 ④ 주의력의 산만

답 ④

005

기업 내 교육 방법 중 작업의 개선 방법 및 사람을 다루는 방법, 작업을 가르치는 방법 등을 주된 교육 내용으로 하는 것은?

① CCS(Civil Communication Section)
② MTP(Management Training Program)
③ TWI(Training Within Industry)
④ ATT(American Telephone&Telegram Co)

답 ③

006

다음 중 산업심리의 5대 요소에 해당하지 않는 것은?

① 적성 ② 감정 ③ 기질 ④ 동기

답 ①

007

다음 중 무재해운동의 기본이념 3원칙에 포함되지 않는 것은?

① 무의 원칙 ② 선취의 원칙
③ 참가의 원칙 ④ 라인화의 원칙

답 ④

008

적응기제(Adjustment Mechanism) 중 방어적 기제(Defence Mechanism)에 해당하는 것은?

① 고립(Isolation)
② 퇴행(Regression)
③ 억압(Suppression)
④ 합리화(Rationalization)

답 ④

009

기능(기술)교육의 진행방법 중 하버드 학파의 5단계 교수법의 순서로 옳은 것은?

① 준비 → 연합 → 교시 → 응용 → 총괄
② 준비 → 교시 → 연합 → 총괄 → 응용
③ 준비 → 총괄 → 연합 → 응용 → 교시
④ 준비 → 응용 → 총괄 → 교시 → 연합

답 ②

010

다음 중 매슬로우가 제창한 인간의 욕구 5단계 이론을 단계별로 옳게 나열한 것은?

① 생리적 욕구→안전 욕구→사회적 욕구→ 존경의 욕구→자아실현의 욕구
② 안전 욕구→생리적 욕구→사회적 욕구→ 존경의 욕구→자아실현의 욕구
③ 사회적 욕구→생리적 욕구→안전 욕구→ 존경의 욕구→자아실현의 욕구
④ 사회적 욕구→안전 욕구→생리적 욕구→ 존경의 욕구→자아실현의 욕구

답 ①

011

재해 원인을 통상적으로 직접원인과 간접원인으로 나눌 때 직접 원인에 해당되는 것은?

① 기술적 원인　② 물적 원인
③ 교육적 원인　④ 관리적 원인

답 ②

012

교육의 기본 3요소에 해당하지 않는 것은?

① 교육의 형태　② 교육의 주체
③ 교육의 객체　④ 교육의 매개체

답 ①

013

O.J.T(On the Job Training) 교육의 장점과 가장 거리가 먼 것은?

① 훈련에만 전념할 수 있다.
② 직장의 실정에 맞게 실제적 훈련이 가능하다.
③ 개개인의 업무능력에 적합하고 자세한 교육이 가능하다.
④ 교육을 통하여 상사와 부하간의 의사소통과 신뢰감이 깊게 된다.

답 ①

014

다음 재해손실 비용 중 직접손실비에 해당하는 것은?

① 진료비
② 입원 중의 잡비
③ 당일 손실 시간손비
④ 구원, 연락으로 인한 부동 임금

답 ①

015

산업안전보건법령상 근로자 안전보건교육 중 채용 시의 교육 및 작업내용 변경 시의 교육 사항으로 옳은 것은?

① 물질안전보건자료에 관한 사항
② 건강증진 및 질병 예방에 관한 사항
③ 유해위험 작업환경 관리에 관한 사항
④ 표준안전작업방법 및 지도 요령에 관한 사항

답 ①

016

산업안전보건법령상 안전검사 대상 유해위험기계의 종류에 포함되지 않는 것은?

① 전단기　② 리프트
③ 곤돌라　④ 교류아크용접기

답 ④

017

상시 근로자수가 75명인 사업장에서 1일 8시간씩 연간 320일을 작업하는 동안에 4건의 재해가 발생하였다면 이 사업장의 도수율은 약 얼마인가?

① 17.68　② 19.67　③ 20.83　④ 22.83

해 $$도수율 = \frac{재해건수}{연근로시간수} \cdot 10^6$$

$$= \frac{4}{75 \cdot 8 \cdot 320} \cdot 10^6$$

$$= 20.83$$

답 ③

018

어느 공장의 재해율을 조사한 결과 도수율이 20이고, 강도율이 1.2로 나타났다. 이 공장에서 근무하는 근로자가 입사부터 정년퇴직할 때까지 예상되는 재해건수(a)와 이로 인한 근로손실일수(b)는?

① a=20, b=1.2　② a=2, b=120
③ a=20, b=20　④ a=120, b=2

해 환산도수율: 평생 근로시 경험하는 재해건수
환산도수율=도수율/10=20/10=2
환산강도율: 평생 근로시 경험하는 손실일수
환산강도율=강도율・100=1.2・100=120

답 ②

019

산업 안전 보건법령에 따른 안전검사대상 유해 위험 기계 등의 검사 주기 기준 중 다음 (㉠), (㉡) 안에 알맞은 것은?

> 크레인(이동식 크레인은 제외한다), 리프트(이삿짐운반용 리프트는 제외한다) 및 곤돌라: 사업장에 설치가 끝난 날부터 3년 이내에 최초 안전검사를 실시하되, 그 이후부터 (㉠)년마다(건설현장에서 사용하는 것은 최초로 설치한 날부터 (㉡)개월마다)

① ㉠ 1, ㉡ 4　② ㉠ 1, ㉡ 6
③ ㉠ 2, ㉡ 4　④ ㉠ 2, ㉡ 6

답 ④

020

D공장의 연평균근로자가 180명이고, 1년간 사상자가 6명이 발생했다면, 연천인율은 약 얼마인가? (단, 근로자는 하루 8시간씩 연간 300일을 근무한다.)

① 12.79 ② 13.89 ③ 33.33 ④ 43.69

해 연천인율 $= \frac{\text{연재해자수}}{\text{연평균근로자수}} \cdot 10^3$

$= \frac{6}{180} \cdot 10^3$

$= 33.33$

답 ③

2과목 | 인간공학 및 위험성 평가관리

021

체계분석 및 설계에 있어서 인간공학의 가치와 가장 거리가 먼 것은?

① 성능의 향상
② 인력 이용률의 감소
③ 사용장의 수용도 향상
④ 사고 및 오용으로부터의 손실 감소

답 ②

022

다음 중 안전성 평가에서 위험관리의 사명으로 가장 적절한 것은?

① 잠재위험 인식
② 손해에 대한 자금 융통
③ 안전과 건강관리
④ 안전공학

답 ②

023

시스템에 영향을 미치는 모든 요소의 고장을 형태별로 분석하여 그 영향을 검토하는 분석기법은?

① FTA ② CHECK LIST
③ FMEA ④ DECISION TREE

답 ③

024

모든 시스템 안전 프로그램 중 최초 단계의 분석으로 시스템 내의 위험요소가 어떤 상태에 있는지를 정성적으로 평가하는 방법은?

① CA ② FHA ③ PHA ④ FMEA

답 ③

025

반복되는 사건이 많이 있는 경우, FTA의 최소 컷셋과 관련이 없는 것은?

① Fussel Algorithm
② Booolean Algorithm
③ Monte Carlo Algorithm
④ Limnios&Ziani Algorithm

답 ③

026

인간의 과오를 정량적으로 평가하기 위한 기법으로, 인간과오의 분류시스템과 확률을 계산하는 안전성 평가기법은?

① THERP ② FTA ③ ETA ④ HAZOP

답 ①

027

공간 배치의 원칙에 해당되지 않는 것은?

① 중요성의 원칙 ② 다양성의 원칙
③ 사용빈도의 원칙 ④ 기능별 배치의 원칙

답 ②

028

작업장에서 구성요소를 배치하는 인간공학적 원칙과 가장 거리가 먼 것은?

① 중요도의 원칙 ② 선입선출의 원칙
③ 기능성의 원칙 ④ 사용빈도의 원칙

답 ②

029

인간-기계 시스템에서의 기본적인 기능에 해당하지 않는 것은?

① 행동 기능 ② 정보의 설계
③ 정보의 수용 ④ 정보의 저장

답 ②

030

정보를 전송하기 위해 청각적 표시장치를 이용하는 것이 바람직한 경우로 적합한 것은?

① 전언이 복잡한 경우
② 전언이 이후에 재참조되는 경우
③ 전언이 공간적인 사건을 다루는 경우
④ 전언이 즉각적인 행동을 요구하는 경우

답 ④

031

광원으로부터의 직사휘광을 줄이기 위한 방법으로 적절하지 않은 것은?

① 휘광원 주위를 어둡게 한다.
② 가리개, 갓, 차양 등을 사용한다.
③ 광원을 시선에서 멀리 위치시킨다.
④ 광원의 수는 늘리고 휘도는 줄인다.

답 ①

032

작업장 내부의 추천반사율이 가장 낮아야 하는 곳은?

① 벽 ② 천장 ③ 바닥 ④ 가구

답 ③

033

FTA에 사용되는 기호 중 다음 기호에 해당하는 것은?

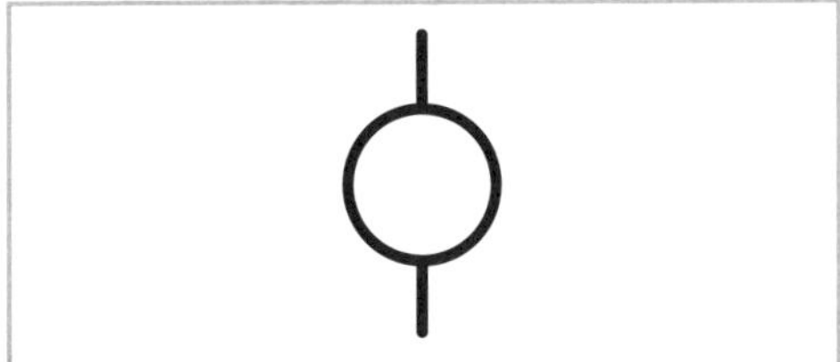

① 생략사상 ② 부정게이트
③ 결함사상 ④ 기본사상

답 ④

034

1cd의 점광원에서 1m 떨어진 곳에서의 조도가 3lux이었다. 동일한 조건에서 5m 떨어진 곳에서의 조도는 약 몇 lux인가?

① 0.12 ② 0.22 ③ 0.36 ④ 0.56

해 $조도=\frac{광도}{거리^2 (m)} \rightarrow 3=\frac{광도}{1^2} \rightarrow 3cd$

$\rightarrow 조도=\frac{3}{5^2}=0.12lux$

답 ①

035

조정장치를 3cm 움직였을 때 표시장치의 지침이 5cm 움직였다면, C/R비는 얼마인가?

① 0.25 ② 0.6 ③ 1.6 ④ 1.7

해 $통제표시비=\frac{조정장치이동거리(cm)}{표시장치이동거리(cm)}$

$=\frac{3}{5}=0.6$

답 ②

036

그림과 같은 시스템의 신뢰도로 옳은 것은? (단, 그림의 숫자는 각 부품의 신뢰도이다.)

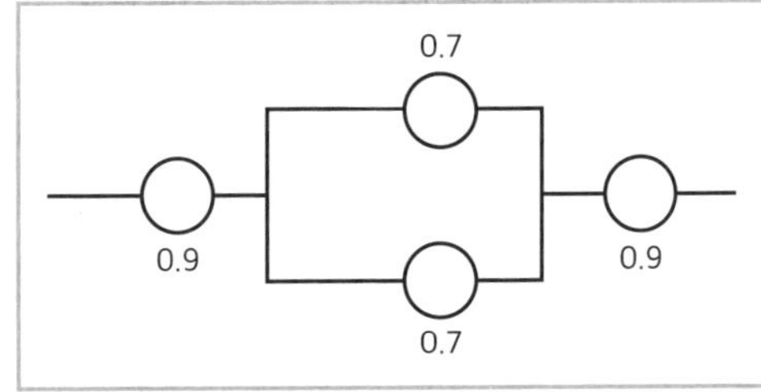

① 0.626 ② 0.7371 ③ 0.8481 ④ 0.9591

해 $신뢰도=0.9 \cdot (1-(1-0.7) \cdot (1-0.7)) \cdot 0.9$
$=0.7371$

답 ②ㅈ

037

톱사상 T를 일으키는 컷셋에 해당하는 것은?

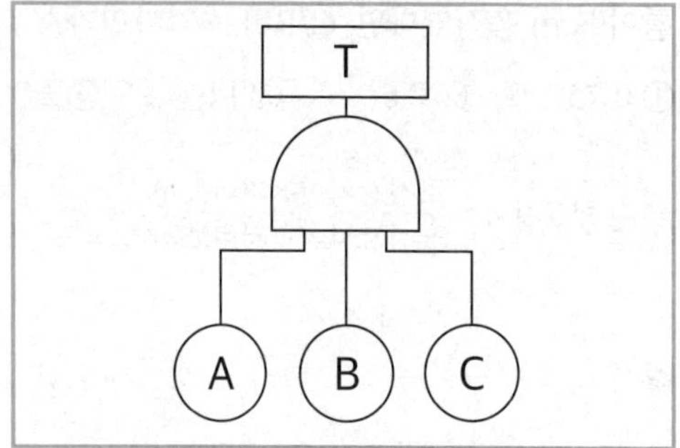

① {A} ② {A, B} ③ {A, B, C} ④ {B, C}

해 T=(A • B • C)={A, B, C}

답 ③

038

다음 FTA 그림에서 a, b, c의 부품고장률이 각각 0.01일 때, 최소 컷셋(minimal cut sets)과 신뢰도로 옳은 것은?

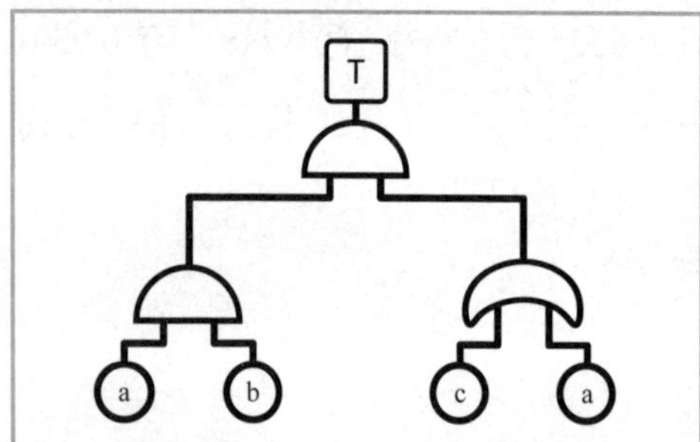

① {a, b}, R(t)=99.99%

② {a, b, c}, R(t)=98.99%

③ {a, b}, R(t)=96.99%

④ {a, b, c}, R(t)=95.99%

해 (a • b)(c+a)=(a,b,c), (a,b)
→ 최소컷셋은 (a,b) 이다.
신뢰도=1−0.01 • 0.01=0.9999=99.99%

답 ①

039

FT도에 사용되는 다음의 기호가 의미하는 내용으로 옳은 것은?

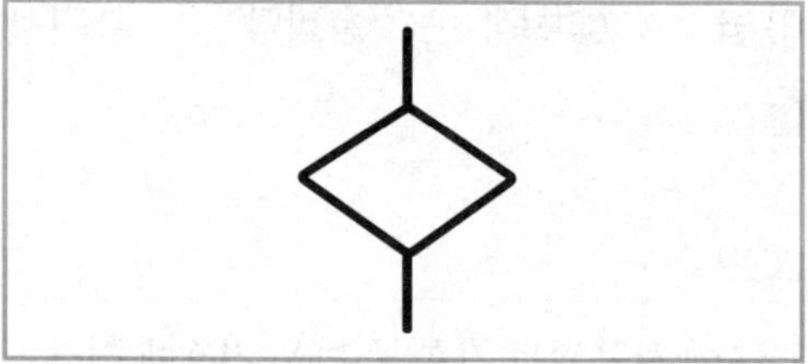

① 생략사상으로서 간소화

② 생략사상으로서 인간의 실수

③ 생략사상으로서 조작자의 간과

④ 생략사상으로서 시스템의 고장

답 ②

040

작업장의 실효온도에 영향을 주는 인자 중 가장 관계가 먼 것은?

① 온도 ② 체온 ③ 습도 ④ 공기유동

답 ②

3과목 | 기계기구 및 설비 안전관리

041

근로자의 추락 등에 의한 위험을 방지하기 위하여 안전난간을 설치하는 경우, 이에 관한 구조 및 설치요건으로 틀린 것은?

① 상부난간대, 중간난간대, 발끝막이 및 난간기둥으로 구성할 것
② 발끝막이판은 바닥면 등으로부터 5cm 이상의 높이를 유지할 것
③ 난간대는 지름 2.7cm 이상의 금속제 파이프나 그 이상의 강도를 가진 재료일 것
④ 안전난간은 구조적으로 가장 취약한 지점에서 가장 취약한 방향으로 작용하는 100kg 이상의 하중에 견딜 수 있을 것

답 ②

042

산업안전보건법령상 프레스를 사용하여 작업을 할 때 작업시작 전 점검 항목에 해당하지 않는 것은?

① 전선 및 접속부 상태
② 클러치 및 브레이크의 기능
③ 프레스의 금형 및 고정볼트 상태
④ 1행정 1정지기구·급정지장치 및 비상정지장치의 기능

답 ①

043

다음 중 연삭기를 이용한 작업을 할 경우 연삭숫돌을 교체한 후에는 얼마동안 시험운전을 하여야 하는가?

① 1분 이상 ② 3분 이상
③ 10분 이상 ④ 15분 이상

답 ②

044

밀링 머신의 작업 시 안전수칙에 대한 설명으로 틀린 것은?

① 커터의 교환 시는 테이블 위에 목재를 받쳐 놓는다.
② 강력 절삭 시에는 일감을 바이스에 깊게 물린다.
③ 작업 중 면장갑은 착용하지 않는다.
④ 커터는 가능한 컬럼(column)으로부터 멀리 설치한다.

답 ④

045

양수 조작식 방호장치에서 양쪽 누름버튼 간의 내측거리는 몇 mm 이상이어야 하는가?

① 100 ② 200 ③ 300 ④ 400

답 ③

046

드릴 작업의 안전조치 사항으로 틀린 것은?

① 칩은 와이어 브러시로 제거한다.
② 드릴 작업에서는 보안경을 쓰거나 안전덮개를 설치한다.
③ 칩에 의한 자상을 방지하기 위해 면장갑을 착용한다.
④ 바이스 등을 사용하여 작업 중 공작물의 유동을 방지한다.

답 ③

047

다음 중 드릴 작업에 있어서 공작물을 고정하는 방법으로 가장 적절하지 않은 것은?

① 작은 공작물은 바이스로 고정한다.
② 작고 길쭉한 공작물은 플라이어로 고정한다.
③ 대량 생산과 정밀도를 요구할 때는 지그로 고정한다.
④ 공작물이 크고 복잡할 때는 볼트와 고정구로 고정한다.

답 ②

048

드릴 작업 시 올바른 작업안전수칙이 아닌 것은?

① 구멍을 뚫을 때 관통된 것을 확인하기 위해 손으로 만져서는 안 된다.
② 드릴을 끼운 후에 척 렌치(chuck wrench)를 부착한 상태에서 드릴 작업을 한다.
③ 작업모를 착용하고 옷소매가 긴 작업복은 입지 않는다.
④ 보안경을 쓰거나 안전 덮개를 설치한다.

답 ②

049

산업안전보건법령에 따라 달기 체인을 달비계에 사용해서는 안되는 경우가 아닌 것은?

① 균열이 있거나 심하게 변형된 것
② 달기 체인의 한 꼬임에서 끊어진 소선의 수가 10% 이상인 것
③ 달기 체인의 길이가 달기 체인이 제조된 때의 길이의 5%를 초과한 것
④ 링의 단면지름이 달기 체인이 제조된 때의 해당 링의 지름의 10% 초과하여 감소한 것

답 ②

050

롤러기에 사용되는 급정지장치의 종류가 아닌 것은?

① 손 조작식　② 발 조작식
③ 무릎 조작식　④ 복부 조작식

답 ②

051

산업안전보건법령상 롤러기의 무릎조작식 급정지장치의 설치 위치 기준은? (단, 위치는 급정지장치 조작부의 중심점을 기준)

① 밑면에서 0.7~0.8m 이내

② 밑면에서 0.6m 이내

③ 밑면에서 0.8~1.2m 이내

④ 밑면에서 1.5m 이내

답 ②

052

연삭 숫돌과 작업받침대, 교반기의 날개, 하우스 등 기계의 회전 운동하는 부분과 고정부분 사이에 위험이 형성되는 위험점은?

① 물림점 ② 끼임점

③ 절단점 ④ 접선물림점

답 ②

053

산업안전보건법령상 양중기에서 절단하중이 100톤인 와이어로프를 사용하여 화물을 직접적으로 지지하는 경우, 화물의 최대허용하중(톤)은?

① 20 ② 30 ③ 40 ④ 50

해 화물의 하중을 직접 지지하는 달기와이어로프 또는 달기체인의 경우: 안전률 5 이상

$안전률 = \frac{절단하중}{최대허용하중} \rightarrow 5 = \frac{100}{X}$

$\rightarrow X = \frac{100}{5} = 20톤$

답 ①

054

다음 중 컨베이어의 안전장치가 아닌 것은?

① 이탈방지장치 ② 비상정지장치

③ 덮개 또는 울 ④ 비상난간

답 ④

055

프레스기가 작동 후 작업점까지의 도달시간이 0.2초 걸렸다면, 양수기동식 방호장치의 설치거리는 최소 얼마인가?

① 3.2cm ② 32cm ③ 6.4cm ④ 64cm

해 $D = 1.6 \cdot T_m = 1.6 \cdot 200 = 320mm = 32cm$

D: 안전거리(mm)

T_m: 슬라이드가 하사점 도달하는 시간(ms)

답 ②

056

광전자식 방호장치가 설치된 프레스에서 손이 광선을 차단했을 때부터 급정지기구가 작동을 개시할 때까지의 시간은 0.3초, 급정지기구가 작동을 개시했을 때부터 슬라이드가 정지할 때까지의 시간이 0.4초 걸린다고 할 때 최소 안전거리는 약 몇mm인가?

① 540 ② 760 ③ 980 ④ 1,120

해 $D = 1.6 \cdot (T_L + T_S) = 1.6 \cdot (300 + 400)$

$= 1,120mm-$

D: 안전거리(mm)

T_L: 응답시간(ms)

T_S: 브레이크 정지 시간(ms)

답 ④

057

500rpm으로 회전하는 연삭기의 숫돌지름이 200mm일 때 원주속도(m/min)는?

① 628 ② 62.8 ③ 314 ④ 31.4

해 원주속도$=\pi DN=\dfrac{\pi \cdot 200mm \cdot 500 \cdot m}{min \cdot 10^3 mm}$

$=314.16$m/min

D: 지름 N: 회전수(rpm)

답 ③

058

롤러기에서 앞면 롤러의 지름이 200mm, 회전속도가 30rpm인 롤러의 무부하 동작에서의 급정지거리로 옳은 것은?

① 66mm 이내 ② 84mm 이내
③ 209mm 이내 ④ 248mm 이내

해

앞면 롤러의 표면속도(m/min)	급정지거리
30 미만	앞면 롤러 원주의 1/3 이내
30 이상	앞면 롤러 원주의 1/2.5 이내

원주속도$=\pi DN=\dfrac{\pi \cdot 200mm \cdot 30 \cdot m}{min \cdot 10^3 mm}$

$=18.85$m/min

D: 지름 N: 회전수

원주속도 30미만이니 급정지거리는 원주의 $\dfrac{1}{3}$ 이내

원주$=\pi D=\pi \cdot 200=628.32mm-$

$\rightarrow \dfrac{628.32}{3}=209.44$mm

답 ③

059

연삭기에서 숫돌의 바깥지름이 180mm라면, 평형 플랜지의 바깥지름은 몇 mm 이상이어야 하는가?

① 30 ② 36 ③ 45 ④ 60

해 평형플랜지 지름은 숫돌 직경의 1/3이상이어야 됨

→ 180/3=60mm

답 ④

060

지게차가 무부하 상태로 구내 최고속도 25km/h로 주행 시 좌우안정도는 몇 % 이내인가?

① 16.5% ② 25% ③ 37.5% ④ 42.5%

해 주행 시 좌우안정도$=15+1.1V=15+1.1 \cdot 25$
$=42.5\%$

답 ④

4과목 | 전기 및 화학설비 안전관리

061

방폭구조의 명칭과 표기기호가 잘못 연결된 것은?

① 안전증방폭구조: e
② 유입(油入)방폭구조: o
③ 내압(耐壓)방폭구조: p
④ 본질안전방폭구조: ia 또는 ib

답 ③

062

선간전압이 6.6kV인 충전전로 인근에서 유자격자가 작업하는 경우, 충전전로에 대한 최소 접근한계거리(cm)는? (단, 충전부에 절연조치가 되어있지 않고, 작업자는 절연장갑을 착용하지 않았다.)

① 20 ② 30 ③ 50 ④ 60

답 ④

063

인체의 대부분이 수중에 있는 상태에서의 허용접촉전압으로 옳은 것은?

① 2.5V 이하 ② 25V 이하
③ 50V 이하 ④ 100V 이하

답 ①

064

전기사용장소의 사용전압이 440V인 저압전로의 전선 상호간 및 전로와 대지 사이의 절연저항은 얼마 이상이어야 하는가?

① 0.2MΩ ② 0.4MΩ ③ 0.5MΩ ④ 1MΩ

답 ④

065

인체 저항이 500Ω이고, 440V 회로에 누전차단기(ELB)를 설치할 경우 다음 중 가장 적당한 누전차단기는?

① 30mA 이하, 0.1초 이하에 작동
② 30mA 이하, 0.03초 이하에 작동
③ 15mA 이하, 0.1초 이하에 작동
④ 15mA 이하, 0.03초 이하에 작동

답 ②

066

정전기 발생의 원인에 해당되지 않는 것은?

① 마찰 ② 냉장 ③ 박리 ④ 충돌

답 ②

067

정전기 제거방법으로 가장 거리가 먼 것은?

① 설비 주위를 가습한다.
② 설비의 금속 부분을 접지한다.
③ 설비의 주변에 적외선을 조사한다.
④ 정전기 발생 방지 도장을 실시한다.

답 ③

068

이온생성 방법에 따라 정전기 제전기의 종류가 아닌 것은?

① 전압인가식 ② 접지제어식
③ 자기방전식 ④ 방사선식

답 ②

069

다음 중 통전경로별 위험도가 가장 높은 경로는?

① 왼손－등　② 오른손－가슴
③ 왼손－가슴　④ 오른손－양발

답 ③

070

다음 중 가연성 가스가 아닌 것은?

① 이산화탄소　② 수소
③ 메탄　④ 아세틸렌

답 ①

071

다음 중 물 속에 저장이 가능한 물질은?

① 칼륨　② 황린
③ 인화칼슘　④ 탄화알루미늄

답 ②

072

배관용 부품에 있어 사용되는 용도가 다른 것은?

① 엘보(elbow)　② 티(T)
③ 크로스(cross)　④ 밸브(valve)

답 ④

073

폭발범위에 있는 가연성 가스 혼합물에 전압을 변화시키며 전기 불꽃을 주었더니 1,000V가 되는 순간 폭발이 일어났다. 이때 사용한 전기 불꽃의 콘덴서 용량은 0.1μF을 사용하였다면 이 가스에 대한 최소 발화에너지는 몇 mJ인가?

① 5　② 10　③ 50　④ 100

해 $E=\frac{1}{2}CV^2=\frac{1}{2}\cdot(0.1\cdot10^{-6})\cdot1{,}000^2$

$=0.05\text{J}=50\text{mJ}$

E: 정전에너지(J)　C: 정전용량(F)
V: 전압(V)

답 ③

074

10Ω 저항에 10A의 전류를 1분간 흘렸을 때의 발열량은 몇cal 인가?

① 1,800　② 3,600　③ 7,200　④ 14,400

해 $H=0.24I^2RT=0.24\cdot10^2\cdot10\cdot60$
$=14{,}400\text{cal}$

H: 열량(cal)　I: 전류(A)
R: 저항(Ω)　T: 시간(s)

답 ④

075

어떤 혼합가스의 구성성분이 공기는 50vol%, 수소는 20vol%, 아세틸렌은 30vol%인 경우 이 혼합가스의 폭발하한계는? (단, 폭발하한값이 수소는 4vol%, 아세틸렌은 2.5vol%이다.)

① 2.5% ② 2.94%
③ 4.76% ④ 5.88%

해 공기는고려대상아니다.

$$LEL(\%) = \frac{\triangle vol\%}{\triangle \frac{vol\%}{LEL}} = \frac{20+30}{\frac{20}{4}+\frac{30}{2.5}}$$

$$= 2.94\%$$

LEL: 폭발하한계(%)

답 ②

076

다음 중 반응기의 운전을 중지할 때 필요한 주의사항으로 가장 적절하지 않은 것은?

① 급격한 유량 변화를 피한다.
② 가연성 물질이 새거나 흘러나올 때의 대책을 사전에 세운다.
③ 급격한 압력 변화 또는 온도 변화를 피한다.
④ 80~90℃의 염산으로 세정을 하면서 수소가스로 잔류가스를 제거한 후 잔류물을 처리한다.

답 ④

077

전선 간에 가해지는 전압이 어떤 값 이상으로 되면 전선 주위의 전기장이 강하게 되어 전선 표면의 공기가 국부적으로 절연이 파괴 되어 빛과 소리를 내는 것은?

① 표피 작용 ② 페란티 효과
③ 코로나 현상 ④ 근접 현상

답 ③

078

산업안전보건기준에 관한 규칙상 (　　)안의 내용으로 알맞은 것은?

> 사업주는 급성 독성물질이 지속적으로 외부에 유출될 수 있는 화학설비 및 그 부속설비에 파열판과 안전밸브를 직렬로 설치하고 그 사이에는 (　　)를 설치하여야 한다.

① 온도지시계 또는 과열방지장치
② 압력지시계 또는 자동경보장치
③ 유량지시계 또는 유속지시계
④ 액위지시계 또는 과압방지장치

답 ②

079

산업안전보건법상 물질안전보건자료 작성 시 포함되어야 하는 항목이 아닌 것은? (단, 참고사항은 제외한다.)

① 화학제품과 회사에 관한 정보
② 제조일자 및 유효기간
③ 운송에 필요한 정보
④ 환경에 미치는 영향

답 ②

080

정전기의 발생에 영향을 주는 요인과 가장 거리가 먼 것은?

① 분리속도 ② 물체의 표면상태
③ 접촉면적 및 압력 ④ 외부공기의 풍속

답 ④

5과목 | 건설공사 안전관리

081

안전난간의 구조 및 설치요건과 관련하여 발끝막이판은 바닥면으로부터 얼마 이상의 높이를 유지하여야 하는가?

① 10cm 이상 ② 15cm 이상
③ 20cm 이상 ④ 30cm 이상

답 ①

082

추락재해 방지용 방망의 신품에 대한 인장강도는 얼마인가? (단, 그물코의 크기가 10cm이며, 매듭 없는 방망)

① 220kg ② 240kg ③ 260kg ④ 280kg

답 ②

083

토석이 붕괴되는 원인을 외적요인과 내적요인으로 나눌 때 외적요인으로 볼 수 없는 것은?

① 사면, 법면의 경사 및 기울기의 증가
② 지진발생, 차량 또는 구조물의 중량
③ 공사에 의한 진동 및 반복하중의 증가
④ 절토 사면의 토질, 암질

답 ④

084

공사현장에서 낙하물방지망 또는 방호선반을 설치할 때 설치높이 및 벽면으로부터 내민길이 기준으로 옳은 것은?

① 설치높이: 10m 이내, 내민길이 2m 이상
② 설치높이: 15m 이내, 내민길이 2m 이상
③ 설치높이: 10m 이내, 내민길이 3m 이상
④ 설치높이: 15m 이내, 내민길이 3m 이상

답 ①

085

산업안전보건기준에 관한 규칙에 따라 계단 및 계단참을 설치하는 경우 매 m^2 당 최소 얼마 이상의 하중에 견딜 수 있는 강도를 가진 구조로 설치하여야 하는가?

① 500kg ② 600kg
③ 700kg ④ 800kg

답 ①

086

가설통로를 설치하는 경우 준수해야 할 기준으로 옳지 않은 것은?

① 경사는 45° 이하로 할 것
② 경사가 15°를 초과하는 경우에는 미끄러지지 아니하는 구조로 할 것
③ 추락할 위험이 있는 장소에는 안전난간을 설치할 것
④ 수직갱에 가설된 통로의 길이가 15m 이상인 경우에는 10m 이내마다 계단참을 설치할 것

답 ①

087

사다리식 통로 등을 설치하는 경우 준수해야 할 기준으로 옳지 않은 것은?

① 접이식 사다리 기둥은 사용 시 접혀지거나 펼쳐지지 않도록 철물 등을 사용하여 견고하게 조치할 것
② 발판과 벽과의 사이는 25cm 이상의 간격을 유지할 것
③ 폭은 30cm 이상으로 할 것
④ 사다리식 통로의 길이가 10m 이상인 경우에는 5m 이내마다 계단참을 설치할 것

답 ②

088

다음 (　　)안에 알맞은 수치는?

> 슬레이트, 선라이트 등 강도가 약한 재료로 덮은 지붕 위에서 작업을 할 때 발이 빠지는 등 근로자가 위험해질 우려가 있는 경우 폭 (　　) 이상의 발판을 설치하거나 안전방망을 치는 등 위험을 방지하기 위해 필요한 조치를 해야한다.

① 30cm ② 40cm ③ 50cm ④ 60cm

답 ①

089

말비계를 조립하여 사용하는 경우의 준수사항으로 옳지 않은 것은?

① 지주부재의 하단에는 미끄럼 방지장치를 할 것
② 지주부재와 수평면과의 기울기는 85° 이하로 할 것
③ 말비계의 높이가 2m를 초과할 경우에는 작업발판의 폭을 40cm 이상으로 할 것
④ 지주부재와 지주부재 사이를 고정시키는 보조부재를 설치할 것

답 ②

090

다음은 산업안전보건법령에 따른 말비계를 조립하여 사용하는 경우에 관한 준수사항이다. (   ) 안에 알맞은 숫자는?

말비계 높이가 2m 초과할 경우, 작업발판 폭을 (   )cm 이상으로 할 것

① 10 ② 20 ③ 30 ④ 40

답 ④

091

강관비계의 구조에서 비계기둥 간의 최대 허용 적재 하중으로 옳은 것은?

① 500kg ② 400kg ③ 300kg ④ 200kg

답 ②

092

단관비계의 도괴 또는 전도를 방지하기 위하여 사용하는 벽이음의 간격기준으로 옳은 것은?

① 수직방향 5m 이하, 수평방향 5m 이하
② 수직방향 6m 이하, 수평방향 6m 이하
③ 수직방향 7m 이하, 수평방향 7m 이하
④ 수직방향 8m 이하, 수평방향 8m 이하

답 ①

093

철골작업을 중지하여야 하는 제한 기준에 해당되지 않는 것은?

① 풍속이 초당 10m 이상인 경우
② 강우량이 시간당 1mm 이상인 경우
③ 강설량이 시간당 1cm 이상인 경우
④ 소음이 65dB 이상인 경우

답 ④

094

화물을 적재하는 경우에 준수하여야 하는 사항으로 옳지 않은 것은?

① 침하 우려가 없는 튼튼한 기반 위에 적재 할 것
② 건물의 칸막이나 벽 등이 화물의 압력에 견딜 만큼의 강도를 지니지 아니한 경우에는 칸막이나 벽에 기대어 적재하지 않도록 할 것
③ 불안정할 정도로 높이 쌓아 올리지 말 것
④ 편하중이 발생하도록 쌓아 적재효율을 높일 것

답 ④

095

양중기의 와이어로프 등 달기구의 안전계수 기준으로 옳은 것은? (단, 화물의 하중을 직접 지지하는 달기와이어로프 또는 달기체인의 경우)

① 3 이상 ② 4 이상 ③ 5 이상 ④ 6 이상

답 ③

096

고소작업대를 사용하는 경우 준수해야 할 사항으로 옳지 않은 것은?

① 안전한 작업을 위하여 적정수준의 조도를 유지할 것
② 전로(電路)에 근접하여 작업을 하는 경우에는 작업감시자를 배치하는 등 감전사고를 방지하기 위하여 필요한 조치를 할 것
③ 작업대의 붐대를 상승시킨 상태에서 탑승자는 작업대를 벗어나지 말 것
④ 전환스위치는 다른 물체를 이용하여 고정할 것

답 ④

097

콘크리트 타설 작업을 하는 경우에 준수해야 할 사항으로 옳지 않은 것은?

① 콘크리트를 타설하는 경우에는 편심을 유발하여 한쪽 부분부터 밀실하게 타설되도록 유도할 것
② 당일의 작업을 시작하기 전에 해당 작업에 관한 거푸집동바리등의 변형·변위 및 지반의 침하 유무 등을 점검하고 이상이 있으며 보수할 것
③ 작업 중에는 거푸집동바리등의 변형·변위 및 침하 유무 등을 감시할 수 있는 감시자를 배치하여 이상이 있으면 작업을 중지하고 근로자를 대피시킬 것
④ 설계도서상의 콘크리트 양생기간을 준수하여 거푸집동바리등을 해체할 것

답 ①

098

콘크리트를 타설할 때 거푸집에 작용하는 콘크리트 측압에 영향을 미치는 요인과 가장 거리가 먼 것은?

① 콘크리트 타설 속도
② 콘크리트 강도
③ 콘크리트 타설 높이
④ 기온

답 ②

099

콘크리트 타설용 거푸집에 작용하는 외력 중 연직방향 하중이 아닌 것은?

① 고정하중　② 충격하중
③ 작업하중　④ 풍하중

답 ④

100

지반의 종류에 따른 굴착면의 기울기 기준으로 옳지 않은 것은?

① 모래－1:1.5　② 연암－1:1
③ 풍화암－1:1　④ 경암－1:0.5

답 ①

MEMO

※ 이 책에 도움을 준 업체와 사람들

1. 안중섭
   위치: 청주시
   개요: 1인출판업이라 많이 힘든걸 알기에 도와주고 싶어서 그림과 디자인 제작 지원을 해주었다.

2025 [직8딴]
직접 8일 만에 딴 산업안전산업기사 필기

발행일 2025년 3월 1일(초판)

발행처 인성재단(지식오름)

발행인 조순자

편저자 김진태(EHS MASTER)

이메일 : ehs_master@naver.com
인스타 : @ehs_master(저자 소식 확인)
홈페이지 : www.ehs-master.com(회사/저자/책 정보, 책 구매)
카페 : cafe.naver.com/ehsmaster(정오표 확인)
유튜브 : '도비전문가' 검색

정가 38,000원 **ISBN** 979-11-94539-35-3